Eckhard J. Dittrich · Frank-Olaf Radtke (Hrsg.)
Ethnizität

Eckhard J. Dittrich · Frank-Olaf Radtke (Hrsg.)

Ethnizität

Wissenschaft und Minderheiten

Westdeutscher Verlag

Der Westdeutsche Verlag ist ein Unternehmen der Verlagsgruppe Bertelsmann International.

Alle Rechte vorbehalten
© 1990 Westdeutscher Verlag GmbH, Opladen

Das Werk einschließlich aller seiner Teile ist urheberrechtlich geschützt. Jede Verwertung außerhalb der engen Grenzen des Urheberrechtsgesetzes ist ohne Zustimmung des Verlags unzulässig und strafbar. Das gilt insbesondere für Vervielfältigungen, Übersetzungen, Mikroverfilmungen und die Einspeicherung und Verarbeitung in elektronischen Systemen.

Umschlaggestaltung: Horst Dieter Bürkle, Darmstadt
Druck und buchbinderische Verarbeitung: Lengericher Handelsdruckerei, Lengerich
Printed in Germany

ISBN 3-531-12185-5

Inhalt

Vorwort

I. Einleitung

Eckhard J. Dittrich und Frank-Olaf Radtke
Der Beitrag der Wissenschaften zur Konstruktion ethnischer Minderheiten   11

II. Spezifika der wissenschaftlichen Konstruktion der Migrations- und Minderheitenprobleme in Australien, Frankreich, den USA und der Bundesrepublik Deutschland

Stephen Castles
Sozialwissenschaften und ethnische Minderheiten in Australien   43

Gilles Verbunt
Minderheiten und Sozialwissenschaften in Frankreich   73

Joe R. Feagin
Theorien der rassischen und ethnischen Beziehungen in den Vereinigten Staaten: Eine kritische und vergleichende Analyse   85

Hartwig Berger
Vom Klassenkampf zum Kulturkonflikt — Wandlungen und Wendungen der westdeutschen Migrationsforschung   119

III. Rasse, Klasse und Ethnie — Brüche und Kontinuitäten in der wissenschaftlichen Konstruktion ethnischer Minderheiten

John Rex
"Rasse" und "Ethnizität" als sozialwissenschaftliche Konzepte   141

Robert Miles
Die marxistische Theorie und das Konzept "Rasse"   155

Micha Brumlik
Die Entwicklung der Begriffe "Rasse", "Kultur" und "Ethnizität"
im sozialwissenschaftlichen Diskurs   179

Gero Lenhardt
Ethnische Identität und sozialwissenschaftlicher
Instrumentalismus   191

IV. **Abgrenzung und Ausgrenzung — ein anthropologisches Programm?**

Friedrich Vogel
Die biologische Grundlage von Gruppenunterschieden beim
Menschen   217

Georgios Tsiakalos
Der Beitrag von Ethologie und Anthropologie zur Bildung
gesellschaftsrelevanter Kategorien   227

Carsten Klingemann
Wechselwirkungen zwischen Soziologie und Biologie —
biologische oder soziologische Ethnopolitik?   245

V. **Sprache, Kultur und Kulturkonflikt — Praktisch-politische Folgen der wissenschaftlichen Konstruktion ethnischer Minderheiten**

Werner Kummer
Sprache und kulturelle Identität   265

Volker Hinnenkamp
"Gastarbeiterlinguistik" und die Ethnisierung der
Gastarbeiter   277

Delia Frigessi Castelnuovo
Das Konzept Kulturkonflikt — Vom biologischen Denken zum
Kulturdeterminismus   299

Franz Hamburger
Der Kulturkonflikt und seine pädagogische Kompensation   311

VI. **Brauchen Minderheiten eine eigene Wissenschaft?**

Tove Skutnabb-Kangas
Wer entscheidet, ob meine Sprache wichtig für mich ist?
Minderheitenforschung zwischen Sozialtechnologie und
Selbstbestimmung   329

Karl Michael Brunner und Georg Gombos
Wissenschaft, Minderheit und Engagement am Beispiel der
Auseinandersetzungen in Kärnten/Österreich   353

Vorwort

Eine Erscheinung, die im Zuge der gesellschaftlichen Modernisierung überwunden schien, erlebt eine unerwartete Renaissance: Ethnisches Bewußtsein erwacht nicht nur an den Rändern der Nationalstaaten und zerfallender Imperien; im Gefolge der weltweiten Migrationsbewegungen bilden sich in den Metropolen ethnische Kolonien und ziehen die nationalstaatliche Homogenitätsunterstellung nachhaltig in Zweifel. Ethnizität im Sinne gefühlter Gemeinsamkeiten der Sprache, der Religion und der Kultur bietet offensichtlich emotionale Sicherheit da, wo Ideologien verlöschen, die bisher Orientierung gewährt haben. Ethnizität wird aber auch zu einer Mobilisierungsressource in der Konkurrenz um die Durchsetzung von Interessen gegenüber dem Sozialstaat — und, wo sie auf politische Strukturen drängt, zur Basis eines neuen Nationalismus, der wechselweise Mehrheit und Minderheiten erfassen kann. Die in der viel berufenen "multikulturellen Gesellschaft" auszutragenden Konflikte lösen sich von ihrer materiellen Basis, verselbständigen sich zu fundamentalistischen Kulturkonflikten und werden dabei zusehends unlösbar.

Im Prozeß der ideologischen Sinnstiftung spielten traditionell Intellektuelle und spielen heute die modernen Sozialwissenschaften im Verein mit den Medien eine wichtige Rolle. Erst die Deutung von Erscheinungen läßt diese zu einer Wirklichkeit werden, die das Handeln im sozialen Prozeß bestimmt. Der vorliegende Band faßt die Ergebnisse einer Arbeitsgemeinschaft zusammen, die im September 1987 im Zentrum für interdisziplinäre Forschung der Universität Bielefeld stattfand und sich die Aufgabe gestellt hatte, den Beitrag der Wissenschaften zur Konstruktion ethnischer Minderheiten zu analysieren und die sich daraus auf das Handeln ergebenden Wirkungen zu bestimmen. Unter interdisziplinärer und internationaler Beteiligung wurde untersucht, mit welchen theoretischen Konzepten die Probleme beschrieben werden, die im modernen Wohlfahrtsstaat im Zusammenhang mit Wanderungsbewegungen entstehen, und welche Wirkungen die Wahl der Beschreibungskategorien auf die praktisch–politischen Bewältigungsstrategien hat.

Daß dieses Buch in der vorliegenden Form zustande kommen konnte, ist in erster Linie dem Entgegenkommen der Autorinnen und Autoren zu danken, die auf die Koordinations- und Änderungswünsche der Herausgeber willig eingegangen sind. Ermöglicht hat das ganze Unternehmen in großzügiger Weise das Zentrum für interdisziplinäre Forschung (ZiF) der Universität Bielefeld, dessen Mitarbeiterinnen für einen unbeschwerten und reibungslosen Tagungsablauf sorgten. Für organisatorische Hilfe haben wir Dipl.-Soz. Dieter Borsutzky, für die Übersetzungen Christa Jaeger, für die Erstellung und Einrichtung des Textes Elke Nolteernsting, Roland Ratzmann, Pauline Worley und vor allen Karin Daniel zu danken, die geduldig die Endredaktion übernahm.

Bielefeld, im Dezember 1989

E.J.D. / F.O.R.

I.
Einleitung

Eckhard J. Dittrich und Frank-Olaf Radtke

Einleitung
Der Beitrag der Wissenschaften zur Konstruktion ethnischer Minderheiten

1

In modernen Gesellschaften sind die (Sozial-)Wissenschaften ein bevorzugtes Medium der Definition (sozialer) Probleme[1] geworden. Politische Interessengruppen und soziale Bewegungen, Organisationen und Individuen, Professionelle und Laien machen von wissenschaftlichen Deutungsangeboten Gebrauch, wenn es darum geht, Problemdiagnosen zu stellen und Lösungen anzumahnen oder vorzubereiten. Gefragt sind Natur- und Sozialwissenschaften gleichermaßen. Nicht nur, welches Gift bis zu welchem Grenzwert noch als zuträglich gelten kann, suchen Naturwissenschaftler mit verfeinerten Meßverfahren festzulegen, sondern z.B. auch, welche Lernformen in welcher Dosierung in den Schulen einen optimalen Lernerfolg erwarten lassen, scheint erziehungswissenschaftlich bestimmbar zu sein. Die Wissenschaften sind omnipräsent und haben eine weitgehende Durchwissenschaftlichung des Alltags erreicht — mit paradoxen Folgen.[2]

Mit ihrer Veralltäglichung wurde der bisher unangefochtene Wahrheits- und Aufklärungsanspruch der Wissenschaften entzaubert. Wissenschaft wird in der modernen Welt zwar immer unvermeidlicher, aber bei der verbindlichen Definition von Wahrheit auch immer weniger glaubwürdig. Die Entzauberer selbst bedienen sich bei ihrer Entzauberungsarbeit der Wissenschaft. Erschüttert ist die "Unschuld" der Bewohner des Elfenbeinturms und ins Wanken gebracht ihr Leitungsanspruch, den sie auf der Basis einer vermeintlich höheren Rationalität ihres Wissens erhoben haben und weiter erheben müssen.[3] Die systematische Verunsicherung über die Regeln der wissenschaftlichen Wahrheitsfindung bleibt nicht länger auf das Wissenschaftssystem beschränkt, sondern greift heute auf die Adressaten und Verwender wissenschaftlicher Ergebnisse in Politik, Wirtschaft, Erziehung etc. über. Damit vollzieht sich in aller Öffentlichkeit, was mit der Begründung der Wissenssoziologie in den 20er Jahren dieses Jahrhunderts wissenschaftsintern begann. Die Entdeckung der *sozialen Konstitution* des Wissens relativiert nicht nur dessen Geltung, sondern ermöglicht auch dessen selektive Verwendung, autonomisiert die Verwender und steigert die Verwendungsoptionen auch der Laien.[4] Indem die Verwender die Auswahl von Experten und Gegenexperten mitbestimmen und die Ergebnisse der Forschung eigensinnig adaptieren, behaupten sie gegen die Wissenschaft ihre Rolle als aktive Mitproduzenten im gesellschaftlichen Prozeß der Problemdefinition.[5] Was politisch nicht paßt, kann übergangen und durch Gegenexpertise ausgehebelt werden. Sozial wirksam sind dabei weniger die konkreten Ergebnisse der Forschung, als vielmehr die in Anspruch genommenen Prämissen der wissenschaftlichen Interpretation der Welt, die vor jeder Transferbemühung in Wissenschaft und Alltag geteilt werden und "Anschlüsse" im Sinne von Selektionsentscheidungen sichern. Es sind die argumentativen Kontexte und die in diesen gültigen, von den meisten für "wahr" gehaltenen Topoi, die über die Verwendbarkeit wissenschaftlich erzeugten Wissens entscheiden. Daraus ist zu erklären, daß Forschungsergebnisse, die dem Alltagsverstand oder mächtigen Interessen widersprechen, oft kaum eine Chance haben, sich in der öffentlichen Diskussion argumentativ durchzusetzen, daß aber umgekehrt wissenschaftsintern längst widerlegte Theorien sich einer breiten Wertschätzung erfreuen können.[6]

Mit der Verwissenschaftlichung des Alltags wird die Wissenschaft sich selbst zum Objekt. Dies in doppelter Weise: sie denkt *erstens* nach über den Prozeß der Generierung, ja der "Fabrikation"[7] von Wissen und sie beschäftigt sich *zweitens* zunehmend mit Problemen, in denen sie die verdinglichten Ergebnisse ihrer eigenen wissenschaftlichen Tätigkeit entdeckt: sie trifft auf eine "zweite zivilisatorische Schöpfung"[8], die wesentlich von ihr mitproduziert worden ist. Von daher gehört heute zur wissenschaftlichen Arbeit systematisch auch die Kritik der Wissenschaft und ihrer Anwendungspraxis. Sie kann bis zur radikalen Erschütterung des Selbstverständnisses der wissenschaftlich-technischen Zivilisation getrieben werden.

Wie wissenschaftliche Aussagen zustande kommen und welchen Wahrheitsgehalt sie haben, ist traditionellerweise Gegenstand der philosophischen Erkenntnis- und Wissenschaftstheorie, in der die transzendentalen Bedingungen der Möglichkeit wissenschaftlicher Erkenntnis erörtert werden. Als Ergänzung zur Philosophie der Erkenntnis sollte im Verständnis Karl Mannheims[9] die *Wissenssoziologie* "eine eigentümliche Tatsachenbeobachtung" über die "Seinsverbundenheit des Denkens" hinzufügen. Die empirischen Bedingungen der Wissensproduktion, der Zusammenhang von Gesellschaft und Wissen, von sozialer und kognitiver Entwicklung, sind seither systematisch Gegenstand soziologischer Forschung[10], die nach ihrer eigenen existentiellen Basis, nach dem Zusammenhang zwischen den historisch-sozialen Umständen der Wissensproduktion und den hervorgebrachten Ergebnissen fragt, vor allem aber danach, welche manifesten oder latenten Konsequenzen sich daraus für die Wahrheits- und Geltungsansprüche wissenschaftlicher Aussagen ergeben. In diesem Verständnis ist Wissenschaft neben andere geistige Hervorbringungen im Sinne von "Ideologien" zu stellen. Dabei ist es nicht bloß die Suche nach den Irrtümern in der Wissenschaftsgeschichte, sondern "die Frage nach den tranzendentalen Bedingungen der Unmöglichkeit von Erkenntnis"[11], die die Wissenssoziologie unabweisbar gemacht hat. Konsequent zu Ende gedacht stehen in der Wissenssoziologie nicht nur die Verzerrungen der Erkenntnis in Rede, sondern die allgemeine Zeit- und Kontextabhängigkeit auch des wissenschaftlichen Wissens ist zu einer Anfangsprämisse geworden, mit der das Nachdenken über Wissenschaft und ihre Ergebnisse zu beginnen hat.

Einleitung 13

Die radikale Reformulierung des Problems der Möglichkeit von Erkenntnis führt in ein Paradox. Die Relativität geistiger Hervorbringungen kann nur mittels solcher wissenschaftlicher Operationen erkannt werden, die selbst wissenssoziologisch in ihren Geltungsansprüchen relativiert werden müssen. Der daraus sich ergebende Vorwurf des *universellen Relativismus*, gegen den sich die Wissenssoziologie von anfang an zu wehren hatte, führte bei ihren Protagonisten lange Zeit zur Abstinenz von erkenntnistheoretischen Fragestellungen.[12]

Der Relativismus hat heute seinen Schrecken verloren. Im radikalen Konstruktivismus[13] wird die soziale Konstitution des Wissens und die wissenschaftliche Konstruktion der Wirklichkeit zum Ausgangspunkt von Operationen, die mit dem erkenntnistheoretischen Paradox zu prozessieren gelernt haben.[14] Eine wieder erkenntnistheoretisch ambitionierte "Wissenschaftswissenschaft" weiß um die Unhintergehbarkeit der Paradoxie und sucht sie *empirisch* "bis auf weiteres" mit Hilfe einer "operativen Logik"[15] vor sich herzuschieben. Sofern die wissenschaftliche Grundoperation in der *Beobachtung* besteht und Beobachtung auf *Unterscheidung* und *Bezeichnung* beruht, wächst einer Wissenssoziologie in der Haltung eines methodologischen Relativismus die Aufgabe zu, die Beobachtung zu beobachten und zu beschreiben, welche Unterscheidungen getroffen und welche Bezeichnungen verwendet werden. Auf dieser Ebene der Beobachtung der Beobachter kann die Welt nur noch als Konstruktion erscheinen. Mit der Beobachtung zweiter Ordnung, die ihrerseits der erkenntnislogischen Paradoxie nicht entgeht, kann beobachtet werden, wie die Beobachterin erster Ordnung, also die gegenstandsbezogene Wissenschaft, beobachtet, und wie sie dabei mit der Paradoxie umgeht.

Beobachtungen beruhen grundsätzlich auf Unterscheidungen und Bezeichnungen und diese werden mit Hilfe von Begriffen willkürlich gesetzt. Die Nichtbegründbarkeit des Anfangs wissenschaftlicher Operationen darf jedoch nicht zu ihrer erkenntnislogischen Ausgrenzung führen.[16] Beobachtet werden kann — auf allen Ebenen — von welchen Unterscheidungen der Beobachter ausgeht, wie die Unterscheidungen sich in der Zeit verändern und von Ort zu Ort verschieden sind oder auch nicht. Verloren geht bei dieser Form der Entparadoxierung zwar der Anspruch der Wissenschaft auf einen privilegierten, einzig richtigen Zugang zur wirklichen Welt. Die Plausibilität einer Konstruktion wird abhängig von der Übereinstimmung über die Anfangsgründe der Argumentation, mit der sie zustimmungsfähig gemacht werden soll. Gewonnen wird jedoch Reflexivität, in der sich die Wissenschaft als Teil der Wirklichkeit erkennt, die sie mit ihren Unterscheidungen konstruiert.[17]

Das ist nach der sozialen Konstitution des Wissens die zweite Einsicht in das Verhältnis von Wissenschaft und Gesellschaft. Wissenschaft beschreibt nicht nur Probleme, die in der Welt — unabhängig von ihr, durch Alltagsverstand definiert — vorhanden sind, sondern sie legt mit Hilfe kategorialer Unterscheidungen Relevanzen fest und setzt, weil die Unterscheidungen Folgen haben, mit ihren theoretischen Konstrukten Probleme auch in die Welt. Sie ist nicht mehr nur eine Ressource der Lösung der im Alltag anstehenden Probleme, als die sie sich gerne präsentiert, sondern sie wird mit der Wahrnehmung ihrer Definitions- und Theoretisierungsmacht auch zu einer Quelle der Problemverursachung. In diesem Sinne treffen die Wissenschaften — nicht nur die Naturwissenschaften — zunehmend auf von ihnen selbst erzeugte Probleme. Und besonders die Sozialwissenschaften begegnen ihren eigenen Konstrukten in der Alltagswelt, wo sie bisweilen ähnlich verheerende Auswirkungen haben, wie die technischen (Neben-)Folgen naturwissenschaftlicher Operationen.

(Sozial-)Wissenschaft ist nicht nur ein Teil der sozialen Wirklichkeit, die sie mit ihren begrifflich gefaßten Unterscheidungen konstruiert, sondern sie liefert auch den "Alltagskonstrukteuren", die sich in ihrem Gegenstandsbereich bewegen, Hilfen bei der Konstruktion ihrer Alltagswelt. Das phänomenologische Verständnis, dem wissenschaftliche Deutungen als auf dem Alltagswissen aufruhende Konstruktionen zweiten und dritten Grades erscheinen[18], muß unter den Bedingungen eines ausdifferenzierten Wissenschaftssystems ergänzt werden um eine gegenläufige Lesart: Die sozialwissenschaftlichen Wirklichkeitskonstruktionen dringen als Argumente auch in den alltäglichen Diskurs über die soziale Wirklichkeit ein, legen relevante Wirklichkeitsausschnitte fest und bestimmen deren Grenzen. Damit strukturieren sie die Handlungsräume von Institutionen und Individuen und selektieren ihre Handlungsalternativen. Die sozialwissenschaftlichen Beobachter der Gesellschaft haben es mit einer "Versozialwissenschaftlichung des gesellschaftlichen Hintergrundkonsenses"[19] zu tun, der die sozialen Prozesse beeinflußt und mitbestimmt. Auch wenn das sozialwissenschaftliche Wissen im Alltag trivialisiert und häufig bis zur Unkenntlichkeit verwandelt ist, darf die Wirksamkeit wissenschaftlicher Unterscheidungen nicht unterschätzt werden. Das gilt zumal für die großen erkenntnisleitenden Konzepte wie Rasse, Nation, Kultur, Klasse etc., die historische Zeiträume durch die Konstruktion von ganzen Weltbildern geprägt haben.

2

Welche Möglichkeiten hat eine erkenntnistheoretisch anspruchsvolle wissenssoziologische Forschung, um die latenten und manifesten Folgen abzuschätzen, die die Unterscheidung am Beginn einer wissenschaftlichen Konstruktion von Wirklichkeiten auf das Forschungs- und Handlungsfeld hat, also beispielsweise die Entscheidung, Gruppenkonflikte mit dem Begriff der "Klasse" und/oder dem der "Rasse" und/oder "Ethnie" zu analysieren?[20] Eine Möglichkeit stellen soziologisch-wissenschaftshistorische Rekonstruktionen dar. Rekonstruiert wird in solchen Studien — in der klassisch wissenssoziologischen Perspektive — die Veränderung von Fragestellungen und Prämissen, abhängig von politischen Interessen und Prioritäten, oder — in der Perspektive der empirischen Wissenschaftsforschung — als Indikator für soziale Interessen die Entwicklung der Forschungsintensität, gemessen an der Summe der verfügbaren Fördermittel oder der Anzahl der Publikationen. Sichtbargemacht wird die soziale Konstitution des Wissens und seine Abhängigkeit von sozialen Kontexten. Gezeigt wird, daß die verwendeten Deutungskonzepte manchmal in schneller Folge wechselten, daß heute für "wahr" gehalten wird, was in früheren Perioden nicht einmal gesehen wurde. Daraus kann auf die Relativität und Begrenztheit der Geltung heutiger Deutungen geschlossen werden, ohne daß über sie hinaus zu gelangen wäre.

Zur Wahl steht neben der diachronen Betrachtungsweise die Methode des synchronen Vergleichs verschiedener Diskurse. Die Besonderheit der Deutungen in regionalen bzw. nationalen, nach Theorietraditionen unterschiedenen Diskursen, ebenso wie die Differenz verschiedener disziplinärer Zugänge, wird auf der Folie der je anderen begrifflich-sprachlichen Fassung sichtbar und verweist auf die blinden Stellen des eigenen Ansatzes. Mit den Augen des Anderen/Fremden/Unbeteiligten kann man auch bezogen auf die eigene Wissenschaft sehen, was man bisher nicht sehen konnte, weil die gewählten Kategorien den Blick verstellten. In der anderen Denktradition kann möglicherweise ausgedrückt werden, wozu der eigenen Sprache der Begriff fehlt. Folgerichtig sind neben der historischen Analyse *Internationalität* und *Interdisziplinarität* für Anstrengungen in wissenssoziologischer Absicht zentrale Zugangsweisen, um den Konstruktcharakter der Wirklichkeiten erkennen zu können. Der vorliegende Band ist auf dem Hintergrund solcher Überlegungen konzipiert worden.

Die von Adorno der Philosophie aufgebürdete Anstrengung, "über den Begriff durch den Begriff hinauszugelangen" wird in konstruktivistischer Perspektive empirisch gelöst mit Hilfe von Beobachterfragen, die untersuchen, wie eine Unterscheidung getroffen und wie mit ihr prozessiert worden ist, nicht aber, ob sie "richtig" oder "wahr" ist.[21] In der hergebrachten Vorstellung von Wissenschaft konnten Theorien als *kompetitiv* vorgestellt werden. Gefragt wurde, welche Theorie kann welchen Sachverhalt *besser* erklären. Mit der Einsicht in den Konstruktcharakter wissenschaftlicher Deutungen sind die großen Kontroversen um die Bedingungen der Möglichkeit von Erkenntnis einem Methoden- und Theorienpluralismus gewichen, in dem das Verhältnis der Theorien zunächst *additiv* bestimmt wurde: Die eine Theorie kann das, die andere jenes erklären. Im radikalen Konstruktivismus wird die *Komplementarität* von Theorien[22] herausgestellt: Wissenschaft, die sich selbst dabei beobachtet, wie sie die Wirklichkeit beobachtet, kann, aufgrund der Wahl unterschiedlicher Distinktionskriterien, beobachten, was in einer Theorie behandelt werden kann und was nicht und welche Folgen sich daraus ergeben. Theorien werden zueinander komplementär in dem Sinne, daß sie erklären können, warum und was eine andere Theorie *nicht* erklären kann. Im Wege der Komplementarität können Entscheidungen über die Angemessenheit von Kategorien zur Codierung der Wirklichkeit nicht begründet werden. Das Wissen um "blinde Flecken" bestimmt die Relativität von Deutungen. Das Deutungsinstrumentarium wird davon nicht angemessener. Es liefert weiterhin Konstrukte der Wirklichkeit, die von Traditionen abhängig bleiben.

Ganz beliebig und willkürlich wählbar sind die Anfangsgründe einer argumentativen Konstruktion der Wirklichkeit daher nicht. Die Beobachtung kann *erstens* mit "anthropologischen Vorgaben"[23] menschlicher Sozialität rechnen, die sich in den Geschichten der verschiedenen Gesellschaften als Konstanten durchhalten. Dazu gehört die natürliche Spannung zwischen weiblich und männlich[24], die die Reproduktion gewährleistet und die Generationenfolge bestimmt, die über Heiratsregeln und Mechanismen von Ehre und Würde sozial kontrolliert und in einer Liebessemantik[25] codiert wird. Dazu gehört der soziale Gegensatz von innen und außen, der durch Mechanismen der Ein- und Ausgrenzung bewältigt wird und bis zur Freund-Feind-Dichotomie gesteigert sein kann. Dazu gehört schließlich der soziale Gegensatz von oben und unten, der sich in Herrschafts- und Ausbeutungsverhältnissen manifestiert und Versuche der Begründung legitimer hierarchischer Ordnung herausfordert.

Für die Beschreibung der Differenz weiblich/männlich, die außerhalb der Anthropologie[26] bislang kaum behandelt wurde, wird derzeit noch die biologische Kategorie "Geschlecht" benutzt, deren Entfaltung als sozialwissenschaftliches Konzept noch am Anfang steht.[27] Für die Beschreibung von innen und außen genügte zunächst die Bezeichnung "Mensch", wobei der Status nicht klassifizierbarer Fremder durchaus unsicher war.[28] Das Konzept der "Rassen", das sich mit der Entwicklung der modernen Wissenschaften etablierte, sollte solche Unsicherheiten beheben. Es enthielt von Beginn an intergesellschaftlich wie intragesellschaftlich die Möglichkeit, Teilnahmechancen an gesellschaftlichen Leistungen differentiell zu strukturieren. Auch "Ethnizität" als heute weithin benutzter Begriff dient der Ordnung von innen und außen. "Rasse" und "Ethnizität" markieren Ordnungsmodelle für die inner- und zwischengesellschaftlichen Austauschbeziehungen, die ein spezifisches System der Kontrolle über ökonomische und politische Ressourcen, eine spezifische Form der Arbeitsteilung etablieren und ein System von Bedeutungen errichten, mit dem die Beziehungen zwischen Menschen und Menschengruppen reguliert werden. "Rasse" und "Ethnizität" konkurrieren mit und/oder ergänzen solche Ordnungsvorstellungen, die das Verhältnis von oben und unten behandeln und mit den Begriffen "Klasse" und/oder "Schicht" operieren.

Die Beobachtung, mit der Unterscheidungen und Bezeichnungen uno actu vollzogen werden, ist *zweitens* nur im Medium von Sprache möglich. In den Begriffen einer Sprache sind die sozialen Erfahrungen ganzer Gesellschaften, einzelner Gruppen und ausdifferenzierter Disziplinen sedimentiert. Die Semantiken, in denen über die Welt geredet wird, sind eingelassen in Denk- und Deutungstraditionen, mit denen versucht wird, die Folgen abgelaufener Ereignisse in einer Geschichte erzählbar zu machen. Solche Erzählungen stützen mit Hilfe theoretischer Annahmen sozial gültige, zeit- und kontextabhängige Argumentationen. Sie bewältigen Wirklichkeit im nachhinein nun auch sprachlich. Dabei ist die wissenschaftliche Theorie in ihrer Reichweite gegenüber den praktisch hergestellten Bedeutungen im Nachteil. Die kategoriale Bewältigung hinkt im Deutungsumfang hinter der sozialen Wirklichkeit her. Auf die Wissenschaften bezogen muß von einer "Asymmetrie von Problementwicklung und disziplinärer Entwicklung"[29] gesprochen werden, wobei im konstruktivistischen Verständnis mit "Problementwicklung" nur die außerwissenschaftliche Definition/Konstruktion von sozialen Problemen gemeint sein kann.

Neue Begriffe, Kategorien und Konzepte, die die Deutungskapazität erweitern, kommen erst zum Zuge, wenn die Asymmetrie zu groß wird, oder wenn die Konsequenzen, die sich aus der Anwendung bisheriger Konzepte für ein Handlungsfeld ergeben haben, sozial *ungültig* gemacht werden sollen. Dies kann der Fall sein, wenn sich neue soziale Bewegungen formieren und durch Skandalisierung eine Veränderung der Handlungspraxis fordern, weil bisherige Lösungen sich als nicht mehr tragbar erweisen. Dann gibt es die Möglichkeit zu interdisziplinären oder internationalen "Anleihen", mit denen ein Unterscheidungsmerkmal in einen neuen Deutungskontext eingebracht wird, z.B.

erscheint ein Konzept aus der Biologie in die Soziologie,³⁰ oder ein Konzept aus der amerikanischen Diskussion gerät ins europäische Umfeld usw.

3

Mit dem Beginn der Moderne werden die sozialen Auseinandersetzungen, die sich an der Differenz von "innen und außen" und von "oben und unten" entzünden, zunehmend mit Rückgriff auf wissenschaftliche Kategorien geführt. Die noch naturwissenschaftlich inspirierte Kategorie "Rasse", die kulturanthropologische Kategorie "Volk" und das sozialwissenschaftliche Konzept "Klasse" wurden zu Schlüsselkategorien weltumspannender Ideologien, die sich nicht auf die Beschreibung der Wirklichkeit beschränkten, sondern Prozesse der Überwältigung, Unterwerfung und des Widerstandes zu legitimieren, zu befördern und zu organisieren suchten. Die Wissenschaften konstruierten neue Realitäten. Gelehrte, Intellektuelle und Wissenschaftler waren (und sind) Protagonisten im Kampf um Deutungshegemonien, ehe die Entzauberung der Wissenschaften sie zu Legitimationslieferanten für strategische Interessengruppen machte. Mit wissenschaftlichen Kategorien wurde der Rassismus und der Nationalismus ebenso beliefert wie der Materialismus, der als Kritik den ideologischen Schleier über der Unterdrückung zu zerreißen suchte.

Wie es in bestimmten historischen Perioden und unter je gegebenen gesellschaftlichen Konstellationen zur Durchsetzung von Unterscheidungskategorien und Bezeichnungen kommt, ist aus der historischen Distanz sicherer zu durchschauen als in unmittelbarer zeitlicher Nähe. Über die Entstehung der Kategorie "Rasse" und über die Folgen ihrer Verwendung besteht mittlerweile weitgehende Klarheit. Der Begriff wurde von Naturforschern seit dem Ende des 17. Jahrhunderts benutzt, um das natürliche System der "varietas" bei Pflanzen, Tieren und auch bei Menschen begreifen zu können.³¹ Er wurde aus der Idee der Wissensanwendung auf die vorgegebene Welt der Natur entworfen. Wissenschaft erprobte in dieser Phase durch direkte Beobachtung einen neuen Objektbezug. Sie lieferte Kategorien, mit denen die äußere Welt beschrieben und erklärt werden sollte. Rasse bezeichnete dabei zunächst das Ergebnis eines Unterscheidungsvorganges — die Erde wurde in Menschenrassen eingeteilt — und drückte zugleich doch die Einheit der menschlichen species aus. Der Begriff war noch nicht von seinen religiösen Konnotationen befreit, die die Einheit der Arten in der göttlichen Schöpfung autoritativ fixierten.

Die naturwissenschaftlichen Grundlagen für einen evolutiv zu begreifenden Rassebegriff waren jedoch gelegt, methodologische Ausdifferenzierung prägte das zukünftige Bild. Naturgeschichte wurde im Prozeß der fortschreitenden wissenschaftlichen Welterklärung auf die Menschheitsgeschichte ausgeweitet, Natur- und Sozialgeschichte wurden zusammengedacht, wobei der Rassebegriff zunächst durchaus die Spannung von Differenz und Einheit überbrücken sollte. Entscheidend für seine Einschätzung als wissenschaftliches Instrument ist seine Verankerung in der Natur, im Blut, in Körpermerkmalen, in Erbanlagen. Da Naturgesetze die Menschen größeren Handlungszwängen unterwerfen, bekamen die auf dem Rassegedanken aufbauenden Ordnungsvorstellungen eine besondere, *deterministische* Qualität.

Der wissenschaftliche Rassismus des 19. Jahrhunderts, der durchaus noch nicht ausgestorben ist, konzentrierte sich auf die von ihm hergestellte naturwissenschaftlich-kausal gedachte Beziehung zwischen phänotypischen Merkmalen, Populationen und ihren kulturellen Differenzen und nutzte seine Annahmen zur Begründung und Erklärung gesellschaftlicher Über- und Unterordnung.[32] Gesellschaftliche Hierarchie wurde in unveränderlichen Naturmerkmalen fixiert. Die Hautfarbe als Merkmal zur Konstitution und Distinktion sozialer Gruppen erwies sich dabei als gesellschaftlich besonders wirksam, weil die wissenschaftlichen Konstrukte im Alltagsleben jederzeit durch die Sichtbarkeit des Merkmals plausibilisiert werden konnten.

Für das Verhältnis Wissenschaft, Öffentlichkeit und Praxis galt in der Phase des wissenschaftlichen Rassismus eine Zweiteilung. Intern wurde im Rahmen der Wissenschaft der Begriff "Rasse" präzisiert und empirischen Zugriffen, das hieß vor allem Meß- und Katalogisierungsverfahren zugänglich gemacht, um immer differenziertere Typologien entwickeln zu können, die mit Theorien der Abstammung, der Evolution und mit dem historischen Gewordensein verknüpft werden konnten. Die großen historischen Epochen, in die die Vergeschichtlichung des Rassebegriffs eingebettet wurde, ließen die real existierenden Macht- und Herrschaftsverhältnisse naturwissenschaftlich begründ- und legitimierbar erscheinen. Auch die wissenschaftliche Entdeckung des "we have to educate them" (Kipling) im 19. Jahrhundert beseitigte die Differenz zwischen Kolonisiertem und Kolonialherren nicht, trotz der hier zugrunde liegenden evolutionistischen Temporalisierung, sondern schuf ein neues Feld wissenschaftlich begründbarer Kontrollstrategien, deren Legitimität sich aus den Notwendigkeiten von Kolonialismus und Imperialismus ergab.

Der Rassebegriff enthält also verschiedene Elemente. Da ist zunächst seine *Naturalform*. Für die Autoren, die mit dem Rassebegriff arbeiteten, gab es in der Regel keinen Zweifel, daß Rasse kausal mit der Natur des Menschen zu verknüpfen war. Insofern der Begriff der Bezeichnung gesellschaftlicher Leistungsfähigkeit diente, nahm er die Entmoralisierung der Natur als Kennzeichen und Programm der Moderne wieder zurück und moralisierte inter- und intragruppenspezifische Probleme mit Hilfe von Naturgesetzen. Dieses "physiologische" Element des Konzepts, sei es nun auf Hautfarbe, Haarpracht, Schädelform, Blut, Gene oder Kombinationen von angeborenen Merkmalen aufgebaut, erlaubte spezifische Verwendungsmöglichkeiten im Sinne der *Sozialform* des Begriffs. Die Mitgliedschaft in einer rassisch definierten Gruppe ist nicht frei wählbar, unzweideutig und sich gegenseitig ausschließend. Die Möglichkeiten von Hierarchiebildungen mit Hilfe des Begriffs sind begrenzt, insbesondere im Bereich der Entwicklung von Ordnungsmodellen bei intragruppenspezifischen Problemen. Unterscheidungen nach "Rasse" erlauben nur gesellschaftliche Trennlinien entlang ziemlich großer Segmente, die den vielfältigen gesellschaftlichen Problemlagen und ihren Veränderungen in modernen Gesellschaften nur begrenzt gerecht werden konnten. Als hierarchisch konzipierte Ordnungsvorstellung vermag die Klassifikation nach "Rassen" die Vielfalt sozialer Lagen in modernen Gesellschaften nur begrenzt zu erfassen. Ihr Erklärungswert für soziale Ungleichheit und Verteilungskonflikte in den sich etablierenden Nationalstaaten war eingeschränkt. Das schloß — und schließt Versuche nicht aus, den Begriff "Rasse", wie z.B. im England des 19. Jahrhunderts, zur Erklärung sozialer Unterschiede heranzuziehen, indem die "Arbeiterklasse" mit dem Terminus "Rasse" belegt wurde. Das biologische Element des Rassebegriffs, seine Naturalform, war im 19. Jahrhundert, dem "Jahrhundert des Sozialdarwinismus", nur ein Teil seiner komplexen Nutzung, der gleichwohl immer mitschwang. Der Begriff konnte Konzepte wie Stamm, Nation, Gesellschaft und Kultur substituieren. Daß biologische, kulturelle und sprachbezogene Konnotationen des Begriffs nicht sauber geschieden wurden, war Ausdruck fehlenden Distinktionsbedarfs in Gesellschaften, in denen soziale Positionierungen nur sehr begrenzt als gesellschaftlich produziert gedacht wurden.[33]

Die Relevanz der wissenschaftlichen Kategorie "Rasse" für die gesellschaftliche und weltgeschichtliche Ordnung war bis ins 19. Jahrhundert durchaus zweitrangig. Sie fand kaum Eingang in gesellschaftliche Institutionen. Den wissenschaftlichen Rassetheorien wuchs ihre gewaltige gesellschaftliche Bedeutung erst im Zuge der Etablierung der imperialistischen Ordnung zu. In dem Maße, in dem es mit Hilfe der modernen Wissenschaft gelang, traditionelle Ordnungsschemata abzulösen und wissenschaftliche Rationalität als Metarationalität gesellschaftlicher Steuerung zu etablieren, wuchs die Bedeutung der Wissenschaft für ordnungspolitische Zwecke. Die "physique sociale" des Sozialdarwinismus schließlich etablierte ein Deutungsangebot für Prozesse gesellschaftlichen Wandels entlang einer naturwissenschaftlichen Logik. Es sind die Gesetze der Evolution, die Rassen hervorgebracht und ihnen nach Jahrmillionen der Entwicklung einen je eindeutigen Ort im Konzert der Völker zugewiesen haben. Durch Messen, Wiegen, Vergleichen ließen sich Unterscheidungen vornehmen, durch Bezeichnungen Orte bestimmen und in eine hierarchische Ordnung untereinander bringen.

Die Ordnungsmodelle erstrecken sich aber nicht nur auf die interrassische Kategorisierung, sondern beziehen intrarassische Fragestellungen ein und beantworten sie ebenfalls mit hierarchischen, eindeutig bestimmten Schematisierungen. Das asymmetrische Bezeichnen ermöglicht die Hierarchiebildung. Paradoxerweise impliziert diese intellektuelle Operation zugleich die Denkmöglichkeit von Gleichheit, d.h. Widerspruch gegen die hierarchische Schematisierung zwischen den Rassen und innerhalb der Rassen. Gleichheitsvorstellungen entwickelten sich im 18. Jahrhundert zunächst aus einer normativ-religiösen Orientierung, indem die Gleichheit "vor Gott" und die daraus abgeleitete Hierarchie in der Welt radikal verweltlicht wurde. Mit der Konzeption einer naturwissenschaftlich-evolutiv gedachten Menschheitsgeschichte konnten soziale Ordnungen, auch wenn sie als in Naturgesetzen verankert gedacht wurden, temporalisiert, d.h. als Ergebnis kontingenten und moralisierbaren Handelns begriffen werden. Das galt prinzipiell auch für die Hierarchisierung entlang der Kategorie Rasse. Die ansatzweise Entnaturalisierung der Beziehungsstruktur zwischen den Menschen verwandelte das mit der Rasseneinteilung transportierte eschatologische Muster von Ungleichheit/Gleichheit in ein soziales.

Eine erneute Naturalisierung der Ungleichheit fand in der westlichen Welt im 19. Jahrhundert statt. "'Soziale Ungleichheit' wurde jetzt gleichsam dem Geltungsbereich des Gleichheitsideals entzogen und vom Begründungs- und Veränderungsdruck befreit".[34] Zwei Theoriestränge lassen sich dabei unterscheiden. Der eine dachte Rassen als Gruppen mit inhärenten Merkmalen, denen Rangordnungen entsprachen und die die Ungleichheits-/Gleichheitsrelationen unmißverständlich festlegten. Der andere gab die Kontingenzannahme über den Zusammenhang von Rassemerkmalen, sozialem Handeln und sozialer Positionierungen zwar nicht auf, verschob die Legitimation von Ungleichheit aber unter Verweis auf eine zu perfektionierende Zukunft. Die dabei zugrunde gelegten evolutionstheoretischen Annahmen dachten die Veränderung von Eigenschaften, die den Rassegruppen zugeschrieben wurden, in sehr langen Zeiträumen, was eine komfortable Legitimation existierender Ungleichheit darstellte.

Wie evolutiv der Rassebegriff auch immer gedacht wurde, wie stark er mit sozialer Hierarchisierung verknüpft wurde, im Kern blieb an jeder Konzeptualisierung ein Rest von Natur haften. Insofern bewirkte jede mit der Kategorie Rasse arbeitende Gleichheits- bzw. Ungleichheitsvorstellung eine "Desozialisierung des Sozialen". Die Verankerung von Merkmalen der Menschen in der Natur ist grundsätzlich mit der Vorstellung höherer Verhaltenszwänge verbunden. Von daher stehen mit Rasse als Kategorie operierende Ordnungsmodelle prinzipiell unter dem Verdikt *rassistisch* zu sein, weil sie individuelle Entwicklungen nicht zulassen. Das gilt auch dann, wenn der Begriff Rasse camoufliert wird und beispielsweise Bildungsdifferenzen auf angebliche natürliche Begabungsunterschiede zurückgeführt werden, oder wenn der Rang eines Berufes mit den natürlichen Fähigkeiten der ihn Ausübenden in Verbindung gebracht wird.[35]

Trotz der vielfachen und hier nur angedeuteten Dekonstruktion des Rassekonzepts, trotz seiner unübersehbaren Belastung mit den mörderischen Konsequenzen, die die Nationalsozialisten aus ihm zogen, ist der Begriff bis heute nicht endgültig als wissenschaftliche Kategorie delegitimiert. Noch immer kann mit guten Argumenten darum gestritten werden, ob die Kategorie "Rasse" zur Beschreibung von Gesellschaften benutzt werden darf, die unbestreitbar als rassistisch charakterisiert werden können.[36] Vierzig Jahre nach seiner Verdammung feiert das Konzept mit der Etablierung der Sozio-Biologie eine Renaissance, wenn auch meist der Begriff der "Rasse" durch den der "Population" ersetzt wird.[37] Seine Konstruktion aber als Kategorie, die Soziales aus der Natur ableitet und daraus Handlungszwänge und Hierarchien begründet, bleibt weiterhin erhalten. So nehmen beispielsweise Vertreter der Evolutionsbiologie in bildungspolitischen Auseinandersetzungen Stellung mit Argumenten, die aus der vergleichenden Biologie gewonnen werden.[38] Die "Desozialisierung des Sozialen" als antimoderne, antiaufklärerische Gesellschaftsposition, die die Unsicherheit und Unübersichtlichkeit der Moderne durch die vermeintliche Sicherheit und Übersichtlichkeit von Naturgesetzen und Analogien zur Natur zu bekämpfen trachtet, bleibt offenbar solange virulent, wie der Zustand der Moderne als unerträglich empfunden wird.

4

Größere Unklarheit herrscht über die analytische Brauchbarkeit der Kategorie "Ethnizität", die als Übersetzung Anfang der 80er Jahre aus der amerikanischen Soziologie in die deutsche Diskussion zurückgekehrt ist[39]. Das hat jene Sozialforscher überrascht, die mit Marx oder mit Weber darauf gesetzt hatten, daß Erscheinungen, die eine solche Bezeichnung herausfordern, im Zuge der Modernisierung verschwinden würden. Wer heute die wachsende Bedeutung solcher Phänomene im Kontext der weltweiten Migrationsbewegungen registriert und sogar das "ethnic revival" begrüßt, muß die Möglichkeit einkalkulieren, daß es sich bei den Phänomenen um (sozial-)wissenschaftlich erzeugte Effekte handelt, über deren Genealogie wiederum eine wissenschaftshistorische Vergewisserung Auskunft geben kann.

Am Anfang stand im ausgehenden 18., beginnenden 19. Jahrhundert im Zuge der entstehenden bürgerlich-kapitalistischen Gesellschaften die begriffliche und politische *Formierung* der auf einem machtpolitisch begrenzten Territorium lebenden "Bevölkerung", in Frankreich zu einer "Nation", in Deutschland zu einem "Volk". Analog zu den naturwissenschaftlich eingeteilten "Rassen" und als Alternative dazu hatte der Humanist Herder ein kulturwissenschaftliches Unterscheidungskriterium benutzt, das er in dem je einzigartigen "Geist" eines Volkes entdeckt zu haben glaubte, der alle kulturellen Äußerungen wie Sitte, Sprache, Moral und Literatur hervorbringe. Herder begann gegen den französischen Universalismus in guter Absicht die Differenz zwischen den Völkern zu kultivieren. Erst ihre grundlegende Verschiedenheit begründete ihren Anspruch auf Besonderung, Trennung und Selbstbestimmung. Er suchte seine mystischen Vorstellungen über den Volksgeist an der Sprache zu demonstrieren und wurde so zum Mitbegründer der Germanistik. Dieser "deutschen" Wissenschaft ging es um die Pflege des deutschen Rechts, deutscher Geschichte und deutscher Sprache. Die Fleißarbeit der Brüder Grimm, Epen, Märchen und Lieder zu sammeln und die Bedeutung der Wörter in einem Deutschen Wörterbuch zu katalogisieren, war Teil einer politischen Homogenisierungsanstrengung, die den Anspruch der bis dahin heterogenen Bevölkerung auf Nationbildung in definierten Grenzen und unter einer legitimen politischen Verfassung begründen sollte. Sprachforschung erschien Jacob Grimm als das "alle vaterländischen Wissenschaften verknüpfende Band".[40]

Die Romantiker Herder und Grimm hatten die Literatur im Auge. Aber sie lieferten die Vorlagen, die der aufkommende deutsche Nationalismus als Reaktion auf die Unterwerfung durch den zugleich bewunderten Napoleon zur Behauptung eines "Nationalcharakters" steigern konnte. Unter dem ethnologischen Blick ihrer Nachfolger veränderten sich die zunächst noch poetisch-semantischen Wertbegriffe in materielle und bald auch territoriale Ansprüche. Sprache wurde in der Folge zu einem Unterscheidungsmerkmal der Völker neben anderen wie Körperbeschaffenheit, Produktionsweisen oder die Hautfarbe. Die Differenz zur Rassekonzeption als einem biologischen Klassifikationssystem wurde alsbald wieder eingeebnet. An der Sprachgestalt sollte die "Kulturhöhe" und die "Kulturfähigkeit" eines Volkes festgemacht werden.[41] Die naturwissenschaftliche Einteilung nach Rassen erweiterte sich zu einer ethnologischen, natürlich-evolutionären Ordnung entlang kultureller Merkmale.

Die Sprachgebundenheit der "deutschen" Volkstheorie war Ausfluß der historischen Situation Deutschlands bis zum Ende des 19. Jahrhunderts. In Ermangelung eines einheitlichen Staatsverbandes und einer auf Bürgerrechte gegründeten, an der universellen Vernunft orientierten politischen Verfassung, deren dynamische Wirkungen in Frankreich zu bewundern waren, konnte die Einheit der Deutschen nicht auf staatliche oder soziale Gemeinsamkeit, sondern mußte auf dem Gemeinbesitz von Sprache, Tradition und Wesen gegründet werden.[42] "Was ist ein Volk?", fragte Jacob Grimm. "Ein Volk, ist der Inbegriff von Menschen, welche dieselbe Sprache reden".[43]

Daß sich im 19. Jahrhundert in Deutschland wie nirgends sonst programmatisch die Sprache als nationenbildendes Unterscheidungs- und Vergemeinschaftungsideal durchsetzen konnte, hat drei Gründe: Es waren Literaten bzw. Philologen und Pädagogen, die angesichts der Zersplitterung des Reiches nach einem vereinheitlichenden Merkmal suchten. Sie erkannten in der Sprache das konstitutive Element jeder Gemeinschaft, das Medium, in dem soziale Prozesse ihren Sinn erhalten und in denen *Reziprozität* hergestellt wird. Sprache erschien zudem lehrbar. Sie beugte sich damit dem instrumentellen Anspruch auf Homogenisierung durch aufklärerisch-pädagogische Anstrengungen.

Aber "Sprache" konnte die Funktionen der Vergemeinschaftung nicht als gesprochene Vernakulärsprache übernehmen, die in Hunderte von Familien-, Lokal- und Regionalsprachen zerfiel, die sich deutlich voneinander unterschieden. Erst ihre Standardisierung machte ihren nationalen Anspruch sichtbar. Standardisierung allerdings steht in einem unaufgelösten Widerspruch zu der Mystifizierung der "Muttersprache", die auch eine deutsche Spezialität ist[44] und die einer tiefgreifenden Emotionalisierung der Frage der Sprachzugehörigkeit den Weg bereitet hat. Die Muttersprachenideologie verklärte die frühen Erfahrungen im Umgang mit der Mutter. Der Spracherwerb wird als das Einrücken in die Sprachgemeinschaft gedeutet. Bei näherem Hinsehen ist es jedoch nicht die Familien- oder Muttersprache, sondern die *Schul*sprache, die eine überlokale bzw. überregionale Vergemeinschaftung bewirken kann. Und bezeichnenderweise war es der deutsche Oberlehrer, der sich die Pflege der Muttersprache als Standardsprache angelegen sein ließ. Die Muttersprache wurde präsentiert als das Symbol der Einheit, das auch und gerade dann in Anschlag gebracht werden kann, wenn die Gemeinschaft politisch unerreichbar oder gar im Zerfall begriffen ist.

Die Volksgeisttheorie der Sprache assoziierte sich endgültig nach dem 1. Weltkrieg mit der Rassentheorie, als es galt, die Juden aus der deutschen Sprachgemeinschaft zu vertreiben. Sprachgemeinschaft beruhte in dieser Vorstellung auf Blutsgemeinschaft. Von der Überhöhung der Bedeutung der Sprache für Vergesellschaftungsprozesse war es nicht weit zu den häufig mit Territorialansprüchen um Sprachgrenzen geführten kriegerischen Exzessen des Nationalismus im 19. und 20. Jahrhundert, zu den völkischen Volksverherrlichungen des Nationalsozialismus im Vorfeld des Zweiten Weltkrieges und zu der Vernichtung ganzer Völker.[45]

Die Konstruktion der Bevölkerung eines Territoriums als Volk diente dem Nationalismus zur Abgrenzung nach außen und zur Vergemeinschaftung nach innen. Verwendet wurde mit der Bezeichnung "Volk" ein Unterscheidungskriterium, das die Differenz von oben und unten, die mit den Begriffen "Stand" und "Klasse" beschrieben wurde, überlagerte und ideologisch einebnete, einebnen *sollte*. "Volk" war nicht nur eine Beschreibung, sondern zu jener Zeit ein durchaus revolutionär emanzipatorisches *Programm*[46], das einer Veränderung der materiellen Grundlagen der Gesellschaft Rechnung zu tragen suchte. Die sozialstrukturelle Hierarchisierung der Bevölkerung weicht bei dieser Betrachtung ihrer ethnischen Homogenisierung. Die Konstruktion "Volk" konstituiert zugleich aber für diejenigen, die innerhalb der Grenzen bleiben oder dorthin einwandern und nicht die emblematisch herausgestellten Homogenitätsmerkmale aufweisen können, einen Minderheitenstatus. Die Kehrseite des Nationalstaates sind ethnische Minderheiten, die sich in aller Regel benachteiligt und in ihren sozialen und politischen Rechten gekürzt sehen.[47]

Die von der Mehrheit der Minderheit aufgenötigte und von der Ethnologie objektivierte Differenz kann nun ihrerseits — bei Inanspruchnahme derselben Prämissen — zur Konstruktion einer Minderheitenidentität benutzt und als Mobilisierungsressource im Kampf um gleiche Rechte oder in Sezessionsbewegungen eingesetzt werden; oder sie dient zugewanderten Minderheiten dazu, sich gegen Abweisung und soziale Isolation durch reaktive Vergemeinschaftung zu schützen. Zur Herstellung ihrer ethnischen Besonderheit können sie sich dann wiederum auf ihre Sprache beziehen, die sie der Hegemonie der Mehrheitssprache entgegensetzen.[48]

Während in der Auseinandersetzung mit dem Konzept "Rasse" die Brauchbarkeit der Kategorie selbst als Unterscheidungsmerkmal bestritten wird und der darauf gegründete Antirassismus sich politisch gegen die Rassisierung sozialer Konflikte wendet[49], wird in der Auseinandersetzung mit dem Nationalismus und der in seinem Gefolge stattfindenden Unterdrückung von ethnisch definierten Minderheiten bislang die Kategorie in ihrer Angemessenheit *nicht* in Frage gestellt, sondern weiter in Anspruch genommen. Das gilt auch für solche sozialen Bewegungen, die eine dominierende Mehrheit mit einer "Gegen-Ethnisierung" konfrontieren, um das Dominanzverhältnis aufzubrechen. Dann steht "ethnisches Bewußtsein" gegen "ethnisches Bewußtsein" in einem kaum auflösbaren Konflikt.

Aber so wenig die Kategorie "Rasse" eine natürliche Entsprechung in der Wirklichkeit hat, so wenig sind ethnische Identität und ethnisches Bewußtsein natürliche Tatsachen, die jenseits historischer Konstruktionen bestehen oder gar konstitutiv für menschliches Leben wären. Sie sind entstanden in einer bestimmten historischen Konstellation als bestimmte historische Konstruktion eines konstanten sozialen Problems, an dem sich nach den Natur- nun die Sozial-Wissenschaften maßgeblich beteiligt haben. Nur in diesem Sinne haben sie Realität.

Die einmal in die Welt entlassene wissenschaftliche Konstruktion eines Volksgeistes bzw. einer nationalen oder ethnischen Identität wurde und wird im politischen Alltag als Sinnstiftungsangebot ergriffen, benutzt und vor allem *geglaubt*. Nach mehr als zwei Jahrhunderten ihrer Wirkungsgeschichte handelt es sich um historisch gewachsene Überzeugungen, die Kernbestandteil nicht nur des europäischen Weltbildes geworden sind und der Selbstkonzeptualisierung von Individuen und Gruppen dienen. Die wissenschaftliche Konstruktion ist nicht die Wirklichkeit, die zu sein sie behauptet, aber sie ist insofern sozial gültig, als sie sich — und so lange sie sich — als brauchbar erweist. Die (Sozial-)Wissenschaften begegnen heute in dem Phänomen der Ethnizität einer Realität im Alltag, der sie zur Wirklichkeit verholfen haben. Anders als im Fall der Kategorie "Rasse" lief die Wissenschaft bei der Definition ethnischer Gruppen der gesellschaftlichen Dynamik des Imperialismus nicht nur als Rechtfertigungsideologie hinterher, sondern sie hat mit der wissenschaftlichen Begründung der Kategorie "Volk" eine programmatische Ressource für politische Auseinandersetzungen im Modernisierungsprozeß bereitgestellt. In diesem Sinne ist Ethnizität selbst Teil der Rationalisierung und geradezu ein Paradebeispiel für die Durchwissenschaftlichung von Gesellschaft, mit der wissenschaftliche Konstrukte verstärkt durch die Massenmedien gesellschaftliche Problemdeutungen und Lösungen erst erzeugen.

Zugleich aber öffnete die Kategorie Ethnizität das Einfallstor für einen unkontrollierbaren Irrationalismus. Denn Ethnizität hat neben der instrumentell-politischen eine psychologisch-identifikatorische Dimension. Sie ist auch eine Ressource der Identitätsbildung des einzelnen. "Identität", persönliche und kulturelle, ist wie "Volk" ein wissenschaftliches Konstrukt, das erst im Übergang von traditionalen zu modernen Gesellschaften gedacht werden konnte.[50] Als die religiös bestimmte Ordnung des corpus christi mit der französischen Revolution endgültig außer Kraft gesetzt war, wurde das traditionelle Ordnungssystem der Ehre abgelöst durch die Konzeption der Menschenrechte[51], trat die Wissenschaft als Ordnungsmedium an die Stelle der Religion, wurde dem Subjekt die Freiheit zugestanden, erst zu werden, was zu sein es bestimmt war. Die neue Freiheit der Wahl schloß aber zugleich auch die Krise der Subjektivität ein. "Identität" wurde von nun an nicht mehr als "gegebene" vorausgesetzt, vielmehr wurde sie infolge der existentiellen Verunsicherung aus der Einsicht zum Problem, daß mehrere Lösungen möglich sind. Hier liegen die Wurzeln des Relativismus. Ging Decartes noch von einer Reflexionsidentität aus, so hatte schon Hegel den Resultatcharakter der Subjektivität als Ergebnis des historischen Prozesses erkannt; Mead, Freud u.a. haben die zugehörigen Prozesse später als Interaktions- und Kommunikationsvorgänge beschrieben, in denen Identität sich sozial konstituiert.

Aufgeworfen war die Frage, wie nach dem Wegfall der äußeren, in der überschaubaren Gemeinschaft kontrollierten Ordnung, die einem jeden einen unveränderbaren Platz in seiner Gruppe anwies, die Übereinstimmung zwischen persönlichen Wünschen, Erfahrungen, Orientierungen und den sich wandelnden sozialen Werthaltungen der Gesellschaft erhalten werden kann. Die eigenen Orientierungen wurden sozial erst gültig, wenn sie in die Loyalität zu einer Gruppe eingebunden blieben, wenn, interaktionstheoretisch betrachtet, die Wahrnehmungen von "I" und "Me" zueinander "passen" oder wenn, psychoanalytisch gesprochen, parallel zum ökonomischen der psychische Kleinbetrieb von Überich, Ich und Es ausgewogen funktioniert, wenn Ich und Ich-Ideal wenigstens gelegentlich in eins fallen.

Mit dem Fehlen integrativer Weltdeutungen, einer Beschleunigung des sozialen Wandels, der die Temporalisierung aller Gewißheiten erlebbar macht, und der Pluralisierung von Lebenswelten als Folge der zunehmenden funktionalen Differenzierung der sich modernisierenden Gesellschaften, wurde die Frage "Wer bin ich", "Wozu gehöre ich" etc. überhaupt erst möglich, aber auch drückend. Genau an dieser Frage polarisierte sich die Gesellschaft in eine private und eine öffentliche Sphäre[52]: Orientierung bot zum einen die patriarchalische *Familie*, in der eine festgefügte hierarchisch-autoritäre Ordnung und Rollenzuweisung naturgegeben fortzubestehen schien; zum anderen das *Vaterland*, das einen Katalog von Tugenden und Pflichten als Orientierungs- und Identifikationsangebot bereithielt. Bausinger spricht von einer "kollektiven Regression"[53], die nicht nur in bezug auf den Rückzug in die Familie, in den (klein-)bürgerlichen Privatismus, zu diagnostizieren wäre. Die deutsche Sprache hat mit den Begriffen "Muttersprache", die in der Familie erworben wird, und "Vaterland", das die sozialen Regeln und Normen bereitstellt, die Grundtriade eingefangen, in der sich die Identitätsbildung im Deutschland des 19. und beginnenden 20. Jahrhunderts vollzog. Die nach dem Verlust Gottes und der Dorfgemeinschaft identitätsstiftende Zuflucht zu funktional äquivalenten Ideologien und Dogmen, darunter Rasse, Ethnie, Nation und Sprache, ist eine defensive Reaktion auf die als Zerfall erlebte Erosion der äußeren Ordnung. Die Individuen, die aus ihrer gemeinschaftlichen Verankerung gerissen, nun nach universellen Gesichtspunkten der sich ausbreitenden Warenproduktion vergesellschaftet wurden, mußten sich nach identitätsstiftenden Symbolen umsehen. Die ideologische Figur der geglaubten ethnischen Gemeinschaft, verankert in der Familie und politisch gesteigert zum Nationalismus, erwies sich als besonders tauglich, die Formation der Subjektivität zu entlasten. Eine progressive Alternative bildete das ideologische Angebot, das mit den Konzepten "Freiheit", "Gleichheit", "Demokratie" und "Fortschritt" operiert. Es stellt an den einzelnen über die bloße Identifikation hinausgehende Anforderungen und kann nicht als Vergemeinschaftung, sondern nur in einer rational herzustellenden *Solidarität* verwirklicht werden. Angestrebt wird in dieser Vorstellung nicht Authentizität, sondern Autonomie.

Es ist genau das Moment der *Regression*, das die sprachlich-nationalistische Gemeinschaft in einer Weise affektiv auflädt und irrationalisiert, die von anderen Vergemeinschaftungssymbolen nicht oder nur selten erreicht wird. Regression beschreibt in der psychoanalytischen Theorie, die eine Entwicklungslogik von einfachen zu komplexen Ausdrucks- und Bewältigungsformen enthält, die Rückkehr zu bereits überschrittenen, früheren Entwicklungsformen auf ein unter dem Gesichtspunkt der Komplexität, der Strukturierung und der Differenzierung niedrigeres Niveau.[54] Wenn die Komplexität zur Unübersichtlichkeit wird und der Freiheitsgewinn als bedrohliche Orientierungskrise erlebt wird, erzeugt Angst regressive Rückkehrwünsche in die "heile Welt" der frühen Vater-Mutter-Kind-Triade und der fraglosen Übereinstimmung mit den Werten und Normen der ursprünglichen Gemeinschaft. Die Zuflucht zu vermeintlich stabilisierenden Traditionen, geglaubten und für gültig gehaltenen Normen, zur Muttersprache und zum Vaterland, sollen da Orientierungen bieten, wo Verunsicherung zum Normalfall geworden ist und wo die Integration ambivalenter Orientierungen und divergenter Normierungen verlangt wird. Es ist eine doppelte Regression: psychisch als Rückkehr zu früheren Entwicklungsphasen und politisch als Rückwendung zu tradierten und bewährten Normen. Insofern gilt für den Nationalismus, was Freud für die Religion allgemein konstatiert hatte: er ist Ausdruck der Hilflosigkeit, erbaut aus Versatzstücken der eigenen und der Kindheit der Menschheit.[55] Die psychische Energie wird individuell und kollektiv an Gefühle und Werte gebunden, die in der Vergangenheit liegen.[56] Das Angebot "ethnischer Identität" fixiert auf einem frühen psychischen Entwicklungsniveau und konserviert die soziale Entwicklung. Es entlastet von der Schwerstarbeit der Identitätsformation unter den widrigen Bedingungen einer entfesselten gesellschaftlichen Dynamik. Ethnizität ist eine Notlösung individueller Orientierung unter der Bedingung der "Unheimlichkeit", die in der Migrations- und Minderheitensituation zur Unerträglichkeit gesteigert sein kann.

Ethnizität hat so gesehen zwei Gesichter: ein politisch instrumentelles, das vor allem von sich ethnisch definierenden Eliten strategisch zur Mobilisierung benutzt werden kann; und ein individuell-entlastendes, das der subjektiven Orientierung dient.[57] Diese letzte Funktion der ethnischen Identifikation macht die Mobilisierungswirkung ethnischer Deutungsangebote aus. Ihre Wirksamkeit besteht nur solange, wie ihr Konstruktcharakter undurchschaut bleibt. Ethnizität läßt sich nicht auf's Instrumentelle reduzieren. Sie ist im Gegensatz zur Solidarität nicht das Ergebnis von *Auf*klärung, sondern von *Ver*klärung. Reflexion wäre gleichbedeutend mit dem Auseinanderfallen der Gemeinschaft und der Aufhebung der Mobilisierungswirkung ethnischer Identifikation. Aus diesem Grund ist Ethnizität nicht auf rationale Interessenwahrnehmung zu begrenzen. Ihre diffus-emotionale Verankerung ist die Bedingung ihrer instrumentellen Wirksamkeit, aber auch die Ursache ihrer irrationalen Entgleisung, die einmal als ethnisch definierte Konflikte immer wieder bis zur Unlösbarkeit eskalieren läßt.

5

Zur Beurteilung der analytischen Brauchbarkeit einer Kategorie reicht die diachrone Betrachtungsweise nicht aus. Es wäre verkürzend, Begriffe bloß auf ihre Herkunft und ihre bisherige Wirkungsgeschichte zu untersuchen und ihre synchrone Bedeutung zu vernachlässigen. Und es wäre unzulässig, von dem Gebrauch einer Unterscheidungskategorie in anderen historischen Kontexten Schlüsse auf die Überzeugungen und Absichten derjenigen zu ziehen, die sie heute bei der Konstruktion von Wirklichkeiten benutzen. Die Beobachterfrage nach den aktuellen Folgen der Wahl einer Kategorie auf das Handlungssystem muß dennoch gestellt werden. Zu prüfen bleibt, ob eine Unterscheidungskategorie, die auf dem Umweg über die anglo-amerikanische Diskussion nun in die deutsche Diskussion zurückkehrt, — gleichsam chemisch gereinigt, von "völkisch" in "ethnisch" verwandelt — geschützt ist gegen einen Gebrauch, der die Konsequenzen ausschließt, die nicht erst einmal in die Katastrophe geführt haben und die heute, wieder und immer noch, überall auf der Welt Konflikte emotionalisieren und unlösbar machen.

1975 haben Glazer und Moynihan einen Reader mit dem Titel "Ethnicity" herausgegeben.[58] In der Einleitung fragen sie, wie nützlich die "neue" Kategorie sei, ob sie zu größerer Präzision bei der Beschreibung der Wirklichkeit führen könne, oder ob sie eher dazu beitragen werde, die Konfusion zu steigern. Ihre erkenntnislogisch überraschende Antwort lautet: Es sei etwas Neues in der Wirklichkeit aufgetreten und deshalb bedürfe es neuer Beschreibungskategorien. Zur Plausibilisierung ziehen sie einen anspruchsvollen Vergleich. Die Beobachtung im frühen 19. Jahrhundert, als die Industrialisierung neue soziale Klassen entstehen ließ, hätte mit Hinweis auf die schon immer bestehenden Rangunterschiede und auf die unterschiedlichen Reproduktionsweisen weggewischt werden können. "Dies getan zu haben, hätte bedeutet, ein großes Ereignis dieser Zeit zu verpassen. Ähnlich würde man, wollte man in der 'Ethnizität' unserer Zeit nur Bekanntes entdecken, die Entstehung einer neuen sozialen Kategorie verpassen, die genauso signifikant für das Verstehen der heutigen Welt ist, wie die Kategorie 'Klasse' selbst".[59]

Das Programm, etwas Neues in der Welt zu behaupten und dann die dazu passenden Beschreibungskategorien zu suchen, führt in erkenntnislogische Schwierigkeiten. Was mit Hilfe von kategorialen Unterscheidungen und Bezeichnungen als Problem aus der unendlichen Komplexität der sozialen Prozesse herausgegriffen und dadurch erst als solches sichtbar gemacht wird, hängt ab von der Wahl der Kategorien, die dazu benutzt werden, die Distinktion vorzunehmen. Woher die Kategorie kommt, die plötzlich gebraucht wird, um das "Neue" zu beschreiben, ist erklärungsbedürftig und wissenssoziologisch erklärungsfähig. Erst das Operieren mit neuen Unterscheidungen eröffnet neue Sichtweisen und neue Einsichten.

Die Bezugsquellen für Unterscheidungskategorien sind begrenzt, Neuschöpfungen ganz selten. Geläufig sind Anleihen bei anderen Theorietraditionen oder bei anderen Disziplinen. Glazer und Moynihan halten sich bei Nachforschungen über die Herkunft ihrer Kategorie nicht auf. Sie sichten die synchron vorfindbaren Definitionen anhand einiger Wörter- und Handbücher und schärfen daran ihre eigene Definition. Indem sie darauf insistieren, daß es sich um etwas "Neues" handele, scheren sie zwar aus der Phalanx der Soziologen aus, die das Absterben solcher Phänomene vorausgesagt oder sich als Ideologen einer Meltingpot-Ideologie betätigt hatten. Objektiv jedoch greifen sie zurück auf ein Konzept aus dem 19. Jahrhundert, das sie in einen neuen Kontext einführen.

Etwas "Neues" konnten Glazer und Moynihan nur sehen, weil sie einen Begriff hatten, der zu einer Beobachtungskategorie geformt werden konnte. Sie benutzten bei der Beobachtung die Kategorie bereits, deren künftige Nützlichkeit und Angemessenheit zur Beschreibung der Gesellschaft sie plausibel machen wollen. Bei genauerem Hinsehen zeigt sich, daß sie nicht "Ethnizität" als etwas Neues entdeckt haben, sondern daß sie mit Hilfe der Kategorie eine *neue Form* beschreiben, wie in modernen Gesellschaften mit einem Konzept, das im 19. Jahrhundert der politischen Homogenisierung und der individuellen Identitätsformation diente, umgegangen werden kann.

- Sie beobachten ein Anwachsen der Zahl und der Intensität von Konflikten zwischen *ethnischen* Gruppen, wobei historische Vergleichsmaßstäbe ungenannt bleiben. Zwar komme es zu einer fortschreitenden Angleichung der kulturellen Inhalte im Sinne einer Nivellierung kultureller Differenzen, aber gleichzeitig auch zur Erhöhung der Identifikationsneigung. Glazer/Moynihan verwenden einen nichtaskriptiven Begriff von Ethnizität, der auf subjektiv geglaubter Gemeinschaft beruht oder, wie sie formulieren, auf einem "sense of identity"/"sense of difference".

- Sie beobachten ein plötzliches Anwachsen der Tendenz, sich im Konfliktfall auf Gruppenunterschiede entlang beliebiger Differenzen zu berufen und Rechte und Ansprüche aus der Gruppenzugehörigkeit abzuleiten.
- Sie diagnostizieren eine zunehmende Verknüpfung von Interessen und affektiven Gruppenbindungen, die über das übliche Maß an Interessensolidarität hinausgehen.
- Sie stellen fest, daß Ethnizität *strategisch* eingesetzt wird, um den Zugang zu den gesellschaftlichen Medien Macht, Geld und Bildung zu erlangen. Ethnizität bzw. kulturelle Differenzen zwischen Gruppen werden zu einem Mittel, um die Definitionsmacht der Mehrheit zu relativieren und damit die eigenen Lebenschancen zu verbessern.
- Schließlich sehen sie, daß Regierungen die Ressource Ethnizität benutzen, um die Legitimität ihrer Politik zu steigern.[60]

Nun ist die Ethnisierung sozialer Konflikte nicht neu. Glazer und Moynihan haben in einer modernen Gesellschaft nichts anderes beobachtet, als Otto Bauer für die kapitalistische Klassengesellschaft des 19. Jahrhunderts beschrieben hat.[61] Neu ist der Kontext, in dem ethnische Identifikationen auftreten und eingesetzt werden: plurale, wohlfahrtsstaatlich organisierte Gesellschaften, deren Organisationsprinzip die administrative Verteilung bzw. Umverteilung von Gütern ist. In einer als postindustriell beschriebenen Dienstleistungsgesellschaft, in der sich Klassengegensätze abschwächen und Traditionsbestände wegschmelzen[62], können Gruppenmerkmale, die lebenslagen- oder lebensphasenspezifisch sind, zum Fokus einer Mobilisierung werden, die der strategischen Durchsetzung von politischen und kulturellen Interessen dient. Dabei handelt es sich um Interessen-Gruppen, die ad hoc um extern nicht festlegbare Merkmale organisiert werden können, z.B. als Bürgerinitiative gegen Fluglärm oder für die Rechte Homosexueller, häufig aber auf religiöse oder sprachliche Traditionen zurückgreifen.

Wie wird die pluralisierte, postindustrielle Gesellschaft konstruiert? Vorausgesetzt ist ein direktes Anspruchs- und Versorgungsverhältnis des einzelnen gegenüber dem Staat und im Zuge der Steigerung des Wohlstandes eine Auflösung der ständischen Klassenbindungen, die an eine kollektive Verelendungserfahrung gebunden waren. Danach haben die fortgeschrittenen Industriegesellschaften ein derartiges Niveau der Versorgung mit Konsum- und Bildungsgütern erreicht, daß der Klassengegensatz zwar strukturell fortbesteht, aber subjektiv an Bedeutung zu verlieren scheint und darauf bezogene Solidarität nicht länger stiften kann. An die Stelle der Solidarität rückt in vielen Fällen die ethnische Formierung von Interessen — zumeist unter der Führung von Intellektuellen und Politikmanagern. Dem großen Gegensatz von Kapital und Arbeit ist in dieser Gesellschaftskonstruktion die Konkurrenz um Zugangsrechte zu Gütern und Dienstleistungen gewichen: Arbeit, Bildung, Konsum und zunehmend Gesundheit und Umwelt sind die Felder des Konkurrenzkampfes.

Forderungen werden an den Staat adressiert, um einen gleichen Zugang zu den Ressourcen zu erreichen, was wiederum durch das Gleichheitsprinzip des *Rechtsstaates* legitimiert ist. Mit Hilfe des Ethnizitätskonzepts kann ein Prozeß der internen Differenzierung sozialer Klassen unter Bedingungen relativer ökonomischer Gleichheit beschrieben werden. Ethnizität wird in sozialen Verteilungskämpfen eingesetzt, die nun in einer pluralisierten, als *multikulturell* vorgestellten Gesellschaft, die auf formaler Rechtsgleichheit beruht, als Gegensätze zwischen den horizontal angeordneten Gruppen erscheinen. Sich (gegenseitig) ethnisch definierende Gruppen *im unteren Abschnitt* des sozialen Stratums konkurrieren gegeneinander oder werden gegeneinander ausgespielt.

Erklärungsbedürftig in dem Konzept der so eingeführten "multikulturellen Gesellschaft" bleibt, wie es zu einer *vertikalen* ethnischen Schichtung kommt. Das Deutungsangebot, das Glazer/Moynihan für diese Frage machen, fällt hinter ihre instrumentell-subjektivistische Anfangsprämisse allerdings zurück. Naheliegend wäre eine Erklärung aus der rassistischen und ethnozentristischen Geschichte und Tradition der multikulturellen Gesellschaften, die die offene Versklavung und Unterdrückung ganzer Bevölkerungsgruppen in eine stabile Ethnohierarchie verwandelt haben. Glazer und Moynihan aber koppeln die Erklärung für die vertikale Ungleichheit zwischen ethnischen Gruppen an ein Konzept von "norm-achievement" an, demzufolge die Normen einer ethnischen Gruppe den Normen der dominanten Gruppe unterlegen sein können. Ethnische Herkunft und ethnische Prägung durch eine Gruppenkultur werden einlinig mit individuellen Handlungsmöglichkeiten und -chancen in Verbindung gebracht. Die Individuen werden in dieser Vorstellung wiederum zu Gefangenen ihrer Herkunftskultur. Wenn dazu noch die relative Autonomie der Gruppenkulturen und Gruppennormen gegenüber den gesellschaftlichen Strukturen behauptet wird, werden letztere nicht nur von dem Legitimationsdruck entlastet, der sich aus dem Gleichheitspostulat des Rechtsstaates ergibt, sondern es lebt der für die amerikanische Soziologie lange Zeit charakeristische Determinismus im Verhältnis von Kultur und Struktur weiter fort. Vernachlässigt wird bei dieser Konstruktion der wechselseitige und dynamische Transformationsprozeß, der zwischen sozialen Strukturen und kulturellen Mustern besteht und der beide, Struktur und Kultur, permanent verändert. Indem sie das auf Individuen gemünzte Modell des "norm-achievement" auf ethnische Gruppen übertragen, leisten sie einer Reifizierung von Kultur und damit einem Kulturdeterminismus Vorschub, dem ethnische Identität schließlich doch zu einem objektiven Merkmal wird, das die Gruppenmitglieder hindert, sich an neue Anforderungen anzupassen. Die Folgen dieser Konstruktion für das Handlungsfeld sind voraussagbar. Glazer z.B. begreift Gleichstellungspolitiken im Sinne der "affirmative action" als "affirmative discrimination".[63] Moynihan sieht in der Struktur der schwarzen Familie die Ursache für die fortbestehende Möglichkeit der Rassendiskriminierung in den USA.[64]

Die Idee des "Volksgeistes" oder der "völkischen Eigenart", die alle kulturellen Hervorbringungen bestimmt, bleibt auch nach dem Reinigungsbad in der modernen sozialwissenschaftlichen Theorie an dem Konzept "Ethnizität" erkennbar. Sein Re-Import konnte deswegen umstandslos gelingen, weil die Beobachtungen ethnischer Differenzierung als empirische Realitäten und nicht als kategoriale Konstruktionen präsentiert werden. Die scheinbare empirische Evidenz der Phänomene macht die theoretischen Konzepte, mit deren Hilfe sie auch im Alltag durch Kategorisierung erst hergestellt werden[65], vergessen. Während biologische Gruppenmerkmale, wie Blutzusammensetzung und Hautfarbe, als determinierende Faktoren aus der wissenschaftlichen Diskussion genommen wurden, kann der Kulturdeterminismus im neuen Gewande fortwirken. An die Stelle des Rassenkonflikts, dem die Absicht von Unterdrückung und Vernichtung anzusehen war, ist der "Kulturkonflikt" getreten, der das Individuum gegen seinen Willen in unüberwindbare Schwierigkeiten bringen kann. Ein ganzer Diskussionsstrang hat sich um diese Konstruktion gebildet und im Erziehungs- und Gesundheitsbereich verheerende Wirkungen erzeugt.[66]

Dem in einer solchen Konstruktion unterlegten statischen Konzept ethnischer und kultureller Identität ist als Deutungsalternative das Konzept eines dynamischen, andauernden und prinzipiell unabgeschlossenen Identitätsbildungsprozesses entgegengesetzt worden, in dem es darum geht, die Entwicklung der individuellen Orientierungen mit den sozial-strukturellen Veränderungen zu synchronisieren.[67] Der Kern einer solchen Identitätsformation wird als "Lernfähigkeit" beschrieben. Bezugspunkt des "Lernens" bleibt die eigene Geschichte, die eigene Subjektivität. Die Biographie gibt zwar die thematische Bandbreite individueller Selbstreflexion vor, legt damit jedoch nicht deterministisch deren Ergebnis fest. Es kommt bei der Identitätsbildung darauf an, das Neue und Widersprüchliche fortlaufend in das Vergangene einzuarbeiten. Die Veränderung bleibt zwar auf das Vergangene bezogen, aber dieses ist im Veränderten "aufgehoben". Lernen ist das aktive und passive Vermögen, "das, was als Neues, Unverständliches, ja Sinnloses, als Angst und Unsicherheit Auslösendes auftritt und das Gleichgewicht des Subjekts gefährdet, in eigenes, in neue Denk- und Handlungsmuster umzuschmelzen".[68] "Identität" bestünde in dieser Vorstellung in der entwickelten Kompetenz, ständig neue Situationen zu bewältigen.

Die in einer solchen Konstruktion dem Subjekt abverlangte Flexibilität und Anpassungsbereitschaft ist ersichtlich eine Reaktion auf die Produktionserfordernisse in kapitalistischen Gesellschaften, die in immer schnellerem Wechsel Neuorientierungen verlangen. Durch immer neue Modernisierungsschübe werden vertraute Gewohnheiten und bewährte Regeln außer Kraft gesetzt. "Lernen" steht als Inbegriff der Wandelbarkeit und Veränderbarkeit des Individuums. Wahrnehmungs- und Urteilskonflikte bezeichnen besonders einschneidende Lernorte. Der Ausbildung neuer Orientierungsmuster gehen zumeist "subjektive oder kollektive Deutungs- und Handlungskrisen – zumindest jedoch Unsicherheiten – voraus, wenn ein bislang gültiges Orientierungsmuster in Frage gestellt wird und die notwendige Neu- und Umorientierung auf soziale, kognitive oder emotionale Widerstände trifft (...). Ursprüngliche Selbstverständlichkeiten und Beschränkungen der Sichtweise, mit denen sich das Subjekt bis zum Eintritt des Konfliktfalles gar nicht auseinanderzusetzen hatte, werden plötzlich fragwürdig, treten nur noch als Spezialfälle eines allgemeinen Zusammenhangs auf (...) und müssen in neue Handlungs- und Deutungsmuster umgeschmolzen werden".[69] Das Fragwürdigwerden ist gleichbedeutend mit Reflexion, die das Vermögen des Menschen bezeichnet, "sich aus dem fraglosen Wahrnehmungs- und Handlungszusammenhang seiner Umwelt herauszulösen, sich zu distanzieren".[70]

Eine derartige Konzeption von Identität bricht mit Vorstellungen, die von einer einmal festgelegten, substantiellen Ausprägung der Identität – einer kulturellen Basispersönlichkeit[71] – ausgehen und dann zwangsläufig Störungen annehmen müssen, wenn neue

Situationen eintreten, Umweltbedingungen sich ändern. Identität wird in dieser Konzeption zu einer dynamischen Kategorie, die in ihrem substantiellen Aspekt prinzipiell veränderlich ist, durch die Bindung an die zurückgelegte Lebensgeschichte dennoch nicht beliebig wird.

"Kulturelle Identität" wäre so gesehen die Fähigkeit, die "Landkarten der Bedeutung" und das mitgebrachte kulturelle Material den aktuellen Lebensbedingungen anzupassen. Sie klebt nicht an den Individuen wie Pech und sie treibt sie mit dem Wechsel der Lebensbedingungen nicht unweigerlich in Konflikte und Schwierigkeiten. Sie ist eine lebenslange Aufgabe. Darin mag eine strukturelle Überlastung des Individuums liegen. Die transzendentale Kategorie der Subjektivität bleibt eine unerfüllte Herausforderung. Sie den Individuen zugunsten eines Vergemeinschaftungsangebots zu erlassen, würde die Möglichkeit zu selbstbestimmter Entwicklung abschneiden. Das Angebot "ethnischer Identität" wäre in diesem Verständnis gleichbedeutend mit einer psychischen und sozialen Fixierung auf einmal gebildete Gruppennormen. Sofern die einzelnen das Konzept ethnischer Identität für die Konstruktion ihres Selbst benutzen, können sie sich auf dem Wege der Selbstethnisierung an einer angemessenen Auseinandersetzung mit einer sich wandelnden gesellschaftlichen Realität hindern.

Eine so veränderte Konstruktion des Zusammenhangs von Subjektformation und gesellschaftlicher Dynamik führt zu anderen Erklärungen der ethnischen Hierarchisierung als sie Glazer und Moynihan angeboten haben. Ethnizität stünde in diesem Verständnis quer zu der Notwendigkeit der Synchronisation von individueller Orientierung und sich wandelnden sozialen Anforderungen. Sie belastete das Individuum damit mehr als sie es entlastete. Wird ein kompetenztheoretisches Konzept von Identität unterlegt, das auf Dynamik und Bewältigung des sozialen Wandels setzt, kann die Ursache für mangelndes "norm-achievement" nicht mehr zuerst in den kulturellen Fähigkeiten der Angehörigen ethnischer Minderheiten oder in ihren Traditionen gesucht werden. Zu analysieren wären die Mechanismen, die das Bewältigen neuer Situationen verhindern und die eine ethnische Vergemeinschaftung als defensive Reaktion auf Differenzmarkierungen durch die Mehrheit aufnötigen. Nicht weil die "Anderen" die Regeln nicht beherrschen, sondern weil man sie diese nicht lernen und sie nicht mitspielen läßt, geraten sie ins Abseits. Ihre Teilnahme am Arbeitsmarkt, am Wohnungsmarkt, am Konsumgütermarkt scheitert nicht daran, daß sie die dort gültigen kulturellen Normen und Regeln nicht beherrschen, sondern ist Ergebnis der Durchsetzung von Interessen unter Ausnutzung struktureller, formeller und informeller, Diskriminierungsmöglichkeiten seitens der Mehrheit.[72] Die praktischen Konsequenzen einer so begründeten Deutung der Wirklichkeit der Diskriminierung von Minderheiten wären Anstrengungen, die Mehrheitsgesellschaft zu verändern und nicht länger Defizite der Minderheiten zu kompensieren oder ihre Identität zu modellieren — mit welcher Absicht auch immer.

6

Die diachrone und synchrone Sichtung des Deutungsinstrumentariums, das heute bevorzugt in der Migrations- und Minderheitenforschung eingesetzt wird, verdeutlicht den Konstruktcharakter der Wirklichkeiten und zeigt die historische Gebundenheit und Begrenzung der Kategorien.[73] Sie relativiert die Aussagekraft der gewählten Theoreme und erweist die Wirklichkeiten als die Wirkung von Deutungsanstrengungen.

Wo dem Relativismus von Aussagen nicht zu entgehen ist, bleibt der Ausweg ins *Programm*. Theoretisch nicht begründbare Codierungen können programmatisch gewendet werden. Neue Kategorien zur Beschreibung der Wirklichkeit, neuerdings z.B. "Geschlecht", "Natur" und eben "Ethnizität", rücken in den Vordergrund, weil bisher gültige Deutungen über die Konzepte "Klasse" oder "Schicht" nicht mehr tragfähig sind und sozialer Handlungsbedarf entstanden ist. Solche Kategorien werden nicht mehr nur mit Referenz auf Theorien und Theorietraditionen begründet, sondern verbinden sich mit dem Wunsch nach praktischer Veränderung auf der Basis politisch-programmatischer Normierungen. In den 70er Jahren ist diesen Weg die Aktionsforschung gegangen[74], in jüngster Zeit zeigen sich ähnliche Tendenzen im Bereich der Frauenforschung und der Ökologiebewegung. Aber auch Wissenschaft im Dienste "ethnischer" Minderheiten liegt auf der Linie einer Umwandlung theoretisch letztlich nicht begründbarer Distinktionsentscheidungen in ein politisches Programm.[75]

Die Codierung der Wirklichkeit mit ethnischen Unterscheidungen dient dem Programm der *Gleichstellung* in der von dem Code erfaßten Dimension. Die Wahl des Unterscheidungskriteriums, mit dem die Beobachtung der Ungleichheit beginnt, zielt darauf, genau diese Differenz als reale, sozial relevante aufzuheben und unwirksam zu machen. Das Programm einer Wissenschaft im Dienste der Minderheiten, das mit der Kategorie "Ethnizität" operiert, ist *nicht* die *Erhaltung* von Ethnizität, auch wenn viel davon abhängt, die Kategorie bei der Konstruktion der Wirklichkeit sozial gültig zu machen. Tatsächlich gibt erst die Behauptung: 'ethnisch zu sein, eine ethnische Identität zu haben und bewahren zu sollen, gehöre zum Menschsein', der Kategorie die moralisch-politische Durchschlagskraft, die sie als Programm, z.B. zur Begründung der Forderung nach bilingualem Unterricht in den Schulen, tauglich macht. Dieser Umstand enthält jedoch die Gefahr eines Selbstmißverständnisses. Vor allem die angewandten Disziplinen Pädagogik und Sprachdidaktik stehen bei der Verwendung der Kategorie "Ethnizität" in der Versuchung der Reifizierung und Ontologisierung.[76] Das ethnische "wir" buchstabiert sich immer aus in das latent feindselige "wir und sie", das seiner sozial strukturellen Bezüge entkleidet ist. Die verbreitete Forderung nach Multikulturalität beruht so gesehen auf problematischen soziologischen Prämissen.

Die modernen, sozialstaatlich verfaßten, auf dem universellen Prinzip der Menschenrechte beruhenden Gesellschaften stehen vor der Aufgabe, Gleichheit auf der Basis von Differenz organisieren zu müssen. Was aber bedeutet Gleichheit? Wenn z.B. nach der Ungleichverteilung von Frauen, Migranten oder anderen sogenannten "Problemgruppen" in der Arbeitslosenstatistik gefragt wird, steht nicht die sozialstrukturelle Ungleichheit in Rede, sondern betrachtet werden die proportionalen Anteile der einzelnen Gruppen innerhalb der unthematisierten vertikalen Hierarchie. In den Fokus von Gleichstellungsanstrengungen rücken die bestehenden *horizontalen Disparitäten*[77] bei der Zuteilung von Sozialleistungen oder bei der Versorgung mit lebenswichtigen Gütern wie Wasser und Luft, Gesundheit und Konsum, Bildung und Einkommen, Macht und Einfluß. Gleichstellungsprogramme stellen nicht die "alte" Frage nach dem Klassengegensatz, sondern sie formulieren in einer Gesellschaft, deren hohes Wohlstandsniveau den Klassengegensatz subjektiv zurücktreten läßt, ein internes Ausgleichsprogramm: gleichviel Unterdrückung und gleichviel Privilegien und Einfluß für alle! Schwarze Lohnarbeiter sollen gegenüber weißen nicht benachteiligt, aber auch nicht bevorzugt werden etc.[78]

Was bedeutet dann aber Organisation von Differenz? Die Forderung nach Gleichstellung bezieht sich auf die öffentliche Sphäre der Gesellschaft, in der politische *Rechte* garantiert werden. Niemand soll aufgrund von persönlichen Merkmalen benachteiligt werden, aber Diskriminierung in der sozial-ökonomischen Sphäre von Arbeit und Tausch bleibt auf der Basis eines universalisierten Leistungsprinzips zulässig. Um nicht nur eine Gleichheit der Chancen, sondern gleiche Ergebnisse zu sichern, wird deshalb zusätzlich entweder mit Kompensationsprogrammen gearbeitet, die bei dem einzelnen Individuum ansetzen, oder es wird die zumindest zeitweilige positive Diskriminierung als "affirmative action" gefordert, die auf die Veränderung institutioneller Praktiken, z.B. bei der Vergabe von Arbeitsplätzen und Wohnungen, zielt.

Universalisierung in modernen, pluralisierten Gesellschaften bedeutet nicht notwendig Nivellierung und Einebnung von Differenzen. Erzeugt wird durch die universelle Rechtsgleichheit einerseits ein "staatsbürgerlicher Privatismus", der den einzelnen in die Rolle eines mit gleichen Ansprüchen ausgestatteten Klienten des Staates drängt, dem nur periodisch symbolische Legitimationsleistungen abgefordert werden. Andererseits entsteht ein "familial-beruflicher Privatismus", dem es neben einer ausgeprägten Familienorientierung hauptsächlich um Karriere, Freizeit und Konsum geht.[79] Auf genau diese Orientierungen antworten Gleichstellungsprogramme. Soweit im liberalen Rechtsstaat die Maxime gilt, daß das Recht immer zuerst das Recht des anderen ist, geht es programmatisch darum, den öffentlichen Bereich, in dem das Prinzip der Gleichheit herrscht, von dem privaten Bereich, in dem das Prinzip partikularer Orientierungen gilt, zu trennen. Die prinzipielle, rechtliche Gleichstellung in der öffentlichen Sphäre ist die Voraussetzung für den Fortbestand partikularer Orientierungen und Lebensformen im privaten Bereich. Zu organisieren wäre eine Gesellschaft, in der privat gelebte Differenzen öffentlich bei der Wahrnehmung von Rechten keine Rolle spielen. So gesehen ist die Bezeichnung "multikulturelle Gesellschaft" die *Beschreibung* eines Zustandes, in dem es Diskriminierung entlang ethnischer Differenzmarkierungen *gibt*, also ein zu überwindender und nicht ein programmatisch anzusteuernder Zustand.[80]

Ebenso wie die europäischen Gesellschaften nach der grauenhaften Erfahrung des Dreißigjährigen Krieges im Laufe von Jahrhunderten die Differenz konfessioneller Orientierungen als Merkmal politischer Unterscheidung und Unterdrückung überwunden haben, käme es heute darauf an, die Differenzmarkierungen, die mit dem Konzept der "völkischen Identität" im 18. und 19. Jahrhundert eingeführt wurden, unwirksam zu machen. Ebenso wie nach dem Westfälischen Frieden Zug um Zug auch theologisch abgerüstet wurde, steht spätestens seit dem 2. Weltkrieg die ideologische Abrüstung des Nationalismus an. 1945 forderte der norwegische Linguist Ralf Sommerfeld: "Nach dem Krieg werden wir unsere Feinde entwaffnen. Man muß sie auch geistig entwaffnen".[81] Diese Forderung bezog sich genau auf die "Volksgeist" Theorien deutscher Provenienz, und sie liest sich auch heute noch als ein Aufruf an die Intellektuellen, die aus Furcht vor der Nivellierung und der Zerstörung von Lebensformen in wohlmeinender Absicht weiter mit der Kategorie "Ethnizität" operieren. Wissenschaftler hätten nach der Erfahrung des 2. Weltkrieges die Aufgabe — gleichsam in einer Rückrufaktion - Kategorien, deren Folgen für das Handlungssystem bekannt sind, aus der Diskussion zu nehmen.

Die Tatsache der fortbestehenden ethnischen Diskriminierung kann durch ein Programm der Gegen-Ethnisierung ebensowenig aufgehoben werden, wie die Geisel des Rassismus vertrieben werden könnte, ohne die Kategorie "Rasse" einer radikalen, bis zu ihrer Auflösung getriebenen Kritik zu unterziehen. Sofern Kulturen das Instrumentarium zur Bewältigung der materiellen Welt und ihrer Veränderungen bereitstellen, sind sie nicht vom "Verfall" oder der "Zerstörung" bedroht, sondern sie stehen vor der unabschließbaren Aufgabe, auf Veränderungen zu reagieren, und, indem sie sich verändern, die Richtung der Veränderungen zu beeinflussen. Der Universalismus, der von der kapitalistischen Entwicklungsdynamik freigesetzt wurde, erfaßt alle ethnisch-partikularen Orientierungen gleichermaßen. Mehrheiten und Minderheiten werden dem gleichen Prozeß der forcierten Modernisierung ausgesetzt, der längst alle völkisch-nationalen Grenzen gesprengt hat.

Intellektuelle, die an der ungebrochenen Wirksamkeit ethnischer Orientierungen nicht "natürliche" oder "mystische" Gegebenheiten ablesen, sondern das Ergebnis einer Durchwissenschaftlichung der Gesellschaft erkennen, stehen vor der Aufgabe, die Folgen der Verwendung solcher Kategorien im Handlungssystem zu bedenken. Die Kategorie "Ethnizität" ist das Erbe einer Gesellschafts- und Subjektformation, die heute, angesichts der weltumgreifenden Dynamik kapitalistischer Entwicklung, der damit verbundenen Veränderung gesellschaftlicher Organisationsformen und der subjektiven Bewältigungsmöglichkeiten, veraltet ist. "Familie" und "Volk" liefern Orientierungen, die immer weniger ausreichen, mit dem realen Problem des gesellschaftlichen Wandels umzugehen und eine Synchronisation von persönlicher und sozialer Identität herzustellen. Deshalb wurde Identität: persönliche und sozio-kulturelle, zu einem durchgängigen und wiederkehrenden Thema zuerst der Philosophie, dann der Pädagogik und neuerdings der Sozialwissenschaften. Heute besteht ein entwickelter Markt für Identitätsstifter und Identitätsbildungshelfer. Die Frage aber bleibt, ob die ethnische Identifikation in Konflikten, die als ethnisch definiert werden, z.B. im Falle der Unterdrückung von Sprachminderheiten, ein Instrument sein kann, um die aufgenötigten Probleme subjektiv zu bewältigen. Handelt es sich bei der Ethnisierung von Konflikten um eine "Regression im Dienste des Ich", die die Handlungs- und Auseinandersetzungsfähigkeit psychisch und politisch steigert und der eigenen Emanzipation dient? Oder handelt es sich um eine wechselseitige Mystifizierung des Konflikts, der auf beiden

Seiten mit notwendig "falschem Bewußtsein" geführt wird und schon dadurch rational unlösbar wird? Die hohen psychischen Kosten jedenfalls, die eine Minderheitensituation dem einzelnen aufbürdet, werden durch das Deutungsangebot "Ethnizität" nicht gemindert. Der Streß, der entsteht, wenn in einem scheinbar unabwendbaren "Kulturkonflikt" zwei ethnische Identitäten erst in ihrer Dynamik stillgestellt werden, um dann um so unversöhnlicher aufeinander treffen zu müssen, ist nicht zuletzt einer Konstruktion geschuldet, die mit einer Unterscheidung arbeitet, die nur deshalb ihre Brauchbarkeit behauptet, weil sie von allen Seiten, zumal von den Wissenschaften und den Medien, immer wieder reproduziert und neu ins Spiel gebracht wird.

Wenn heute der verdämmernde Sozialismus in Osteuropa eine ideologische Leere hinterläßt, die mit nationalistischen und ethnischen Orientierungen aufgefüllt wird, so ist darin nicht nur die fortschrittliche Überwindung einer jahrzehntelangen Unterdrückung und politischen Gängelung nationaler Minderheiten zu erblicken, sondern auch das Ergebnis der künstlichen Isolierung von dem sozio-politischen Diskurs moderner Gesellschaften. Wenn nach wie vor an den Rändern der europäischen Nationalstaaten militante oder sogar militärische Auseinandersetzungen um sprachliche, kulturelle und politische Rechte gegen zentralistische Bevormundung und die Reste imperialistischer Herrschaft geführt werden müssen, dann ist die nationalistisch-völkische Mobilisierung allenfalls ein unvermeidliches Durchgangsstadium, das sehr schnell von universellen Orientierungen eingeholt werden wird. Wenn heute in der Dritten Welt die aus Europa importierte Figur des Nationalstaates angesichts der Vielfalt der Kulturen und Sprachen sich als Entwicklungshindernis erweist, dann ist die dort in Konflikten zu beobachtende Tribalisierung und Selbsttribalisierung mit Sicherheit keine Entwicklungsalternative, unter der Perspektiven für das Zusammenleben verschiedener (Interessen-)Gruppen organisiert werden können.

Die theoretisch-politische Geburt des Konzepts ethnischer Identifikation aus der Idee des Nationalstaates als Antwort auf die Auflösung der traditionalen Ordnung trug von dem Moment an das Mal der Verwechselbarkeit von Reaktion und Emanzipation, als die Unterdrückten die Prinzipien und Prämissen der Unterdrücker übernahmen, um zu überleben. Ethnizität, die, von außen zugeschrieben, als Fixierung und Unterdrückung wirkt, wird nicht schon dadurch, daß eine Gruppe sich die Zuschreibung identifikatorisch zu eigen macht, zur Voraussetzung von Emanzipation. Dieser Ambivalenz ist mit gutem Willen und "richtigem Bewußtsein" nicht zu entkommen.

Die heute anstehenden globalen Probleme werden nicht durch eine Re-Ethnisierung, sondern bestenfalls durch eine Ent-Ethnisierung und Ent-Nationalisierung der Politik zu bewältigen sein. Es kommt darauf an, die Fremden als Individuen zu behandeln. Hinderlich auf dem Weg der Ent-Ethnisierung sind die Formierung ethnisch homogener Gruppen oder das Vorhandensein ethnisch homogener Parteien, die Konfliktlinien schon aus Bestandssicherungsinteressen festschreiben und künstlich verstärken müssen. Hinderlich ist auch ein etabliertes Proporzdenken, das nicht nur dem Minderheitenschutz dient, sondern immer wieder neu ethnische Grenzen aufrichtet, Konfliktlinien quer zu den sozialen Antagonismen anlegt und einer die ethnischen Gruppen übergreifenden Solidarität im Wege steht. Hinderlich ist der mit der Ethnisierung verbundene ethnische Bekenntniszwang, der täglich neu die ethnische Selbstdefinition von Bevölkerungsgruppen im politisch öffentlichen Bereich aktualisiert. Hinderlich sind getrennte Schul- und Kulturbereiche, die diesen Bekenntniszwang Kindern bereits zu einem Zeitpunkt aufbürden, da sie die Tragweite der ihnen abverlangten Entscheidungen nicht begreifen können.[82] Hinderlich ist auch die Dauerthematisierung ethnischer Differenzen in einer "interkulturellen Erziehung", die den Kindern stellvertretend die Lösung eines sozialstrukturellen Problems aufbürdet.[83]

Die Organisation der Gleichheit auf der Basis von Differenz gleicht einem Balanceakt zwischen einer universellen Orientierung, die vor allem die rechtliche Gleichstellung im öffentlich-politischen Sektor der Gesellschaft garantieren soll, und der Berücksichtigung partikularer Werte, die als kulturelle Besonderheiten im Sektor des privaten Lebens der Gemeinschaften geschützt werden müssen. Der programmatische Kampf gegen den als Nivellierung und Zerstörung erlebten Universalismus ist nicht mit partikularistischen Waffen zu führen. Der ökonomisch-technisch-wissenschaftliche Universalismus bedroht nicht ethnische Traditionen, sondern das Überleben der Gattung Mensch. Der Dialektik der Aufklärung ist mit einer Rückkehr zum Mythos nicht beizukommen. Der Zerstörung der Lebensgrundlagen wäre — wenn überhaupt noch - allenfalls mit einem programmatischen Universalismus der Vernunft zu begegnen, der sich auf den methodologischen Relativismus beruft, wenn es darum geht, die Handlungskonsequenzen seiner Wirklichkeitskonstruktionen abzuschätzen. Das darin enthaltene Paradox ist unauflösbar. Es hält das Bewußtsein davon wach, daß die Irrtumsressource unerschöpflich und die Anstrengung der Reflexion unerläßlich ist.

Die universelle Orientierung der Politik kann jedoch nicht bedeuten, daß die kulturellen Besonderheiten einer repressiven oder ignorierenden Toleranz geopfert und zu Lasten des Individuums öffentlich zum Verschwinden gebracht würden. Ethnizität als "sense of identity" ist offenbar unhintergehbar, aber kein Wert an sich. So gilt es im Sinne einer Pluralisierung von Lebenswelten für alle Individuen die Möglichkeit zu schaffen, ihre Ethnizität als Lebensform und Lebensstil selbst zu wählen, gegen die Bevormundung durch andere Gruppen zu schützen und gegen Nivellierung zu behaupten. Dies mag angesichts der Entwicklungsdynamik moderner Gesellschaften ein aussichtsloses Unterfangen sein. Es darf jedoch vom Staat als dem Garanten der Rechtsgleichheit weder durch Zwang noch durch Bevormundung unterlaufen werden. Es stellt aber auch nicht frei von der politischen Auseinandersetzung um kulturelle Werte in der gesellschaftlichen Sphäre. Dem einzelnen bliebe in einer solchen Gesellschaftskonzeption die Wahl seiner ethnischen Zugehörigkeit und die situative Entscheidung über die Intensität, in der sie gelebt wird. Die Utopie einer Gesellschaft, in der kulturelle Muster nach ihrer Brauchbarkeit oder Ästhetik gewählt und verworfen, in der kulturelle Identitäten Lebensformen nicht mehr fixieren, sondern ihre Erneuerung ermöglichen, wird für immer mehr Menschen in den industrialisierten Ländern zu einer realen Möglichkeit. Angesichts der Internationalisierung der Lebens-, Verkehrs- und Kommunikationsformen läge in der programmatischen Realisierung einer solchen Gesellschaftsformation eine zukunftsorientierte Politik, die vor plötzlichen nationalistischen bzw. ethnischen Eruptionen gefeit wäre. Die Voraussetzung der Vision einer kulturell pluralisierten Gesellschaft, die ersichtlich ein Mittelschichtsprojekt horizontaler Angleichung ist, wäre nicht die wiederholte Predigt von Toleranz und gegenseitiger Achtung, sondern die Lösung der *sozialen* Frage. Welchen öffentlichen "Gebrauchswert" hätte die ethnische Identität in einer Gesellschaft, in der Ausbeutung und Unterdrückung strukturell erledigt wären?

Anmerkungen

1. vgl. Nowotny, H.: Die Konstitution sozialer Probleme als Ergebnis wissenschaftlicher Analyse oder: Wie relevant ist die 'Definitionsmacht' der Wissenschaft? In: Matthes, J. (Hg.): Lebenswelt und soziale Probleme. Verhandlungen des 20. Deutschen Soziologentages zu Bremen 1980. Frankfurt a. M. 1981, 166-178
2. vgl. Beck, U.: Risikogesellschaft. Auf dem Weg in eine andere Moderne. Frankfurt a. M. 1986, 254 ff
3. vgl. Rescher, N.: Die Grenzen der Wissenschaft, Stuttgart 1985, 343
4. Beck, U./Bonß, W. (Hg.): Weder Sozialtechnologie noch Aufklärung? Analyse zur Verwendung sozialwissenschaftlichen Wissens, Frankfurt a. M. 1989
5. Albrecht, G.: Vorüberlegungen zu einer Theorie sozialer Probleme. In: Soziologie und Sozialpolitik KZfSS, Sonderband 19, Opladen 1977, 143-185
6. vgl. Lau, Chr.: Die Definition gesellschaftlicher Probleme durch die Sozialwissenschaften. In: Beck, U./Bonß, W. (Hg.): a.a.O., 388 und den Beitrag von G. Tsiakalos in diesem Band
7. vgl. Knorr-Cetina, K.: Die Fabrikation von Erkenntnis, Frankfurt a. M. 1984
8. Beck, U.: a.a.O., 245
9. Mannheim, K.: Die Bedeutung der Konkurrenz im Gebiet des Geistigen, Verhandlungen des 6. Deutschen Soziologentages vom 17.-19.9.1928 in Zürich, Tübingen 1929, abgedruckt in: Wolff, K.H. (Hg.): Karl Mannheim: Wissenssoziologie, Neuwied 1964, 566-613
10. In Rede stehen nicht nur der "Klassenstandpunkt" des Forschers, sondern z. B. auch die Auswirkungen einer auf Widerspruchsfreiheit ausgelegten "Logik".
11. Luhmann, N.: Wissen. Unveröff. Manuskript, Universität Bielefeld o.J., 2,13
12. Vgl. Stehr, N./Meja, V.: Wissen und Gesellschaft, Einleitung zu ds. (Hg.): Wissenssoziologie, Köln Opladen 1981, 15
13. Schmidt, S.J.: (Hg.): Der Diskurs des Radikalen Konstruktivismus. Frankfurt a. M. 1987
14. Luhmann, N.: Frauen, Männer und George Spencer Brown, Z. f. Soz. 17 (1988) 1, 47-71
15. Vgl. Spencer Brown, G.: Laws of Form, London 1971^2, zit. b. Luhmann, N.: ebd., 51
16. Der Entdeckungszusammenhang von Hypothesen und Theorien, mithin der Moment, in dem die Entscheidung darüber fällt, mit welcher Unterscheidung begonnen wird, was also beobachtet und bezeichnet wird und was nicht, gehört im Verständnis des kritischen Rationalismus nicht einmal zur Logik der Forschung, sondern fällt unter die Rubrik "Psychologismus", vgl. Popper, K. R.: Die Logik der Forschung. Tübingen 1966, 6 f. Anders kennzeichnet der philosophische Pragmatismus den Augenblick, in dem eine Differenz gezogen wird, als "abduktiven Schluß", der mit einer Prämisse beginnt, die keiner wissenschaftlichen Begründung fähig sei. Gleichwohl sei es genau diese Operation der Abduktion, der "jedes einzelne Stück wissenschaftlicher Theorie, das heute festgefügt dasteht", zu verdanken sei, vgl. Peirce, Ch. S.: Schriften II. Vom Pragmatismus zum Pragmatizismus, Frankfurt a.M. 1970, 362
17. Vgl. Hejl, P.M.: Konstruktion der sozialen Konstruktion: Grundlagen einer konstruktivistischen Sozialtheorie, in: Schmidt, S.J. (Hg.): a.a.O., 303-339, und Luhmann, N.: Wissen, a.a.O., 2,15ff.
18. Vgl. Schütz, A. (Hg.): Das Problem der sozialen Wirklichkeit. Wissenschaftliche Interpretation und Alltagsverständnis menschlichen Handelns, in: ds.: Gesammelte Aufsätze, Bd. 1, Den Haag 1971, 3-54
19. Lau, Chr. a.a.O., 387
20. vgl. Heckmann, F.: Die Bundesrepublik: Ein Einwanderungsland? Stuttgart 1981, 19 ff. und die Beiträge von Rex, Miles und Brumlik in diesem Band

21 vgl. Feyerabend, P.: Erkenntnis für freie Menschen. Frankfurt a.M. 1979, der Beobachterfragen von Teilnehmerfragen unterscheidet: "Beobachterfragen treten an Traditionen von *außen* heran. (...)Man fragt, was ist und was geschieht. (...)Teilnehmerfragen sind Fragen, die der Teilnehmer einer Tradition an eine mit ihr in Wechselwirkung stehende Tradition stellt. Die Wechselwirkung wird *parteilich* beschrieben..."(27). "Beobachter wollen wissen, was vorgeht. Teilnehmer, was sie tun sollen und wie sie ihre Handlungen rechtfertigen können" (29).

22 Vgl. Luhmann, N.: Die Richtigkeit soziologischer Theorie, Merkur 41(1987)455, 36-49

23 Vgl. Koselleck, R.: Sprachwandel und Ereignisgeschichte, Merkur 43(1989)486, 659 ff.

24 Koselleck spricht von der Spannung zwischen "früher oder später", der Spanne zwischen Geburt und Tod, mit der die "Bipolarität der Geschlechter, die Generativität" korrespondiere, vgl. ebd., 658

25 Vgl. Luhmann, N.: Liebe als Passion – Zur Kodierung von Intimität. Frankfurt a. M. 1982

26 Eine große Ausnahme ist die Freudsche Psychoanalyse. Sie dreht sich zentral um den Punkt, aus dem die Spannung der Geschlechter stammt, hat allerdings bei der Bezeichnung der Unterscheidung eine starke Asymmetrie eingebaut.

27 Im Englischen setzt sich die Unterscheidung zwischen "Sex" und "Gender" durch, vgl. Deaux, K.: From Individual Differences to Social Categories: Analysis of a Decade's Research on Gender, Am. Psychol. 39 (1984) 105-116, vgl. auch Hagemann-White, C.: Wir werden nicht zweigeschlechtlich geboren. In: ds./Rerrich, M. S. (Hg.): FrauenMännerBilder – Männer und Männlichkeit in der feministischen Diskussion. Bielefeld 1988, 224-235

28 Die gerade entdeckten "Indianer" Amerikas wurden beispielsweise nicht von vornherein als *Menschen* anderer Hautfarbe klassifiziert. Die Verunsicherung der Entdecker ging soweit, daß Karl V. von Spanien ihre weitere Kolonisierung von der Beantwortung der Frage abhängig machte, ob die Indios Menschen oder "Untermenschen" seien. Sie wurden schließlich zu Menschen *erklärt*, allerdings um den Preis einer weiteren Hierarchisierung von "zivilisierten" und "unzivilisierten" Menschengruppen. Vgl. auch Levi-Strauss, C.: Das wilde Denken, Frankfurt 1981[4], 194

29 vgl. Mittelstraß, J.: Die Stunde der Interdisziplinarität? In: Kocka, J. (Hg.): Interdisziplinarität. Frankfurt 1987, 156

30 vgl. den Beitrag von Klingemann in diesem Band

31 vgl. Dittrich, E.J.: Das Weltbild des Rassismus, Frankfurt 1990, 106 ff

32 vgl. Giesen, B,: Natürliche Ungleichheit, soziale Ungleichheit, ideale Gleichheit. Zur Evolution von Deutungsmustern sozialer Ungleichheit, in: ds., Haferkamp, H. (Hg.): Soziologie der sozialen Ungleichheit, Opladen 1987, 314 ff

33 vgl. Chapman, N., Mc Donald, M., Toulin, E.: Introduction in: ds. (ed.): Ethnicity, London, New York 1989, 14 und Just, R.: Triumph of the Ethnos, in: Toulin, E., McDonald, M., Chapman, N. (ed.) a.a.O., 71 ff.

34 vgl. Giesen a.a.O., 326

35 vgl. Giesen a.a.O., 328

36 vgl. die Beiträge von Rex und Miles in diesem Band

37 vgl. die Beiträge von Vogel und Tsiakalos in diesem Band

38 vgl. Dittrich, E.: Rezepte für alle Lebenslagen, Zur Kritik der Soziobiologie, in: Forum Wissenschaft 3, 1988, 32 ff; vgl. auch Lewontin, R.C., Rose, St., Kamin, L.J.: Die Gene sind es nicht..., München, Weinheim 1988, 190 ff

39 vgl. Elschenbroich, Donata (Hg.): Einwanderung, Integration, ethnische Bindung. Harvard Encyclopedia of American Ethnic Groups, Deutsche Auswahl, Frankfurt 1985 und ds.: Eine Nation von Einwanderern – ethnisches Bewußtsein und Integrationspolitik in den USA, Frankfurt/New York 1986, besonders Kapitel 3, S. 102-187

40 vgl. Lämmert, E.: Germanistik – eine deutsche Wissenschaft, in: ds./Killy, W./Conradi, K.O./Polenz, P.v. (Hg.): Germanistik – eine deutsche Wissenschaft, Frankfurt 1967, S. 21 ff

41 Vgl. Römer, R.: Sprachwissenschaft und Rassenideologie in Deutschland, München 1985, S. 38 ff.

42 vgl. Lämmert, E. a.a.O.

43 Verhandlungen der Germanisten in Frankfurt am Main am 24., 25. und 26. September 1846, Frankfurt/M. 1847, dort die Einladung S. 5, zitiert bei Lämmert, E. u.a. (Hg.) a.a.O., S. 22

44 Seit 1886 erscheint ununterbrochen eine Zeitschrift "Muttersprache", zuerst hgg. vom Allgemeinen Deutschen Sprachverein, ab 1925 Zeitschrift des Deutschen Sprachvereins. Ab 1939 bis 1943 führte sie den Untertitel "Zeitschrift für deutsches Sprachleben mit Berichten aus der Arbeit des Deutschen Sprachvereins und des Deutschen Sprachpflegeamts", bis sie sich 1943 mit einem "Schlußheft" von ihren Lesern "bis zu ihrer Wiederkehr nach dem siegreichen Kriegsende!" verabschiedete, um sich 1949, hgg. von der Gesellschaft für Deutsche Sprache, als "Zeitschrift zur Pflege und Erforschung der deutschen Sprache" zurückzumelden mit dem Anspruch: "Möge es uns vor allem durch die 'Muttersprache' vergönnt sein, wie einst den Sprachgesellschaften nach dem 30jährigen Kriege, mitzuwirken beim Wiederaufbau des deutschen Vaterlandes", vgl. Muttersprache 1949/1, 1

45 Die Verstrickungen der Ethnologie und Volkskunde in den Imperialismus und Nationalismus des 19. und 20. Jahrhunderts betreffen nicht nur ihren deutschen Zweig. Auch der französische Universalismus, dem alles Nichtfranzösische unzivilisiert erschien, leistete einer Kolonisierung ganzer Kontinente Vorschub. Die Überlegenheit der französischen Nation, ihrer Sprache und ihrer Zivilisation, der universalistische Anspruch, die französische Rationalität über andere Kontinente auszubreiten, eignete sich ebenso zur Unterjochung wie evolutionistische Theorien, die in den "Wilden" zeitgenössische Vorfahren erkannten, vgl. Calvet, L.-J.: Die Sprachenfresser. Ein Versuch über Linguistik und Kolonialismus, Berlin 1978, besonders 134–157. Ähnliches gilt für den Strukturfunktionalismus der anglo-amerikanischen Anthropologie, der mit der positiven Erforschung der kulturellen Praktiken und der sozialen Strukturen das Grundlagenwissen für die administrative Beherrschung und Kontrolle der "Primitiven" lieferte, vgl. Leclerc, G.: Anthropologie und Kolonialismus, München 1973, besonders 75 ff.

46 Das galt zumindest dann, wenn mit dem Begriff der Anspruch des "gemeinen Volkes" gegenüber dem Adel formuliert wurde. Dieser jakobinische Volksbegriff konnte eine entsprechende Breitenwirkung jedoch nie erreichen.

47 Heckmann teilt eine beeindruckende Zahl mit: "Aus der Gesamtheit von 132 Staaten auf der Welt im Jahre 1971 waren nur 12 (9,1 %) ethnisch homogen, vgl. Heckmann, F.: Volk, Nation, ethnische Gruppe und ethnische Minderheiten – Zu einigen Grundkategorien von Ethnizität, ÖZS 13 (1988) 3, 24 f

48 vgl. den Beitrag von Kummer in diesem Band.

49 vgl. die Beiträge von Miles und Rex in diesem Band

50 Schimank, U.: Funktionale Differenzierung und reflexiver Subjektivismus. Zum Entsprechungsverhältnis von Gesellschafts- und Identitätsform. Soziale Welt 1985/4, 447-463

51 vgl. Berger, R./Berger, B./Kellner, H.: Das Unbehagen in der Modernität, Frankfurt/New York 1975, bes. S 75 ff.

52 vgl. Habermas, J.: Strukturwandel der Öffentlichkeit, Neuwied/Berlin 1962

53 vgl. Bausinger, H.: Senseless Identity, in: Jacobson-Widding, A. (Hg.): Identity: Personal and SocioCultural, Uppsala 1983, 339

54 Laplanche, J./Pontalis, J.-B.: Das Vokabular der Psychoanalyse, Bd. 2, Frankfurt 1975^2, 436

55 vgl. S. Freud: Die Zukunft einer Illusion, StA., Frankfurt 1974, Bd. IX, 139-189

56 Wie tief gerade die Bindung an die Muttersprache reicht, zeigen Berichte von bilingualen Menschen, die im Moment der Krankheit auf ihre Muttersprache zurückgreifen oder zu Gewohnheiten und Vorlieben zurückkehren, die sie als Gesunde längst hinter sich gelassen hatten.

57 Elwert z. B. spricht von der "Binnenintegration" ethnischer Minderheiten als einer Quelle der Steigerung der Auseinandersetzungsfähigkeit mit der umgebenden Mehrheitsgesellschaft. Vgl. Elwert, G.: Probleme der Ausländerintegration. Gesellschaftliche Integration durch Binnenintegration? KZfSS 34, 1982, 717-731

58 Glazer, N./Moynihan, D.P. (Hg.): Introduction in ds.: Ethnicity, Cambridge, Mass., 1975

59 ebd., 2 f.

60 ebd., 5 ff.

61 vgl. Kummer in diesem Band

62 vgl. Beck, U., a.a.O., 121-160

63 Glazer, N.: Affirmative Discrimination, New York 1978

64 Moynihan, D.P.: The negro-family: The case of national action, Cambridge, Mass., 1967

65 vgl. den Beitrag von Hinnenkamp in diesem Band

66 vgl. die Beiträge von Hamburger und Frigessi Castelnuovo in diesem Band

67 vgl. Maurer, F.: Lebensgeschichte und Lernen, in: ds. (Hg.): Lebensgeschichte und Identität, Beiträge zu einer biographischen Anthropologie, Frankfurt 1981, 106
68 ebd., 112
69 ebd., 118
70 ebd.
71 Claessens, D.: Familie und Wertsystem. Eine Studie zur "zweiten, soziologischen Geburt" des Menschen, Berlin 1962
72 vgl. den Beitrag von Lenhardt in diesem Band
73 vgl. die Beiträge von Berger, Castles, Feagin und Verbunt in diesem Band
74 vgl. Horn, K. (Hg.): Aktionsforschung: Balanceakt ohne Netz? Methodische Kommentare, Frankfurt 1979
75 vgl. den Beitrag von Skutnabb-Kangas in diesem Band
76 vgl. den Beitrag von Hamburger in diesem Band.
77 vgl. Bergmann, J. u.a.: Herrschaft, Klassenverhältnis und Schichtung, in: Verhandlungen des 16. Deutschen Soziologentages vom 8.-4.11.1968 in Frankfurt, herausgegeben im Auftrag der Deutschen Gesellschaft für Soziologie von Th. W. Adorno, Stuttgart 1969, 67-87
78 Bezeichnenderweise war das "ethnic revival" in den USA, das insbesondere Einwanderer polnischer, italienischer, griechischer und slowakischer Herkunft ergriff, eine Reaktion auf die Bewegung des "black consciousness" der 60er Jahre. "White ethnics" reagierten auf die Reform- und Bürgerrechtsbewegung mit einer Gegenbewegung. Vgl. Elschenbroich a.a.O. 1986, 131 ff.
79 vgl. Habermas, J.: Legitimationsprobleme im Spätkapitalismus, Frankfurt 1973, 106.
80 vgl. den Beitrag von Rex in diesem Band
81 vgl. Sommerfeld, A.: Les questions linguistiques et la paix, in: Word 1, 1945, 5-18, vgl. auch Römer, R. a.a.O., 165
82 vgl. Radtke, F.-O.: Renaissance des Nationalismus? Probleme der Ent-Enthnisierung der Politik, in: Dialog, Beiträge zur Friedensforschung, Bd. 14, H.1, 1989, 164-180, und den Beitrag von Brunner und Gombos in diesem Band
83 vgl. Radtke, F.-O.: Zehn Thesen über die Möglichkeiten und Grenzen interkultureller Erziehung, ZfPäd., 23. Beiheft, Weinheim/Basel 1983, 50-56 und den Beitrag von Hamburger in diesem Band

II.
Spezifika der wissenschaftlichen Konstruktion der Migrations- und Minderheitenprobleme in Australien, Frankreich, den U.S.A. und der Bundesrepublik Deutschland

Stephen Castles

Sozialwissenschaften und ethnische Minderheiten in Australien

1. Einleitung[1]

Der Wissenschaftsdiskurs in der bürgerlichen Gesellschaft beschränkt sich nicht auf die Interpretation der sozialen Wirklichkeit, sondern er trägt dazu bei, die Wirklichkeit zu modifizieren und zu reproduzieren. Somit ist schon gleich eines der ältesten philosophischen Probleme angeschnitten: Was heißt *wirklich* (falls es das überhaupt gibt) und wieso kann man *wissen*? Von Anfang an war die Sozialwissenschaft gezwungen, sich mit diesem Problem auseinanderzusetzen. Die Antworten darauf bewegen sich zwischen dem Durkheimischen Prinzip, daß "soziologische Tatbestände" wie "Dinge" zu betrachten sind, und dem resignierenden Fazit von Popper, daß wir nichts nachweisen können, sondern uns stets bemühen müssen, das, was wir zu wissen glauben, als falsch zu entlarven.

Wir möchten hier keine Abhandlung zur Wissenssoziologie vorlegen. Dieser Wissenschaftszweig hat viele Probleme, u.a. geht es um die Frage, wie man zwischen der Wissenssoziologie im engeren Sinne und der Methodologie der Sozialwissenschaften unterscheiden soll. In ihrem wichtigen Beitrag zu diesem Thema schreiben Berger und Luckmann: *"Wenn man erkenntnistheoretische Erwägungen über den Wert soziologischer Erkenntnisse in die Wissenssoziologie miteinbezieht, so ist das, als wenn man einen Bus schieben will, in dem man fährt."*[2]

Der Vergleich überzeugt, wir müssen jedoch bedenken, daß es äußerst schwierig ist, klare Abgrenzungen zwischen den verschiedenen Arten menschlichen Wissens zu ziehen. Wenn, wie Berger und Luckmann es ausdrücken, *"der Mensch die Wirklichkeit und damit sich selbst erzeugt"*, so geschieht dies durch eine Vielzahl von Überlegungen, die sich gegenseitig beeinflussen. Der "gesunde Menschenverstand" des Durchschnittbürgers wird beeinflußt von den Reden der Politiker, der Politik des Staates, den Analysen der Sozialwissenschaftler und den Darstellungen der Massenmedien. Warum sollen wir den Diskurs der Sozialwissenschaften so behandeln, als sei er qualitativ verschieden von anderen Diskursen? Es versteht sich von selbst, daß wir zum sozialwissenschaftlichen Diskurs gehören, aber wir sind genauso Teil der anderen sozialen Prozesse, die Wirklichkeit erzeugen.

Die Sozialwissenschaften schaffen Wirklichkeit im doppelten Sinn: Erstens schaffen und vermitteln sie Wissen, das das Bewußtsein der Menschen formt und beeinflußt, indem sie soziale Erscheinungen durch Lehre und Forschung interpretieren. Zweitens und unmittelbarer wird unser Diskurs Bestandteil des Prozesses der Erzeugung von Ideologien, politischen Strategien und Institutionen, weil die Sozialwissenschaften bewußt zur Reproduktion der bürgerlichen Gesellschaft eingesetzt werden. Die Ideologien, die politischen Strategien und die Institutionen spielen wiederum eine wichtige Rolle bei der Entscheidung, was wir untersuchen, welche theoretischen und methodologischen Mittel wir benutzen, welche Entdeckungen wir machen und wie sie eingesetzt werden.

Abgesehen von dem jeweiligen institutionellen Rahmen gibt es keine klare Abgrenzung zwischen dem sozialwissenschaftlichen, dem politischen und dem alltäglichen Denken. Das wird spätestens dann deutlich, wenn unsere Forschungsobjekte und unsere Ergebnisse politisch kontrovers sind — aber das ist ja meistens der Fall. An keiner anderen Stelle wird das klarer als in den miteinander verflochtenen Forschungsbereichen Rassismus, Einwanderung und ethnische Beziehungen. Die Konstitution und Reproduktion der Nation ist ein zentrales Anliegen des Staates in der kapitalistischen Gesellschaft[3]. Das bedeutet, Grenzen zu ziehen sowohl in bezug auf die Entscheidung, wer zum Kollektiv der Nation gehört (Gesetze über Einwanderung und Staatsbürgerschaft) als auch in bezug auf die Regulierung des Zusammenlebens der verschiedenen Teile der Bevölkerung (Bestimmungen über Rassenbeziehungen und ethnische Angelegenheiten). Dies trifft für alle modernen Nationen zu, ganz besonders jedoch für die weitgehend von Europäern besiedelten Kolonien, wo die Konstitution der Nation auf der Enteignung der Ureinwohner und auf der Einwanderung von Menschen aus einer Vielzahl von Ländern beruht. Die "klassischen Einwanderungsländer" der Neuen Welt (USA, Kanada, Teile Lateinamerikas, Australien) mußten große geistige Anstrengungen unternehmen, um Ideologien, Gesetze und politischen Strategien zu entwickeln, die zur Regulierung der Kolonisierung, der Genozide, der Enteignung, der Einwanderung, der Rassenbeziehungen und der ethnischen Angelegenheiten erforderlich waren. Die entsprechenden Diskurse wurden abwechselnd Philosophie, Rassenkunde, Religion, Rechtswissenschaft und heute Sozialwissenschaft mit den Subdisziplinen Ökonomie, Demographie, politische Wissenschaft, Soziologie, Geographie, Erziehungswissenschaft, Psychologie etc. genannt.

In Australien spielt der Staat eine zentrale Rolle bei der Regulierung der Einwanderung, der Handhabung der rassischen und ethnischen Unterschiede und neuerdings auch bei der Herstellung eines ethnischen Pluralismus. Die australischen Wissenschaftler werden vom Staat besonders oft als Gutachter, Berater und Angehörige von Untersuchungskommissionen etc. herangezogen. Die Häufigkeit solcher Berührungspunkte zwischen Bürokratie und Wissenschaft läßt Zweifel daran aufkommen, ob eine kritische Distanz möglich ist. Auf der anderen Seite bedeutet die enge Zusammenarbeit jedoch, daß sich die australischen Wissenschaftler nicht einfach in den "Elfenbeinturm" zurückziehen können. Unsere Analysen beeinflussen die Politik, und wir können uns unserer Verantwortung nicht entziehen. Wir werden in diesem Papier aufzeigen, daß die Diskurse der Sozialwissenschaft in bezug auf Einwanderung, Rassenbeziehungen und ethnische Fragen eng mit der politischen Entwicklung verflochten sind.

Im folgenden werden die gegenwärtigen Debatten zur Soziologie der Migration und der ethnischen Beziehungen in Australien zusammengefaßt. Folgende Haupttendenzen haben sich herauskristallisiert:

- Die Hervorhebung des ethnischen Pluralismus, der in einem unreflektierten Kulturalismus gipfelt;
- Die Betonung der Notwendigkeit eines einheitlichen Kultur- und Wertesystems, das auf dem Anspruch der Assimilation beruht;
- Die beharrliche Leugnung der Sozialstruktur durch eine angeblich rein empirische Soziologie sowie durch die neoklassische Ökonomie;
- Die neo-weberianische Analyse der "Ethnizität" als ein Statussymbol unter anderen;
- Die politische Ökonomie der ethnischen und rassischen Unterschiede als ein Aspekt der Sozialstruktur des Spätkapitalismus;
- Die feministische Betonung der Bedeutung des Patriarchats sowohl in den ethnischen Beziehungen als auch in den Klassenbeziehungen.

Alle Tendenzen befassen sich heute vor allem mit dem *Multikulturalismus*, der seit Mitte der 70er Jahre die offizielle Politik bestimmt, sowie mit seinen Auswirkungen auf die verschiedenen Bereiche wie z.B. Bildung, Sozialpolitik, Einwanderungspolitik, Wahlstrategien, Arbeitsmarktstrategien etc.. Wir können an dieser Stelle die theoretischen Grundlagen dieser verschiedenen Richtungen nicht untersuchen. Es ist jedoch notwendig, zunächst kurz die geschichtlichen Entwicklungen aufzuzeigen, die zur Entwicklung des *Multikulturalismus* geführt haben.

2. Die Konstitution der rassischen und ethnischen Kategorien bis 1945

Die Einteilung der Bevölkerung nach rassischen und ethnischen Gesichtspunkten spielt seit der ersten weißen Besiedlung im Jahre 1788 eine wichtige Rolle. Heute gelten nur ca. 1% der 16 Millionen Bewohner als Nachkommen der Ureinwohner (Aborigines). 99% der Bevölkerung bestehen aus Einwanderern oder deren Nachkommen. Ca. 3 Millionen Einwohner (21% der Bevölkerung) wurden im Ausland geboren. Ungefähr die gleiche Anzahl wurde zwar in Australien geboren, hat aber mindestens ein Elternteil, das im Ausland geboren wurde. Die Ziehung der Grenzen der Nation beruht von Anfang an sowohl auf rassistischer Ausgrenzung als auch auf differenzierten Formen der Integration.

Erste Opfer der Ausgrenzung waren die Aborigines. Die britische Kolonialgesetzgebung sprach den Aborigines ein Landbesitzrecht ab. Sie wurden als "Wilde" ohne Gesellschafts-, Staats- oder Gesetzesformen klassifiziert[4]. Außerdem diente die vorherrschende Ideologie des Fortschritts und der Rationalität als Rechtfertigung für die europäische Expansion. Die technologische Überlegenheit wurde als Beweis für ein höheres Zivilisationsniveau angesehen. Damit durfte die einheimische Bevölkerung zur Seite geschoben, ihr Land weggenommen und ihre materielle Existenzgrundlage zerstört werden. Im großen und ganzen wurden die Aborigines im aufkommenden kolonialen Kapitalismus nicht als Arbeiter eingesetzt. Die Rassenkunde behauptete, daß die Aborigines den "nordischen" weißen Siedlern genetisch unterlegen wären und daß sie im Laufe der Zeit aussterben würden[5]. In der Zwischenzeit sollten sie durch Polizei und Missionare gefügig gemacht sowie durch die Verteilung von Almosen und durch religiöse Indoktrinierung unterwürfig gehalten werden. Später ging man zu einer Politik der Zwangsassimilierung über. Der in der gesamten Geschichte Australiens vorhandene Rassismus gegen die Aborigines prägte auch das geistige Klima für negative Einstellungen gegenüber nicht-europäischen Einwanderern.

Die Einwanderungspolitik bildet seit 1788 ein ständiges Thema der politischen Auseinandersetzungen, das wir hier im einzelnen nicht behandeln können[6]. Die Arbeitgeber suchten ständig nach neuen Quellen für billige Arbeitskräften: Strafgefangene, durch verbilligte Schiffsreisen angelockte britische Pauper, durch Hunger getriebene irische Landbewohner, chinesische Kulis, Arbeiter aus Indien, südpazifische Insulaner, Vertragsarbeiter aus Italien. Im 19. Jahrhundert kam die Mehrheit der Immigranten aus Großbritannien. Die australischen Arbeiter stellten sich meist gegen die Anwerbung, weil sie Angst vor der Konkurrenz und der Verschlechterung der Arbeitsbedingungen hatten. Wenn sie jedoch einmal in Australien waren, wurden die britischen Arbeiter schnell in das sich entwickelnde Klassengefüge integriert und oft bald selber zu Gegnern der weiteren Immigration. Alle anderen ethnischen Gruppen wurden mit einem Rassismus konfrontiert, dessen Art und Intensität stark differierte. Ebenso wie in der britischen Arbeiterklasse waren die Vorurteile gegen die Iren in Australien sehr stark. Sie führten zu lokalen Diskriminierungen und Konflikten, jedoch nicht zu einer allgemeinen Ausgrenzung. Italiener und andere Südeuropäer trafen auf eine erhebliche Feindseligkeit, die oft zur Forderung nach einem Einwanderungsstop sowie zu rechtlichen Diskriminierungen führte, z.B. dem Verbot von Landbesitz oder der Verweigerung von Beschäftigung in bestimmten Industriezweigen. Bis in die 30er Jahre hinein gab es "Anti-Dago"-Krawalle.

Hauptzielscheibe des Rassismus waren aber die nicht-europäischen Einwanderer. Die chinesischen Arbeiter, die zur Zeit des Goldrausches Mitte des 19. Jahrhunderts nach Australien kamen, trafen auf Feindseligkeit, Diskriminierung und Gewalt. Später dehnte sich die rassistische Propaganda auf die Inder und die südpazifischen Insulaner aus, die von den Plantagenbesitzern von Queensland angeworben wurden. Die Forderung nach einem "White Australia" wurde zusammen mit dem Ruf nach Demokratie und Schutz der Arbeit zum Slogan der frühen Arbeiterbewegung. Eines der ersten Gesetze des neuen Bundesparlaments im Jahre 1901 war das Gesetz zur Einschränkung der Einwanderung (Immigration Restriction Act), wodurch die "White Australia Policy" eingeführt wurde, die bis 1967 gelten sollte.

Zwischen 1890 und dem Zweiten Weltkrieg verringerte sich die Zahl der Einwanderer. Die relativ wenigen nicht-britischen Immigranten (Italiener, Griechen und Jugoslawen in den 20er, jüdische Flüchtlinge in den 30er Jahren) trafen auf starke Ablehnung. In diesem Zeitraum schien die Bevölkerung homogener als jemals vorher oder nachher zu werden. Im Jahre 1945 waren 90% der Bevölkerung in Australien geboren. Die

Mehrzahl der übrigen Einwohner kam aus Großbritannien. In dieser Zeit wurde nach und nach eine spezifische australische Identität geschaffen, die sich als Teil der britischen "Rasse" innerhalb des Empires verstand. Richard White hat die verschiedenen Versuche, den "australischen Typ" zu definieren, lebhaft geschildert: Ein muskulöser, von der Sonne gebräunter Pionier; der "kommende Mensch", dessen Improvisationsfähigkeit und physische Kraft die britische Rasse erneuern würde; der australische Soldat (der "Digger"), der sich auf dem Schlachtfeld von Gallipoli bewährte, der Lebensretter vom Bondi-Strand[7]. Diese Klischees blendeten die Widersprüche in der "britischen Ethnizität" (insbesondere zwischen Engländern und Iren) aus. Sie waren sexistisch und vor allem rassistisch.

Die rassische Konstitution der australischen Identität beinhaltete drei Elemente, die alle sowohl im Alltagsdiskurs als auch im politischen und im sozialwissenschaftlichen Diskurs zu finden sind:

Das *erste* Element war ökonomischer Natur: Arbeiter, Bauern und kleine Geschäftsleute fürchteten die Konkurrenz der Asiaten und Südeuropäer, weil diese bereit waren, hart für einen Lohn zu arbeiten, von dem "ein Engländer nicht leben konnte". Die Verarmung der Zuwanderer aus den unterentwickelten Gebieten wurde nicht als Resultat des Imperialismus und der ungleichmäßigen Entwicklung des Kapitalismus gesehen, sondern als Beweis für das "höhere Zivilisationsniveau" der Briten bzw. der Nordeuropäer. Die Einwanderung könne unter Umständen zur Sklaven- oder Plantagenwirtschaft führen und damit den australischen Traum vom "Arbeiterparadies" erschüttern. Solche Ängste hatten einen realen Kern, denn die Arbeitgeber wollten die neuen Einwanderer tatsächlich als Lohndrücker und Streikbrecher einsetzen. All dies führte zu einem allgemeinen Rassismus, der die Politik der Arbeiterklasse bis 1945 beherrschen sollte[8]. Damit entstand das Paradoxon, daß rassistische Maßnahmen durch eine Beschwörung des Fortschritts und der sozialen Gerechtigkeit legitimiert werden konnten wie z.B. in einer Rede des Ministerpräsidenten Deakin aus dem Jahre 1903: *"(Die Politik für ein weißes Australien) bedeutet die Erhaltung von sozialen Bedingungen, die ein würdiges Leben für Männer und Frauen zulassen. Sie bedeutet gleiche Gesetze und Chancen für alle ... Sie bedeutet soziale Gerechtigkeit und gerechte Löhne. Die Politik für ein weißes Australien geht bis an die Wurzeln der nationalen Existenz, Wurzeln, aus denen das britische Sozialsystem entstanden ist."*.[9]

Das *zweite* Element beruhte auf einer pseudowissenschaftlichen, der Biologie entlehnten "Rassenkunde". Das im Jahre 1935 veröffentlichte Buch "Non-Britishers in Australia" von Lyng steht beispielhaft für diesen Diskurs und zeigt auch, wie lange sich die angeblich ethnologische Richtung behaupten konnte. Die Weltbevölkerung wurde in vier Rassen aufgeteilt: die weiße, die gelbe, die braune und die schwarze Rasse, von denen jede ganz verschiedene physische, psychologische und soziale Eigenschaften besitze. Die weiße Rasse bestehe ihrerseits aus drei Unterrassen: der nordischen bzw. arischen Rasse, der alpinen Rasse und der Mittelmeerrasse. Die nordische Rasse sei wegen "ihrer rastlosen, kreativen Energie" dazu ausersehen, *"die anderen zu beherrschen."* Die Rassen könnten unter anderem durch anthropometrische Messungen z.B. des Schädels unterschieden werden. Die Dominanz der höheren Rasse sei unvermeidbar und wünschenswert, weil nur so Fortschritt möglich werde. Durch Vermischung mit den minderwertigen Rassen könne die höhere Rasse aber auch korrumpiert werden[10].

Das *dritte* Element war die politisch-ideologische Vorstellung, daß die Rasseneinheit (heute würden wir den Begriff "ethnische Homogenität" benutzen) für den Prozeß des nationalen Aufbaus von zwingender Bedeutung sei. "*Die Einheit Australiens ist nur möglich durch rassische Homogenität*" erklärte Deakin im Parlament im Jahre 1901[11]. Die damaligen Debatten waren weitgehend von dieser Vorstellung geprägt. Die starke Betonung der Homogenität wurde für die meisten Australier zu einem Grundprinzip. In ihrer im Jahre 1926 veröffentlichten detaillierten Darstellung "The History of the White Australia Policy" behauptet Myra Willard, daß diese Politik aus einer Reihe von ökonomischen, sozialen und politischen Gründen notwendig sei. "*Wegen der Lebensnotwendigkeit dieser Politik, die alle Australier als Voraussetzung für die Erhaltung ihrer Nation ansehen, haben sich alle Klassen, alle Religionsgemeinschaften und alle Parteien in ihrer Annahme vereinigt.*"[12] Als Australien das Einwanderungsprogramm für die Nachkriegszeit einleitete, teilten die meisten Australier zweifellos noch die Ansicht von Willard, daß "*die Rasseneinheit für die nationale Einheit und damit für den nationalen Fortschritt und die nationalen Belange unabdingbar ist.*"[13]

3. Vom Rassismus zum Pluralismus

Der Wandel vom offenen Rassismus zum offiziellen Pluralismus in einem Zeitraum von weniger als 30 Jahren machte große intellektuelle Anstrengungen zur Neudefinition der Nation und ihrer ethnischen Grenzen erforderlich. Den Hintergrund für diese Entwicklung bildet das im Jahre 1947 eingeleitete Einwanderungsprogramm, das die ethnische Zusammensetzung und die Sozialstruktur Australiens stark verändert hat. Dieses massive, staatlich gelenkte Anwerbungsprogramm soll jedoch an dieser Stelle nicht beschrieben werden.[14] Die Bevölkerung hat sich seit 1945 mehr als verdoppelt; die Hälfte dieser Zunahme ist auf Einwanderung zurückzuführen. Etwa 40% der Bevölkerung besteht aus Einwanderern oder ihren Kindern. Mehr als die Hälfte von ihnen kommt aus Ländern, in denen Englisch nicht die Muttersprache ist. Die Bevölkerung Australiens ist eine der vielfältigsten der Welt: Es gibt mehr als 100 ethnische Gruppen, die ca. 80 Einwanderersprachen und 150 Dialekte sprechen.

Das Einwanderungsprogramm hatte ökonomische Gründe. Die anhaltende Wachstumswelle in der kapitalistischen Weltwirtschaft und der Aufschwung der australischen Industrie im 2. Weltkrieg waren die Vorbedingungen für das Wirtschaftswachstum und für den Aufbau einer nationalen Verarbeitungsindustrie. Durch diese Entwicklung entstand ein Bedarf an zusätzlichen Arbeitskräften. Angesichts des traditionellen Mißtrauens, das die Arbeiterklasse der Immigration entgegenbrachte, brauchte die Labour-Regierung eine ideologische Rechtfertigung für das Programm. Diese wurde mit dem Slogan bevölkern oder untergehen" ("populate or perish") gefunden, der auf

Invasionsängste aus der Kriegszeit anspielte, und damit auch die Parole der gelben Gefahr ("yellow peril") wieder aufleben ließ. Das bedeutete aber, daß die neuen Einwanderer zum britisch-australischen "nationalen Typ" passen mußten. Zunächst versprach Einwanderungsminister Calwell, daß auf jeden nicht-britische Einwanderer 10 Briten kommen würden. Als diese Hoffnung sich als unrealistisch erwies, wurde auf eine Politik der Assimilation gesetzt. "New Australians" wurden in Osteuropa über die Flüchtlingslager, dann in Nordeuropa und später aus Südeuropa angeworben. Dabei wurde jedoch versichert, daß die Einwanderer aus diesen Ländern sich schnell dem britisch-australischen Lebensstil anpassen könnten.

Die aus dieser Situation resultierende Aufgabe für Sozialwissenschaftler war offensichtlich: Sie sollte feststellen, welche potentiellen Migrantengruppen als "assimilierbar" anzusehen waren und welche politischen und institutionellen Maßnahmen zu diesem Zweck notwendig waren. Das "Australien Institute of Political Science" führte im Jahre 1946 im Rahmen einer Sommerschule Diskussionen zur Bevölkerungspolitik durch. Die Ergebnisse waren entmutigend. Die Teilnehmer sahen große Schwierigkeiten für die Aufgabe, *"Australiens leere Wiegen zu füllen."*[15] "Assimilierbare" Migranten waren aber schwer auffindbar. Die Briten wollten nicht nach Australien kommen, Skandinavier gab es zu wenige, die Mitteleuropäer waren höchstwahrscheinlich verkappte Nazis; Juden und Südeuropäer waren inakzeptabel wegen des verbreiteten Antisemitismus und der Feindseligkeit den Italienern gegenüber, und die Bewohner des "menschlichen Ameisenhaufens" Asien waren vollends unerwünscht.[16] Lediglich ein Redner sprach davon, daß das Ende der "White Australien Policy" in Sicht sei.[17]

Das Einwanderungsministerium baute eine enge Kooperation auf mit Sozialwissenschaftlern aus der australischen Nationaluniversität und von anderswo.[18] Demographen wie W.D. Borrie und Charles Price sowie Psychologen wie Ronald Taft und Alan Richardson hatten großen Einfluß auf die Entwicklung der Assimilationspolitik. Zur Verhütung einer ethnischen Segregation wurde empfohlen, die Immigranten verstreut anzusiedeln. Die "New Australiens" sollten schnell Englisch lernen: Die Benutzung ihrer Muttersprache war einzuschränken. Die Immigranten sollten als bleibende Kolonisten betrachtet werden und dazu ermutigt werden, ihre Familien nachzuholen und die australische Staatsbürgerschaft anzunehmen. Bei der Vermittlung des Gefühls, daß die zweite Generation keine andere Kultur als die anglo-australische besäße, hatte die Schule eine Schlüsselrolle zu spielen. Die Psychologen erstellten "Australienismus-Skalen", um eine individuelle Messung des Absorptionsprozesses möglich zu machen.[19] Australien und West-Europa brauchten "Fabrik-Futter", ihre Eingliederungssysteme in die Klassenbeziehungen waren jedoch sehr unterschiedlich. Die europäische Methode bestand darin, vorübergehend ausländische Gastarbeiter anzuheuern, das australische System bedeutete dagegen Zwangsassimilation.

Als das "Australian Institute of Political Science" im Jahre 1953 eine weitere Sommerschule zur Bevölkerungspolitik abhielt, hatte sich der Ton erheblich verändert. In den Reden des damaligen amtierenden Einwanderungsministers Holt und seines Vorgängers Calwell wurden die Leistungen im Rahmen des Einwanderungsprogramms lobend hervorgehoben. Akademiker wie Borrie und der Wirtschaftswissenschaftler Karmel hatten noch ihre Zweifel in bezug auf die wirtschaftlichen Vorteile, aber die Vertreter der Schwerindustrie hoben eifrig hervor, welche entscheidende Rolle die "New Australians" bei der Erweiterung der Stahlwerke von Port Kembla, Newcastle und Whyalla gespielt hätten. Erstmals wurde bei dieser Gelegenheit aber auch über Forschungsergebnisses zur Entwicklung von Einwandererorganisationen berichtet. Zweifel über Möglichkeit und Wünschbarkeit von Assimilation entstand.[20]

In den 60er Jahren trat die fundamentale Widersprüchlichkeit des Assimilationismus klar zutage: Diese gründete auf der Vorstellung, daß die Migranten einerseits sowohl gesellschaftlich als auch geographisch verstreut leben und andererseits in der angloaustralische Mehrheit aufgehen sollten. Die "New Australians" wurden jedoch in der Industrie als Arbeiter benötigt. Die Arbeitsplatzkonzentration und die Wohnungssituation führten zu einer großen Einwandererkonzentration in innerstädtischen Industriegebieten. Zusammen mit der fremdenfeindlichen Atmosphäre schaffte diese partielle Segregation die Voraussetzungen für die Bildung von Gemeinschaften, die auf nationalen Zusammenschlüssen beruhten. Es entstanden mehr und mehr ethnische Geschäfte, Schulen, Kirchen, politische Organisationen, gesellschaftliche und kulturelle Gruppen und Medien. Die verschiedenen Gruppierungen entwickelten ihre eigene Infrastruktur und kleinbürgerliche Führerschaften. Parallel dazu kamen die Erziehungs- und Wohlfahrtsbeauftragten zu der Überzeugung, daß diese Lage auf die Entbehrungen und Nachteile der Migration zurückzuführen sei.

Eine neue Generation von Sozialwissenschaftlern nahm die Untersuchung dieser Situation in die Hand. Sie stützten ihren Ansatz auf die Debatte über ethnische Identität, Pluralismus und die Unzulänglichkeit des Schmelztiegelmodells, die in den USA zunehmend Raum gewann, und auf die Debatten über Rassenbeziehungen im Vereinten Königreich. James Jupp leistete mit seinem Buch "Arrivals and Departures" einen wichtigen Beitrag, weil er Einwanderung und Kolonisation mit allgemeineren, gesellschaftsstrukturellen Fragen in Australien in Zusammenhang brachte.[21] Jean Martin untersuchte das Unvermögen der australischen Institutionen (Erziehungs-, Gesundheitsorganisationen etc.) mit der Realität der Anwesenheit der Migranten zurechtzukommen.[22] Ihre Arbeit bildete die Grundlage für die Diskussion über "Ethnische Rechte" und die "Benachteiligung der Migranten", die in den späten 60er und in den 70er Jahren für die Fürsorge- und 'Community'-Organisationen von großer Bedeutung war. Parallel dazu arbeitete Jerzy Zubrzycki von der australischen Nationaluniversität an einem Ansatz, der die Wichtigkeit der ethnischen Gruppe betonte, indem er kulturelle Verschiedenheit in Zusammenhang mit der Schwierigkeit brachte, einen umfassenden gesellschaftlichen Zusammenhalt zu erreichen (davon weiter unten mehr).

Der sozialwissenschaftliche Diskurs verschob sich von *Assimilation* auf *Integration*. Migranten waren nicht als Individuen zu betrachten, die es zu absorbieren galt, sondern als Gruppen, die in sozio-ökonomischer und/oder kultureller Hinsicht verschieden waren und für eine Übergangszeit auch so bleiben würden.

Gegen Ende der 60er Jahre wurden die politischen Maßnahmen allmählich in diesem Sinne neu formuliert. Weitere größere Veränderungen waren dazu geeignet, den frühe-

ren rassistischen Konsens zu unterminieren:
- Die Politik des "Weißen Australiens" wurde im Jahre 1966 fallengelassen. Das war zwar zunächst eine formelle Geste, die mit dem geringen internationalen Ansehen Australiens zusammenhing. Sie schaffte jedoch die gesetzlichen Voraussetzungen dafür, daß ein Jahrzehnt später viele Asiaten nach Australien einwandern konnten.
- Ein im Jahre 1967 durchgeführtes Referendum gewährte den Aborigines die Staatsbürgerschaft. Auch hier war der Assimilationismus klar gescheitert. Ein Apartheid-System war nicht länger akzeptabel. Wieder öffnete eine geringfügige Veränderung die Tore für bedeutendere Schritte wie die Landrecht-Kampagne in den 70er Jahren.[23]
- Ein wachsender internationaler Wettbewerb um die Arbeitskraft der Immigranten bis in die frühen 70er Jahre hinein veranlaßte die australische Regierung dazu, die Anwerbung auf den Mittleren Osten auszudehnen. In den späten 70er Jahren wurden Flüchtlinge aus Indochina aufgenommen. In den 80er Jahren schwoll die Einwanderung aus Asien sowohl durch die Einreise von Facharbeitern als auch aufgrund der Familienzusammenführung an. Die Folge davon war eine Zunahme der deutlich erkennbaren Minderheiten — Australien war nun nicht nur ein Land mit vielen Ethnien, sondern in wachsendem Maße ebenfalls ein Land mit vielen Rassen.
- Die Rezession in der Mitte der 70er Jahre führte zu neuen Debatten über die Vor- und Nachteile der Einwanderung. Der Akzent verlagerte sich von der Zuwanderung von Arbeitssuchenden auf Flüchtlinge und auf Familienzusammenführung, obwohl von Geschäftsleuten immer wieder eine verstärkte Erweiterung der Arbeitskräfteanwerbung gefordert wurde.

Wir können uns an dieser Stelle nicht im einzelnen mit der Debatte um die Einführung der Multikulturalismus-Politik auseinandersetzen.[24] Als nach 23 Jahren konservativer Herrschaft im Jahre 1972 die Whitlam Labour-Regierung gewählt wurde, kam es zu einer drastischen Beschneidung des Zustroms an Einwanderern, während gleichzeitig die Fürsorge und die Erziehung der Migranten zum wichtigen Teil des allgemeinen gesellschaftlichen Reformprogramms deklariert wurden. Durch die Schaffung einer Sonderkommission für Migrantenfragen und durch die Herstellung der Möglichkeiten zur allgemeinen Partizipation am Australischen Hilfsplan förderte die Whitlam-Regierung die weitere Politisierung der Migrantenfrage. Obwohl der Einwanderungsminister Grassby von einer "multikulturellen nationalen Familie" sprach, lag der Schwerpunkt der politischen Maßnahmen mehr auf der Sozialfürsorge als auf dem kulturellen Bereich. Der Politikwechsel in dieser Zeit resultierte sowohl aus der beginnenden Rezession als auch aus dem Wandel der Migration zu einer Kettenmigration. Hier bestehen einige Parallelen zu Westeuropa.

Unter den "Liberal-Country Party"-Regierungen von Fraser zwischen 1977 bis 1983 verlagerte sich die Priorität von der Sozialpolitik zur Ideologie. Ihr Beraterstab, der 'Australische Rat für Bevölkerung und ethnische Angelegenheiten', war stark durch den kulturalistischen Ansatz von Jerzy Zubrzycki, heute Professor für Soziologie an der australischen Nationaluniversität, beeinflußt. Der Rat stellte vier Grundsätze als politi-

sche Richtlinien auf: 1) Gesellschaftlicher Zusammenhalt; 2) Kulturelle Identität; 3) Chancen- und Zugangsgleichheit; 4) Gleiche Verantwortung, Verpflichtung und Mitwirkung in bezug auf die Gesellschaft.[25]
Der "Galbally Report" von 1978 forderte eine Umstrukturierung der Gesellschaftspolitik hinsichtlich der Migranten. Obwohl in dem Report erklärt wurde, daß die Migranten Zugang zu den gleichen staatlichen Leistungen haben sollten wie die anderen Bürger, war doch zumindest für eine Übergangszeit die Rede von einem Bedarf an "ethno-spezifischen" Leistungen. Einige davon wie Englisch als Zweitsprache, spezielle Rundfunksendungen und der Unterhalt des 'Australischen Instituts für multikulturelle Angelegenheiten' sollten vom Staat erbracht werden. Die übrigen Bedürfnisse sollten im Rahmen eines Nothilfeprogrammes durch Zuwendungen an die ethnischen Organisationen gedeckt werden.[26] Nach den Ausführungen von Andrew Jakubowicz führte dieses Modell für ethnische Gruppen, das das Verständnis für die Lage der Migranten durch entsprechende Sozialleistungen fördern sollte, dazu, die traditionalistischen ethnischen Führerschaften zu stärken. Ihre konservative und oft sexistische Haltung wurde als ein Stabilisierungsfaktor angesehen, der potentielle Klassenkonflikte eindämmen könnte. Ähnliche Kooptierungs- und Kontrollstrategien in bezug auf ethnische Gruppen können auch in Ländern wie den USA und Großbritannien[27] und in letzter Zeit ebenfalls in Westdeutschland festgestellt werden.

4. Produktionsbedingungen für soziologisches Wissen

Bevor wir die konkurrierenden sozialwissenschaftlichen Ansätze untersuchen, müssen wir uns den Produktionsbedingungen für Wissen in Australien zuwenden. Auf diesem Gebiet wird fast die ganze Arbeit innerhalb von zwei miteinander verbundenen hierarchischen Systemen geleistet, den Regierungsbürokratien (Staat und Bund) und den Hochschulinstitutionen (Universitäten, Fachhochschulen, Technische Hochschulen). Beide Systeme sind vielschichtig. Sie beinhalten verschiedenartige Formen der Politik, der Forschung, der Dienstleistungen sowie der Kontroll- und Überwachungsmechanismen. Die innerhalb dieser Systeme erstellten Berichte, Forschungsergebnisse, Papiere, Aufsätze, Bücher, Vorträge, Seminare etc. haben hegemonialen Rang. Die in der Industrie, in der Fürsorge, in der Erziehung, im Gesundheitsweisen etc. mit praktischer Arbeit Beschäftigten können das von der Regierung und den Hochschulen produzierte Wissen zwar anzweifeln, sie können sich jedoch nur Gehör verschaffen, wenn es ihnen gelingt, von in diesen Institutionen tätigen einflußreichen Gruppen Unterstützung zu erhalten. Das ist darauf zurückzuführen, daß es eben die größeren bürokratischen Apparate sind, die die Macht haben, zu definieren, was Wissen ist, und damit auch, was Realität ist. In der Regierung wird die Machtbestimmung durch politische Maßnahmen, Personal-Praktiken und bürokratische Befehls- und Finanzkontrollketten ausgeübt. Der Hochschulapparat scheint auf den ersten Blick etwas demokratischer zu sein. Tatsächlich aber ist das System der Ernennungen, Promotionen, Anstellungen, der Lehre und der Examina sowie der Zuteilung von Forschungsgeldern der Konformität dienlich. Wissen und Realität werden durch ein "Peer-review-"-System definiert, das sowohl die Publikationen von Büchern und Aufsätzen als auch die Verteilung von Forschungsgeldern kontrolliert (z.b. durch das australische Forschungsbeihilfeprogramm). Der Zulassung zur akademischen Elite werden umständliche und schwierige Rituale vorgeschaltet, wie z.b. die Dissertation, die meist eher eine Reproduktion von kodifiziertem Wissen als eine Entwicklung von neuen Gedanken darstellen. Das ideologische Konzept der "akademischen Gemeinschaft" liefert den Schleier der gemeinsamen Bemühung und der Objektivität für das, was in Wirklichkeit ein autoritatives Geschäft ist.

Die privaten Beraterfirmen bilden ein drittes, expandierendes Wissensproduktionssystem. Diese Beraterfirmen konkurrieren mit Forschern an der Universität um Forschungsaufträge der Regierung und aus dem privaten Sektor. Viele ihrer Mitarbeiter hatten vorher eine Anstellung im akademischen Bereich oder in der Regierung und benutzen ihre alten Kontakte dazu, um Arbeitsaufträge zu bekommen und auszuführen. Diese Berater müssen ohne solche Grundausstattungen wie Bibliotheken, EDV-Anlagen, Fakultätseinrichtungen, die den Universitäten zur Verfügung stehen, mit Gewinn arbeiten. Ihren Schwerpunkt bilden klar begrenzte gesellschaftliche Erhebungen, die quantitative Ergebnisse erbringen. Die privaten Berater sind äußerst abhängig davon, daß die Regierung ihre Ergebnisse wohlwollend aufnimmt, und es ist höchst unwahrscheinlich, daß sie eine kritische Arbeit liefern.

Wie kann in solchen Systemen jemals "neues" Wissen entstehen? Das ist erstens möglich, weil eine vollkommene und statistische Konformität die Rolle, die die Sozialwissenschaften in der Politik spielen, negieren würde. Wenn die Analyse gegenüber den realen Widersprüchen der gesellschaftlichen Struktur blind wäre, könnten sich diese so sehr steigern, daß dramatische und bedrohliche Veränderungen nicht mehr zu vermeiden wären. Die Handhabung von Krisen erfordert sowohl Flexibilität als auch die Fähigkeit, gefährliche Entwicklungen abzuwenden und potentiell dissidente Führerschaften zu kooptieren. Der Kampf um die Paradigmen mag ein Sturm in Wasserglas sein, er liefert jedoch für die gesellschaftlichen Manipulationen mächtiger Bürokratien Optionen und Alternativen. Zweitens sind weder der Staat noch die Hochschulinstitutionen unerschütterlich. Zwangsläufig gehören zu ihnen sowohl Organe mit manchmal widersprüchlichen und konkurrierenden Funktionen als auch Menschen mit unterschiedlichen politischen und gesellschaftlichen Ansichten. Äußerungen der Kritik an politischen Maßnahmen und Strukturen und in gesellschaftlichen Bewegungen herangereifte Veränderungspläne beeinflussen die akademische "Gemeinschaft". Diese Heterogenität ist die Voraussetzung für einen wissenschaftlichen Diskurs. Das sollte uns jedoch nicht blind für die hierarchischen und eigentlich konservativen Strukturen des akademischen Establishments machen.

In Australien sind die Kommissionen und Beratungsausschüsse ein Zentrum für die Interaktion von akademischen und staatlichen Bürokratien. Sie vereinigen Akademiker, Geschäftsleute, Gewerkschaftler, Führer von Körperschaften etc.. In diesem multikulturellen Bereich sind vier staatliche Ausschüsse für ethnische Angelegenheiten sowie der kürzlich eingesetzte Bundesbeirat für multikulturelle Angelegenheiten und die Abteilung für multikulturelle Angelegenheiten im "Prime Minister Department" die wichtigsten Einrichtungen. Viele Regierungsabteilungen und -organe haben ihre eigenen Beiräte. Ihre Rolle ist doppeldeutig: Einerseits erscheinen sie als Instrumente demokratischer Beratung, obgleich sie sich nur aus Leuten zusammensetzen, die von der Regierung als Übermittler für die öffentliche Meinung ausgewählt wurden, und auf der anderen Seite dienen sie als Feigenblatt, um die bürokratische Kontrolle der gesellschaftlichen Widersprüche zu legitimieren. In diesen Institutionen spielen die Akademiker sowohl als Mitglieder als auch als Forschungs- und Politikberater eine größere Rolle. Es ist sehr schwierig, in soziologischen Diskursen eine bedeutsame Rolle zu spielen, ohne in einen "goldenen Käfig" hineingezogen zu werden. Außerdem wünschen sich die meisten von uns die Chancen und Privilegien, die eine solche Kooptierung mit sich bringt.

5. Sozialwissenschaft und Multikulturalismus[28]

In den letzten fünfzehn Jahren ist der Multikulturalismus zu einem allgemeinen, wenn auch nicht universell akzeptierten ideologischen Rahmen für die Untersuchung der Stellung der Migranten und ethnischen Minderheiten in Australien geworden. Tatsächlich basieren die gegenwärtigen Bemühungen um eine Neudefinition der australischen Identität, z.B. die 200 Jahrfeiern von 1988, auf dem Multikulturalismus als einem Theorem für einen poly-ethnischen Nationalismus. Dieser offensichtliche Konsensus ist nur möglich aufgrund der verschiedenen widersprüchlichen Multikulturalismuskonzepte, die Seite an Seite sowohl in der Politik als auch in den Sozialwissenschaften existieren.[29]

Im folgenden werden die verschiedenen Ansätze in bezug auf die Untersuchung der Immigration, der Rassenbeziehungen und ethnischen Angelegenheiten in Australien sehr zusammengefaßt aufgezeigt. Eine rigide Trennung zwischen den Beiträgen der Soziologie und denen aus anderen Disziplinen wie Pädagogik, Sprachwissenschaften, Wirtschaftswissenschaft, Politikwissenschaft, Geographie, Psychologie, Rechtswissenschaft und Geschichte ist unmöglich. Unvermeidlich ist weiter, daß die Klassifikation der vielen aus unterschiedlichen theoretischen und disziplinären Perspektiven durchgeführten Untersuchungen in mehrere Kategorien willkürlich ist. Auch andere Klassifikationen wären möglich und hätten ihre Vorteile.

5.1 Kulturalismus

Die kulturalistische Konstitution der Migranten vermittels Ethnizität war im letzten Jahrzehnt wahrscheinlich der wichtigste Ansatz. Seine prominentesten Vertreter sind J. Zubrzycki von der australischen Nationaluniversität und J. Smolicz aus Adelaide.

Dieser Ansatz ist so wichtig, weil seine Betonung der Wechselbeziehung zwischen der kulturellen Verschiedenheit (im ethnischen Sinne) und der Bindekraft der Gesellschaft als Ganzer genau dem Bedürfnis entspricht, sich dem Problem, eine polyethnische Nation sein zu wollen, zu stellen. Der Ansatz hatte seine Blütezeit in der sogenannten Fraserperiode (1977-1983), ist aber auch heute noch virulent, insbesondere in Bereichen der Erziehung und in jenen Teilen des neuen staatlichen Sektors, der alltagssprachlich als "ethnic affairs industry" bezeichnet wird. Die Konzeptualisierung der gesellschaftlichen Interaktion durch Ethnizität und weniger durch die Termini Klasse oder Geschlecht, entspricht sowohl den Interessen der Professionen im "ethnischen Geschäft" als auch denen der Führungsgruppen innerhalb der ethnischen Gemeinschaften.

Eine der wichtigsten Aussagen der kulturalistischen Weltsicht ist das politische Dokument "Multikulturalismus für alle Australier"[30] aus dem Jahre 1982, das stark von Zubrzycki beeinflußt wurde. Es fordert die Akzeptanz der ethnischen Verschiedenheit als langfristiges und legitimes, über Generationen aufrechtzuerhaltendes Attribut der australischen Gesellschaft. Ein zentrales Problem dieses Ansatzes besteht in der Spannung zwischen dem kulturellen Pluralismus einerseits und der Herstellung eines Zusammenhalts für die ganze Gesellschaft andererseits. In einer dazu kürzlich formulierten Stellungnahme hat Zubrzycki das Problem wie folgt formuliert:

Kann Multikulturalismus als Ideologie die Basis für eine neue Art von Universalismus liefern, der die Inkorporation der ethnischen Verschiedenheit in die allgemeine Gesellschaftsstruktur legitimiert? Hinter dieser Fragestoßrichtung befindet sich ein noch grundsätzlicheres Problem: Welche Bedeutung hat der Multikulturalismus als ein Ensemble von universellen sozialen Werten?[31] Für Zubrzycki basiert der kulturelle Pluralismus auf der Tatsache, daß "... *wir geneigt sind, unsere Identität nicht nur von unseren verwandtschaftlichen Beziehungen, sondern auch von anderen* partikularistischen *Werten abzuleiten, die oft aus ethnischen Bindungen stammen. Das ist das Phänomen der primordialen Bindungen...*"[32]

Zubrzycki schließt sich ausdrücklich den Anschauungen von US-Theoretikern wie Geertz, Novak und Greeley an, die Ethnizität auf eine "*natürliche Affinität, man könnte auch sagen spirituelle Affinität*", zurückführen.[33] Ethnizität wird hier also als etwas Naturhaftes und Vorsoziales verstanden. Ethnizität übersteigt — so ist anzunehmen — in dieser Sichtweise Klasse und Geschlecht, was den Theoretikern des kulturellen Pluralismus erlaubt, diese Dimensionen der sozialen Struktur faktisch zu ignorieren.

Wie kann diese natürliche Ethnizität mit der Notwendigkeit sozialer Kohäsion in Gesellschaften in Einklang gebracht werden, in denen die Migration eine Vielfalt von ethnischen Gruppen zusammenbringt? Sowohl Zubrzycki als auch Smolicz wissen sehr wohl um dieses Problem. Zubrzycki weist auf die Gefahr hin, daß der Pluralismus zu einem "Separatismus"-System wird, in dem die ethnischen Gruppen ihre eigenen institutionellen Strukturen in Konkurrenz zu denen der Gesamtgesellschaft aufstellen. Smolicz nimmt das Problem auf, indem er drei mögliche Optionen aufzeigt: 1) Separatismus. 2) "Residualer Multikulturalismus" — Er stellt die Kulturen von Minderheiten auf eine Stufe mit anderen Subkulturen durch den Entzug ihrer Muttersprache. 3) "Stabiler Multikulturalismus" — Sprache und Kultur der ethnischen Gruppen werden bei dieser Option aufrechterhalten, aber "übergreifende Werte und Institutionen" von allen Gesellschaftsmitgliedern geteilt.[34]

Von zentraler Bedeutung beim stabilen Multikulturalismus sind die "übergreifenden Werte". In einer Gesellschaft, die sich aus mehr als einer ethnischen Gruppe zusammensetzt, können verschiedene Beziehungen zwischen der dominierenden Gruppe – die meist die Mehrheit repräsentiert — und den Minoritäten bestehen. Wenn eine solche Gesellschaft aufgrund eines gewissen Konsensus und nicht mit Zwang regiert wird, kann davon ausgegangen werden, daß sich einige *gemeinsame* Werte entwickelt haben, die die verschiedenen ethnischen Gruppen wie einen Schirm überspannen. Existiert ein solcher kultureller Schirm, dann können die ethnischen Gruppen gewisse Werte, wie z.B. Sprache, Familientradition oder Religion, beibehalten.[35] Gemäß Andrew Jakubowicz geht diese Betonung gemeinsamer Werte kultureller Gruppen und ihrer positiven oder negativen Funktionen für die Aufrechterhaltung der sozialen Ordnung in kulturell unterschiedlichen Gesellschaften auf Durkheim`s Auffassung von der Rolle des gemeinsamen Wertesystems für die Wahrung der gesellschaftlichen Solidarität zurück.[36]

Nach Auffassung dieses kulturalistischen Ansatzes setzt sich Gesellschaft aus gleichgestellten ethnischen Gruppen mit kohärenten, homogenen und intakten Kulturen zusammen. Kultur wird dabei nicht als dynamischer Prozeß von Gruppeninteraktionen mit der Gesellschaft gesehen, sondern wird auf statische Formen wie Folklore, Tradition, Tracht und Küche reduziert und trivialisiert. Für die Aufrechterhaltung der Identität wird die Sprache als vorrangig angesehen, ihre soziale Bedeutung in der einzelnen Gesellschaft wird jedoch meist übersehen. Die Existenz von regionalen Verschiedenheiten sowie von Klassen- und Geschlechtsunterschieden wird selbst bei der Majoritätsgruppe weitgehend ignoriert. Wenn diese Unterschiede jedoch in Betracht gezogen werden, dann weniger mit dem Ziel, die Klassen- und Machtverhältnisse innerhalb des Migrationsprozesses zu verstehen, als vielmehr um das Kulturkonzept noch weiter zu trivialisieren, indem es auf eine unendliche Galaxie von kleinen "subkulturellen" Gruppen reduziert wird.

Der Kulturalismus hat wenig zu der Spannung zu sagen, die zwischen dem Recht auf kulturelle Identität einerseits und der Rolle der Kultur bei der Regulierung des Zugangs zu wirtschaftlichen Ressourcen und politischer Macht in der Klassengesellschaft andererseits besteht. Ausdrucksfähigkeiten, die Benutzung komplizierter Codes und die richtige Handhabung von kulturellen Symbolen bestimmen direkt oder indirekt die Allokationsprozesse für berufliche Positionen.

Die Rolle, die Kultur bei der Weitergabe der Klassenposition von Generation zu Generation spielt, ist seit vielen Jahren ein wichtiges soziologisches Thema. Es wird brennender, wenn eine Interaktion zwischen der ethnischen Kultur und der Klassenkultur stattfindet. Der Staat kann in bezug auf "Zugang und Gerechtigkeit" in seinen eigenen Dienststellen und Behörden entsprechende Gesetze erlassen, aber er kann nicht verhindern, daß aus kulturellen Statussymbolen in der Gesellschaft als Ganzer Nutzen gezogen wird. Politische Maßnahmen auf der Basis des kulturellen Pluralismus sind in der Tat wahrscheinlich nachteilig für die Chancengleichheit von Migrantenkindern. Sie werden in Bereiche abgedrängt, die von den Machthabern als inferiore Subkulturen angesehen werden, was wiederum die soziale Mobilität blockiert. Die Befürworter des Kulturalismus wissen um dieses Problem. Zubrzycki z.B. akzeptiert die Kritik, daß die multikulturelle Erziehung vielleicht auf die Lieferung eines zweitklassigen "Micky-Mouse-Curriculums" für "ethnische" Kinder herabsinkt.[37] Sowohl er als auch Smolicz sehen die Antwort darauf in einer Politik, die "Separatismus" vermeidet und alle Kinder in ein universalistisches Erziehungssystem einschließt, während sie gleichzeitig dem Pluralismus Rechnung trägt, indem sie allen Kindern die Gemeinschaftssprache und die verschiedenen kulturellen Werte nahebringt.

Aber wie kann eine Gemeinschaftssprache die Lage ändern, wenn sie von denen, die die politische und wirtschaftliche Macht haben, nicht ernst genommen wird, und wenn sie für die Lebensperspektiven ihrer Schüler keine Vorteile bietet? Die Kulturalisten können diesen Punkt nicht ernstlich behandeln, weil es ihr theoretischer Rahmen - besonders das Postulat der relativ homogenen und statischen nationalen Kulturen - nicht erlaubt, die Frage der Beziehungen zwischen Kultur, Klasse und Macht aufzugreifen. Die zentrale Kategorie des Kulturalismus, Ethnizität, basiert auf Postulaten über die "menschliche Natur" und wird nicht aus Untersuchungen der historischen Entwicklung kapitalistischer Gesellschaften entwickelt. Deshalb haben die Kulturalisten wenig zum sozialen Wandel und zum sozialen Konflikt in gegenwärtigen Gesellschaften zu sagen.

5.2 Neo-Assimilationismus

Unter dieser Bezeichnung fasse ich einige Theorien zusammen, die zwar in vielerlei Hinsicht unterschiedlich sind, die aber meines Erachtens folgende gemeinsame Implikationen aufweisen: Sie sehen eine Rückkehr zur Assimilationspolitik als wünschenswert an. Solche Ansätze finden sich vor allem in der Psychologie, der Pädagogik und der Soziologie, sie sind aber auch in der Volkswirtschaft und der Geschichte vertreten.

Neuere Arbeiten über Erziehung versuchen den "Mythos der ethnischen Benachteiligung" zu beseitigen. Die Untersuchungen von Birrell und Seitz[38], Bullivant[39], Williams[40] und Mistilis[41] liefern den angeblichen Beweis, daß Kinder, die keinen englischsprachigen Hintergrund haben, genau so gut in der Schule sind wie die anderen Australier. Diese Autoren verweisen zudem auf das Ergebnis des Zensus von 1981, der eine deutliche intergenerative Mobilität zwischen ethnischen Gruppen aus südeuropäischen Ländern festhält. Bullivant geht sogar so weit zu behaupten, daß ethnische Kinder aus der Arbeiterklasse besser lernen als anglo-australische Kinder der Arbeiterklasse, die er als die "neuen Selbstbenachteiligten" bezeichnet. Er erklärt dieses Phänomen damit, daß den Australiern aus der Arbeiterklasse die richtige Einstellung zur Arbeit, zum Eingehen von Risiken und zur Erziehung fehle, und daß die Disziplin innerhalb ihrer Familien zu schwach sei. Die meisten Migranten, besonders die Asiaten, seien im Vergleich dazu erfolgreich aufgrund ihrer "ethnischen Motivation" und ihrer strengen Familiendisziplin. Birrell und Seitz teilen diese Ansicht und greifen Argumente auf, die an den

Ansatz der "Kultur der Armut" erinnern oder an die Schlußfolgerung von Moynihan, daß die "pathologische schwarze Familie" die Ursache für die schwarze Armut in den Vereinigten Staaten sei.[42]

Dieser Ansatz ist in der Bildungsbürokratie sehr populär geworden, denn er liefert rationale Gründe für das Beschneiden spezieller Erziehungsprogramme für Migrantenkinder. In einer Zeit, in der Unternehmer aus wirtschaftlichen Gründen nach mehr Immigration rufen und wirtschaftliche Zwänge verstärkte Dienstleistungen für die Neuankömmlinge schwierig machen, fällt der "Mythos der ethnischen Benachteiligung" auf fruchtbaren Boden: Zusätzliche Migranten wären ohne irgendwelche zusätzlichen sozialen Ausgaben zu haben. In einem kürzliche publizierten Papier hat Birrell die ganze multikulturelle Ausbildung der Migrantenkinder bis auf den Englischunterricht als unnötig, kostspielig und erzieherisch nachteilig gebrandmarkt. Seine scharfe Kritik richtet sich besonders gegen die kürzlich angekündigte *Nationalsprachenpolitik*[43], mit der die Absicht verfolgt wird für die Mehrheit der australischen Kinder in der Schule auch andere Sprachen als Englisch zuzulassen[44].

Die "Neo-Assimilationisten" teilen die obige Kritik am "Kulturalismus". Sie behaupten, daß die pluralistische Erziehung tatsächlich die Migrantenkinder benachteilige, indem sie diesen eine zweitklassige Schulbildung zukommen ließe und Kulturen aufrecht erhalte, die nicht dazu beitragen, die soziale Mobilität innerhalb Australiens zu sichern. Diese Behauptung wird auch von Psychologen vertreten, die in der Tradition von Taft und Richardson arbeiten. Sie versuchen, z.B. den Anpassungserfolg von Migranten aus Beobachtungen über Einstellungen, Werte etc. abzuleiten. Sie sind der Meinung, daß die Aufrechterhaltung der ethnischen Sozialisierungspraktiken sowie die Festlegung auf geschlechtliche Rollen und ähnliches, wie bei Kindern aus dem Libanon, diese benachteilige[45]. Die pluralistische Aussage, daß die verschiedenen Kulturen auf gleicher Stufe stehen, wird demzufolge verworfen, manche eignen sich eher dazu, in Australien erfolgreich zu sein, als andere[46].

In diesem Paradigma werden die kulturellen Normen der hauptsächlich männlich orientierten, weißen Anglo-Mittelklasse nicht infragegestellt. Die Migranten werden im wesentlichen als andersartig und anpassungsbedürftig angesehen. Hinter dem offensichtlichen Interesse an der Chancengleichheit steckt das Verlangen nach einer Rückkehr zur kulturellen Homogenität und damit nach einem Assimilationismus, wie er bis in die sechziger Jahren vorherrschte. Obgleich es selten offen ausgesprochen wird, scheint dieser Ansatz auf der Annahme zu beruhen, daß eine Nation nur auf der Basis einer hegemonialen und vielleicht monistisch ethnischen Gruppe funktionieren kann. Es ist kein Zufall, daß die Multikulturalismuskritik aus dieser Perspektive nach dem Anschwellen der asiatischen Immigration und der "Blainey Debatte" von 1984 an Boden gewann. Der Historiker Blainey behauptete, daß nicht die Immigration als solche nachteilig sei, sondern lediglich die asiatische Immigration, weil die Asiaten nicht zu assimilieren seien[47]. Parallel dazu wiederholte Birrell diese Position und fügte die merkwürdige Entstellung hinzu, daß die Asiaten für das australische Milieu und den australischen Lebensstil besonders abträglich seien. Solche Behauptungen nährten natürlich das Aufwallen eines populistischen Rassismus, der von Männern wie Bruce Ruxton, dem

Führer der "Victorian Returned Servicemen`s League" in der Mitte der achtziger Jahre verbreitet wurde.

Aus der erneuten Aufnahme der Diskussionen über "assimilierbare Arten" ergeben sich unterschiedliche Einschätzungen. Nach der Auffassung von Blainey und Birrell sind die Asiaten zu andersartig, um assimiliert werden zu können. Andere Autoren — wie z.B. Bullivant und der rechte Multikulturalismuskritiker Lauchlan Chipman — halten die Asiaten für perfekte Migranten, weil sie hart arbeiten, Bildung schätzen, ihren Kindern Disziplin beibringen, die Vorteile des privaten Unternehmertums anerkennen und unter sich bleiben. Hier ist die ökonomische Assimilierbarkeit das Hauptkriterium und kulturelle Unterschiede werden als weniger entscheidend angesehen.

Ähnlichkeiten in diesen Einschätzungen gibt es mit der nächsten Theoriengruppe, derzufolge das Funktionieren des Marktes die einzige Richtlinie für den Migrationsprozeß ist.

5.3 Stratifikationismus und neo-klassische Ökonomie

In Australien wird von der soziologischen Forschung immer häufiger der soziale Status der Migranten im Vergleich zu dem der einheimischen Australier untersucht. Der Status wird in Variablen wie Beschäftigung, Teilnahme an Erwerbstätigkeit, Verdienst und Beschäftigungsmobilität operationalisiert und empirisch gemessen, wobei Massenerhebungsdaten und Zensusstatistiken benutzt werden. Dabei werden spezifische Faktoren wie Schulbildung, Ausbildung und Arbeitserfahrung vor der Migration auf den sozialen Status und die Mobilität in Australien bezogen. Die Anwendung der multivariaten Analyse ist dabei eine Schlüsselmethode. Dieser empiristische Ansatz ist in der Soziologie in besonders eindrücklicher Weise von einer zur Australischen Nationaluniversität gehörenden Gruppe entwickelt worden, zu der Forscher wie Broom, Jones, McAllister, Kelly und Evans gehören. Er ist eng mit dem neo-klassischen Humankapital-Ansatz in der Volkswirtschaft verbunden, der seine Bastionen im "Bureau of Labour Market Studies" und im "Centre for Economic Policy Research" an der Australischen Nationaluniversität und im "National Institute for Labour Studies" an der Flinders Universität hat. Ich möchte an dieser Stelle nicht im einzelnen auf die Methoden, Aussagen und theoretischen Schwierigkeiten dieses Paradigmas eingehen.[48]

Zusammengefaßt besagt die Antwort dieser Forscher auf die Frage der spezifischen Probleme der ethnischen Minderheiten in der australischen Gesellschaft, daß es keine ethnischen Minderheiten und keine spezifischen Probleme gibt. Die Schlußfolgerungen, zu denen man unter Verwendung von sehr hoch aggregierten Daten gekommen ist, beinhalten, daß Migranten in bezug auf Arbeit, Einkommen und gesellschaftliche Stellung nicht stärker benachteiligt sind als die Einheimischen. Sie haben nur kurzfristige Anpassungsschwierigkeiten, die sie schnell meistern. Außerdem ist die Mobilität zwischen den Generationen außerordentlich groß.[49]

Diese Soziologie ist fest in der positivistischen Tradition verankert, die nur meßbare "Dinge" als "soziale Tatsachen" einstuft. Der Hauptakzent liegt auf dem Meßinstrument, mit dem der Forschungsgegenstand definiert wird. Der wissenschaftliche Fortschritt beruht demgemäß mehr auf einer Methodenverbesserung als auf Fortschritten in der Konzeptualisierung von gesellschaftlichen Phänomenen. Das führt zu Schwierigkeiten, wenn bessere Meßinstrumente aufzeigen, daß einige der in gutem Glauben vorgelegten Schlußfolgerungen aus der Vergangenheit falsch sind.[50]

Im Bereich der Migration und der ethnischen Beziehungen liegt das Hauptproblem in der Operationalisierung von Ethnizität. Sie wird hier als Ersatz für Geburtsort als einer Kernvariablen verwendet, die in der Pfadanalyse als "Schatten"variable einzubeziehen ist. Damit wird die Komplexität des ethnischen Hintergrunds der vielen Migrantengruppen ignoriert. Indem die Unterschiede in der Erziehung, Ausbildung etc. qua multivariater Analyse nicht berücksichtigt werden, entsteht eine abstrakte Kategorie von Ethnizität, die nichts mit dem historischen Charakter der Migranten-Arbeitssysteme im zeitgenössischen Kapitalismus zu tun hat.

Es ist nicht schwer zu begreifen, daß dieser Ansatz bei den Politikern große Popularität genießt. Er ist nicht dazu geeignet, Theorien über die Funktion der auf ethnisch-rassischen und geschlechtlichen Unterscheidungen basierenden Arbeitsmarktsegmentierungen für die Restrukturierung der kapitalistischen Wirtschaft aufzustellen oder auch nur zu erkennen. Die empiristische Rekonstruktion von Klassen- und Geschlechtsbeziehungen innerhalb des Migrationsprozesses reduziert die Funktion des Paradigmas auf eine affirmative administrative Wissenschaft. Auf der Grundlage einer liberalen Ideologie der "offenen Gesellschaft" liefert diese Art von Soziologie Feststellungen für die Legitimierung des Neo-Assimilationismus und vor allem für die Rechtfertigung der Tatenlosigkeit der Regierung bei der Bekämpfung von strukurellen Barrieren, die die spezifischen Migrantengruppen benachteiligen.

5.4 Neo-Weberianische Ansätze

Im Gegensatz zu den vorhergehenden Paradigmen hat die neo-weberianische Schule als eine der größten Strömungen innerhalb der gegenwärtigen soziologischen Theorie Verständnis für den historischen Charakter der Ethnizität und den entsprechenden Verflechtungen mit wirtschaftlichen und gesellschaftlichen Machtverhältnissen, besonders den Klassenverhältnissen in der kapitalistischen Gesellschaft. Die theoretische Basis für die Analyse von ethnischen Beziehungen in Australien wird von einem kohärenten Gedankengebäude hinsichtlich Nationalismus (z.B. das Werk von Gellner[51]), "neue Ethnizität" (insbesondere Gordon[52], Glazer, Moynihan und Bell in den USA[53], Smith im Vereinigten Königreich[54]) sowie der Beziehung zwischen Rasse und Klasse geliefert (Rex[55] und mehrere andere Forscher vom Forschungszentrum für ethnische Beziehungen an der Warwick Universität, England).

Hauptsächliche Themen dieser Gedankenschule sind: Die Entstehung ethnischer Identifikation und ihr Beitrag zur gesellschaftlichen Gruppenbildung; die symbolische Basis der Ethnizität und die Möglichkeit von Führern, diese politisch zu nutzen; die Spannung zwischen zugeschriebenem und erworbenem Status und die Interaktion zwischen Ethnizität und Klasse bei der Formung gesellschaftlichen Bewußtseins sowie von Lebenschancen in industriellen Gesellschaften.[56]

Wie wir bereits oben ausgeführt haben, konzentrierte sich Jean Martin in den 60er und 70er Jahren auf die Unfähigkeit der australischen politischen und gesellschaftlichen Institutionen, die Wirklichkeit der Migrantensituation zu begreifen, und auf den Einfluß der Migranten auf die australische Gesellschaft.[57] Ihr politisch orientiertes Werk betont die Schwierigkeiten der Migranten aufgrund ihrer Benachteiligung und weist auf die durch die institutionellen Barrieren verursachten Probleme hin. Die Entwicklung des Multikulturalismus hat ihrer Arbeit viel zu verdanken. Jean Martin war jedoch der Meinung, daß der Multikulturalismus als neue Ideologie eine Form annähme, die die strukturellen Implikationen des kulturellen Pluralismus für die Gesellschaft als Ganzes ignoriere.

Gegenwärtige neo-weberianische Arbeiten kritisieren die assimilationistischen, marxistischen und empiristischen Ansätze. Es ist jedoch manchmal schwer, die Auffassung von Ethnizität in diesem Ansatz deutlich werden zu lassen und die daraus für die australische Gesellschaftspolitik zu ziehenden Konsequenzen zu verdeutlichen.[58] McCall, Burnley und Encel leiten von dem Standpunkt, "daß die Gesellschaft ein Erkenntnissystem sei", folgende Definition ab: *"Ethnizität ist jene Form von rhetorischer Unterscheidung, die eine generationenübergreifende Gemeinsamkeit von symbolischer Bedeutung hervorhebt, die durch einen Rückgriff auf die gesellschaftliche Aktion aufrechterhalten und verstärkt wird."*[59]

Heißt das, daß Ethnizität nur eine subjektive Konstruktion ist? McCall, Burnley und Encel stellen fest, *"daß sie nicht behaupten, daß dort etwas außerhalb intersubjektiver Realität existiere, das als Ethnizität zu bezeichnen wäre und das größeren Inhalt als in der Vergangenheit habe."* Sie bekämpfen jedoch mit Vehemenz die Aussage von Marie de Lepervanche, daß es keine Ethnien gibt, sondern nur verschiedene Arten, Ethnien zu sehen, und sie behaupten, daß *"eine Ethnie eine phänomenologische Realität ist, deren Bestandteile am ehesten Verwandtschaftssystemen ähnelten."* Sie definieren offensichtlich "Ethnien" als Minoritäten, die durch Migration oder durch die Eroberung von Kolonialmächten — letztere nennen sie die 4. Welt-Bevölkerungen — entstanden sind. Sie sagen dann weiter: *"da es um Macht und den Umgang mit Macht geht, bedeutet "ethnisch" für uns, von der nationalen Selbstdefinition eines Landes ausgeschlossen zu sein oder ihr als Fremder gegenüberzustehen."*[60]

Das weicht etwas von der verbreiteten Gepflogenheit der Sozialwissenschaft in Australien ab, nach der die Majorität ebenfalls als "ethnische" Gruppe definiert wird. Der Webersche Begriff der "Schließung" kann sowohl für das Ziehen von Grenzen durch eine hegemoniale Gruppe zugunsten der Aufrechterhaltung ihrer Privilegien genutzt werden als auch für die Kennzeichnung von ethnischer Gruppensolidarität durch Minoritäten, um sich selbst Vorteile zu sichern. McCall, Burnley und Encel folgen diesem Erklärungsschema, insbesondere in der Anwendung von Glazer, Moynihan und Bell. Sie erklären, daß Ethnizität *"die starken affektive Bande dazu nutzt, um wirtschaftliche Ziele zu erreichen"*, und daß ethnische Eliten durch sie größere Anteile am gesellschaftlichen Kuchen zu erwerben trachten, daß sie sich Positionen in der Bürokratie erwirtschaften und daß sie durch affirmative Aktionsprogramme für ihre Gruppen deren Lage zu verbessern trachten. McCall, Burnley und Encel wiederholen das Argument von Bell, daß die wachsende staatliche Intervention in soziale und wirtschaftliche Angelegenheiten ein wichtiger Grund für die ethnische Aktivierung sei.[61]

Tatsächlich betrachten diese Theoretiker die ethnische Gruppe als eine gesellschaftliche Konstruktion und als eine bereits vorhandene Wirklichkeit hinsichtlich ihrer gesellschaftlichen Bedeutung für ihre Mitglieder. Hier liegt die Schwierigkeit darin, daß diese Auffassung zu implizieren scheint, daß Du ethnisch bist, wenn Du Dich so fühlst. Da sich der größte Teil der Menschen zumindest die meiste Zeit nicht so fühlt, wird die Bedeutung von Ethnizität als einer Kategorie, die mit objektiv begründeten Kategorien logisch vergleichbar ist, zweifelhaft. Wie läßt sich dann diese Theorie mit dem Multikulturalismus vereinbaren, der sich auf die Vorstellung stützt, daß jeder ethnisch ist, und daß das der Hauptfaktor zur Erklärung seiner jeweiligen gesellschaftlichen Interaktion ist?

Eine der Antworten darauf stammt von Birrell, der Ethnien als ein "spezielles Interesse"[62] bezeichnet, das politische Prinzipien für eigene Zwecke manipuliert, d.h., eine Interessengemeinschaft von ethnischen Intellektuellen und Selbständigen kämpfe um besondere Privilegien.[63] Diese Anwendung von Bell's Auffassung von "Ethnizität als einer strategischen Wahl" kommt politischer Polemik nahe.

In einer programmatischen Rede brachte Encel seine Vorstellung von Ethnizität mit der aktuellen politischen Debatte in Beziehung. Er nannte die jüdischen und katholischen Gemeinschaften in Australien als Beispiele für einen strukturellen und kulturellen Pluralismus und behauptete, daß es zu früh sei, eine Aussage darüber zu machen, ob die Nachkriegs–Migrantengruppen einen solchen institutionellen Separatismus entwickeln würden. Dies schiene für einige Gruppen wie die Griechen und Araber möglich zu sein, aber im ganzen gesehen *"...steht die vorherrschende Anpassungsform zwischen ethnischen Minderheiten und der australischen Gemeinschaft im allgemeinen unter dem Zeichen von Multikulturalismus, ein Begriff, dessen Unklarheit einige unglückliche Auswirkungen gehabt hat."*[64]

Er unternimmt jedoch nichts, diese undeutliche Charakterisierung aufzuklären. Encel behauptet, daß die eingewanderten Frauen als Heimarbeiterinnen die ausgebeutetsten und chancenlosesten Arbeitskräfte in Australien seien. Geschlecht, Klasse und Ethnizität seien gleichermaßen relevant, aber keine dieser Kategorien sei auf die andere zurückzuführen, *"weil sie in verschiedenen Aspekten des gesellschaftlichen Prozesses ihren Ursprung haben"*. Das bedeutet, daß die Debatte über den Multikulturalismus *"nur marginal mit Ausbeutungs– und Machtfragen zu tun hat"*, was Encel dazu bringt, wiederholt Sozialwissenschaftler zu kritisieren, die versuchen, diese drei ungleichen Dimensionen in ihren Untersuchungen miteinander in Verbindung zu bringen.

Insgesamt gesehen liefert der neo–weberianische Ansatz sicherlich ein Korrektiv für die primordialistisch ahistorischen Auffassungen von Ethnizität. Seiner eigenen Konstitution der ethnischen Gruppe mangelt es jedoch an Klarheit. Der Wert einer solchen Arbeit liegt darin, daß sie die Rolle betont, die die wirtschaftlichen Interessen bei der ethnischen Aktivierung spielen, und daß diese mit der wachsenden staatlichen Kontrolle der wirtschaftlichen und gesellschaftlichen Ressourcen in Verbindung gebracht werden. Aber die Beziehung zwischen diesem Tatbestand und den "affektiven Banden" ist alles andere als klar. Überall hat die neo-weberianische Theorie die Verbindung zwischen ethnischer Identifikation, Sprache, Erziehung und der Definition von Nation betont.[65] Australische Verfechter dieser Theorie wie Encel haben diesen Punkt in Verbindung mit historischen Modellen, z.B. Österreich-Ungarn, gebracht. Aber weder Encel noch andere Neo-Weberianer haben irgendwelche brauchbaren Antworten dafür geliefert, was das spezifisch für Australien als einer multiethnischen Gesellschaft bedeuten könnte.[66]

5.5 Die Nationalökonomie der Migration und der ethnischen Beziehungen

Dieser Ansatz hat seine intellektuellen Wurzeln in der marxistischen Tradition einer Gesellschaftswissenschaft, die die Produktionsweise als Ausgangspunkt für das Verständnis von gesellschaftlichen Strukturen und Beziehungen betrachtet. Rassisch/ethnische Differenzierungen werden als ein Aspekt der zur Arbeitskräftemobilisierung und -kontrolle entwickelten gesellschaftlichen Maßnahmen im historischen Kontext der uneinheitlichen Entstehung des Kapitalismus analysiert. Die eingewanderten Arbeiter oder die rassischen Minderheiten wären demnach eher hinsichtlich ihrer gemeinsamen gesellschaftlichen und wirtschaftlichen Situation als in bezug auf besondere Gruppencharakteristika wie Hautfarbe, Religion, Sprache etc. zu analysieren. Die Diskussion über die eingewanderten Arbeitskräfte und den Rassismus ist eng verbunden mit der weltweiten Debatte über die Natur der Weltwirtschaft und über die Rolle, die das Kapital, die Ressourcen, die Waren und die Mobilität der Arbeitskräfte in dieser Weltwirtschaft spielen.

Die Debatten über den Rassismus und die Ausbeutung einer besonderen Kategorie von Arbeitskräften nahm in den USA nach den Gettoaufständen der 60er Jahre ab. In den letzten Jahren richtet sich das akademische Interesse mehr auf die Theorie der segmentierten Arbeitsmärkte.[67] In Großbritannien schlugen sich die Kämpfe der schwarzen Arbeiter, der Jugend und der Frauen in der Entstehung einer rassistischen Nationalökonomie nieder, die die Rolle des Staates beim Schüren des Rassismus hervorhebt. Die Zeitschrift "Race and Class" und die Forschungsgruppe am "Center for Contemporary Cultural Studies" (CCCS) in Birmingham waren dabei tonangebend.[68]

Diese internationale Strömung hat das radikale Denken in Australien beeinflußt. In den letzten Jahren ist ein gewisses Verständnis dafür gewachsen, daß die Struktur der australischen Gesellschaft nur im Kontext der Kolonisationsgeschichte verstanden werden kann. Historische Berichte über Rassismus haben bei der Entstehung eines kritischen Denkprozesses eine wichtige Rolle gespielt. In den 70er Jahren wurde der

Versuch gemacht, eine historische Analyse der politischen Ökonomie des heutigen Australiens zu entwickeln, wobei die eng zusammenhängenden Prozesse der Enteignung der Aborigines und der unterschiedlichen Inkorporationsformen der verschiedenen Einwanderergruppen in die sich entwickelnde Klassenstruktur besonders hervorgehoben wurden.[69]

In den 70er Jahren machten gemeindeorientierte Aktionsgruppen und ethnische Organisationen auf die Lage der eingewanderten Arbeiter und die entsprechende Implikation für institutionelle Strukturen und Maßnahmen aufmerksam. Das 'Zentrum für urbane Forschung und Aktionen' und das 'Ökumenische Migrationszentrum' in Melbourne, der 'griechische Wohlfahrtsverband' sowie das italienische 'FILEF' waren dabei tonangebend. Dieser Diskurs hatte Einfluß auf die Regierungspolitik, auf die Entstehung von ethnischen Strukturen und auf die akademische Arbeit auf diesem Gebiet. Die Tradition der politisch orientierten Forschung wurde von der Regierung aufgegriffen, z.B. in der Abteilung für Forschung und politische Maßnahmen der 'Victorian Ethnic Affairs Commission' (VEAC).

Ein zentrale Forschungsproblem stellt die Rolle der Migranten beim Wiederaufbau der australischen Industrie nach dem 2. Weltkrieg und ihre Auswirkung auf die Klassenstruktur dar. Die Beiträge von Jock Collins[70], Constance Lever-Tracey[71], Michael Quinlan und der VEAC[72] sind hier von besonderer Bedeutung. Die Debatte darüber, ob die eingewanderten Arbeitskräfte als "Reservearmee von Arbeitskräften" betrachtet werden können, ist manchmal etwas abstrakt geführt worden. Es besteht jedoch ein alllgemeiner Konsens über die entscheidende Rolle, die die eingewanderten Arbeitskräfte für die australische Wirtschaft spielen. Diese Rolle ergibt sich aus den rassischen und ethnischen Teilungen, mit denen segmentierte Arbeitsmärkte geschaffen werden. Der stratifikationistische Ansatz in bezug auf die soziale Mobilität wird stark kritisiert. Die Marxisten machen besonders den Mangel an englischer Sprachkompetenz und fehlende Schulabschlüsse für Mobilitätsbarrieren innerhalb der Angestellten-Mittelklasse verantwortlich. Collins hebt hervor, daß die Mobilität im ethnischen Kleinbürgertum oft auf Selbstausbeutung beruht. Der Einsatz als unbezahlte Familienarbeitskraft ist für die meisten Migranten der einzige Weg, unqualifizierter Fabrikarbeit zu entgehen. Andere Autoren haben ihre Aufmerksamkeit auf Machtbeziehungen am Arbeitsplatz gerichtet, deren Bezug zu Geburtsort, Geschlecht und Migrationsform und deren Einfluß wiederum auf die Lebenschancen der Migranten.

Die Universität Wollongong war das Zentrum für den größten Teil dieser kritischen Untersuchungen. Andrew Jakubowicz hat eine fundierte Untersuchung der Sozialpolitiken für Immigranten und ethnische Minderheiten vorgelegt. Er behauptet, daß die Rolle des Staates im Umgang mit ethnischen Minderheiten durch den entsprechenden Einfluß auf Erziehung und Fürsorgestrategien eine der wichtigsten Dimensionen sozialer Kontrolle im australischen Nachkriegskapitalismus mit signifikativen Implikationen für die Klassenmobilisierung und die Stellung der Frauen gewesen sei[73]. Das 'Zentrum für multikulturelle Forschungen' ist seit 1977 ein Brennpunkt für kritische Untersuchungen in bezug auf die Stellung von ethnischen Minderheiten in der australischen Gesellschaft und in bezug auf die Ideologie des Multikulturalismus. Michael Morrissey widmet sich in seiner Arbeit hauptsächlich Fragen der Sozialpolitik sowie den Gesundheits- und Arbeitsmarktprogrammen, während Bill Cope und Mary Kalantzis hauptsächlich über Erziehung, Kultur und Ideologie gearbeitet haben.[74]

Eigentlich ist der radikale politökonomische Ansatz in bezug auf die Frage der Migration und der ethnischen Minderheiten einem Ansatz wie dem neo-weberianischen, der "Ethnizität" als Kriterium für soziale Stratifikation betrachtet und diese ähnlich wie "Klasse" verstanden wissen will, entgegengesetzt. Der Schwerpunkt liegt eher auf dem Prozeß der Konstitution von Minderheiten, bei dem Kriterien genutzt werden, die mit Geburtsort, Kultur, Geschlecht etc. und den entsprechenden institutionellen und ideologischen Systemen zusammenhängen. Ethnische Kategorisierungen oder Rassismus vermitteln sozusagen Klassenverhältnisse. Mit anderen Worten: "Rasse" oder "Ethnizität" sind für Mitglieder von Minoritäten etwas Reales, weil ihre Stellung in der Klassengesellschaft durch diese Kategorien definiert wird. Das impliziert, daß die Aktionen gegen den Rassismus oder Sexismus eine Voraussetzung für eine allgemeinere Klassenpolitik sind. Ohne Frage ist ein Verständnis der historischen und gesellschaftlichen Wurzeln des Rassismus, Nationalismus und Sexismus entscheidend für das Verstehen der Klassenstruktur in einer Gesellschaft wie Australien. Es gibt noch manche ungelöste Fragen innerhalb der marxistischen Debatten in bezug auf ethnische und rassische Beziehungen, und es ist sicher notwendig, in diesem Kontext weiter an der Problematik der Bewußtseinsinhalte, der Ideologie, Kultur und Erziehung zu arbeiten.

Ein entscheidendes Problem für die Arbeit der Sozialwissenschaftler in einem radikalen politökonomischen Rahmen ist das Verhältnis zwischen ihren Untersuchungsergebnissen und den politische Aktionen zur Überwindung von Ungleichheit und Diskriminierung. Auf der einen Seite betont die radikale Theorie den sozialen Kontext der Untersuchungen und die Notwendigkeit, die Feststellungen dazu zu nutzen, um Veränderungsbewegungen zu unterstützen. Wie bereits oben ausgeführt, tendiert der Staat auf der anderen Seite dazu, Sozialwissenschaftler mit politischen Aufgaben zu funktionalisieren. Kritische Analysen können zweifellos Wissen für gesellschaftliche Kontrolle bereitstellen und so gesellschaftliche Konflikte vorausschau- und beherrschbar machen. Es wurde bisher wenig getan, um diese Möglichkeit auszuschalten.

5.6 Feminismus

Wie auf so vielen anderen Gebieten der Sozialwissenschaft auch, ist die Erfahrung von Frauen und die Bedeutung der Geschlechterrolle bei der Definition von ethnischen und rassischen Beziehungen bis in die jüngste Zeit vernachlässigt worden. In den 60er und 70er Jahren hat die internationale Frauenbewegung auf diesen Mangel in den grundlegenden Untersuchungen über die Arbeiterbewegung und die Konstitution von ethnischen Minderheiten hingewiesen. Auch die schwarze antirassistische Bewegung hat die Notwendigkeit einer nicht reduktionistischen Überprüfung der Rolle des Rassismus in den Klassenbeziehungen aufgezeigt.

Aus einer nichtfeministischen Perspektive gibt es einige Arbeiten, z.B. von Appleyard und Amera sowie von Evans und Young[75], über die weibliche Migration nach Australien. Die aktuellen feministischen Ansätze sind im allgemeinen mit einer kritischen Theorie im marxistischen Sinne verbunden. Der Schwerpunkt liegt auf dem Patriarchat als einem Unterdrückungs- und Ausbeutungssystem, das nicht auf die kapitalistischen Klassenbeziehungen zu reduzieren ist. Feministinnen untersuchen, wie die Definition der "Frauenarbeit" und die Nichtanerkennung der Bedeutung von Hausarbeit dazu benutzt werden, die Ausbeutung der weiblichen Arbeit zu steigern. Die Werttheorie von Marx wird kritisiert, weil Hausarbeit aus der Arbeitsbestimmung, die einen Mehrwert erbringt, ausgeschlossen ist.

Feministinnen untersuchen die Beziehungen zwischen Geschlecht, Klasse und dem Migrationsprozeß. Ihre Kritik richtet sich gegen die Art, wie Ethnizität von der Ideologie des Multikulturalismus konstituiert worden ist, um das Fortbestehen von patriarchalischen und sexistischen Formen gesellschaftlicher Kontrolle zu legitimieren. Ethnizität und Patriarchat können zu Strukturen werden, die sich gegenseitig verstärken, womit wiederum die kapitalistische Gesellschaftsordnung stabilisiert werde. Dieser zentrale Punkt wird in dem kürzlich erschienen Buch über "Ethnizität, Klasse und Geschlecht in Australien" behandelt. Gill Bottomley überprüft in ihrem Beitrag, wie sich Geschlecht, Ethnizität und Klasse im Leben südeuropäischer Frauen, besonders bei Griechinnen, gegenseitig beeinflussen. Sie stellt außerdem in ihrem Beitrag eine vergleichende Untersuchung über die Geschlechterrollen in Griechenland an[76]. Jeannie Martin's Kritik bezieht sich darauf, daß Geschlecht in den australischen Untersuchungen über die Eingewanderten vernachlässigt werde. Sie begründet, warum es notwendig sei, die Spaltung zwischen Produktion und Konsumtion anzusprechen: *"Ein Ausgangspunkt wäre eine systematische Darstellung der besonderen Art und Weise, in der die eingewanderten Frauen in der gesellschaftlichen Reproduktion konstituiert werden sowie der komplexen Interaktion dieses Vorgangs mit geschlechtlicher Arbeitsteilung im Ursprungsland als auch mit der Klassenstellung im neuen Land sowie schließlich ihr Einfluß und ihre Verstärkung für Konflikte."*[77] Erst in den letzten Jahren haben diese Punkte durch die Aufdeckung der erschreckenden Situation der eingewanderten Frauen, die als Heimarbeiterinnen tätig sind, einen zusätzlichen praktischen Impetus erhalten. Die Teilung zwischen den Produktions- und Reproduktionsbereichen wird durch die Entwicklung der informellen Wirtschaft unterlaufen. Dadurch gewannen die von den Feministinnen aufgedeckten Sachverhalte für Gewerkschafter und Politiker an Bedeutung.

6. Schlußfolgerung

Dieser Überblick hat deutlich gemacht, wieviel Anstrengungen in die gesellschaftswissenschaftlichen Untersuchungen der Migration und der ethnischen Beziehungen in Australien investiert worden sind. Das ist keine Überraschung, wenn man an die große

Bedeutung denkt, die die Migration seit 1945 für die australische Entwicklung gehabt hat. Wegen ihrer großen Tragweite ist Migration keine rein akademische Angelegenheit. Sie ist ein wichtiges Thema des politischen Diskurses, und die Soziologen sind in großem Maße an der Entwicklung von gesellschaftlichen und pädagogischen Maßnahmen, der politischen Analyse, der praktischen Politik und an der Produktion von Legitimation für die Politik beteiligt. Offensichtlich ist der Diskurs nicht einheitlich. Es gab konkurrierende Paradigmen, deren Inhalt und Einfluß sich gemäß den ökonomischen und politischen Veränderungen verschoben haben.

Bis 1945 war der Diskurs sowohl in der Politik als auch in der Sozialwissenschaft vorwiegend rassistisch. Die Konstitution der weißen Kolonial-Nation auf der Grundlage von Ausrottung und Enteignung wurde im wesentlichen nicht hinterfragt. Die "White Australian Policy" wurde als lebensnotwendig für die Nation angesehen.

Von 1945 bis in die 60er Jahre blieb die Immigrationspolitik rassistisch, jedoch in neuem Gewand: Der Assimilationismus bedeutete, daß die Kulturen der Migranten als inferior definiert wurden und daß ihre Zerstörung gefordert wurde. Den Sozialwissenschaften wurde die Rolle zugeschoben, zu bestimmen, wer unter welchen Bedingungen assimilierbar sei. In den 60er und 70er Jahren wurde dieser Ansatz als Antwort auf die unbestreitbare Entwicklung der ethnische Segmention fallengelassen. Es entwickelten sich zwei konkurrierende Diskurse: Der eine untersuchte die Situation der Migranten auf struktureller Ebene und brachte sie mit der Gesellschaftspolitik in Beziehung. Der andere betrachtete eine "primordiale" Ethnizität als gegeben und zielte darauf ab, eine neue Ideologie des kulturellen Pluralismus zu entwickeln. Aus diesen beiden Strömungen entstand die widerspruchsvolle Multikulturalismus-Politik.

Ich habe sechs Diskurse ermittelt, die zur Zeit in den Untersuchungen der Immigration und der ethnischen Beziehungen in Australien nebeneinander existieren. Der *Kulturalismus* hat großen Einfluß, denn sein Anliegen, aus vielen verschiedenen Gruppen eine integrierte Nation zu konstituieren, hat offensichtliche Anziehungskraft. Die Annahme statischer homogener Kulturen und die Negierung der großen Bedeutung von "Klasse" sind ebenfalls funktional und passen gut in konservative gesellschaftspolitische Modelle. Der Kulturalismus liefert die Grundlage dafür, kleinbürgerliche ethnische Führerschaften zur Entschärfung von potentiellen Konflikten und als Mechanismen sozialer Kontrolle zu benutzen.

In letzter Zeit wird der Kulturalismus durch Arbeiten der Soziologie, Pädagogik, Psychologie etc. hinterfragt, weil die pluralistische Politik ethnische Benachteiligungen perpetuiert statt sie abzubauen. Soziale und ökonomische Absorption findet als Folge der "Ethik der ethnischen Arbeit" automatisch statt. Die *Neo-Assimilationisten* behaupten ebenfalls, daß der kulturelle Pluralismus nachteilig für die nationale Kohäsion und Solidarität sei, und daß die Kinder der Einwanderer, wenn sie selbst entscheiden können, nicht den Wunsch haben werden, ihre jeweilige Sprache und Kultur aufrechtzuerhalten.

Die empiristische Arbeit der *Stratifikationisten* in der Soziologie und der *Human-Kapital-Ansatz* in der Volkswirtschaft haben die Tendenz, die neo-assimilationistischen Strömungen zu verstärken. Durch die Konstituierung der ethnischen Gruppe als einer abstrakter Kategorie mit all ihren durch mathematische Prozesse aufgelösten historisch spezifizierten Charakteristika, kann dieses Paradigma behaupten, daß es keine Ungleichheit, Benachteiligung oder Ausbeutung gibt. Die Rolle des Staates kann auf die Verwaltung der Einwanderungspolitik reduziert werden. Die Unterbringung der Migranten, ihr Einsatz als Arbeitskräfte und die Erziehung ihrer Kinder kann Marktkräften überlassen werden, die mehr im ökonomischen als im kulturellen Sinne eine optimlae Assimilation garantieren.

Der neo-weberianische Ansatz hat weit mehr Verständnis für die historischen und gesellschaftlichen Dimensionen der sozialen Interaktion. Ethnizität wird hier als eine affektive Kategorie konstituiert, die für Mobilisierungsstrategien von mächtigen Bürokratien benutzt werden kann. Was sind die Politikimplikationen? Wenn Ethnizität "eine strategische Wahl" ist, d.h. eine Möglichkeit für spezielle Gruppen, vom Staat Zuwendungen zu bekommen, ist ihre Legitimität zweifelhaft. Sie verliert die besondere "primordiale" Bedeutung, auf die von den Kulturalisten Anspruch erhoben wird. Problematisch aber ist, daß die ethnischen Forderungen nach einer Politik, die die Ungleichheit bekämpft und strukturelle Barrieren für politische Beteiligung und Aktivierung abschafft, als spezielles Ersuchen von Interessengruppen abgelehnt werden kann. Dieses Argument paßt zu den Behauptungen der Neo-Assimilationisten, daß es keine ethnische Benachteiligung gibt, sowie zu den mathematischen Modellen der Stratifikationisten, die die Ethnizität im Ganzen dekonstituieren. Diese drei Paradigmen zusammen können schließlich ein neues "konventionelles Verständnis" bilden, das ein Abrükken von einer Politik rechtfertigen würde, welche die strukturellen Barrieren bekämpft, die für viele Migranten Ungleichheit und Entbehrung mit sich bringen.

Das kritische Gegengewicht zu diesen Ansätzen wird von Sozialwissenschaftlern geliefert, deren Arbeiten sich an den Perspektiven der *radikalen Politökonomie* und des *Feminismus* orientieren. Sie fordern eine Analyse der Lage der "ethnischen Minderheiten", die auf dem Verständnis der historischen Strukturen der kapitalistischen Gesellschaft basiert. Das epistemologische Interesse wird durch Gleichheits- und Befreiungspostulate bestimmt.

Eine solche Arbeit ist jedoch nicht unproblematisch und nicht ohne Widersprüche. Das größte Fragezeichen bildet die Rolle der kritischen Sozialwissenschaft in pädagogischen und administrativen Bürokratien, deren Aufgabe die gesellschaftliche Kontrolle und die Handhabung von Krisen ist. Darauf eine Antwort zu geben, ist nicht leicht.

Anmerkungen

1 Eine frühe Fassung dieses Beitrags lag der 87er Konferenz der 'Sociological Association of Australia and New Zealand' (SAANZ) vor. Ich habe folgenden Personen für wertvolle Ratschläge zu danken: Andrew Jakubovicz, Barbara Leigh, Michael Morrissey, Ellie Vasta, Wiebke Wüstenberg.
2 Berger, P.L./Luckmann, T.: The Social Construction of Reality. London 1967, S. 25.
3 vgl. Anderson, B.: Imagined Communities. London 1983. Gellner, E.: Nations and Nationalism. Oxford 1983. Nairn, T.: The Breakup of Britain. London 1981.

4   Die Enteignung der Aborigines basierte auf der legalen Doktrin, daß Australien eine besiedelte, nicht eine eroberte Kolonie sei. Das geht auf römisches Recht zurück, nach dem etwas in Besitz genommen werden kann, das keinen Vorbesitzer hat – wie z. B. ein wildes Tier oder eine unbewohnte Insel. Britisches Kolonialrecht erachtete Australien als leer, denn seine Einwohner – Jäger und Sammler ohne erkennbare Staatsform – hatten es angeblich nicht in Besitz genommen. Britisches Recht sei in Siedlungskolonien unmittelbar gültig, behauptet der große Apologet des Kolonialismus im 18. Jahrhundert, Sir William Blackstone, während in eroberten Kolonien das Eingeborenenrecht solange gültig sei, bis es vom König von England geändert würde. Vgl. Maddock, K.: Your Land is our Land – Aboriginal Land Rights. Ringwood Vic 1983, Kap. 2.
5   Lyng, J.: Non-Britishers in Australia. Melbourne 1935.
6   vgl. Lepervanche, M. de: Australien Immigrants 1788–1940: Desired and Unwanted. In: Wheelwright, E.L./Buckley, K.: Essays in the Political Economy of Australian Capitalism, Bd. 1. Sydney/New Zealand 1975 und Department of Immigration and Ethnic Affairs: Don't Settle for Less - Report of the Committee for Stage I of the Review of Migrant and Multicultural Progress and Services. Canberra, AGPS, 1986, Kap. 2.
7   White, R.: Inventing Australia. Sydney 1981.
8   vgl. Yarwood, A.T.: Attitudes to Non-European Immigration. Melbourne 1968 für zahlreiche Beispiele.
9   zitiert nach Willard, M.: History of the White Australia Policy to 1920. Melbourne 1923, S. 204.
10 Lyng, J., 1935.
11 zitiert nach Rivett, K. (Hrsg.): Immigration: Control or Colour Bar? Melbourne 1962.
12 Willard, M., 1923, S. 202.
13 Willard, M., 1923, S. 207.
14 Die Literatur ist zu umfangreich, um sie hier aufzuzählen. Die kurze Darstellung in: Department of Immigration and Ethnic Affairs: "Don't Settle for Less" ist nützlich. Eine lesenswerte Zusammenfassung gibt Wilton, J./Bosworth, R.: Old Worlds and New Australia. Ringwood 1984.
15 Cuthbert, G.: Filling the Empty Cradles. In: Borrie, W.D. u.a.: A White Australia – Australia's Population Problem. Sydney 1947.
16 Harris, H.L.: Australians from Overseas. In: Borrie, W.D. u.a., 1947.
17 Elkin, A.P.: Is White Australia Doomed? In: Borrie, W.D. u.a., 1947.
18 Wilton/Bosworth, 1984, S. 21.
19 Wilton/Bosworth, 1984, S. 21 ff.
20 Holt, H. u.a.: Australia and the Migrant. Sydney 1953.
21 Jupp, J.: Arrivals and Departures. Melbourne 1966
22 Neben Jean Martins vielen Arbeiten zu dem Thema möchte ich hier erwähnen Martin, J.: Community and Identity. Canberra 1972 und The Migrant Presence. Sydney 1978.
23 Gerichtliche Auseinandersetzungen um Landrechte haben ein fruchtbares Forschungsfeld für Anthropologen eröffnet. Die Untersuchungen über Gewohnheitsrecht und die Beziehungen der Aborigines zum Land bildeten die Grundlage für die Anerkennung ihrer Ansprüche. Wir erkennen darin einen Sonderfall der Konstruktion einer ethnischen Minorität – die Konstruktion des Aboriginetums durch die Anthropologie. Damit können wir uns hier nicht beschäftigen. Vgl. Maddock, K., 1983.
24 vgl. detaillierter Jakubovicz, A./Morrissey, M./Palser, J.: Ethnicity, Class and Social Policy in Australia. Sydney 1984.
25 Australian Council on Population and Ethnic Affairs: Multiculturalism for all Australians – Our Developing Nationhood. Canberra, AGPS 1982.
26 Galbaly, F. (Chairman): Review of Post-Arrival Programs and Services for Migrants. Canberra, AGPS 1978.
27 Jakubovicz, A.: Ethnicity, Multiculturalism and Neo-Conservatism. In: Bottomley, G./Lepervanche, M. de (Hrsg.): Ethnicity, Class and Gender in Australia. Sydney 1984.
28 Dieser Teil verdankt sich nicht unerheblich den von Andrew Jakubovicz geleisteten Arbeiten für das ehemalige Australian Institute of Multicultural Affairs (AIMA): Jakubovicz, A.: Social Science, Ethnicity and Immigration: An Overview of Research in Academic Institutions in Australia. AIMA Research Conference, Melbourne 1986. Meine Typologie entspricht nicht völlig der von Jakubovicz.
29 Mehr Einzelheiten dazu gibt Castles, S.: A New Agenda in Multiculturalism. Wollongong 1987.

30 Australian Council on Population and Ethnic Affairs, 1982.
31 Zubrzycki, J.: Multiculturalism and Beyond: The Australian Experience in Retrospect and Prospect. Paper for AIMA-Research Conference. Melbourne 1986.
32 Zubrzycki, J., 1986.
33 Geertz, zitiert nach Zubrzycki, J., 1986.
34 Smolicz, J.J.: Multiculturalism and an Overarching Framework of Values. In: Poole, M./Lacey, P. de/Randhawa, B. (Hrsg.): Australia in Transition. Sydney 1985.
35 ebenda
36 Jakubovicz, A., 1986.
37 vgl. Zubrzycki, J., 1986
38 Birrell, R./Seitz, A.: The Ethnic Problem in Education: The Emergence and Definition of an Issue. Paper for AIMA Research Conference. Melbourne 1986.
39 Bullivant, B.: Are Anglo-Australian Students becoming the New Self-Deprived in Comparison with Ethnics? Melbourne 1986.
40 Williams, T.: Participation in Education. Melbourne 1987.
41 Mistilis, N.: Destroying Myths: Second-Generation Australians' Educational Achievement. Melbourne 1986.
42 Moynihan, D.: The Negro Family: The Case for National Action. Washington 1974.
43 Lo Bianco, J.: National Policy on Languages. Report for the Commonwealth Department of Education. Canberra, AGPS 1987.
44 Birell, R.: The Educational Achievements of the Community Languages Movement. Paper at the Conference on the Economics of Immigration. ANU Canberra 1987.
45 Mehr Einzelheiten liefert Jakubovicz, A., 1986.
46 Auch hier finden wir Vorbilder in der internationalen Literatur. In den USA gibt es eine ausführliche Diskussion über den "jüdischen gegenüber dem irischen Weg" der Anpassung an fortgeschrittene industrielle Gesellschaften und auch darüber, weshalb bestimmte Gruppen welchen Weg beschreiten. Die Konsequenz des Ansatzes besteht darin, die Defizite ethnischer Kultur für Ungleichheit verantwortlich zu machen, nicht die Hindernisse in der US-Gesellschaft. Vgl. Sowell, T. (Hrsg.): American Ethnic Groups. New York 1978 und Sowell, T.: Markets and Minorities. New York 1982.
47 Blainey, G.: All for Australia. Sydney 1984.
48 Andrew Jakubovicz und ich haben der SAANZ-Konferenz von 1986 eine detaillierte Kritik hierzu vorgelegt. Sie erschien in gekürzter Form: Jakubovicz, A./Castles, S.: The Inherent Subjectivity of the Apparently Objective in Research on Ethnicity and Class. In: Journal of Intercultural Studies, Bd. 7, Nr. 3, 1986.
49 vgl. Bureau of Labour Market Research. Canberra, AGPS 1986.
50 Humankapitaltheoretiker haben beispielsweise wiederholt durch Überkreuzvergleiche zeigen können, daß Immigranten aus nicht-englisch-sprachigen Ländern unmittelbar nach ihrer Einwanderung niedrigere Löhne erhalten als andere Arbeitskräfte, dies aber schnell aufholen.
In einem erst kürzlich erschienen Papier, basierend auf einem unterschiedlichen methodischen Ansatz (Zeitreihenschätzungen), haben Beggs und Chapman gezeigt, daß die obigen Ergebnisse falsch sind, daß die Lohnunterschiede sehr lange bestehen bleiben. Wem soll man glauben? Das Problem besteht darin, daß die Frage zu einer der Methodologie gemacht wird, statt sie als eine in einer realen Situation von Immigranten zu behandeln. Vgl. Beggs, J./Chapman, B.: Immigrant Wage Adjustment in Australia: Cross-Section and Time-Series Estimates. Paper at the Conference on the Economics of Immigration, ANU. Canberra 1987.
51 Gellner, E., 1983.
52 Gordon, M.: Assimilation in American Life. New York 1964.
53 vgl. die Beiträge in Glazer, N./Moynihan, D.: Ethnicity: Theory and Experience. Cambridge/Mass. 1975.
54 Smith, A.: The Ethnic Revival. Cambridge/Mass. 1975.
55 Rex, J./Tomlinson, S.: Colonial Immigrants in a British City: A Class Analysis. London 1979.
56 Jakubovicz, A., 1986.
57 vgl. Martin, J., 1978 und ds.: The Ethnic Dimension. Sydney 1981. Das ist eine posthume Aufsatzsammlung herausgegeben von Sol Encel.

58 Ein kürzlich erschienener allgemeiner Ansatz zu diesem Thema findet sich in: Burnley, I./Encel, S./McCall, G. (Hrsg.): Immigration and Ethnicity in the 1980s. Melbourne 1985.
59 Burnley, I./Encel, S./McCall, G. (Hrsg.) 1985, S. 13.
60 ebenda.
61 ebenda.
62 Als Beispiel für dieses Konzept und seinen abwertenden Charakter vgl. Wellman, D.: The new Political Linguistics of Race. Santa Cruz 1985.
63 vgl. Birrell, 1987.
64 Encel, S.: The Concept of Ethnicity and its Application to Australian Society. Paper at the AIMA Research Conference. Melbourne 1986.
65 Gellner, E., 1983.
66 Als weiteren Debattenbeitrag zum Thema Ethnizität vgl. Lepervanche, M. de: Race to Ethnicity. In: Australia and New Zealand Journal of Sociology (ANZJS), Bd. 16, 1980. Eipper, C.: The Magician's Hat: A Critic of the Concept of Ethnicity. In: ANZJS, Bd. 19, 1983.
67 vgl. Gordon, D. u.a.: Segmented Work, Devided Workers: The Historical Transformation of Labour in the United States. Cambridge/Mass. 1982.
68 Als Überblick vgl. Phizacklea, A.: Sociology of Migration or "Race Relations"? A View from Britain. In: Current Sociology, Heft 32, Nr. 3, Winter 1984.
69 vgl. Wheelwright, E.L./Buckley, K., 1975. Der erste Band einer vierbändigen Serie.
70 Collins, J.: The Political Economy of Post-War Immigration. In: Wheelwright, E.L./Buckley, K., 1975 und Collins, J.: Immigration and Class: The Australian Experience. In: Bottomley, G./Lepervanche, M. de, 1984.
71 Lever-Tracey, C.: A New Australian Working-Class Leadership: The Case of Ford Broadmeadows. In: Bottomley, G./Lepervanche, M. de, 1984.
72 Von den zahlreichen VEAC-Berichten möchte ich nur zwei erwähnen: Migrant Workers in Victoria: Trends in Employment and Segmentation. VEAC, Melbourne 1985. The Role of Migrant Workers in the Victorian Labour Force. VEAC, Melbourne 1986.
73 Jakubovicz, A.: Ethnicity, Multiculturalism and Neo-Conservatism. In: Bottomley, G./Lepervanche, M. de, 1984.
74 Publikationslisten sind in den Jahresberichten des Forschungszentrums enthalten.
75 Jakubovicz, A., 1986.
76 Bottomley, G.: Women on the Move: Migration and Feminism. In: Bottomley, G./Lepervanche, M. de, 1984.
77 Martin, J.: Non English-speaking Women: Production and Social Reproduction. In: Bottomley, G./Lepervanche, M. de, 1984.

(aus dem Englischen übersetzt von Christa Jaeger)

Gilles Verbunt

Minderheiten und Sozialwissenschaften in Frankreich

Der Begriff "Ethnizität" ist in Frankreich außerhalb anthropologischer Kreise unbekannt. Das hat historische Gründe. Jene spezifische soziale Realität, die in anderen Ländern mit dem Begriff erfaßt werden soll, wird in Frankreich mit anderen Kategorien beschrieben. Die Unterschiede der wissenschaftlichen Realitätsbearbeitung ergeben sich sowohl aus einer besonderen nationalen Geschichte als auch aus einer mit ihr korrespondierenden wissenschaftlichen Tradition, die es für Franzosen noch immer ungewöhnlich erscheinen lassen, ihr Land als "multikulturelle Gesellschaft" zu begreifen.

1. Ethnizität ist als Kategorie im französischen Diskurs nicht vorhanden

Das Wort Ethnizität ist im alltäglichen Sprachgebrauch in Frankreich nicht geläufig. Die französischen Wörterbücher kennen das Wort 'ethnicité' nicht. Selbst von Soziologen wird es selten benutzt[1]. Das Wort "ethnisch" bezieht sich auf eine andere Realität und evoziert andere Situationen als jene, die typischerweise für die Lage der verschiedenen Minderheiten in Frankreich angenommen werden können. Außerdem hat die Distanz gegenüber dem Begriff "Ethnizität" noch einen zweiten Grund. Er liegt im Mißtrauen gegenüber einer Kategorie "Ethnie", die in spezifischer Weise von Politikern der extremen Rechten und ihr zuzurechnenden Schriftstellern benutzt wird.

"Ethnie" und "ethnisch" sind Kategorien, die in den Zirkeln der Anthropologen entwickelt worden sind. Anthropologen haben in der Regel das Alltagsleben von Stammesgesellschaften in Afrika, in Ozeanien oder in Ländern des Fernen Ostens studiert. Das Wort Ethnie wird von daher immer noch mit Vorstellungen von primitiven, isolierten Gruppen verbunden, die sich durch eine gemeinsame Kultur und gemeinsame Abstammung auszeichnen. Das Wort Ethnie auf eine Gruppe in Frankreich angewandt, läßt die Menschen an eine Gruppe Farbiger denken, die eine gemeinsame Kultur und eine gemeinsame geographische Herkunft teilen. An soziale oder ökonomische Zusammenhänge in Frankreich wird dabei zunächst nicht gedacht. Migranten oder Angehörige regionaler Minderheiten würden niemals wie im englischen Sprachraum als 'ethnics' bezeichnet: als Substantiv existiert das Wort in der französischen Sprache nicht. Niemand versteht einen Satz wie: "We are all ethnics". Die einzige Gruppe, auf die die

Kategorie bezogen werden könnte, sind die Antillen-Bewohner und die Kanaker aus den französischen Überseeprovinzen, auch wenn Regionalisten gelegentlich provokativ den Begriff auf sich selbst anwenden.

Um die mit den "ethnischen Minderheiten" in Frankreich verbundene soziale und politische Realität auszudrücken, die heute neu erfahren wird, in Wahrheit aber so alt ist wie die französische Nation selbst, werden normalerweise Begriffe wie "multi-culturel", "pluri-culturel" und "inter-culturel", gelegentlich "multirassisch" benutzt, selten aber das Wort "pluri-ethnique". Soll die Existenz verschiedener Gruppen betont werden, so benutzen Franzosen das Wort "Minorités", das starke politische und heute auch ökonomische Konnotationen hat. Diese stammen aus seinem Gebrauch in Bezug auf Regionen und Kulturen im heutigen *Frankreich*.[2] Die Kategorie Minderheiten taucht heute in drei Verwendungszusammenhängen auf: sie dient zur Bezeichnung von territorialen Minderheiten (Bretonen, Basken, Elsässer, Okzitanier), von nicht-territorial gebundenen Minderheiten (Juden, Armenier, Zigeuner, d.h. für die alten Immigrantengruppen) und von neuen Migrantengruppen vor allem aus Nordafrika und Süd-Europa.

Letztere wurden bis vor kurzem überwiegend als ökonomische und soziale Minderheiten betrachtet. Erst neuerdings wird auch ihre kulturelle Identität hervorgehoben. Der benutzte Begriff lautet dann Gemeinschaft ("communanté"), selten ethnische Minderheit.[3] Dieser Perspektivenwechsel wurde durch das wachsende Bewußtsein von der Verschiedenartigkeit der Minderheiten, ihrer teilweise unterschiedlichen Organisationsweise, durch die Diskussion der ökonomischen und sozialen Mechanismen, die die Entstehung von Ghettos fördern, – deren Realität allerdings noch zu beweisen wäre – und durch ein wachsendes Interesse an der eigenen Herkunft ("roots") ausgelöst, das sich bei französischen und nicht-französischen Gruppen zeigt.

Das Wort "Gemeinschaft" wird in der neueren Debatte jedoch nicht im Sinne von Tönnies verstanden. Es charakterisiert eine Gruppe, deren Mitglieder eine gemeinsame Geschichte und einige gemeinsame Werte und Verhaltensweisen teilen, die aber nichtsdestotrotz in ungleich bedeutsamerer Weise auf die vitalen Funktionen (Arbeitsplätze, Wohnungen, Schulen, Krankenhäuser) der sie umgebenden Nationalgesellschaft hin orientiert sind. Wenn über (Im)Migranten[4] gesprochen wird, so ist damit eine Gruppe gemeint, die eine besondere Beziehung oder Affinität zu einem Territorium außerhalb der europäischen, französischen Grenzen hat.

2. Historische Besonderheiten des französischen Diskurses

Vor tausend Jahren löste Hugues Capet eine politische Dynamik aus, die im Laufe der Zeit Völker mit verschiedenen ethnischen, kulturellen und geographischen Hintergründen unter einem Herrschaftszusammenhang vereinigte. Das französische Gebiet wurde über Jahrhunderte allmählich ausgedehnt, jeder neue Gewinn umfaßte ein Volk. Diese Völker konnten ihre eigenen Lebensweisen und ihre eigenen Sprachen noch einige

Generationen beibehalten, schließlich aber folgte dem politischen Anschluß auch die kulturelle Vereinheitlichung insbesondere mittels bürokratischer Zentralisierung. Die katholische Kirche, seit Franz I. praktisch der Monarchie unterworfen, spielte im Prozeß der Vereinheitlichung eine wichtige Rolle.

Frankreich in seiner heutigen Ausdehnung bestand größtenteils schon im XIII. Jahrhundert. Die Einwohner waren Untertanen des gleichen Königs. Dieser war das Symbol der Einheit des Volkes. Kardinal Richelieu und insbesondere Ludwig der XIV. haben die Einheit im absolutistischen Staat mit der Durchsetzung einer effektiven Verwaltung entscheidend gefestigt. Das Ancien Régime stabilisierte endgültig die nationale (territoriale und bürokratische) Grundbasis des Nationalstaates. Die Französische Revolution konnte auf diesem Hintergrund die weitere kulturelle Vereinheitlichung als Nationsbildung vorantreiben. Seit dieser Zeit sind Angehörige der Nation nicht mehr Untergebene eines Königs, sondern Mitglieder des Volkes. Zum Volk gehört, wer auf dem Territorium des Staates lebt ("ius soli"). Die Bewohner teilen in dieser Vorstellung den Wunsch zusammenzuleben und werden unabhängig von ihrer Abstammung ("ius sangui") durch den "contract social" zu einer Nation verbunden, die sich durch die gemeinsame Bindung aller an die Menschenrechte auszeichnet. Bestrebungen, daneben andere Gruppen zu erhalten oder zu formieren, sei es aus historischen, sozialen, kulturellen, linguistischen oder religiösen Gründen, wurden mit dem Argument verurteilt, daß sie den universalistischen Prinzipien der Aufklärung widersprächen. Typisch für diese Geisteshaltung war der Abbé Grigoire (1750–1831), der das allgemeine Wahlrecht und die Gleichberechtigung der Juden forderte und gleichzeitig die regionalen Kulturen und Sprachen als Ausdruck partikularer Orientierungen bekämpfte. Versuche, die regionalen Kulturen und Sprachen zu erhalten, galten diesem Verständnis zufolge als irrationale und obskurante Tendenzen, die die Gleichheit der Bürger bedrohen.

Wie in den europäischen Nachbarländern auch, entwickelte sich im XIX. Jahrhundert in Frankreich eine nationalistische Ideologie, die als vereinheitlichendes Element gegenüber Klassenauseinandersetzungen und politischen Gegensätzen im Innern sowie gegenüber der Bedrohung von Außen, insbesondere von Seiten Deutschlands, betrachtet wurde. Eine hervorragende Rolle spielte darin die französische Sprache. Sie galt als besonders geeignet, die Werte der französischen Revolution, die den Inhalt des französischen Nationalismus bilden, auszudrücken. Mit dieser Auffassung ließ sich die Unterdrückung anderer nationaler Minderheiten ebenso rechtfertigen wie die außereuropäische Kolonisation. Nur jenen Menschen, die die französische Sprache erlernten und darüber hinaus die französischen Werte und den französischen Lebensstil übernahmen, wurde Zugang zur französischen Nation gewährt. Der Gebrauch lokaler Sprachen verhinderte jeden sozialen und ökonomischen Aufstieg. In den Kolonien und in den französischen Gebieten außerhalb des Mutterlandes wurde auf diese Weise eine Zwangssituation hergestellt, die alle regionalen und fremden Sprachen und Kulturen als unterlegen erscheinen ließ. Die Beherrschung der französischen Sprache und die Übernahme der französischen Kultur wurden als Aufstiegschance institutionalisiert.

Obwohl der französische Nationalismus deutlich in der Romantik wurzelte, vollzog er – im Gegensatz etwa zur deutschen Entwicklung — keine völkische Wende, vielleicht, weil die ursprüngliche Verschiedenheit der Bevölkerungsgruppen in Frankreich zu offensichtlich war. Die Identitätssuche im Zeitalter des Nationalismus spielte sich in Frankreich überwiegend in zwei Richtungen ab. Für die eine Richtung stehen die Namen Gobineau und Vacher de Lapouge. Diese nahmen Einteilungen der Weltbevölkerung entlang von Rassen vor und suchten die soziale Über- und Unterordnung von Völkern biologisch zu begründen. Die andere Richtung meinte, das Selbstbewußtsein der Nation Frankreich durch die Verteidigung und Förderung ihrer Zivilisation (la civilisation française) stärken zu können. Nationale Einheit wurde als Übereinstimmung mit den wichtigsten Werten gedacht, die ein gemeinsames Ideal bildeten. Renan (1832-1892) hielt fest, daß weder die Abstammung noch das 'Blut' die nationale Identität begründe, sondern das gemeinsame Leben in der Vergangenheit und der Wunsch, dieses in die Zukunft hinein fortzusetzen. Er schloß damit an den 'contract social' von Rousseau an und wird heute in Frankreich noch immer zitiert, von Linken wie Rechten.

Was die (Im)Migranten betrifft, so hatte und hat dieser Inhalt des französischen Nationalismus und seine Wirksamkeit in der Geschichte verschiedene Konsequenzen, die bis heute virulent bleiben. Ethnische Kategorisierung und ethnische Selbstwahrnehmung spielten demgegenüber lange Zeit kaum eine Rolle:
- Menschen aus den ehemaligen Kolonien sprechen in der Regel französisch und sind über einen sehr langen Zeitraum dem französischen Einfluß ausgesetzt gewesen. Ihre in Frankreich geborenen Kinder sehen vielleicht noch kulturelle Bezüge zu den Herkunftsländern ihrer Eltern, in diesen Ländern aber sind große Teile der Originalkulturen vor langer Zeit bereits durch die Kolonisation zerstört worden;
- Menschen aus den noch bestehenden französischen überseeischen Gebieten sind in der Regel stolz darauf, als echte Franzosen betrachtet zu werden und sie leiden darunter, wenn das nicht der Fall ist. Da sie oft als Schwarze kategorisiert werden, gehen sie davon aus, daß ihre Zugehörigkeit zu einer kreolischen Kultur ein Hindernis für ihren sozialen Aufstieg darstellt;
- Menschen aus europäischen Ländern (besonders aus Osteuropa und Italien), die vor achtzig, fünfzig oder nur dreißig Jahren nach Frankreich emigrierten, betrachteten es gewöhnlich als normal, daß sie so schnell wie möglich von der französischen Bevölkerung assimiliert wurden. Das starke Selbstbewußtsein der französischen Bevölkerung ließ keine Zweifel daran aufkommen, welche großen Chancen mit diesem Vorgang verbunden waren.

3. Theoretische Quellen des Diskurses über Minderheiten

Aber die Zeiten haben sich geändert. Dekolonisation, das Wiederaufleben regionaler Orientierungen, kulturelle Forderungen, die Suche nach anderen als nationalen Identitäten und soziale Bewegungen gehören zu den Auslösern dafür, daß selbst in Frankreich das alte Bild des homogenen Nationalstaats hinterfragt wird. Während früher Sozialwissenschaftler in der Regel in der nationalen, vereinheitlichenden Ideologie[5] befangen blieben, begleiten sie heute die neue Entwicklung und tragen zur Rekonstruktion der französischen Gesellschaft bei, indem sie auf Distanz gehen zu Kolonisation, regionaler Unterdrückung und kultureller Zwangsvereinheitlichung.

Dieser Vorgang leidet unter großen Handicaps. In der nationalen Ideologie existieren Minderheiten nicht. Die fehlende Kritikfähigkeit in der französischen Soziologie, von der Durkheim-Schule dominiert, führte dazu, daß sich eine Tradition im Sinne einer "Soziologie ethnischer Minderheiten" in Frankreich nicht herausbilden konnte. Und da französische Soziologen "Nachhilfeunterricht" von anglo-amerikanischen Autoren nur schwer akzeptieren, dürfte die Entwicklung eines solchen Gebietes der Forschung und Theoriebildung sehr langsam vonstatten gehen.[6]

3.1 Die klassischen Analysen

Im Mittelpunkt der klassischen Analysen zum Verhältnis von Mehrheit und Minderheit stand die Assimilation der Fremden. Sie wurde als eine Frage der Zeit betrachtet. Französische Wissenschaftler hegten und hegen wenig Zweifel an der Assimilationskraft der französischen Kultur. Drei Themenkomplexe wurden immer wieder behandelt:

a) Aus der Zeit der kolonialen Präsenz in Afrika und Asien stammen Analysen, in deren Zentrum nicht so sehr die Anpassung der fremden Gesellschaft an die französische steht, sondern die Anpassung von als traditional begriffenen Gesellschaften an das urbane industrielle Leben mit seinen Organisationen.

b) Andere Wissenschaftler versuchten den sozialen Zusammenhalt moderner Gesellschaften zu begreifen und den "Ersatz" für das soziale Gefüge des Dorfes in modernen industriellen Gesellschaften (Durkheim) zu thematisieren.

c) Wieder andere Wissenschaftler insistierten auf der Rolle der Ideologie als dem vereinheitlichenden Element (Renan) und wandten sich gegen jene, die, indem sie Ausländer aus der Nation ausschlossen, zu den nationalen Wurzeln zurückkehren wollten. Um die nationale Identität zu stärken, produzierten sie Minoritäten und machten sie zu gesellschaftlichen Sündenböcken.

3.2 Funktionalistische Ansätze

Eine andere wissenschaftliche Strömung, eher technokratisch orientiert, stellt den Status der Minderheiten nicht in Frage. Sie beschäftigt sich mit kulturellen Fragen soweit die Beziehungen zwischen unterschiedlichen Bevölkerungsgruppen betroffen sind.[7] Diese Orientierung schreibt eine traditionelle französische Sichtweise fort, die alle gesellschaftlichen Verhältnissen zwischen Staat und Individuum ausblendet und die Anpassungsprozesse als rein individuelle Leistungen betrachtet. Statistik und Demographie sind für diese Wissenschaftler von großer Bedeutung.[8] Sie arbeiten oft mit offiziellen Institutionen zusammen. Ihre Grundfrage ist: wie können wir die vielen Fremden, die wir für unsere Wirtschaft und die Bevölkerungsentwicklung brauchen, integrieren, ohne daß die nationale Einheit in Gefahr gerät. In diesen Analysen wird die Vorstellung von einem homogenen Nationalstaat selten in Frage gestellt. Staat und Nation bilden danach eine Einheit; die Bürger sind direkt mit der Nation verbunden. Gruppen, die zwischen Bürger und Nation vermitteln, haben nach dieser Auffassung kein politisches Existenzrecht oder werden nicht anerkannt.

3.3 Dekolonisation

Die Denkweise der bisher behandelten Strömungen blieb im neunzehnten und frühen zwanzigsten Jahrhundert verhaftet. Nach dem zweiten Weltkrieg entwickelten sich verschiedene andere Denkströmungen, die sich dadurch auszeichneten, daß sie Unabhängigkeit für die Kolonien und neue Rechte für die Minderheiten innerhalb der Nation forderten.

Mehr als die Hälfte der rund vier Millionen ausländischen Arbeitskräfte in Frankreich kommt aus ehemaligen französischen Gebieten, insbesondere aus Nord- und Westafrika, aber auch aus Südostasien. Die Migration der meist ungelernten Arbeitskräfte wird von einigen Autoren[9] als Fortexistenz der kolonialen Beziehungen gewertet. Die politische Unabhängigkeit der ehemaligen Kolonien hat in dieser Sichtweise für die Kolonisierten keine ökonomische und kulturelle Autonomie gebracht. Aus diesem Grunde existieren diese Arbeitskräfte aus den ehemaligen überseeischen Gebieten in Migrantengemeinschaften, die Ausdruck der Fortexistenz des kolonialen Regimes sind. Dieses Modell des internen Kolonialismus wird auch auf die Beziehung zwischen Paris und seiner Peripherie innerhalb der französischen europäischen Grenzen angewandt (z.B. von Beiträgen in der Zeitschrift "Pluriel").

Andere Autoren haben diese Konstruktion der kolonialen Beziehung verallgemeinert und sprechen von dominanten und dominierten Gruppen zur Charakterisierung von Mehrheitsbevölkerung und Migranten. Besondere Aufmerksamkeit widmen sie der Art der Sprache[10] und dem Machtgebrauch der dominanten Bevölkerung gegenüber der dominierten.

Eine dritte Gruppe bilden die meist humanistisch geprägten Ethnologen und Anthropologen.[11] Sie erklären den Dekolonisierungsprozeß mit Hilfe kulturrelativistischer Annahmen. Die von ihnen so begriffene Aufgabe der Rehabilitation autochtoner Kulturen beeinflußte insbesondere politische Aktivisten und Sozialarbeiter in Frankreich, die sich dem Ziel der rechtlichen Gleichstellung aller Kulturen verschrieben haben.

3.4 Marxistische Ansätze

Die Tatsache, daß es sich um ein kapitalistisches System handelt, in das hunderttausende ungelernte Arbeitskräfte in den späten fünfziger und den sechziger Jahren immigrierten, begründete den Rekurs auf und den Erfolg von marxistischen Erklärungsansätzen. Die meisten Arbeiten dieser Jahre bezogen sich auf Marx, der zur dominanten Referenzstelle auf diesem Gebiete wurde.[12] Als mehr Familien nachzogen, massenhaft Immigrantenkinder in Frankreich aufwuchsen, änderte sich die Terminologie: aus ausländischen Arbeitskräften wurden Migranten. Arbeitsbedingungen und ökonomische Situationen verloren in dem Maße an wissenschaftlichem Interesse wie Wohnbedingungen, soziale Situationen und kulturelle Forderungen in den Vordergrund wissenschaftlicher Erörterungen rückten. Das Leben in den Gemeinschaften wurde nun gleichberechtigt neben das Fabrikleben gestellt. Marx blieb zwar einflußreich, doch der explizite Rekurs auf ihn scheint in vielen neueren Studien nicht mehr nötig.

Die Marxisten taten sich allerdings schwer mit dem Thema, galt doch die Beziehung zwischen den Klassen als zentrales Forschungsthema. Die Minoritätenfrage galt demgegenüber als zweitrangig. Hinzu trat das Problem der Vernachlässigung intraklassenspezifischer Analysen und deren spezifischer Zuschnitt. Kulturelle Unterschiede — so diese Autoren — sind nur Beiwerk sozialer Gegensätze und dienen zu deren Aufrechterhaltung und Legitimation. Aus diesen Gründen breitete sich unter den Marxisten die Einstellung aus, daß mit den Studien über ethnische Probleme von den wirklichen Ursachen der Ungleichheit abgelenkt werden solle und es folglich besser sei, auf diesem Gebiet eher nicht zu arbeiten.[13]

3.5 Soziale Bewegungen

Folgen wir Touraine[14], so wird gesellschaftlicher Wandel langfristig vorbereitet durch Gruppen, die Konflikte promovieren und alternative Institutionen bis zu einem Stadium entwickeln, in dem diese als Dominante die Gesellschaft prägen. Eine neue Gesellschaft ist entstanden. In diesem Kontext siedelt ein Teil der (Im)Migrantenanalysen seine Untersuchungen an. Nach allgemeiner Auffassung stellten die älteren Immigrantengruppen im Gegensatz zur jüngeren Generation der Immigranten[15] keine solche soziale Bewegung dar, denn sie akzeptierten die Assimilation. Fassen wir diese Forschungsrichtung allgemeiner, so besteht sie aus Wissenschaftlern, die darauf insistieren, daß die Migranten als Gruppe ihren Ort in der französischen Gesellschaft finden müssen. Zentrale Vokabeln sind Partizipation und Bürgerrechte, die deutlich von auf Nationalität fußenden Rechten geschieden werden. Zwei Analyseebenen haben sich als bevorzugte herausgestellt: die Gemeindeebene[16] und die Ebene intermediärer Assoziationen. In den entsprechenden Analysen wird die Bedeutung kollektiven Handelns in der Gemeinde oder in der ethnischen Gruppe betont und es werden politische und juristische Probleme[17] aufgezeigt. Diese, der Theorie sozialer Bewegungen verpflichteten Untersuchungen beschäftigen sich auch mit den Entwicklungen der nationalen und ethnischen Minderheiten selbst.[18]

4. Politik und Wissenschaft

Die untersuchten Bewegungen sind als real Handelnde auf bemerkenswerten Widerstand bei der französischen Bevölkerung gestoßen, die um ihre Identität fürchtet. Die mit der Identitätsfrage politikmachende Partei Le Pens ist von "Wissenschaftlern" der "Nouvelle Droite" und des "Club de l'Horloge" vorbereitet worden. Sie setzen die Tradition von Gobineau und Vacher de Lapouge fort, ohne diese zu nennen. Ihre Analysen zielen darauf ab, die originäre kulturelle Einheit Frankreichs zu betonen und vor angeblicher amerikanischer und islamischer Bedrohung zu schützen. Zwar erkennen sie das Recht auf Differenz grundsätzlich an, in Frankreich aber solle es nur *eine* Kultur und *eine* Religion geben. Diese Auffassungen unterscheiden sich von denen der rassistischen Schule des 19. Jahrhunderts, die die Superiorität der weißen Rasse biologisch begründete *und* den Fremden deshalb die Möglichkeit der Integration in die französische Nation und ihre Kultur absprach.

In der Politik Le Pens wird stark mit geschichtsmythischen Vorstellungen gearbeitet: Charles Martel z.B., ist der Held wider die Moslems, Jeanne d'Arc die Heldin wider die Engländer und für das katholische Reich usw.. Diese Argumente haben ernsthaftere Historiker veranlaßt, sich verstärkt Fragen nach der Herkunft der französischen Bevölkerung und ihrer Identität zu stellen.[19] Betont werden der heteronome Ursprung des französischen Volkes und die unverkennbaren Beiträge der Fremden zum Aufbau des heutigen Frankreichs, sowie dessen interne Diversität.

Auch Soziologen haben auf die von Politikern der extremen Rechten übersetzten diffusen Ängste reagiert, wobei es insbesondere um das Argument der angeblichen Gefahr der islamischen Gruppenbildung auf der Basis von Forderungen geht, die den Grundgedanken des französischen Nationalstaats widersprächen. Konkret geht es um die öffentlich-rechtliche Anerkennung der islamischen Religion. Religion ist in Frankreich offiziell Privatsache. Forscher über den Islam befürworten die offizielle Anerkennung und Repräsentation des Islam in Frankreich und sagen Anpassung der mohammedanischen Verhaltensweisen an die laizistische französische Gesellschaft voraus. Sie kritisieren auch die exklusiv-laizistische Auffassung vom Staat und eine ihrer Meinung nach zu westliche Konzeption der Menschenrechte französischer Art. Dieses Thema wird gewiß noch Anlaß zu vielen Debatten geben.

Der Respekt vor den Immigrantenkulturen im Sinne des kulturellen Relativismus unter französischen Erziehern und Sozialarbeitern sowie der Anspruch von Immigrantengruppen nach Anerkennung ihrer Kulturen als Teilkulturen Frankreichs hat bei Erziehungswissenschaftlern zu Analysen interkultureller Beziehungen geführt[20] und bei Sozialarbeitern zur Gründung von Vereinigungen zur Förderung des Bewußtseins und der Entwicklung von Ausdrucksmöglichkeiten für unterschiedliche Gruppen.[21] Bei beiden Gruppen verschränken sich Wissenschaft und Politik.

Die verschiedenen Strömungen der letzten Jahrzehnte haben einen Raum geschaffen, in dem 'Zwischen'-Gruppen existieren können. Betrachten wir die Forschung, so ist der Zusammenhang zwischen Individuen, Gruppen und Nationalstaat noch wenig analysiert: welchen Platz haben die Region, die Minderheit, die 'ethnischen' oder kulturellen Gemeinschaften im Staat? Was sind ihre Funktionen, ihre Rollen? Unter dem Druck der Realität machen die Analysen Fortschritte und werfen neue Fragen auf. Fremde wollen an Kommunalwahlen teilnehmen. Daraus ergibt sich zwangsläufig das Problem der Beziehung von Gemeinden zum Staat. Und was bedeutet die europäishe Vereinigung? Was wird der Platz der französischen Nation, der französischen Sprache in einem neuen europäischen Verband sein; wozu dienen nach seiner Realisierung noch Nationen?

Jahrelang wurde die Assimilation vom Immigranten in Frankreich als natürlicher Vorgang betrachtet und folglich gab es keine entsprechenden Probleme, die wissenschaftlicher oder gesellschaftlicher Klärung bedurft hätten. Sozialwissenschaftler sprachen kaum über Minoritäten. Sie sprachen über die Nation. Heute ist das anders: Assimilation ist für verschiedene Gruppen der französischen Gesellschaft problematisch geworden: für Politiker, Rechtsanwälte, Historiker, Soziologen, Psychologen, Ökonomen, Linguisten. Die entsprechenden Wissenschaftsdisziplinen sprechen über Migranten und Minderheiten. Oft wird eine Verbindung zum Thema des Regionalismus gezogen.

Statt von Assimilation wird nun immer stärker von Integration geredet. Darin drückt sich einerseits eine gewisse Akzeptanz der autochtonen Bevölkerung bezüglich kultureller Differenziertheit aus und andererseits ein Bewußtsein von der Notwendigkeit, für die Migranten einen Ort der Zugehörigkeit zu finden, der in die französische Gesellschaft paßt. Die "Integration" selbst aber löst bei bestimmten Gruppen der französischen Bevölkerung Angst aus.

Sozialwissenschaftler sind Teil der in dieser Frage gespaltenen Gesellschaft. Sie versuchen zu erklären, woher wir kommen[22] und wohin sich die Gesellschaft entwickelt, aber die zugespitzten gesellschaftlichen Verhältnisse, für die die nationalistische Partei Le Pens steht, läßt ihre wissenschaftliche Arbeit zu einer persönlichen Entscheidung für die eine oder andere gesellschaftliche Entwicklungstendenz in der Minderheitenfrage werden. Insofern erklärt sich auch das verbreitete politische Interesse vieler Wissenschaftler und die explizite politische Programmatik mancher ihrer Analysen.

Anmerkungen

1 Wenn das Wort Ethnizität benutzt wird, dann häufig, um im Anschluß an Max Weber seine Irrelevanz zur Beschreibung heutiger Verhältnisse herauszustellen und damit für die Aufgabe eines analytischen Konzepts 'Ethnizität' zu plädieren.
2 vgl. Verbunt, G.: La Francia tra proposte regionaliste e rigurgiti di razzismo. In: Politica Internazionale. Rom 1986, S. 111ff.. Für Heraud, G.: Introduction à l'éthnopolitique. In: Contre les Etats, les regions d'Europe. Paris/Nizza 1973, ist eine Minderheit eine autochtone Ethnie, die Französisch und eine weitere Sprache spricht.
3 Ich habe nur einen einzigen Artikel gefunden, der das Wort 'Minderheit' mit der Vorstellung von Ethnizität verbindet und dieser Artikel beschäftigt sich eher mit Projektionen als mit Realität. Vgl. Belbahri, A.: La naissance des minorités ethniques. In: Projet 199, Paris 1986.

4 vgl. Tönnies, F.: Gemeinschaft und Gesellschaft. Berlin 1887[1]. In Frankreich werden Migranten jene Mitglieder der Nation genannt, die innerhalb des französischen Staates migrieren, d.h. z.B. jene Menschen von den französischen westindischen Besitzungen (Martinique, Guadeloupe, Guyana, La Réunion). Immigranten besitzen im Vergleich zu dieser Gruppe die französische Nationalität nicht, wenn sie das Land betreten.
5 Die Tendenz, nationale Minderheiten zu ignorieren, versucht Coulon, Chr.: French political science and regional diversity: a strategy of silence. In: Ethnic and Racial Studies, Vol. 1, No. 1, 1978 zu erklären.
6 vgl. Simon, P.-J.: L'étude des problemès des minorités et des relations interethniques dans l'anthropologie et la sociologie française. In: Pluriel, No. 32-33, 1982. Bezeichnend für die Bedeutung des Themas in Frankreich ist, daß diese 1975 gegründete Zeitschrift, die sich des Themas annahm, Anfang der 80er Jahre einging.
7 vgl. Mauco, G.: Les étrangers en France. In: Revue de Paris. Paris 2/1933, S. 834ff. und Girard, A./Stoetzel, J.: Français et immigrés. L'adaption des Italiens, Polonais et Algerien. INED, Travaux et Documents, 19 et 20. Paris 1953.
8 vgl. Sauvy, A.: L'Europe et sa population. Paris 1953 und ds.: Théorie générale de la population. Tome I, Paris 1963, Tome II, Paris 1967.
9 vgl. z.B.Gallissot, R.: Misère de l'antiracisme. Paris 1985.
10 vgl. die verschiedenen Artikel von Sayad, A. in der Zeitschrift: Actes de la Recherches en Sciences Sociales. No. 2, mars 1975; No. 15, juin 1977; No. 25, janvier 1979; No. 26-27, mars-avril 1975; No. 32-32, avril-juin 1980; No. 61, mars 1986.
11 Die entscheidende Referenzperson ist Lévi-Strauss. Zu der Gruppe gehören auch Philosophen. Mitte der 70er Jahre nahm das Interesse am Konzept der "kollektiven Identität" zu, das von Anthropologen mit Überseeerfahrung mit Inhalt gefüllt wurde. Die Schranke zwischen Anthropologen und Soziologen verhinderte aber eine Rezeption dieses Konzepts durch Letztere.
12 vgl. z.B. Granotier, B.: Les travailleurs immigrés en France. Paris 1976.
13 vgl. Boulot, S./Boyzon-Fradet, D.: Les immigrés et l'école. Une course d'obstacle. Lecture de chiffres 1973-1987.
14 vgl. Touraine, A.: La voix et le regard. Paris 1987
15 vgl. Jazouli, A.: L'action collective des jeunes Maghrébins en France. Paris 1986.
16 vgl. Rudder, V. de in Zusammenarbeit mit Guillon, M.: Autochtones et immigrés en quartier populaire: du Marché d'Aligre à l'Ilot Chalon. Paris 1987.
17 vgl. Wihtol de Wenden, C.: Citoyenneté, nationalité et immigration. Paris 1987 und ds. (Hrsg.): La citoyenneté et les changements de structures sociale et nationale de la population francaise. Paris 1988.
18 vgl. die zahlreichen Artikel von Perotti, A. in der Zeitschrift Presses Immigrés. Z.B. No. 110, 9/1983; No. 111, 10/1983; No. 113, 12/1983; No. 116, 3/1984; No. 118, 5/1984; No. 120-121, 7-8/1984; No. 124, 11/1984; No. 139-140, 4/1986; No. 141, 5/1986. vgl. auch die verschiedenen Beiträge von Baron, J. in der Zeitschrift Hommes et Migrations, u.a. No. 907, 1/1976; No. 937, 11/1977; No. 945, 3/1978; No. 1077, 1/1985. Vgl. auch Taboada-Leonetti, J.: Les immigrés des beaux quartiers. La communauté espagnole du XVIe. Paris 1987, S. 210 und ds./ Guillon, M.: Le triangle de Choisy, un quartier chinois à Paris. Paris 1986, und Kastoriano, R.: Entre Turcs en France: Réflexion sur famille et cité. Paris 1986, und Zehraoui, A.: Les travailleurs algériens en France. Paris 1971, S. 174 und Marie, C.-V.: L'immigration étrangère en France. Paris 1984 sowie verschiedene Artikel des Autors in: Travail et Emploie, No. 9, 7-9/1983; No. 17, 7-9/1983; No. 22, 12/1984 und in: Hommes et Migrations, No. 1059, 11/1983; No. 1080, 4/1985; No. 1090, 3/1986; No. 1114, 7-9/1988 und in: Dossier Migrations, 3-4/ 1987 sowie die Artikel von Galap, J.. In: Cahiers d'Anthropologie et Biométrie Humaine. Bd. 2, No. 1, Paris 1984, Bd. 3, No. 3-4, Paris 1985.
19 vgl. Braudel, F.: L'identité de la France. Espace et Histoire. Paris 1986 und Noiriel, G.: Le creuset francais. Histoire de l'immigration XIX-XXe siècle. Paris 1986.
20 vgl. z.B. Camilleri, C.: Anthropologie culturelle et Education. UNESCO. Paris 1985 und Mauviel, M.: L'idée de culture et de pluralisme culturel: aspects historique, conceptuels et comparatifs. Thèse de Doctorat Université René Descartes Paris V. Science Humaines, Paris 1983, 2 vol., und Abdallah-Pretceille, M.: Vers une pédagogie interculturelle. Paris 1986, und Boulot, S./Boyzon-Fradet, D., 1987.

21 vgl. Verbunt, G. (Hrsg.): Diversité culturelle, société industrielle. Etat National. Paris 1985, und Campani, G.: In: Peuples Méditerranéens. No. 24, Paris 7-9/1983; No. 31-32, Paris 4-9/1985 und Oriol, M. u.a.: Les variations de l'identité. Nizza 1988 und ds.: Les réseaux associatifs des immigrés en Europe occidentale. In: Migrations Internationales 1985, S. 85.
22 vgl. Braudel, F., 1986.

(aus dem Französischen übersetzt von E.J. Dittrich)

Joe R. Feagin

Theorien der rassischen und ethnischen Beziehungen in den U.S.A.
Eine kritische und vergleichende Analyse

1. Die Immigration und ihre Vielfalt in den Vereinigten Staaten

1.1 Rassische und ethnische Vielfalt

Die Geschichte der rassischen und ethnischen Beziehungen in den Vereinigten Staaten ist zugleich die Geschichte der Immigration. Die Gesamtzahl der Einwanderer, die seit der Gründung der Jamestown-Kolonie im Jahre 1607 bis zum Jahre 1987 in die riesigen nordamerikanischen Landflächen, die heute die Vereinigten Staaten genannt werden, strömte, beläuft sich auf mehr als fünfzig Millionen und ist damit wahrscheinlich die gigantischste internationale Migration in der Geschichte der Menschheit. Die Immigration hat es mit sich gebracht, daß die Zahl der rassischen und ethnischen Gruppen in den Vereinigten Staaten seit langem sehr eindrucksvoll ist. Diese Vielfalt verbindet sich mit einer rassischen und ethnischen Hierarchie, in der einige Gruppen größere Macht und mehr Ressourcen besitzen als andere.

Im Laufe der letzten sechs Jahrzehnte wurden in den Vereinigten Staaten zahlreiche soziologische Theorien zur Erklärung dieser Vielfalt, Ungleichheit und Schichtung entwickelt. In den meisten dieser US-amerikanischen Untersuchungen wurden am häufigsten die nachstehend angeführten Fragen aufgeworfen:
1. Wie sind Entstehen und Sichtbarwerden der rassischen/ethnischen Vielfalt und Schichtung zu erklären?
2. Wie können das Fortbestehen und die Stabilität der rassischen/ethnischen Vielfalt und Schichtung erklärt werden?
3. Wie sind die internen adaptiven Veränderungen in den Systemen der rassischen/ethnischen Vielfalt und Schichtung zu erklären?
4. Wie sind die hauptsächlichen Veränderungen in den Systemen der rassischen/ethnischen Vielfalt und Schichtung zu erklären?

Rassische und ethnische Schichtung ist auf ein Rangsystem zurückzuführen, in dem zugeschriebene Gruppencharakterstika wie Rasse oder Ethnizität die Hauptkriterien für soziale Stellung und soziale Belohnungen sind. Manche Gruppen haben einen höheren gesellschaftlichen Rang und genießen mehr Privilegien als andere.

1.2 Zur Definition von Grundkonzepten rassischer und ethnischer Gruppen

In der Geschichte der Vereinigten Staaten gibt es Forscher über rassische und ethnische Beziehungen, die Rassen und Rassengruppen als "natürlich" und biologisch unvermeidbar ansehen. Seit den fünziger Jahren dieses Jahrhunderts akzeptieren allerdings die meisten US-amerikanischen Wissenschaftler den Standpunkt, daß rassische und ethnische Gruppen *kein* Phänomen sind, das als Teil einer selbstverständlichen Ordnung des Universums natürlich entstanden ist. Für die meisten US-amerikanischen Theoretiker haben heute Rasse und Ethnizität keine unabhängige, nicht-soziale, biologische oder physische Bedeutung. Sie werden als *gesellschaftlich definiert* betrachtet. So könnte eine breit akzeptierte Definition einer rassischen Gruppe (Rasse) wie folgt lauten: *"Eine rassische Gruppe ist eine gesellschaftliche Gruppe, die nach der Meinung von zu dieser Gruppe gehörenden oder außerhalb stehenden Personen als inferior oder superior charakterisiert werden muß, und zwar typischerweise aufgrund von subjektiv ausgewählten realen oder angenommenen physischen Charakteristika."*[1] Für die Vereinigten Staaten bedeutet dies, daß biologische Merkmale, z.B. die Hautfarbe, dazu benutzt werden, Gruppen wie z.B. die schwarzen Amerikaner aus subjektiv gesellschaftlichen Gründen auszusondern. Vom biologischen Standpunkt aus handelt es sich um relativ triviale Charakteristika. Wichtig sind die gesellschaftliche Definition und Konstitution dieser Merkmale.

Fraglos hält man in weiten Bevölkerungskreisen in den Vereinigten Staaten Rassengruppen heute noch für natürlich. Viele, vor allem weiße Durchschnittsamerikaner betrachten Nicht-Weiße als inferiore Rassen. Es gibt einige US-amerikanische Wissenschaftler, insbesondere Psychologen wie Arthur Jensen und Richard Herrnstein, die behaupten, daß sich aus Unterschieden, die sich aus Intelligenztests (IQ-Tests) ergeben, in bezug auf Weiße und Nicht-Weiße klare rassisch-biologische Verschiedenheiten aufdecken lassen, die nicht mit gesellschaftlichen Variablen und Erklärungen begründet werden können. Diese und ähnliche Theorien waren besonders in den konservativen Jahren der Ronald Reagan Regierung in Washington, D.C. populär. Sie wurden jedoch von den meisten Soziologen und anderen sozialwissenschaftlichen Analytikern der rassischen und ethnischen Beziehungen allgemein *nicht* akzeptiert.[2] Das gilt nach Ansicht der meisten US-amerikanischen Wissenschaftler auch für die "ethnische Gruppe", die ebenfalls gesellschaftlich definiert wird. Eine ethnische Gruppe *"wird von Innen- und Außenstehenden in erster Linie aufgrund von subjektiv wahrgenommenen kulturellen oder nationalen Charakteristika abgegrenzt und bestimmt."*[3] Wenn auch einige Unterschiede in der Anwendung einer derartigen Definition bestehen, die davon abhängig sind, ob rassische Gruppen, das heißt, durch Hautfarbe bestimmte Gruppen, zur Sparte der ethnischen Gruppen gezählt werden, und wenn auch das Interesse an den verwandtschaftlichen und genetischen Grundlagen der rassischen und ethnischen Beziehungen wiederaufgeflammt ist, besteht in den Vereinigten Staaten doch ein weitgehender wissenschaftlicher Konsens darüber, daß auch Ethnizität eine gesellschaftlich oder kulturell konstituierte Kategorie und keine biologisch oder genetisch determinierte ist. Diese Betonung der gesellschaftlichen Definition von Rasse und Ethnizität bedeutet, daß in den Vereinigten Staaten die wichtigsten theoretischen Debatten in bezug auf die Konzeptualisierung der nicht-weißen (nicht-europäische, amerikanische) Minderheiten darüber stattfinden, wie solche Faktoren wie Klasse und Schichtung, Arbeitsausbeutung, Assimilation und ethnische "Nischen" beurteilt werden sollen.

Deshalb möchte ich in diesem Kapitel das gesellschaftliche Verständnis von Rasse und Ethnizität als gegeben voraussetzen und einen detaillierten Überblick über die bei der Untersuchung der rassischen und ethnischen Gruppen benutzen konzeptuellen Rahmenbedingungen geben, mit denen die o.a. Fragen der Beziehung, Adaptation, Schichtung und Ausbeutung angegangen werden. Die meisten dieser Konzeptualisierungen können grob in zwei große Gruppen eingeteilt werden: 1. "Ordnungs"theorien, 2. "Macht-Konflikt"-Theorien.

Ordnungstheorien legen den Akzent auf Assimilation, auf progressive Adaptation der Immigrantengruppen an die herrschende Kultur und auf die Stabilität in Beziehungen zwischen Gruppen. Bei diesen Theorien handelt es sich um die ältesten in der US-amerikanischen Sozialwissenschaft, und sie sind in vielen US-amerikanischen Untersuchungen noch vorherrschend. In den Macht-Konflikt-Theorien richtet sich die Aufmerksamkeit mehr auf die Folgen der Beziehungen zwischen den Gruppen, zum Beispiel auf Genozid und fortgesetzte Schichtung, auf Ausbeutung, soziale Kontrolle und auf den mit rassischer und ethnischer Unterwerfung verbundenen Konflikt. Obgleich die gegenwärtigen Macht-Konflikt-Pespektiven in den Sozialwissenschaften einige Vorläufer im späten 19. Jahrhundert und im frühen 20. Jahrhundert haben, sind sie doch zum größten Teil seit den Bürgerrechts-Protesten der fünfziger und sechziger Jahre in Erscheiung getreten und alltäglich geworden.

1.3 Die Konzeptualisierung von Immigration und Immigranten

1.3.1 Die Dimensionen der Migration

Da die Vereinigten Staaten eine Nation sind, die durch einen Strom von fünfzig Millionen Einwanderern entstanden ist, wird in der Diskussion über Rasse und ethnische Beziehungen der Migration sowie den Gruppenbeziehungen und -konflikten, die die Migration mit sich brachte, viel Raum gegeben. Die Migrationsproblematik läßt sich unter vier Aspekten betrachten:
1. Migrationseinheiten (Individuen und Familien)
2. Politische, ökonomische und soziale Lage am Ursprungsort
3. Politische, ökonomische und soziale Lage am Zielort
4. Internationale politische, ökonomische und gesellschaftliche Bedingungen, unter denen Migration stattfindet.[4]

Der Dreh- und Angelpunkt ist die Frage, was die Gruppen dazu veranlaßt, in Kontakt zu treten. Zur Erklärung dieses Vorgangs sind die Charakteristika der Migrantengruppe und ihrer Heimatgesellschaft und diejenigen der empfangenen Gruppe (oder einer anderen Migrantengruppe) ausschlaggebend. Sie erklären die 'push'- und 'pull'-

Faktoren. Der technologische Stand in jeder Gruppe, besonders in bezug auf Transportsysteme und Waffen, ist ein weiterer wichtiger Erklärungsfaktor. Die eine oder die andere Gruppe hat vielleicht besondere Vorzüge in bezug auf politische und ökonomische Organisation, was bei der Mobilisierung von Ressourcen von Vorteil sein kann. Kulturelle Faktoren wie Sprache und Religion können ebenfalls von Bedeutung sein. Wichtig ist auch die gesellschaftliche und wirtschaftliche Lage am Ursprungsort der Migranten. Die im Folgenden aufgeführten Migrationstypen, die rassische und ethnische Beziehungen beeinflussen, können als Kontinuum angesehen werden, das von unfreiwilliger bis zu freiwilliger Migration reicht: 1. Zwangsarbeitsmigration (Sklaverei); 2. Kontraktarbeitsmigration; 3. Exilanten- und Flüchtlingsbewegungen; 4. Freiwillige Migration[5]

Zwangsarbeitsbewegungen beinhalten die Verschleppung von afrikanischen Sklaven durch europäische und europäisch-amerikanische Sklavenhändler nach Nordamerika. *Kontraktarbeits*transfer meint z.B. die Migration von vertraglich verpflichteten irischen Arbeitskräften in die englischen Kolonien im östlichen und von chinesischen Arbeitskräften in das westliche Nordamerika. Für die Kategorie der *Exilanten* sind die Flüchtlingsströme, die im Sog von Kriegen in die Vereinigten Staaten kamen, beispielhaft. Die *freiwillige Migration* umfaßt die große transozeanische Migration von europäischen Gruppen in die englischen Kolonien, später in die Vereinigten Staaten. Ein weiterer wichtiger Migrationstyp kann als Vorläufer der gerade aufgeführten Typen betrachtet werden. Es handelt sich um die freiwillige Migration der Kolonisten, die manchmal als *Kolonisationsmigration* bezeichnet wird. Externe Kolonisation wurde von englischen Handelsgesellschaften betrieben, deren Angestellte frühe amerikanische Kolonien gründeten, was zur Ausrottung der amerikanischen Eingeborenenbevölkerung führte.[6]

1.3.2 Adaptationsmuster

Untersuchungen der rassischen und ethnischen Kontakte zeigen, daß ihre Folgen sehr verschiedenartig sein können: 1. Exklusion oder Genozid; 2. Egalitäre Symbiose; 3. Hierarchie- oder Schichtungssysteme.

Rassische und ethnische Schichtungssysteme sind das allgemeine Ergebnis der Migration. Lieberson hat zwei grundsätzlich mögliche Hierarchietypen benannt, die sich aus dem Kontakt zwischen Gruppen ergeben können. Eine *Vorrangstellung der Migranten* ergibt sich dann, wenn die in das neue Territorium einwandernde Gruppe der Eingeborenen-Gruppe ihren Willen aufdrängt, was im allgemeinen aufgrund von stärkeren Waffen und einer besseren Organisation geschieht. Eine *Vorrangstellung der Eingeborenen* ist die Folge, wenn die in eine neue Gesellschaft immigrierenden Gruppen den bereits anwesenden Gruppen untergeordnet werden.[7]

Nach der Anfangsperiode ergeben sich aus den Kontakten zwischen den Gruppen folgende Möglichkeiten:
1. Fortgesetzter Genozid; 2. Fortgesetzte egalitäre Symbiose; 3. Ersatz der Schichtung

durch Inklusion, die sich an Anglo-Standards orientiert; 4. Ersatz der Schichtung durch Inklusion, die sich am kulturellen Pluralismus orientiert; 5. Fortgesetzte und signifikante Schichtung mit einer gewissen Akkulturation, die von gemäßigter bis extremer Ausbeutung der untergeordneten rassischen/ethnischen Gruppe reicht.

2. Theorien der rassischen und ethnischen Beziehungen in den Vereinigten Staaten

Bei der Untersuchung der rassischen und ethnischen Beziehungen geht es in den Vereinigten Staaten in den Erklärungen um die verschiedenartigen Muster der Migration und der Adaptation und Subordination der Immigranten. "Ordnungs"-Theorien haben die Tendenz, die unter 3) und 4) aufgeführten Assimilationsergebnisse hervorzuheben, wobei man sich auf den Nachweis der progressiven Adaptation an die dominante Kultur und die Stabilität der Gruppenbeziehungen konzentriert. In "Macht-Konflikt"-Theorien geht es eher um die unter 1) und 5) aufgeführten Folgen, das heißt um Genozid und um fortgesetzte Schichtung oder Unterordnung.

2.1 Assimilationsperspektiven

In vielen US-amerikanischen Theorien wird die Assimilation, die systematische Adaptation einer Migrantengruppe an die Strömungen und Institutionen einer etablierten "Gastgeber"-Gruppe betont. "Assimilation" kommt von dem lateinischen Wort *assimulare*, was "ähnlich machen" bedeutet. Das wird von den Assimilationsanalytikern wörtlich genommen, die sich eben nicht mit den Folgen der Gruppenkontakte in bezug auf Hierarchie und Schichtung befassen, zumindest nicht über das Anfangsstadium hinaus.

Einer der frühesten Theoretiker über rassische und ethnische Beziehungen, Robert E. Park, — in den zwanziger Jahren ein prominenter Professor für Soziologie an der Universität Chicago — behauptete, daß in den vergangenen Jahrhunderten die europäische Auswanderung der Hauptkatalysator für die Reorganisation der Welt war. Aus seiner Sicht durchlaufen Gruppenberührungen und Gruppenbeziehungen regelmäßig die verschiedenen Stufen eines "Zyklus der Rassenbeziehungen". Fundamentale gesellschaftliche Kräfte wie z.B. die Auswanderung führen in steter Folge zu einem Zyklus, der sich periodisch in der Geschichte von Intergruppenbeziehungen wiederholt. *"Der Zyklus der Rassenbeziehungen, der sich in Form von Kontakt, Wettbewerb, Anpassungen, und letztendlicher Assimilation zeigt, ist offensichtlich dynamisch und unumkehrbar."*[8] Es handelt sich hier also um ein konzeptuelles Diagramm von Stufen, die die Gruppeninteraktion durchläuft: Kontakt ---> Wettbewerb ---> Anpassung ---> Assimilation. Auf der Kontaktstufe bringen Migration und Entdeckung die Menschen zusammen: Diese Stufe führt dann zu wirtschaftlichem Wettbewerb und damit zu einer neuen gesellschaftlichen Organisation. Wettbewerb und Konflikt entstehen aus den Kontakten zwischen der eingeborenen Bevölkerung und den Einwanderergruppen. Anpassung, ein unstabiler Zustand in diesem Zyklus, findet oft schnell statt, sie ist eine dem Zwang unterworfene Angleichung an die fundamentalen Aspekte einer neuen gesellschaftlichen Situation. Anscheinend vertritt Park die Meinung, daß Anpassung eine Stabilisierung der Beziehungen mit sich bringt und die Möglichkeit eines relativ dauerhaften Kastensystems einschließt. Zeitweise war er der Ansicht, daß der Zyklus der Rassenbeziehungen unvermeidlich zur Assimilation führe. Zu anderen Zeiten scheint er erkannt zu haben, daß Assimilation Jahrhunderte für ihre Entwicklung braucht. Und manchmal räumt er ein, daß Anpassung eher wieder zu einem erneuten Wettbewerb und erneutem Konflikt führen kann als zu Assimilation. Wie dem auch sei, Park und andere Wissenschaftler dieser Tradition vertreten die Meinung, daß die Tendenz in modernen Gesellschaften langfristig dahin gehe, die rassischen und ethnischen Minderheiten zu assimilieren. Der rassische und ethnische Konflikt sei Teil des Assimilationsprozesses, der mit der eventuellen Assimilation der untergeordneten Gruppe verschwinde.

"Assimilation ist ein gegenseitiger Durchdringungs- und Vereinigungsprozeß, in dem sich Individuen und Gruppen die Erinnerungen, Empfindungen und Einstellungen anderer Individuen oder Gruppen aneignen und durch das Teilen der gleichen Erfahrung und Geschichte in einem gemeinsamen kulturellen Leben verbinden."[9] Diese Endstufe der Gruppen-Interaktion ist im wesentlichen ein Schmelztiegelstadium, aus dem neue Menschen hervorgehen. Sogar bei rassisch untergeordneten Gruppen wird Assimilation erwartet.

Festzuhalten ist, daß Parks Zyklus der Rassenbeziehungen alle anderen Ergebnisse von Migration jenseits der Assimilation abwertet. Zum Beispiel endeten Kontakte von Gruppen in bestimmten gesellschaftlichen Situationen mit Ausweisungen und rassisch begründeten Genoziden. Daß die Assimilationstheoretiker solche Tatbestände hintansetzen, zeigt ihre allgemeine Orientierung an etablierten Ordnungen und auf deren allmähliche evolutionäre Veränderung.[10]

2.2 Assimilationsstufen: Milton Gordon

Seit Parks bahnbrechender Untersuchung in den zwanziger Jahren haben sich viele US-amerikanische Theoretiker der rassischen und ethnischen Beziehungen eine assimilationistische Betrachtungsweise zu eigen gemacht, obwohl die meisten von ihnen von Parks Rahmenbedingungen in vielen wichtigen Punkten abgewichen sind. Milton Gordon, der Autor des einflußreichen Buches "Assimilation in American Life", ist ein US-amerikanischer Wissenschaftler, der verschiedenartige erste Kontakte zwischen rassischen und ethnischen Gruppen und viele mögliche Ergebnisse unterscheidet. In seinen Erörterungen widmet er sich vor allem den weißen europäisch-amerikanischen Immigranten, die sich nach seiner Meinung an die dominierende angelsächsisch-protestantische (englische) Kultur assimilieren. Die tatsächliche Adaptationstendenz der Immigration gehe normalerweise zu "Anglo-Standards", wobei die Immigranten große Teile ihres kulturellen Erbes zugunsten der präexistenten englischen Kernkultur aufgeben. Der Prüfstein für den Anpassungsprozeß wird wie folgt beschrieben: *"Wenn es im amerikanischen Leben etwas gibt, das die amerikanische Kultur als Ganzes beschreiben kann und das als Bezugspunkt für die Immigranten und ihre Kinder dient, dann sind es unserer Meinung nach die kulturellen Muster der weitgehend protestantischen angelsächsischen Mittelklasse, wobei wir im Augenblick die Frage der unbedeutenderen Einflüsse, die von den später in die Vereinigten Staaten eingewanderten Kulturen auf diese Kultur ausgeübt wurden, unberücksichtigt lassen."*[11]

Wie wird die allgemeine Tendenz bei der Anpassung der Immigrantengruppen in den Vereinigten Staaten beschrieben? Bei der Beantwortung dieser Frage vertritt Gordon den Standpunkt, daß die "Anglo-Standards" im wesentlichen erreicht wurden, zumindest was die kulturelle Assimilation anbetrifft. Die meisten Gruppen, die nach den Engländern in die Vereinigten Staaten eingewandert sind, haben sich hinsichtlich der Kernkultur angepaßt. Im übrigen ist Gordon konkreter als Park, was die spezifischen Assimilationsprozesse anbetrifft. Er unterscheidet bei der Anpassung einer Gruppe an die Kerngesellschaft sieben vorkommende Prozesse:[12]

1.	Kulturelle Assimilation	Die eigenen kulturellen Formen werden gegen die der Kerngesellschaft ausgewechselt
2.	Strukturelle Assimilation	Vordringen in Cliquen und Vereine der Kerngesellschaft auf Primärgruppenebene
3.	Assimilation durch Eheschließung	Hohe Heiratsquoten zwischen Angehörigen verschiedener Gruppen
4.	Assimilation durch Identifikation	Entwicklung einer auf die Kerngesellschaft gerichteten Identitätsorientierung
5.	Assimilation durch Übernahme von Einstellungen	Fehlen von Vorurteilen und Stereotypisierungen
6.	Assimilation durch Übernahme von Verhalten	Fehlen von intentionaler Diskriminierung
7.	Gesellschaftliche Assimilation	Fehlen von Wert- und Machtkonflikten

Von besonderer Bedeutung ist Gordons Unterscheidung zwischen kultureller und struktureller Assimilation. Anders als bei Park, der die strukturelle Asimilation (auf Primärgruppenebene) als unvermeidliche Folge der kulturellen Assimilation ansah, unterstreicht Gordon die reale Möglichkeit, daß diese Verknüpfung nicht unvermeidbar sein muß. Während Gordon die Akkulturation für ein unvermeidliches Ergebnis des Kontaktes hält, ist er in bezug auf die strukturelle Assimilation (auf Primärgruppenebene) oder die Assimilation durch Eheschließung nicht dieser Meinung. Die Typologie erhält einige offensichtliche Versäumnisse. Gordon konzeptualisiert zum Beispiel die strukturelle Assimilation als zugehörig zu Primärgruppenbeziehungen. Es ist eine gravierende Unterlassung, nicht explizit – als einen separaten Typ der strukturellen Assimilation – das Vordringen der neuen Immigrantengruppen in die von den Soziologen als "Sekundärgruppen" bezeichneten Kreise der Gastgebergesellschaft hervorzuheben, zum Beispiel das Vordringen einer neuen Gruppe von Immigranten in bereits vorhandene Beschäftigungsorganisationen wie geschäftliche oder staatliche Bürokratien und in pädagogische und politische Institutionen. Das Vordringen in die Sekundärgruppenorganisationen der Kerngesellschaft ist auch nicht notwendigerweise gleichbedeutend mit dem Eindringen in bereits vorhandene Primärgruppen, zum Beispiel Freundschaftscliquen. Außerdem ist der als "bürgerliche Assimilation" bezeichnete Prozeß etwas verwirrend, weil er Begriffe einschließt wie "Werte", die in Wirklichkeit ein Teil des Prozesses der kulturellen Assimilaion sind, und "Macht", die tatsächlich ein Aspekt der strukturellen Assimilation auf der Sekundärgruppenebene ist.

In seinem 1978 erschienen Buch "Human Nature, Class and Ethnicity" räumt Gordon ein, daß er die Punkte Macht und Konflikt in seinem Assimilationsmodell außer acht gelassen habe und will diese wichtigen Punkte in das Modell integrieren. Aber seine dann folgende Macht- und Konfliktanalyse ist zu kurz. In seinem Buch erwähnt er beiläufig die für die konkurrierenden rassischen und ethnischen Gruppen verfügbaren Ressourcen und geht kurz auf den Konflikt zwischen Schwarzen und Weißen ein, aber er beschäftigt sich bei der Untersuchung der rassischen und ethnischen Beziehungen in den Vereinigten Staaten nicht ernsthaft mit der wirtschaftlichen Macht, der Ungleichheit der materiellen Ressourcen oder mit der kapitalistischen Wirtschaftsgeschichte.[13] Bei seiner Bezugnahme auf die Millionen europäischer Einwanderer und auf ihre Anpassung an die Kernkultur unterstreicht Gordon in seiner Untersuchung besonders die *generationsbedingten* Veränderungen. Von diesem Gesichtspunkt aus ist die eigentliche Akkulturation, obwohl sie zum Teil schon in der ersten Generation stattfand, für viele europäische Einwanderergruppen erst in der zweiten oder dritten Generation abgeschlossen. Die erste Generation gründete Gemeinschaften und Vereine, die eine Schutzfunktion hatten, aber die Kinder dieser Einwanderer der ersten Generation waren, was die Anglo-Standards betrifft, dem Druck durch die Massenmedien und das staatliche Schulsystem viel stärker ausgesetzt.[14]

Gordon ist der Meinung, daß die wesentliche Assimilation für viele weiße europäische Gruppen in der Anpassung an bürgerliche Werte und durch Übernahme bestimmter Einstellungen und eines bestimmten Verhaltens erfolgt ist. Die meisten weißen Gruppen haben auf der sekundär-strukturellen Beschäftigungs- und Politikebene beträchtliche Fortschritte beim Erreichen von Gleichberechtigung gemacht, obwohl diese sekundär-strukturellen Assimilationsbereiche in Gordons Analyse weder detailliert aufgezählt noch behandelt werden. Wie dem auch sei, die strukturelle Assimilation auf Primärgruppenebene ist für diese weißen ethnischen Gruppen eine ganz und gar andere Sache. Die Erhebungen zeigen, daß sogar in den heutigen USA für viele europäische Immigrantengruppen, besonders wenn sie nicht protestantisch sind, eine strukturelle Integration auf Primärgruppenebene noch lange nicht vollständig erfolgt ist. Gordon verbindet die Vorstellung der im wesentlichen abgeschlossenen kulturellen Assimilation, zum Beispiel durch Übernahme der englischen Sprache, mit dem strukturellen Primärgruppen-Pluralismus als einem für gewisse ethnische Gruppen in den Vereinigten Staaten charakteristischen Adaptationsmuster, obwohl die Mitglieder der weißen ethnischen Gruppen sehr dazu neigen, in bezug auf informelle Freundschaften und Eheschließungen nur soweit über ihre unmittelbaren Gruppen hinauszugehen, wie sie sich an zu ihrer jeweiligen religiösen Gemeinschaft gehörenden ähnlichen Gruppen anschließen können. In Übereinstimmung mit Will Herberg, der die Meinung vertritt, daß es drei große Schmelztiegel-Gemeinschaften von Juden, Protestanten und Katholiken gäbe, weist Gordon darauf hin, daß Gruppenkontakte über die Primärgruppenbezüge hinaus sich in ähnlichen oder kontingenten Gruppen entwickeln, wie sie die sozio-religiösen Gemeinschaften der Protestanten, Katholiken und Juden darstellen.[15]

In einem 1981 erschienenen Aufsatz vertritt Gordon auch eine optimistische Einschätzung bezüglich der weiteren Assimilation der nicht-weißen Amerikaner — auch der schwarzen. Bezogen auf die letzteren behauptet er, daß sich die Vereinigten Staaten "ausdrücklich auf den Weg gemacht haben, um die Implikationen des amerikanischen Credos (an Gleichheit und Gerechtigkeit) in bezug auf Rassenbeziehungen zu erfüllen", zum Beispiel im Bereich von Beschäftigung und Wohnen. Er führt weiter aus, daß aufgrund des kolossalen Fortschritts zugunsten der schwarzen Amerikaner das neue amerikanische politische Dilemma in der Wahl zwischen einem traditionellen Liberalismus, der Rasse in der öffentlichen Politik ignoriert, und einem "korporativen Liberalismus", der Gruppenrechte in bezug auf Rasse anerkennt, bestehe. Gordon betrachtet die Regierungsprogramme der "affirmative action" als Teil des korporativen Pluralismus. Diese Programme werden von ihm offensichtlich zugunsten eines traditionellen Liberalismus der individuellen Rechte abgelehnt. Wie auch immer, Gordons Optimismus in bezug auf die Erfüllung des amerikanischen Credos bezüglich der schwarzen Amerikaner ist empirisch kaum belegbar.[16]

2.3 Kultureller Pluralismus und Ethnogenese

Einige Assimilationstheoretiker distanzieren sich von Milton Gordons Argumentation, daß die europäisch-amerikanischen Gruppen in den Vereinigten Staaten im wesentlichen assimiliert seien. Etliche Sozialwissenschaftler haben damit begonnen, Modelle zu untersuchen, die vom "Anglo-Konformitäts"-Muster weg und hin zu einem kulturellen Pluralismus gehen. Die meisten Pluralismus-Analytiker akzeptieren die "Anglo-Konformität"-Assimilation im großen und ganzen als unvermeidlich, wenn nicht sogar als wünschenswert. In ihrem Buch "Beyond the Melting Pot" schließen sich

Glazer und Moynihan der Vorstellung an, daß die ursprünglichen Sitten und Gebräuche der europäischen Immigranten in der dritten Generation verloren gegangen seien. Das bedeute jedoch nicht den Niedergang von Ethnizität. Die europäischen Immigrantengruppen bewahrten sich oft ihre kulturelle Verschiedenartigkeit und behielten ihren Namen, ihre Identität und andere kulturelle Attribute bei.[17]

Die Frage, ob die ethnische Gruppe in späteren Generationen im Adaptationsprozeß erhalten bleibe, wurde unter der Bezeichnung "Ethnogenese" behandelt. Andrew Greeley hat das Ethnogenese-Modell auf durch Nationalität und Religion definierte Gruppen angewendet. Als Verfechter des Revisionismus in der Assimilationstradition steht er der traditionellen Assimilationsperspektive kritisch gegenüber. Er vertritt die Meinung, daß der Drang nach Homogenisierung in der modernen Industriegesellschaft sehr groß und praktisch unwiderstehlich sei.[18] Traditionell wurde angenommen, daß der Trend der Assimilation Konformität oder Verschmelzung mit der angelsächsisch-protestantischen Kernkultur sei. Aber aus der Sicht von Ethnogenese bedeutet Adaptation mehr als diese eingleisige Konformitätsentwicklung. Das traditionelle Assimilationsmodell biete keine Erklärung für das Fortbestehen von Ethnizität in den Vereinigten Staaten, für die Betonung der Ethnizität durch Immigranten als eine Möglichkeit, Amerikaner zu werden und für die selbstbewußten Versuche in den letzten Jahrzehnten, eine ethnische Identität zu schaffen, sowie für die selbstbewußte Handhabung von ethnischen Symbolen.[19]

Das von Greeley vorgestellte Ethnogenese-Modell ist ziemlich komplex. Es geht davon aus, daß die Gastgeber- und Immigrantengruppen in gewissem Umfang ein gemeinsames *kulturelles* Erbe hatten. Einige europäische Immigrantengruppen aber hatten einen kulturellen Hintergrund, der ziemlich entfernt von dem der englischen Siedler war. Als Folge der Interaktion in den Schulen und aufgrund des Medieneinflusses wurde über mehrere Generationen hinweg die Zahl der gemeinsamen kulturellen Merkmale der Gastgeber- und Immigrantengruppen größer. Dennoch bleiben im Adaptationsprozeß manche nationalen Merkmale erhalten und gewisse Aspekte des Erbes aus dem Mutterland prägen sich noch deutlicher aus. Aus dieser Perspektive besitzen die ethnischen Gruppen sowohl gleiche Merkmale wie die Gastgebergruppen als auch wichtige verschiedenartige Nationalitätscharakteristika.[20] Aus vielen Feldforschungen in den Vereinigten Staaten geht hervor, daß die Verschiedenartigkeit von weißen ethnischen Gruppen, zum Beispiel bei Irland-Amerikanern, Italo-Amerikanern und Polen-Amerikanern erhalten bleibt, nicht gerade in New York und Chicago, aber doch in San Francisco, New Orleans und Tucson. Die Untersuchung von Yancey und seinen Mitarbeitern in Philadelphia hat zum Beispiel gezeigt, daß viele jüdische und katholische Gemeinden und die damit verbundenen Organisationsnetze fortbestehen. Ethnische Katholiken lebten in unverhältnismäßig großer Zahl konzentriert in "städtischen Dörfern", das heißt in vertrauten Stadtbezirken. Unter Hinweis auf die Philadelphia-Untersuchung vertreten Yancey und seine Kollegen die Ansicht, daß Ethnizität ein "emergentes Phänomen" sei, das heißt, ihr Stellenwert in den Städten hänge in entscheidendem Maße von der spezifischen gesellschaftlichen und wirtschaftlichen Situation ab.[21]

2.4 Fragen im Zusammenhang mit den Assimilationstheorien

Die meisten Assimilationstheoretiker haben bei ihren wichtigsten Beispielen für die ethnische Adaptation weiße europäische Gruppen im Auge, die mehr oder weniger freiwillig in die Vereinigten Staaten einwandern. Aber was ist mit der Adaptation und Assimilation der nicht-europäischen Gruppen über das erste Kontaktstadium hinaus? Einige Assimilationsanalytiker schließen nicht-weiße Amerikaner in ihre Rahmenbedingungen ein, wenn auch den Fragen, die sich aus einer solchen Klassifikation ergeben, nur wenig Aufmerksamkeit gewidmet wird. Andere Analytiker sind der Meinung, daß sowohl die kulturelle als auch die strukturelle Assimilation, die unvermeidliche oder notwendige Antwort auf das Rassenproblem in den Vereinigten Staaten sei und ebenfalls langfristig das wahrscheinliche Ergebnis darstelle. Ein prominenter europäischer Autor über US-amerikanische Rassenbeziehungen, Gunnar Myrdal, weist darauf hin, daß es zweckmäßig sei und *"zum Vorteil der amerikanischen Neger als Individuen und als Gruppe in die amerikanische Kultur assimiliert zu werden und sich die von den dominierenden weißen Amerikanern geschätzten Charakteristika anzueignen."*[22] Nach Myrdals Ansicht besteht ein fundamentales ethisches Dilemma zwischen den demokratischen Prinzipien der US-amerikanischen Unabhängigkeitserklärung und der Unterdrückung solcher Gruppen wie zum Beispiel der schwarzen Amerikaner. Für Myrdal bedeutet dies "ein Hinterherhinken der öffentlichen Moral", ein Problem, das zwar im Prinzip gelöst ist, an dem aber noch in einem Assimilierungsprozeß gearbeitet werden muß, bei dem noch nicht klar ist, ob er abgeschlossen werden wird. Andere Analytiker weisen optimistischer auf den progressiven Eingliederungsprozeß hin, der den schwarzen Amerikanern und anderen Nicht-Weißen schließlich die volle US-amerikanische Staatsbürgerschaft bringen wird. Deshalb sind sie der Meinung, daß sich der ethnische und rassische Konflikt auflösen wird, wenn verschiedenartige Gruppen in die amerikanische Gesellschaft integriert werden. Nathan Glazer, Milton Gordon und Talcott Parsons unterstreichen die Gleichheit aller gegenüber den US-amerikanischen Institutionen und die progressive Emanzipation der Nichtweißen. Wie oben erwähnt hebt Milton Gordon die progressive, kulturelle und strukturelle Assimilation der schwarzen Amerikaner in den letzten Jahrzehnten hervor, besonders derjenigen, die über der Armutsgrenze liegen. Die volle Zugehörigkeit für die schwarzen Amerikaner scheint das unumgängliche Ziel zu sein, meint Parsons, denn *"die einzig erträgliche Lösung der enormen Spannung liegt darin, eine einzige gesellschaftliche Gemeinschaft mit der vollen Zugehörigkeit aller zu konstituieren."*[23] Es wird erwartet, daß die Bedeutung der rassischen und ethnischen Schichtung abnimmt, wenn kraftvolle universalistische Gesellschaftskräfte die Spuren früherer Wertsysteme auslöschen. Die weißen Immigranten haben den Wunsch nach einer substantiellen Assimilation und die meisten von ihnen werden absorbiert. Das wird auch für solche nicht-europäische Gruppen wie die schwarzen Amerikaner erwartet.

Sowohl die traditionellen Assimilationstheorien als auch die Pluralismusmodelle von Analytikern wie Andrew Greeley betonen die kulturellen Aspekte der ethnischen Gruppen wie Sprache, Religion und Grundwerte. Nach Meinung der traditionellen Assimilationisten werden die ethnischen Charakteristika durch die fortschreitenden Industrialisierungs- und Urbanisierungsprozesse in einer modernen Gesellschaft wie den Vereinigten Staaten zerstört. Zahlreiche Sozialwissenschaftler haben lange Zeit behauptet, daß in einem industriellen System die zugeschriebenen Merkmale wie Rasse an Bedeutung abnehmen, während die erworbenen Merkmale zunehmen würden. Von diesem Gesichtswinkel aus betrachtet, muß Ethnizität um so stärker abnehmen, je länger eine Immigrantengruppe in einer hochindustrialisierten urbanisierten Gesellschaft lebt. Greeley teilt diese Meinung jedoch nicht. Er stützt sich auf seine Forschungsdaten, aus denen hervorgeht, daß Ethnizität ihrer Ausrottung durch die fortschreitenden industriellen und urbanen Prozesse dramatischen Widerstand entgegensetzt.

Man hat den Assimilationstheoretikern vorgeworfen, daß sie eine Tendenz zum Establishment haben und daß sie nicht sorgfältig genug unterscheiden zwischen dem, was einer bestimmten Gruppe an einem bestimmten Punkt passiert ist und was ihr nach Meinung des Establishments geschehen sollte. Zum Beispiel sind zahlreiche asiatische amerikanische Wissenschaftler und Führer nachdrücklich dagegen, daß auch nur der Begriff "Assimilation" auf asiatische Amerikaner angewandt wird, wobei sie darauf hinweisen, daß dieser Begriff aus einer Zeit stamme (1890-1925), in der asiatische Amerikaner intensiv von weißen Amerikanern angegriffen wurden. Der Begriff war von Anfang an belastet, weil er mit der Ideologie der dominanten Gruppe assoziiert wurde, die die Behauptung aufgestellt hatte, daß nur solche Gruppen "gut" seien, die sich an "Anglo-Standards" orientierten, assimiliert hatten oder assimilieren konnten.

Eine der größten Schwächen der assimilationistischen Tradition besteht darin, daß sie in bezug auf die untersuchten Immigranten die historische Analyse unberücksichtigt läßt. Im Gegensatz zu Park, der dem historischen und weltwirtschaftlichen Kontext der Migration große Aufmerksamkeit gewidmet hat, haben spätere Assimilationisten selten die Beziehung zwischen dem rassischen und ethnischen Konflikt und der Profitsuche in einer expandierenden vom Kapitalismus beherrschten Weltwirtschaft untersucht. Wie Geschwender anmerkt, *"scheinen sie vergessen zu haben, daß Ausbeutung die treibende Kraft ist, die der Untersuchung der rassischen und ethnischen Beziehungen Sinn gibt."*[24]

3. Wiederauflebende biosoziale Perspektiven

Die Vorstellung von Rasse- und Ethnizität als tief in der biologischen Natur der Menschen verwurzelte Eigenschaften ist eine alte europäische und amerikanische Idee, die seit den siebziger Jahren in den Vereinigten Staaten von einigen Sozialwissenschaftlern und Biologen wieder aufgegriffen wurde. Diese biosoziale Perspektive wurde durch die Entwicklung der Soziobiologie beeinflußt und von konservativen Sozialwissenschaftlern wie Milton Gordon und Pierre van den Berghe übernommen. Zum Beispiel weist Gordon in seinem Buch "Human Nature, Class and Ethnicity" darauf hin, daß ethnische Bande in dem "biologischen Organismus des Menschen" ihre Wurzeln hätten. In dieser neuen Betrachtungsweise ist Ethnizität in der Physiologie verankert. Ethnizität "*kann nicht durch soziale Mobilität abgelegt werden, wie das beispielsweise in bezug auf den gesellschaftlichen Klassenhintergrund möglich ist, weil die Gesellschaft auf ihre unveräußerliche Zuschreibung von der Wiege bis zum Grabe besteht.*" Was der Autor dabei im Kopf zu haben scheint, ist nicht der alte Rassegedanke über den unveränderlichen biologischen Charakter und die unversöhnliche Differenz zwischen den rassischen Gruppen, sondern eher die Verankerung von z.B. rassischen oder ethnischen Gruppenbeziehungen in der Alltagsrealität der Gruppen, in Verwandtschaftssystemen sowie in sozial konstituierten Gruppengrenzen. Gordon geht jedoch noch weiter und weist darauf hin, daß die Menschen zu "*Selbstsucht und Narzißmus neigen und beständig im Begriff sind, aggressiv zu sein.*" Diese Charakteristika seien in den Genen aller Menschen verwurzelt. Gordon behauptet nicht, daß gesellschaftlich definierte Gruppen naturgemäße biologische Unterschiede aufweisen, sondern daß es vielmehr diese selbstsüchtigen Tendenzen des menschlichen Verhaltens seien, die hinter den rassischen und ethnischen Spannungen stehen. Kooperatives Verhalten sei sekundär und derivativ.[25] Gordon übernimmt hier die Betrachtungsweise der menschlichen Natur von Hobbes. Kritiker der biosozialen Auffassung von Gordon weisen darauf hin, daß dieser etwas als fundamentale "menschliche Natur" ansehe, was in Wirklichkeit ein Zeichen eines individualistischen Wertsystems in einem kapitalistischen wirtschaftspolitischen System sei. Das heißt, der Narzißmus sei nicht tief in den Genen eingebettet, sondern er wird im Kapitalismus *gelernt*.

Pierre van den Berghe stellt fest, daß ethnische und rassische Gefühle ihre Wurzeln in verwandtschaftlichen Beziehungen haben, und daß der verwandtschaftliche Favoritismus, der den ethnisch-rassischen Beziehungen zugrunde liege, seinen Ursprung in dem evolutionären und selbstsüchtigen Kampf der menschlichen "Gene" um ihren Fortbestand habe. In Übereinstimmung mit Gordon und im Gegensatz zu den amerikanischen und europäischen Rassentheoretikern der Vergangenheit wie Madison Grant und Adolf Hitler ergreift van den Berghe nicht Partei für die rassistische Denkweise, die den Rassenunterschied für biologisch begründet ansieht, sondern er unterstreicht die gemeinsamen biologischen Charakteristika der Menschen. Er weist darauf hin, daß die *gesellschaftliche* Bedeutung der genetisch determinierten Merkmale, zum Beispiel eine schwarze Hautfarbe, sehr wichtig sei, und er stellt weiter fest, daß diese gesellschaftliche Signifikanz oft viel größer sei als die biologische oder evolutionäre Bedeutung, die im Fall der Hautfarbe relativ gering sei.

Wie entsteht eigentlich eine rassistische Denkweise? Van den Berghe weist darauf hin, daß eine rassistische Kategorisierung fast immer dort auftritt, wo eine Migration über große Distanzen erfolgt ("across a genetic gradient"), das heißt, wo große Unterschiede in der Hautfarbe zwischen den Migranten- und der Gastgebergruppe bestehen. Er sieht das als den wichtigsten Grund für Rassimus an. Er versäumt es aber, über die spezifischen und entscheidenden ökonomischen Bedingungen zu sprechen, die oft die Migration verursachen, die eine dunklere Gruppe, zum Beispiel schwarze Afrikaner, in die Klauen einer hellhäutigeren Gruppe, zum Beispiel europäisch-amerikanische Sklavenbesitzer, treiben.[26]

Wenn diese biosozialen "Analysen" von Gordon und van den Berghe auch in entscheidendem Maße von früheren biologischen Theorien abweichen, so bleiben sie doch problematisch. Die genauen Verknüpfungen zwischen den verborgenen genetischen Voraussetzungen und dem konkreten rassischen oder ethnischen Verhalten werden nicht ausgesprochen, sieht man einmal von einigen vagen Absätzen über die menschliche Hautselektion und über narzißtisches Verhalten im allgemeinen ab. Denkbar wäre, exakter aufzuzeigen wie "Antriebe" der menschlichen Gene auf bestimmten Ebenen und durch spezifizierte Techniken in sozio-kulturelle Phänomene wie Versklavung und Sprachassimilierung umgewandelt werden. Bis jetzt wurde diese wichtige Aufgabe aber nicht in Angriff genommen. Eine weitere Schwierigkeit des biosozialen Ansatzes besteht darin, daß in der realen Welt die rassischen und ethnischen Beziehungen viel eher *unmittelbar gesellschaftlich* als biologisch sind. Wie Edna Bonacich feststellte, ist die Abstammung vieler rassischer und ethnischer Gruppen, ganz gleich wie man es nimmt, sehr gemischt. Jüdische Europäer und jüdische Amerikaner zum Beispiel haben eine sehr gemischte Abstammung. Als Gruppe haben sie keine gemeinsamen distinktiven biologischen Merkmale. Biologisch verschiedenartige italienische Immigranten aus ganz verschiedenen Teilen Italiens bekamen im gesellschaftlichen Kontext der Vereinigten Staaten ein Gefühl dafür, Italo-Amerikaner und auch Italiener zu sein. Die Bande, die Jüdisch-Amerikaner und Italo-Amerikaner zusammengehalten haben, waren nicht so sehr genetisch begründet oder primordial, sondern das konkrete Ergebnis von tatsächlichen historischen Erfahrungen bei ihrer Niederlassung in den Vereinigten Staaten. Wenn Ethnizität primordial im biologischen Sinn wäre, wäre sie immer eine vorherrschende Kraft in menschlichen Angelegenheiten. Sie führt aber nur manchmal zu intensiven Konflikten wie zum Beispiel zwischen Juden und Nichtjuden. In anderen Fällen, zum Beispiel bei den Schotten und den Anglo-Amerikanern, geht sie stillschweigend im Assimilierungsprozeß unter. Empfindungen, die auf einer gemeinsamen Abstammung beruhen, sind wichtig. Sie werden jedoch in realen gesellschaftlichen Situationen und aus der konkreten historischen Erfahrung einer spezifischen Migrantengruppe und der Gastgebergruppe aktiviert und konstituiert.[27]

Das Wiederaufleben der biologischen Denkweise in den Untersuchungen der rassischen und ethnischen Beziehungen in den Vereinigten Staaten spiegelt seit den siebziger Jahren eine konservative Tendenz bei manchen amerikanischen Intellektuellen wieder. Diese Haltung ist am verbreitetsten unter denjenigen amerikanischen Wissenschaftlern, besonders weißen, die nicht akzeptieren können, daß eine große Veränderung notwendig ist, um die rassische und ethnische Ungleichheit zu beseitigen. Wenn ethnische und rassische Ungleichheiten in bezug auf Einkommen, Beschäftigung etc. durch den genetischen und biologischen Hang der Menschen, sich in verwandtschaftsorientierten und auf sich selbst konzentrierten Gruppen zusammenzuschließen, in gewisser Weise unvermeidlich sind, dann sind institutionelle Formen, die rassische und ethnische Ungleichheit ausmerzen wollen, sehr problematisch, wenn nicht unmöglich. Die der biosozialen Auffassung zugrunde liegenden Postulate begünstigen den rassisch-ethnischen Status quo. Allerdings wird von den oben angeführten Wissenschaftlern für ihre biosoziale Analyse keine besondere Gruppe ausgesondert wie das zum Beispiel von Arthur Jensen mit den Schwarzen gemacht wurde. Sie teilen eher den Pessimismus von Hobbes' in bezug auf die Fähigkeit der Menschen, Ausbeutungs- und Diskrimierungsverhaltensweisen abzulegen. Diese Sicht ist natürlich für diejenigen rassischen und ethnischen Gruppen, die jetzt über große Macht und Ressourcen verfügen, zweckdienlich. Deshalb ist sie bei Vertretern dieser Gruppen am häufigsten anzutreffen.

4. Wettbewerbsorientierte Migrationstheorien

Die "Wettbewerbstheorie" kann als modernes Beispiel für die Erforschung von Migrations- und Adaptationsfragen in der Tradition von Robert Park betrachtet werden. Park konzentrierte sich bei der Migration auf die Schaffung von ethnischen Kontakten, die dann zum Wettbewerb um knappe Ressourcen und später zur Anpassung und Assimilation führten. Wettbewerbstheoretiker haben untersucht, welchen Anteil Kontakt und Wettbewerb an diesem "Rassenzyklus" haben. Sie stellen den Wettbewerb und die Frage wie Wettbewerb zum Konflikt führt, in den Mittelpunkt. Innerhalb des soziologischen Gedankenguts gibt es eine Tradition, die *menschliche Ökologie* genannt wird, die auf die Gedanken von Park und anderen Ökologen bezug nimmt und den Kampf der menschlichen Gruppen um das Überleben in ihrer natürlichen Umgebung betont. Diese ökologische Tradition, die sich mit demographischen Trends befaßt, zum Beispiel Gruppenmigration und Bevölkerungskonzentration in Städten untersucht, wurde in jüngster Zeit von den Wettbewerbsanalytikern übernommen.[28]

Die Wettbewerbstheoretiker betrachten Ethnizität als ein gesellschaftliches Phänomen, das durch Barrieren in bezug auf Sprache, Hautfarbe und Kultur charakterisiert ist. Die ökologische und demographische Denktradition wird als nützlich betrachtet, weil sie sowohl die Stabilität von ethnischen Bevölkerungsgrenzen in der Zeit als auch die Auswirkungen von Veränderungen innerhalb dieser ethnischen Grenzen, die sich aufgrund von Migration ergeben, deutlich machen kann. Die Mitgliedschaft in einer ethnischen Gruppe ist oft mit einer bestimmten Nische in der Erwerbsbevölkerung verbunden. Wettbewerb entsteht, wenn zwei oder mehrere ethnische Gruppen versuchen, sich die gleichen Ressourcen, zum Beispiel an Arbeitsplätzen und Wohnungen, zu sichern. Wettbewerbstheoretiker haben aufgezeigt, wie der Wettbewerb der ethnischen Gruppen und die damit verbundene ethnische Solidarität zur kollektiven Aktion, zur Mobilisierung und zum kollektiven Protest führen.[29]

Immigration über Grenzen hinweg und das Vordringen von vormals segregierten Minderheiten in denselben Arbeits- und Wohnbereich, den noch andere ethnische Gruppen innehaben oder ansteuern, begünstigen die kollektive Aktion. Ein wichtiges Argument der Wettbewerbstheoretiker ist, daß kollektive Angriffe auf eingewanderte, nicht-weiße Arbeiter vermehrt dann auftreten, wenn untergeordnete ethnische Gruppen aus segregierten Arbeitsstellen herausdrängen. Dies spielt sich auf lokaler Ebene ab und nicht, wie man erwarten könnte, in Städten mit der größten ethnischen Segregation und Armut. Die von Susan Olzak in einem Aufsatz über ethnische und rassische Gewalt im späten 19. Jahrhundert vorgelegten empirischen Daten unterstützen z.B. die Auffassung, daß sich kollektive Aktionen, wie die Angriffe der angelsächsischen Protestanten gegen die in die Vereinigten Staaten immigrierenden Europäer, steigern, wenn die Immigration expandiert und es wirtschaftliche Rezession gibt. Solche Daten werden dazu benutzt, um die Behauptung aufzustellen, daß ethnische Grenzziehung mobilisiert wird, *"wenn anhaltend niedrige Löhne und eine gespannte Arbeitsmarktsituation die Wettbewerbssituation verschärfte"*.[30]

Die Wettbewerbstheoretiker stehen in ihren Untersuchungen explizit im Gegensatz zu den Machtkonflikt-Perspektiven, die wir im nächsten Abschnitt erörtern wollen; dabei geht es um Betrachtungsweisen, die die ökonomische Subordination, Diskriminierung und Ausbeutung hervorheben. Nach Auffassung der Wettbewerbstheoretiker sind Ausbeutung und wirtschaftliche Krisen nicht die Hauptkräfte hinter dem ethnischen und rassischen Konflikt. Migrations- und Bevölkerungskonzentration und verschiedene andere demographische Faktoren scheinen mehr Bedeutung zu haben. Die Wettbewerbstheoretiker betonen die ethnischen Abgrenzungen zwischen den Bevölkerungsgruppen. Diese Theoretiker benutzen die traditionelle Ökologensprache und sprechen von ethnischen Gruppen, die auf den Arbeits-, Wohnungs- und anderen Märkten miteinander konkurrieren. Sie untersuchen die Märkte jedoch, ohne eine klare Auffassung vom strukturellen Charakter des Arbeits- und Wohnungsmarktes in westlichen kapitalistischen Ländern zu haben. Bei den Märkten, auf denen die Immigrantengruppen miteinander konkurrieren, handelt es sich real nicht um freie Wettbewerbsmärkte. Im Gegenteil, diese Märkte sind durch eine ökonomische Realität geprägt, in der wenige große Unternehmungen Arbeitsplätze und Absatz kontrollieren und wo die Regierung interveniert. Ethnische Immigrantengruppen konkurrieren nicht auf einem ebenen Sportplatz miteinander. Da die ethnischen und rassischen Immigranten bei ihrer Ankunft ja einen wirtschaftlichen Markt vorfinden, der oligopolistisch und kapitalistisch strukturiert ist, ergibt sich die Notwendigkeit über die gründliche Erforschung von Migrations- und Gruppenmobilitätsproblemen hinaus den größeren wirtschaftlichen Kontext zu untersuchen, in dem die Anpassung der Immigranten stattfindet.

Die Wettbewerbstheorektiker betrachten Ethnizität als einen übergreifenden und primären Bezugspunkt. Rassenbarrieren sind einfach eine Variation dieser ethnischen Barrieren. Die Folge dieser Auffassung ist, daß diese Wettbewerbstheorien die rassischen Spaltungen und die Rassenausbeutung übersehen haben. Die afrikanischen Immigranten zum Beispiel wurden unter den Auspizien eines kapitalistischen Sklaven- und Warenweltmarkts dazu gezwungen, in die Vereinigten Staaten zu migrieren, während die meisten von den Wettbewerbstheoretikern untersuchten Gruppen aufgrund von freiwilligen Übereinkünften in die Vereinigten Staaten gekommen sind. Diese wechselnden staatlichen und wirtschaftlichen Bedingungen müssen in eine Untersuchung, die den Anspruch erhebt, die ethnische Anpassung von bestimmten rassischen und ethnischen Gruppen zu erklären, unbedingt einbezogen werden. Gekoppelt mit der oben angeführten Nichtbeachtung des Rassenkonflikts ist das implizite Postulat, daß die gesellschaftlichen Bedingungen in einer kapitalistischen Gesellschaft wie in den Vereinigten Staaten relativ stabil sind und daß Veränderungen primär von den Gruppen ausgehen, die von außen immigrieren.

5. Machtkonflikttheorien

In den letzten Jahrzehnten sind alternative konzeptuelle Rahmenbedingungen zur Erklärung von rassischen und ethnischen Beziehungen entwickelt worden. Es handelt sich dabei um Perspektiven, die Wirtschafts- und Machtfragen weitaus stärker betonen als die vorher überwiegenden Assimilationsperspektiven. Die Assimilierungstheoretiker scheinen mehr mit dem kulturellen Geflecht (zum Beispiel Sprache) oder mit dem Primärgruppennetzwerk (zum Beispiel Eheschließung zwischen Mitgliedern verschiedener Gruppen) sowie den Charakteristika der Migrationsgruppen in bezug auf ihre Anpassung an die Gastgebergesellschaft befaßt zu sein, während die Machtkonflikttheoretiker sich mehr mit Fragen beschäftigen, die mit ökonomischer und politischer Unterordnung und Ungleichheit zu tun haben. Das Interesse an Unterordnung, Ungleichheit und an Machtkonfliktperspektiven hat bei den US-amerikanischen Sozialwissenschaftlern seit den turbulenten Bürgerrechtsprotesten und -aufständen in den sechziger Jahren beträchtlich zugenommen. Auf die Kampfansage an die etablierte Ordnung in den Vereinigten Staaten durch zahlreiche nicht-weiße Gruppen, insbesondere Schwarze, durch hispanische Gruppen und eingeborene Amerikaner (Indianer), haben viele Nicht-Weiße und weiße Sozialwissenschaftler mit einer Untersuchung derjenigen Dimensionen der rassischen und ethnischen Beziehungen geantwortet, die in den Assimilationstheorien und in anderen Theorien oft vernachlässigt worden sind.

Oliver C. Cox, ein brillanter schwarzer Wissenschaftler, dessen Werk wegen seines expliziten marxistischen Ansatzes wenig beachtet wurde, der auf die Rolle der kapitalistischen Klasse in rassischen und ethnischen Beziehungen hinweist, trug schon in den vierziger und fünfziger Jahren zum Entstehen einer Machtkonfliktperspektive bei. Bereits vor den Bürgerrechtsbewegungen in den fünfziger und sechziger Jahren untersuchte er als einer der ersten systematisch die ökonomische Ausnahmesituation der schwarzen Sklavenmigration und den Druck, dem die Schwarzen bei ihrer späteren ökonomischen Anpassung ausgesetzt waren. Nach seiner Meinung entstand die rassische (schwarz-weiße) Schichtung aufgrund des Wachstums und der Expansion des europäischen profitorientierten kapitalistischen Wirtschaftssystems. Der afrikanische Sklavenhandel, von Spanien und Portugal begonnen, war nach seiner Auffassung *"ein Mittel zur Arbeitskraftrekrutierung, damit die großen natürlichen Ressourcen Amerikas ausgebeutet werden konnten"*. Die Hautfarbe der Afrikaner hatte keine Bedeutung, denn die Afrikaner wurden *"einfach deshalb ausgesucht, weil sie die besten auffindbaren Arbeiter für die schwere Minen- und Plantagenarbeit jenseits des Atlantiks waren"*. Die modernen Rassenbeziehungen entstanden nicht durch das europäische Vorurteil. Es war vielmehr der Wunsch der profitorientierten kapitalistischen Klasse nach billiger Arbeitskraft, der zu dem System der Rassenunterordnung führte. So ist die kapitalistische Expansion im großen Maße sowohl für das Entstehen einer schwarz-weißen Schichtung als auch für das Zustandekommen ihrer Stabilisierung in den Vereinigten Staaten verantwortlich. Cox tendiert dazu, Rassenausbeutungsfragen auf Klassenausbeutungsfragen zu reduzieren.[31]

5.1 Interner Kolonialismus

Das Fortbestehen der rassischen Schichtung trotz der Veränderungen im kapitalistischen System der Vereinigten Staaten, hat die Besonderheit der rassischen Schichtung unterstrichen. Deshalb ziehen es viele US-amerikanische Forscher vor, die Rassenstratifizierung und die Klassenstratifizierung als getrennte Stratifizierungssysteme zu betrachten, von denen in sozialwissenschaftlichen Erläuterungen keines von beiden auf das je andere zurückgeführt werden kann. Seit den Bürgerrechtsbewegungen und -protesten der sechziger Jahre haben zahlreiche nicht-weiße und weiße US-amerikanische Analytiker den Begriff des internen *"Kolonialismus"* übernommen, um ihr Rassenadaptations- und Stratifizierungsmodell in den Vereinigten Staaten darzustellen. Im Zentrum dieses Modells stehen die Ungleichheiten an Macht und Ressourcen, besonders was Weiße und Nicht-Weiße betrifft. Die traditionellen Assimilationsmodelle werden als gänzlich unzulänglich angesehen um darzustellen, was nicht-weißen Amerikanern widerfahren ist. Die Argumentation beginnt mit der Feststellung, daß nicht-weiße Amerikaner anfänglich mit *Gewalt* in das sich entwickelnde ökonomische und politische System gebracht wurden. Auch bei der späteren Anpassung ging es ungerecht zu. Es wurde dabei fortgesetzt Zwang und systematischer Druck ausgeübt.

Die Entstehung des Konzepts vom internen Kolonialismus entsprach dem Aufkommen von Kolonialaufständen und antikolonialen Analysen in den Nationen der Dritten Welt. Die Perspektive geht also auf die Analytiker des "externen" Kolonialismus, des Imperialismus der Vereinigten Staaten und der europäischen Nationen zurück.[32] Balandier wies auf den Einfluß der kapitalistischen Expansion auf nicht-europäische Völker seit dem 15. Jahrhundert u.a. mit folgender Aussage hin: *"Bis vor kurzem kannte der größere Teil der Weltbevölkerung, der nicht zur weißen Rasse gehörte (wir schließen China und Japan aus), nur einen Abhängigkeitsstatus von der einen oder anderen europäischen Kolonialmacht"*.[33] Externer Kolonialismus wird zu internem Kolonialismus, wenn Kontrolle und Ausbeutung der untergeordneten Gruppen auf dominante, weiße, europäische Gruppen in einer noch nicht lange unabhängigen Gesellschaft übergehen, wenn die weißen Kolonisten und Siedler die Sache selbst "schmeißen". Später dazu kommende nicht-weiße dominante Gruppen werden auch im Rahmen eines internen Kolonialismus betrachtet. Interner Kolonialismus entsteht aus dem klassischen europäischen Kolonialismus und Imperialismus, aber er hat eine eigene Dynamik. Es handelt sich dabei um ein System, das in einer klaren Unterscheidung von weißer und nicht-weißer Arbeitskraft und in ökonomischer Ausbeutung unter kapitalistischen Auspizien begründet ist.[34] Der schwarze Bürgerrechtsaktivist Stokely Carmichael und der schwarze Wissenschaftler Charles Hamilton benutzten in ihrem bahnbrechenden Buch "Black Power" mit als erste den Begriff des internen Kolonialismus und wandten ihn auf die US-amerikanische Lage in den sechziger Jahren an. Sie verweisen in ihrem Buch auf die Aktionen, die von der weißen Gemeinschaft als Ganzes gegen die Schwarzen gerichtet sind, und die sie als *institutionellen Rassismus* bezeichnen. Was das Erziehungswesen, die Wirtschaft und Politik anbetrifft, stellen die Schwarzen im Verhältnis zum weißen Amerika eine Kolonie dar. Rassische Diskriminierung ist sorgsam institutionalisiert. Die Struktur der Rassenunterordnung bleibt über längere Zeiträume hinweg fast völlig intakt.[35]

Carmichael und Hamilton sowie andere Kolonialismusanalytiker heben die Bedeutung der historischen Analyse hervor. Der historische Ursprung und die erste Stabilisierung des internen Kolonialismus in Amerika reicht bis zur Zeit vor dem amerikanischen Freiheitskrieg zurück. Die ersten Kontakte zwischen Weißen und Nicht-Weißen, die mit der Migration begannen, sind ein zentraler Vorgang. Nach der Auffassung von Bailey und Flores begann der systematische Subordinationsprozeß der Nichteuropäer mit *"genozidalen Anschlägen von seiten der Kolonisten, um die Eingeborenen auszurotten oder sie in andere Regionen zu verjagen."*[36] Die eingeborenen Amerikaner wurden getötet oder von gutem Land vertrieben. Später wurden Menschen aus Asien und von den pazifischen Inseln als Kontraktarbeiter importiert oder ihre Länder wurden in der expansionistischen Periode der Vereinigten Staaten annektiert. Sklavenarbeiter aus Afrika waren sowohl in der prä- als auch in der postrevolutionären Zeit eine billige Quelle für Kapitalakkumulation. Robert Blauner, ein anderer Kolonialismus-Theoretiker weist darauf hin, daß die Landwirtschaft im Süden von den schwarzen Arbeitskräften abhängig war. Im Südwesten usurpierten die europäischen Kolonisten die mexikanische Landerschließung gewaltsam. Später stützte sich die landwirtschaftliche Entwicklung im wesentlichen auf billige mexikanische Arbeitskräfte, die in die Region kamen, die einstmals Nordmexiko war.[37] Außerdem kamen Japaner und Bewohner der Hawai-Inseln als Vertragsarbeiter ins Land, ein Vorgang, der auf die Tatsache zurückzuführen ist, daß ihre Heimatländer Besitzungen der Vereinigten Staaten waren. Bailey und Flores behaupten, daß der *"koloniale Expansionismus, durch den die Vereinigten Staaten sich riesige Gebiete einverleibten, den Weg für die Inkorporierung ihrer nicht--weißen kolonialen Arbeitskräfte gebahnt hat."*[38]

In diesem Ausbeutungsprozeß der Arbeitskraft nicht-weißer Menschen, die zu Sklaven gemacht wurden oder denen nur niedrige Löhne gezahlt wurden, erzielten Landwirtschafts- und Industriekapitalisten enorme Gewinne. Die Kapitalakkumulation trug wesentlich zum Wachstum der kapitalistischen Wirtschaft bei. Aus dieser Perspektive des internen Kolonialismus hat die Stratifizierung eine materielle Basis, einen wirtschaftlichen Unterbau. Für Blauner und andere Kolonialismusanalytiker ist Unterordnung mit wirtschaftlicher Inkorporierung verbunden. Nicht-weiße, nichteuropäische Gruppen werden bestimmten europäisch-amerikanischen Interessen zur Erfüllung ihrer Bedürfnisse nach *Arbeitskraft* oder *Landgewinnung* untergeordnet. Bei ihrer Analyse der Interessen und Perspektiven der aufständischen nicht-weißen Minderheiten in den Vereinigten Staaten beschäftigen sich die Theoretiker des internen Kolonialismus nicht in erster Linie mit den weißen Immigrantengruppen. Sie befassen sich mit der Etablierung und der Persistenz des rassischen Stratifizierungssystems und mit den Kontrollmechanismen, die die weiße Vorherrschaft aufrecht erhalten.

Die Theoretiker des internen Kolonialismus widmen ihre Aufmerksamkeit ebenfalls der Rolle der kulturellen Stereotypisierung und der Ideologie bei der Darstellung der Lage der dominanten und der untergeordneten Gruppen. Die Gesellschaft wird oft von Rassenideologien beherrscht, die die Kolonisierten intellektuell entmenschlichen. In vielen traditionellen Assimilationstheorien werden Stereotypien und Vorurteile als Probleme dargestellt, die früher oder später verschwinden. Nach Meinung der Analytiker des internen Kolonialismus sind die Stereotypien jedoch eine Möglichkeit, die Ausbeutung über einen langen Zeitraum hinweg zu rationalisieren. Zu den ökonomischen Vergünstigungen kommen psychologische Vorteile für die dominante Gruppe. Die Ungleichheit in bezug auf ökonomische Macht ist mit einem allgemeinen Ausbeutungssystem auf ökonomischer, politischer und kultureller Ebene verbunden.[39]

Viele mit der Machtkonfliktperspektive sympathisierende Sozialwissenschaftler stellen in Frage, ob das Modell des internen Kolonialismus gut für die Analyse untergeordneter Gruppen in den Vereinigten Staaten geeignet ist. Joan Moore hat zum Beispiel darauf hingewiesen, daß der Begriff des internen Kolonialismus im Sinne von Neokolonialismus auf die Untersuchung von Rassenbeziehungen nicht anwendbar sei. Eine neokoloniale Situation besteht, wenn sich ein Dritte-Welt-Land (zum Beispiel ein afrikanisches Land) politisch von der europäischen Kolonialmacht (zum Beispiel Großbritannien) getrennt hat, jedoch wirtschaftlich weiter von der Kolonialmacht abhängig ist. Die seit kurzem unabhängige Nation ist noch weiter auf Maschinen und andere Waren angewiesen. Sie braucht auch noch ausländische Fachleute. Sie hat eine eingeborene Führungsschicht, die die ehemalige Kolonialmacht bei der Ausbeutung der Bevölkerung unterstützt. Sie hat spezifische territoriale Grenzen.

Moore ist nun der Meinung, daß dieses Neokolonialismusmodell sich nicht besonders gut auf untergeordnete nicht-weiße Gruppen in den Vereinigten Staaten anwenden läßt, weil diese nicht auf ein besonders abgegrenztes Gebiet beschränkt sind und weil die ausbeutende Zwischenelite des Dritte-Welt-Neokolonialismus in nicht-weißen Gemeinschaften in den Vereinigten Staaten nicht vorhanden ist. Moore weist darauf hin, daß bestimmte eingeborene amerikanische Gruppen (Indianer) in US-Reservaten noch am ehesten mit dem Neokolonialismodell erfaßt werden können.[40]

Die Verfechter des internen Kolonialismus räumen jedoch meist ein, daß wesentliche Unterschiede zwischen der Unterdrückung durch den Kolonialismus und den Neokolonialismus bestehen. Sie erkennen an, daß die Lage der nicht-weißen Gruppen in den Vereinigten Staaten anders ist als zum Beispiel die Lage der Afrikaner in einem gerade unabhängig gewordenen Land, das immer noch von einer europäischen Nation abhängig ist. Als Antwort auf die Kritik von Moore könnten die Analytiker des internen Kolonialismus auf folgende Punkte hinweisen: 1. daß Nicht-Weiße in den Vereinigten Staaten in Ghettos leben; 2. daß sie im Vergleich mit weißen Einwanderern an ihren Arbeitsstellen überausgebeutet werden und überhaupt in materieller Hinsicht benachteiligt sind; 3. daß sie kulturell stigmatisiert werden und 4. daß manche nicht-weiße Führer von Weißen kooptiert und benutzt werden, bei der Ausbeutung ihrer ärmeren Brüder und Schwestern mitzuhelfen. Wenn diese Verhältnisse in den Vereinigten Staaten auch nicht so deutlich definiert sind wie in der Dritten Welt, sind sie doch ähnlich genug gelagert, daß das Modell des internen Kolonialismus für ihre Bewertung verwendet werden kann.

5.2 Institutionalisierter Rassismus

Angeregt durch den Diskurs von Carmichael und Hamilton über den Begriff des institutionalisierten Rassismus habe ich eine Typologie der Arten der rassischen und ethnischen Diskriminierung entwickelt.[41] Diskriminierung definiere ich als *von Mitgliedern einer dominanten rassischen oder ethnischen Gruppe ausgeübte Aktionen und Praktiken, die eine differenzierende und negative Wirkung auf untergeordnete rassische und ethnische Gruppen haben.* Diese Definition von Diskriminierung ist für alle diejenigen nützlich, die Untersuchungen über die Erfahrung von Minderheiten und Immigrantengruppen in den Vereinigten Staaten und anderswo einschließlich in Europa durchführen. Untersuchungen von Diskriminierungen aus dieser Perspektive beziehen sich auf den größeren gesellschaftlichen Kontext, den unmittelbaren institutionellen Kontext und die Motivation für die Diskriminierung (z.B. Vorurteil oder Gewinnstreben), die konkreten diskriminierenden Handlungen und deren Auswirkungen (zum Beispiel Ungleichheit in bezug auf die Ressourcen oder Tod). Einigen dieser Diskriminierungskomponenten, zum Beispiel der Motivation, den Auswirkungen und der Beziehung zwischen Motivation und Aktion werden in den US-amerikanischen Sozialwissenschaften besonders große Aufmerksamkeit gewidmet. Die diskriminierenden Praktiken oder Mechanismen an sich und der breitere institutionelle gesellschaftliche Kontext werden in Theorie und Empirie viel weniger beachtet. In den Vereinigten Staaten wurden *Vorurteile* in vielen Untersuchungen und Diskursen über rassische und ethnische Diskriminierungen besonders hervorgehoben. Vorurteile werden dabei als der kritische, kausale Faktor angesehen, der der diskriminierenden Behandlung, die eine einzelne untergeordnete Gruppe erfährt, zugrunde liegt. Kürzlich durchgeführte Untersuchungen über Vorurteile der Weißen in bezug auf Nicht-Weiße legen die Vermutung nahe, daß dicht unter der Oberfläche noch viele eklatante rassische Vorurteile gähren.

Diskriminierende Aktionen gegen Schwarze und andere nicht-europäische Amerikaner geschehen in der US-amerikanischen Gesellschaft sowohl auf privater als auch auf institutioneller (organisatorischer) Ebene in unterschiedlicher Weise. Wichtig ist es, die grundlegenden Diskriminierungstypen zu kennen. Ich habe folgende Typen unterschieden: Typ A — Diskriminierung durch einzelne; Typ B — isolierte Diskriminierung durch kleine Gruppen; Typ C — direkte institutionalisierte Diskriminierung; Typ D - indirekte institutionalisierte Diskriminierung. Als Beispiel für *Diskriminierung durch Einzelne* kann der weiße Personalchef in einem Industrieunternehmen gelten, der seine Vorurteile gegen schwarze Angestellte dadurch zum Ausdruck bringt, daß er den Beförderungsvorschriften der Gesellschaft zuwider handelt und geringer qualifizierte Weiße besser qualifizierten Schwarzen vor die Nase setzt. Dieser Typ der individuellen Diskriminierung ist in den Vereinigten Staaten noch allgemein verbreitet, weil es schwierig ist, Chancengleichheitsbestimmungen zu erzwingen.

Die Diskriminierung durch kleine Gruppen ist ein in den Vereinigten Staaten allgemein bekanntes Problem. Sie beinhaltet Konspirationen, zum Beispiel durch kleine gewalttätige Ku-Klux-Klan-Gruppen, die das Haus eines schwarzen Führers bombardieren, oder durch Gruppen von weißen Vorgesetzten oder Gewerkschaftlern, die absichtlich die Vorschriften des Unternehmens oder der Körperschaften untergraben, die die Anstellung oder Beförderung von schwarzen Angestellten sichern.

Die direkte institutionelle Diskriminierung betrifft organisatorisch vorgeschriebene Aktionen, die routinemäßig gegen nicht-weiße Angestellte in den Firmen und im Geschäftsleben gerichtet sind. Beispiele für diesen Typ gibt es viele. Es handelt sich um Praktiken, durch die Schwarze auf weniger qualifizierte Stellen abgeschoben werden oder durch die eine Beförderung der Schwarzen über die Einstellungsmodalitäten hinaus auf die lange Bank geschoben wird. Auch diskriminierende Disziplinarmaßnahmen gehören in diese Kategorie. Zum Beispiel haben die im Jahre 1982 im US-amerikanischen Postwesen veröffentlichten Zahlen gezeigt, daß schwarze Postangestellte viermal so oft entlassen oder suspendiert worden sind, wie weiße. Obgleich US-amerikanische Postbeamte öffentlich betont haben, daß diese Disziplinarmaßnahmen nur etwas mit Leistung zu tun haben, ist es sehr wahrscheinlich, daß eine solche dramatische rassische Diskrepanz bedeutet, daß in dieser Regierungsbehörde massive, institutionalisierte, rassische Diskriminierung an der Tagesordnung ist.

Indirekte institutionelle Diskriminierung zeigt sich in Praktiken, die eine negative Wirkung auf Schwarze haben, auch wenn mit den Aktionen keine Verletzungsabsichten verbunden sind. Das wird oft besonders deutlich bei Einstellungsauswahlverfahren, in deren Verlauf sich das Heranziehen von Zeugnissen, zum Beispiel von Hochschul- oder Collegeabschlüssen, bei den Einstellungsentscheidungen negativ auf die Schwarzen auswirkt. Sowohl die beabsichtigte als auch die indirekte institutionalisierte Diskriminierung im Ausbildungsbereich in Vergangenheit und Gegenwart benachteiligen aber die Schwarzen, wenn diese den Versuch machen, sich um Jobs zu bewerben, für die das Auswahlverfahren unnötig hohe Ausbildungsanforderungen stellt.

Eine kürzlich von mir und Benokraitis verfaßte konzeptuelle Arbeit zeigt die verdeckteren und subtileren Arten der institutionalisierten Diskriminierung (größtenteils Typ C), besonders was die unterschiedliche Behandlung am Arbeitsplatz anbelangt.[42] Zur *verdeckten* Diskriminierung gehört die ungerechte und beleidigende Behandlung, denen nicht-weiße Minderheiten ausgesetzt sind. Sie geschieht versteckt und heimlich, ist gehässig und schwer nachweisbar. Die üblichen drei Typen der verdeckten Diskriminierung sind Manipulation, Alibihandlung (tokenism) und Sabotage: 1. Manipulation: Zu einer Minderheit gehörende Angestellte werden zum Beispiel geschickt dazu benutzt, um den Absichten der weißen Manipulatoren zu dienen. 2. Alibihandlung: "Tokens" sind die zu einer Minderheit gehörenden Angestellten, die von ihren weißen Arbeitgebern oder Mitarbeitern als Ausstellungsstücke angesehen und behandelt und mehr in Stereotypen in bezug auf ihre Rasse geschätzt werden als wegen ihrer Fähigkeiten und Leistungen. "Tokens" werden von Führungskräften oder Gleichgestellten nicht ernst genommen. Männliche schwarze Angestellte in traditionellen Stellen für weiße männliche Angestellte werden in einer Firma oder Regierungsbehörde oft als "Vorzeigeneger" behandelt. Sie werden von einem Organisationskommitee zum anderen oder von einer organisatorischen Einrichtung zur anderen geschoben, um zu beweisen, daß Rassenintegration betrieben wird. Was die Bezahlung für die zusätzliche Leistung als Ausstellungsstück betrifft, gehen diese "Vorzeigeneger" im allgemeinen leer aus.

Manche geben schließlich wegen der Last, die ihnen ihre Alibifunktion aufbürdet, ihren Job auf. 3. Sabotage: Arbeitgeber oder Mitarbeiter unterminieren vorsätzlich die Arbeit und/oder die Selbstachtung der zu einer Minderheit gehörenden Arbeitnehmer.

Diese drei Begriffe erweitern die Konzeptualisierungen institutionalisierter Diskriminierung und zwingen uns dazu, über weniger offensichtliche, aber eklatante, rassische und ethnische Diskriminierung in der US-amerikanischen Gesellschaft nachzudenken.

5.3 Theorien zur Arbeitsmarktspaltung

Eine andere theoretische Perspektive, die Ungleichheit und Konflikt in bezug auf Macht und Ressourcen hervorhebt, ist die Perspektive der Arbeitsmarktspaltung, eine Art der Klassenanalyse, die in der freien Universitätsatmosphäre der siebziger Jahre möglich wurde. Marxistisches und neomarxistisches Gedankengut konnte nun, nachdem die akademische und intellektuelle Repression der vierziger bis sechziger Jahre endlich zu Ende gegangen war, offen erörtert werden. In der Perspektive der Arbeitsmarktspaltung geht es um die Frage, wer von einem Rassenschichtungssystem profitiert, die weißen Kapitalisten, die weißen Arbeiter oder beide? In dieser Betrachtungsweise teilen in der US-amerikanischen Gesellschaft die zur dominanten Gruppe gehörenden weißen Arbeiter nicht die Interessen der dominanten politischen Wirtschaftsklasse. Trotzdem diskriminieren sowohl die dominante Unternehmerklasse als auch der weiße Teil der Arbeiterklasse den nicht-weißen Teil der Arbeiterklasse.[43] Oliver Cox wies darauf hin, daß es die vom Verlangen nach Gewinn und billiger Arbeitskraft getriebene kapitalistische Klasse war, die die afrikanischen Arbeiter für das Sklavensystem in den Vereinigten Staaten aussuchte. Seit jener Zeit sorgt die Arbeitgeberklasse in der US-amerikanischen Gesellschaft dafür, daß die nicht-weißen Amerikaner in einer untergeordneten wirtschaftlichen Stellung bleiben. Dieser Punkt ist von späteren Forschern vertieft worden. Syzmanski stellte dazu Folgendes fest: da die Arbeitgeber in den vergangenen Jahrzehnten und in der Gegenwart nicht genug Arbeitsstellen für alle arbeitswilligen Amerikaner geschaffen haben und schaffen, werden die schwarzen und weißen Arbeiter wegen zu weniger Stellen gegeneinander ausgespielt, was oft einen deutlichen Vorteil für die Unternehmer als Klasse darstellt. Die Unternehmer profitieren von den niedrigeren Löhnen der schwarzen Arbeiter und von dem Zwiespalt, der zwischen den schwarzen und weißen Arbeitern gesät wird, einem Zwiespalt, der die Wahrscheinlichkeit großer Arbeitergewerkschaften reduziert.[44] Die Volkswirtschaftler Paul Baran und Paul Sweezy sind der Ansicht, daß die Reservearmee von schwarzen Arbeitskräften für den Kapitalismus eine entscheidende Funktion hat, weil sie den Arbeitgebern in Expansions- und Rezessionszeiten Flexibilität verschafft.[45]

Die Rassenschichtung ist jedoch mehr als eine Angelegenheit von Kapitalisten, die schwarze oder weiße Arbeiter ausbeuten. Bonacich weist darauf hin, daß der Diskriminierung von seiten der weißen Arbeiter ebenfalls große Bedeutung zukommt. Weiße

Arbeiter diskriminieren nicht-weiße Arbeiter, um so ihre eigenen Privilegien zu schützen, wie gering diese auch sein mögen. Die kapitalistischen Arbeitgeber stellen nicht-weiße Arbeiter ein, um die Arbeitskraftkosten zu verringern, aber die weißen Arbeiter leisten dagegen Widerstand, weil sie wirtschaftliche Nachteile in Form von Versetzungen innerhalb des Betriebes oder in Form von niedrigeren Löhnen fürchten. Das letzte Jahrhundert hindurch haben organisierte weiße Arbeiter mit Erfolg dagegen angekämpft, daß schwarze Arbeiter die Stufenleiter zu vielen der besseren Arbeitsplätze in dieser Gesellschaft erklimmen konnten. Dadurch wurde der allgemeine Arbeitsmarkt gespalten, das Einkommen der Schwarzen reduziert und ihre Arbeitslosigkeit gesteigert. Die Folge für die weißen Arbeiter ist, daß sie durch den Rassismus gewinnen und verlieren. Kurzfristig gewinnen sie, weil durch den Ausschluß der Nicht-Weißen weniger Konkurrenz für bevorzugte Stellen vorhanden ist. Langfristig verlieren sie jedoch, weil der abgesperrte Arbeitssektor der Nicht-Weißen von den kapitalistischen Arbeitgebern dazu benutzt werden kann, auch die Möglichkeiten der weißen Arbeiter zu beschneiden.[46]

5.4 Zwischenminderheiten und ethnische Enklaven

In Anlehnung an Analysen früherer Wissenschaftler hat Bonacich auch die Zwischenposition in bezug auf Macht und Ressourcen untersucht, die einige rassische und ethnische Gruppen einnehmen. Einige Gruppen finden ihre wirtschaftliche Nische zwischen Eliten und Arbeitern als ökonomische Mittler. Sie sind eher kleine Geschäftsleute denn große Kapitalisten. Die Mitglieder mancher ethnischer und rassischer Gruppen werden in kleinem Rahmen zu Händlern, Kaufleuten und Unternehmern. Sie übernehmen manche Jobs, auf die die in der Gesellschaft dominanten Gruppen nicht scharf sind. Zum Beispiel wurden viele Juden und Japano-Amerikaner im kleinen Rahmen Hausierer, Schneider, Gaststättenbesitzer und Gärtner, weil sie von den hauptsächlichen Beschäftigungssparten durch die weißen Protestanten ausgeschlossen werden. Damit nehmen diese Gruppen "eine spezifische Klassenstellung" ein, die für die dominante (kapitalistische Klasse) von besonderem Nutzen ist. Sie "*agieren als Mittler zu den untergeordneten Gesellschaftsklassen.*"[47] Die Untersuchung von Bonacich und Modell über Japano-Amerikaner hat gezeigt, daß diese das Minderheitenmodell des Mittlers darstellen. Vor dem zweiten Weltkrieg lebten die Japano-Amerikaner in hoch organisierten und sozial integrierten Gemeinschaften. Ihren wirtschaftlichen Schwerpunkt bildeten selbständige Familienunternehmen, zum Beispiel im Garten- und Gemüseanbau. Die ethnische Solidarität der ersten Generation der Japano-Amerikaner trug dazu bei, daß sie erfolgreiche kleine Geschäftsbranchen aufbauen konnten. Die sie umgebende Gesellschaft stand ihnen jedoch feindselig gegenüber und drängte sie geradezu in die von ihnen aufgebauten Geschäftszweige, weil ihnen der Zugang zu anderen Beschäftigungsmöglichkeiten versagt wurde. Diese Zwischenstellung der Japano-Amerikaner wurde von der zweiten Generation nicht mehr in diesem Umfang gehalten, weil viele aus dieser späteren Generation in Beschäftigungsverhältnisse drängten, die außerhalb ihrer ethnischen Wirtschaft lagen.[48]

Gewisse Zwischenminderheiten, zum Beispiel die jüdisch-amerikanischen Kaufleute in US-amerikanischen Großstädten, werden zur Zielscheibe von Feindseligkeiten durch weniger wohlhabende Gruppen, zum Beispiel den armen Schwarzen. Die starken ethnischen Bande können die Zwischengruppen auch zu einem erfolgreichen Konkurrenten machen. Sogar weiße angelsächsisch-protestantische Kapitalisten können gegenüber einer weißen Einwandererminorität, die ein zu erfolgreicher Konkurrent ist, Feindseligkeit entwickeln. So haben die jüdischen Amerikaner sowohl unter der negativen Einstellung der wohlhabenderen angelsächsischen protestantischen Kaufleute gelitten, die die Macht hatten, die Juden zu diskriminieren, als auch unter den armen Schwarzen, die mit den Juden als "Mittler"-Landbesitzern und -Kaufleuten zu tun haben.

In jüngster Zeit wurde eine "Enklaventheorie" entwickelt. Die sekundärstrukturelle Eingliederung in die US-amerikanische Wirtschaft wurde sowohl unter der Mittlerperspektive als auch als ethnische Enklave untersucht, ein Punkt, der von den Assimilationstheoretikern vernachlässigt wurde. In beiden Theorien wird die Bedeutung der Schichtung anerkannt und werden Möglichkeiten analysiert, durch die bestimmte ethnische Gruppen spezifische wirtschaftliche Nischen in komplexen ethnischen Gesellschaften für sich schaffen. Die Ähnlichkeit zwischen der Enklavenperspektive und der Mittlerperspektive liegt in der Art, wie die Eingliederung in die Gesellschaft erfolgt. Beide heben hervor, daß kleine Geschäfte und spezialisierte Wirtschaftszweige die Hauptmöglichkeit der Eingliederung in die Gesellschaft darstellen. Die hauptsächlichen Unterschiede in den Betrachtungsweisen beziehen sich auf die Eingliederungsrealitäten, die von den betreffenden Wissenschaftlern untersucht wurden. Die Gruppen, die von den Enklaventheoretikern analysiert wurden, sind wie die kubanischen oder koreanischen Amerikaner im allgemeinen die jüngsten Einwanderergruppen. Es sind Gruppen, die ethnische Enklaven geschaffen haben, die mehr als Geschäfts- und Handelsbetriebe sind. Im Wirtschaftssystem dieser ethnischen Enklaven gibt es oft Industriebetriebe. Außerdem konkurrieren die ethnischen Enklaven im allgemeinen mit den etablierten wirtschaftlichen Eliten. Enklaventheoretiker betonen insbesondere, daß die Mittlerminoritäten eher Handelsbetriebe aufbauen, die wirtschaftliche Nischen abdecken, die die wirtschaftlichen Aktivitäten der etablierten Eliten ergänzen. Die oben benannte Analyse von Bonacich über jüdische Amerikaner zeigt jedoch, daß zwischen den tatsächlichen Erfahrungen der Mittlerminoritäten und der Enklavenminoritäten nur wenige Unterschiede bestehen.

Ein Beispiel für die Perspektive der ethnischen Enklave ist die Arbeit von Portes und Manning, die bestehende Enklaven von kubanischen Amerikanern in Miami und koreanischen Amerikanern in Los Angeles untersucht haben. Sie weisen darauf hin, daß für deren Enklaven-Wirtschaftszweige eine große Anzahl Einwanderer mit geschäftlichen Fähigkeiten, Kapital und viele billige Arbeitskräfte erforderlich sind. Das waren auch die Voraussetzungen, die es den kubanischen Amerikanern in Miami ermöglicht haben, sich ein besseres Leben aufzubauen. Anders als bei anderen Anpassungsmodellen werden die Neuankömmlinge in den ethnischen Enklaven nicht zu dauernder Inferiorität verdammt und ausgebeutet. Portes und Manning stehen den Perspektiven des internen Kolonialismus und der Arbeitsmarktspaltung kritisch gegenüber, weil diese versuchen, zuviele nicht-europäische Minderheiten in ihre Untersuchungen einzubeziehen. Obwohl Portes und Manning feststellen, daß die Lage der Schwarzen, der Mexiko-Amerikaner und der Indianer am besten anhand der Praktiken des internen Kolonialismus erklärt werden kann, beziehen sie sich bei den von ihnen untersuchten Kubanern und Koreanern auf die Enklaventheorie. Der schwache Punkt in vielen Enklaventheorien liegt in der Vernachlässigung des wirtschaftspolitischen Kontextes, konkret des oligopolitischen Kapitalismus, der die Enklave strukturiert.[49]

Zusammenfassend können wir feststellen, daß in den kritischeren Machtkonflikttheorien die folgenden vier Themen immer wieder behandelt und hervorgehoben werden: 1. Rassische und ethnische Ungleichheiten in bezug auf wirtschaftliche Stellung, Macht und Ressourcen; 2. Ursachen der rassischen Ungleichheiten und der Hierarchien in den wirtschaftlichen Institutionen des Kapitalismus; 3. Klassenstruktur des Kapitalismus und ihr Einfluß auf die Rassenbeziehungen; 4. Gruppenbeziehungen und Konflikte in einer historischen Perspektive.

6. Ordnungs- und Machtkonflikttheorien und ihre Anwendung auf die US-amerikanische Immigrationsgeschichte

Wie sehen optimistische Assimilationstheoretiker die schwarzen Amerikaner? Sie sind sich nicht einig darüber, ob die in die Städte einwandernden schwarzen Amerikaner mit den früher in die gleichen Städte immigrierten weißen Gruppen vergleichbar sind. Der Sozialwissenschaftler Irving Kristol behauptete 1966 in einem viel beachteten Aufsatz im New York Times Magazin, daß "der Neger von heute genau wie der Einwanderer von gestern ist". Er vertrat die Meinung, daß die Erfahrung der Schwarzen nicht anders ist als die, die frühere Immigrantengruppen gemacht haben und daß die schwarzen Amerikaner genauso wie die weißen Immigranten von gestern sozial aufsteigen werden.[50] Ziemlich viele Assimilationstheoretiker würden dem zustimmen.

Nathan Glazer unterstützt diese Einschätzung in gewisser Weise. Er weist darauf hin, daß einige wichtige Unterschiede zwischen den Erfahrungen der schwarzen und denen der weißen Immigranten bestehen, daß aber wahrscheinlich mehr Ähnlichkeiten als Unterschiede vorhanden sind. Er hebt besonders hervor, daß der Unterschied im Ausmaß, nicht im Prinzip liege. "... *Die Kluft zwischen den Erfahrungen der Ärmsten der weißen ethnischen Gruppen und denen der Neger ist eher eine von Quantität als von Qualität. Tatsächlich ist der Neger in mancher Hinsicht besser dran als einige andere Gruppen*".[51] Glazer weist weiter darauf hin, daß die Beschäftigungsbedingungen, die schwarze Immigranten in den im Norden liegenden Städten antrafen, zum größten Teil nicht schlechter waren als die, mit denen sich frühere Immigrantengruppen auseinandersetzen mußten. Die Schwarzen waren zum Teil deswegen nicht so bereit wie die früheren weißen Immigrantengruppen, unqualifizierte niedrige Arbeiten zu übernehmen, weil sie von der Sozialfürsorge leben konnten.

Kristol, Glazer, Gordon und andere gleichgesinnte Wissenschaftler sind in der Tat der Meinung, daß ein Machtkonfliktansatz zum Verständnis nicht-weißer Amerikaner unnötig ist und daß die Erfahrungen von Nicht-Weißen im Rahmen von traditionellen Assimilationstheorien interpretiert werden können. Viele einflußreiche Amerikaner haben sich ebenfalls diesem Stadtpunkt angeschlossen.[52]

6.1 Eine kritische Machtkonfliktperspektive in bezug auf Immigration und Afroamerikaner

Die Alternative zu der Betrachtungsweise von Kristol, Glazer u.a., die Machtkonfliktperspektive, will auf die unterschiedlichen Erfahrungen und verschiedenartigen wirtschaftlichen Bedingungen aufmerksam machen, mit denen die Schwarzen konfrontiert wurden, als sie vom Süden in die Städte im Norden der Vereinigten Staaten kamen. Die Untersuchungen von Theodore Hershberg, William Yancey und ihren Mitarbeitern weisen auf die Möglichkeiten des Machtkonfliktansatzes hin, die wirtschaftlichen Ursachen und tiefliegenden Ungleichheiten zu beleuchten. Ihre Analysen machen nachdrücklich deutlich, daß die Erfahrungen der Schwarzen weit niederdrückender und schwieriger waren als die, die weiße ethnische Gruppen bei ihrer Ankunft in den Städten im Norden gemacht haben. Die Gründe dafür sind in den wirtschaftlichen Bedingungen zum Zeitpunkt der Einwanderung der Schwarzen in die Städte der Vereinigten Staaten und im Ausmaß des Rassismus zu finden. Im Falle der weißen Immigrantengruppen, ihrer Kinder und Enkelkinder war Gruppenmobilität aus folgenden Gründen möglich: 1. Die meisten von ihnen kamen zu einer Zeit, als Stellen zur Verfügung standen, als sich der Kapitalismus ausbreitete und als Aufstiegschancen in größerem Umfange vorhanden waren. 2. Die meisten erlebten geringere Diskriminierungen im Arbeits- und Wohnbereich als Schwarze. 3. Viele von ihnen fanden Wohnungen in geringer Entfernung vom Arbeitsplatz,[53] auch wenn diese unzulänglich waren.

In dem entscheidenden Zeitraum der weißen europäischen Immigration von 1840 bis 1920 wurden die meisten US-amerikanischen Städte, zum Beispiel New York, Philadelphia, Boston und Chicago industrialisiert. In den Hauptstädten entstanden mehr und mehr Produktionszentren. Die Zahl der Fabriken stieg. Die Arbeitsplätze nahmen zu. Es war in dieser entscheidenden Periode des Industriekapitalismus sehr leicht, einen Job zu finden. Ein sozialer Aufstieg lag im Bereich des Möglichen. Der Erfolg vieler weißer Immigrantengruppen in Nordamerika war ihren aus dem Ursprungsland mitgebrachten Eigenschaften und dem Zeitpunkt ihrer Ankunft zuzuschreiben. In dieser Zeit nahmen auch die staatlichen Stellen zu. So ist es nicht überraschend, daß z.B. irische Einwanderer in den Staatsdienst eintreten konnten.

Die Chancenstrukturen der weißen Einwanderer waren weit besser als die der Schwarzen und anderer nicht-weißer Gruppen, die vier oder fünf Jahrzehnte später einwanderten. Außerdem konnten die weißen Immigranten damals in der Nähe ihrer Arbeitsplätze wohnen. Untersuchungen über Städte wie Philadelphia haben deutlich gezeigt, daß die irischen und deutschen Einwanderer in Siedlungen zusammenwohnten, daß sie aber anders als nicht-weiße Bewohner nicht in extrem abgesonderten Ghettos lebten. Die Hälfte der Menschen in diesen Wohngebieten hatte jeweils einen anderen ethnischen Hintergrund. Die europäischen Einwanderer waren nicht im entferntesten so von der ansässigen weißen Bevölkerung abgesondert, wie es die Schwarzen damals waren oder heute sind.[54]

In der Zeit von 1890 bis 1920 kamen große Immigrantengruppen in die Städte, zum Beispiel Italiener, Polen und russische Juden. Bei ihrer Entscheidung für eine bestimmte Stadt war es ihr Hauptanliegen, dorthin zu gehen, wo gute Beschäftigungsmöglichkeiten vorhanden waren. In einer Untersuchung wird festgestellt, daß "*die italienische Ballung im Bauwesen und die polnische in der Stahlindustrie mit der jeweiligen Expansion dieser Industriezweige bei Ankunft dieser Gruppen in Verbindung steht.*"[55] Die Mitglieder einiger Immigrantengruppen hatten qualifizierte Ausbildungen oder verfügten über etwas Kapital. Daß soviele Juden in der Textilindustrie arbeiten, ist kein Zufall. Die jüdischen Einwanderer in die Vereinigten Staaten gehörten in dieser Zeit zu den qualifiziertesten aller Immigranten. Trotz ihrer Armut bildeten sie ein industrielles und städtisches Proletariat mit qualifizierten Erfahrungen im Handel, die sie aus ihren Ursprungsländern mitbrachten. Aus einer im Jahre 1911 durchgeführten Immigrantenuntersuchung geht hervor, daß zwei Drittel der jüdischen Immigranten qualifizierte Arbeiter waren, während die anderen Immigranten aus dem Süden und Osten Europas in ihren Ursprungsländern in erster Linie Bauern oder Landarbeiter waren. Als die jüdischen Immigranten um 1900 in großer Zahl ins Land kamen, ging man in der Bekleidungsindustrie zur Massenproduktion über. Daraus ergaben sich viele Arbeitsplätze sowohl für Schneider- oder Näherinnen als auch für ungelernte Arbeitskräfte und gute Möglichkeiten für Kleinunternehmer. Viele Einwanderer, die in Osteuropa Kleinhändler gewesen waren, konnten in diesem Beruf in den Vereinigten Staaten weiterarbeiten. Jüdische und nicht-jüdische, polnische, rumänische und russische Gruppen in den Städten der Vereinigten Staaten wurden von jüdischen Händlern und Fachleuten versorgt.

Die Industrialisierung in Europa machte viele qualifizierte Arbeiter arbeitslos und die großen Veränderungen in der europäischen Landwirtschaft verdrängten viele Bauern. Im Gegensatz dazu schuf die Industrialisierung in den Vereinigten Staaten eine große Nachfrage nach Arbeitskräften. Die Landwirtschaft expandierte als Folge der sich ausdehnenden Märkte und der steigenden Nachfrage aus den Städten. In den Städten brachte die industrielle Expansion einen vermehrten Bedarf an qualifizierten und ungelernten Arbeitskräften mit sich. Viele der 24 Millionen Immigranten, die von 1880 bis 1920 in die Vereinigten Staaten kamen, waren Bauern und Landarbeiter. Das hielt sie jedoch nicht davon ab, Arbeitsplätze in der Industrie anzunehmen, die sich am untersten Ende der Beschäftigungshierarchie befanden.

Steinberg hat aufgezeigt, daß die Immigrantenarbeitskräfte den Grundstein für die große industrielle Entwicklung des späten 19. Jahrhunderts und des frühen 20. Jahrhunderts gelegt haben. Aus einer Erhebung in zwanzig großen Industrie- und Bergbauunternehmen aus dem Jahre 1910 geht hervor, daß von jeweils zehn Arbeitskräften sechs im Ausland geboren waren. Sogar die nativistisch orientierte Dillingham-Kommission mußte einräumen, daß ohne diese Immigrantenarbeitskräfte die große industrielle Expansion der Vereinigten Staaten nicht möglich gewesen wäre. Wenn auch die meisten Einwanderer, die ins Land kamen, ihre Lebenslage im Verhältnis zu den Bedingungen im Heimatland verbesserten, so war das nicht der Grund für ihre Rekrutierung durch die US-amerikanischen Kapitalisten. Es war der große Bedarf an Arbeitskräften für die rasche Industrialisierung, der zu aggressiver Rekrutierung europäischer Arbeitskräfte für die US-Unternehmen führte.[56]

6.2 Probleme der schwarzen und nicht-weißen Amerikaner

Der Slogan "ethnisches Wunder" im Zusammenhang mit Erfolgen gewisser ethnischer Gruppen, zum Beispiel den italienischen Juden, Kubanern und Koreanern, läßt sich zum Teil dadurch erklären, daß diese Gruppen mit größeren beruflichen Qualifikationen, mit einer besseren Ausbildung oder mit mehr Kapital als andere rassische oder ethnische Vergleichsgruppen, zum Beispiel die schwarzen Amerikaner in die Vereinigten Staaten kamen.[57] In seiner Analyse des internen Kolonialismus trifft Robert Blauner genau den Gegensatz zwischen den afrikanischen Amerikanern, anderen nicht-weißen Arbeitern und den weißen Einwanderern. *"Amerika hat afrikanische, asiatische, mexikanische und in etwas geringerem Maße indianische Arbeiter als die billigste Arbeitskraft genutzt. Es hat die Farbigen in den unqualifiziertesten Jobs, den unterentwickelsten Zweigen der Wirtschaft und in den industriell am stärksten unterentwickelten Regionen des Landes zusammengefaßt. Historisch betrachtet, lieferten die Farbigen einen großen Teil der harten Arbeit und der technischen Kenntnisse, die die landwirtschaftliche Grundlage und die Infrastrukur für den Transport der Bodenschätze schaffen, die für die Industrialisierung und Modernisierung unerläßlich waren, wohingegen die Europäer hauptsächlich in den industrialisierten, modernen Sektoren arbeiteten."*[58]

Die Tatsache, daß die weißen Immigrantengruppen zum Zeitpunkt der industriellen Expansion kamen, verschaffte ihnen den entscheidenen Vorteil gegenüber den nichtweißen Minderheiten. Außerdem wurden die Nicht-Weißen, zum Beispiel die schwarzen Amerikaner, mit viel größeren Vorurteilen und Diskriminierungen konfrontiert, als daß bei den weißen Einwanderergruppen der Fall war. Diese Unterschiede in bezug auf die materiellen, ökonomischen und politischen Lebensumstände sind ein Grund für die Divergenz in den späteren Erfahrungen und Entwicklungen der weißen und nichtweißen Emigrantengruppen.[59]

Die weißen europäischen Immigranten wohnten oft im Umkreis von ca. einer Meile von ihrem Arbeitsplatz, wenn auch häufig zusammengedrängt in Mietskasernen. Im Zeitraum von 1840 bis 1920 nahmen die Arbeitsplätze des Kapitalismus zu. Sie konzentrierten sich hauptsächlich in den Städten und waren für die Immigranten ein Anreiz, sich in den überbevölkerten Wohngebieten in der Nähe ihres Arbeitsplatzes niederzulassen. Viele schwarze Amerikaner jedoch, die in der Zeit von 1880 bis 1920 schon in den Städten lebten, wohnten zwar in der Nähe der Fabriken, in denen die neuen Arbeitskräfte entstanden. Sie wurden aber nur selten eingestellt. In Philadelphia zum Beispiel hatten die Schwarzen keinen Zugang zu besser bezahlten Jobs, und sie wurden sogar aus den von ihnen traditionell besetzten unqualifizierten Arbeitsplätzen hinausgedrängt, die zur Domäne der neuen weißen Immigranten wurden.[60] Die Ursache dafür ist darin zu sehen, daß die Schwarzen und andere Nicht-Weiße in den Vereinigten Staaten in bezug auf Unterbringung und Schule viel größeren Diskriminierungen ausgesetzt waren als die europäischen Immigrantengruppen. Mehr als ein Jahrhundert galt Rassensegregation beim Wohnen. In einer größeren Analyse über Philadelphia wurden Wohnsegregationsindexe aus den Jahren 1850 bis 1870 untersucht, die mehrere städtische Immigrantengruppen im Verhältnis zu den in der Stadt einheimischen Weißen betrafen. In jedem der untersuchten Jahre lebte die schwarze Bevölkerung in Philadelphia weitgehend getrennt von den einheimischen Weißen, während die irischen und deutschen neuen Immigranten bereits in der ersten Generation viel weniger segregiert waren als die Schwarzen. Erstaunlicherweise lebte die schwarze Bevölkerung 1970 segregierter als in irgendeinem vorausgehenden Jahr.[61]

Als sich in den ersten Jahrzehnten des 20. Jahrhunderts die große Unternehmenskonzentration entwickelte, veränderten sich die Transportsysteme, um den Bedürfnissen dieser Unternehmen zu entsprechen. Viele weiße ethnische Amerikaner folgten den Industrieunternehmensansiedlungen in den Vorstädten. So verblieben unverhältnismäßig viele schlecht bezahlte Arbeitnehmer in den inneren Städten. Auf diese neue Beschäftigungssituation trafen die anschwellenden Immigrationsströme von nichtweißen Amerikanern, zum Beispiel Schwarze, Puertorikaner, Chicanos und amerikanische Eingeborene nach dem zweiten Weltkrieg. Häufig waren viele der schönsten Chancen schon dahin. So war und ist die ökonomische Situation für Nicht-Weiße ganz anders als die frühere industrielle Situation, die die großen europäischen Immigrantengruppen antrafen. Die Nicht-Weißen übernahmen die Bereiche, die von den besser bezahlten Industrieunternehmen und den wohlhabenderen Kindern der früheren deutschen, irischen und italienischen Immigranten verlassen worden waren.

Die Ansicht, daß es den städtischen Schwarzen in vielem so ergeht wie den früheren weißen Immigrantengruppen ist falsch. In den Jahrzehnten nach dem zweiten Weltkrieg wichen die strukturellen Lebensbedingungen und die historischen Erfahrungen der schwarzen Immigranten in dramatischer Weise von denen der weißen Gruppen ab. Erstens trafen die weißen Immigranten auf viel bessere ökonomische Möglichkeiten. Sie kamen zu einer Zeit ins Land, als die aufblühende kapitalistisch geführte Industrie in den Hauptstädten expandierte. Die Schwarzen und Nicht-Weißen kamen erst später, als viele Stellen, besonders die besser bezahlten, schon aus den Hauptstädten abgezogen waren. Zweitens konnten die früheren weißen Immigrantengruppen oft in der Nähe der damals reichlich vorhandenen Arbeitsplätze in den Innenstädten leben. Später mußten die in die Städte immigrierenden Schwarzen in jenen Wohnblocks in der Stadt leben, die die Weißen verlassen hatten und sie müssen auch heute noch dort leben. Das sind jedoch

Behausungen, die nicht in der Nähe von jenen vielen, besser bezahlten Arbeitsplätzen in den Vororten liegen. Drittens haben die Schwarzen seit ihrer Ankunft in den Städten alltäglich unter einer massiven Wohn-, Beschäftigungs- und Schulsegregation gelitten. Sie erlebten von Anfang an intensive Diskriminierungen sowohl von den Arbeitgebern als auch von den weißen Arbeitern.

7. Schlußfolgerung

Ich habe versucht, eine kritische Betrachtung darüber anzustellen, mit welchen Konzepten Sozialwissenschaftler in den Vereinigten Staaten Migration und die sich aus ihr ergebenden Adaptationsmuster untersuchen. Inhaltlich haben wir festgestellt, daß Migration — vom Aufbruch der Eroberer an, über den Sklavenimport bis zur freiwilligen Immigration — Situationen schafft, in denen Gruppen miteinander in Kontakt kommen. Wenn der Kontakt erfolgt ist, kann die Adaptation in der ersten Zeit verschiedene Resultate haben, die vom extremen Genozid über friedliche Symbiose bis zu einer Art von Schichtungssystem reichen. Mit der Zeit führen Veränderungen in der Adaptation zu einer breiteren Palette von Resultaten. In späteren Phasen ergeben sich schließlich fünf hauptsächliche Möglichkeiten, zu denen auch wieder der Genozid und die Symbiose gehören, aber auch Assimilation, die sich an Anglo-Standards orientiert, kultureller Pluralismus oder dauerhafte soziale Stratifizierung. In den Assimilationstheorien zeigt sich die Tendenz, die sich an Anglo-Standards orientierende Assimilation oder den kulturellen Pluralismus als Adaptationsergebnisse hervorzuheben, während in den Machtkonflikttheorien die substantielle Schichtung betont wird. Beide Perspektiven bieten wichtige Einsichten in die Natur der rassischen und der ethnischen Realitäten in den Vereinigten Staaten und vielleicht ebenso in anderen Ländern. Die Assimilationsanalytiker weisen auf die verschiedenen Dimensionen der Adaptation zwischen den Gruppen hin, zum Beispiel Akkulturation und Assimilation durch Ehe. Sie unterstreichen die Rolle, die der Wertkonsens beim Zusammenhalt einer Rasse und eines ethnischen Systems spielt. Die Machtkonfliktanalytiker weisen auf die Zwanghaftigkeit eines großen Teils der kulturellen und der ökonomischen Adaptationen hin, besonders was die Nicht-Weißen betrifft. Sie heben hervor, daß Zwang, Segregation, Kolonisation und die institutionalisierte Diskriminierung, die wesentliche Faktoren sind, die Gruppen auf den unteren Sprossen der gesellschaftlichen Leiter zurückhalten.

Wenn auch die meisten Gruppen, die nach den Engländern in die Vereinigten Staaten kamen, auf den unteren Sprossen der sozio-ökonomischen Leiter anfingen und so Ungleichheit erlebten, die rassische und ethnische Schichtung bedeutete, kamen einige von ihnen mit der Zeit viel schneller und dichter an eine annähernde Parität mit den WASPs ("White Anglo-Saxon Protestants") heran als andere. Diejenigen europäischen Gruppen, die ein beträchtliches Stück auf der Leiter aufstiegen, werden von den Assimilationstheorien in ihren Erfahrungen bestätigt. Denjenigen nicht-weißen Gruppen, die weiter unten auf der sozio-ökonomischen Leiter blieben, helfen die Machtkonflikttheorien am besten bei der Klärung ihrer Erfahrungen, obwohl auch hier einige Gedanken aus der Assimilationstheorie nützlich sind.

Bei der Untersuchung der US-amerikanischen Erfahrung stellt sich heraus, daß die Eingliederung in ein schon etabliertes System das Los aller Einwanderergruppen war, die nach der englischen Kolonisation in die Vereinigten Staaten kamen. Sowohl in der Assimilationsperspektive als auch in der Machtkonfliktperspektive wird dieser Eingliederungsprozeß untersucht, die Schwerpunkte sind jedoch unterschiedlich gelagert. In Übereinstimmung mit einer früheren Arbeit von Park zeigt die brauchbare Dimensionenkette, die Gordon aufgestellt hat, die Möglichkeiten auf, durch die Assimilation vor sich geht: von der kulturellen Adaptation über die Adaptation durch Ehe bis hin zur Adaptation durch Identifikation. Die Anpassung an die bereits etablierte Kernkultur und -gesellschaft in den Vereinigten Staaten geschieht für Weiße und Nicht-Weiße in ähnlicher Weise: Iren wie Afrikaner wurden unter Druck gesetzt, sich der angelsächsischen Kernkultur anzupassen. Es besteht jedoch ein entscheidender Unterschied, auf den von Machtkonfliktanalytikern hingewiesen wurde: die gewaltsame Zerstörung der afrikanischen Kultur durch das Sklavensystem mit seinen rigiden Kontrollen war weit durchgreifender als alles, was von den Iren oder anderen europäischen Immigrantengruppen erlebt wurde. Sowohl die Assimilations- als auch die Machtkonflikttheoretiker zeigen zwar kulturelle Adaptationsmuster auf. Der hauptsächliche Unterschied besteht jedoch in dem viel größeren kulturellen Druck und den heftigeren Übergriffen, die nicht-weiße Amerikaner typischerweise erlebt haben. Außerdem übersehen viele Assimilationstheorien die Probleme bei der strukturellen Eingliederung weißer und nicht-weißer Gruppen in Sekundärgruppenstrukturen, zum Beispiel in die Geschäftswelt, die öffentliche Verwaltung, in politische Organisationen und ähnliche Institutionen.

Mit Ausnahme der Ausrottung zahlreicher amerikanischer Eingeborenenstämme vor 1910 war Genozid nicht das Ziel der dominanten weißen Gruppe im Hinblick auf die nicht-weißen Amerikaner. Ziel und zugleich Folge des Eingliederungsprozesses waren vielmehr eine gewisse Akkulturation und eine erzwungene Integration auf der unteren sozialen, ökonomischen und politischen Ebene. Die Gründe dafür, daß die Nicht-Weißen auf ein fest verankertes, weißes, europäisch-amerikanisches Privileg stießen, waren der Zeitpunkt ihrer Ankunft in den Vereinigten Staaten und die institutionalisierte Diskriminierung, die diesem Privileg schließlich den Rücken deckt. Der Eingliederungsprozeß in den USA impliziert beträchtliche Unterschiede in den Arten der Subordination und Ausbeutung und damit auch unterschiedliche Möglichkeiten der verschiedenen Gruppen beim Zugang zu sozialen Ressourcen und bei der Chancenverteilung.

Anmerkungen

1 Feagin, J.R.: Racial and Ethnic Relations. Englewood Cliffs 1984[2], S. 7.
2 Jensen, A.: How Much Can We Boost IQ and Sholastic Achievement? In: Harvard Educational Review 39, 1969, S. 1ff..

3   ds., 1969, S. 9
4   Tilly, Ch.: Migration to an American City. Wilmington 1965
5   Schermerhorn, R.A.: Comparative Ethnic Relations. New York 1970, S. 98.
6   ds., 1970, S. 99
7   Lieberson, S.: A Societal Theory of Racial and Ethnic Relations. In: American Sociological Review 26, 12/1961, S. 902ff..
8   Park, R.E.: Race and Culture. Glencoe/Ill. 1950, S. 150, (Hervorhbg. Feagin)
9   Park, R.E./Burgess, E.W.: Introduction to the Science of Society. Chicago 1924, S. 735.
10 vgl. Hullum, J.R.: Robert E. Park's Theory of Race Relations. M.A. thesis, University of Texas 1973, S. 81ff.; Park, R.E./Burgess, E.W., 1924, S. 760.
11 Gordon, M.M.: Assimilation in American Life. New York 1964, S. 72f..
12 vgl. ds., 1964, S. 71.
13 vgl. Gordon, M.M.: Human Nature, Class, and Ethnicity. New York 1978, S. 67ff..
14 vgl. ds. 1964, S. 78ff..
15 vgl. Herberg, W.: Protestant-Catholic-Jew. New York 1960, Überarbeitete Auflage.
16 vgl. Gordon, M.M.: Modells of Pluralism: the New Amercian Dilemma. In: Annals of American Academy of Political and Social Science 454. 1981, S. 178ff..
17 vgl. Glazer, N./Moynihan, D.P.: Beyond the Melting Pot. Cambridge 1963.
18 vgl. Greeley, A.M.: Ethnicity in the United States. New York 1974, S. 293.
19 vgl. ds., 1974, S. 295ff..
20 ds., 1974, S. 309.
21 vgl. Yancey, W.L./Ericksen, D.P./Juliani, R.N.: Emergent Ethnicity: A Review and Reformulation. In: American Sociological Review 41, 6/1976, S. 391ff..
    vgl. Greeley, A.M., 1974, S. 290ff..
22 Myrdal, G.: An American Dilemma. New York 1964^2, S. 929.
23 Parsons, T.: Full Citizenship for the Negro American? A Sociological Problem. In: Parsons, T./Clarke, K.B. (Hrsg.): The Negro American. Boston 1965/66, S. 740.
24 Geschwender, J.: Racial Stratification in America. Dubuque/Iowa 1978, S. 58.
25 vgl. Gordon, M.M., 1978, S. 73ff.; vgl. Geertz, C.: The Intergrative Revolution. In: ds. (Hrsg.): Old Societies and New States. New York 1963, S. 109.
26 vgl. Berghe, P.L. van den: The Ethnic Phenomenon. New York 1981
27 vgl. Bonacich, E.: Class Approaches to Ethnicity and Race. In: The Insurgent Sociologist 10, Herbst 1980, S. 11.
28 vgl. Barth, F.: Introduction: Ethnic Groups and Boundaries: The Social Organization of Culture Difference. Oslo 1969, S. 10ff..
29 vgl. Olzak, S.: A Competition Model of Collective Action in American Cities. In: Olzak, S./Nagel, J. (Hrsg.): Competitive Ethnic Relations. Orlando/Florida 1986, S. 17ff..
30 ds.: Have the Causes of Ethnic Collective Action Changed over a Hundred Years? Unpublished Technical Report, Department of Sociology, Cornell University, Ithaca, New York 1987, S. 18.
31 Cox, O.C.: Caste, Class and Race. New York 1948, S. 332.
32 vgl. Bailey R./Flores, G.: Internal Colonialism and Racial Minorities in the U.S.: An Overview. In: Bonilla, F./Girling, R. (Hrsg.): Structures of Dependency. Stanford/Calif. 1973, S. 151ff..
33 Balandier, G.: The Colonial Situation: A Theoretical Approach. In: Wallerstein, I. (Hrsg.): Social Change. New York 1966, S. 35.
34 vgl. Gonzales-Casanova, P.: Internal Colonialism and National Development. In: Horowitz, I.L. et.al. (Hrsg.): Latin American Radicalism. New York 1969, S. 130; Bailey R./Flores, G., 1973, S. 156.
35 vgl. Carmichael, S./Hamilton, CH.: Black Power. New York 1967, S. 2ff..
36 Bailey R./Flores, G., 1973, S. 156.
37 vgl. Blauner: Racial Oppression in America. S. 55. Die Analyse des internen Kolonialismustheorems bezieht sich durchgängig auf Blauners provokative Thesen.
38 Bailey R./Flores, G., 1973, S. 150.
39 vgl. Flores, G.: Race and Culture in the Internal Colony: Keeping the Chicano in His Place. In: Bonilla, F./Girling, R. (Hrsg.), 1973, S. 152.

40 vgl. Moore, J.W.: American Minorities and 'New Nation' Perspectives. In: Pacific Sociological Review 19, 10/1976, S. 448ff..
41 vgl. Feagin, J.R./Feagin, C.B.: Discrimination: American Style. Englewood Cliffs/N.J. 1978; Feagin, J.R.Eckberg, D.L.: Discrimination: Motivation, Action, Effects, and Context. In: Annual Review of Sociology 6, 1980, S. 2.
42 vgl. Benokraitis, N./Feagin, J.R.: Modern Sexism. Englewood Cliffs/N.J. 1986.
43 vgl. Bonacich, E., 1980, S. 14.
44 vgl. Syzmanski, A.: Racial Diskrimination and White Gain. In: American Sociological Review 41, 1976, S. 403ff..
45 vgl. Baran, P./Sweezy, P.: Monopoly Capital. New York 1966.
46 vgl. Bonacich, E., 1980, S. 14.
47 ds., 1980, S. 14f..
48 vgl. Bonacich, E./Modell, J.: The Economy Basic of Ethnic Solidarity. Berkeley 1980, S. 1ff..
49 vgl. Portes, A./Manning, R.D.: The Immigrant Enclve: Theory and empirical Examples. In: Olzack, S./Nagel, J. (Hrsg.), 1986, S. 47ff..
50 vgl. Kristol, I.: The Negro Today is Like the Immigrant of Yesterday. In: New York Times Magazine vom 11.9.1966, S. 50f./ 124ff..
51 Glazer, N.: Black and Ethnic Groups: The Difference and the Political Difference It Males. In: Social Problems 18, Frühjahr 1971, S. 459.
52 vgl. New York Times, vom 5.11.1978, S. 6, zitiert nach Hershberg, T. et.al.: A Tale of Three Cities: Blacks, Immigrants, and Opportunity in Philadelphia: 1850-1880, 1930-1970. In: Hershberg, T. (Hrsg.): Philadelphia. New York 1981, S. 486, wo die Position von W.E. Burger, dem Präsidenten des Obersten Gerichts der USA, erzählt wird.
53 vgl. ds., 1981, S. 462ff..
54 vgl. ds., 1981, S. 473ff..
55 Yancey, W.L./Ericksen, D.P./Juliani, R.N., 1976, S. 393.
56 vgl. Steinberg, S.: The Ethnic Myth. New York 1981, S. 36.
57 vgl. ds., 1981, S. 104f..
58 Blauner, R.: Racial Oppression in America. New York 1972, S. 62.
59 vgl. Steinberg, S., 1981, S. 42f..
60 vgl. Yancey, W.L./Ericksen, D.P./Juliani, R.N., 1976, S. 393.
61 vgl. ds., 1976, S. 468.

(aus dem Amerikanischen übersetzt von Christa Jaeger)

Hartwig Berger

Vom Klassenkampf zum Kulturkonflikt —
Wandlungen und Wendungen der westdeutschen Migrationsforschung

1. Drei "Paradigmen" und ihr "Erklärungswert

Ziel dieses Artikels ist es, drei zentrale "Paradigmen" der bundesdeutschen Migrationsforschung der letzten 20 Jahre auf ihren "Erklärungswert" und teilweise auf "erkenntnisleitende Interessen" zu überprüfen. Ich nehme mir dazu den *imperialismuskritischen Ansatz*, den *Integrationsansatz* und den *Minoritäten-Ansatz* vor und werde sie unter theoretischen und politischen Fragestellungen diskutieren.[1]

Zum Vorverständnis sind einige methodische Bemerkungen nützlich: Unter einem *Paradigma* verstehe ich einen Forschungsansatz, der zu einer besonderen Struktur von Theoriebildung, bestimmten Theorien, einer spezifischen Begrifflichkeit und speziellen Untersuchungsmethoden neigt.

So bevorzugt — wie noch zu zeigen sein wird — der imperialismuskritische Ansatz eine historisch-funktionale Theorienbildung, lehnt sich inhaltlich an die Kritik der Politischen Ökonomie an, operiert mit eigenen Begriffen wie "Klasse", "Ausbeutung", "abhängige Entwicklung" und hatte in seiner kurzen Lebenszeit eine deutliche Vorliebe für Methoden der Aktionsforschung. Arbeitsmigranten ordnet er der *Arbeiterklasse* zu.

Wenn der Integrationsansatz, wie etwa bei Hartmut Esser, konzeptionell ausgearbeitet wird, neigt er einer hypotheto-deduktiven Theorienbildung zu, bevorzugt inhaltlich Handlungstheorien oder soziologische Ordnungstheorien; er weist typischerweise Begriffe wie "Anpassung", "Eingliederung", "Interaktion", "Marginalität" auf; seine Präferenz für standardisierte Untersuchungsmethoden mit quantifizierter Auswertung ist unverkennbar. Arbeitsmigranten gelten als *"ausländische Arbeitnehmer"*.

Der Minoritäten-Ansatz tendiert zur hermeneutischen Theorienbildung, bindet sich an Theorien der Ethnosoziologie und zu "Kultur und Persönlichkeit", ist an Begriffen wie "Kultur", "Ethnizität" und "Identität" erkennbar und hat eine Vorliebe für qualitative Untersuchungen wie für Feldforschung. Arbeitsmigranten werden oft über *nationale und ethnische Zugehörigkeiten* definiert.

Paradigmen sind nicht direkt empirisch widerlegbar. Typisch für ihre Beurteilung sind halb-theoretische und halb-empirische Argumentationen, die stark von bestimmten erkenntnisleitenden Interessen durchzogen sind. Wir können z.B. fragen, ob bestimmte allgemeine Erscheinungen der Arbeitsmigration im jeweiligen Paradigma gut erklärt werden können oder nicht. In diesem Sinn werde ich vor allem (aber nicht nur) den ersten Ansatz diskutieren. Wir könnten auch fragen, ob ein Paradigma innertheoretisch unzuträgliche Konsequenzen hat, die seinen Erklärungswert in Frage stellen. So werde ich vor allem den zweiten Ansatz erörtern. Wir können uns schließlich überlegen, ob ein Paradigma empirische Implikationen hat, die mit guten Gründen zu bestreiten sind. In dieser Weise werde ich teilweise den zweiten Ansatz beleuchten. Mit *erkenntnisleitenden Interessen* ist das gesellschaftliche Kräftefeld angesprochen, in welchem sich Migrationsforscher bewegen. Wie wirken sich Vorgaben und Erwartungen etwa staatlicher und kommunaler Institutionen aus, die Migrationsforschung anfragen und bezahlen? Welche Interessen verfolgen Migrationsforscher selbst als potentiell Handelnde im politischen Raum oder in ihrer scientific community? Schließen ihre Forschungen an Ideen und Ziele sozio-politischer Bewegungen an?

2. "Dritte Welt" in Europa — Der imperialismuskritische Ansatz

2.1 Neue Linke und Arbeitsmigration

Im Februar 1968, auf dem Vietnam-Kongreß in West-Berlin, umriß Rudi Dutschke seine Vorstellungen zum antiimperialistischen Kampf in Westeuropa. In diesem Zusammenhang erklärte er:

"Ein wirkliches Kettenglied sind noch immer besonders die ausländischen Arbeiter, die unter unmenschlichen Bedingungen Mehrwert produzieren. Diese disponible Reservearmee des westdeutschen Kapitalismus ist darum subversiv, weil sie die lebendige internationalistische materielle Basis der Revolution für Europa konkret vermittelt, wenn auch in widersprüchlicher Form."[2]

Rudi Dutschke stand mit dieser Einschätzung damals nicht allein. In der neuen Linken Westeuropas wurde die Arbeitsmigration allgemein als Folge wie Ausdruck imperialistischer Wirtschaft und Politik gesehen[3]: Die Wanderung aus dem Mittelmeerraum (etwa) nach Westeuropa ist verursacht durch den Zugriff des internationalen Kapitals auf diese Regionen. Dieser Zugriff untergräbt die herkömmlichen Wirtschaftsweisen in Landwirtschaft, Handwerk und Handel; er führt zu einer ökonomischen Verarmung der betroffenen Gebiete. Die Verarmung geht meist mit verschärfter politischer Unterdrückung zusammen, wobei einheimische Bourgeoisie und internationales Kapital einander in die Hände spielen.

In den ausgepowerten Gebieten findet ein größer werdender Teil kleiner Bauern, Lohnarbeiter und Handwerker keine oder nur unzureichende Arbeit. Die hohe Existenzunsicherheit macht diese Menschen "disponibel" für das Kapital: Sie können in die nationalen Industriezentren — wie Katalonien, Euzkadi, den italienischen Norden — oder über die Grenzen — nach Frankreich, England, die BRD — angeworben werden.[4]

Dem kapitalistischen Arbeitsmarkt werden die Arbeitsmigranten jedoch nicht gleichwertig der einheimischen Arbeiterklasse der Metropolen eingeordnet. Sie erhalten insgesamt schlechtere Arbeit zu weniger Geld und mit höherem Risiko, entlassen zu werden; sie können auch weniger Rechte in der Gesellschaft in Anspruch nehmen. Die

Auspowerung der Randgebiete setzt sich somit in Überausbeutung und Marginalisierung der Arbeitsmigranten im Zentrum fort. Es bildet sich eine (neue) hierarchische Gliederung der Arbeiterklasse in den Metropolen. Sie ist Teil wie Folge der weltweiten Spaltung in Zentren und Peripherien kapitalistischer Produktion.[5]

Imperialismus und Arbeitsmigration werden in der neuen Linken mit Klassenkampftheorien in praktischer Absicht verkoppelt. Die Stellung der Migranten als "underdogs" könne ihre Bereitschaft zur Rebellion fördern, die wiederum wichtige Anstöße für revolutionäre Klassenkämpfe geben könne. Der abrupte Wechsel aus teilweise noch vorkapitalistischen Arbeits- und Lebensformen bringe es mit sich, daß Arbeitsmigranten industrielle Lohnarbeit als massiven lebensgeschichtlichen Bruch erfahren. Dieser Bruch kann, besonders wenn die Menschen in großen Betrieben arbeiten und in Wohnheimen leben, in gemeinsamen Protest umschlagen — so, wie es in der industriellen Arbeiterklasse der ersten Generation starke Protestbewegungen mit ausgeprägt antikapitalistischer Zielrichtung gab.[6] Die Klassenkämpfe in Norditalien, Frankreich und Nordspanien — wie Streikbewegungen in der BRD 1969 und besonders 1973 — schienen für diese These zu sprechen. Fast immer spielten Arbeitsmigranten eine zentrale Rolle, oft machten ausschließlich sie die Streiks und Betriebsbesetzungen[7].

Die imperialismuskritische Migrationstheorie nahm ferner Verbindungen zwischen Klassenkämpfen in den Metropolen und in der Peripherie an. Etwa bis 1970 arbeitete die Mehrheit der Migranten entweder nur für befristete Zeit im Ausland und/oder ging mehrfach Anwerbeverträge ein; eine Art Pendelverkehr zwischen Herkunfts- und Arbeitsland war durchaus üblich. Wie die wandernden Handwerksgesellen im 19. jahrhundert viel zur Formierung und wechselseitigen Kommunikation der Arbeiterbewegung beitrugen, so könne auch die zwangsläufig mobile "Reserve"-Arbeitskraft zwischen Peripherien und Metropolen eine Internationalisierung der Bewegung fördern. Rudi Dutschke sprach darum von ihr, stilistisch sicher merkwürdig, als der "lebendigen internationalistischen materiellen Basis der Revolution für Europa". Sie sei allerdings insofern "widersprüchlich", als kleinbäuerliche Herkunft, mögliche "kleinbürgerliche" Zukunftsperspektive nach der Rückkehr und Arbeitseinsatz als "Lohndrücker" auch Anpassungsbereitschaft der Migranten fördern könne[8].

Der imperialismuskritische Ansatz entstand in einer Zeit, da Arbeitsmigranten häufig als mobile MassenarbeiterInnen auftraten. Sie werden häufig in großen Gruppen für industrielle Serienproduktion oder Großprojekte der Bauwirtschaft angeworben und bleiben überwiegend nur begrenzte Zeit am zuerst vereinbarten Produktionsort. Rotation in der Anwerbung kommt häufig vor, wobei viele zurückgekehrte ArbeiterInnen nach einer Weile wieder nach Westeuropa gehen. So liegt es nahe, gerade Wechselbeziehungen zwischen Produktionsverhältnissen im Herkunfts- wie im Anwerbeland zu untersuchen wie es der imperialismuskritische Ansatz verspricht. Auch drängt sich eine nähere Betrachtung der Arbeitsverhältnisse auf, der sich sowohl die kritische wie die angepaßte Migrationsforschung jener Zeit besonders zuwenden.

Den kurzfristigen Aufstieg des imperialismuskritischen Ansatzes begünstigt auch eine neuartige politische Kräftekonstellation in Westeuropa Ende der 60er Jahre: Impulse der Studentenbewegung schlagen in einigen Ländern wie Frankreich und Italien auf Teile der Industriearbeiterschaft über; in Ländern wie Westdeutschland und den Niederlanden sucht die revolutionäre Linke nach Bündnispartnern. Internationalismus, Randgruppentheorie, Idee einer historischen Rolle der Arbeiterklasse – diese Merkmale radikaler Theorie damals legten es nahe, sich mit der gesellschaftlichen Lage und den Handlungsmöglichkeiten der Arbeitsmigranten näher auseinanderzusetzen.

Die Koppelung von Imperialismus, Arbeitsmigration und Klassenkampf markierte um 1970 den Einstieg der linken Sozialforschung in das Thema. André Gorz hat diesen Ansatz auf einer einschlägigen Tagung 1971 so zusammengefaßt:

"Die Immigration ist nicht eine zufällige Tatsache, die man aus dem generellen Zusammenhang des Imperialismus isolieren kann. Ebensowenig wie es den Kapitalismus ohne imperialistische Ausbeutung geben kann, können die kapitalistischen europäischen Gesellschaften heute ohne fremde Arbeitskraft funktionieren; sie können aber auch nicht ohne die Beteiligung der ausländischen Arbeiter und ohne eine Revolutionierung der Beziehungen zwischen den industriellen Metropolen und der Peripherie umgestürzt werden. Jedes Infragestellen der Immigrationspolitik setzt voraus ein Infragestellen der kapitalistischen Produktionsweise. Die richtige Frage ist also die: Was deckt die Immigration über die Funktionsweise des kapitalistischen Systems im Weltmaßstab auf? Welche Waffen liefert sie dem Proletariat, um das System angreifen und zerstören zu können?"[9]

Eine kritische Sozialforschung, die die Arbeitsmigration im Lichte von Imperialismus und Klassenkampf untersucht, gab es hierzulande nur in Ansätzen. Das Paradigma blieb mehr Programm, ohne den institutionalisierten Wissenschaftsbetrieb sonderlich zu beeinflussen. Angesichts der realen gesellschaftlichen Machtverhältnisse überrascht das nicht. Wie sollten denn auch Stiftungen von Unternehmen, Ministerien und Gemeindeverwaltungen, deren Aufträge die bundesdeutsche Migrationsforschung hauptsächlich auf die Beine stellten, Projekte mit klassenkämpferischer Zielsetzung unterstützen?

Herrschaftsstrukturen in Wissenschaft und Gesellschaft mögen erklären, warum das diskutierte Paradigma in der bundesdeutschen Migrationsforschung kaum Eingang fand. Rechtfertigen aber läßt sich das so sicher nicht. Auch die *Integrationsforschung*, die in den 70er Jahren bald die Migrationssoziologie dominierte, entstand nicht aus einer Kritik am imperialismuskritischen Ansatz. Vermutlich hat die Mehrzahl der Integrationsforscher diesen Ansatz als mögliches Forschungsparadigma überhaupt nicht wahrgenommen.

Der Bezug auf diesen Ansatz blieb eher indirekt: Die ausgesprochen starke Fixierung auf "Integration" kann auch einer Furcht entspringen: daß die Marginalisierung, die die angeworbenen ArbeiterInnen und ihre Kinder in fast allen Lebensbereichen erleiden, soziales Konfliktstoff ansammelt, der sich irgendwann "entlädt". Die Hoffnung der Anti-Imperialisten, daß die Arbeitsmigration Prozesse sozialer Revolution befördert, schlägt bei den Integrationisten in vorbeugende Abwehr um. Ich komme darauf zurück.

2.2 Zum Erklärungswert des Paradigmas

Für eine Beurteilung des imperialismuskritischen Paradigmas ist es sinnvoll, seinen Erklärungswert eingehender zu beleuchten. Das Paradigma entstand, wie gesagt, mit der Erwartung, daß sich die Klassenkämpfe mit der Arbeitsmigration zuspitzen und internationalisieren würden. Diese Erwartung hat sich nicht erfüllt. Da sie jedoch nicht wie eine Prognose aus der Theorie ableitbar ist, tangiert das deren Geltung zunächst nicht. Der imperialismuskritische Ansatz behauptet — etwa — nicht, daß die ausgepowerten Regionen der Peripherie zwangsläufig Schauplatz sozialer Revolutionen werden und daß die Arbeitsmigration auf jeden Fall Klassenkämpfe in den Metropolen neu belebt. Die Entfremdungen des Lohnarbeiterdaseins, denen Arbeitsmigranten besonders stark ausgesetzt sind, können "nach innen" verlagert werden.

Die erlittene Ausbeutung, Unterdrückung und Diskriminierung prägen Lebensweise, Persönlichkeit und Denken der Migranten auch und gerade dann, wenn sie nicht revoltieren. Anders als heute übliche Theorien des "Kulturkonflikts", der "Krisen kultureller Identität" des "Lebens zwischen zwei Welten" bemüht sich aber der imperialismuskritische Ansatz, Krisen von Emigranten aus ihrer Klassenlage, ihrer besonderen Stellung im gesellschaftlichen Produktionsprozeß zu erklären. Untersuchungen in dieser Richtung gibt es in der Migrationsforschung bisher wenig: die vorzeitige Abkehr vom Ansatz "Imperialismus und Klassenkampf" hat sich da negativ ausgewirkt.

Dieser Ansatz nimmt an, daß Arbeitsverhältnisse und Lebenslage als (Sub-) Proletariat Alltagskultur, Sozialverhalten und Persönlichkeit von Arbeitseinwanderern prägen. Mit ihm vereinbar ist ein dynamischer Begriff der "Verhältnisse": die Bedingungen industrieller Lohnarbeit und des Lebens in den Metropolen prägen Arbeitswanderer auch kontrastiv, durch Unterschiede und Gegensätze zu Verhältnissen in der Region, in der sie aufgewachsen sind. Die Arbeit — etwa — in geschlossenen Hallen, bei Maschinenlärm und in sozial unübersichtlicher Arbeitsteilung wirkt dann und insofern besonders entfremdend, wenn sie mit Lebenserfahrungen aus ruhiger Landarbeit unter freiem Himmel und in kleinen Gruppen kontrastiert. Tages- und Arbeitsrhythmen, die Zeit nicht mehr in Erlebnissen und Handlungsvollzügen, sondern nach abstrakter Metrik gliedern, sind dann eine besonders harte Zumutung, wenn die ihnen unterworfenen Menschen noch Erfahrungen mit anderen Zeitbegriffen haben[10]. Das Wohnen in Miethäusern und in sozialer Anonymität wirkt dann besonders fremd, wenn es im Herkunftsgebiet noch üblich war, Häuser selber zu bauen und zu gestalten und wenn dort mehr nachbarschaftlicher Zusammenhang gepflegt wurde.

Der Ansatz, Erscheinungen des Kulturkonflikts aus der besonderen Klassenlage von Arbeitseinwanderern zu interpretieren, kann in einem Überblicksartikel nur angerissen werden. Es reicht hier, die These plausibel zu machen, daß die Erklärungskraft des imperialismuskritischen Paradigmas längst nicht "ausgereizt" ist. An zwei weiteren Themen will ich das jetzt erläutern: *Rassismus* bzw. *Ausländerfeindlichkeit* und *Minderheitenkultur*.

Der imperialismuskritische Ansatz postuliert zwar normativ, daß die Arbeitsmigration die internationale Arbeitersolidarität verbessern solle; er geht jedoch davon aus, daß die transnationale Arbeitsanwerbung zunächst eine Segmentierung der Arbeiterklasse verstärkt. Hegemonie und Ungleichheit zwischen imperialistischen Zentren und Peripherie finden sich auch in einer besonderen Hierarchie der Lohnabhängigkeit wieder, zugleich als ethnisch-nationale Grenzen definiert.

Die Hierarchisierung der Lohnarbeit fördert die Spaltung der Lohnabhängigen. Der imperialismuskritische Ansatz legt aber zugleich den Akzent auf Veränderungen, die die Arbeitsmigration in der Arbeiterklasse des imperialistischen Zentrums bewirkt. Die Stellung "einheimischer" Lohnabhängiger in Produktion und Gesellschaft bleibt von der Arbeitseinwanderung nicht unberührt. Wechsel in untere Leitungstätigkeit, in formal qualifizierte Arbeit, in den Dienstleistungssektor finden statt; der Anteil Einheimischer in rein ausführender Arbeit ohne formale Qualifikation geht insgesamt zurück.

Wenn der imperialismuskritisache Ansatz "Integration" zum Thema macht, dann meint er bezeichnenderweise nicht "Einfügung in die Gesellschaft", sondern Prozesse, mit eingeleitet durch Arbeitsanwerbung, die die einheimische Arbeiterklasse stärker an das Kapital und staatstragende Ideologien bindet, und so scheinbar "integriert".[11]

Die Tatsache, daß nationalistisches Denken in Westeuropa durch die Arbeitseinwanderung neu belebt wird, sieht der imperialismuskritische Ansatz so in einem besonderen Licht. Er zieht auch Verbindungslinien zwischen dem Rassismus gegen Arbeitseinwanderer und dem Neokolonialismus. Die internationale Hierarchisierung, die das Verhältnis Zentren-Peripherien in vielen Hinsichten prägt, wirkt in den Haltungen fort, die einheimische Bevölkerungsgruppen gegen Arbeitseinwanderer entwickeln. Aus dieser Hypothese folgen dann interessante empirische Untersuchungsprogramme, die die manchmal sehr eng geführte Diskussion um Ursachen der "Ausländerfeindlichkeit" weiterbringen könnten.

Als drittes Beispiel zum Erklärungswert des imperialismuskritischen Ansatzes gehe ich kurz auf das Thema *ethnische Subkulturen* ein. Hier wird er vor allem auf die Klassenlage im Einwanderungs- wie im Herkunftsland abheben. Nachbarschaftlicher Zusammenhang in Wohnvierteln wird dann etwa nicht als Import mediterraner Formen der Geselligkeit erklärt, sondern als Antwort auf konkrete Lebensprobleme vor Ort. Nachbarschaftliche Bindungen haben im Lebensalltag der Familien eine Funktion - "enge Wohnungen", "Angewiesensein auf gegenseitige Hilfe z.B. bei der Kinderaufsicht und gegenüber Behörden" sind da mögliche Faktoren der Erklärung.

Oder nehmen wir Klientelsysteme unter Arbeitseinwanderern aus der Türkei: Sie werden im erörterten Ansatz nicht als ethnisch-nationale Eigenheit gesehen, sondern etwa erklärt als Reaktion auf eine Menge unüberschaubarer bürokratischer Zumutungen, die Arbeitseinwanderer auf sich gestellt nicht bewältigen können. Es werden vermittelnde Personen und Instanzen wichtig, die einerseits mit Umgangsformen der Arbeitseinwanderer vertraut sind, andererseits die Handlungsmuster moderner Verwaltungen beherrschen. So kann sich ein Geflecht von Klientelbeziehungen als Reaktion auf den Zugriff und die Zumutungen bürokratischer Ordnungen bilden.[12]

Wer kulturelle Formationen von Arbeitsemigranten in Abhängigkeit von ihrer Klassenlage untersucht, wird dabei äußere wie innere Herrschaftsverhältnisse schwerlich übersehen. Ethnische Subkulturen bilden sich in vielfacher Abhängigkeit von gesellschaftlicher Macht und kultureller Hegemonie. Diese Abhängigkeit mag die räumlichen und zeitlichen Gegebenheiten betreffen, in denen sich kulturelles Handeln abspielt (z.B. die Kirche auf dem zentralen Platz — die Moschee im Hinterhof; die Einpassung des Wohnverhaltens in eine vorgegebene Architektur und die Regeln der Hausbesitzer); sie kann auch die Muster des Konsumverhaltens prägen (was wird wo und wie gekauft und verbraucht), an die sich Arbeitseinwanderer teilweise anpassen müssen; sie ist auch in Einschränkungen und Regelungen erkennbar, die etwa der Rhythmus der Lohnarbeit und die Schulpflicht den Familien auferlegen.

Schließlich liegt es auch in der Linie des Ansatzes, ethnische Subkulturen nicht als homogene Gebilde anzusehen, sondern ihre innere Klassengliederung und evtl. ihre Wechselbeziehungen zu Systemen äußerer Herrschaft zu untersuchen.

3. "Camelot" im eigenen Land — Der Ansatz der Integrationsforschung [13]

3.1 Kontrollierte Marginalisierung

Im Sommer 1973 schlägt das Editorial der Zeitschrift "Arbeit und Sozialpolitik" in der Ausländerfrage Alarm:

"Sie waren als Helfer zu mehr Wachstum gedacht — nun sind sie zur Last geworden. ... Wollen wir nicht überwuchert werden und in zehn Jahren mit türkischen Wegelagerern an Autobahnen und fremdländisch bewohnten Slums in unseren Großstädten rechnen, dann bleibt nur ein möglichst kontrolliertes Bremsen der Zuwanderung bei gleichzeitig intensivierten Bemühungen um Assimilation und Eingliederung."[14]

Nicht unbedingt die Begründung, wohl aber die Folgerung kennzeichnet das allgemeine Urteil zur Ausländerfrage, (nicht nur) damals in Politik, Wirtschaft und Verwaltung. Die Grundzüge sind bekannt: Nachdem über Jahre die Ausländerbeschäftigung durchweg profitabel war und sozialstrukturelle Folgeprobleme vorerst und wegen der starken Rotation kaum auftraten, zeichnen sich ab 1973 die Schwierigkeiten ab:

Veranlaßt durch wirtschaftliche Folgeprobleme der Ölkrise wird Ende 1973 der Anwerbestop verhängt. Zugleich mit der Krise setzt ein Rationalisierungsschub in der bundesdeutschen Industrie ein — zunächst besonders sichtbar in der Automobilbranche —, der den Anteil des industriellen Proletariats an der lohnabhängigen Bevölkerung schrittweise verringert. Eine Begrenzung der Zahl ausländischer Arbeiter erscheint vom Standpunkt des Kapitals und der Staatsverwaltung zwingend, ohne daß dieselben Instanzen auf die Arbeit von Menschen verzichten können, die faktisch gezwungen sind, sich in den unteren Lohngruppen bei stark fremdbestimmter, risikoreicher und entfremdeter Arbeit zu verdingen.

So wird die Rotation durch das Prinzip der Integration abgelöst. Mit einem mehr dauerhaften Aufenthalt werden auch Folgewirkungen der Arbeitsmigration auf die soziale Infrastruktur des Landes erkennbar — im Wohnbereich, in den Systemen sozialer Sicherung, im Gesundheitswesen, im Bildungssystem. Es entstehen neue Felder politischen Handlungsbedarfs, für die Integrationsforschung relevanten Erkenntnisgewinn verspricht.

Seitdem ist staatliche Ausländerpolitik bemüht, die sozialstrukturelle Marginalisierung der Zuwanderer zu begrenzen. Schon weil sie den Immigranten zentrale Rechte verweigert, zielt sie nicht auf einen wirklichen Abbau von Randstellung und Diskriminierung. Integrationspolitik soll soziale Ungleichheit nicht beseitigen, sondern Spannungen und soziale Unruhen vermeiden helfen, die durch sie entstehen. Es geht darum, in einer auch ethnisch-national gestuften Klassengesellschaft "die innere Sicherheit" ohne den Einsatz direkter staatlicher Gewaltmittel zu erhalten.

Die Migrationsforschung in der Bundesrepublik hat sich in enger Anlehnung an das Integrationskonzept der Ausländerpolitik gebildet. Von Beginn an standen die Forschungsprojekte überwiegend unter den Leitthemen "Eingliederung" und "Anpassung". Bereits die erste größere Studie "Leben als Gastarbeiter" stellte sich ausdrücklich das Thema "geglückte und mißglückte Integration".[15] "Integration" definieren die AutorInnen als gesellschaftlichen Zustand des Spannungsausgleichs und grenzen ihn von Prozessen sozialer Spaltung und sozialer Revolution ab.[16] Sie geben offen zu, daß das Forschungsprojekt aufgrund von Befürchtungen des Auftraggebers (Sozialamt der Stadt Köln) entstanden ist und finanziert wurde: die Ausländerbeschäftigung könne gesellschaftliche Prozesse einleiten, die "das Miteinander stören", "Gleichgültigkeit der deutschen Bevölkerung in immer stärkere Ablehnung verwandeln", bei "Gastarbeitern das ganze Arsenal der aus unbefriedigten Wünschen herrührenden unbewußten Aggressionen beleben und zum Ausdruck bringen".[17]

Die Migrationsforschung ist in der BRD stark gebunden an staatliche, kommunale und privatwirtschaftliche Institutionen, die zumeist die Forschungsverträge vergeben und finanzieren. Diese Abhängigkeit ist der Hauptgrund dafür, daß die Forschung einem ordnungstheoretischen Paradigma folgt. Bis in die achtziger Jahre geben Kommunalverwaltungen Sozialstudien in Auftrag, die Wege und Hindernisse der "Integration ausländischer Arbeitnehmer und ihrer Familien" zum Thema haben. Flankiert werden diese Einzelstudien durch übergreifende Aufträge von Staatsverwaltungen, Forschungsinstituten und privatwirtschaftlichen Stiftungen. Auch ihre thematische Vorgabe ist überwiegend "Eingliederung".

So hat die Forschungsförderung der VW-Stiftung, die von 1974 bis 1982 insgesamt 62 Vorhaben mit insgesamt 15,3 Mio DM finanzierte, ab 1978 ihren Schwerpunkt ausdrücklich "auf die Erforschung von Integrationshemmnissen und -möglichkeiten für ausländische Arbeitnehmer und deren Familien" gesetzt, wobei Problemen (mit) der zweiten Generation besonderes Augenmerk galt.[18]

Ein anderes Beispiel ist der Forschungsverbund "Probleme der Ausländerbeschäftigung", der sich im Auftrag eines Bundesministeriums überwiegend Aspekten der Integration in Betrieb und Gesellschaft zuwandte.[19] Erst nach dieser, mit dem staatlichen Auftraggeber abgesprochenen Problemdefinition wird im Projekt eine komplexe Handlungstheorie zur "Assimilation und Integration von Wanderern" entwickelt[20]. Und dennoch tritt diese Theorie ausdrücklich mit dem Anspruch auf, nur nach rein wissenschaftsimmanenten Kriterien beurteilbar zu sein.

Die Annahme einer strikten Trennung von Entstehungs- und Rechtfertigungskontext einer Theorie, wie sie die empirisch-analytische Wissenschaftstheorie reklamiert, wurde oft und mit guten Gründen bestritten. Diese Kritik sei einmal dahingestellt. Ich beschränke mich im folgenden auf eine theorie-immanente Kritik des Paradigmas *Integration*.

3.2 Ebenen kultureller Integration

Den Begriff Integration definiert die bundesdeutsche Migrationsforschung überwiegend zweidimensional, auf einer kulturellen und einer sozialstrukturellen Ebene.[21]

Kulturelle Integration oder *Assimilation* liegt in dem Maß vor, wie die Normen sozialen Verhaltens einer Minderheit mit den in der Mehrheitsgesellschaft geltenden Normen übereinstimmen. *Sozialstrukturell* sind hingegen Minderheiten in dem Maße integriert, wie ihnen vertikale Statuslinien in der Mehrheitsgesellschaft offenstehen.

Beide Dimensionen werden nicht unabhängig voneinander gesehen. So nimmt die Mehrheit der Migrationsforscher an, daß eine sozialstrukturelle Integration die kulturelle Angleichung fördert, und umgekehrt eine sozialstrukturelle Marginalisierung Prozesse der Assimilation blockiert.[22]

Beginnen wir mit dem Konzept der *kulturellen Integration*. Hier muß das Bezugssystem der Angleichung klargestellt werden. Ist die Kultur der Nationalgesellschaft gemeint, in der sich Arbeitsmigranten niedergelassen haben? Diese Position wird zwar in der politischen Debatte oft vertreten, als wissenschaftliches Programm läßt sie sich jedoch nicht durchhalten. Nach staatsbürgerlichen Abgrenzungen differenzieren im Zeitalter internationaler Wirtschaftsverflechtungen soziale Bräuche und Lebensformen weit weniger als nach Unterschieden in der Klassenlage und im Zugang zu gesellschaftlichen Ressourcen.

So beschränken sich denn auch staatliche Ansprüche auf "Integration" zumeist darauf, daß die Menschen die nationale Standardsprache im Umgang mit Bürokratien beherrschen, auf die Erfüllung der Schulpflicht, den Nachweis geregelter Arbeit, darauf, nicht vorbestraft zu sein. Das sind erkennbar formale Kriterien ohne kulturelle Implikationen.

Bezugspol einer Anpassung können organisierte gesellschaftliche Systeme sein wie Betriebe, in denen die Migranten arbeiten; Schulen, die sie oder ihre Kinder, besuchen; die Systeme des Geldverkehrs, die sie benutzen; Verwaltungen, mit denen sie als Klienten verkehren; das Gesundheitswesen, das sie als Patienten behandelt; der Straßenverkehr, an dem sie als Passanten oder Fahrer teilnehmen.

Mit der Integration in organisierte Systeme treten aber unmittelbar keine deutlichen sozialen Probleme auf. Als Arbeitskräfte und Konsumenten, als Käufer, Klienten und Patienten "funktionieren" die Arbeitseinwanderer im großen und ganzen gut. Die allgemeinen Regeln lohnabhängiger Arbeit, des Kaufens und Verkaufens, des Umgangs mit Verwaltungen haben sie entweder in kurzer Zeit erworben oder gleichsam als kulturelles Gepäck schon mitgebracht. Der Prozeß der Anpassung bedarf hier insofern keiner Untersuchung mehr, als er weitgehend vollzogen ist.

Nicht mangelnde Anpassung in Bereiche organisierten gesellschaftlichen Lebens ist das Problem, sondern die strukturelle Benachteiligung und Marginalisierung der ArbeitsmigrantInnen in diesen Bereichen. Auch wenn sie — etwa — als LohnarbeiterInnen "gut funktionieren", gilt doch, daß sie überwiegend am unteren Ende der Hierarchie beschäftigt und von Dauerarbeitslosigkeit besonders häufig betroffen sind. Auch wenn Immigrantenkinder in den Rahmen des Schulsystems gut eingefügt sind, liegen ihre Stellung in der Unterrichtsorganisation, ihre Leistungen im Unterricht und ihre Erfolge in Schulabschlüssen deutlich unter dem Schnitt. Untersuchungen zur strukturellen Marginalisierung der Zuwanderer entsprechen aber genau nicht dem Assimilations-Konzept, sondern dem klassenanalytischen Paradigma.

Ein weiteres Bezugssystem der Untersuchung kultureller Anpassung kann eine umrissene soziale Kategorie von Menschen in einer Gesellschaft sein. Es ist dann sinnvoll, die Migrationsforschung auf Eingliederungsprozesse und/oder wechselseitige Beziehungen von Arbeitseinwanderern und einheimischer Arbeiterklasse zu richten.

Zu diesem Thema nun finden sich kaum Beiträge in der bundesdeutschen Migrationsforschung.[23] Das Untersuchungsfeld würde sich damit auch vom Thema "ausländische Arbeitnehmer und ihre Familien" zu einer Soziologie der Arbeiterklasse im überindustrialisierten Kapitalismus verschieben. Mit meiner Argumentation plädiere ich für diese Erweiterung der Migrationsforschung.

3.3 Integration und Klassenstruktur

Nun zur *sozialstrukturellen* Ebene der *Integration*. Migranten gelten in dem Maße als integriert, wie sie in das Statussystem der Aufnahmegesellschaft aufgenommen sind oder wie sie gleichwertig an den "gesellschaftlichen Gütern" teilhaben.[24] Sie sind marginalisiert in dem Maß, wie das nicht der Fall ist.

Diese Definition ist gut operabel, wenn wir "Statussystem" und "gesellschaftliche Güter" genauer definieren. Wir können dann sogar sozialstrukturelle Integrationsindices bilden, die die Stellung von Arbeitseinwanderern im Statussystem vergleichbar macht.

Nehmen wir etwa die Stellung am Arbeitsplatz, die Qualität der Wohnungen und die Bildungskarrieren der Kinder als Merkmale der gesellschaftlichen Stellung und versuchen, diese Merkmale zu quantifizieren. Wir können mit diesen Mitteln den Integrationsindex für beliebige Kategorien von Arbeitseinwanderern bilden, ihn über Jahre verfolgen, in verschiedenen Ländern und Regionen oder mit dem Index anderer Kategorien von Arbeitseinwanderern vergleichen.

Als empirisches Programm kommen solche Messungen sicher zu instruktiven Ergebnissen. In der Theoriebildung hat dieser Forschungsansatz zur sozialstrukturellen Integration jedoch aufschlußreiche Konsequenzen. So folgt aus ihm logisch, daß alle sozialen Klassen, die im sozialen System unterhalb einer durchschnittlichen Mittelklasse plaziert sind, desintegriert bzw. marginalisiert sind, und zwar in dem Grad, wie ihr Index von diesem Durchschnitt abweicht. Die soziologische Theorie setzt also mit der Annahme einer Marginalisierung von Arbeitseinwanderern logisch eine Desintegration auch von einheimischen ArbeiterInnen in Industrie und Dienstleistung, von HausarbeiterInnen und kleinen Bauern voraus. In der Marginalisierung unterscheiden sich die zuletzt genannten Gruppen von den Arbeitseinwanderern nicht grundsätzlich, sondern nur graduell.

Aus dieser Überlegung folgt, daß Migrationsforschung nicht unabhängig von einer Soziologie der Klassengesellschaft betrieben werden kann. Aussagen über Art, Ausmaß und Veränderung der sozialstrukturellen Integration wie wir sie bei Arbeitseinwanderern feststellen, müssen wir im Lichte von Aussagen beurteilen, die wir über die Integration anderer gesellschaftlicher Gruppen treffen.

Eine Messung des Marginalisierungsgrads von Arbeitsimmigranten heute wird sicher ergeben, daß sie weiterhin underdogs im gesellschaftlichen System sind. Die Stellung auch anderer marginalisierter sozialer Gruppen kann sich aber in den Jahren (nach) der Immigration ganz verschieden entwickeln. Wir mögen z.B. feststellen, daß der relative Anteil der einheimischen ArbeiterInnen in Industrie und formal unqualifizierten Dienstleistungen abnimmt — oder konstant bleibt; daß der Integrationsindex der einheimischen Schicht der Arbeiterklasse höher liegt als der Index der Immigranten — oder nicht; daß er zunimmt, unverändert bleibt oder sich in stärker integrierte FacharbeiterInnen und stärker marginalisierte unqualifizierte und erwerbslose ArbeiterInnen polarisiert. Eine solche Polarisierung kann sich auch zwischen der Arbeiterklasse unterschiedlicher Regionen in einem Staatsgebiet entwickeln. Oder es stellt sich heraus, daß die soziale Stellung von Arbeitseinwanderern vergleichbar der von einheimischen ArbeiterInnen und/oder der Marginalisierung einheimischer ArbeiterInnen bäuerlicher Herkunft ist.

Alle Variationen, die Art, Ausmaß und Veränderung der Marginalisierung verschiedener Gruppen annehmen können, wirken sich nun auf Deutungen und Erklärungen der Sozialtheorie aus. In Fragen der *Bewertung* und *Deutung* leuchtet das sofort ein:

Wenn sich zeitlich mit der Arbeitseinwanderung die Integration der einheimischen Arbeiterklasse verbessert oder verschlechtert, werden wir auch unterschiedliche Urteile zur gesellschaftlichen Stellung der Immigranten fällen. Bei abnehmender Marginalisierung der "native workers" würden wir eher Prozesse wechselseitiger Integration von einheimischer und zugewanderter Arbeiterschaft erforschen. Bei gleichbleibender oder zunehmender Marginalisierung würden wir dagegen ethnische Unterschichtung, die Bildung einer subproletarischen Klasse und/oder kastenmäßige Überformungen der Klassengesellschaft untersuchen.

Auch für *Erklärungsansätze* der Migrationsforschung ist der Vergleich mit Integrationsprozessen anderer gesellschaftlicher Gruppen relevant. Wir mögen etwa feststellen, daß parallel zur Arbeitsanwerbung aus anderen Ländern die Industrie eines Landes neue Arbeitskräfte aus Schichten der HausarbeiterInnen und den Kleinbauern rekrutiert. Wenn dann die relative Integration der einheimischen ArbeiterInnen positiv von derjenigen der Eingewanderten absticht, werden wir staatliche Diskriminierung (z.B. über rechtliche und politische Randstellung) und vielleicht auch kulturelle Besonderheiten (die Handlungskompetenzen in der untersuchten Gesellschaft blockieren) als relevante

Faktoren annehmen und untersuchen, die die Marginalisierung von Immigranten (mit) erklären. Unterscheidet sich die relative Integration der genannten Gruppen nicht sonderlich voneinander, werden wir die Erklärung eher auf die Klassenlage allein richten.

Die Analyse des Konzepts der sozialstrukturellen Integration muß hier skizzenhaft bleiben. Sie macht dennoch deutlich, daß sich die faktisch betriebene Integrationsforschung und Integrationstheorie schon im Ansatz von einer Vorgehensweise unterscheidet, wie sie aus dem sozialstrukturellen Konzept folgen würde. Dieses impliziert vielmehr eine Migrationsforschung, die nur als Teil einer Soziologie der Klassengesellschaft betrieben werden kann.

Dieselbe Konsequenz ergab sich aus der Kritik am Konzept der kulturellen Integration (Assimilation), so daß wir aus der zweigleisig geführten Kritik ein übereinstimmendes Ergebnis erhalten.

Der theoretischen Kritik des Paradigmas der Integration habe ich eine politische Kritik vorausgeschickt. Die analytische Wissenschaftstheorie versucht, beide Ebenen mit der Dichotomie "context of discovery" und "context of justification" zu trennen. Die immanente Kritik am Paradigma erlaubt es nun, eine Hypothese so formulieren, die politische Entstehung und wissenschaftliche Ausgestaltung des Integrationsparadigmas plausibel verbindet:

Projekte der Integrationsforschung entstanden sehr oft als Aufträge staatlicher und privatwirtschaftlicher Bürokratien. Bürokratisches Denken hat die Neigung zur Sondierung sozialer Probleme und zur Ausblendung ihrer Verflechtungen und kontextuellen Zusammenhänge. Das Problem "wie läßt sich die Marginalisierung von Arbeitseinwanderern begrenzen und kontrollieren?" wird von seinem Kontext abgesondert — und erscheint so auch als Sonderthema der Sozialforschung. Zumindest über einige Jahre ist das bürokratische Interesse an diesem Thema so groß, daß sich eine Spezialdisziplin "Integrationsforschung" ausbilden kann. Mit der Spezialisierung aber verzichtet die Sozialforschung auf ihre sozialkritische wie auf ihre gesellschaftstheoretische Dimension.

Aus dieser Einschätzung folgt im übrigen die Prognose, daß das "Integrationsparadigma" aus der Migrationsforschung dann verschwindet, wenn das bürokratische Interesse an Kontrolle der Marginalisierung erlischt.

4. Die zwei Gesichter ethnischer Kommunen — Das Minoritätenparadigma

4.1 Das Paradigma und seine Entstehung

Etwa seit 1980 finden kultursoziologische und ethnologische Ansätze in der bundesdeutschen Migrationsforschung größere Verbreitung.[25] Sie lassen sich schwer unter ein einheitliches Markenzeichen fassen. "Ethnische Minderheiten", "ethnische Koloniebildung", "community formation", "kulturelle Traditionen", "Zwischenkulturen", "Binnenintegration", "kulturelle Identität" und "multikulturelle Gesellschaft" sind wichtige Schlüsselbegriffe.

Gemeinsamer Ausgangspunkt dieser Migrationsforschung ist die Feststellung *kultureller Differenzen* zwischen Mehrheitsgesellschaft und eingewanderten Minderheiten, sowie dieser Minderheiten untereinander. Zweitens ist es der Blick auf die Bildung spezifischer sozialer, kultureller und zum Teil auch ökonomischer Milieus unter Arbeitseinwanderern, *community formation* also.

Zur weiteren Verständigung fasse ich diesen Ansatz als Minoritäten-Paradigma zusammen.

Ein Vorteil des Minoritäten-Paradigmas gegenüber dem imperialismus-kritischen Ansatz ist der Hinweis auf die Bedeutung von Alltagskulturen und sozialer Gruppenidentitäten.

Am konkreten Selbstverständnis handelnder Menschen vorbeizuzielen, ist eine Gefahr jeder Klassenanalyse. So definiert sich die überwiegende Mehrheit der Arbeitsemigranten nach nationalen — manchmal auch ethnisch-regionalen — Zugehörigkeiten; auch werden sie in nationaler Zuordnung von den Angehörigen der Mehrheitsgesellschaft "gesichtet". "Objektive" Klassenanalyse und "subjektive" Selbst- wie Fremdeinschätzung fallen auseinander: an diesem Mangel der Klassenanalyse setzt das Minoritäten-Paradigma an.

Gegenüber dem Integrations-Ansatz ist es ein Vorzug des Minoritäten-Paradigmas, daß es nicht ordnungstheoretisch ausgerichtet und so für eine Assimilationspolitik zunächst nicht einsetzbar ist. Kulturelle Unterschiede werden nicht negiert oder als Integrationshindernisse bewertet. Das Thema "Integration" verschiebt sich auf den inneren Zustand der Einwanderergesellschaften, die Stellung der Individuen in diesen Gesellschaften und das Verhältnis von Einwanderer- und Mehrheitsgesellschaften:

"Zu untersuchen gilt es, welche Sozialsysteme die ausländische Bevölkerung selbst entwickelt hat, um ihre Angehörigen zu integrieren, nicht in die deutsche Gesellschaft als Einwanderungsland, sondern in die Gesellschaft der Einwanderer in Deutschland".[26]

Erkennbare Grenzen der Integrationspolitik haben seit Ende der 70er Jahre den Aufschwung des Minoritätenparadigmas befördert. Ursprünglich nahmen Politiker, Verwaltungsleute und Sozialplaner an, daß sich mit der Rückwanderung eines großen Teils der Zuwanderer die Zahl der Immigranten deutlicher verringern würde; die zurückbleibenden ArbeiterInnen würden sich zunehmend auf das gesellschaftliche System der Bundesrepublik hin orientieren.

Bekanntlich ging die Entwicklung in eine andere Richtung. Zwar kehrte nach 1973 ein beträchtlicher Teil der ausländischen ArbeiterInnen für immer in ihr Heimatland zurück; gleichzeitig verstärkte sich jedoch der Familiennachzug enorm. Die Zahl der zugewanderten Arbeitsmigranten nahm so unter dem Strich nicht ab, sondern zu. Im Rückblick hat der Anwerbestop nicht, wie beabsichtigt, die Ausländerbeschäftigung verringert, sondern er hat stark dazu beigetragen, ihre Struktur zu verändern: sie verlagerte sich von einer mobilen Arbeitskräftewanderung zur eher stabilen Einwanderung von Familien.

Die Familieneinwanderung verändert die Folgeprobleme der Immigration. Es bildet sich eine soziale, gewerbliche und kulturelle Infrastruktur, besonders unter den mitgliederstarken Einwanderergruppen. Sie war auch eine Voraussetzung für Versuche der

Wiederbelebung religiöser und kultureller Tradition, wie wir sie an der Re-Islamisierung unter Arbeitseinwanderern aus der Türkei beobachten.

Mit dem verstärkten Schulbesuch ausländischer Kinder stellen sich neuartige pädagogische Probleme, die eine zunächst integrativ arbeitende Ausländerpädagogik zunehmend obsolet erscheinen lassen. Wenn Kinder aus der Türkei bald eine starke Minderheit oder eine Mehrheit in vielen Schulen werden, während die soziale Heterogenität der deutschen SchülerInnen dort zunimmt, dann ist an "Integration" im üblichen Sinn nicht mehr zu denken. Auch wurde nachdenklichen Erziehern und Erziehungswissenschaftlern schnell deutlich, daß eine harte Pädagogik der Eindeutschung sowohl die Entfaltung selbstbewußter Identität der Kinder bedroht wie sie ihre Schulerfolge schwer beeinträchtigt.

Diese gesellschaftliche Entwicklung begünstigt ein wissenschaftliches Paradigma, das die Bildung eigener sozialer Verbände von Arbeitseinwanderern, die Rolle ihrer spezifischen Alltagskulturen und das Gewicht ihrer ethnischen Zugehörigkeit und kulturellen Identität stärker betont. Dabei gruppieren sich um dieses Paraadigma verschiedene und zum Teil gegensätzliche gesellschaftliche Interessen. Wir finden offen rassistische Positionen, die kulturelles Eigenleben von "Ausländern" als Gefahr der Überfremdung sehen; verdeckten Rassismus, der mit einer "Achtung" kultureller Identität die Rückkehr oder Abschiebung der Menschen befördern will; aufgeklärte Herrschaftstechniken, die Strukturen und Abhängigkeiten der Minderheitengesellschaften für wirksame soziale und politische Kontrolle einsetzen wollen; aber auch Bestrebungen zur Selbstorganisation von Minderheiten, die sich auf besondere kulturelle Traditionen und Fähigkeiten von Arbeitseinwanderern besinnen.

4.2 Minderheiten als abhängige Gesellschaften

Die erste bedeutende Sozialstudie, die unter anderem die Binnenintegration von Immigranten untersucht hat, haben Thomas und Znaniecki 1918 über polnische Bauern in den USA vorgelegt.[27] Eine kurze Vergegenwärtigung dieses soziologischen Klassikers soll ein Problem des Minoritäten-Paradigmas deutlicher machen:

Thomas und Znaniecki arbeiten an Vereinen, Kirchengemeinden, Hilfsorganisationen und anderen Zusammenschlüssen polnischer Einwanderer ordnungspolitische Funktionen heraus. Einwanderung, so ihre These, bewirkt einen Verlust vertrauter sozialer Milieus und erhöht so die Möglichkeit "sozialer Desorganisation" und "Demoralisierung" unter den Immigranten. Darunter fassen sie Erscheinungen wie schlechte Arbeitsmoral, Absentismus, Kriminalität, Zerfall des Familienlebens (etwa gemessen in Scheidungsraten), Vagabundage, aber auch Formen kollektiven Protests. "Demoralisierung" kann auch zu sozialen Unruhen (social unrest) führen, die wie die anderen Erscheinungen *"verursacht sind durch den Niedergang der Primärgruppenorganisation, die dem Individuum Verantwortungssinn und Sicherheit gab, weil es wußte, wo hingehörte"*.[28]

Diese soziale Ortslosigkeit wird von den Vereinigungen der Einwanderergesellschaft aufgefangen. Gleichsam als Auffangbecken stabilisieren sie die Stellung der Immigranten im fremden Land. In den Umgangsformen und Regeln der Vereinigungen verbinden sich kulturelle Elemente der Einwanderungsgesellschaft mit Formen bäuerlichen Lebens aus Polen: Die Vereinigungen entschärfen so kulturelle Gegensätze und üben die bäuerlichen Einwanderer gleichsam in Handlungsregeln der Mehrheitsgesellschaft ein. So bewirkt die Binnenintegration in die communities der Minderheiten in doppelter Hinsicht eine Eingliederung in die Mehrheitsgesellschaft.

Intelligente Herrschaftstechniken werden nicht auf Integration der Arbeitseinwanderer direkt zielen, sondern indirekte Kontrollen über "Kolonien" ethnischer Minderheiten zu errichten versuchen. Eine Politik sozialer Kontrolle kann auf die innere Klassendifferenzierung der Arbeitseinwanderer wie die Entstehung einer ethnischen Bourgeoisie und Intelligenz setzen, wie auch auf die abhängige Stellung ethnischer Subkulturen im Einwanderungsland. Auf diese Abhängigkeit wurde in der Diskussion des imperialismuskritischen Ansatzes schon verwiesen. Minderheitenkulturen sind keine autonomen Gebilde, sie entstehen im Kontext gesellschaftlicher Ausbeutung und Unterdrückung.

Hierarchien etwa unter den Geschlechtern und Altersstufen sind nicht einfach als kulturelle Traditionen importiert, sie bilden oder verstärken sich auch als Spiegelung von Herrschaftsverhältnissen hier. Religiöse Bräuche stellen, wie sie neu belebt und gepflegt werden, auch eine Antwort auf die Marginalisierung im Einwanderungsland dar. Die Unterwerfung unter strenge Regeln, die etwa der islamische Fundamentalismus betreibt, übt damit die Unterwerfung der Menschen unter die Regeln einer stark bürokratisierten Gesellschaft ein: insofern wirkt die Religion "integrativ".

Oder: Der Alltag von Einwandererkolonien ist geprägt und begrenzt von Anforderungen abhängiger Lohnarbeit, von stadtplanerischen Vorgaben und Beschränkungen im Wohnbereich, von Angeboten und Konsumnormen des hiesigen Warenmarkts, von Zumutungen von Ämtern, die in das Leben der Menschen eingreifen.

Einwanderergesellschaften sind auch keine egalitären Gebilde, sondern nach Geschlecht und Klasse hierarchisiert. Die ethnischen Mittel- und Oberschichten können aber Brückenköpfe für eine indirekte Herrschaft von außen werden.

Die Ausblendung innerer wie äußerer Herrschaftsbeziehungen wie, damit verbunden, die Ausklammerung der internen Klassengliederung machen das Minoritäten-Paradigma funktionalisierbar für verfeinerte Kontrolltechniken der Staatsbürokratie, die über einfache Anpassungsstrategien hinausgehen. In dieser kritischen Einschätzung sind im übrigen die britische "sociology of race relations" und die australische Minoritäten-Soziologie der bundesdeutschen Migrationsforschung voraus.[29]

Die Ausblendung von Herrschafts- und Klassenbeziehungen folgt allerdings im Minoritäten-Paradigma nicht zwangsläufig. Wenn die Migrationsforschung die Untersuchung ethnischer Subkulturen mit einer inneren Klassenanalyse wie mit einer Erfassung äußerer Abhängigkeiten, besonders von staatlicher Herrschaft, verbindet, kann sie die angedeuteten Fehler vermeiden. Der Gefahr einer Funktionalisierung ihrer Ergebnisse für Herrschaftsinteressen entgeht sie damit aber, wie jeder andere Ansatz, auch nicht.

4.3 Multikulturelle Gesellschaft — ein moderner Mythos

Ein zweiter kritischer Punkt am Minoritäten-Paradigma ist die *These einer zunehmenden kulturellen Ausdifferenzierung* der Einwanderungsgesellschaft. Ohne Zweifel hat die Immigration die ethnische Zusammensetzung westeuropäischer Gesellschaften vielfältiger gestaltet. Zwar ist Multiethnizität auch im westlichen Mitteleuropa nicht neu. Der deutsche Industrie- wie auch der Agrar-Kapitalismus hat immer mit angeworbenen Arbeitern aus anderen Ländern produziert, bis hin zum Terror der Zwangsarbeit im Faschismus. Vor Beginn der Arbeitsanwerbung aus den Mittelmeerländern hat der Arbeitsmarkt Millionen Flüchtlinge aus den östlichen Provinzen des ehemaligen Deutschen Reichs und aus der DDR integriert.

Trotz dieser historischen Kontinuität erscheint die Annahme, die Arbeitseinwanderung seit 1960 habe die westeuropäischen Gesellschaften stärker kulturell ausdifferenziert, zunächst plausibel. Unterschiede in Regionalkulturen des ehemaligen Deutschen Reichs oder zu Volkskulturen angrenzender Gebiete sind offenbar weniger ausgeprägt als die Differenz zur Alltagskultur in mediterranen oder — im Fall von Frankreich und Großbritannien — afrikanischen, asiatischen und westindischen Gesellschaften.

Dennoch hält die These von einer zunehmend multikulturellen Gesellschaft ernsthafter empirischer Überprüfung kaum stand. Ihr begrifflicher Fehler ist, daß sie die Frage ethnisch-kultureller *Identität* mit dem Problem ethnischer *Lebensformen* vermischt. Beziehen wir uns nur auf Häufigkeit und Bedeutung ethnisch-nationaler Selbst- und Fremdzuordnung, können wir die BRD zu Recht eine zunehmend multiethnische Gesellschaft nennen.

Die Intensität ethnischer Abgrenzung muß aber nicht mit dem Grad wirklicher kultureller Differenzierung korrelieren. Wir finden — etwa — in Nordirland eine massive Scheidelinie zwischen Bevölkerungsgruppen, hier nach dem Kriterium "Religion", ohne daß sich die Alltagskultur beider Gruppen nennenswert unterscheidet. Wir stellen dasselbe auch am baskischen und katalanischen Nationalismus fest, die — von einer Renaissance der Sprachen und sporadischer Traditionspflege abgesehen — im Alltagsleben kaum Unterschiede zu anderen Volksgruppen im spanischen Staatsgebiet ausbilden.

So fällt auch am multiethnischen Zusammenleben in der BRD nicht die Vielfalt, sondern die geringe Ausprägung kultureller Eigenwelten auf. Im organisierten öffentlichen Leben haben sich — wie bereits bemerkt — die Arbeitseinwanderer den Normen und Verhaltenszumutungen des Gesellschaftssystems weitgehend angeglichen.[30] Auch öffentlich sichtbare Unterschiede in der Alltagskultur — etwa in Kleidung, Konsumverhalten, Geselligkeit und im Umgang mit Medien — betreffen eher periphere Merkmale im sozialen Leben.

Die Kleidung der meisten zugewanderten Frauen, Männer und Kinder ist an Standardangeboten des internationalen Textilmarkts ausgerichtet; ebenso unterscheiden sich Nahrungsmittel, Ernährungsgewohnheiten und Wohnungseinrichtungen eher in kleinen Varianten. Die stärker nach außen gerichtete Geselligkeit schließlich — ein dritter oft genannter kultureller Unterschied — begründet allein keine andere Alltagskultur. Auch wird es schwerfallen, ein wesentlich anderes Verhältnis von Arbeitseinwanderern zu Massenmedien auszumachen. Der unbestrittene Unterschied etwa, daß türkische Familien Videofilme in türkischer Sprache sehen, verdeckt die wesentliche Gemeinsamkeit zu deutschen Familien: Daß der Gebrauch audio-visueller Medien zu einem zentralen Bestandteil des Alltagslebens geworden ist. *Das* aber ist das entscheidende Merkmal gelebter Kultur, Inhalte und Sprache der gesehenen Filme sind es erst in zweiter Linie.

Industrialisierte und bürokratisch zentralisierte Gesellschaften wie die BRD stehen nicht in multikultureller "Blüte", vielmehr "verwelken" und verflachen hier seit Jahrzehnten kulturelle Eigenwelten.[31] Der Niedergang relativ eigenständiger Arbeiterkulturen und ihrer politisch-sozialen Selbstorganisation in Gewerkschaften, Genossenschaften, Vereinen und Partei(en) zählt dazu, wie die Abschleifung regionaler Unterschiede, die fast nur im (eher abnehmenden) Gebrauch von Dialekten sich erhalten und wo die Pflege folklorischer Bräuche bereits stark aufgesetzt wirkt.

Im Kontext kultureller Nivellierung setzen ethnische "communities" von Arbeitseinwanderern noch manchen Farbtupfer, der die Illusion kultureller Neubelebung fördert. Eigenständige Minderheitenkulturen aber bilden sich hier nicht aus. Der Alltag einer türkischen Arbeiterfamilie unterscheidet sich heute wenig vom Alltag einer deutschen Arbeiterfamilie in vergleichbarer sozialer Lage, auch wenn die eine Familie deutlicher diskriminiert wird und beiden Familien ihre ethnisch-nationale Zuordnung sehr bewußt ist.

5. Zusammenfassung

Das *imperialismuskritische Paradigma* entstand mit der politischen Erwartung, daß die Arbeitsmigration gesellschaftliche Gegensätze im internationalen Maßstab zuspitzen und Klassenkämpfe im westlichen Europa neu beleben würde. Obwohl sich diese Erwartung als falsch herausstellte, ist damit das Paradigma nicht falsifiziert. Vielmehr ist sein Erklärungswert bei weitem nicht ausgeschöpft. So legt es Erklärungen des "Kulturkonflikts" aus dem Wechsel von bäuerlich-handwerklicher in spätindustrielle Produktions- und Lebensweisen nahe, die die Migrationsforschung bisher zu wenig aufgegriffen hat. Ebenso erscheint der Versuch instruktiv, Rassismus und Fremdenfeindlichkeit auf die internationale Hierarchie zwischen überindustrialisierten und verarmenden Landstrichen wie auf Hierarchien der Lohnarbeit im Einwanderungsland zu beziehen. Auch legt das Paradigma nahe, die Analyse ethnischer Gemeinschaftsbildung infolge von Migration um Strukturen innerer Herrschaft und äußerer Abhängigkeit zu erweitern.

Im Lichte dieser Einschätzung war die frühzeitige Abkehr der bundesdeutschen Migrationsforschung vom imperialismuskritischen Ansatz völlig verfehlt.

Das *Integrationsparadigma* hat die Migrationsforschung über Jahre dominiert. Es entstand in enger Anlehnung der Forschung an staatliche wie privatwirtschaftliche Institutionen. Begrenzung der Marginalisierung von Arbeitseinwanderern (aber nicht ihre Aufhebung) und Kontrolle ihrer möglichen dysfunktionalen Wirkungen auf das gesellschaftliche System erscheinen so als das politische Ziel von "Integration".

Das Integrationsparadigma gliedert sich in zwei Konzepte. Der Ansatz der "Assimilation" erweist sich als wenig durchdacht und teilweise inkonsistent. Der Ansatz "struktureller Integration" kann hingegen Maße von Marginalisierung genauer fassen und vergleichbar machen. Instruktiv wird das allerdings erst im Kontext gesamtgesellschaftlicher Klassenanalyse. Dieser Ansatz von "Integrationsforschung" ist somit einer allgemeineren Soziologie struktureller Marginalisierung in spätindustriellen Gesellschaften zuzuordnen.

Das *Minoritätenparadigma* setzt sich in der bundesdeutschen Migrationsforschung der letzten Jahre stärker durch. Gegenüber dem klassenanalytischen Ansatz geht es eher auf die praktische Bedeutung ethnisch-nationaler Selbst- und Fremdidentifikationen ein. Gegenüber dem Integrationsansatz vermeidet es unmittelbar eine Funktionalisierung für bürokratische Sozialkontrolle.

Dennoch ist es mittelbar für intelligente Strategien indirekter Sozialkontrolle einsetzbar und verleitet wissenschaftsimmanent dazu, innere Hierarchien und äußere Abhängigkeiten in ethnischer Gemeinschaftsbildung von Arbeitseinwanderern zu übersehen. Das ist jedoch nicht zwangsläufig: klassenanalytisches und Minoritäten-Paradigma lassen sich in der Erforschung von "community-formations" sinnvoll verbinden.

Die Verschränkung des Minoritäten-Paradigmas mit der These einer zunehmend multikulturellen Gesellschaft, wie sie vor allem in der gesellschaftspolitischen Diskussion und in Begründungen für eine interkulturelle Pädagogik[32] zu beobachten ist, erweist sich jedoch als eine Sackgasse. Empirische Kulturanalysen verweisen eher auf eine Abschleifung kultureller Unterschiede und die Schwächung kultureller Eigenwelten sozialer Gruppen in überindustrialisierten Gesellschaften. Die kulturelle Nivellierung kann dabei durchaus mit starker Betonung ethnisch-nationaler Identität zusammengehen, wie etwa in Rassismus und Fremdenfeindlichkeit heute zu beobachten. Dieser Nationalismus ist jedoch im strengen Wortsinn eine Ideologie, die auf den gesellschaftlichen Prozeß kultureller Verarmung und Verelendung zugleich reagiert und ihn verdrängt.

Im *Ergebnis* plädiere ich so für eine Stärkung klassenanalytischer und imperialismuskritischer Ansätze, die zu Unrecht ein Schattendasein fristen. Im Minoritätenansatz sehe ich sinnvolle Perspektiven, wenn er sich vom Mythos einer zunehmend multikulturellen Gesellschaft löst und "communities" von Arbeitseinwanderern als abhängige und vertikal gegliederte Verbände analysiert. Dem Integrationsansatz wünsche ich jedoch die Gnade des Vergessens; einzig vom Thema "Integration und Sozialstruktur" kann eine kritische Migrationssoziologie lernen.[33]

Anmerkungen

1 Dieser Artikel erweitert Überlegungen meines Referats auf dem bundesdeutschen Soziologenkongreß 1986 in Hamburg: "Arbeitswanderung im Wandel der Klassengesellschaft". Abgedruckt in: Migration 1987/1, S. 7-20

2 Dutschke, R.: Rede auf dem Vietnam-Kongreß in West-Berlin 1968. In: ders.: Geschichte ist machbar. Berlin 1980, S. 114.

3 vgl. z.B. Cinanni, P.: Emigration und Imperialismus. München, o.J. (1970?), besonders das Vorwort der Verlagskooperative. Castles, St./ Kosack, G.: Immigrant Workers and Class Structure in Western Europe. London 1973. Bundesvorstand der Jungsozialisten, Geiselberger, S., Schwarzbuch: Ausländische Arbeiter, Hamburg 1972. Arbeitsbesprechung in Tarquinia 1971, Die Fremdarbeiter. Die Radikalisierung der Klassenkämpfe durch die "Vierte Welt". Erlangen 1974. Nikolinakos, M.: Politische Ökonomie der Gastarbeiterfrage. Reinbeck 1973. Harbach, H.: Internationale Schichtung und Arbeitsmigration. Reinbeck 1976, S. 79-102, 128-154.

4 Migranten — Immigranten. In den 60er Jahren ist der Begriff "Migranten" überwiegend zutreffender. Bis zum Anwerbestop geht ein großer Teil der ausländischen Arbeiter in Westeuropa nur vorübergehend oder mit längeren Unterbrechungen lohnabhängiger Tätigkeit in Westeuropa nach. Ab den 70er Jahren dominiert zunehmend die Arbeitseinwanderung.

5 Zentral ist hierzu die Arbeit von Galtung, J.: Eine strukturelle Theorie des Imperialismus. In: Senghaas, D. (Hrsg): Imperialismus und strukturelle Gewalt. Frankfurt 1971.

6 vgl. Berger, H.: In Verteidigung des "pueblo", Arbeiterbewegung und Arbeitsmigration im ländlichen Andalusien. In: Probleme des Klassenkampfs 25, 1976. Steinmayr, A.: Zum gesellschaftlichen Bewußtsein von Arbeitsemigranten. Dipl.Arb. München 1976.

7 Für die BRD: vgl. Hildebrandt, E./Olle, W.: Ihr Kampf ist unser Kampf. Ursache, Verlauf und Perspektiven der Ausländerstreiks 1973 in der BRD. Offenbach, 1975. Kleff, H.-G.: Vom Bauern zum Industriearbeiter, Zur kollektiven Lebensgeschichte von Arbeitsmigranten aus der Türkei. Ingelheim 1984. S. 142ff..

8 Zur These der "kleinbürgerlichen Perspektive" von Arbeitsmigranten damals vgl. u.a.: Schahbazian, K./Wilke, H.: Bewußtseinselemente türkischer Arbeiter in der BRD. In: Das Argument 9-10, 1971.

9 Arbeitsbesprechung in Tarquinia, 1971, S. 4.

10 vgl. zuletzt: Karstens, M.E.: Die Bedeutung der Zeit im Migrationsleben. In: Migration 1987/1, S. 109-138

11 vgl. Arbeitsbesprechung in Tarquinia, 1971, S. 23f..

12 vgl. die ausgezeichnete Analyse von Kleff, H.-G., 1984 über Klientelsysteme unter türkischen Arbeitseinwanderern, S. 246 ff.

13 Das Projekt Camelot war ein groß angelegtes Forschungsvorhaben US-amerikanischer Sozialwissenschaftler in Lateinamerika in den 60er Jahren. Für die Studentenbewegung war es zeitweise Symbol für eine Soziologie, die im Interesse der Metropolen in abhängigen Ländern forscht.

14 Zitiert nach Decker, F.: Ausländer im politischen Abseits. Möglichkeiten ihrer politischen Beteiligung. Frankfurt 1982, S. 21.

15 Bingemer, K./Meistermann-Seeger, E./Neubert, E.: Leben als Gastarbeiter, Geglückte und mißglückte Integration. Köln 1970.

16 ebd., S. 17

17 ebd., S. 13

18 vgl. Korte, H./Schmidt, A.: Migration und ihre sozialen Folgen, Förderung der Gastarbeiterforschung durch die Stiftung Volkswagenwerk 1974-1981. Göttingen 1983, S. 107.

19 vgl. Forschungsverbund Probleme der Ausländerbeschäftigung, Integrierter Endbericht an das Bundesministerium für Forschung und Technologie, Juli 1979.

20 vgl. z.B. in: Esser, u.a.: Arbeitsmigration und Integration. Königstein 1979. Insbes.: "Ansätze zur Erklärung der Integration von Migranten. Theoretische Grundlagen."

21 vgl. Gordon, M., Assimilation in America. In: Yetman, N.R./Steele, C.H. (Hrsg.): Majority and Minority, Boston 1971. Hoffmann-Novotny, H.S.: Soziologie des Fremdarbeiterproblems, Stuttgart 1973. Elwert, G.: Gesellschaftliche Integration durch Binnenintegration? In: Kölner Zeitschrift für Soziologie und Sozialpsychologie, 34, 1982. Gaitanides, St.: Sozialstruktur und "Ausländerproblem". München 1983.
22 Vgl. Hoffmann-Novotny, 1973 und Gaitanides, 1983.
23 Augustin, V./Harnisch, U. und ich hatten 1983 ein Forschungsprojekt in dieser Richtung bei der DFG beantragt. Es wurde abgewiesen. Einen Teil dieses Vorhabens haben wir dann "auf eigene Faust" verwirklicht: Augustin, V./Berger, H.: Einwanderung und Alltagskultur. Die Forster Straße in Berlin-Kreuzberg. Berlin 1984.
24 Die Formulierung ist Hoffmann-Novotny, 1973 und Elwert, G., 1982 entlehnt.
25 vgl. Heckmann, F.: Die Bundesrepublik: ein Einwanderungsland? Stuttgart 1981. Heckmann, F.: Ethnischer Pluralismus und "Integration" der Gastarbeiterbevölkerung. In: Vaskovics (Hrsg.): Die Raumbezogenheit sozialer Probleme, Opladen 1982. Blaschke, J./Greusing, K. (Hrsg.): "Dritte Welt in Europa". Probleme der Arbeitsimmigration. Frankfurt 1980. Der Kongreß, dessen Beiträge dieses Buch veröffentlicht, suchte programmatisch eine Verbindung des Minoritäten- mit dem imperialismuskritischen Ansatz.
26 Heckmann, F., 1981, S. 218.
27 vgl. Thomas, W.I./Znaniecki, F.: The Polish Peasant in Europe and America. New York 1927[2]
28 ebd., S. 1826
29 Zu Australien vgl. die Arbeit von Castles in diesem Band. Zu Großbritannien: Bourne, J./Sivanandan, A.: Cheerleaders and ombudsmen. The sociology of race relations in Britain. In: Race and Class XXI, 4, 1980. Gilroy, P.: Managing the Underclass. In: Race and Class XXII, 1, 1981.
30 vgl. die Arbeit von Lenhardt in diesem Band.
31 Als ein Beispiel dagegen zitiere ich die einleitenden Sätze des Sammelbandes "Erziehung in der multikulturellen Gesellschaft, Essinger, H./Ucar, A. (Hrsg), 1984: "Unsere Gesellschaft befindet sich gegenwärtig in einem Wandel von überwiegend monoethnischen und monokulturellen zu multiethnischen und multikulturellen Strukturen". (S. IX). Für viele, wenn nicht die meisten Beiträge zur Theorie und Praxis interkultureller Erziehung ist diese Annahme ausdrücklich oder unausdrücklich leitend.
32 Zur Kritik der Pädagogik interkultureller Erziehung vgl. die Arbeit von Hamburger in diesem Band; sowie den Artikel von Radtke, F.-O.: Pädagogische Grenzüberschreitungen. Probleme interkultureller Erziehung. Ausländerkinder – Forum für interkulturelles Lernen in Schule und Sozialpädagogik, 1987/H.3, S. 75–99
33 Der Artikel hat das Thema "Untersuchungsmethoden" ausgeklammert. In einem anderen Zusammenhang habe ich die Aktionsforschung für die Migrationssoziologie verteidigt und sie dabei in die Nähe einer qualitativen Feldforschung gerückt: Berger, H.: Aktionsforschung unter Arbeitseinwanderern. In: Hoffmeyer-Zlotnik, J. (Hrsg.): Qualitative Methoden der Datenerhebung in der Arbeitsmigrantenforschung. Mannheim 1986. Aktionsforschung wie imperialismuskritische Migrationssoziologie stehen seit Jahren am Rande. Dabei vermisse ich vor allem eine ernsthafte und rationale Auseinandersetzung mit diesen Ansätzen und die Bereitschaft, eine praktische Erprobung von Aktionsforschung wenigstens zuzulassen.

III.
Rasse, Klasse und Ethnie — Brüche und Kontinuitäten in der wissenschaftlichen Konstruktion ethnischer Minderheiten

John Rex

"Rasse" und "Ethnizität" als sozialwissenschaftliche Konzepte

1

Kein Konzept hat in der Weltgeschichte in den letzten 100 Jahren eine so dramatische Rolle gespielt wie das Konzept Rasse. In Deutschland wurde über die Juden gesagt, sie seien eine Rasse, und sie wurden verfolgt und vernichtet. Bis heute beruht das politische System in Südafrika auf der Annahme, daß schwarze Afrikaner minderwertig seien und ihnen deshalb politische Rechte verweigert werden können. Es gibt viele andere Fälle, in denen die ungleiche Behandlung von Gruppen mit Annahmen aus irgendwelchen Rassentheorien gerechtfertigt wird.

Die Verwendung des Konzeptes Rasse wirft interessante Fragen auf über die Dialektik zwischen wissenschaftlichen Konzepten und ihrem populär-politischen Gebrauch. Rasse ist ein Konzept aus der Biologie. Wenn es in der öffentlichen Diskussion benutzt wird, soll der Versuch gemacht werden, das Prestige und die Autorität eines wissenschaftlichen Konzeptes auf den Alltagsgebrauch zu übertragen. Dabei wird allerdings auf ganz andere Gruppen Bezug genommen als dies in der Wissenschaft geschieht. Für die Sozialwissenschaften stellt sich die neue Aufgabe, die Bedingungen aufzuhellen und soziologisch genau zu beschreiben, unter denen das popularisierte politische Konzept Rasse gebraucht wird.

Nach dem 2. Weltkrieg hat die UNESCO Rasse als ein biologisches Konzept bestimmt und mehrere Fachkonferenzen einberufen, auf denen Biologen den korrekten wissenschaftlichen Gebrauch des Konzeptes diskutieren sollten. Die Ergebnisse sind in gewisser Weise technisch verengt.[1] Eines aber konnten die Biologen klarmachen: das von ihnen verwendete Konzept kann wenig Relevanz für die politischen Differenzen zwischen Menschen beanspruchen. Rasse wurde verstanden als ein taxonomisches Konzept, das allenfalls erlaubt, die Gattung Mensch in drei Hauptgruppen einzuteilen, die ihrerseits in Untergruppen differenziert werden können. Es waren physische Merkmale, mit deren Hilfe Menschen klassifiziert wurden, wobei nennenswerte Überschneidungen zwischen den Charakteristika für die Mitglieder verschiedener Gruppen bestehen blieben. Die Vorstellung von rassisch vererbten psychologischen Merkmalen hat in der biologischen Wissenschaft keine Basis und liefert mit Sicherheit kein Argument dafür, eine Gruppe als geistig oder moralisch niedriger stehend als eine andere zu bezeichnen.[2] Sofern der Begriff Rasse in diesem letzteren Sinne gebraucht wird, ist es die Aufgabe von Soziologen und politischen Wissenschaftlern, die Umstände aufzudecken, unter denen dies möglich ist. Genau zu diesem Zweck wurde 1967 eine weitere Expertenkonferenz einberufen.[3]

Soziologen reagierten in drei Weisen auf die veränderte Fragestellung. Die *erste* bestand darin, gänzlich zu bestreiten, daß sich der populär-politischen Gebrauch berechtigterweise auf das wissenschaftliche Konzept Rasse berufen konnte. Der Vorschlag war, statt dessen von 'ethnischen' Problemen zu sprechen. Die *zweite* Reaktion war anzuerkennen, daß auf rassische Merkmale zurückführbare Unterschiede tatsächlich bestehen und daß diese in bestimmten Situationen als Begründung für die differenzierte Gewährung von Rechten funktionierten. Zugleich suchten die Vertreter dieser These den Geltungsbereich für die Anwendung des Terminus 'Rasse' zu begrenzen und bestritten, daß ihm irgendeine rechtfertigende Bedeutung zukäme. Die *dritte* Reaktionsweise beschränkte den Begriff 'Rassenbeziehungen' ausschließlich auf Situationen, die durch *Rassismus* gekennzeichnet sind.

Die erste Antwort war zumeist unter denen verbreitet, die eine eher positive Haltung gegenüber benachteiligten Gruppen einnahmen. Als solche war sie ohne Zweifel moralisch und politisch bewundernswert. Als Mittel zur Klassifizierung von Ereignissen und Gegenständen in der Welt enthält sie allerdings viel Wunschdenken. Man mag wünschen, daß alle Gruppenunterschiede nur auf äußerer Differenz und nicht auf gehässiger Unterscheidung, Diskriminierung oder Unterdrückung beruhen. Tatsächlich aber besteht ein Unterschied zwischen solchen harmlosen Fällen, in denen Gruppen lediglich kulturell unterscheidbar sind, und jenen bösartigen Fällen, in denen eine Gruppe eine andere unterdrückt und ausbeutet. Unglücklicherweise hat der Versuch, rassisch bedingte Probleme in ethnische zu überführen, oft zu Interpretationen geführt, in denen sie dann nicht mehr als Formen der Unterdrückung und des Konflikts, sondern als ein harmloses Phänomen der Differenz erscheinen.

Mit der zweiten Alternative wurde realisiert, daß physische Unterschiede tatsächlich existieren und daß sie faktisch als Markierung bei der Zuteilung von individuellen Rechten wirken können. Innerhalb dieser Antwortalternative kann zwischen zwei Situationstypen unterschieden werden: Situationen, in denen Gruppen nach Differenzen des Phänotyps eingeteilt werden, und Situationen, in denen die einzigen Unterschiede solche der Kultur sind. Die ersten wurden danach als rassisch definierte, die zweiten als ethnische bestimmte Gruppen beschrieben. Dieser Ansatz kann jedoch nicht trennscharf machen, auf welche Weise phänotypische Unterschiede in verschiedenen Situationen zu behandeln sind. Während die meisten Begegnungen zwischen Schwarz und Weiß in der modernen Welt konflikthaft verlaufen — mögen auch manche Konflikte härter sein als andere - haben in wenigen Fällen phänotypische Differenzen zu positiven Interaktionen geführt. So gesehen würde eine Soziologie der Rassenbeziehungen in die Irre führen, wenn sie die Beziehungen zwischen schwarzen und weißen Intellektuellen in Paris und die politischen Verhältnisse zwischen Schwarz und Weiß in Südafrika in einer gemeinsamen Klasse verorten würde.

Die dritte Alternative bestand darin, solche Situationen, die durch schwere Konflikte, Ausbeutung, Unterdrückung und Diskriminierung gekennzeichnet sind, unabhängig von der Frage, ob sie auf physischen Kennzeichen beruhen oder nicht, in einer Gruppe zusammenzufassen, und alle derartigen Situationen, die zudem das Merkmal rassistischer Rechtfertigungen aufweisen, als Rassenbeziehungen zu bezeichnen. In dieser Perspektive sind in derartigen Situationen drei Elemente kennzeichnend. *Erstens* handelt es sich um Situationen schwerer Konflikte, Ausbeutung, Unterdrückung oder Diskriminierung, die über das in einem freien Arbeitsmarkt normale Maß hinausgehen. *Zweitens* besteht die Situation nicht nur zwischen Individuen, sondern zwischen ganzen Kategorien von Menschen, aus denen das Individuum nicht aussteigen kann. *Drittens* werden solche Situationen von Machtgruppen mit Hilfe deterministischer Theorien gerechtfertigt, gewöhnlich biologischen oder genetischen, die die Zuordnung zu den verschiedenen Kategorien als unausweichlich erscheinen lassen.[4]

Dies war eine absichtsvoll querlaufende Definition des Feldes der Rassenbeziehungen, die die Aufmerksamkeit gezielt auf eine Gruppe von Situationen lenken sollte, die politisch problematisch war. Sie war vordringlich darum bemüht, auf die Fragen zu antworten, die die UNESCO Konferenzen aufgeworfen hatten, besonders die Frage, wie Situationen zu verstehen sind, die die Praxis des Antisemitismus in Deutschland einerseits und die Praxis der Apartheid in Südafrika andererseits ermöglicht haben. Beides sind Situationen, die sich in der jüngeren Geschichte im Vergleich zu allen anderen als besonders schwerwiegend herausgestellt haben. Die Aufgabe für die Sozialwissenschaften besteht darin zu zeigen, was sie gemeinsam haben.

Ein befremdlicher Einwand gegen diese letzte Position, die ich in früheren Arbeiten[5] dargelegt habe, ist von Robert Miles gemacht worden. Er argumentiert: ich begründete einen Ansatz der Rassenbeziehungen, während in seinem Ansatz, den er für den richtigen hält, auf die Analyse der Beziehungen zwischen Klassen im allgemeinen und die Analyse des Phänomens der Arbeitsmigration im besonderen abgehoben werde.[6] Mir scheint keine wirkliche Differenz zwischen meiner Position und der von Miles zu bestehen. Ich habe nicht begonnen, indem ich die Beziehungen zwischen verschiedenen 'Rassen' diskutiere. Womit ich beginne, ist die Betonung von Konflikt, Unterdrückung und Ausbeutung als den wesentlichen Charakteristika einer Klassensituation, um dann innerhalb dieser Vorgaben hervorzuheben, daß es eher um Beziehungen zwischen Gruppen denn zwischen Individuen geht und daß die dominierende Gruppe die Situation mit Hilfe pseudowissenschaftlicher und deterministischer Theorien rechtfertigt. Ein wichtiger Fall diesen Typs ist die Arbeitsmigration, in dem Ultra-Ausbeutung mit Hilfe irgendwelcher Theorien über die Minderwertigkeit der Wanderarbeiter als Gruppe gerechtfertigt wird.

Es gibt allerdings eine Reihe von wichtigen Einwänden, die gegen meine Definition von Rassenbeziehungen vorgebracht werden können. Diese wären: (1) daß kein Unterschied gemacht wird zwischen Situationen, in denen phänotypische Merkmale die Rollenzuweisungen übernehmen und Situationen, in denen dazu kulturelle Merkmale verwendet werden; (2) daß scheinbar viele Situationen, auch solche wie die zwischen den Protestanten und Katholiken in Nordirland unter die Überschrift Rassenbeziehungen fallen würden, was ein abwegiger Gebrauch wäre und (3) daß nicht zwischen rassisch geprägten Situationen und dem Klassenkonflikt unterschieden wird.

Die Antwort auf den ersten Einwand könnte lauten, daß es nicht darauf ankommt, daß alle möglichen Situationen, an denen phänotypisch unterscheidbare Männer und Frauen beteiligt sind, in die Untersuchung einbezogen werden. Sie müssen nur dann berücksichtigt werden, wenn sie zu Konflikten, Ausbeutung, Unterdrückung und Diskriminierung führen. Diese Entgegnung ist wiederum als zu oberflächlich bezeichnet worden. Phänotypische Unterschiede, die auf physischen Merkmalen beruhten und sichtbar seien, schafften die Basis für gehässige Unterscheidungen, die sehr viel schwieriger zu überwinden seien als kulturelle Unterschiede. Letztere seien veränderbar und könnten zu unterschiedlichen Zeiten und in unterschiedlichen Situationen unterschiedlich wahrgenommen werden. Selbst wenn wir darauf bestehen, daß "Konflikt, Ausbeutung, Unterdrückung und Diskriminierung" für Rassenbeziehungen essentiell seien, können wir so gesehen dennoch innerhalb dieser Kategorie zwischen Situationen unterscheiden, in denen physische Kennzeichen für die Rollenzuweisung benutzt werden und solchen, in denen das nicht der Fall ist.

Der zweite Einwand könnte zurückgewiesen werden mit dem Argument, daß es sehr viel wichtiger und weiterführender ist, die Gemeinsamkeiten der Situation in Nordirland mit Situationen rassisch bedingter Konflikte zu sehen, als die Situation in Nordirland mit solchen Situationen zusammenzubringen, die wir "harmlose" Ethnizität genannt haben oder gar alle Situationen in einer Kategorie zusammenzufassen, in denen die Rassenzugehörigkeit eine Rolle spielt, unabhängig davon, ob sie konflikthaft sind oder nicht. Nichtsdestoweniger, es mag vielleicht nützlich sein, innerhalb von konflikthaften Situationen auf der einen Seite solche zu unterscheiden, die durch physische Merkmale gekennzeichnet sind, und auf der anderen Seite solche, die durch kulturelle Differenzen bestimmt werden.

Auch das dritte der aufgeworfenen Probleme ist ernstzunehmen. Es könnte z.B. argumentiert werden, daß die Lebensbedingungen der städtischen und ländlichen Arbeiter während der industriellen Revolution in Großbritannien alle vorgeschlagenen Merkmale von Rassenbeziehungen erfüllt haben. In dieser Zeit gab es Ultra–Ausbeutung und Unterdrückung, und es gab, in Disraelis Worten zwei Nationen, gewissermaßen nicht nur "genährt mit unterschiedlicher Nahrung", sondern "aufgezogen mit unterschiedlichem Zuchtverfahren".[7] Ich denke, ich könnte einräumen, daß dies zu Beginn der industriellen Revolution gegolten hat und daß so gesehen die Lebensbedingungen der arbeitenden Klassen in Britannien unter meine Definition einer Rassenbeziehung fallen würden. Aber ich beharre darauf, einen Unterschied zu machen zwischen Situationen, die nicht das Maß von Konflikten, Ausbeutung, Unterdrückung und Diskriminierung überschreiten, das für freie Arbeitsmärkte typisch sind, und solchen, in denen dies der Fall ist.

Meine marxistischen Kritiker mögen daran Anstoß nehmen, daß ich zwischen Graden der Ausbeutung unterscheide oder daß ich scheinbar die These unterlege, daß ein freier Arbeitsmarkt Ausbeutung nicht notwendig einschließe. Marx, würden sie sagen, hat gerade darauf hingewiesen, daß die Konzeption eines freien Arbeitsmarktes eine Mystifikation der sozialen Wirklichkeit einschloß, welche die Auspressung des Mehrwerts aus den Arbeitern verschleiern sollte. Auf diesen Einwand kann man nur erwidern, daß zwischen Situationen unterschieden werden muß, in denen die Ausbeutung strukturell über Marktmechanismen erfolgt und solchen, in denen sie direkt und offen ist. Darüber hinaus wird auf der Ebene von Rechtfertigungstheorien die Beziehung zwischen dem Arbeitgeber und dem abhängig Beschäftigten als Marktoperation beschrieben, wohingegen die Erklärung in anderen Situationen anderslautend sein kann — die Referenz auf Rassetheorien eingeschlossen. Tatsächlich schließt "Markt" eine Art der Legitimation von sozialen Beziehungen ein, "Rasse" eine andere.

Nach alledem scheint es eine gewisse Rechtfertigung dafür zu geben, hervorzuheben, daß Rasse als soziale Kategorie mit Konflikt und Rassismus einhergeht. Darin kann aber auch eine Überbetonung gesehen werden, die wichtige Unterscheidungen verdeckt. Es gibt Gründe, zwischen rassischen und ethnischen Gruppen zu unterscheiden, ebenso wie zwischen Situationen mit Intergruppen-Konflikten und Intergruppen-Harmonie. In meinen jüngeren Schriften[8] habe ich meine ursprünglich "querköpfige" Definition von Rassenbeziehungen modifiziert und schlage nun etwas moderater vor, das Feld der rassischen und ethnischen beziehungen in einer 4-Felder-Tafel zu ordnen:

	Konflikt-Situationen	Situationen relativer Harmonie
Unterscheidung nach Phänotyp	Rassische Konflikte	Rassische Kooperation
Unterscheidung nach kulturellen Merkmalen	Ethnische Konflikte	Ethnische Kooperation

Meine frühere Definition von Rassenbeziehungen suchte das Schwergewicht auf die zwei Felder "rassische Konflikte" und "ethnische Konflikte" zu legen. Solange sie unterschieden werden von Situationen, für die Kooperation gilt, gibt es keinen Grund, warum nicht eine Unterscheidung zwischen verschiedenen Typen von Konfliktsituationen gemacht werden sollte.

Um das bis hierhin Gesagte zusammenzufassen: Wir haben *erstens* die Art und Weise betrachtet, in der der Begriff Rasse in der Biologie verwendet wurde. *Zweitens* haben wir einen grundsätzlich abweichenden und sogar gegenläufigen Gebrauch in der öffentlich politischen Diskussion festgestellt, was jedoch nicht darauf hindeutet, die Kategorie als wissenschaftliches Konzept fallen zu lassen. *Drittens* haben wir versucht, mit soziologischen Kategorien die Struktur der Situationen zu skizzieren, auf die in der öffentlich politischen Diskussion die Kategorie Rasse angewendet wird. Wir haben gezeigt, daß die Kategorie Rasse benutzt wird, um Situationen zu verschleiern, in denen "Konflikt, Ausbeutung, Unterdrückung und Diskriminierung" herrschen. Wie wir gesehen haben, kann das Konzept unter Rückgriff auf phänotypische Differenzen als Unterscheidungsmerkmal benutzt werden, aber auch in Fällen, in denen die Differenzen kulturell sind.

Aus dem Vorangegangenen ergibt sich, daß die Gruppenbildung in rassischen oder ethnischen Konflikten mit der Wahrnehmung gemeinsamer Interessen unter den Mitgliedern derselben Gruppe zusammenhängt. Die Gruppenbildung wird allerdings erheblich erleichtert, wenn die soziale Grenzziehung sich auf Vorgaben stützen kann. Das gleiche gilt für die Klassenbildung. In einem strikt marxistischen Szenario beruht der Übergang von einer Klasse-an-sich zu einer Klasse-für-sich auf der Ausbildung von Bewußtsein und Organisationsformen, die allein von gemeinsamen Interessen in Gang gebracht werden. Tatsächlich jedoch wird das Anwachsen von Klassenbewußtsein erleichtert oder verhindert, je nachdem, ob es vorgängige Bindungen unter den Klassenmitgliedern gibt, die aus der gemeinsamen Herkunft, Sprache, Religion oder dem Territorium stammen. Das gilt für Klassenbildungsprozesse ebenso wie für Gruppenbildungsprozesse in rassischen oder ethnischen Konfliktsituationen. Eine Theorie der Gruppenbildung in solchen Situationen erschöpft sich deshalb nicht in der Aufzählung der Interessenverbindungen und -gegensätze, sondern erfordert auch die Berücksichtigung vorgängiger sozialer Bindungen. Dieser Zusammenhang ist in der Theorie der *Ethnizität* deutlich gemacht worden, die in der anthropologischen Literatur parallel zu der Entwicklung der Theorie der Rassenbeziehungen entworfen worden ist.

2

Theorien über Ethnizität können unterteilt werden in *primordiale* und *situationale* Theorien. Primordiale Theorien werden mit dem Namen Geertz[9] in Verbindung gebracht, situationale Theorien mit dem von Barth[10].

Geertz nimmt an, daß Ethnizität und ethnische Gruppenbildung 'primordiale' Faktoren sind, d.h., daß sie zu den Bedingungen menschlicher Existenz gehören. Diese Gegebenheiten schließen ein, was er "Nachbarschaft" und "Lebensverbindung" nennt (d.h. Verbindungen, die aus der territorialen Nähe und der Abstammungsgemeinschaft entstehen), meint aber darüber hinaus jene *"Gegebenheiten, die davon herrühren, daß man in eine bestimmte religiöse Gemeinschaft geboren wurde, daß man eine bestimmte Sprache oder sogar einen bestimmten Dialekt spricht und bestimmten sozialen Praktiken folgt"*. Geertz fährt fort:

"Diese Übereinstimmungen des Blutes, der Sprache, der Sitten usw. haben in sich und treiben aus sich heraus ungeheure und zeitweilig überwältigende Konsequenzen. Man ist an seinen Verwandten, seinen Nachbarn, seinen Glaubensbruder ipso facto gebunden, nicht nur aufgrund persönlicher Anziehung, taktischer Notwendigkeit, gemeinsamen Interesses oder auferlegter moralischer Verpflichtungen, sondern letztlich zu einem erheblichen Teil durch die Kraft einer unbeschreiblichen absoluten Bedeutung, die den besonderen Bindungen selbst zugeschrieben wird."[11]

In dieser Feststellung liegt eine offenkundige Wahrheit. Menschliche Wesen kommen nicht als reine Individuen auf die Welt. Die besondere Natur ihrer Existenz und ihres Heranwachsens bewirkt, daß sie an andere Individuen gebunden sind. Die primordialen Bindungen stellen eine Art sozialen Leim dar, der die Individuen aneinander bindet. Dennoch mögen solche Bindungen mehr oder weniger bedeutsam sein. Sie mögen überlagert werden durch Bindungen, die aus Interessen entstehen, oder sie mögen schlicht latent bleiben, um bei Gelegenheit aktiviert und im Dienste von Interessen benutzt zu werden.

Die situationale Theorie von Ethnizität betont den anderen Aspekt. Ethnizität führt in dieser Sicht nicht notwendig zur Bildung von ethnischen Gruppen. Vielmehr handelt es sich um eine "Ressource", auf die man sich berufen kann, wenn die Zusammenarbeit bei der Verfolgung gemeinsamer Ziele wünschenswert erscheint. In diesem Sinne kann ethnische Gruppenbildung bei der Verfolgung bestimmter Ziele auftreten (z.B. im Bereich der Beschäftigung und Erziehung), sie kann aber latent bleiben in Zusammenhängen, in denen eine Zusammenarbeit mit nicht-ethnisch definierten Partnern vorgezogen wird.

Die primordiale und die situationale Theorie der Ethnizität sind genau betrachtet komplementär. Unbestreitbar gibt es bestimmte Bedingungen der Existenz, die die Entstehung von Ethnizität in irgendeiner Form unausweichlich machen. Aber es handelt sich, soweit Gruppenbildungsprozesse angesprochen sind, lediglich um eine Potentialität. Denn nur in Fällen, in denen es Gründe für kollektives Handeln gibt, wird Ethnizität, die als Ressource verfügbar ist, aktualisiert. Hier ist eine Parallele zwischen der Herausbildung von ethnischen und rassischen Gruppen und der Marx'schen Vorstellung der Entwicklung von der Klasse-an-sich zur Klasse-für-sich. Vielleicht können wir von Ethnizität-an-sich im Sinne der primordialen Ethnizität und von Ethnizität-für-sich sprechen, wenn es die Situation ist, die ethnische Gruppen erst hervorbringt.

Die Theoretiker der situationalen Ethnizität scheinen sich jedoch auf relativ oberflächliche Aspekte von Gruppeninteraktionen zu konzentrieren.[12] Wichtiger für die Theorie ethnischer und rassischer Beziehungen ist die Situation, in der Gruppen miteinander verbunden und für die Aktion gegen eine andere Gruppe organisiert werden. Dies geschieht regelmäßig in Situationen rassischen und ethnischen Konflikts. Bevor wir uns einigen der bedeutenderen Analysen solcher Situationen zuwenden, sollten wir zunächst zusammenfassen, was bisher über ethnische und rassische Gruppen und ethnische und rassische Konflikte gesagt ist.

Erstens trifft es zu, daß zu den Bedingungen der menschlichen Existenz gewisse primordiale Gegebenheiten gehören: Auf der einen Seite biologische Bindungen und auf der anderen Seite territoriale und kulturelle Beziehungen. So gesehen gibt es immer eine latente Grundlage für die Bildung von Gruppen, entweder auf der Basis biologischer oder rassischer Merkmale oder auf der Basis territorialer oder kultureller Bindungen. *Zweitens* können diese latenten Ressourcen, die Menschen zu Gruppen verbinden, in Situationen, in denen es auf Zusammenarbeit ankommt, aktualisiert werden. Manchmal wird die Ressource, auf die man sich beruft, auf biologische, in anderen Fällen auf kulturelle Bindungen abheben. Obwohl Gruppen sehr oft für nur begrenzte Zwecke aktiviert werden, kann es dennoch *drittens* Situationen umfassenden Konfliktes zwischen Gruppen geben, weil die verschiedenen latenten Faktoren dauernd aktiv bleiben und mehr oder weniger permanent rassische oder ethnische Gruppierungen hervorbringen. *Viertens* und letztens können Situationen entstehen, in denen der Konflikt zwischen Gruppen, bzw. um bei unserer Terminologie zu bleiben, in denen "Konflikt, Ausbeutung, Unterdrückung und Diskriminierung" einer Gruppe gegen eine andere so schwerwiegend werden, daß das ganze System von der dominierenden Gruppe mit einer pseudowissenschaftlichen deterministischen Theorie gerechtfertigt wird. In diesem Fall haben wir die Herausbildung dessen, was wir ursprünglich "Rassenbeziehungen" genannt haben, von denen wir später einräumten, daß sie Situationen rassischen oder ethnischen Konflikts einschließen können.

Wenn wir uns nun den Versuchen innerhalb der Soziologie und der politischen Wissenschaft zuwenden, typische Beziehungen zwischen rassischen und ethnischen Gruppen zu analysieren, können wir zunächst die Diskussion betrachten, die sich zwischen W. Lloyd Warner[13] und dem schwarzen amerikanischen Marxisten O.C. Cox[14] entsponnen hat. Warner hielt Offenheit und individuelle Klassenmobilität für das grundlegende Strukturmuster der amerikanischen Gesellschaft, wobei er wahrscheinlich Unrecht damit hatte, von einem Klassensystem zu sprechen; eher handelte es sich um eines des Wettbewerbs um Status. Schwarze Amerikaner jedoch könnten sich an diesem Mobilitätssystem nicht beteiligen. Für sie gäbe es Barrieren, nicht nur des sozialen Status, sondern solche vergleichbar einer Kaste. Die Beziehung zwischen den rassischen Gruppen schien der vorherrschenden Beziehungsform zwischen indischen Kasten zu ähneln.

Cox nahm Anstoß an der Identifikation der Position der amerikanischen Schwarzen mit der der niedrigeren Kasten in Indien. Nach seiner Meinung war die Unterscheidungslinie zu ziehen mit Hilfe der Kategorien der 'sozialen Klasse', die es innerhalb der Weißen gab, und der 'politischen und ökonomischen Klasse', die die politische Unterdrückung und ökonomische Ausbeutung einschließt, die zwischen Weißen und Schwarzen besteht.

Damit haben wir zwei Versuche, die Beziehungen zwischen rassischen Gruppen zu beschreiben. In der einen Version werden sie als Kasten aufgefaßt, die Mobilität von einer Gruppe in eine andere nicht zulassen. In der anderen Version werden sie als Klassen interpretiert, die politisch unterdrückt werden und einer Ultra-Ausbeutung unterworfen sind. Beide theoretische Modelle wurden zur Erklärung der Beziehung zwischen Schwarzen und Weißen in Amerika entwickelt. Sie können jedoch auch dazu benützt werden, um die Strukturmuster der Beziehungen zwischen anderen rassischen und ethnischen Gruppen zu beschreiben.

Eine alternative Deutung der Beziehungen zwischen ethnischen und rassischen Gruppen in Kolonialgesellschaften wurde von Theoretikern der pluralen Gesellschaft, besonders von J.S. Furnivall[15] und M.G. Smith[16] vorgelegt. Furnivall übernimmt die Grundkonzeption von J.H. Boeke, der über den Kolonialkapitalismus folgendes schreibt:

"Der Materialismus, Rationalismus und die Konzentration auf ökonomische Ziele ist weit umfassender und absoluter als in homogenen westlichen Ländern; die Gesellschaft geht völlig in Tausch und Markt auf; es bildet sich eine kapitalistische Struktur heraus, deren Handlungszentrum die Geschäftstüchtigkeit ist; sie ist sehr viel ausgeprägter als

man sich das in den sogenannten kapitalistischen Gesellschaften vorstellen kann, die langsam aus einer Vergangenheit herausgewachsen sind und nach wie vor mit Hunderten von Wurzeln darin verhaftet bleiben."[17]

In einer solchen Situation werden Gruppen im wesentlichen durch Marktbeziehungen miteinander verbunden. Im selben Augenblick intensivieren sich die Beziehungen zwischen den Individuen innerhalb der separaten ethnischen Gruppen auf der Basis aller Elemente primordialer Ethnizität. Ethnischer Pluralismus ist die Konsequenz, wenn Gruppen durch die brutale und segmentierende Natur des Marktes auseinandergebracht werden.

M.G. Smith, der andere führende Theoretiker der pluralen Gesellschaft, formuliert sein Konzept ethnischen Pluralismus mit Bezug auf Malinowski. Nach Malinowski[18] verfügt eine normale Gesellschaft über einen Grundbestand institutionalisierter Arrangements, mit deren Hilfe sie ihre grundlegenden Bedürfnisse befriedigt. Dazu gehören Familiensysteme, Erziehung, Recht, Religion und die ökonomische Organisation. Bezogen auf die Karibik argumentiert Smith nun, dort gäbe es in diesem Sinne nicht nur eine einzelne Gesellschaft. Es scheine vielmehr, als bestünden mehrere verschiedene Gesellschaften nebeneinander, jede mit ihrer eigenen fast kompletten institutionellen Ausstattung.

Tatsächlich aber ist die institutionelle Ausstattung dieser separaten Gruppen nicht vollständig. Keine hat ihre eigenen politischen Institutionen, vielmehr fällt das Geschäft der politischen Regulierung in die Hand der dominierenden Gruppe. Der koloniale Staat ist darüber hinaus nicht nur eine Art Steuerungsmechanismus, mit dessen Hilfe allgemein geteilte Werte realisiert werden. Er operiert getrennt von den Werten der unterschiedlichen Gruppen und dient dazu, den Willen einer Gruppe den anderen aufzuzwingen.

Sowohl Furnivall als auch Smith heben die Intensität der sozialen Beziehungen innerhalb ethnischer Gruppen hervor. Während jedoch Furnivall die Gruppen durch den brutalen kapitalistischen Marktmechanismus aneinander gebunden sieht, übernimmt bei Smith der unterdrückende koloniale Staat diese Aufgabe. Eine dritte und alternative Formulierung wäre eine marxistische, nach der die Gruppen als Klassen innerhalb eines spezifischen Typs der kapitalistischen Produktionsweise zusammengehalten werden.

Keine dieser Theorien kann für sich genommen befriedigen. Furnivall diskutiert den Markt als Abstraktum; Smith arbeitet heraus, was er "unterschiedliche politische Inkorporation"[19] nennt; Marxisten betonen den Modus der Produktion. Tatsächlich sind alle drei Gruppen von Faktoren beteiligt. Ausgehend von einer marxistischen Sichtweise muß der Produktionsmodus einer Gesellschaft, die auf Eroberung gründet, Formen differenzierter Inkorporation einschließen, und es wäre unvorsichtig anzunehmen, der Arbeitsmarkt sei der einzige Markt, der verschiedene Gruppen zusammenbringt. Nach meiner eigenen Überzeugung können die verschiedenen ethnischen Gruppen in einer Kolonialgesellschaft am besten als Stände beschrieben werden, die innerhalb der ökonomischen Ordnung unterschiedliche Positionen haben und unterschiedlich in die politische Struktur inkorporiert sind. Derartige Gesellschaften werden von Leo Kuper[20] eher als plurale, denn als Klassengesellschaften beschrieben. Selbst wenn wir O.C. Cox'

Theorien akzeptierten, sollten wir beachten, daß sein Konzept der politischen und ökonomischen Klasse insofern starke Thesen enthält, als es über die übliche marxistische Vorstellung einer Klassengesellschaft hinausgeht.

3

Die Versuche, die Beziehungen zwischen ethnischen und rassischen Gruppen theoretisch zu erfassen, stammen verständlicherweise aus dem tiefen Süden der Vereinigten Staaten, aus Indonesien und der Karibik, und sie behandeln nur einen Teil des gesamten Feldes der rassischen und ethnischen Konflikte. Insbesondere erfassen sie nicht die Probleme, die durch die Immigration von Arbeitern aus ökonomisch rückständigen und kolonialisierten Ländern in die kapitalistischen Metropolen resultieren. Letzteres wiederum ist von höchstem Interesse für diejenigen von uns, die sich mit rassischen und ethnischen Beziehungen im gegenwärtigen Europa beschäftigen.

In den fortgeschrittenen kapitalistischen Ländern hat der Prozeß des Klassenkampfes im Ergebnis zu einem zumindest zeitweiligen Konsens zwischen den Klassen geführt. Es gibt eine gemischte Ökonomie, Gewerkschaften arbeiten relativ frei, Arbeiter genießen eine Reihe sozialer Rechte im Bereich der Sozialversicherung, des Wohnungsbaus, der Erziehung und der sozialen Dienstleistungen. Wahr ist, daß in einigen Ländern, besonders in Großbritannien, in den letzten Jahren die erreichte Balance zuungunsten der Arbeiter gekippt worden ist, aber das beherrschende Muster der Nachkriegszeit beinhaltet die Entwicklung einer Art Sozialstaatsvereinbarung und die Inkorporation der Arbeitsklasse. Nach T.H. Marshall's Auffassung[21] ist für die einheimischen Arbeiter mittlerweile die Einbindung durch die Staatsbürgerschaft wichtiger als die Zugehörigkeit zu einer sozialen Klasse. Die entscheidende Frage für uns ist, inwieweit Schwarze, ethnische Minderheiten und Arbeitsmigranten an der Inkorporation und der Wohlfahrtsstaatsvereinbarung teilhaben.

In einigen Ländern ist dies offenkundig nicht der Fall. Die in der Minderheit lebenden Arbeitsmigranten sind Fremde und haben als solche keinen Zugang zu Staatsbürgerrechten. Neben der ansässigen Arbeiterklasse entsteht deshalb ein Subproletariat oder eine Unterklasse, die das Objekt politischer Unterdrückung und Ultra-Ausbeutung ist. Selbst da, wo der Zutritt zur Staatsbürgerschaft möglich ist, wie z.B. für die Immigranten aus den ehemaligen Kolonien in Großbritannien, hindern die Diskriminierung von Minderheiten und manchmal eine Barriere der Hautfarbe die Einwanderer daran, die Rechte und Privilegien der einheimischen Arbeiter in vollem Umfang zu erlangen. Unter diesen Bedingungen ist es unerheblich, ob wir die Einwanderer eine Unterklasse oder eine Fraktion der Arbeiterklasse nennen. Fest steht, daß es eine Trennung unter den Arbeitern gibt und daß einige weniger Rechte genießen und eher der Ultra-Ausbeutung unterworfen sind als andere.

Diese Teilung ist nicht notwendigerweise von Dauer. Bis zu einem gewissen Grade entsteht sie aus der spontanen Reaktion der Arbeiterklasse gegenüber Fremden und der fortbestehenden Legalität kolonialistischen Denkens. Diese Faktoren werden durch Erfahrungen mit dem Industriesystem und Erfahrungen in gemeinsamen Klassenkämpfen verändert. Die Tendenzen zu einem Wandel sind jedoch nicht sicher vorhersagbar, und in Zeiten der Rezession und Arbeitslosigkeit besteht immer die Gefahr, daß Minderheiten nicht nur die schlechtesten Arbeitserfahrungen machen, sondern daß sie auch als Sündenböcke behandelt werden.

Ob wir koloniale und unterentwickelte Gesellschaften betrachten oder die fortgeschrittenen Metropolen, in beiden Fällen scheint festzustehen, daß Pluralismus und Multikulturalismus mit politischer Unterdrückung und Ultra-Ausbeutung einhergehen. Warum gilt es dann als progressiv, wenn demokratische Bewegungen in den fortgeschrittenen Gesellschaften Kampagnen für eine multikulturelle Gesellschaft organisieren?

Teilweise, so glaube ich, liegt es daran, daß einige der Betreiber solcher Kampagnen sich Chancengleichheit zwischen Rassen und ethnischen Gruppen nicht vorstellen können. Ihre Vorstellung ist in Wahrheit eine paternalistische Form der Apartheid. Rassische und ethnische Minderheiten sollen eine je unterschiedliche Behandlung erfahren und diese mag durchaus ungleich sein. Ist dies aber die einzige Möglichkeit? Ist eine Form des Multikulturalismus denkbar, die vereinbar wäre mit der Idee des Antirassismus und der Gleichheit?

Aus einer antirassistischen Perspektive kommt es darauf an, die Herausbildung einer Marktsituation, wie sie der Vorstellung von Furnivall entsprach, ebenso zu vermeiden wie eine differenzierte Inkorporation, die bei Smith erörtert wurde. Antirassismus verlangt einen institutionellen Rahmen, innerhalb dessen alle Individuen Chancengleichheit genießen und in dem zumindest auch eine Tendenz in Richtung auf die Vergleichbarkeit der erzielten Ergebnisse besteht. Das setzt eine starke und fortdauernde Opposition gegen Formen der Diskriminierung in allen wichtigen institutionellen Feldern voraus. Es schließt gleiches Stimmrecht ein, Gleichheit vor dem Gesetz und gleiche Rechte im Bereich des Arbeitsmarktes, des Wohnungsmarktes, der Erziehung und der Sozialleistungen.

Erst wenn diese politischen Institutionen, begleitend unterstützt durch eine einheitliche staatsbürgerliche Kultur, vorhanden sind, würde es möglich, über eine Form des Multirassismus oder Multikulturalismus zu sprechen, der nicht Ungleichheit einschlösse. Wir sollten unterscheiden zwischen der öffentlich-gesellschaftlichen Sphäre und der privaten oder gemeinschaftlichen Sphäre. Es gibt keinen Grund, warum ethnische Gruppen, die Gleichheit genießen, in der öffentlichen Sphäre nicht ihre eigene Sprache sprechen, ihre eigenen Heiratsriten und ihr eigenes Familienleben haben und ihren eigenen religiösen Vorstellungen folgen sollten. Worauf es hier ankommt, ist die Einsicht, daß die ersten und ursprünglichen Bindungen in einer Gemeinschaft nicht Gegenstand staatlicher Aufmerksamkeit sind und daß Einmischung in diesen Bereich die Gemeinschaft zerstört. Solche Einmischung ist eine Form des Rassismus, wenn auch eine, die deutlich zu unterscheiden ist von der Form, die in der öffentlichen Sphäre verhindert, daß Chancengleichheit erreicht wird. Eine akzeptable multirassische und multikulturelle Gesellschaft enthielte im Kern einen Angriff gegen Rassismus in beiden Formen.

Problematisch ist der Bereich des Erziehungssystems. Erziehung berührt die öffentliche und die private Sphäre. Sie hat es mit Selektion und Chancengleichheit zu tun, aber auch mit der moralischen Erziehung. Der Kampf um Chancengleichheit könnte deswegen zu Einschränkungen in der Kultur der Privatsphäre führen, wie andererseits die moralische Erziehung in Übereinstimmung mit den einzelnen Teilkulturen das Ziel der Chancengleichheit beeinträchtigen könnte. Aus diesem Grund muß sich das Konzept einer multikulturellen oder multirassischen Gesellschaft der Frage nach der richtigen Balance dieser beiden Ideale in der Schule stellen. Mein eigener Standpunkt in dieser Frage ist, daß in einer multirassischen und multikulturellen Gesellschaft alle Gruppen einschließlich der Mehrheit zu Respekt vor der jeweils anderen Kultur erzogen werden sollten. Dies wäre etwas völlig anderes, als den Minderheiten eine Erziehung zu bieten, die zwar unterschiedlich, ggf. aber auch weniger anspruchsvoll ist.

Es liegt auf der Hand, daß wir in diesem Zusammenhang über eine Verschiebung von der linken Seite unseres obigen 4-Felder-Schemas auf die rechte Seite sprechen, d.h. von der Seite der rassischen und ethnischen Konflikte auf die Seite der rassischen und ethnischen Kooperation und Harmonie. Es geht einerseits darum, die Möglichkeit zu prüfen, ob Koexistenz ethnischer und rassischer Gruppen ohne Konflikt möglich ist. Andererseits wäre letztlich meine Vermutung, jedenfalls soweit fortgeschrittene Industriegesellschaften betrachtet werden, daß eine multirassische oder multikulturelle Gesellschaft etwas sein dürfte, das allenfalls für die Dauer von drei oder vier Generationen besteht: Mit Sicherheit werden Intergruppenheiraten auftreten; Kinder und Enkel werden gegen die Beschränkungen durch die Minderheitenkultur rebellieren; Arbeiter werden von Gewerkschaften und der Arbeiterbewegung absorbiert; Geschäftsleute aus allen Gruppen werden sich der universalen Kultur des Marktes anpassen.

Aber auch wenn unsere Probleme nur zeitweilig bestehen, sind sie nichtsdestoweniger real. Die Gefahr eines repressiven und ausbeuterischen Pluralismus liegt auf der Hand. Soziologen, die sich als Demokraten begreifen, tun gut daran, sich an Überlegungen zu beteiligen, wie eine solche Entwicklung vermieden werden kann.

Anmerkungen

1   vgl. Hiernaux, J.: Introduction – The Moscow Experts Meeting, International Social Science Journal, Vol XVII No 7, U.N.E.S.C.O. Paris 1965
2   vgl. Vogel in diesem Band.
3   vgl. Montagu, A.: Statement on Race. Oxford 1972.
4   vgl. Rex, J.: Race and Ethnicity. Milton Keynes 1986.
5   vgl. Rex, J.: Race Relations in Sociological Theory. London 1983
6   vgl. Miles, R. in diesem Band und ds.: Racism and Migrant Labour. London 1982.
7   Disraeli, B.: Sybil. Paris 1843
8   vgl. Rex, J.: Ethnicity and Race. In: Worsley, P. (Hrsg.): The New Introducing Sociology. Harmondsworth 1987
9   vgl. Geertz, C.: Old Societies and New States, The Quest for Modernity in Asia and Africa. Glencoe/Ill. 1963
10 vgl. Barth, F.: Ethnic Groups and Boundaries. London 1969

11 Geertz, C., 1963, S. 109
12 vgl. Wallman, S.: The Boundaries of Race, Processes of Ethnicity in England. In: Man, No. 13, S. 200ff.
13 vgl. Warner, W.L.: American Class and Caste. In: American Journal of Sociology, Vol. XLII September 1936, S. 234ff.
14 vgl. Cox, O.C.: Caste Class and Race. New York 1970
15 vgl. Furnivall, J.S.: Netherlands India. A Study of a Plural Economy. Cambridge 1939
16 vgl. Smith, M.G.: The Plural Society in the British West Indies. Berkeley 1963
17 Furnivall, J.S., 1939, S. 452
18 vgl. Malinowski, B.: A Scientific Theory of Culture. Chapel Hill 1944
19 vgl. Smith, M.G.: Corporations and Society. London 1974
20 Kuper, L.: Race Class and Power, Ideology and Revolutionary Change in Plural Societies. London 1974
21 Marshall, T.H.: Citizenship and Social Class and Other Essays. Cambridge 1950

(aus dem Englischen übersetzt von Frank-Olaf Radtke)

Robert Miles

Die marxistische Theorie und das Konzept 'Rasse'

"Es ist eine der Strafen des Spiels mit dem Rassebegriff, daß sogar ein gefestigtes Bewußtsein, das versucht, ihn zurückzuweisen, sich dabei ertappt, daß es Annahmen macht und Urteile fällt auf der Grundlage genau der Theorie, der es entgegentreten will" (Barzun, 1938, 44).

"Das Rassekonzept hat sich parallel zu dem Gedanken der Vielfalt der Gesellschaften und sozialen Gruppen entwickelt. Die Begriffe werden gewöhnlich durcheinandergebracht, was schon an der enormen Schwierigkeit zu erkennen ist, Rasse klar zu definieren. Die eifrigsten Anwälte des Rassekonzepts bestätigen dies mit ihrer Abneigung, eine zu genaue Festlegung eines Begriffs zu ermöglichen, der den größten Teil seiner gesellschaftlichen Nützlichkeit seiner Vagheit und den damit lizensierten Anwendungsmöglichkeiten verdankt" (Guillaumin, 1980, 41).

Einleitung

Das zentrale Argument dieses Aufsatzes ist, daß die marxistische, genauer die britisch-marxistische Theorie, sich mit erheblichen Schwierigkeiten konfrontiert sah, als sie versuchte, den im Laufe der Entwicklung des kapitalistischen Weltsystems entstandenen Rassismus und seine Folgen zu verstehen und zu erklären. Die Probleme haben ihren Ursprung hauptsächlich in der unkritischen Übernahme des Konzeptes 'Rasse' in die marxistische Theorie und in dem Versäumnis, analytisch nicht zwischen dem Begriff 'Rasse' und dem Konzept Rassismus zu unterscheiden. Zusätzlich entstehen sie durch den nicht unbeträchtlichen Einfluß, den politische Ereignisse und akademische Veröffentlichungen aus den USA auf die britische Theoriebildung haben. Infolgedessen blieben britische Veröffentlichungen über die Folgen der nach 1945 einsetzenden Migration nach Großbritannien relativ isoliert von relevanten europäischen Erklärungsversuchen, in denen sich eine erheblich kritischere Haltung gegenüber dem Gebrauch des 'Rassekonzepts' zeigt. In dieser Hinsicht hat die britische marxistische Theorie den Fehler wiederholt, der die meisten nicht-marxistischen wissenschaftlichen Veröffentlichungen zu diesem Themenbereich kennzeichnet.

Bei der von mir zu erörternden Frage handelt es sich um ein epistemologisches Problem. Es betrifft die Konzeptualisierung, mit der bestimmte Facetten der historischen Entwicklung der kapitalistischen Produktionsweise erklärt werden sollen. Die marxistische Theorie hat auf der Grundlage ihrer eigenen epistemologischen Annahmen sich notwendigerweise aus der Dialektik zwischen historischer und begrifflicher Analyse entwickelt. Sie hat dazu kritisch, wenn auch nicht durchgängig, die Ideen und Konzepte, die in der Alltagswelt auftauchen, überprüft, um ihren analytischen Wert festzustellen. Da die soziale Wirklichkeit nicht immer so ist wie sie sich präsentiert, muß das, was Gramsci den "common sense" genannt hat, selbst Gegenstand theoretischer Untersuchungen werden. Die notwendige theoretische Überprüfung ist, befremdlich genug, von den marxistischen Autoren, die mit dem Konzept 'Rasse' hantierten, nicht vorgenommen worden.

Weder soll hier der Versuch gemacht werden zu bestreiten, daß das Konzept 'Rasse' implizit oder explizit verwendet wird, um Menschen zu kategorisieren und ihnen den Zugang zur Arbeit, zu Fürsorgeeinrichtungen, zum Wohnungsmarkt und zu politischen Rechten etc. zu versperren, noch soll in Abrede gestellt werden, daß das Konzept 'Rasse' von denen, die ausgeschlossen wurden, ebenso gebraucht wird, um sich selbst zu kategorisieren, wie von denen, die Widerstand gegen ihre Ausschließung organisieren und sich dabei selbst ausschließen. Entscheidend ist der analytische Rahmen, der benutzt wird, um diese ökonomischen, politischen und ideologischen Prozesse zu untersuchen. Aus diesem Grund mache ich keinen systematischen Versuch, mich mit dem angeblichen Versäumnis marxistischer Autoren, das sogenannte Klasse/'Rasse'-Problem angemessen zu lösen, auseinanderzusetzen, eine Frage, über die ich an anderer Stelle[1] bereits geschrieben habe. Ich werde jedoch am Ende meiner Ausführungen einige Bemerkungen auch zu diesem Punkt machen.

1. Der Begriff 'Rasse' und das Konzept Rassismus

Die Geschichte der Entstehung und Reproduktion des Begriffs 'Rasse' ist erschöpfend analysiert worden.[2] Es ist bekannt, daß der Begriff 'Rasse' im späten 18. Jahrhundert in europäischen und nordamerikanischen wissenschaftlichen Abhandlungen bei dem Versuch auftauchte, gewisse phänotypische Unterschiede zwischen Menschen zu erklären. Um die Mitte des 19. Jahrhunderts behauptete die herrschende 'Rasse'-Theorie, daß die Weltbevölkerung sich aus einer Anzahl verschiedener 'Rassen' zusammensetzte, deren jede biologisch festgelegte Möglichkeiten der kulturellen Entwicklung habe. Obgleich wissenschaftliche Erkenntnisse diese Behauptung im frühen 20. Jahrhundert in Frage stellten, war es erst der Gebrauch der 'Rasse'-Theorien durch das nationalsozialistische Deutschland, der eine gründliche kritische Bewertung des Begriffs 'Rasse' in Europa und Nordamerika anregte und in den späten 30er Jahren des 20. Jahrhunderts die Durchsetzung des Begriffs Rassismus herbeiführte.

Das Konzept des Rassismus hat seinen Ursprung also erst in jüngster Vergangenheit. Es wurde erstmals als Titel für ein Buch benutzt, das Magnus Hirschfeld 1933/34 auf Deutsch schrieb und das dann übersetzt in englischer Sprache im Jahre 1938 veröffentlicht wurde.[3] In diesem Buch widerlegte Hirschfeld die Behauptungen aus dem 19. Jahrhundert, die den Mantel der Wissenschaft beansprucht hatten, um Vorstellungen von der Existenz einer Hierarchie biologisch unterschiedener 'Rassen' aufrechtzuerhalten. Aber er bot keine formale Definition für Rassismus an und erklärte nicht, wie Rassismus von dem Begriff Xenophobie[4] zu unterscheiden wäre. Es folgte die Veröffentlichung einer Reihe von Büchern, in denen versucht wurde, zu zeigen, daß der von der Nazi-Ideologie benutzte Begriff der 'Rasse' ohne wissenschaftliche Grundlage war, wobei in einigen dieser Arbeiten der Begriff Rassismus verwendet wurde, um gerade solche Ideologien zu identifizieren.[5] In einem entscheidenden Punkt allerdings waren diese Autoren absolut uneinig, nämlich in der Frage, ob 'Rassen' existieren oder nicht. Auf der einen Seite unterstützte und legitimierte Benedict die aus dem 19. Jahrhundert stammenden biologischen und anthropologischen Klassifizierungen der menschlichen Bevölkerung in drei Rassen, während Montagu auf der anderen Seite argumentierte, daß biologische Unterschiede zwischen den Menschen — soweit sie vorhanden sind — nicht auf diese früheren Konzepte Bezug nehmen können. Er empfahl deshalb, den Ausdruck 'Rasse' vollständig aus der wissenschaftlichen Diskussion fallenzulassen.

Aus diesen Gründen ging mit der wissenschaftlichen Kritik, die den Begriff Rassismus hervorgebracht hatte, nicht eine generelle Ablehnung des Begriffs 'Rasse' einher. In der Tat dauert die Debatte darüber, ob der Ausdruck 'Rasse' verwendet werden sollte, wenn Populationen betrachtet werden, die besondere genetische Abstammungsmerkmale aufweisen, bis heute an.[6] Damit war eine Basis für die bevorstehende Konfusion beider Ausdrücke geschaffen. Immer wenn die Auffassung vertreten wird, daß 'Rassen' existieren oder eine Wirklichkeit sui generis haben, besteht die Möglichkeit, ja sogar die Notwendigkeit, eine Theorie darüber aufzustellen, wie die verschiedenen 'Rassen' miteinander interagieren. Insofern als die Ideologie des Rassismus als eine Determinante für solche 'Rassebeziehungen' bestimmt wird, verheddert sich die Theorie des Rassismus in einer Theorie der 'Rassebeziehungen'. Und sofern marxistische Autoren das Konzept 'Rasse' als analytischen oder sogar deskriptiven Begriff in ihre Theorien über Rassismus aufgenommen haben, sind sie in ähnlicher Weise verstrickt.

2. Kann es eine marxistische Theorie der 'Rassebeziehungen' geben?

Vielleicht der erste marxistische Text, der das Problem des Rassismus untersuchte (obwohl er Rassismus als analytisches Konzept zurückwies), war O.C. Cox's Buch "Kaste, Klasse und Rasse"[7], das 1948 zum ersten Mal veröffentlicht wurde und lange Zeit von Marxisten und Nicht-Marxisten[8] als ein grundlegender marxistischer Beitrag zitiert wurde. Auf diese Weise wurde es zu einer Epitome marxistischer 'Rassen'-Analyse. Es wird jetzt seltener zitiert, hauptsächlich deshalb, weil das zentrale Thema dieses Buches ein Vergleich ist zwischen Kasten und 'Rassebeziehungen', aber auch, weil Cox Afro-Amerikanern eine autonome politische Rolle nicht zugestand, eine Sichtweise, die der gegenwärtigen politischen Philosophie des Widerstands unter den Aktivisten asiatischer, afrikanischer und karibischer Herkunft zuwiderläuft. Eine kritische Beurteilung dieses Buches im derzeitigen Kontext würde zeigen, daß Cox nicht nur den Begriff 'Rasse' reifiziert hat, sondern daß er auch versäumt hat, ein kohärentes

Konzept des 'Rassismus' zu entwickeln. Cox Buch stellte also die sich herausbildende Dominanz des Paradigmas der 'Rassebeziehungen' in Nordamerika nicht in Frage, sondern es fügte sogar eine spezifische Version dieses Paradigmas in die marxistische Theoriebildung ein. Deshalb ist es in diesem Kontext von Interesse.

Cox identifizierte sich ausdrücklich mit der marxistischen Tradition und ging in seinem Buch "Kaste, Klasse und Rasse" daran, eine konsistente Theorie der 'Rassebeziehungen' zu begründen. Er versuchte das hauptsächlich durch eine umfassende Kritik an den vorhandenen theoretischen und empirischen Abhandlungen vieler amerikanischer Wissenschaftler über die 'Rassebeziehungen' in den USA, die in der Regel die Verhältnisse in den Südstaaten zum Gegenstand hatten. Cox ging mit seiner Kritik gegen die im größten Teil dieser Literatur vorherrschende These an, die 'Rassenbeziehungen' als ähnlich oder gleichbedeutend mit 'Kastenbeziehungen' interpretierte. Demzufolge ist ein großer Teil des Buches der Bestimmung des Wesens der 'Kasten' in der indischen Gesellschaft gewidmet, um dann zeigen zu können, daß 'Rassebeziehungen' nicht die Definitionsmerkmale von 'Kastenbeziehungen' aufweisen. Daß die 'Kastenthese' in soziologischen Darstellungen zunehmend weniger verwendet wird, bedeutet auch, daß dieses Argument für die gegenwärtigen Fragen von nur geringer Bedeutung ist.

Von bleibendem Interesse sind seine theoretischen Alternativen wegen der Art, wie sie das Konzept 'Rasse' und 'Rassebeziehungen' in einer unkritischen Weise in den marxistischen Rahmen integriert und ihnen analytischen Status zugewiesen haben. Im Ergebnis könnten Marxisten im Vergleich mit bürgerlichen Theoretikern für sich beanspruchen, daß sie eine *bessere* Theorie der 'Rassebeziehungen' hätten. Aber die Begriffe 'Rasse' und 'Rassebeziehungen' haben keinen spezifisch marxistischen Gehalt. Cox erwähnt in Übereinstimmung mit dem Hauptstrom soziologischen Denkens die Unklarheiten in bezug auf die biologische Bedeutung von 'Rasse', übergeht sie dann aber, um 'Rasse' zu definieren als *"eine Gruppe von Menschen, die auf irgendeinem Gebiet, auf dem ethnischer Wettbewerb herrscht, als 'Rasse' angesehen und als solche akzeptiert wird"*.[9] Was sie als 'Rasse' kennzeichnete, sind tatsächliche oder zugeschriebene physische Merkmale[10] und so definierte er 'Rassebeziehungen' als *"Verhalten, das sich unter Menschen entwickelt, die sich der tatsächlichen oder zugeschriebenen physischen Unterschiede der je anderen bewußt sind"*.[11]

Cox Interesse richtete sich nicht auf den Prozeß, in dem solche Zuschreibungen und Bedeutungen hergestellt und reproduziert werden, so daß er folgerichtig 'Rassen' als abgegrenzte und unveränderliche Kollektive auffaßte. Dies steigerte sich bis zu einer Verdinglichung, wenn er argumentierte, daß es Menschen nicht möglich sei, 'neue Rassen' zu schaffen und daß das Individuum durch Geburt Mitglied einer 'Rasse' werde, indem es bestimmte unveräußerliche physische Merkmale erbt.[12] Obwohl er behauptete, daß 'Rassen' soziale und deshalb menschliche Konstruktionen seien, schrieb er ihnen, wenn sie einmal bestehen, Dauerhaftigkeit zu: Sie werden *Dinge-an-sich*, unterscheidbare soziale Kollektivitäten, die in Beziehung zu anderen gesellschaftlichen Kollektivitäten gesetzt werden müssen. Das Problem bestand nun darin, 'Rassen' innerhalb der marxistischen Analyse zu verorten, die doch Klassen und Klassenverhältnissen den Vorrang gibt.

Um Cox Versuch, diese Aufgabe zu bewältigen, bewerten zu können, muß ein weiteres konzeptuelles Problem betrachtet werden. Angesichts der zentralen Bedeutung, die der Begriff Rassismus für viele zeitgenössische marxistische Schriften hat, ist es irritierend, daß Cox dessen Gebrauch ausdrücklich abgelehnt hat. Er schrieb dazu, daß dieser Begriff, hauptsächlich von Benedict, dazu benutzt worden sei, eine "Philosophie der Rassenantipathie" zu formulieren.[13] Cox lehnte das Konzept mit der Bründung ab, daß sein Gebrauch tendenziell zu einer Untersuchung des Ursprungs und der Entwicklung bestimmter Ideen führe. Obgleich Cox die Terminologie nicht verwendete, begründete er seinen Widerstand gegen den Idealismus mit der Bevorzugung materialistischer Analysen, die die Klasseninteressen und die Ausbeutungspratiken kenntlich machten, die das hervorriefen, was er 'Rassenvorurteile' nannte.

In der Art eines mechanistischen und ökonomistischen Marxismus, der in der marxistischen Tradition der späten 40er Jahre noch nicht überwunden war, ergab sich aus diesem Materialismus ein nun wohlbekanntes Argument. Cox argumentierte, daß 'Rassenvorurteile' ein historisch junges Phänomen seien, dessen Ursprung in der Entwicklung des Kapitalismus zu suchen sei. Er behauptete, daß 'Rassebeziehungen' aus der Proletarisierung der Arbeitskraft in der Karibik entstanden seien, wobei 'Rassenvorurteile' die Rationalisierung seien, die die Bourgeoisie für ihre inhumane und abwertende Behandlung der Arbeitskraft entwickelt habe. So wurden 'Rassenvorurteile' definiert als *"gesellschaftliche Haltung einer ausbeutenden Klasse, um andere Gruppen als minderwertig zu stigmatisieren, um damit die Ausbeutung entweder dieser Gruppe oder ihrer Ressourcen oder beides zu rechtfertigen"*.[14] Diese Haltung erleichterte die Ausbeutung und stabilisierte sich in dem Maße wie ein solches System der Ausbeutung etabliert worden war.[15]

Nun sind aber Ausbeutung und Proletarisierung im Rahmen der marxistischen Theorie universelle Prozesse. Da nicht angenommen wird, daß 'Rassenbeziehungen' aus dem Proletarisierungsprozeß z.B. in Europa hervorgegangen sind, folgt daraus, daß es notwendig wird, herauszufinden, was diejenige Ausbeutung und Proletarisierung auszeichnet, die 'Rassebeziehungen' aus sich heraustreibt. 'Rassebeziehungen' entstehen, so argumentiert Cox, wenn die Bourgeoisie erfolgreich "ein ganzes Volk" proletarisiert, im Gegensatz etwa zu den Prozessen in Europa, wo nur ein Teil des "weißen Volkes" proletarisiert wurde.[16] Aber für Cox ändert das nichts an der essentiellen Übereinstimmung beider Prozesse. In beiden Fällen werde eine Gruppe von Menschen einer Bourgeoisie untergeordnet, deren primäres Interesse die Ausbeutung der Arbeitskraft dieser Gruppe sei. Für Cox ist deshalb der 'rassische Antagonismus' im Kern ein Klassenkonflikt bzw. ein politischer Klassenkonflikt, der Klassenkampf evoziert, weil er durch die Ausbeutung der Arbeitskraft entsteht.[17] Daraus folgt, daß 'Rassebeziehungen' und 'Rassenvorurteil' aus historisch besonderen Prozessen des Kolonialismus und Imperialismus entstehen, die die Entwicklung des Kapitalismus zu einem Weltwirtschaftssystem begleitet haben.[18]

Cox thematisiert 'Rassebeziehungen' gleichzeitig als besonderen Fall von Gruppenbeziehungen und als eine Variante von Klassenbeziehungen. Ihr spezifischer Charakter ergibt sich aus der unterstellten Existenz von 'Rassen' als durch reale oder angebliche physische Unterschiede charakterisierte Kollektive. Cox Aufmerksamkeit gilt hauptsächlich solchen 'Rassen', die durch ihre Hautfarbe unterscheidbar sind, und er spricht regelmäßig von 'Weißen' und 'Negern' als voneinander unterschiedenen 'Rassen'. In dieser Hinsicht verbleibt seine theoretische Konstruktion vollständig in der herrschenden akademischen Tradition, die im Zuge der Distanzierung von der biologischen und anthropologischen Analyse des 19. Jahrhunderts nun "common sense"-Begriffe und -Definitionen in die wissenschaftliche Analyse integriert hatte. Die Arbeiten von Park, Warner, Dollard und Myrdal, über die Cox so außerordentlich kritisch urteilte, waren alle geprägt durch die zu jener Zeit radikale Sichtweise, daß 'Rassebeziehungen' eher soziale Beziehungen zwischen Kollektivitäten seien, die sich selbst als 'Rassen' definierten, als biologisch bestimmte Beziehungen zwischen biologisch verschiedenen und unterscheidbaren 'Rassen'.[19] Diese Autoren betrachteten 'Rassebeziehung' als besonderen soziologischen Untersuchungsbereich. Gerade deshalb vertrat Cox nachdrücklich dieses Paradigma und verstärkte es noch, indem er beanspruchte, eine marxistische Theorie der 'Rassebeziehungen' anzubieten.

Es ist üblich geworden und einfach zugleich, Cox vorzuwerfen, seine Analyse sei funktionalistisch und ökonomistisch.[20] Ich habe an anderer Stelle behauptet, daß der marxistische Status des Coxschen Werkes selbst fragwürdig sei.[21] Hier möchte ich auf eine zusätzliche Hauptschwierigkeit in Cox Analyse hinweisen, deren Bedeutsamkeit später in diesem Aufsatz diskutiert werden soll. Wir haben gesehen, daß Cox argumentiert hat, daß das 'Rassenvorurteil' eine Rationalisierung des Proletarisierungsprozesses in der Karibik gewesen sei, der im 17. Jahrhundert begonnen habe. Cox legt seine Auffassung von der Bedeutung dieses Prozesses nicht im einzelnen dar, aber sie stimmt nicht überein mit der Standardbenutzung innerhalb der marxistischen Analyse der kapitalistischen Produktionsweise, obwohl sie implizit mit "zirkulationistischen" Analysen des Kapitalismus, wie sie Wallerstein[22] vorgelegt hat, einig ist.

Wenn Kapitalismus verstanden wird als verallgemeinerte Warenproduktion, bei der das Eigentumsrecht und die Kontrolle über die Produktionsmittel in den Händen der Bourgeoisie liegen, an die die Arbeiterklasse ihre Arbeitskraft gegen Lohn verkaufen muß, mit dem sie dann die Subsistenzmittel in Form von Waren kaufen kann, bezieht sich der Begriff Proletarisierung auf einen sozialen Prozeß, durch den ein Teil der Bevölkerung in Verkäufer von Arbeitskraft verwandelt wird. Historisch gesehen war dafür ein Prozeß primärer Akkumulation notwendig, durch den ein Teil der Bevölkerung gewaltsam von den Produktionsmitteln getrennt wurde, in der Absicht, die Arbeitskraft dieses Teils der Bevölkerung in eine Ware zu verwandeln, die auf dem Arbeitsmarkt getauscht wird.

Bei der Kolonisation der Karibik im 17. Jahrhundert fand ein solcher Prozeß nicht statt.[23] Um die Warenproduktion in der Karibik in Gang zu bringen, brachten diejenigen, die mit einer Mischung von Gewaltanwendung und der Durchsetzung von privaten Eigentumsrechten erfolgreich die Kontrolle über einen großen Teil der Ländereien gewonnen hatten, gewaltsam zuerst europäische und dann afrikanische Migranten in die Region, wo zunächst Vertrags- und später Sklavenverhältnisse in der Produktion entstanden. Unter diesen Bedingungen bot der Arbeiter nicht seine Arbeitskraft als Ware an, sondern er war gezwungen, der Person, die entweder durch Vertrag das Recht auf seine Arbeitskraft erworben oder ihn als Sklaven gekauft hatte, seine Arbeitskraft zur Verfügung zu stellen. Es gab also keinen Arbeitsmarkt, auf dem die Käufer und Verkäufer von Arbeitskraft sich hätten treffen können, um durch die Dialektik von Kauf und Verkauf ihre materiellen Interessen zu realisieren. Vielmehr wurde die Arbeitskraft direkt angeeignet und der Mehrwert wurde mit einer Reihe von unfreien Produktionsverhältnissen erzielt. Was den Aufbau der landwirtschaftlichen Warenproduktion in der Karibik und in mehreren anderen Teilen der Welt charakterisiert, war gerade das Fehlen einer Proletarisierung.

Es ist oft hervorgehoben wurden, daß die theoretischen und historischen Analysen von Marx über die Entwicklung der kapitalistischen Produktionsweise wegen ihrer Begrenzungen auf das Beispiel England, ganz sicher auf Europa, wenig Wert für eine Analyse der historischen Entwicklung der Produktivkräfte und Produktionsverhältnisse außerhalb Europas beanspruchen können.[24] Von einigen Ausnahmen abgesehen sind viele der theoretischen und historischen Schriften, die die marxistische Analyse aus dieser Lücke herausholen wollten, erst in den späten 60er Jahren verfaßt worden. Daraus folgt, daß sich Cox in einem theoretischen Vakuum befand, als er seine marxistische Theorie über die 'Rassebeziehungen' formulierte. In der marxistischen Tradition waren wenige Versuche gemacht worden, systematisch die Aktivitäten des Handels- und Finanzkapitals außerhalb Europas zu analysieren, die die Europäer nicht nur in Kontakt mit Bevölkerungen brachten, die unter einer Vielfalt nicht-kapitalistischer Produktionsweisen organisiert waren, sondern die diese Klassen auch mit neuen materiellen und kulturellen Problemen konfrontiert, wenn sie versuchten, Arbeitskraft zu schaffen.

Deshalb können wir Cox Formulierung einer marxistischen Theorie der 'Rassebeziehungen' als den Versuch auffassen, das zu dieser Zeit herrschende Schweigen in der marxistischen Theorie über die Formation unfreier Produktionsbeziehungen im kolonialen Kontext zu durchbrechen. In einer Anstrengung, diesen Kontext zu verstehen und zu erklären, identifizierte Cox den Gebrauch der Konzepte 'Rasse' und 'Rassebeziehungen' als die einzigartigen Charakteristika des Prozesses der Kolonisation, wobei er annahm, daß die in dem selben Prozeß geschaffenen ökonomischen Beziehungen universeller kapitalistischer Natur seien. Deshalb konzentrierte sich Cox auf die Bedeutung der phänotypischen Unterschiede, die von der kolonisierenden Klasse dazu benutzt wurden, die Enteignung von Arbeitskraft zu rechtfertigen, und so hob er den "common-sense"-Status der ideologischen Beziehungen in den Status eines theoretischen Konzepts innerhalb der marxistischen Theorie.

Cox Theorie ist für Marxisten, die sich mit der Analyse von Rassismus beschäftigen, immer seltener ein Anknüpfungspunkt.[25] Aber das theoretische Projekt, eine marxistische Theorie der 'Rassebeziehung' zu konstruieren, wird von marxistischen Autoren in den USA weiter verfolgt. In einem kürzlich erschienenen Artikel beklagt Szymanski die

Tatsache, daß sich die marxistische Theorie der 'Rassebeziehungen' in einem beklagenswerten Zustand befinde. Er behauptet, daß bis jetzt keine systematische marxistische Theorie entwickelt wurde und schickt sich an, unter Verwendung einiger Gedanken von Louis Althusser ein marxistisches Verständnis von 'Rasse' und 'Rassismus' zu konzipieren.[26] Dabei ignoriert er die Coxsche Arbeit vollständig, aber ähnlich wie dieser behält auch Szymanski ohne Kommentar oder Rechtfertigung das Konzept 'Rasse' bei. 'Rasse' wird zusammen mit Rassismus als etwas dargestellt, das der Marxismus thematisieren sollte, und wir werden belehrt, daß "*Rasse und Rassismus als Beziehungen oder 'Strukturen' verstanden werden sollten*".[27] Was Rasse als Struktur oder Beziehung von irgendeiner anderen Struktur oder Beziehung unterscheidet, wird nicht erläutert, obwohl behauptet wird, daß "*biologische Rassen*" im Althusserschen Sinne "*imaginäre Repräsentationen*" seien, und daß 'Rasse' durch die Produktionsweise gesellschaftlich konstruiert werde.[28] Danach wird die Kategorie 'Rasse' in Szymanski's Analyse ohne Erklärungen in Anführungsstriche gesetzt.

Szymanski teilt mit Cox einen vulgären Materialismus und den gemeinsamen theoretischen Plan, eine marxistische 'Rassentheorie' zu konzipieren, die sich von liberalen und konservativen Theorien unterscheiden soll. Keinem von beiden kam der Gedanke, daß, wenn 'Rasse' zum Gegenstand einer marxistischen oder nicht-marxistischen Theorie gemacht wird, dem Begriff unkritisch eine Realität sui generis zugeschrieben wird, was in der Tat ungerechtfertigt ist. Nach meiner Überzeugung wird in einigen jüngst erschienenen britischen marxistischen Schriften[29] der gleiche Fehler gemacht. Gemeinsam ist allen diesen Varianten die Ablehnung des Ökonomismus, der Cox Werk bestimmte. Die von mir vorgelegte marxistische Perspektive beharrt auf der Dekonstruktion der Kategorie 'Rasse' als der Basis für eine Analyse des Einflusses, den der Rassismus, der seinen Ursprung teilweise in der politischen Ökonomie der Arbeitsmigration hat, auf die Entwicklung des kapitalistischen Weltwirtschaftssystems ausübt. Allerdings war auch diese Arbeit, zumindest in ihren frühen Fassungen, ebenfalls von Ökonismus und einer unkritischen Verwendung des Konzepts 'Rasse' geprägt.

3. Die Herausforderungen durch die Migrationstheorie

Die Migration nach 1945 aus der Karibik und vom indischen Kontinent nach Großbritannien brachte Männer und Frauen auf der Suche nach Lohn ins Land, die von weiten Teilen der britischen Bevölkerung im landläufigen Sinne als Mitglieder von biologisch unterschiedlichen 'Rassen' angesehen wurden. Das ist nicht überraschend angesichts der Tatsache, daß die herrschende Klasse ihre kolonialen Interventionen als "Zivilisierung niederer Rassen" gerechtfertigt und besondere Methoden der Verwaltung und des ökonomischen Zwangs zur Durchsetzung dieser Interessen verfolgt hat.[30] Obwohl der britische Staat seit den späten 40er Jahren aktiv versucht hatte, diese britischen Untertanen aus Großbritannien fernzuhalten, weil sie *farbig* waren[31], bestand wenig akademisches Interesse an dieser Frage, bis sich die feindlichen und in hohem Maße rassistischen

Reaktionen auf die Migration auf der innenpolitischen Tagesordnung niederschlugen. Zweifellos waren bis 1958 'Rassebeziehungen' im gemeinen Verständnis ein Problem, das jedoch eher in den Kolonien als in Großbritannien angesiedelt war. Als britische Akademiker begannen, Interesse an den innerbritischen Entwicklungen zu zeigen, stützten sie sich auf Konzepte, Theorien und politische Strategien, die aus den Vereinigten Staaten und Südafrika übernommen wurden.[32] Die meisten dieser Wissenschaftler waren ausgebildete Anthropologen und liberal in ihren politischen Einstellungen. Infolgedessen arbeiteten sie mit Paradigmen, die aus Analysen der USA und Südafrikas übernommen wurden, Paradigmen, die nahelegten, daß der Gegenstand der Analysen 'Rassebeziehungen' sein müßten.

Die erste größere Herausforderung für dieses britische, südafrikanische und nordamerikanische Paradigma der 'Rassebeziehungen' von seiten der marxistischen Tradition kam mit der Arbeit von Castles und Kosack.[33] Sie arbeiteten die Parallelen zwischen den Determinanten und den Konsequenzen der Migration nach Großbritannien und der Migration in andere nordwesteuropäische Gesellschaften heraus und durchbrachen damit den üblichen Vergleich zwischen Großbritannien, den USA und Südafrika. Castles und Kosack begannen ihre ertragreiche Arbeit, indem sie das dominierende soziologische Paradigma der 'Rassebeziehungen' zurückwiesen. Sie argumentierten bereits in den frühen 70er Jahren, daß in allen zeitgenössischen kapitalistischen Gesellschaften eine bestimmte Bevölkerungsschicht vorhanden sei, die die schlechtesten Arbeitsplätze besetzte und unter den denkbar schlechtesten Bedingungen lebte und daß sich in vielen dieser Gesellschaften diese Schicht aus Immigranten oder den Nachkommen von Immigranten zusammensetzte. Arbeitsmigration wurde als Folge einer im Weltmaßstab ungleichzeitigen kapitalistischen Entwicklung erklärt, wobei den Arbeitsmigranten die spezifische sozioökonomische Funktion zugeschrieben wird, die von der einheimischen Arbeiterklasse als unzumutbar empfundenen Arbeitsplätze zu besetzen. Sie bewirken damit eine Unterschichtung der Arbeiterklasse, die sich infolgedessen spaltet. Gegenstand der Analyse seien also nicht 'Rasse' oder 'Rassebeziehungen', sondern die Zusammenhänge zwischen Kapitalakkumulation, Migration und Klassenbildung.[34]

Aber auch Castles und Kosack haben bei ihrem Versuch, das Paradigma zu ändern, den Begriff 'Rasse' nicht verworfen. Sie ordneten ihn allenfalls der politischen Ökonomie der Arbeitsmigration unter. Ihren Hinweis auf die Existenz einer unterscheidbaren Bevölkerungsschicht in allen fortgeschrittenen kapitalistischen Gesellschaften konkretisierten sie mit der Unterscheidbarkeit der 'Rassen' oder Nationalität dieser Bevölkerung. So schreiben sie z.B. mit Blick auf die Gesamtzahl von 8 Millionen Immigranten in Westeuropa, daß *"höchstens 2 Millionen von ihnen als rassisch verschiedenartig von der einheimischen Bevölkerung angesehen werden können"*.[35] Da jedoch alle Immigranten – einschließlich derer, die einer anderen Rasse angehören – eine strukturell gleiche Stellung innehaben und mit den gleichen Problemen konfrontiert sind, schlußfolgern sie, daß *"Rasse und Rassismus nicht als Determinanten für die gesellschaftliche Stellung der Immigranten angesehen werden können"*.[36] Mit anderen Worten, die gesamte Immigrantenbevölkerung Westeuropas setzt sich aus verschiedenen 'Rassen' zusammen, wobei die Mehrheit jedoch der gleichen Rasse angehört wie die einheimische Bevölkerung. Das Konzept 'Rasse' wurde mithin beibehalten, um die einheimische Bevölkerung und die zugewanderte Bevölkerung in unterscheidbare biologische Gruppen einzuteilen, wenngleich Castles und Kosack keinen Versuch unternehmen, diese Darstellung zu begründen. An dieser Stelle muß erwähnt werden, daß dieses Problem in Castles jüngeren Arbeiten nicht mehr besteht, in denen er die alternative Bezeichnung *ethnische Minderheiten* verwendet hat.[37]

Die Perspektive einer politischen Ökonomie der Migration wurde von Sivanandan[38] übernommen, jedoch in anderer Weise weiterentwickelt, um sowohl die akademische Analyse der 'Rassebeziehungen' zu kritisieren als auch die britische Situation zu analysieren. Er greift die zentralen Themen aus den Arbeiten von Castles und Kosack und Nikolinakos[39] auf, insbesondere die Bedeutung einer Reservearmee von Arbeitern zur Unterstützung der kapitalistischen Expansion; den Kostenvorteil eines Migrantenarbeitssystems, in dem die Kosten für die Produktion und Reproduktion der Arbeitskraft zu Lasten der Herkunftsgesellschaft gehen, aus der der Migrant stammt und in die er zurückgeschickt wird; schließlich die Funktion der Spaltung der Arbeiterklasse.[40] Sivanandans Hauptinteresse richtet sich nicht auf den westeuropäischen Kapitalismus insgesamt, sondern besonders auf den britischen, und er widmet den staatlichen Immigrationskontrollen der 60er Jahre besondere Aufmerksamkeit. Im Zuge dieser Politik wurden britische Untertanen aus dem Commonwealth, die in den 50er Jahren aufgrund des Arbeitskräftemangels nach Großbritannien gekommen waren, in Ausländer verwandelt, die nur noch mit einer zeitlich befristeten Arbeitserlaubnis nach Großbritannien kommen konnten.[41] Diese Transformation, die Sivanandan als Institutionalisierung des Rassismus beschreibt[42], sei, so interpretiert Sivanandan, im Einklang mit den zentralen Interessen der kapitalistischen Klasse erfolgt, als Kapitalexport den Bedarf an Wanderarbeit ersetzte.[43]

Formal gesehen gibt es nichts Neues oder Originelles an diesem Teil der Arbeit Sivanandans. Was sie auszeichnet, ist die Stellung, die dem Konzept 'Rasse' in seiner Analyse zukommt. Er benutzt den Begriff 'Rasse', durchgängig nachgeordnet dem Konzept Rassismus. Mit anderen Worten, wenn er von "schwarzem Kampf" spricht, meint er den Widerstand der Menschen aus Asien und der Karibik gegen den Rassismus, besonders gegen den institutionalisierten Rassismus, der ihr Leben bestimmt. Die Kategorie 'Rasse' kommt nur bei der Analyse der Natur und der Effekte des Rassismus vor. Sivanandan sagt z.B. mit Blick auf das Migranten-Arbeitssystem, *"es verhindert... horizontale Konfliktklassen durch die vertikale Rassenintegration und beutet in diesem Prozeß Rasse und Klasse zugleich aus"*.[44]

An anderer Stelle verweist er z.B. auf eine Hierarchie der 'Rassen' innerhalb der Arbeiterklasse[45] und auf die Bedeutung über *"andere Rassen und die Kulturen anderer Völker etwas zu lernen"*.[46] Der Begriff 'Rasse' erhält in diesen Formulierungen eine unabhängige Realität, vergleichbar Klasse oder auch Geschlecht, wie z.B. in der Formulierung. *"...Rassismus ist nicht... ein Problem der Weißen, sondern das Problem einer ausbeuterischen weißen Machtstruktur; Macht ist nicht etwas, in das die Weißen hin-*

eingeboren wären, sondern etwas, das sie aus ihrer Stellung in einer komplexen Rassen-/Geschlechts-/Klassenhierarchie ableiten...".[47]

Was Sivanandan meint, wenn er das Konzept 'Rasse' benutzt, wird niemals klar gesagt, obgleich er Autoren kritisiert hat, die dargelegt haben, warum sie auf die Benutzung des Begriffs verzichten.[48] In dieser Kritik äußert er die Ansicht, daß 'Rassen' Menschengruppen seien, die eine gemeinsame Abstammung haben, daß bei diesen Gruppen vorzugsweise phänotypische Unterschiede beobachtet werden könnten. Daher sein Hinweis auf 'rassische Unterschiede' zwischen Menschen. Dabei sei, so Sivanandan, nicht die Differenz per se von Bedeutung, sondern die *"rassistische Ideologie, die diese Unterschiede in eine Machthierarchie einordnet, um Ausbeutung zu rationalisieren und zu rechtfertigen"*.[49] Dessenungeachtet spricht er weiter von 'Rassen' als von Gruppen sui generis mit eigenen Charakteristika und Interessen. Daß diese 'Rassen' einen eigenen Stellenwert in Sivanandans Theorie haben, kommt sehr deutlich zum Ausdruck, wenn er Südafrika darstellt als *"außergewöhnliche kapitalistische Gesellschaftsformation, in der Rasse gleich Klasse und Klasse gleich Rasse ist – und der Rassenkampf ist der Klassenkampf"*.[50] Mit anderen Worten, nur in Südafrika ist die Aufteilung in Klassen exakt identisch mit der Aufteilung in 'Rassen'.

Diese Verschiebung in der marxistischen Theorie, weg von der Konstruktion von 'Rassebeziehungen' in Richtung auf eine Untersuchung der Erscheinungsformen und Folgen des Rassismus im Rahmen einer Theorie der politischen Ökonomie der Migration, bedeutet einen Bruch mit nicht-marxistischen Darstellungen. Sie ermöglicht eine Untersuchung der Erscheinungsformen und Konsequenzen des Rassismus im Rahmen des dynamischen Prozesses der Kapitalakkumulation und rückt die Analyse des Rassismus in das Zentrum marxistischer Theoriebildung.[51] Was aber die bis zu diesem Punkt zitierten marxistischen Autoren anbetrifft, wurde die Umorientierung ohne jede kritische Bewertung der analytischen Begriffe 'Rasse' und 'Rassenbeziehungen' vollzogen. Das gleiche gilt für das Werk von Wolpe.[52] Anstatt die theoretischen Grundlagen einer Revision zu unterziehen, bauen diese Autoren ein alternatives Paradigma auf eben diese Grundlage, und obwohl einige der bisherigen Produkte als unbrauchbar definiert wurden, enthielt auch ihr alternatives Paket noch einige bekannte Zutaten. Bei Castles und Kosack und auch bei Sivanandan wird 'Rasse' über weite Strecken verwendet, um die menschliche Bevölkerung nach biologischen Kategorien einzuteilen. Sivanandan unterscheidet sich von den beiden erstgenannten Autoren insofern, als er 'Rasse' vergleichbar dem Klassenbegriff zu einem Schichtungsprinzip erhebt.

4. Marxistische Theorien der politischen und ideologischen Krise

Die Entwicklung einer marxistischen Migrationstheorie, die eine besondere Betonung auf Kapitalakkumulationsprozesse legt, ist von einer jüngeren Strömung der marxistischen Theoriebildung, die sich besonders mit den politischen und ideologischen

Dimensionen der Krise des britischen Kapitalismus beschäftigt hat, weitgehend ignoriert worden. Darin spiegelt sich die innerhalb des Marxismus bevorzugte Ablehnung ökonomistischer Strömungen wider und die Bereitwilligkeit, sich einem Untersuchungsgebiet, das gemeinhin als *kulturelle Studien* bezeichnet wird, zuzuwenden. Für diesen Theoriestrang ist das Werk von Hall von zentraler Bedeutung. Hall geht der Frage nach, welche Rolle der britische Staat bei der komplexen politischen und ideologischen Umformung der britischen Gesellschaft gespielt hat, die sich während der Auseinandersetzungen mit den politischen und ideologischen Konflikten ergaben, die aus der abnehmenden Rentabilität des britischen Kapitals entstanden. Im Zuge dieser Analysen hat er den Erscheinungsformen des Rassismus in der organischen Krise des britischen Kapitalismus und dem Heraufkommen eines autoritären Staates einige Aufmerksamkeit gewidmet.[53] Bei der kritischen Erörterung seiner Arbeit sollte darauf hingewiesen werden, daß Hall keine systematische Analyse des Rassismus beansprucht hat. Seine Kommentare sind, wie wohl theoretisch fundiert, fragmentarisch und basieren nicht auf einer gründlichen theoretischen Überprüfung der Konzepte, die er verwendet.

An anderer Stelle habe ich gesagt, daß Hall aufgrund des Fehlens einer solchen theoretischen Überprüfung 'Rasse' reifiziert hat, indem er sie als eine Kraft-an-sich darstellt.[54] Ich gebe hier ein weiteres Beispiel: In einem viel gerühmten Aufsatz behauptet Hall: "*auf der wirtschaftlichen Ebene ist klar, daß Rasse eine unterscheidende und 'relativ autonome' Wirksamkeit als Unterscheidungsmerkmal zukommt*".[55] Diese Verdinglichung von Rasse in Hall's Schriften spiegelt sich wider in der Arbeit der *Race and Politics Group* des Centre for Contemporary Cultural Studies (CCCS), dessen Leiter Hall war.

"*Obwohl ... wir Rasse als ein Mittel betrachten, mit dessen Hilfe andere Beziehungen gesichert oder erfahrbar gemacht werden, bedeutet es nicht, daß wir sie lediglich als einen Mechanismus ansehen, mit dem nicht-rassische Widersprüche und Kämpfe in rassischen Begriffen ausgedrückt werden. Diese Ausdrucksformen müssen beachtet werden, aber Rasse muß auch in ihrer autonomen Wirksamkeit untersucht werden*".[56]

In diesen Formulierungen wird 'Rasse' als eine determinierende Kraft dargestellt, als etwas, das reale Auswirkungen und Folgen hat, aber es wird nicht explizit definiert, was 'Rasse' ist und worin das Wesen dieser "Erscheinungen" besteht. Statt dessen müssen wir Anhaltspunkte suchen, die Hinweise für eine Definition geben. Bezeichnenderweise verweist Hall auf "*verschiedene rassische und ethnische Gruppen*"[57], und er präzisiert, daß er 'Rasse' gebraucht, um durch gewisse biologische Merkmale voneinander unterschiedene Gruppen zu identifizieren.[58]

Ein Mitglied der CCCS *Race and Politics Group*, die das Buch "The Empire Strikes Back"[59] geschrieben hat, hat in einem kürzlich erschienenen Buch mit dem Titel "There Ain't No Black in the Union Jack"[60] Argumente, die er in dem früheren Text formuliert hatte, weiterausgearbeitet und entwickelt. Teilweise ist die Weiterentwicklung unterbrochen durch eine Antwort auf meine Kritik dieses früheren Textes, die die Art und Weise thematisierte, wie das Konzept 'Rasse' benutzt und mit analytischer Bedeutung belegt worden ist.[61] Angenommen, Gilroy stimmt meiner Kritik an einer Soziologie der 'Rassebeziehungen' zu[62], müßte man erwarten, daß er die Benutzung von 'Rasse' im

Sinne eines analytischen Konzepts verworfen hätte. Das ist aber nicht so. Vielmehr ist die Art und Weise, wie das Konzept 'Rasse' in seinem neuen Buch verwendet wird, voller Widersprüche.

Erstens: An vielen Stellen des Buches ist das Konzept 'Rasse' in Anführungsstriche gesetzt, aber es gibt auch viele Stellen, wo dies nicht geschieht.[63] Ganz zu schweigen von dem Untertitel des Textes selbst. Weder wird der Gebrauch der Paranthesen erklärt, noch ihr Fehlen. Es ist deshalb nicht klar, ob Gilroy signalisieren will, daß er den Gebrauch des Begriffs generell für problematisch hält. Wenn das so wäre, könnte man annehmen, daß das Fehlen der Anführungsstriche lediglich die Folge einer nachlässigen Korrektur ist. Oder ist das Fehlen ein Hinweis auf eine tatsächliche, jedoch nicht erklärte Differenz bei der Benutzung des Begriffs in dem Sinne, daß Rasse in Anführungsstrichen etwas anderes bedeutet als Rasse ohne Anführungsstriche? Wir können über die Antworten auf all diese Fragen nur spekulieren.

Zweitens: An einer Stelle seiner Argumentation fordert Gilroy, daß das Konzept 'Rasse' lediglich einen deskriptiven Wert[64] bei der Analyse haben könne, während er an einer anderen Stelle explizit erklärt, daß es analytischen Wert habe.

" 'Rasse' muß als analytische Kategorie angesehen werden, nicht weil sie irgendeinem biologischen oder epistemologischen Absoluten entspräche, sondern weil sie die Forschung auf die Macht hinweist, die kollektive Identitäten durch ihre Wurzeln in der Tradition gewinnen".[65]

Wenn aber Veranlassung besteht, dem Begriff 'Rasse' einen analytischen Status beizumessen, d.h. wenn man ihn als Konzept benutzt, das zur Erklärung historischer Prozesse verwendet wird, muß sich der Begriff auf ein tatsächlich identifizierbares Phänomen beziehen, das Auswirkungen auf gesellschaftliche Prozesse haben kann. Wenn das aber so ist, ist nicht verständlich, warum dem Wort Ambiguität durch Anführungsstriche beigelegt werden sollte. Es wird deshalb zu einer entscheidenden Aufgabe, die Kriterien herauszufinden, mit denen man 'Rasse' in der materiellen Welt identifizieren kann.

Der *dritte* Widerspruch besteht in dem Kontrast zwischen der starken Behauptung, 'Rasse' sei eine analytische Kategorie und den eher verschwommenen Definitionen. 'Rasse' wird wahlweise beschrieben als Effekt des Diskurses[66], als politische Kategorie, die verschiedene Bedeutungen annehmen kann[67] und als Konzeptualisierung von Beziehungen.[68] Diese Beschreibungen sind leer. Wenn 'Rasse' das Resultat des Diskurses ist oder eine politische Kategorie oder die Beschreibung von Beziehungen, wie ist sie dann von anderen Diskurseffekten, von anderen politischen Kategorien oder anderen relationalen Konzepten zu unterscheiden? Diese Beschreibungen bezeichnen kein spezifisch identifizierbares Phänomen: sie liefern keine Kriterien zur Identifikation. Aber 'Rasse' wird auch als Ding an sich dargestellt, wenn Gilroy über die *" Transformation der phänotypischen Varianten in konkrete Differenzierungssysteme, die auf 'Rasse' und Hautfarbe basieren"*, spricht, wenn es einen bestimmten Typ gesellschaftlicher Kollektive als 'rassische Gruppen' bezeichnet[69], oder wenn er die 'Formierung von Rassen' definiert als *"die Art und Weise, in der 'Rassen' in der Politik organisiert werden"*[70], oder wenn er betont, *" 'Rassen' sind politische Einheiten und nicht ahistorische Wesenheiten"*.[71]

Das erstere bezieht sich implizit auf das, was er später als ahistorische Essenz identifiziert, weil es biologischen Charakter habe (wobei die Unterscheidung zwischen 'Rasse' und Hautfarbe nur zu einer weiteren Konfusion darüber führt, was 'Rasse' sein könnte), während die späteren Definitionen eine spezifische Form sozialer Kollektivität meinen. Wir erhalten aber keinen Aufschluß darüber, inwieweit sich diese von anderen gesellschaftlichen Kollektiven (z.B. Klassen) unterscheiden. So gesehen werden 'Rassen' in Gilroys Text als reale gesellschaftliche Gruppen dargestellt; wie wir sie jedoch identifizieren sollen, ist alles andere als klar. Seine Klage darüber, daß in dem Scarman Bericht eine Definition fehle, so daß unklar bleibe, was gemeint sei, wenn dem Aufruhr in Brixton das Attribut 'rassisch' zugeordnet werde, dient nur dazu, die gleiche Unentschiedenheit in seinem eigenen Text zu überdecken.

Solche Ambiguitäten zeigen sich außerdem in dem Widerspruch, wenn 'Rasse' einerseits dargestellt wird als ein besonderer Typ menschlicher Gruppen und andererseits eingeführt wird als Begriff, der niemals etwas anderes gewesen sei als eine soziale Repräsentation des Anderen als einer unterschiedenen Art menschlicher Wesen. Letzteres drückt sich in Gilroy's Forderung aus, daß *"'Rasse' gesellschaftlich und politisch konstruiert werden muß"*[72] und daß 'Rasse' lediglich ein Mittel ist, um die Menschen zu kategorisieren.[73] Ich möchte deshalb seine Forderung bekräftigen, daß *"... schon der Versuch, 'Rasse' zu einem bedeutungsvollen Faktor zu machen, oder anders gesagt, gesellschaftliche und politische Phänomene zu 'rassisieren', bereits selbst als Teil des 'Rasseproblems' identifiziert werden kann."*[74]

Ein Problem als *Rasseproblem* zu identifizieren, ist gleichbedeutend mit einer Rassisierung sozialer Phänomene und dieser Prozeß kann nur angemessen verstanden und dekonstruiert werden, wenn alle Konzeptionen von 'Rasse' als einem Ding-an-sich, das Macht hat und Effekte erzeugt, eliminiert werden und statt dessen 'Rasse' konsequent als ein Begriff analysiert wird, der dazu benutzt wird, den Anderen gedanklich zu konstruieren. Was hier gemeint ist, wird weiter unten ausführlicher dargelegt.

Schließlich, was Gilroy's Text betrifft, wird man vom Thema seiner Arbeit dazu angeregt, diejenigen Passagen zu beachten, in denen er sich anschickt, mit dem Marxismus selbst zu brechen. In seinem Aufsatz verbündet er sich durchgängig mit Autoren, die behauptet haben, daß eine marxistische Analyse des Kapitalismus, die auf das historische Beispiel des Europa des 19. Jahrhunderts gründe, ungeeignet für das Verständnis des späten 20. Jahrhunderts sei, weil erstens die Zahl der Menschen abnehme, die direkt in die Industrieproduktion eingebunden sei, und weil zweitens als Folge davon das industrielle Proletariat nicht länger eine führende politische Kraft sei. Es ist nicht möglich, an dieser Stelle diesen Behauptungen zu widersprechen, und so kann ich hier nur anmerken, daß eine ganze Reihe von Autoren auf diese Position kritisch geantwortet hat.[75]

Indem er sich auf Autoren wie Gorz beruft, behauptet Gilroy, daß die führenden Kräfte des Widerstandes in der gegenwärtigen westlichen Welt soziale Bewegungen seien, die sich auf der Basis von 'Rasse', Geschlecht, Forderungen nach nuklearer Abrüstung etc. organisierten. Alles Themen, so wird argumentiert, die von den Produktionsverhältnissen abgelöst seien. Gefolgert wird daraus, daß die marxistische Konzeption sowohl von Klasse als auch von Sozialismus nicht länger angemessen und bedeutsam sei.

Gilroy schließt daraus, daß "... *wenn diese Kämpfe... Klassenkämpfe genannt werden sollen, dann muß die Klassenanalyse selbst sorgfältig überprüft werden. Ich bin nicht sicher, ob die Arbeit, die dafür investiert werden müßte, zum Ziel führen würde oder sogar wünschenswert wäre.*"[76]

Hier scheint sich Gilroy mit der "radikalen schwarzen Tradition" zu identifizieren, wie Robinson das genannt hat, die den Marxismus als für "Schwarze" angemessene Theorie der Revolution verwirft[77], und von der gesagt wird, daß sie das "*Experimentieren mit westlichen Vorstellungen politischen Wandels, besonders des Nationalismus und Klassenkampfs*", beendet.[78] Für Gilroy ist Klassenkampf, so scheint es, durch "*Formen weißen Rassismus und schwarzen Widerstandes*" überwunden worden, die er als "*die brisantesten politischen Kräfte in Großbritannien heute*" beschreibt.[79] Wenn in Gilroy's Sicht die Klassentheorie nicht überarbeitet werden kann, hat er faktisch auf eine Theorie des Klassenkampfes zugunsten dessen, was einst 'Rassenkampf' genannt wurde, verzichtet. Zumindest in diesem Punkt scheint eine gewisse Übereinstimmung zwischen Gilroy und Enoch Powell zu bestehen.

Insgesamt zeigen die Arbeiten von Hall und der CCCS-Gruppe eine unkritische und theoretisch nicht ausgewiesene Übernahme und Verdinglichung des Begriffs 'Rasse'. Beide stellen das Wort ins Zentrum ihrer Analysen der politischen und ideologischen Krise des britischen Kapitalismus und verwenden es, wie wohl nicht konsistent und ausschließlich, um die Existenz von biologisch definierten und unterscheidbaren Gruppen zu behaupten. Manchmal zeigen sich in ihrer Analyse jedoch auch Bewegungen in Richtung auf die von mir eingenommene Position. Zum Beispiel sagt Hall "*Die Frage ist nicht, ob Menschen im allgemeinen zwischen Gruppen mit verschiedenen rassischen oder ethnischen Merkmalen unterscheiden, sondern vielmehr, welches die spezifischen Bedingungen sind, die diese Form der Unterscheidung sozial durchschlagen und historisch wirksam werden lassen.*"[80]

Hier wird erkannt, daß es nicht die realen oder eingebildeten Merkmale als solche sind, die Auswirkungen haben, sondern daß in bestimmten historischen Konstellationen Menschen gewisse biologische Merkmale mit Bedeutung ausgestattet haben und diese Bedeutung (und das Konzept 'Rasse') benutzt haben, um Unterscheidungen zu treffen und um auszuschließen. Diese Erkenntnis wird durch eine Reifizierung von 'Rasse' wieder verdorben, wenn Hall von "*Gruppen mit verschiedenen rassischen Merkmalen*" spricht, aber sie beleuchtet doch die zentrale Bedeutung des sozialen Prozesses der ideologischen Konstruktion. Die Betonung dieser Zusammenhänge findet sich durchaus auch in einigen Passagen von Gilroy's Untersuchung, zum Beispiel dort, wo er auf die Art und Weise verweist, in der 'Rasse' sozial konstruiert wird. So gesehen weist dieser Strang der marxistischen Analysen im Gegensatz zu der politischen Ökonomie der Migration, dem Konzept 'Rasse' eine zentrale Erklärungsfunktion zu und schafft dennoch zugleich die Voraussetzung für eine Dekonstruktion von 'Rasse' als einem analytischen Konzept.

5. 'Rasse' als ideologisches Konzept

Bestimmte Strömungen in der französischen marxistischen Tradition haben einen reflektierteren und kritischeren Ansatz für die Benutzung des Begriffs 'Rasse' als analytisches Konzept angeboten und sind zu ähnlichen Schlußfolgerungen gekommen wie ich selbst.[81] Guillaumin hat argumentiert, daß der Begriff 'Rasse' notwendigerweise nahelegte, daß bestimmte soziale Beziehungen natürlich und deshalb unentrinnbar seien. Solche Beziehungen so zu beschreiben, lasse sie als physisch determiniert und deshalb außerhalb historischer und gesellschaftlicher Bestimmungen erscheinen. Folglich werde der Begriff 'Rasse' in etwas Aktives verwandelt, in eine biologische Realität, die den historischen Prozeß bestimme. Darin vollziehe sich ein Prozeß der Reifikation, wodurch das, was erklärt werden sollte, zu einer Erklärung der gesellschaftlichen Beziehungen werde. Guillaumin schreibt "... *die Tatsache, daß solche Beziehungen von den Betroffenen für rassisch gehalten werden, was manchmal sowohl für die Unterdrückten wie für die Unterdrücker gilt, ist eine soziale Tatsache, und sie sollte genau so sorgfältig und skeptisch überprüft werden wie jede andere Erklärung, die die Gesellschaft zur Erklärung ihrer eigenen Mechanismen bereithält. Solche Erklärungen können sich nur auf eine bestimmte Zeit und einen bestimmten Ort beziehen.*"[82]

Die Aufgabe besteht deshalb eher darin zu erklären, warum bestimmte Beziehungen als determiniert durch 'Rasse' oder als Ausdruck von 'Rasse' aufgefaßt werden, anstatt ohne Kritik und Kommentar zu akzeptieren, daß sie es seien, und diese Vorstellungen mit dem Konzept der 'Rassebeziehungen' festzuschreiben und zu legitimieren. Guillaumin fährt fort:

"*Welche theoretischen Grundlagen den verschiedenen Interpretationen 'rassischer' Beziehungen auch immer unterlegt werden, die bloße Benutzung einer solchen Unterscheidung tendiert dazu, irgendeinen wesentlichen Unterschied zwischen Typen sozialer Beziehungen zu akzeptieren, von denen einige irgendwo spezifisch rassisch seien. Die bloße Benutzung des Ausdrucks schließt entweder den Glauben ein, daß 'Rassen' 'real' und konkret wahrnehmbar sind oder bestenfalls, daß der Begriff Rasse unkritisch übernommen wird; darüber hinaus schließt die Übernahme des Begriffs ein, daß 'Rassen' im gesellschaftlichen Prozeß nicht nur eine ideologische Rolle spielen, sondern als ein unmittelbar wirksamer Faktor fungieren, der sowohl die Ursache als auch die konkreten Mittel bestimmt.*"[83]

Die Benutzung des Begriffs und seine Transformation in ein analytisches Konzept führt in diesem Verständnis notwendigerweise dazu, daß gesellschaftliche Prozesse als eher natürlich, denn als durch menschliches Tun bestimmt erscheinen. Dann verbirgt und verdunkelt der analytische Gebrauch von 'Rasse' die Tatsache, daß es ein Konzept ist, das von Menschen unter bestimmten historischen und materiellen Bedingungen geschaffen und verwendet wurde, um die Welt auf bestimmte Weise zu beschreiben und zu strukturieren, wiederum unter bestimmten historischen Bedingungen und mit bestimmten politischen Interessen. Der Begriff der 'Rasse' ist so gesehen im Kern ideologisch. "*Das Konzept Rasse korrespondiert mit einer ideologischen Analyse sozialer Beziehungen und eignet sich nicht, konkrete physikalische Objekte zu kategorisieren.*

Anders gesagt, es gibt so etwas wie Rasse-an-sich nicht, sondern nur die Vorstellung von Rasse, die ein Produkt industrieller Gesellschaften ist. Es gibt nur soziale Beziehungen, die mit Hilfe von rassischen Kategorien interpretiert werden."[84]

Zusammenfassend sind die Gründe gegen die Aufnahme des Begriffs 'Rasse' als analytisches Konzept in die marxistische Theorie folgende: *Erstens:* Wir leben in einer Welt, in der die biologische Konzeption von 'Rasse', wie wohl wissenschaftlich diskreditiert, im Alltagsverstand weiterhin präsent ist. Viele Menschen denken und handeln immer noch so, als ob die Weltbevölkerung in eine Anzahl von getrennten, biologisch unterscheidbare Gruppen, d.h. 'Rassen' aufgeteilt wäre. Obwohl diese Konzeption, insbesondere in ihrer rassistischen Verkörperung, von den meisten Soziologen und Marxisten zurückgewiesen wird, stellen wiederum ihre Konzeptionen und Theorien von 'Rasse' und 'Rassebeziehungen', wo sie eine unmittelbare Resonanz in der Alltagswelt haben, keine Herausforderung für den "common sense" dar. Im Gegenteil, indem sie ihre soziologischen Konzepte von Rasse nicht konsistent und ausdrücklich als soziale Konstruktionen oder Kategorien zu erklären vermögen, bestärken sie implizit den "common sense", ja, sie unterstützen sogar eine Ideologie, die Barzun "einen modernen Aberglauben" und Montagu "des Menschen gefährlichsten Mythos"[85] genannt hat.

Zweitens: Die Verdinglichung von 'Rasse' als etwas Eigenständiges und von 'Rassebeziehungen' als einer unterscheidbaren Sorte sozialer Beziehungen stellt phänotypische Differenzierungen als aktive Determinanten des sozialen Prozesses und der Strukturen dar. Daraus folgt, daß *"die ideologische Vorstellung von 'Rasse' trotz aller späteren Rationalisierungsversuche nicht die peinliche Genauigkeit einer objektiven wissenschaftlichen Definition hat".*[86] Ihr Gebrauch verschleiert, daß die Gesellschaft von solchen Menschen aktiv konstruiert wird, die sich rassistisch äußern und von solchen, die sich an Ausschließungspraktiken beteiligen, die mit dem Rassismus einhergehen. Der Gegenstand der Analyse, die aktiven Determinanten von Ausschließung und Benachteiligung, sind deshalb nicht physische Unterschiede an sich, also 'Rasse', sondern die Prozesse der Bedeutungszuschreibung auf bestimmte Unterscheidungsmuster und die Benutzung dieser Prozesse der Bedeutungszuschreibung, um soziale Beziehungen zu strukturieren. Der Gebrauch der analytischen Konzepte 'Rasse' und 'Rassenbeziehungen' verschleiert die soziale Konstruktion von Differenzen und präsentiert sie als etwas, das der empirischen Wirklichkeit beobachtbarer Differenzen eingeschrieben sei.

Drittens: Die Aufnahme ideologischer Konzepte in den britischen wissenschaftlichen Diskurs hat historische und empirische Untersuchungen in einer Weise strukturiert, die zu vergleichenden Analysen von beschränkter theoretischer und politischer (einschließlich praktisch-politischer) Relevanz geführt hat. Indem 'Rasse' und 'Rassebeziehungen' als Forschungsgegenstand definiert wurden, wurde die vergleichende Aufmerksamkeit auf andere gesellschaftliche Formationen gelenkt, in denen identische Definitionen vorherrschen, hauptsächlich also Südafrika und die Vereinigten Staaten. Mit anderen Worten, die vergleichende Analyse wird eher durch bestimmte gemeinsame ideologische Überzeugungen bestimmt, also durch die Erscheinungsformen, als durch eine historisch-materialistische Analyse der Reproduktion der kapitalistischen Produktionsweise, also durch wesentliche Beziehungen. Außerdem haben diese beiden Gesellschaften, wenn man die historische Dynamik der kapitalistischen Entwicklung betrachtet, wenig gemeinsam mit der ökonomischen und politischen Entwicklung in Großbritannien nach 1945, abgesehen davon, daß sie eine gemeinsame ideologische Definition von 'Rasse' als eines sozialen Problems teilen.

Die Aufmerksamkeit wurde dadurch von den anderen gesellschaftlichen Formationen Nord-West-Europas abgelenkt, in denen ein ähnlicher Zusammenhang zwischen Kapitalakkumulation und Arbeitsmigration zu einer dauerhaften Ansiedlung von Bevölkerungsgruppen geführt hat, die kulturell verschieden von der einheimischen Bevölkerung sind und in denen aufgrund verschiedener politischer Interessen sich die Definition durchgesetzt hat, daß diese Ansiedlung problematisch sei. Aber nur in Großbritannien wurde der problematische Charakter der Niederlassung zur 'Rassenfrage' erklärt. Anderswo wird sie als 'Minderheitenproblem' definiert oder z.B. als 'Einwanderungsproblem'. Dabei beruhen diese ideologischen Erklärungsvarianten auf einem gemeinsamen ökonomischen und politischen Prozeß, so daß sich die Frage erhebt, warum? Eine solche Frage kann nur gestellt werden, indem man 'Rasse' als analytisches Konzept dekonstruiert, weil erst dann die Analyse sich auf die politischen und ideologischen Prozesse konzentrieren kann, in denen das Konzept 'Rasse' benutzt worden ist, um den Prozeß der Wanderung und Niederlassung zu verstehen.

Schlußfolgerung

Insofern der Marxismus behauptet, daß alle sozialen Beziehungen gesellschaftlich konstruiert seien und unter besonderen historischen Umständen reproduziert werden und daß diese Beziehungen deshalb grundsätzlich durch menschliches Handeln veränderbar seien, bleibt kein Raum für ideologische Vorstellungen, die letzten Endes implizit und oft sogar explizit das Gegenteil behaupten. Die Aufgabe eines Marxisten besteht deshalb nicht darin, eine marxistische 'Rassentheorie' aufzustellen, die auf irgendeine Weise stichhaltiger wäre als die konservativen oder liberalen Theorien, sondern darin, 'Rasse' als Begriff zu dekonstruieren und ihn von dem Konzept Rassismus abzulösen. Durch die Dekonstruktion des Begriffs 'Rasse' wird die Wirksamkeit des Prozesses der "Rassisierung" und der Ausdrucksformen des Rassismus innerhalb der Entwicklung des kapitalistischen Weltwirtschaftssystems sehr viel klarer herausgestellt[87], weil die Bedeutung der Kategorisierungs- und Ausschließungspraktiken durch die Menschen hervorgehoben wird. Wo Rassisierung und Rassismus Teile der Reproduktion der kapitalistischen Produktionsweise strukturieren, erscheint der Kapitalismus in einer historisch spezifischen Form.

Das kann kurz veranschaulicht werden, indem wir zunächst auf Cox Argument zurückkommen, daß 'Rassebeziehungen' sich aus der Proletarisierung der Arbeit in der Karibik heraus entwickelt hätten. Ich habe bereits dagegengehalten, daß in dieser Region im 17. und 18. Jahrhundert keine Proletarisierung der Arbeit stattgefunden hat, weil es nach einer anfänglichen Kolonisationsperiode, in der Vertragsarbeit vorherrschte, eher eine Sklaven-als eine Lohnbeziehung gab. Unter diesen Verhältnissen wurde der Mensch als Arbeitskraft zur Ware und diente sklavenförmig als konstantes Kapital. Es entstand deshalb der Produktionsmodus der Sklaverei in der Karibik, der durchaus mit der in Europa entstehenden kapitalistischen Produktionsweise in Beziehungen stand. In einem Kontext, in dem unfreie Produktionsbeziehungen noch weit verbreitet, wenn nicht sogar vorherrschend waren, war die Versklavung von Afrikanern nicht an sich bemerkenswert, wenngleich Afrikaner mit abfälligen Bezeichnungen als die Anderen dargestellt und einige ihrer phänotypischen Merkmale als Ausdruck dafür bewertet wurden, daß sie ein anderer Typ menschlicher Wesen seien. Dieser Prozeß der Rassisierung einer Bevölkerung, der dazu diente, Arbeitskräfte unter Sklavenverhältnissen zu zwingen, wurde mit dem Aufkommen des Konzepts 'Rasse' intensiviert, um die Besitzer der Produktionsmittel und die Anbieter von Arbeitskraft zu dichotomisieren als seien es von Natur aus verschiedene Lebensformen.

Ähnliche Prozesse der Rassisierung und ähnliche Ausdrucksformen des Rassismus waren im 18. und 19. Jahrhundert überall auf der Welt, größtenteils jedoch außerhalb Europas, zu beobachten, als auf die Kolonisation der Versuch folgte, die Warenproduktion zu entwickeln und zu verbreiten. Wie in der Karibik ging das in der Regel einher mit der erzwungenen Migration einer Gruppe von Menschen, die dazu bestimmt wurde, unter Verhältnissen direkten politischen und rechtlichen Zwangs ihre Arbeitskraft anzubieten. Ich habe an anderer Stelle hervorgehoben[88], daß in allen diesen Fällen unfreier Produktionsverhältnisse der Rassismus durch einen Prozeß der Rassisierung zu einem ideologischen Verhältnis der Produktion wird: das heißt, die Ideologie des Rassismus konstruiert den Anderen als besondere und minderwertige Kategorie, die in besonderer Weise dazu geeignet ist, Arbeitskraft unter unfreien Produktionsverhältnissen zur Verfügung zu stellen. Rassisierung und Rassismus sind so gesehen ideologische Instanzen, die in Verbindung mit wirtschaftlichen und politischen Herrschaftsbeziehungen bestimmte kulturell unterscheidbare Bevölkerungsgruppen in besondere Klassenpositionen verweisen und dadurch die Ausbeutung der Arbeitskraft in einer bestimmten ideologischen Weise strukturieren.

Es ist wichtig, die historische Dialektik dieser Umstände hervorzuheben. Auf der einen Seite strukturierten Rassisierung und Rassismus die Produktionsverhältnisse in einer historisch besonderen ideologischen Art und Weise. Sie hatten insofern reale unabhängige Auswirkungen. So lebten die Menschen, die ihre Arbeitskraft unter den Bedingungen der Sklaverei und in vielen verschiedenen Vertragsformen anzubieten hatten, eingekapselt in wirtschaftliche Beziehungen der Unfreiheit und in ideologische der Ausschließung aus der Menschlichkeit. Jede dieser Dimensionen korrelierte mit den anderen und konstituierte eine besondere Totalität der Klassensituation. Sie unterschied damit nicht nur die so konstituierte Gruppe von der herrschenden Klasse, die die Produktionsverhältnisse monopolisierte, sondern auch von denen, die in Lohnarbeitsverhältnissen anderswo auf der Welt lebten. Auf der anderen Seite hatte die Herstellung unfreier Produktionsverhältnisse ein universelles Ausmaß, weil sie Prozesse ökonomischer, politischer und ideologischer Unterordnung erforderlich machte und weil sie ein

Moment in der Entwicklung eines kapitalistischen Weltwirtschaftssystems war, in dem sich verschiedene Produktionsweisen miteinander verbanden.

Dieselben Begriffe der Rassisierung, des Rassismus und der Ausschließung können in bezug auf die Arbeitskräftemigration von der Peripherie ins Zentrum des kapitalistischen Weltwirtschaftssystems seit 1945 angewendet werden. Diese Migration, die durch den Kapitalakkumulationsprozeß[89] bestimmt wird, brachte Migranten auf vakante Positionen in der Arbeiterklasse. Für viele dieser Migranten wurde ihre Einreise und ihr Aufenthalt jedoch durch ein Vertragssystem geregelt, das sie darin beschränkte, ihre Arbeitskraft zur Ware zu machen und das sie innerhalb der Arbeiterklasse auf einen spezifischen, politisch und gesetzlich festgelegten Platz verwies.[90] Alle Migranten wurden als entweder biologisch oder kulturell verschieden bezeichnet, oder beides. Dort, wo ihre Rassisierung erfolgte, wo Rassismus aufkam und wo Ausschließungspraktiken vorherrschten, wurden die Migranten und ihre Kinder oft, wenn auch nicht als einzige, auf bestimmte wirtschaftliche Positionen innerhalb der Arbeiterklasse verwiesen, wo sie an- und ungelernte manuelle Arbeiten verrichten müssen. In jüngster Zeit, im Zuge der Krise der Kapitalakkumulation und der Restrukturierung des Kapitals, dienen Rassismus und Ausschließungspraktiken dazu, Migranten und ihre Kinder vollständig vom Arbeitsmarkt fernzuhalten und sie in den Bereich einer relativen Überschußbevölkerung abzudrängen.

In all diesen Fällen dienen die Prozesse der Rassisierung, des Rassismus und der Ausschließungspraktiken dazu, die Reproduktion der kapitalistischen Produktionsweise zu effektivieren, Menschen in bestimmte ökonomische Positionen innerhalb des Lohnarbeitssystems zu drängen, oder sie aus der erwerbstätigen Bevölkerung auszuschließen und damit eine relative Überschußbevölkerung zu konstituieren. Dies geschieht jedoch in einer bestimmten ideologischen Weise. Diese Prozesse schaffen deshalb nicht nur besondere Klassenfraktionen, wobei die relative Überschußbevölkerung innerhalb der kapitalistischen Produktionsweise eine genauso unterscheidbare und notwendige Klassenposition ist wie das Proletariat, sondern sie erzeugen auch Widerstand, der die Eliminierung von Rassismus und von Ausschließungspraktiken zum Ziel hat. Dieser Widerstand wiederum ist oft, wenn auch nicht ausnahmslos, in einer Form erfolgt, in der der Begriff 'Rasse' als ideologische Orientierung für die politische Organisation und den Kampf dient. Es wurde damit ein dialektischer Prozeß zwischen Rassisierung und Überdeterminierung von Spaltungsprozessen auf der ökonomischen Ebene in Gang gesetzt.[91]

Alle diese Prozesse können im Rahmen einer marxistischen Theorie erörtert werden, ohne daß die Transformation des Begriffs 'Rasse' in ein analytisches Konzept erforderlich wäre. Wenn die Konzepte Rassisierung, Rassismus und Ausschließung benutzt werden, um die spezifischen Mechanismen zu identifizieren, die die Reproduktion der kapitalistischen Produktionsweise erlauben, kann man durchgängig und konsequent die Rolle menschlichen Handelns, abgesehen von den je besonderen historischen und materiellen Umständen, hervorheben und die Besonderheit einzelner Formen der Unterdrückung erkennen.

Anmerkungen

1. vgl. Miles, R.: Class, Race and Ethnicity: A Critique of Cox Theory. Ethnic and Racial Studies 1980, 3(2); ds.: Racism and Migrant Labour. London 1982; ds.: Marxism Versus the "Sociology of Race Relations"? Ethnic and Racial Studies 1984, 7(2); vgl. ebenfalls Solomos, J.: Varieties of Marxist Conceptions of "Race", Class and the State: A Critical Analysis. In: Rex, J./Mason, D. (Hrsg.): Theories of Race and Ethnic Relations. Cambridge 1986 und Wolpe, H.: Class Concepts, Class Struggle and Racism. In: Rex, J./Mason, D. (Hrsg.), 1986.
2. vgl. Banton, M.: Racial Theories. Cambridge 1987; Barzun, J.: Race: A Study in Modern Superstition. London 1938; Jordan, W.J.: White Over Black: Arican Attitudes Toward the Negro, 1550-1812. Chapel Hill 1968; Montagu, A. (Hrsg.): The Concept of Race. New York 1964; ds.: (Hrsg.): Man's Most Dangerous Myth: The Fallacy of Race. New York 1974.
3. Hirschfeld, M.: Racism. London 1938.
4. ebd., S. 227
5. Huxley, J.S./Haddon, A.C.: We Europeans: A Survey of 'Racial' Problems. London 1935; Barzun, J., 1938; Montagu, A., 1974; Benedict, R.: Race and Racism. London 1983.
6. Miles, R., 1982, S. 15ff..
7. Cox, O.C.: Caste, Class and Race. New York 1970.
8. z.B. Castles, S./Kosack, G.: The Function of Labour Immigration in Western European Capitalism. New Left Review 1972, 73, S. 16; Rex, J.: Race Relations in Sociological Theory. London 1983, S. 15f..
9. Cox, O.C., 1970, S. 319
10. ebd., S. 402
11. ebd., S. 320
12. ebd., S. 423
13. ebd., S. 321 und 480
14. ebd., S. 393
15. ebd., S. 532
16. ebd., S. 344
17. ebd., S. 333, 453 und 536
18. ebd., S. 438
19. Banton, M., 1987, S. 86ff. und 99ff..
20. Miles, R., 1982, S. 81ff.; George, H.: American Relations Theory: A Review of Four Models. Lanhae 1984, S. 139ff..
21. Miles, R., 1980.
22. Wallerstein, I.: The Capitalist World-Economy. Cambridge 1979.
23. Miles, R.: Capitalism and Unfree Labour, Anomaly or Necessity. London 1987a, S. 73ff..
24. vgl. Robinson, C.J.: Black Marxism. London 1983.
25. vgl. Solomos, J., 1986, S. 87f..
26. Szymanski, A.: The Structure of Race. Review of Radical Political Economics 1985, 17(4), 106.
27. ebd., S. 108
28. ebd.
29. Solomos, J., 1986; Gilroy, P.: There Ain't No Black in die Union Jack. London 1987.
30. vgl. Lugard, F.D.: The Dual Mandate in British Tropical Africa. Edingburgh 1929.
31. Carter, S./Joshi, B.: The Role of Labour in Creating a Racist Britain. In: Race and Class, 25, 1984; Carter, S./Harris, C./Joshi, B.: The 1951-55 Conservative Government and the Racialisation of Black Immigration. In: Immigrants and Minorities.
32. Rich, P.B.: Race and Empire in British Politics. Cambridge 1986, S. 191ff..
33. Castles, S./Kosack, G., 1972 und ds.: Immigrant Workers and Class Structure in Western Europe. London 1973.
34. Castles, S./Kosack, G., 1973, S. 1ff..
35. ebd., S. 2
36. ebd.

37 Castles, S. et. al.: Here for Good. Western Europe's New Ethnic Minorities. London 1984.
38 Sivanandan, A.: A Different Hunger: Writings on Black Resistance. London 1982.
39 Castles, S./Kosack, G., 1973 und Nikolinakos, M.: Notes Towards a General Theory of Migration in Late Capitalism. In: Capital and Class 1975, 17(1).
40 Sivinandan, A., 1982, S. 105f..
41 ebd., S. 108ff. und ds.: Challenging Racism: Strategies for the '80s'. In: Race and Class 1983, 25(2), S. 2f..
42 ds., 1982, S. 109
43 ds., 1983, S. 28 und 6
44 ds., 1982, S. 104
45 ebd., S. 113
46 ds., 1983, S. 5
47 ds.: RAT and the Degradation of the Black Struggle. In: Race and Class 26 (1985)4, S. 27
48 ds., 1982, S. 161ff..
49 ebd., S. 163
50 ebd., S. 170
51 Miles, R., 1986
52 Wolpe, H.: Capitalism and Cheap Labour-Power in South Africa: From Segregation to Apartheid. In: Wolpe, H. (Hrsg.): The Articulation of Modes of Production: Essays from Economy and Society. London 1980 und ds., 1986.
53 Hall, S. et. al.: Policing the Crisis: Mugging, the State and Law and Order. London 1978; Hall, S.: Racism and Reaction, in Commission for Racial Equality, Five Views of Multi-Racial Britain. London 1978 Commision for Racial Equality und ds.: Race, Articulation and Societies Structured in Dominance. In: UNESCO, Sociological Theories: Race and Colonialism. Paris 1980, UNESCO
54 Miles, R., 1982, S. 176f.
55 Hall, S., 1980, S. 339
56 CCCS: The Empire Strikes Back. London 1982.
57 Hall, S., 1980, S. 339
58 vgl. auch CCCS, 1982, S. 342
59 CCCS, 1982
60 Gilroy, P., 1987
61 Miles, R., 1984
62 Gilroy, P., 1987, S. 40f
63 z.B. ebd., S. 20, 38, 102, 122, 136 und 149
64 ebd., S. 149
65 ebd., S. 247
66 ebd., S. 14
67 ebd., S. 38f
68 ebd., S. 229
69 ebd., S. 18
70 ebd., S. 38
71 ebd., S. 149
72 ebd., S. 38
73 ebd., S. 218
74 ebd., S. 116
75 z.B. Hyman, R.: Andre Gorz and his Disappearing Proletariat. In: Miliband, R./Saville, J. (Hrsg.): The Socialist Register. London 1983.
76 Gilroy, P., 1987, S. 245.
77 ebd., S. 1ff
78 ebd., S. 451
79 ebd., S. 247
80 Hall, S. In: CCCS, 1982, S. 338
81 Miles, R., 1982; ds., 1984; Miles, R./Phizacklea, A.: White Man's Country: Racism in British Politics. London 1984, S. 1ff..

82 Guillaumin, C.: The Idea of Race and its Elevation to Autonomous Scientific and Legal Status. In: UNESCO, 1980, S. 39
83 ebd.
84 ebd., S. 59
85 Rozat, G./Bartra, R.: Racism and Capitalism. In: UNESCO, 1980, S. 302; vgl. auch Barzun, J., 1938 und Montagu, A., 1974.
86 Lacourt, D.: Marxcism as a Critique of Sociological Theories. In: UNESCO, 1980, S. 282
87 Miles, R., 1982; ds. 1987a; ds.: Racism. London 1988; Miles, R./Phizacklea, A., 1984, S. 4ff..
88 Miles, R., 1987a, S. 186ff..
89 ds.: Labour Migration, Racism and Capital Accumulation in Western Europe. In: Capital and Class 1986
90 ds., 1987a, S. 143ff.
91 ds.: Class Relations and Racism in Britain in the 1980's, Revue Europeene des Migrations Internationales. 1987b

(aus dem Englischen übersetzt von Christa Jaeger und Frank-Olaf Radtke)

Micha Brumlik

Die Entwicklung der Begriffe "Rasse", "Kultur" und "Ethnizität" im sozialwissenschaftlichen Diskurs

1

"Rasse", "Kultur" und "Ethnizität" sind allesamt Begriffe, die der Bestimmung von Differenzen dienen sollen, der Differenzen freilich nicht von Individuen, sondern von Gruppen. In dem Augenblick, in dem sozialphilosophisches oder sozialwissenschaftliches Denken dessen gewahr wurde, daß die Menschen sich nicht nur ihrer Bedürftigkeit nach, d.h. ihrer Stellung im materiellen Reproduktionsprozeß nach unterscheiden, sondern auch gemäß ihrer kollektiven Selbstdeutungen, kommen Begriffe, die sich auf kollektive Selbstdeutungen — auf die Selbstdeutung von Kollektiven beziehen, notwendigerweise ins Spiel.

Insofern läßt sich das oben angegebene Thema praktisch kaum erschöpfen — wollte man es auch nur annähernd zutreffend behandeln, es stünde die ganze Geschichte der Soziologie ebenso zur Disposition wie deren sozialphilosophische Vorläufer. Eine solche, auch nur annähernd zutreffende Bearbeitung hätte auf jeden Fall die folgenden Themenkomplexe zu behandeln:

1. Die Behandlung der Begriffe "Menschheit" und "Völker" in der Spätaufklärung

Es war Herder[1], der als erster den Versuch unternommen hat, den moralischen Universalismus der Aufklärung mit der Einsicht in die faktische Partikularität der menschlichen Sprachen, Kulturen und Religionen zu verbinden. Für Herder, der die Menschen nicht nur als Verstandes-, sondern mindestens ebensosehr als Gefühls- und Ausdruckswesen ansah, ist eine Universalgeschichte nur noch als Geschichte je unterschiedlicher Weltentwürfe und Weltperspektiven möglich: in der Fülle der Künste und Sprachen, die die Völker hervorbrachten, erschließt sich der ganze Reichtum menschlicher Möglichkeiten.

2. Das Verhältnis von "Volksgeister" und "Weltgeist" im objektiven Idealismus Hegels sowie der Gedanke der Nation im Denken Fichtes und der Romantiker

Wenn Hegel in seiner "Phänomenologie" den Geist als "das Tun Aller und Jeder" bestimmt und ihm eine notwendige Stufenabfolge in der Geschichte von den Volksgeistern über den objektiven bis hin zum absoluten Geist zuweist[2], so bedient er sich hierbei eines Herderschen Begriffs und einer Herderschen Denkfigur. Die Behauptung, daß die Weltgeschichte ihre vernünftige Einheit einzig durch Entzweiung, Entäußerung, Negation und Höherstufung von Lebensformen erringen kann, überbietet Herders Kulturanthropologie, der es vor allem auf eine geschärfte Wahrnehmung der kreativen menschlichen Fähigkeiten ankam. Die dialektische Konstruktion der Weltgeschichte fordert partikulare Vereinseitigungen als ihren Motor.

Diese Abkehr vom Aufklärungsuniversalismus war freilich auch in entgegengesetzter Richtung möglich: Zurück zu den Ursprüngen! In den gegen Humboldt stehende Sprachphilosophien des späten Schlegel und Fichtes gehen die Suche nach der arischen Ursprache und dem geschichtlich besonders beauftragten deutschen Volk eine Vereinseitigung ein, die von vermeintlichem Alter und vermeintlicher Ursprünglichkeit auf höhere Wertigkeit schließt. Freilich bleibt auch bei Fichte noch der Gedanke der deutschen Nation an die Prinzipien allgemeiner Menschenvernunft und Humanität gebunden.[3]

3. Der "Geist" der Geisteswissenschaften bei Dilthey und das Problem des Historismus

Was bei Hegel als partikulare Lebensform, als Volksgeist noch eine Stufe im weltgeschichtlichen Prozeß zugewiesen bekam, muß nach der historistischen[4] Aufklärung zum in sich selbst kreisenden Element werden. Wo jede Epoche gleich zu Gott steht und die Weltgeschichte keine Richtung mehr hat, gewinnen die untereinander in mannigfaltigen Sphären verbundenen Lebensäußerungen der Menschen ihre Würde als Bestandteile eines Geistes, den die historischen und philologischen Wissenschaften nur noch zu verstehen, aber nicht mehr zu bewerten haben:

"Das Individuum, die Gemeinschaften und die Werke, in welche Leben und Geist sich hineinverlegt haben, bilden das äußere Reich des Geistes. Diese Manifestationen des Lebens, wie sie in der Außenwelt dem Verständnis sich darstellen, sind gleichsam eingebettet in den Zusammenhang der Natur. Immer umgibt uns diese große äußere Wirklichkeit des Geistes. Sie ist eine Realisierung des Geistes in der Sinnenwelt vom flüchtigen Ausdruck bis zur jahrhundertelangen Herrschaft einer Verfassung oder eines Rechtsbuchs. Jede einzelne Lebensäußerung repräsentiert im Reich dieses objektiven Geistes ein Gemeinsames. Jedes Wort, jeder Satz, jede Gebärde oder Höflichkeitsformel, jedes Kunstwerk und jede historische Tat sind nur verständlich, weil eine Gemeinsamkeit den sich in ihnen Äußernden mit dem Verstehenden verbindet; der einzelne

erlebt, denkt und handelt stets in einer Sphäre von Gemeinsamkeit, und nur in einer solchen versteht er. Alles Verstandene trägt gleichsam die Marke des Bekanntseins aus solcher Gemeinsamkeit an sich. Wir leben in dieser Atmosphäre, sie umgibt uns beständig. Wir sind in dieser geschichtlichen und verstandenen Welt zu Hause, wir verstehen Sinn und Bedeutung von dem allen, wir selbst sind verwebt in diese Gemeinsamkeiten."[5]

Diese von Dilthey zu Beginn des zwanzigsten Jahrhunderts unternommene Analyse einer "Sphäre der Gemeinsamkeit" als Folie individuellen Selbstverständnisses und als Gegenstand der Geisteswissenschaften markiert Gegenstand und Reichweite wissenschaftlicher Überlegungen zum Problem partikularer Kollektive bis heute. Fortan konnte es nur noch folgende Fragen geben:

a) Welche sind die Mechanismen bzw. Chemismen, die die genannten Sphären der Gemeinsamkeit stiften?

b) Welche Rolle ist dem von Dilthey besonders hervorgehobenen Umstand zuzumessen, daß Lebensformen Sinn und Bedeutung haben?

c) In welchem — auch moralisch zu bewertenden — Verhältnis können die so oder so erklärten und so oder so geschätzten bedeutungsvollen Lebensformen zu dem stehen, was als allgemeine Menschennatur oder -kultur bezeichnet werden könnte?

4. Die naturalistischen Reduktionen des späten neunzehnten Jahrhunderts

Die antimetaphysische Revolution des späten neunzehnten Jahrhunderts, wie sie uns aus den Werken von Darwin, Marx, Nietzsche und Freud entgegentritt, stellt gleichsam eine Antwort auf die erste Frage dar. Die von diesen Theoretikern letztendlich aufgebotenen Letztinstanzlichkeiten beantworten die Frage nach den Bindekräften gemeinsamer Lebensäußerungen und -formen durch mehr oder minder vorsichtige Hinweise auf biologische Gesetzmäßigkeiten, ökonomische Notwendigkeiten, gattungsspezifische Selbsttäuschungen oder organismische Bedürfnisse.

Dem Problem des Sinns oder der Bedeutung von Lebensformen messen sie in systematischer Hinsicht eher weniger als mehr Bedeutsamkeit zu — ihr ideologiekritischer Zugriff tendiert dazu, diese Frage als Scheinproblem oder — schlimmer noch — als wahrheitswidrig abzutun. Damit entfällt aber zugleich die Notwendigkeit, das Verhältnis von Partikularität und Universalität grundsätzlich zu bestimmen. Die vermeintlich befriedigend gelöste Frage nach einer angemessenen Regelung basaler Lebensverhältnisse vermag wie auch immer derlei scheinhafte Fragen zur Ruhe zu bringen.

5. Wertphilosophie und Symboltheorie des frühen zwanzigsten Jahrhunderts

Es waren der Marburger und speziell der südwestdeutsche Neukantianismus von Natorp bis Rickert, die in einer Zeit positivistischen und naturalistischen Denkens die Frage nach der philosophischen, d.h. wissenschaftstheoretischen Begründbarkeit der "Kulturwissenschaften" stellten und in methodologischer Hinsicht die Antwort erarbeiteten, daß es in den Kulturwissenschaften — im Unterschied zu den Naturwissenschaften - vor allem um das Problem einer *Bewertung* ihrer Gegenstände in normativer Hinsicht gehe. Wo sich die Frage nach einer Kultur stellt, stellt sich stets auch die Aufgabe, zu ihr Stellung zu nehmen. Damit entsteht schließlich die Frage nach den Kriterien derartiger Stellungnahmen.[6]

In erkenntnistheoretischer beziehungsweise objekttheoretischer Hinsicht stellte sich der Neukantianismus die Frage nach der Konstitution seines Objektes, der Kultur. Es war endlich Ernst Cassirer, der mit seiner Philosophie der symbolischen Formen[7] sowohl den Naturalismus der Antimetaphysiker von Marx bis Freud als auch den erkenntnistheoretischen Positivismus zurückgewiesen und auf die notwendig symbolhafte Vermittlung aller Erkenntnis hingewiesen hat. Mit der Auszeichnung der symbolischen Vermittlung im Erkenntnis- und Lebensprozeß gewann Cassirer jenen Ausgangspunkt, von dem aus "Kultur" nicht mehr nur als Derivat natürlicher und quasi-natürlicher Lebensverhältnisse gelten konnte, sondern sich als jene Bedingung der Möglichkeit von Erkenntnis erwies, ohne die keine Wissenschaft auch nur denkbar ist.

"Der Mensch lebt in einem symbolischen und nicht mehr in einem bloß natürlichen Universum. Statt mit den Dingen selbst umzugehen, unterhält sich der Mensch in gewissem Sinne dauernd mit sich selbst. Er lebt so sehr in sprachlichen Formen, in Kunstwerken, in mythischen Symbolen oder religiösen Riten, daß er nichts erfahren oder erblicken kann, außer durch Zwischenschaltung dieser künstlichen Medien."[8]

6. Philosophische Anthropologie, Kultur- und Persönlichkeitsforschung und Ethnomethodologie

Die philosophische Anthropologie im Deutschland der zwanziger, dreißiger und vierziger Jahre von Scheler über Plessner bis Gehlen unternahm schließlich den Versuch, auf der Basis philosophischer Menschenbilder von Fichte bis Nietzsche und von Herder bis Novalis mit den Grundbegriffen von Handlung, exzentrischer Positionalität bzw. Instinktverunsicherung, Sprachlichkeit und Phantasiebegabung eine empirisch angereicherte Wissenschaft vom Menschen zu konstituieren, die dem Umstand gerecht wird, daß er als Gattungswesen nur in je einzelnen Kulturen bzw. Institutionen existieren kann.[9]

Einem ähnlichen Grundgedanken war die angelsächsische Kultur- und Persönlichkeitsforschung in der Tradition von Benedict, Cardiner u.a. verpflichtet, die das Verhältnis von individueller Bildung, sozialen Strukturen und semantischen Gehalten mit einer Fülle von Methoden und Ansätzen von der Psychoanalyse über die Phänomenologie bis zur deskriptiven Feldforschung untersucht hat. Im strukturellen Funktionalismus der Parsonsschule ist es endlich gelungen, diesen Ansätzen eine Art übergreifender und integrierender Theorie überzustülpen.[10]

Die gemeinsame Konstitution von Bedeutungen durch interindividuelle Interaktionen steht endlich im Mittelpunkt aller phänomenologisch ausgerichteten Kulturtheorien, wobei in Ethnomethodologie und symbolischem Interaktionismus nach Auffassung vieler Kritiker den gleichsam natürlichen, objektiven Restriktionen bei der Konstitution gemeinsamer Bedeutungen zu wenig Kritik entgegengebracht wird.

Das Ergebnis dieser kurzen Reminiszenz an Themen und Zusammenhänge, in denen die Entwicklung der Begriffe "Rasse", "Kultur" und "Ethnizität" anzusiedeln gewesen wäre, kann nur darin bestehen, 1. aufzuzeigen, *an welcher Gabelung der systematischen Entwicklung die Rassenkonzeption* ins Spiel kam, 2. zu fragen, ob der *Begriff der Kultur bzw. seine Hypostasierung solchen Abwegen Vorschub geleistet hat* und 3. zu untersuchen, ob die gegenwärtig neuentbrannte Diskussion um Ethnizität, wie sie in der Immigrations-, der Integrations- und der Entwicklungsforschung geführt wird, die *Aporien der herkömmlichen Diskussionen* wiederholt.

2

Wenn wir uns noch einmal Diltheys Vorschlag zur Erläuterung des Begriffes "Geist" in Erinnerung rufen, nämlich eine "Sphäre von Gemeinsamkeit", die in mehr oder minder inkommensurabler Weise von anderen ähnlichen Sphären in Zeit und Raum getrennt ist, dann erweist sich die Konzeption der Rasse, wie sie in dem pseudowissenschaftlichen Werk von Gobineau, Chamberlain und Rosenberg hier sowie den vorwissenschaftlichen Bemühungen etwa eines Gumplowicz oder eines Spengler dort zum Ausdruck kommt, als der Versuch, Geschichtsphilosophie ohne eine Idee der Vernunft und Sozialtheorie ohne die Idee der Selbstreflexion zu betreiben.[11] Rassistische Konzeptionen reihen sich einerseits in die antimetaphysischen Reduktionismen ein, verzichten aber andererseits entschlossen darauf, den in jenen noch enthaltenen ideologiekritischen Wahrheitsanspruch zu verteidigen. In rassistischen Konzeptionen, die sich — wie ich an anderer Stelle zu entfalten versucht habe[12] — als melancholische Verfallsgeschichte, eugenische Sozialhygiene und endlich mörderische Ausmerze darstellen können, wird die Frage nach den nicht willentlich verfügbaren genetischen Randbedingungen menschlicher Vergesellschaftung so beantwortet, daß genetische Elemente weder als Grenze, noch als Randbedingung, sondern geradezu als Hauptdeterminante menschlichen Handelns ausgewiesen werden. Gleichermaßen wird die Frage nach den möglichen normativen Vorgaben, also nach jenem Sinn und jener Bedeutsamkeit der Kulturen, die Dilthey gestellt hatte, ihrerseits durch einen Hinweis auf natürliche Vorlieben beantwortet. Diese Argumentation, die sich schon in den wissenschaftstheoretischen Debatten der dreißiger Jahre — wie sie etwa von Voegelin geführt wurde — als unhaltbar erwies und etwas informiertere Nationalsozialisten wie Günther durchaus dazu brachte, ihre Rassen- und Kulturtheorie geisteswissenschaftlich zu modifizieren, und d.h. rassische Herkunft als zu deutende Vorfindlichkeit und als zu ergreifendes Schicksal zu konzipieren[13], ist mit dem Ende des Nationalsozialismus keineswegs verstummt, sondern präsentiert sich heute, wie wir alle wissen, in den Gewändern der Soziobiologie, der Verhaltensforschung und einer gentechnologisch aufgemöbelten forensischen Psychiatrie bis hin zu einer statistisch-methodologisch mit allen Wassern gewaschenen Zwillings- und Begabungsforschung mit neuen Argumenten und keineswegs immer leicht zu widerlegenden empirischen Ergebnissen.[14] Eine ohnehin wieder in naturwissenschaftlichen Kategorien denkende Gesellschaftstheorie mit ökologischer Perspektive leistet der Akzeptanz solcher Vorstellungen Vorschub.

Mit dieser gewiß betrüblichen Feststellung ist indessen das systematische Problem, um das es hier geht, keineswegs gelöst — nämlich die Frage, ob nicht an einem bestimmten Punkt der Argumentation die Aporien geisteswissenschaftlicher und damit relativistischer Kultur- und Werttheorie so groß werden, daß der Ausbruch in naturalistische Kategorien als der einzige Ausweg erscheint. Die Aporie, die ich meine, könnte folgendermaßen formuliert werden: Wenn die Vielfalt und Unterschiedlichkeit menschlicher Sphären der Gemeinsamkeit in keinem formulierbaren internen geschichtlichen Zusammenhang steht und mithin einzelne Ausprägungen menschlicher Kultur trotz ähnlicher Randbedingungen nur ein einziges Mal entstanden sind und zudem eine zureichende soziologische Erklärung ihrer Entstehung nicht erbracht werden kann, was liegt dann näher, als auf die Natur als Explanans zurückzugreifen?

Oder mit anderen Worten: Erzwingen der Verzicht auf Universalgeschichte, moralischen Universalismus und eine selbstreflexive Gesellschaftstheorie, erzwingen also Historismus, Relativismus und Reduktionismus nicht geradezu die Umdeutung menschlicher Geschichte und menschlicher Handlungsketten in eine mit naturgesetzlicher Notwendigkeit ablaufende Katastrophe? Legen also die Aporien aller Spielarten des Historismus den Rassismus nicht geradezu nahe?

Daß derlei Überlegungen alles andere als an den Haaren herbeigezogen sind, möchte ich mit späten Überlegungen Webers belegen, der sich jedenfalls in der Vorbemerkung zu der 1920 erschienenen "Protestantischen Ethik" — anders als etwa in seinen entsprechenden Ausführungen in "Wirtschaft und Gesellschaft" — dem Biologismus nur deswegen glaubt entziehen zu können, weil dessen Programme und Projekte zu jener Zeit noch zu unausgereift waren:

"*Schließlich sei auch der anthropologischen Seite der Problematik gedacht. Wenn wir immer wieder — auch auf (scheinbar) unabhängig voneinander sich entwickelnden Gebieten der Lebensführung — im Okzident, und nur dort, bestimmte Arten von Rationalisierungen sich entwickeln finden, so liegt die Annahme, daß hier Erbqualitäten die entscheidende Unterlage boten, natürlich nahe. Der Verfasser bekennt, daß er persönlich und subjektiv die Bedeutung des biologischen Erbgutes hoch einzuschätzen geneigt ist. Nur sehe ich, trotz der bedeutenden Leistungen der anthropologischen Arbeit, z.Zt. noch keinerlei Weg, seinen Anteil an der hier untersuchten Entwicklung nach Maß und — vor allem — nach Art und Einsatzpunkten irgendwie exakt zu erfassen oder auch nur vermutungsweise anzudeuten. Es wird gerade eine der Aufgaben soziologischer und historischer Arbeit sein müssen, zunächst möglichst all jene Einflüsse und Kausalketten aufzudecken, welche durch Reaktionen auf Schicksale und Umwelt befriedigend erklärbar sind. Dann erst, und wenn außerdem die vergleichende Rassen- Neurologie und*

–Psychologie über ihre heute vorliegenden, im einzelnen vielversprechenden, Anfänge weiter hinausgekommen sind, wird man vielleicht befriedigende Resultate auch für jenes Problem erhoffen dürfen. Vorerst scheint mir jene Voraussetzung zu fehlen und wär die Verweisung auf "Erbgut" ein voreiliger Verzicht auf das heute vielleicht mögliche Maß der Erkenntnis und eine Verschiebung des Problems auf (derzeit noch) unbekannte Faktoren."[15]

Es ist Webers charakteristische persönliche und wissenschaftliche Redlichkeit, die ihn sowohl dazu treibt, biologistische Erklärungen als prinzipiell möglich anzusehen als auch dazu, sie im beinahe gleichen Atemzug ob ihrer Unausgereiftheit abzulehnen. Gleichwohl wäre es wünschenswert zu wissen, was Weber als "einzelne vielversprechende Anfänge" einer Rassenneurologie und -psychologie angesehen hat. Doch trotz Webers redlicher Zurückweisung unausgereifter Theorieprogramme sollte man die Dramatik seiner Bemerkung nicht übersehen. An dieser Stelle wird nicht mehr und nicht weniger als die Möglichkeit diskutiert, den okzidentalen Rationalismus rassenneurologisch zu erklären, also jenen vermeintlich prinzipiell überall möglichen Rationalisierungsprozeß als von bestimmten genetischen Dispositionen abhängig zu sehen. Auf niedrigstem Niveau sind derlei Überlegungen dann im Nationalsozialismus fortgeführt worden, wenn etwa das "Genie" der ionischen Philosophen ihrer "arischen" Herkunft zugeschrieben wurde. Unter der Voraussetzung, daß es der Historismus und Relativismus waren, die biologistische Lösungen eines in diesem Rahmen offenbar unlösbaren Theorieproblems, nämlich der Unwahrscheinlichkeit des Wirklichwerdens von Vernunft, nahelegten, stellt sich im weiteren Rückgang die Frage, ob jene Kategorien, von denen Historismus und Relativismus ihren Ausgang nahmen, nämlich der des "Geistes" bzw. der "Kultur", nicht von Anfang an falsch angesetzt waren.

Der Begriff der Kultur ist in der deutschen Diskussion seit Mitte des vergangenen Jahrhunderts in mindestens drei Oppositionen verwendet worden: In dem Gegensatzpaar von Kultur und Natur, von Kultur und Zivilisation und endlich in der Opposition von Kultur und Gesellschaft.

Der Gegensatz von Kultur und Natur zeugt noch ganz von den frühaufklärerischen Auseinandersetzungen über die zwanghafte Vergesellschaftung des Menschen, wie sie beispielhaft von Rousseau geführt worden und von Kant in seinen geschichtsphilosophischen Schriften denn doch fortschrittsgläubig gewendet worden ist.[16] In der Auseinandersetzung über das Verhältnis von Natur und Kultur legte sich eine Gesellschaft, die in vielerlei Hinsicht daran ging, die sie umgebenden Kontingenzen unter Kontrolle zu bringen und noch nicht mit der Erfahrung selbst geschaffener Kontingenzen konfrontiert war, Rechenschaft über dieses Unterfangen ab.

Erst in dem Augenblick, in dem die Spät- und Nebenfolgen dieses Prozesses in Form selbstgeschaffener Kontingenzen "zum zweiten Male" auftauchten und auch als solche erkennbar wurden, entstand zumal in Deutschland der Versuch, dieser Problematik durch die Unterscheidung von Kultur und Zivilisation gerecht zu werden. Vor dem deutschen Hintergrund eines politisch ohnmächtigen Bürgertums und eines an der Demokratie vorbeizielenden Sonderweges gewann die Unterscheidung von Zivilisation und Kultur, wie sie etwa in Thomas Manns "Betrachtungen eines Unpolitischen" idealtypisch entwickelt wurde, die Bedeutung einer halbierten Kapitalismus- und Modernitätskritik. Kritisiert wurden nicht jene materiellen und ökonomischen Verhältnisse, die eine Versachlichung, Entfremdung und Verstümmelung menschlicher Beziehungen und Lebensverhältnisse hervorbrachten — ich meine die kapitalistische Modernisierung - sondern jene tiefsitzenden Haltungen, Einstellungen und Weltbilder, die je nach theoretischer Einstellung als "Geist des Kapitalismus", "Weltanschauung" oder "Lebensentwurf" bezeichnet wurden.[17] Das systematische Skotom dieser sich als "Kulturkritik" bezeichnenden halbierten Modernitätskritik äußerte sich an ihrer romantisch-nostalgischen Verklärung vorindustrieller Lebensformen, die meist einer systematischen Kritik unzugänglich blieben. In diesem Zusammenhang stellte dann "Zivilisation" das Ensemble sämtlicher symbolisch und materiell geronnener negativer Nebenwirkungen der Modernisierung dar, während "Kultur" als dasjenige erschien, was zumal unter deutschen Verhältnissen dem Modernisierungsprozeß an überzeitlichen Werten abgetrotzt werden und in der Bildungsreligion des Kaiserreiches institutionalisiert werden konnte.

Erst die auf derartigen Überlegungen beruhenden, sich aber kritisch gegen sie wendenden Argumente des westlichen Marxismus, zumal des Webermarxisten Lukacs und der Hegel- und Freudomarxisten von Horkheimer über Benjamin und Adorno bis Marcuse, befassen sich dann in einer dritten Runde mit dem Verhältnis von Kultur und Gesellschaft. In dieser Diskussion wird die halbierte Kulturkritik der Lebensphilosophie ebenso zurückgewiesen wie die simplistischen Ableitungen des Vulgärmarxismus mit seinem Basis-Überbau-Schematismus. Im westlichen Marxismus erscheint Kultur als ein stets durch die materiellen Lebensverhältnisse und die kollektiven Triebschicksale vermitteltes Ensemble von weitestgehend kompensatorischen Ausdrucksphänomenen, denen es in ihren besten Momenten gelingt, den gesellschaftlichen Zwangszusammenhang zu transzendieren.[18]

Indessen: Die Oppositionen von Kultur und Natur, Kultur und Zivilisation und endlich Kultur und Gesellschaft boten im wesentlichen einen an ästhetischen Hervorbringungen orientierten Kulturbegriff auf, der sowohl — sieht man von bestimmten Strömungen des französischen Marxismus ab[19] — die Gestaltung des Alltagslebens als auch die kollektiven Selbst- und Fremddeutungen von Gruppen, Klassen und Ethnien übersprang und somit die Frage nach den symbolischen Selbstdeutungen von Menschen im politischen Raum der Kultur- und Ideologiekritik entzogen. Diese Fragen, die uns heute selbstverständlich erscheinen, sind von einer kritischen Kulturwissenschaft bisher kaum angegangen worden, der Begriff von "Kultur", der bisher in derlei Diskussionen aufgeboten wurde, zehrt nach wie vor von einem inhaltlich-bildungsbürgerlich bestimmten Kulturbegriff, also von jenem Verständnis von Kultur als Gegenbild zur entfremdeten Gesellschaft, der dann mit einiger Folgerichtigkeit in die Sackgasse der Kulturkritik der zwanziger Jahre führte. Erst in den letzten Jahren, also mit den Arbeiten des britischen "Center for Cultural Studies"[20] und den Forschungen Bourdieus[21], liegt uns ein Kulturbegriff herrschaftsvermittelter Habitualisierung kollektiv geteilter und auch geschaffener Symbole vor, der abstrakt genug ist, jene vermeintlich naturwüchsigen Deutungsmuster wie ethnische und nationale Identitäten als der Kritik fähige, unnatürliche, d.h. kultürliche Zusammenhänge zu begreifen. Ich füge in geistesgeschichtlicher Perspektive hinzu, daß sich mit dieser Richtung der Forschung ein später Sieg der neukantianischen, erstmals von Cassirer entwickelten Symboltheorie eingestellt hat: Bourdieus Begriff des Habitus profitiert ebenso von den neukantianischen Kategorien des Kunsthistorikers Panofsky und Max Webers, wie sich z.B. die psychoanalytisch geleitete Tiefenhermeneutik der Lorenzerschule über Langer zurück auf Cassirer bezieht.[22]

Und dennoch: Mindestens im deutschen Sprachraum ist es auch mit diesen theoretischen Mitteln bisher nicht gelungen, zu einer Kritik dessen zu kommen, was hier als "Ethnizität" bezeichnet werden soll.

Ich möchte daher in einem dritten, letzten Schritt nochmals einen Rückgang zu Weber unternehmen, zu jenem Weber freilich, der anders als der Verfasser des Vorworts der "Protestantische Ethik" noch nicht den Aporien des Historismus erlegen war, nämlich zum Verfasser von "Wirtschaft und Gesellschaft". In den entsprechenden Abschnitten über "Ethnische Gemeinschaftsbeziehungen", in denen sich Weber durchaus auch mit dem damals aktuellen Problem von "Rassenzugehörigkeit" auseinandersetzt — ein Ausdruck, der bei ihm hier freilich nur in Anführungszeichen erscheint – reagiert Weber mit kritisch-sozialwissenschaftlichen Argumenten auf die romantisch-völkischen Ursprungsmythen in bezug auf die Gegenstände "Volk" und "Nation".

Weber geht es bei der Analyse ethnischer und rassischer Beziehungen bzw. kollektiver Selbstdeutungen um eine bestimmte "Quelle des Gemeinschaftshandelns", also um Motive und Gründe, mit denen sich Gruppen als "Gleichgeartete" zusammenschließen und sich dabei immer auch von anderen abschließen. Das dabei ins Blickfeld tretende Phänomen der "Abstoßung" wird von Weber ausdrücklich aus der Sphäre anthropologischer Argumentation herausgenommen, wenngleich er einräumt, daß zur Bekräftigung gruppenmäßiger Gemeinsamkeiten das durch sexuellen Verkehr und Fortpflanzungs- bzw. Heiratsregeln erzielte äußere Aussehen einer Gruppe eine nicht geringe Rolle bei der Befestigung kollektiver Deutungen spielt. Auf jeden Fall: "Ethnizität" wird von Weber als "Ethnischer Gemeinsamkeitsglauben" analysiert, d.h. als *"subjektiver Glauben, daß zwischen den sich anziehenden oder abstoßenden Gruppen Stammverwandtschaft oder Stammfremdheit bestehe."* Anschließend zählt Weber die Motive auf, die einen derartigen Stammverwandtschaftsglauben stützen können:

"Nicht jeder Stammverwandtschaftsglaube zwar beruht auf Gleichheit der Sitten und des Habitus. Es kann auch trotz starker Abweichungen auf diesem Gebiet dann ein solcher bestehen und eine gemeinschaftsbildende Macht entfalten, wenn er durch die Erinnerung an reale Abwanderung: Kolonisation oder Einzelauswanderung gestützt wird. Denn die Nachwirkung der Angepaßtheit an das Gewohnte und an Jugenderinnerungen besteht als Quelle des "Heimatgefühls" bei den Auswanderern auch dann weiter, wenn sie sich der neuen Umwelt derart vollständig angepaßt haben, daß ihnen selbst eine Rückkehr in die Heimat unerträglich wäre.... In Kolonien überdauert die innere Beziehung zur Heimat der Kolonisten auch sehr starke Mischungen mit den Bewohnern des Koloniallandes und erhebliche Änderungen des Traditionsguts wie des Erbtypus. Entscheidend dafür ist bei politischer Kolonisation das politische Rückhaltbedürfnis; allge-

mein ferner die Fortdauer der durch Konnubium geschaffenen Verschwägerungen und endlich, soweit die "Sitte" konstant geblieben ist, die Absatzbeziehungen, welche, solange diese Konstanz des Bedürfnisstandes dauert, zwischen Heimat und Kolonie, und zwar gerade bei Kolonien in fast absolut fremdartiger Umgebung und innerhalb eines fremden politischen Gebietes, in besonderer Intensität bestehen können. Der Stammverwandtschaftsglaube kann – ganz einerlei natürlich, ob er objektiv irgendwie begründet ist – namentlich für die politische Gemeinschaftsbildung wichtige Gemeinsamkeiten haben.

Wir wollen solche Menschengruppen, welche aufgrund von Ähnlichkeiten des äußeren Habitus oder der Sitten oder beider oder von Erinnerungen an Kolonisation und Wanderung einen subjektiven Glauben an eine Abstammungsgemeinschaft hegen, derart, daß dieser für die Propagierung von Vergemeinschaftung wichtig wird, dann, wenn sie nicht "Sippen" darstellen, "ethnische" Gruppen nennen, ganz einerlei, ob eine Blutsgemeinsamkeit vorliegt oder nicht. Von der "Sippengemeinschaft" scheidet sich die "ethnische" Gemeinsamkeit dadurch, daß sie eben an sich nur (geglaubte) "Gemeinsamkeit", nicht aber "Gemeinschaft" ist, wie die Sippe, zu deren Wesen ein reales Gemeinschaftshandeln gehört. Die ethnische Gemeinsamkeit (im hier gemeinten Sinn) ist demgegenüber nicht selbst Gemeinschaft, sondern nur ein die Vergemeinschaftung erleichterndes Moment. Sie kommt der allerverschiedensten, vor allem freilich erfahrungsgemäß: der politischen Vergemeinschaftung, fördernd entgegen. Andererseits pflegt überall in erster Linie die politische Gemeinschaft, auch in ihren noch so künstlichen Gliederungen, ethnischen Gemeinsamkeitsglauben zu wecken und auch nach ihrem Zerfall zu hinterlassen, es sei denn, daß dem drastische Unterschiede der Sitte und des Habitus oder, und namentlich, der Sprache im Wege stehen."[23]

Untersucht man näher, worin nach Weber echte "Vergemeinschaftung" besteht, so wird man zu dem eigentümlichen Ergebnis kommen, daß "Vergemeinschaftung" jener Typ einer sozialen Beziehung ist, die auf subjektiv gefühlter affektueller oder traditionaler Zusammengehörigkeit der Beteiligten beruht, während die ethnische "Gemeinsamkeit" nur auf dem Glauben an diese Zusammengehörigkeit beruht. M.a.W.: es ist nach Weber die mangelnde affektive Verankerung des Gemeinsamkeitsglaubens, der ihn von der wirklichen, naturwüchsigen, z.B. auf Sitte und Sippe beruhenden Vergemeinschaftung unterscheidet – ein letztendlich psychologisches Kriterium, das m.E. soziologisch nicht gerade schlagend ist, – denn woran sollte sich schon bemessen lassen, ob nicht auch innerhalb einer Großgruppe massive affektive Beziehungen zum Gesamt dieser Großgruppe bestehen? Webers Argument ergibt nur dann einen Sinn, wenn sein Kriterium für affektive Verankerung des Gemeinschaftsglaubens mit der zusätzlichen Annahme verbunden wäre, daß zu einer Vergemeinschaftung auch die unmittelbare persönliche Kenntnis sämtlicher Mitglieder dieser Gemeinschaft dazugehören.

Indessen bleibt Webers Dekomposition des ethnischen Gemeinsamkeitsglaubens unvollständig, da auch er auf das Gegenbild echter Gemeinschaft nicht verzichten möchte. Der soziale Konstruktivismus, der bei der Dekomposition des ethnischen Glaubens so überzeugt, verharrt an den Grenzen kleiner, vermeintlich ursprünglicherer

Gruppen oder Sippen, womit Webers Kritik der Ethnizität ebenso wie seine Kritik formaler Vergesellschaftung den internen Grenzen des romantischen Protests gegen die Modernität verhaftet bleibt.

Scheiterte der späte Weber an den Aporien des Historismus, die ihn dazu führten, ein biologistisches Theorieprogramm perspektivisch ins Auge zu fassen, so bricht sich sein bei der Theorie der Ethnizität angeführter radikaler Konstruktivismus an einem durchaus für seine Zeit typischen Problem — der "Judenfrage".

E. Fleischmann hat in einem brillanten Aufsatz darauf aufmerksam gemacht, daß Webers Theorie des Judentums judenfeindliche Implikationen enthält, die sich aus bestimmten Strömungen der neueren protestantischen Bibelkritik ebenso speisen wie auch aus Nietzsches Genealogie der Moral aus dem Geist des Ressentiments. Letzten Endes erweist sich, daß Webers Theorie der Ethnizität kaum anderes darstellt als eine Kritik des für ihn zeitgenössischen Judentums, dem er vorsorglich eine Ethnizität absprechen wollte, die es jedenfalls zu seiner Zeit und in Deutschland allenfalls noch in bestimmten Randbereichen für sich beanspruchte. Mehr noch: Webers Kritik der Ethnizität zielt nicht nur auf eine Kritik des zeitgenössischen Judentums, sondern letzten Endes auf eine Kritik des gesamten nachexilischen Judentums, dem er gemeinsam mit der Wellhausenschule[25] allenfalls eine erstarrte Form verspäteter Konfessionalität zubilligen möchte — dem er aber heftigst bestreiten muß, in einer direkten vergemeinschafteten Kontinuität mit dem Volk der israelitischen Propheten zu stehen. Was also steht für Weber letztlich hinter allen "ethnischen" Gegensätzen?

"Und hinter allen "ethnischen" Gegensätzen steht ganz naturgemäß irgendwie der Gedanke des "auserwählten Volks", der nur ein in das horizontale Nebeneinander übersetztes Pendant "ständischer" Differenzierungen ist und seine Popularität eben davon entlehnt, daß er im Gegensatz zu diesen, die stets auf Subordination beruhen, von jedem Angehörigen jeder der sich gegenseitig verachtenden Gruppen für sich subjektiv in gleichem Maß prätendiert werden kann."[26]

Obwohl Webers Beispiele im Text die "armen Weißen" der US-amerikanischen Südstaaten sind, läßt die angeführte Verbindung von "auserwähltem Volk", ständischer Differenzierung und ressentimentgeladener Moral wenig Zweifel daran, was das Paradigma seiner Argumentation ist und daß daher seine soziologische Dekomposition eben auch darauf zielt, jenes seit Fichte noch allen deutschen Patrioten anstößige Element eines Staats im Staate, eines nicht in die deutsche Nation homogenisierten Volkes zu delegitimieren. Ich erspare es Ihnen und mir, über mögliche Zusammenhänge zwischen einer vorresignativen soziologischen Dekomposition von Ethnizität hier und einer nachresignativen biologischen Reduktion von Ethnizität auf Erbgut dort näher nachzudenken.

Auf jeden Fall: Die Entwicklung der Begriffe "Rasse", "Ethnizität" und "Kultur" im sozialwissenschaftlichen Diskurs ist offenbar nicht nur in einem Kontext materieller und immaterieller Interessen angesiedelt, sondern doch auch oft genug in einem Kraftfeld widerstreitender "ethnischer" Gruppen.

Was immer uns die Geschichte von Webers Ethnizitätslehre mit ihrem radikalen Konstruktivismus sonst noch lehren mag, folgendes scheint zu gelten: wer dekonstruiert, möchte auch assimilieren! Das kann man wollen oder nicht! Zu fordern wäre freilich auch in diesen Fragen Konsistenz und intellektuelle Redlichkeit: Wo die Ethnizität ihr vermeintlicht naturwüchsiges Recht auf echte Gemeinsamkeit verloren hat, sollte anderen Verbänden ähnlicher Art der Anschein naturwüchsiger Legitimität ebenfalls abgesprochen werden.

Anmerkungen

1 vgl. Herder, J.G.: Auch eine Philosophie der Geschichte zur Bildung der Menschheit. In: ders.: Werke in zwei Bänden, Bd. II, S. 33f.
2 vgl. Hegel, G.W.F.: Phänomenologie des Geistes. Frankfurt/Main 1970, S. 325.
3 vgl. Fichte, J.G.: Reden an die deutsche Nation. In: Fichtes Werke, Bd. VII. Berlin 1971, S. 257f.
4 vgl. Schnädelbach, H.: Geschichtsphilosophie nach Hegel. Die Probleme des Historismus. Freiburg 1974.
5 Dilthey, W.: Der Aufbau der geschichtlichen Welt in den Geisteswissenschaften. Frankfurt/Main 1970, S. 178
6 vgl. Ollig, H.L.: Der Neukantianismus. Stuttgart 1979.
7 vgl. Cassirer, E.: Die Philosophie der symbolischen Formen. Darmstadt 1953.
8 Cassirer, E.: Was ist der Mensch? Stuttgart 1960, S. 39.
9 vgl. Gehlen, A.: Der Mensch. Wiesbaden 1978.
10 vgl. Linton, R.: Gesellschaft, Kultur und Individuum. Frankfurt/Main 1974. Parsons, T.: Familiy, Socialization and interaction process. New York 1955.
11 vgl. Weingart, P./Kroll, J./Bayertz, K.: Rasse, Blut und Gene. Geschichte der Eugenik und Rassenhygiene in Deutschland. Frankfurt/Main 1988.
12 vgl. Brumlik, M.: Ausländerfeindlichkeit und Rassismus. In: Neue Praxis, Sonderheft: "Sozialarbeit und Ausländerpolitik", 1983, S. 95ff..
13 vgl. Weingart/Kroll/Bayertz, 1988, S. 91f.
14 vgl. Für die ganze Richtung ist typisch: Eibl-Eibesfeldt, I.: Der Mensch – das riskierte Wesen. München/Zürich 1988. Rassistische Folgerungen (S. 195) verwundern nicht.
15 Weber, M.: Die protestantische Ethik I. Hamburg 1973, S. 24.
16 vgl. Rousseau, J.J.: Schriften zur Kulturkritik. Hamburg 1971. Kant, I.: Idee zu einer allgemeinen Geschichte in weltbürgerlicher Absicht. In: Werke Bd. 9. Darmstadt 1970, S. 33f.
17 vgl. Lenk, K.: Marx in der Wissenssoziologie. Neuwied/Berlin 1972.
18 vgl. Marcuse, H.: Über den affektiven Charakter der Kultur. In: drs.: Kultur und Gesellschaft I. Frankfurt/Main 1968, S. 56f.
19 vgl. Lefèbvre, H.: Das Alltagsleben in der modernen Welt. Frankfurt/Main 1972.
20 vgl. Clarke, J.: Jugendkultur als Widerstand. Frankfurt/Main 1979. Willis, P.: Spaß am Widerstand. Frankfurt/Main 1979. Willis, P.: Profane Cultur. Frankfurt/Main 1981.
21 vgl. Bourdieu, P.: Soziologie der symbolischen Formen. Frankfurt/Main 1970.
22 Langer, S.K.: Philosophie auf neuem Wege. Hamburg 1965.
23 Weber, M.: Wirtschaft und Gesellschaft. Tübingen 1956, S. 307.
24 Fleischmann, E.: Max Weber, die Juden und das Ressentiment. In: Schluchter, W. (Hrsg.): Max Webers Studie über das antike Judentum. Frankfurt/Main 1981, S. 263f.
25 vgl. Fleischmann, E., 1981, S. 266f.
26 Weber, M., 1956, S. 309f.

Gero Lenhardt

Ethnische Identität und sozialwissenschaftlicher Instrumentalismus

1. Drei Ideologien ethnischer Identität

Will man etwas über den Beitrag der Wissenschaften zur Konstitution ethnischer Minderheiten in Erfahrung bringen, muß man sich als erstes über den Charakter ethnischer Segregation verständigen, des weiteren über Formen wissenschaftlichen Argumentierens, die hierbei eine Rolle spielen.

Moderne Gesellschaften haben vor allem drei Ideologien ethnischer Abgrenzung hervorgebracht: rassistische, kulturchauvinistische und nationalistische.

Rassismus: Rassistische Abgrenzungstheoreme unterstellen, daß die gesellschaftliche Integration und der besondere Wert einer Kultur auf gemeinsamer Abstammung ihrer Mitglieder beruhe. Auf diese Abstammung gingen gleichartige ererbte und vererbliche Persönlichkeitseigenschaften zurück, und diese Eigenschaften einigten die Rasseangehörigen und schlössen buchstäblich naturgemäß die Rassenfremden aus. Über Rassenzugehörigkeit wird dabei in der Regel anhand einiger grober und sinnfälliger physischer Merkmale entschieden, solcher, die tatsächlich an Individuen zu beobachten sind und solcher, die nur in der Vorstellung derjenigen existieren, die ihr Verhalten an Rassekategorien orientieren. In der westdeutschen Öffentlichkeit und in der Wissenschaft sind rassistische Vorstellungen vielleicht nicht gänzlich verschwunden, sie spielen indessen nur eine marginale Rolle. Dieser Tatbestand spiegelt ein Tabu, das in Reaktion auf den Nationalsozialismus entstanden ist. Hinzu kommt, daß Theorien kultureller Identität, die auf rassenbiologische Grundlagen verzichten, dem Selbstverständnis des modernen Sozialstaats besser entsprechen. Denn der soziale Interventionsstaat beansprucht Zuständigkeit für die Außen- und Innenwelt der Individuen und macht sich anheischig, die innere Natur der Individuen durch Bildungseinrichtungen planmäßig zu formen.

Kultureller Ethnozentrismus: Grob und sinnfällig sind auch die Merkmale kultureller Zugehörigkeit, nach denen der kulturelle Ethnozentrismus seine Klassifikationen vornimmt. Eß- und Kleidungsgewohnheiten, Sprache, religiöse Riten, die Arbeitsteilung zwischen den Geschlechtern usw. bilden hier die Ausgangspunkte, nach denen Mehrheit und Minderheiten klassifiziert werden. Anders als im Rassismus werden die Merkmale kultureller Identität aber nicht auf Abstammungsgemeinschaft zurückgeführt, sondern auf vorgängige Lebenserfahrung und Sozialisation. Sie gelten deswegen auch prinzipiell als veränderbar und werden vor allem in bildungssoziologischer Perspektive thematisiert.

In der BRD gibt es einen weitreichenden Konsensus in der Annahme, Differenzen in den sogenannten kulturellen Identitäten der inländischen und ausländischen Wohnbevölkerung begründeten Integrationsprobleme und Verhältnisse der Segregation. So hebt der Ausländerbericht der Bundesregierung von 1983 etwa hervor, daß die "schon in der Heimat vorgeprägten Verhaltensweisen und Lebensgewohnheiten der Ausländer" der Integration der Betreffenden im Wege stünden. Diese Annahme steht auch im Mittelpunkt zahlreicher wissenschaftlicher Versuche, Minderheiten und ihre soziale Lage zu definieren.[1] Am häufigsten wird auf Sprachprobleme verwiesen, auf die Herkunft aus Kulturen, die als vorindustriell gelten, auf nicht-christliche Religion im Falle der Türken, auf mangelnde "Gewöhnung" an demokratische Gepflogenheiten, auf Mängel der Arbeitsethik usw.. Als Problem gilt auch, daß die Einwanderer mit zwei unterschiedlichen Kulturen und darüber hinaus noch mit einer spezifischen Einwanderungskultur konfrontiert seien, woraus sich Enkulturationsdefizite ergäben. Von kulturell diffusen Rollen ist die Rede, von daraus entstehenden kulturell diffusen Basispersönlichkeiten, von Entwurzelung, Bindungslosigkeit, Orientierungslosigkeit usw.[2] Diese wissenschaftlichen Fachtermini sind an die Stelle der früher einmal populären Ausdrücke getreten: die sprachunbegabten Barbaren, die Gottlosen, Minderwertigen, Ungebildeten, sexuell Ausschweifenden usw..

Fürchten die einen die Fremden als Bedrohung, so sehen andere die BRD auf dem Weg in eine anregendere multi-ethnische Gesellschaft. Auch diese Fraktion schart sich um den Begriff der kulturellen Identität und will die Immigranten gegen einen bildungspolitischen Zugriff schützen, der ihr als deutsch erscheint. Die Kultusministerkonferenz der Länder nimmt noch eine andere Position ein. Sie hat sich auf die Empfehlung geeinigt, die Immigrantenkinder gleich mit zwei kulturellen Identitäten auszurüsten, eine für das Funktionieren in der Bundesrepublik und eine, die sogenannte eigene kulturelle Identität, für den Fall der arbeitsmarktpolitisch erwünschten Rückwanderung. Von allen wird Integration definiert als Persönlichkeitseigenschaft, die man per Sozialisation, also vor allem in Schulen erwirbt.[3]

Nationalismus: Paart sich der Glaube an die kulturelle Einzigartigkeit mit dem Willen zu politischer Macht, dann haben wir es mit Nationalismus zu tun. Eine verbreitete moderne Version davon bilden die regionalistischen Bewegungen.[4] In der Bundesrepublik ist diese Form ethnischer Ausgrenzung bestimmend geworden. Greifbar wird der Nationalismus an den Grenzen der BRD, auf Flughäfen und in den Büros der Ausländerpolizei. Wer nicht einen deutschen Paß vorweisen kann, wird gar nicht oder nur mit bestimmten Maßregeln auf das Territorium der Bundesrepublik Deutschland vorgelassen. Die Internationalisierung der Arbeitsteilung hat nationalistische Kategorien auf den Arbeitsmärkten nicht beseitigt. Der Traum einer brüderlichen Weltzivilisation, gleichviel ob bürgerlichen oder proletarischen Charakters, ist nationalistischen Unterscheidungen geopfert worden. Sie werden an Grenzen und Flughäfen von einer hochgerüsteten Staatsgewalt exekutiert. Für die Verteilung der Lebenschancen gilt nicht: "Jedem nach seiner Leistung" und schon gar nicht "Jedem nach seinen Bedürfnissen". Das weltweite Ordnungsprinzip lautet vielmehr: "Jedem nach der Hauptstadt seiner paßausstellenden Behörde". Der Paß ist zur entscheidenden Ressource in der Weltgesellschaft geworden.[5]

Dieser Nationalismus ist nahezu sprachlos und bedarf in der Bundesrepublik kaum einer Legitimation. Das gilt selbst dann, wenn so belastete Requisiten wie die Ostberliner Mauer in den Dienst westdeutscher Fremdenabwehr gestellt werden. Der nationalistische Konsensus ist nahezu total. Nationalistische Abgrenzungen werden noch im Entwurf der Grünen zu einem Niederlassungsgesetz reproduziert, der — wie kaum eine andere politische Intention — dem Gedanken von Freiheit und Gleichheit verpflichtet ist.[6] Die Rede von den kulturellen Identitäten, der eigenen und den fremden, mag die von wirtschaftlichen Sorgen aufgeladene dumpfe Unterscheidung von "wir" und "die" verstärken, die im Publikum verbreitet ist.

Daß individuelles Handeln und kulturelle Normen nicht durch die physische Erbausstattung der Individuen festgelegt sind, ist eine These, die auf weiteste Zustimmung zählen kann. Jedermann weiß: Nicht die Erbausstattung, sondern der empirisch gehaltlose Glaube an ihre Existenz ist verhaltenswirksam. Rassistische Ideologien werden der tatsächlichen Antriebe individuellen Verhaltens gar nicht gewahr, und damit verfehlen sie zugleich die Strukturen gesellschaftlicher Integration und Konflikte. Ich möchte im Folgenden zeigen, daß diese Kritik auch für solche Theorien zutrifft, die mit dem Begriff der kulturellen Identität operieren. Kaum anders als der Begriff der Rassenzugehörigkeit, verfehlt der Begriff der kulturellen Identität das Verhältnis zwischen Individuum und Gesellschaft und das, was beide ausmacht. Er nimmt populäre aber falsche Vorstellungen von Individuen und den Formen der Vergesellschaftung für bare Münze. Der in der Minderheitensoziologie verbreitete Begriff der kulturellen Identität entwirft das Bild von monadologischen Individuen und einer Sozialstruktur vom Typus traditionaler Vergemeinschaftung. Zugleich hat dieser Begriff technokratische Implikationen. Das soll im Folgenden ausgeführt werden.

2. Identität als Sache

Der Begriff der kulturellen Identität erinnert an den modernen Individualismus, demzufolge jedermann in seinem Inneren mit einer Persönlichkeit ausgerüstet ist. Als Persönlichkeit gilt ein Apparat von Fähigkeiten, Bedürfnissen und Motiven, von denen angenommen wird, daß er individuelles Verhalten festlegt. Von jedem wird erwartet, daß er eine solche Persönlichkeit besitzt und in Anwendung bringt. Schulzeugnisse etwa bestätigen diesen Besitz ein Leben lang. Von der rassistischen Vorstellung des Erbgutes unterscheidet sich diejenige der kulturellen Identität vor allem in dem Gedanken, daß man Identität oder auch zwei davon, wie die Kultusministerkonferenz empfiehlt, erwerben und durch Beschulung auch planmäßig erzeugen kann.

a) Dieser Begriff der Identität ist monadologisch. Er ignoriert, daß die einzelnen nur als gesellschaftliche Individuen begriffen werden können, daß also das, was sie wollen, können und tatsächlich tun, erst in Interaktion mit ihren Lebensumständen konkrete Gestalt gewinnt. Dabei bilden die mit den Lebensumständen gegebenen Handlungsmöglichkeiten nicht mehr oder weniger weitgezogene Grenzen leerer Spielräume, in die die festliegenden Fähigkeiten eindringen könnten. Sie sind für das, was sich als individuelle Identität äußert, vielmehr konstitutiv. Der Begriff des Individuums wird inhaltsleer, wenn von dessen sozialen Existenzweisen abstrahiert wird. Wir verhalten uns als Arbeiter, Wissenschaftler, Eltern, Staatsbürger, Ausländer, Konferenzteilnehmer usw. Diese sozialen Existenzweisen können gar nicht begriffen werden, wenn die materiellen und gesellschaftlichen Verhältnissse außer Betracht bleiben, ohne die der einzelne derartige Bestimmungen gar nicht erhalten kann. Niemand kann sich entsprechend verhalten, wenn er nicht über die geeigneten gesellschaftlichen, materiellen und kulturellen Ressourcen verfügt. Als Ensemble innerer Fähigkeiten können diese offenkundig aber nicht beschrieben werden.[7]

Im Begriff der kulturellen Identität dagegen erschöpft sich der Zusammenhang zwischen Individuum und Gesellschaft in dem Gedanken, daß die Sozialstruktur die einzelnen per Sozialisation in bestimmter Weise festlegt. Sie werden als vereinzelte Träger von Fähigkeiten vorgestellt und darauf wird reduziert, was ihre Identität ausmacht. Im Falle von Minderheiten gelten folkloristische Merkmale als Hinweis auf Existenz einer sogenannten kulturellen Identität und Persönlichkeitsausstattung. Diese Abstraktion hat eine lange intellektuelle Geschichte. Der Begriff der kulturellen Identität gehört genauso zur Tradition "phantasieloser Einbildungen der 18. Jahrhundert-Robinsonaden" wie "die vereinzelten Jäger und Fischer" Ricardos und Smith`s, über die Marx spottete.[8]

Vergleicht man den possessiven Individualismus der politischen Ökonomie mit demjenigen der kulturellen Identitätssoziologie, dann ist ersterem der Vorzug zu geben. Seiner ideologischen Gehalte ungeachtet, weckt er immerhin noch den Gedanken, daß die Individuen ihrer Umwelt als Subjekte entgegentreten können. Über Kapitalbesitz kann ein Individuum, sofern es Besitzer ist, verfügen, mit dem Besitz einer Persönlichkeitsstruktur ist man dagegen geschlagen. Sie legt einen ein für allemal fest und steht dem realitätstüchtigen Umgang mit sich verändernden sozialen Verhältnissen im Wege. In dieser Differenz der beiden monadologischen Identitätsbegriffe kommt ideologisch die Ohnmacht zum Ausdruck, mit der die bürokratische Gesellschaft die eigentumslosen Individuen belastet. Tatsächlich fehlt es den Immigranten primär nicht an den Fähigkeiten, sich realitätstüchtig in ein subjektiv befriedigendes Verhältnis zur deutschen Gesellschaft zu setzen, sondern an den sozialstrukturellen Voraussetzungen. Darin aber gleicht ihre Lage im wesentlichen derjenigen ihrer deutschen Kollegen.

b) Der Begriff der kulturellen Identität begreift das Verhältnis zwischen Individuen und Sozialstruktur im Sinne von *Gemeinschaftsideologien*. Er reproduziert noch einmal eine Welt von Vorstellungen, die dem konservativen Kampfbegriff der Gemeinschaft aus der Zeit vor dem Ersten Weltkrieg ganz nahe stehen — jetzt freilich in sozialtechnokratischer Version. Im Begriff der kulturellen Identität ist mitgedacht, die Individuen seien mit ihren Lebensverhältnissen identisch. Moral, Brauchtum und Sitte, aber nicht Interessen, Kalkulation, Vertrag und Gesetz sind danach die sozialen Formen individuellen Handelns.[9]

Daß Einbürgerung gleichgesetzt wird mit einer bestimmten "kulturellen Prägung" und mit einer Hinwendung zum deutschen Wesen, wie es der Staat von Einbürgerungskandidaten verlangt, widerspricht liberalen Vorstellungen von Staat, Demokratie und individueller Subjektivität. Zur Idee des liberalen Rechtsstaats gehört, daß die Individuen ihr Verhalten im Rahmen der Gesetze autonom orientieren. Die familiale Intimsphäre, Wirtschaftsaktivitäten und politische Willensbildung sollen privater Disposition unterliegen. Dabei ist es ganz gleichgültig, welche Inhalte dabei der einzelne vertritt, sofern er sich nur an die Gesetze hält, und schon gar nicht ist der Staat berufen, sogenannte letzte Werte über die Privatleute zu verhängen.

Mit dem Gedanken individueller Freiheit unvereinbar ist auch die Vorstellung, die Individuen fungierten als Träger "kultureller Prägungen" durch Heimatländer oder von "Bindungen an die Heimat", die erst zu lösen wären. Daß "Prägungen" es den Individuen verwehrten, realitätstüchtig mit ihrer Umgebung umzugehen, ist eine Vorstellung, die den psychopathologischen Ausnahmefall zum Normalfall macht.

Vergemeinschaftung, so hat Max Weber, der sich am Streit um Gemeinschaft und Gesellschaft beteiligt hatte, präzise definiert, soll eine soziale Beziehung heißen, *"wenn und soweit die Einstellung des sozialen Handelns — im Einzelfall oder im Durchschnitt oder im reinen Typus — auf subjektiv gefühlter (affektueller oder traditioneller) Zusammengehörigkeit der Beteiligten beruht. `Vergesellschaftung` soll eine soziale Beziehung heißen, wenn und soweit die Einstellung des sozialen Handelns auf rational (wert- oder zweckrational) motiviertem Interessen*ausgleich *oder auf ebenso motivierter Interessen*verbindung *beruht."*.[10] Wenn im Zuge gesellschaftlichen Fortschritts aus einer Gemeinschaft eine Gesellschaft wird, dann ist das, Weber zufolge, gleichbedeutend damit, daß das Handeln ihrer Mitglieder und die Funktionsweise ihrer Institutionen rationaler werden. Überkommene Lebensverhältnisse und Autoritäten verlieren ihre Überzeugungskraft, und das individuelle Handeln orientiert sich an autonom gesetzten Zielen und an Gesichtspunkten technischer und organisatorischer Effizienz. Die Durchsetzung der Marktwirtschaft und die Herausbildung formaler Rechtsstaatlichkeit sind Ausdruck dieses Rationalisierungsprozesses. Weber nennt deswegen die ethnische Vergemeinschaftung eine "unechte" Gemeinschaft. Denn die Begriffe ethnischer Kultur, in denen sich die Individuen glauben verstehen zu können, treffen gar nicht ihre tatsächliche soziale Lage und die Normen, die ihrem Handeln Richtung geben. Markt, Gesetz und das Interesse an Arbeitsplätzen und nicht unterschiedliches Brauchtum bestimmen das Handeln der Mehrheit gegenüber der Minderheit.[11]

c) Das Verhältnis zwischen Individuen und ihren Lebensbedingungen gilt als *harmonisch*, sofern Letztere überhaupt in den Blick geraten. Gesellschaftliche Integration erscheint als Sozialisationsproblem. Es komme nur darauf an, den einzelnen die richtige persönliche Innenausstattung zu verpassen. Weil es daran den Gastarbeitern fehle, müsse man um die soziale Integration fürchten. Daß sich die Sozialstruktur unabhängig und im Gegensatz zu den Bedürfnissen entwickelt, die sie auf Seiten der Individuen hervorbringt, gehört demgegenüber zu den Grundeinsichten nicht nur der kritischen soziologischen Tradition. Die Funktionsfähigkeit formaler Organisationen hängt keineswegs davon ab, daß sich ihre Mitglieder mit irgendeinem ihrer Elemente identifizierten. Identifikation mit dieser Ordnung stört ihr reibungsloses Funktionieren viel mehr, als daß sie es stützte. Trotz unterschiedlicher theoretischer Perspektiven und

Implikationen stimmt in diesem Gedanken die Mehrheit der Soziologen von Marx über Weber bis Luhmann überein.[12]

d) Im Begriff der kulturellen Identität feiert schließlich die alte Entgegensetzung von Kultur und Zivilisation ihre Wiederauferstehung. Kultur erscheint als reines Geistesphänomen, unberührt von dem materialen Lebensnotwendigkeiten. Die sind bloß Zivilisation. Man kann Kultur vielleicht in dem Schlagwort zusammenfassen: Kultur ist alles das an der menschlichen Existenz, was nicht Natur ist. Daß die beiden zu unterscheiden sind, bedeutet aber nicht, daß sie unverbunden wären. Wie die Menschen lieben, arbeiten, konsumieren und welchen Vorstellungen sie dabei folgen, ist gleichermaßen Natur und Kultur. Bleibt außer Betracht, daß die beiden auch eine Einheit bilden, dann erhält man einen vulgär-materialistischen Begriff der materialen Lebensnotwendigkeiten und einen idealistisch verkürzten von Kultur. Kultur als der Sinn für das Höhere und Zivilisation als Inbegriff der Niederungen des materiellen Lebens bilden ein Begriffspaar, in dem man sich in Deutschland schon vor dem Ersten Weltkrieg selbst mißverstanden hat. Hinter dem Begriff der kulturellen Identität geraten die tatsächlichen Lebensbedingungen der Individuen aus dem Blick.[13] Fragt man, was mit der sogenannten eigenen Kultur der Gastarbeiter gemeint ist, dann stößt man auf kaum mehr als auf folkloristische Symbole, die der tatsächlichen Existenzweise der Betreffenden äußerlich und zufällig sind.

e) Der Begriff der kulturellen Identität enthält schließlich technokratische Implikationen. In den Auseinandersetzungen um kulturelle Identität melden Wissenschaftler wie selbstverständlich politische Führungsansprüche an, und sie glauben sich auch tatsächlich an den Hebeln politischer Macht. Sie wollen nicht aufklären, sondern sozialtechnische Strategien entwerfen. Was die einzelnen, Ausländer oder Deutsche, aus sich selbst machen wollen, was ihnen dabei im Wege steht und wie sie sich selbst im Wege stehen, vor allem, was sie nicht sein müßten, zur Aufklärung dieser Fragen leisten die Theorien kultureller Identität keinen Beitrag. Sie wenden sich auch gar nicht an die Individuen, sondern an den Staat und präsentieren die Minderheiten als Gegenstand staatlicher Identitätspolitik. Es ist gar nicht vorgesehen, daß die Individuen selbst entscheiden oder die politische Öffentlichkeit. Nicht der demokratische Diskurs, sondern der Austausch von Daten über Fakten zwischen den Experten im akademischen Betrieb und in den Ministerien gilt als politisch entscheidend. Dieses Selbstverständnis und dieses Verständnis von Politik ist offen oder unausgesprochen enthalten in einer Riesenzahl von Forderungen und sozialtechnischen Empfehlungen zur Produktion deutscher Identität oder irgendeiner ausländischen oder gleich beider.

Mit dieser politischen Anspruchlichkeit der Wissenschaft ist der Begriff der kulturellen Identität auf das engste verflochten. Kultur und Identität bilden zwei Elemente der gleichen Ideologie. Identität, so halten es die Bildungsexperten für möglich, läßt sich im Innern der Individuen planmäßig hervorbringen. Realisiert werden soll dieses Ziel nach dem wissenschaftlich-experimentellen oder — was das gleiche ist — nach dem bürokratischen Zweck-Mittel-Schema. Der Zweck ist den Individuen zunächst noch äußerlich — die zu erzeugende Identität existiert zuerst als bildungspolitisches Programm des Staates oder lediglich in den Köpfen bildungssoziologischer Experten. Die

Aktivität von Lehrkräften gilt als Stimulus, mit dem die erwünschte Identität hervorgebracht werden soll. Damit dieser Stimulus seine geplante Wirkung auch tatsächlich entfalten kann, sollen störende Einflußfaktoren unter Kontrolle gebracht werden. Zu den störenden Einflußfaktoren rechnet alles, was in der den zu beschulenden Individuen zugedachten Rolle nicht aufgeht, also alles, was der Zumutung widerstrebt, als Objekt planmäßiger Sozialisation stillgestellt zu werden. Das "komplexe Feld intervenierender Variablen" wird reduziert, indem die zu Beschulenden standardisiert und voneinander isoliert werden. Die Organisation von alters- und leistungshomogenen Klassen, die Standardisierung dessen, was als Leistung gelten soll, die Definition der Leistung als Einzelleistung, die Isolierung der Schüler voneinander im Unterricht und vor allem in Prüfungen sind wichtige Kennzeichen dieser gleichermaßen wissenschaftlich-experimentellen wie bürokratisch-formalen Organisationsform. Zwar wissen erfahrene Pädagogen, daß Lernprozesse so nicht glücken können, gleichwohl folgt die Organisation der schulischen Anstalten diesem Muster.[14] Die getrennte Unterweisung von deutschen und ausländischen Kindern folgt diesem Muster. Dem technischen Denken gemäß kann gezielter über sie verfügt werden, wenn sie von den deutsche Kindern separiert werden. Daß Kinder im gemeinsamen Spiel ohne bürokratisch-sozialisationstechnische Reglementierung eine Sprache sehr viel besser und schneller erlernen als in Jahren des Schulunterrichts, weiß zwar jeder, jedoch kann sich dieses Wissen gegen die Ideologie schulischer Ausbildung nicht durchsetzen.

2. Der bürokratische Ethnozentrismus

2.1 Elemente der Integration in der antagonistischen Gesellschaft

Es gibt Sitten und Gebräuche, in denen sich Ausländer von Deutschen unterscheiden. Aber diese Unterschiede werden handlungsbestimmend nur in Lebenssphären, die die moderne Gesellschaft als Privat- oder Intimbereich konstituiert. Der religiöse Kultus, der Umgang der Geschlechter und Generationen miteinander, Eß- und Kleidergewohnheiten usw. sind Sache des einzelnen. Die Sozialstruktur der modernen Gesellschaft sieht vor, daß hier jedermann frei entscheiden kann, sofern er sich nur an die Gesetze hält. Kommt es über Kopftücher, fremde Gerüche im Treppenhaus oder dergleichen zum Konflikt, dann haben wir es nicht mit einem Widerspruch zwischen dem Traditionalismus der Minderheiten und den Normen der liberalen Kultur zu tun, sondern ganz im Gegenteil, dann werden die Regeln der liberalen Kultur außer kraft gesetzt.

Jenseits der Grenzen von Familie und Nachbarschaft sind Brauchtum und Sitte nur von geringer Bedeutung. Auf dem Arbeitsmarkt, in der Öffentlichkeit und gegenüber dem Staat bilden freie Verträge und staatliche Gesetze die entscheidenden Formen der Vergesellschaftung. Die soziale Identität der Ausländer ist hier ganz ähnlich wie diejenige der deutschen Wohnbevölkerung. Sie ist organisiert in den Rollen des Marktteilnehmers, in der Rolle des Bürgers gegenüber dem Staat und in der Rolle des Sozialstaatsbürgers.[15] In der Definition dieser Rollen für Inländer und Ausländer gibt es wichtige

Differenzen. Von ihnen soll weiter unten die Rede sein. Gegen die Redeweise von den unterschiedlichen kulturellen Identitäten ist zunächst aber das allen Gemeinsame hervorzuheben.

Die soziale Identität der Arbeitsimmigranten ist an erster Stelle die von Lohnarbeitern. Darin unterscheidet sich ihre Lage von derjenigen deutscher Arbeitskräfte nur unwesentlich. Die Gewerkschaften haben bereits zu Beginn der Anwerbepolitik ein Vertretungsrecht für ausländische Arbeitnehmer durchsetzen können, und sie haben dafür gesorgt, daß die Gastarbeiter nur zu tarifvertraglichen Bedingungen beschäftigt werden. Der Verzicht auf nationalistische Unterscheidungen entspricht der Funktionsweise hoch zentralisierter Industriegewerkschaften. Denn deren Verhandlungsmacht hängt davon ab, daß sie ein Vertretungsmonopol für alle Arbeitnehmer erringen. Das Kapital auf der anderen Seite ist Kapital geblieben, das heißt die Normen des bürgerlichen Universalismus haben Geltung behalten. Ohne Ansehen der Person verletzen die Betriebe die Interessen aller Arbeitenden. Daß das Kapital ethnischen Kategorien indifferent gegenübersteht, mag man daran ablesen, daß die Bundesregierung zu dem gesetzlichen Mittel des Inländerprimats griff, um die Diskriminierung von Ausländern durchzusetzen, die der Markt von sich aus kaum erzeugte. Dabei sind die mit dem Inländerprimat verbundenen ausländerpolitischen Intentionen an den Kräften des Marktes weitgehend gescheitert. Kurz, der Arbeitsmarkt hat seine Strukturen stabil halten können, es ist kein ethnozentristisches Kastenwesen entstanden, noch staatliche Dienstverpflichtungen, Arbeitslager oder Verhältnisse einer Sklavenökonomie, denen sich Ausländer hätten fügen müssen. Diskriminierung gibt es weniger in der Konstruktion der beruflichen Statuspyramide als in der Statusallokation, also in der Zuweisung von Individuen auf die marktförmig und bürokratisch geordnete Arbeitswelt.

Diesen Arbeitsverhältnissen treten die ausländischen Arbeitskräfte im wesentlichen genauso entgegen wie ihre deutschen Kollegen. Sie fügen sich dem Lohnarbeitssystem und zugleich opponieren sie dagegen. Als Arbeitskräfte sind sie einerseits an die Strukturen der modernen Arbeitswelt gut angepaßt. Diese Behauptung kann leicht belegt werden: Die Betriebe stellen nur Arbeitskräfte ein, deren profitliche Verwendung gesichert ist, deren Qualifikationen also eine effiziente Arbeitsausführung ermöglichen. Daß die Gastarbeiter auf aktives Betreiben der Unternehmen hin angeworben wurden, ist deswegen ein zuverlässiger Beleg dafür, daß es ihnen weder an den notwendigen technischen Fertigkeiten noch an einer modernen Arbeitsethik mangelt.

Gesichtspunkte der Einkommensmaximierung spielen in ihrer Arbeitsorientierung eine zentrale Rolle, und zwischen ihnen und ihren deutschen Kollegen gibt es weitreichenden Konsens darüber, welche Arbeitsplätze als günstig und welche als weniger günstig anzusehen sind. Vielleicht sind die ausländischen Arbeiter eher bereit, Überstunden hinzunehmen und ihre Gesundheit auf den Markt zu tragen, wenn sie auf ruinösen Arbeitsplätzen höhere Löhne erzielen.

Als Marktteilnehmer stehen sie zugleich im Gegensatz zu den gegebenen Arbeits- und Lebensverhältnissen. Der Taylorismus und seine modernen Varianten bilden ein Zwangsverhältnis, dem die Immigranten genauso unterworfen sind wie ihre deutschen Kollegen. Konformes Verhalten wird mit bürokratischen Normen und mit technischen

Gegebenheiten erzwungen, die mit den Produktionsanlagen institutionalisiert sind. Die wissenschaftliche Arbeitsorganisation, die die Arbeitenden einem immer dichter geflochtenen Netz äußerer Regeln unterwarf, kann überhaupt nur verstanden werden, weil die Individuen von sich aus nicht wollen, was die Betriebe im Interesse ihrer Bestandssicherung von ihnen fordern müssen. Die wirtschaftliche Rationalisierung ist prozessierender Widerspruch. Kaum anders als die deutschen organisieren sich die ausländischen Arbeitenden in Gewerkschaften, um den Gegensatz zwischen Lebensansprüchen und Lebenschancen zu ihren Gunsten zu verändern. Sie beteiligen sich an Streiks, und sie teilen die Erfahrung finanzieller Knappheit, in der die Differenz zwischen Bedürfnissen und Befriedigungschancen ihren systemkonformen Ausdruck findet. Zahlen zum gewerkschaftlichen Organisationsgrad der ausländischen Arbeitskräfte zeigen, daß ihnen die soziale Organisationsform des Verbandes bestens vertraut ist, ebenso wie die Vorstellung konfligierender Interessen in der Klassengesellschaft.

Die Vorstellung, die Arbeitsimmigranten orientierten ihr Verhalten traditionalistisch und unterschieden sich darin von ihren deutschen Kollegen, erscheint angesichts aller dieser Beobachtungen als wenig plausibel. Ganz modern verhält sich selbst die Minderheit, die aus den rückständigsten Verhältnissen kommt und die mit den Lebensverhältnissen in der Bundesrepublik die wenigsten Erfahrungen hat, die türkische Minderheit. Die Erwerbsbeteiligung türkischer Frauen etwa hat für eine Reihe von Jahren weit über derjenigen deutscher Frauen gelegen und der gewerkschaftliche Organisationsgrad türkischer Arbeitnehmer liegt mit ungefähr 48 Prozent beträchtlich über demjenigen der deutschen von 40 Prozent. Lohnarbeit und moderne formalrationale verbandsförmige Organisation sind den türkischen Immigranten offenkundig bestens vertraut.

An Anpassungsfähigkeit scheint es den Ausländern auch außerhalb der Arbeitswelt nicht zu fehlen. Das geht etwa aus einer Untersuchung des hessischen Sparkassen- und Giroverbandes hervor. Die ausländischen Mitbürger, so heißt es hier, haben sich in ihren Geldgewohnheiten den Deutschen weitgehend angepaßt. Sie benutzen Giro- und Sparkonten in ähnlichem Ausmaß wie die Deutschen, und wer von ihnen eine Anzahl von Jahren in der BRD gelebt hat, gilt auch als kreditwürdig. Nicht anders als die industrielle Produktionstechnik sind Geld- und Bankwesen hoch rationale Einrichtungen, die die fortgeschrittensten Kommunikationsformen in modernen Gesellschaften repräsentieren. Die Zufriedenheit von Unternehmen und Banken mit ihrer ausländischen Klientel kann als Hinweis auf deren Anpassungsfähigkeit zählen. Denn irrten sie sich in ihrem Urteil, müßten sie dafür teuer bezahlen.

Ganz anders als es die Redeweise von Kulturdefiziten behauptet, deutet die Tatsache der Immigration darauf hin, daß die Lebensführung der Minderheiten den Verhältnissen der modernen Gesellschaft besonders nahe kommt. Wer auswandert, hat seine überkommene Lebensweise höchst praktisch infrage gestellt — sofern die traditionalen Verhältnisse nicht ohnehin bereits Elend und materieller Not gewichen waren. Dann wird die Auswanderung als reale Möglichkeit erlebt, dann gilt die traditionale Lebensweise nicht mehr fraglos. Wie die eigene Existenz einzurichten ist, wird dann als Sache individueller Entscheidung erlebt. Der Gedanke aber, daß jeder einzelne über seine Lebensführung individuell disponieren kann und muß, bedeutet das Ende aller Tradition. Denn traditionales Denken vollzieht sich in Begriffen religiöser oder anders begründeter Pflichten, deren Verpflichtungscharakter nicht infrage gestellt werden kann.

So verhalten sich paradoxerweise gerade diejenigen der Gastarbeiter modern, die an der Vorstellung festhalten, einmal ins Herkunftsland — gewissermaßen in eine glücklichere Vergangenheit — zurückkehren zu können. Hier erhält die überkommene Lebensweise ganz untraditionalistisch den Charakter eines Zwecks, und dieser Zweck legitimiert eine Lebensführung, die als Mittel verstanden wird, als ein Zustand nämlich, in dem überkommene Normen, Sitten und Gebräuche jedenfalls temporär außer kraft gesetzt sind. Die Gegenwart wird in allen ihren Dimensionen zum Mittel für die Zukunft. Der Gedanke aber, die eigene Existenz zu instrumentalisieren, entspricht den Funktionsbedingungen der bürokratischen Gesellschaft und ist deswegen höchst modern. An einzelnen Verhaltensweisen, die in den überkommenen Verhältnissen einmal üblich waren, mögen die Einwanderer der äußeren Form nach festhalten, sofern es die neuen Lebensumstände überhaupt gestatten. Die Autorität der Tradition haben sie dann freilich nicht mehr. Symbole ethnischer Zugehörigkeit werden mehr und mehr aufgegeben. Sie werden zu routinierter Alltagsgewohnheit, ohne die Autorität von Tradition, oder aber sie werden redefiniert und instrumentalisiert im Kampf gegen ethnische Diskriminierung.

Auch wenn in der Herkunftsgesellschaft der Traditionalismus schon längst zerrüttet war, so ist der Abschied von den gewohnten Verhältnissen für den einzelnen doch schmerzhaft. Man trennt sich nicht leicht von dem, womit man als Kind groß geworden ist, vor allem dann nicht, wenn einem die Verhältnisse der Kindheit vieles schuldig geblieben sind.

Auch außerhalb des Arbeitsmarktes ist die soziale Identität der Immigranten durch ganz und gar untraditionalistische, formalrationale Strukturen konstituiert. Dem Staat stehen sie als Bürger gegenüber, wenn auch als Bürger minderen Rechts. Ihre Rechte und Pflichten sind gesetzlich geregelt. Gegen die Risiken, mit denen die moderne Gesellschaft die Individuen belastet, sind sie ähnlich versichert wie ihre deutschen Mitbürger. Sie haben Ansprüche auf sozialstaatliche Leistungen und traditionalistische Verpflichtungen zu gegenseitiger Hilfeleistung im Notfall spielen eine ähnlich geringfügige Rolle wie unter Deutschen.

2.2 Bürokratische Diskriminierung

Die Immigranten sind in der Bundesrepublik auch diskriminiert. Ihre sozialen Verhältnisse unterscheiden sich in spezifischer Weise von derjenigen der Deutschen. Freilich, die Diskriminierung kann mit dem Begriff der kulturellen Identität nicht erfaßt werden. Diskriminierend wirkt vielmehr die unpersönliche Funktionsweise des politisch administrativen Systems und indirekt die des freien Marktes.[16]

Die wesentlichen Differenzen zwischen Deutschen und Ausländern ergeben sich aus ihrem staatsrechtlichen Status. Die Immigranten in der Bundesrepublik haben den Status von Ausländern. Der Begriff des Ausländers faßt die Rechtsfolgen zusammen, die sich für die soziale Situation derjenigen ergeben, die sich im staatlichen Hoheitsgebiet aufhalten, ohne aber Staatsangehörige zu sein. Der rechtliche Ausländerbegriff steht, so wie sein Pendant, der Inländerbegriff, rassischen und kulturellen Merkmalen völlig indifferent gegenüber. Der Ausländerbegriff bezeichnet das Verhältnis zwischen den Nicht-Staatsangehörigen und dem Staat. Die staatlichen Institutionen verhalten sich gegenüber Ausländern ganz ähnlich wie gegenüber Deutschen, nämlich nach Maßgabe von Gesetzen. Der Ausländerstatus ist aber gleichbedeutend mit einem spezifischen Mehr an staatlicher Verfügungsgewalt über die betreffenden Individuen. Zum einen enthält das Arsenal ausländerpolitischer Mittel staatliche Eingriffsmöglichkeiten, die Staatsangehörige nicht hinzunehmen haben, und zum anderen bleiben Ausländern zahlreiche der Mittel versagt, mit denen sich Inländer gegen politische Zumutungen zur Wehr setzen können. Erheblich eingegrenzt sind zum Beispiel die staatsbürgerlichen Rechte der Ausländer. Sie können nicht wählen, und ihre Möglichkeiten, politische Organisationen zu bilden, sind beschnitten.[17]

Eine schwer übersehbare Fülle gesetzlicher Regelungen begründet Besonderheiten auch der Arbeitsmarktlage für Ausländer. In der Regel wird die Aufenthaltserlaubnis mit dem Sperrvermerk versehen, der die Aufnahme einer selbständigen Erwerbstätigkeit verwehrt. Damit sind sie zugleich von der Tätigkeit als leitende Angestellte mit Generalvollmacht oder Prokura, als unselbständig Reisegewerbetreibende, gesetzliche Vertreter einer juristischen Person usw. ausgeschlossen. Schier unübersehbar sind die berufsregelnden Spezialgesetze mit besonderen Vorschriften, nach denen die Erteilung der notwendigen Erlaubnis grundsätzlich auf Deutsche beschränkt ist.[18]

Rechtliche Benachteiligungen gibt es schließlich auch in der dritten Rolle des modernen westlichen Individuums, nämlich in der des Klienten sozialstaatlicher Einrichtungen. Diskriminierende Wirkung hat hier zum Beispiel die gesetzlich sanktionierte Auffassung, daß Ausländer unter Umständen gegen die Belange der Bundesrepublik Deutschland verstoßen, wenn sie Sozialhilfe in Anspruch nehmen. Diskriminierende Wirkungen haben Regelungen zum Kindergeld, steuergesetzliche Regelungen, die staatliche Privilegierung der christlichen Kirchenanstalten usw.. Dabei ist festzuhalten, daß sich hinter dem Begriff des Ausländers in der Bundesrepublik ein Nebeneinander von ganz unterschiedlichen rechtlichen Positionen verbirgt. Nicht einmal die Bürger aus der Europäischen Gemeinschaft unterliegen durchgängig den gleichen Regelungen, und die rechtlichen Diskriminierungen der Europäer unterscheiden sich von denjenigen der Nichteuropäer. Der Staat schafft also für Inländer und die verschiedenen Gruppen der Ausländer unterschiedliche Lebenslagen und damit Verhältnisse rechtlicher Segregation. Diese Barrieren zwischen Minderheiten und Mehrheit sind nicht ethnischen Charakters, sondern bürokratisch und stehen den deutschen und ausländischen Individuen als äußere Mächte gegenüber.

2.3 Der bürokratische Ethnozentrismus und Widersprüche der Ausländerpolitik

So wenig die Wurzeln des sogenannten Ausländerproblems auf Seiten der Ausländer auszumachen sind, so wenig auf Seiten der deutschen Mehrheit. Daß sich in der deutschen Öffentlichkeit Ausländerfeindlichkeit breit macht, ist unübersehbar. Deutsche machen den Minderheiten in vielen Fällen das Leben schwer; es ist sogar zu Mordanschlägen gekommen. Die von der Ausländerfeindlichkeit herrührenden Gefahren für die politische Vernunft dürfen nicht verharmlost werden. Die rechtliche Segregation, die die Ausländerpolitik geschaffen hat, kann als Reaktion auf diese Ausländerfeindlichkeit aber nicht verstanden werden. Denn die Öffentlichkeit hat gar nicht die Chance, die Ausländerpolitik ihren im Gewande der Ausländerfeindlichkeit daherkommenden Interessen zu unterwerfen. Wir haben es in der Bundesrepublik nicht mit populistischen Verhältnissen zu tun. Hätten die deutschen Arbeitnehmer tatsächlich die Möglichkeit, die Ausländerpolitik festzulegen, dann wäre gar nicht zu erklären, warum überhaupt einmal ausländische Arbeitskräfte angeworben wurden. Die Einwanderung hat den Interessen der deutschen Arbeitnehmerschaft immerhin beträchtlich widersprochen. Die Massenimmigration hat die Konkurrenz auf dem Arbeitsmarkt verschärft und die Verhandlungsposition der Arbeitnehmerschaft in gesellschaftlichen Auseinandersetzungen mithin geschwächt. Dieser Tatbestand ist in den 50er Jahren von den Arbeitenden und den Gewerkschaften auch nicht anders wahrgenommen worden.[19] Die Anwerbepolitik der Bundesregierung ist überhaupt nur möglich gewesen, weil der politische Einfluß deutscher Arbeitnehmer und die gewerkschaftliche Opposition begrenzt werden konnten. Die Diskriminierung der Ausländer ist deswegen nicht als eine Funktion politischer Idiosynkrasien und Vorurteile auf Seiten der deutschen Mehrheit zu verstehen.

Fragt man nach der Dynamik der ausländerrechtlichen Diskriminierung, dann ist davon auszugehen, daß die gesetzliche Ausgestaltung des Ausländerstatus Sache des Staates ist. Aber die staatlich verursachte Differenzierung des Inländer- und Ausländerstatus kann auch aus den Programmen der politischen Eliten nicht erklärt werden. Ob im Innenministerium ethnozentristische Vorurteile herrschen, ist dafür ebensowenig bedeutsam wie die ritualistisch beschworene Frage, ob die Bundesrepublik ein Einwanderungsland ist oder nicht. Auch die politischen Eliten müssen sich dem "bürokratischen Gehäuse der Hörigkeit" (Weber) einfügen. Ihre Entscheidungen erhalten immer mehr den Charakter passiver Anpassung an die bürokratischen Apparate und an die Zwänge des freien Marktes. Auch für die politischen Eliten gilt, daß es unter modernen gesellschaftlichen Verhältnissen primär nicht darauf ankommt, was die handelnden Subjekte können und wollen, sondern darauf, was die objektive Strukturiertheit eines Handlungszusammenhangs tatsächlich bewirkt. Die Absichten der Handelnden sind selbst als ein gesellschaftlich Erzeugtes und nicht bloß als ein gesellschaftlich Erzeugendes in Rechnung zu stellen. Ausländerpolitik ist demnach nicht eine Funktion politischer *Ziele*, über die frei verfügt werden könnte, sondern viel eher eine Funktion der *Mittel*, also des politisch administrativen Institutionssystems und seiner internen und externen Funktionsbedingungen.

Dieser soziologische Grundsatz kommt zum Ausdruck in einem verbreiteten öffentlichen Konsensus über sozialstrukturelle Zwänge, unter denen die Ausländerpolitik steht. Die Ausländerpolitik folgt dem Diktat arbeitsmarktpolitischer, sozialpolitischer und nicht zuletzt wahltaktischer Notwendigkeiten.

Die Integration der Ausländer ist zu einem gesellschaftlichen Problem erklärt worden, seitdem die Wirtschaftsentwicklung in eine Krise geführt hat. Wie machtvoll sich die damit verbundenen sozialstrukturellen Zwänge in der Ausländerpolitik durchsetzen, wird deutlich, wenn man sich deren Kontinuität über alle Regierungswechsel hinweg vor Augen führt. Die aggressivste staatliche Intervention in die Lebensbedingungen der ausländischen Minderheiten ging zweifellos von der sozialliberalen Koalition in den 70er Jahren aus, von den regierungsamtlichen Exponenten jener Parteien also, in denen die Erfahrung von Rassismus und Deportation bei vielen leitenden Funktionären noch präsent ist. Mit dem Inländerprimat wollte die damalige Bundesregierung Schmidt der im Begriff des Gastarbeiters enthaltenen Vorstellung Nachdruck verleihen und die nun überflüssig gewordenen ausländischen Arbeitskräfte aus der Bundesrepublik vertreiben.

Die arbeitsmarktpolitischen Notwendigkeiten und ihre politische Umsetzung in repressive gesellschaftliche Interventionen des Staates gehen zurück auf eine allgemeinere Konstruktionsschwäche des Sozialstaats. Die Diskriminierung der Ausländer bildet nur ein Element in einem Ensemble von sozialstrukturellen Zwängen, von denen alle Arbeitnehmer betroffen sind. Der Sozialstaat kann die Krisen der Marktwirtschaft kaum anders als auf Kosten der Arbeitnehmer bewältigen. Der Sozialstaat funktioniert gewissermaßen wie eine Notbeleuchtung, deren Batterien gerade von den Einrichtungen gespeist werden müssen, deren Funktionsausfälle zu kompensieren sind — nämlich vom Markt. Die Krise der Wirtschaft zieht die Krise des Sozialstaats nach. Während die Steuereinnahmen wirtschaftsbedingt sinken, steigt der individuelle Bedarf an sozialstaatlichen Leistungen. Dieser Gegensatz und die ganz realistische Spekulation auf die "reinigenden" Wirkungen der Krise haben noch jede Regierung dazu gebracht, sozialstaatliche Leistungen und Einrichtungen gerade in dem Augenblick des Notfalls zu reduzieren, zu dessen Bekämpfung sie einmal geschaffen wurden. Besonders leicht können die Kosten der Krise aber auf Ausländer abgewälzt werden. Denn wieweit der Staat individuelle Interessen verletzen kann, ist eine Funktion seiner Mittel, und die reichen gegenüber Ausländern offenkundiger weiter als gegenüber Inländern. Gegen eine Reihe von Staatsinterventionen *brauchen* sich Deutsche nicht zu wehren, weil sie als Staatsbürger gesetzlichen Schutz genießen. Ausländer *können* sich gegen bestimmte Staatsinterventionen nicht wehren, weil ihnen der staatbürgerliche status activus nicht offen steht. Sie dürfen nicht wählen, ihre politische Willensbildung unterliegt besonderen gesetzlichen Restriktionen, die Exekutive verfügt über die Möglichkeit, in weiten Ermessensspielräumen die Gewährung von Rechten daran zu binden, daß der Antragsteller nicht auffällig geworden ist usw.. So bedeutet die schwächere politische Position der Ausländer ein Mehr an staatlicher Handlungsfähigkeit. Darauf kann der Staat in der Wirtschaftskrise aber besonders schlecht verzichten. Es liegt also im Interesse der Funktionsfähigkeit staatlicher Einrichtungen, die Ausländer in einem Status minderen Rechts zu halten.

Die rechtsstaatlich begründete Differenzierung von Lebenslagen zwischen Inländern und Ausländern bedingt die Differenzierung von Lebenslagen auf der Ebene der Gesellschaft und schafft Integrationsbarrieren, die der Staat doch gleichzeitig auch schleifen will. Das läßt sich illustrieren am Beispiel der Folgen, die das "Gesetz zur Förderung der Rückkehrbereitschaft von Ausländern" gezeitigt hat. Das genannte Gesetz hat die Auflösung von Arbeitsverträgen in privaten Betrieben der Steuerung durch ein nationalistisches Kriterium unterworfen. Besonders die Großunternehmen des Bergbaus, der Stahlindustrie und der Werften nutzten die öffentlichen Mittel zusammen mit Eigenmitteln zur Finanzierung von Abfindungsaktionen. Abfindungsaktionen hatte es in der Industrie schon häufiger gegeben, jedoch waren sie bislang wenigstens formal an alle Arbeitnehmer, ungeachtet ihrer Staatsbürgerschaft, adressiert. Die staatlichen Regelungen ließen es jetzt den Betrieben als attraktiv erscheinen, Abfindungsmaßnahmen ausschließlich ausländischen Belegschaftsmitgliedern zu offerieren. Konfrontiert mit diesem Tatbestand haben auch die betrieblichen Interessenvertretungen offen nationalistische Kriterien in ihre Strategien aufgenommen. Eine besonders aggressive Politik gegen die Ausländer kam so in den Betrieben der Montanmitbestimmung zustande, also gerade im Kernbereich des deutschen Modells der industriellen Beziehungen.[20]

Ein Licht auf die Bedeutung, die sozialstrukturellen Bestimmungsgründen der Ausländersegregation zukommt, wirft auch eine Studie von Schöneberg. Hier wird gezeigt, daß Integration und Assimilation von Immigranten primär von der Offenheit der Sozialstruktur des Einwanderungslandes abhängen, also von Rechtssicherheit, Gleichheit auf dem Arbeits- und Wohnungsmarkt usw.. Kulturellle Faktoren, die sich mit der Person der Einwanderer in Verbindung bringen lassen, spielen demgegenüber eine nur geringe Rolle. Ethnische Orientierungen unter den Minderheiten sind demnach vielmehr eine Folge sozialstruktureller Segregation als deren Ursache. Diesen Befund einer international vergleichenden Studie der Verhältnisse in der Schweiz und in der Bundesrepublik resümiert Schöneberg in der Feststellung:

"daß individuell zuschreibbare Merkmale der Betroffenen insgesamt nur relativ wenig Erklärungskraft in bezug auf die Integration und insbesondere auf die Assimilation hatten. Der entscheidende Grunde hierfür ist darin zu sehen, daß alle Dimensionen der Integration wohl in erster Linie von den kontextspezifischen Bedingungen der beiden Aufnahmeländer abhingen. Der Vergleich zwischen der Schweiz und der Bundesrepublik hatte gezeigt, daß die Befragten in der Schweiz in bezug auf ihre aufenthaltsrechtliche Absicherung, den Fortbildungschancen und Aufstiegsmöglichkeiten im Arbeitsbereich, sowie den Zugangsmöglichkeiten auf dem Wohnungsmarkt erheblich günstigere Voraussetzungen hatten."[21]

Verhältnisse ethnischer Segregation sind also eine Funktion differentieller Lebensumstände. In der Bundesrepublik werden diese Differenzen zunächst durch den Staat erzeugt. Die Ausländerpolitik sabotiert damit eines der von der Bundesregierung immer wieder proklamierten ausländerpolitischen Ziele. Zu den erklärten Absichten der Bundesregierung gehört nicht nur die Anpassung der ausländischen Erwerbsbevölkerung an die Wechselfälle des Arbeitsmarktes, in der Krise also deren Vertreibung, sondern sie will auch für die gesellschaftliche Integration der hier Lebenden sorgen. Die

Kommission "Ausländerpolitik" sieht zwar, daß zwischen diesen beiden Zielvorstellungen ein Konflikt besteht, sie führt ihn jedoch auf subjektive Entscheidungsschwächen auf Seiten der Ausländer zurück. *"In dem Umfang, in dem sich die Ausländer für die freiwillige Rückkehr oder den dauerhaften Verbleib in der Bundesrepublik Deutschland entscheiden, wird sich das Spannungsverhältnis, das zwischen diesen beiden Zielsetzungen zweifellos besteht, vermindern."*[22]

Dem Gesichtspunkt der Rückkehrförderung entspricht die aufenthaltsrechtliche Unsicherheit, die ein wesentliches Merkmal des geltenden Ausländergesetzes ist. Dieses Gesetz vermeidet jegliche Rechtsansprüche der Ausländer auf gesicherten Aufenthalt. Die sogenannten Verfestigungsstufen der unbefristeten Aufenthaltserlaubnis und der Aufenthaltsberechtigung ändern daran nur wenig. Für die Ausländer erschwerend kommt eine äußerst restriktive und willkürliche Verwaltungspraxis bei der Vergabe von Aufenthaltsberechtigungen hinzu. Sie hat offenkundig eine abschreckende Wirkung. Obwohl rund 1,8 Millionen aufenthaltspflichtige Ausländer aus Nicht-EG-Staaten Anfang der 80er Jahre seit acht und mehr Jahren in der Bundesrepublik Deutschland lebten und damit die von der Exekutive gesetzten zeitlichen Voraussetzungen für die Erteilung der Aufenthaltsberechtigung erfüllen, ist dieser Rechtsstatus lediglich knapp 100.000 Ausländern, das heißt einem Anteil von nur knapp fünf Prozent erteilt worden.

Die aufenthaltsrechtliche Unsicherheit wird durch vielfältige sozialrechtliche Diskriminierung begleitet, die etwa in der befristeten Verweigerung des Arbeitsmarktszugangs für Familienangehörige, in der Diskriminierung bei der Zahlung von Arbeitslosengeld für Ausländer mit allgemeiner Arbeitserlaubnis oder auch nur in der Ungleichbehandlung bei der Zahlung von BAFÖG-Mitteln liegt. Die gravierendste Auswirkung dürfte dabei in der Verknüpfung von Sozialhilfeleistungen und Ausweisungsdrohung zu sehen sein. Gerade in der Wirtschaftskrise gewinnt diese Regelung bedrohlichen Charakter. Wer wegen der Ausweisungsgefahr Sozialhilfe nicht in Anspruch nehmen kann, ist gezwungen, entweder seiner Familie zur Last zu fallen oder sein Überleben im Inland durch unterbezahlte und illegale Arbeit zu sichern. Diese Regelung erschüttert die Existenzsicherheit eines Teiles der Ausländer und mag sie zur Rückkehr ins Herkunftsland veranlassen. Sie trägt jedoch gleichzeitig zur Herausbildung einer Schattenwirtschaft im Inland bei mit all ihren tarifpolitisch, gewerkschaftspolitisch und sozialpolitisch segregierenden Folgen.

2.4 Ausländerpolitik und fremdenfeindliche Vorurteile in der Öffentlichkeit

Die politische Diskriminierung der Immigranten wirkt in der Öffentlichkeit als Katalysator, der Krisenängste in Ausländerfeindlichkeit verwandelt. Das in der Staatspropaganda so häufig angeführte Lebensgefühl der Deutschen und ihre sogenannte nationale Identität sind weniger durch türkische Märkte und Großfamilientreffen auf öffentlichen Plätzen gefährdet als durch die Angst, den Arbeitsplatz zu verlieren. Vor dem Hintergrund der Ausländerpolitik gewinnt der Ruf "Wir sind kein Einwanderungsland!" eine unvernünftige Rationalität: Deutsche, die der Arbeitslosigkeit entgehen wollen, verhalten sich angesichts der politischen Versprechungen der Bundesregierung realitätstüchtig, wenn sie die staatliche Diskriminierung der Ausländer akzeptieren. Denn im Konkurrenzkampf auf dem Arbeitsmarkt ist die Schwäche der Mitbewerber Bedingung des eigenen Erfolgs. Ausländerfeindlichkeit muß als gerechtfertigt erscheinen, wenn dem einzelnen nichts anderes übrig bleibt, als sich auf die Gunst der Umstände zu verlassen, die ihm Wirtschaft und Staat vorgeben. Im Kalkül des isolierten Arbeitnehmers kann es kaum einen Unterschied ausmachen, ob der ökonomische Kampf Normen marktwirtschaftlicher Rationalität und Leistungskonkurrenz folgt oder aber politisch reaktionären Zwängen des Staates. Die Ausländerpolitik legt es den Deutschen nahe, einen Vorteil aus der Benachteiligung der Minderheiten zu ziehen und deren Diskriminierung schweigend hinzunehmen, wenn nicht zu fördern.

Die Gewalt und das Unverständnis, die in populären Witzen über Ausländer phantasiert werden, sind nicht Ursache, sondern Folge einer Politik, die den Ausländern den Status politisch autonomer und verständigungsfähiger Subjekte nicht einräumen zu können glaubt. Die Möglichkeit, als verständigungsfähige und autonome Subjekte zu handeln, wird in dieser Propaganda aber auch den Deutschen abgesprochen. Denn in der ausländerpolitischen Selbstdarstellung der Bundesregierung dominieren Vorstellungen, die antidemokratischen Gemeinschaftsideologien entsprechen.

3. Vom Gastarbeiter zum diskriminierten Mitbürger

Die Ausländerpolitik der Bundesregierung verfehlt nicht nur das selbstgesteckte Ziel der Integration, die Bundesregierung vermag es auch kaum, die Rückkehr der als Gastarbeiter Angeworbenen zu fördern. Die Einwanderung ausländischer Arbeitskräfte ist den ursprünglichen Absichten aller daran Beteiligten zuwider zu einer dauerhaften Erscheinung geworden. Dafür gibt es eine Reihe von Belegen. Zu Beginn war die Zuwanderung noch recht sensibel für Veränderungen der Wirtschaftskonjunktur. Die Erwartung, die Ausländerbeschäftigung ließe sich dem wirtschaftlichen Konjunkturverlauf anpassen, ist jedoch an den Realitäten gescheitert. Die Fluktuation innerhalb der ausländischen Erwerbsbevölkerung hat in den vergangenen Jahren deutlich abgenommen. Die Anzahl der Jahre, die die einzelnen in der Bundesrepublik verbracht haben, verdeutlicht, wie stabil die ausländische Wohnbevölkerung geworden ist. So betrug im Jahre 1983 die durchschnittliche Aufenthaltsdauer bereits mehr als zehn Jahre. Nahezu zwei Drittel befanden sich seit mindestens acht Jahren im Inland. Diese Werte dürften inzwischen noch gestiegen sein.[23] Wer seine Lebensaussichten rational kalkuliert, dem bleibt in der Regel kaum eine andere Wahl, als in der Bundesrepublik zu bleiben.

An Wahlmöglichkeiten fehlt es nicht nur den Immigranten, sondern auch der Bundesregierung. Wenn prominente Sprecher der CDU/CSU im Wahlkampf versprochen haben, die Zahl der Ausländer drastisch zu verringern, dann verschweigen sie, daß die Bundesregierung dazu gar keine Handhabe hat. In der Mitte-Rechts-Koalition ist dieser Tatbestand in seriösen Diskussionszirkeln auch unbestritten. Der Stellvertretende Leiter der Hauptabteilung Politik der Bundesgeschäftsstelle der CDU, Hammer, hat in einem Beitrag zum CDU-Ausländerkongreß 1982 betont: *"Der ... Grundfehler der Diskussion besteht in der Selbsttäuschung, als könne heute frei entschieden werden, welche ausländerpolitische Konzeption in der Bundesrepublik Deutschland künftig verwirklicht werden könnte. Dabei wird völlig übersehen, welche Fakten sich in den letzten Jahren entwickelt haben."*[24] Hier sind vor allem die supra- und internationalen Selbstbindungen der Bundesrepublik bezüglich des Aufenthalts- und Arbeitserlaubnisrechts zu nennen. Der EWG-Vertrag hat in Artikel 48, an dem die Bundesregierung nicht rühren kann, die Freizügigkeit der Arbeitnehmer innerhalb der Europäischen Gemeinschaft geschaffen. Durch diese Regelung sind gut 1,2 Millionen Ausländer geschützt. Was die in der Bundesrepublik lebende Türken betrifft, so hat der Assoziationsrat schon im September 1980 vereinbart, daß Türken nach vierjähriger Beschäftigung in Deutschland einen vom Vorrang deutscher und anderer Staatsangehöriger von EG-Mitgliedsstaaten unabhängigen Rechtsanspruch auf eine Arbeitserlaubnis haben, die weder betrieblichen noch regionalen oder beruflichen Einschränkungen unterliegt.[25] Die Bundesregierung hat zwar, wie es scheint, die türkische Regierung dazu bewegen können, auf die Herstellung der Freizügigkeit der Türken in der EG, wie sie im Assoziierungsabkommen der EG mit der Türkei festgelegt worden war, zu verzichten. Sie hat aber im Gegenzug Pläne aufgeben müssen, den Familiennachzug für die hier lebenden Ausländer einzuschränken.[26]

Weitere Grenzen findet die Ausländerpolitik in nationalen Gesetzen. Von den Ausländern nämlich, die nicht durch EG-Regelungen oder dem Abkommen mit der Türkei geschützt sind, verfügen weit mehr als 600.000 über eine unbefristete Aufenthaltserlaubnis oder eine Aufenthaltsberechtigung. *"Zählt man die Angehörigen der EG-Staaten, der mit der EG assoziierten Türkei, sowie die Ausländer, die über eine befristete Aufenthaltserlaubnis oder eine Aufenthaltsberechtigung verfügen, zusammen, ergibt dies eine Zahl von 3,422200. Für diese ist eine Ausländerpolitik auszuschließen, die eine zwangsweise Rückführung der Ausländer in ihre Heimatländer zum Ziel hat."*[27]

Während der zwangsweisen Rückführung von Ausländern rechtliche Regelungen im Wege stehen, wird die Wirksamkeit von Strategien zur Förderung ihrer (freiwilligen) Rückkehrbereitschaft durch miserable Verhältnisse in den Herkunftsländern reduziert. Die Bundesregierung hatte mit dem "Gesetz zur Förderung der Rückkehrbereitschaft von Ausländern" einem bestimmten Personenkreis Rückkehrprämien und die Auszahlung der Arbeitnehmerbeiträge zur Rentenversicherung angeboten, wenn sie mit ihren Familien die BRD auf Dauer verließen. Etwa 200.000 Ausländer hatten sich für eine Rückkehr aufgrund dieser Maßnahme entschlossen; das stellt die Bundesregierung als Erfolg dieser Strategie vergoldeter Massendeportation heraus. Kritischen Beobachtern erscheint das freilich als maßlose Übertreibung. Denn auch in den drei Vorjahren waren jeweils mehr als 400.000 Ausländer in ihr Herkunftsland zurückgekehrt. So ist es also ganz ungewiß, ob dieses Gesetz tatsächlich eine quantitativ bedeutsame Rückwanderung ausgelöst hat. Soll es beispielsweise für Türken attraktiv werden, in die Türkei zurückzukehren, dann müssen entweder sehr viel höhere finanzielle Anreize in Aussicht gestellt werden oder aber die Lebensbedingungen der türkischen Minderheit müssen politisch und ökonomisch radikal an die in der Türkei herrschenden angeglichen werden.

Ob eine derartige Strategie politisch durchsetzbar ist, steht dahin. Eine ausländerfeindliche Propaganda, die auf Fremdenfeindlichkeit und Krisenangst spekuliert, kann die Immigranten sicher verunsichern und ihnen das Leben in der Bundesrepublik verleiden. Aber ob es den Anwälten einer derartigen Ausländerpolitik gelingen wird, die politische Öffentlichkeit in der Bundesrepublik derart zu entkultivieren, daß einem Türken etwa das Leben unter polizeistaatlichen Verhältnissen und wirtschaftlicher Dauerkrise in der Türkei attraktiver erscheinen muß als das in der Bundesrepublik, mag man nicht für wahrscheinlich halten. Allzu groß ist bei entsprechenden Konflikten der Widerstand liberaler, linker und kirchlicher Kreise gewesen. Und wo deren Einfluß nicht ausgereicht hat, da ist die auf Repatriierung zielende Ausländerpolitik auf den Widerstand der Regierungen in den Herkunftsländern der Immigranten gestoßen. Denn diese können sich von der Rückkehr der Emigranten nichts versprechen. Die Rückwanderung induziert keinen Industrialisierungsprozeß und keine Vermehrung von Arbeitsplätzen. Dies Instrument der Gründung von Arbeitnehmergesellschaften hat nicht den Entwicklungseffekt bewirkt, den man sich davon versprach. Die Rückwanderung wirkt auch nicht im Sinne von Bildungsinvestitionen. Viel mehr machen die Rückkehrer die Erfahrung, daß ihre in der Bundesrepublik erworbenen beruflichen Fähigkeiten im Herkunftsland kaum verwertbar sind. Schließlich stellen die Kinder der Remigranten fest, daß sie bei Rückkehr vor großen schulischen Schwierigkeiten und Problemen mit ihren Mitschülern und Lehrern stehen. Diese Befunde ergeben sich aus einer Auswertung zahlreicher Remigrationsstudien, die Korte 1983 vorgelegt hat. Korte faßt zusammen: *"In der Zusammenschau der bisher mit der Rückwanderung gesammelten Erfahrungen treten für alle Beteiligten — südeuropäische Herkunftsländer von Arbeitsmigranten, westeuropäische Aufnahmeländer und die Rückkehrer selbst — bis jetzt eher Probleme zutage, als daß die Vorteile ersichtlich wären ..."*.[28]

So gibt es zwei politische Kräfte, die dem Versuch entgegenstehen, die Ausländer mit politischem Druck zum Verlassen der Bundesrepublik zu bewegen. Neben Fraktionen der demokratischen Öffentlichkeit sind dies die Regierungen ihrer Herkunftsländer, die durch eine massenhafte Rückwanderung ihrerseits in erhebliche politische Schwierigkeiten gerieten. Es ist deswegen damit zu rechnen, daß ein ganz erheblicher Teil der Ausländer in der Bundesrepublik den bereits begonnenen Prozeß ihrer Niederlassung fortsetzen wird.

4. Schulische und ethnische Integration

So wenig wie der Begriff der kulturellen Identität etwas über die ausländischen Arbeitskräfte aussagt, so wenig trifft er die Existenz ihrer Kinder. Kinder ausländischer und deutscher Familien teilen sicher nicht durchgängig die gleichen Erfahrungen: Die Immigrantenkinder wachsen zweisprachig auf, haben Familienangehörige im Herkunftsland und haben einen unsicheren aufenthaltsrechtlichen Status. Traditionalistische Wurzeln haben diese Besonderheiten kaum. Entscheidend für die soziale Identität der Immigrantenkinder ist, daß sie die Nachkommen von Arbeitern sind, daß die deutsche Gesellschaft ihnen den Status von Minderheitenangehörigen auferlegt, und wichtiger noch, daß ihre Existenz die von Schülern in formalen Bildungseinrichtungen ist.

Schulen nötigen die Individuen, ihren Lebenslauf als Produkt von Eignung und Neigung zu definieren und mit den unumgänglichen Entscheidungen über Schultyp, Curricula und Examen die Idee aufzugeben, schicksalhafte ständische Zugehörigkeiten seien lebensbestimmend. Die Rolle des Schülers ist weitgehend indifferent gegenüber den traditionalen Geschlechtsrollendefinitionen, gegenüber religiösen Bindungen, politischen Affiliationen und gegenüber der Schichtenzugehörigkeit. Alle diese Umstände verleihen den Immigrantenkindern die soziale Identität eines modernen Individuums nicht anders als ihren deutschen Altersgenossen. Im Vergleich mit diesen sozialstrukturellen Merkmalen der Schülerrolle haben die Inhalte der Curricula nur geringe Bedeutung. Die Länge des Rheins oder des Bosporus, die Biographie Martin Luthers oder Ata Türks, der Kanon nationaler Literatur usw., allen diesen Gegenständen verleiht die Schule den Charakter von Fachwissen, und dessen Struktur ist nicht deutsch oder türkisch, sondern Reflex bürokratischer Verhältnisse, nicht anders als die sozialstrukturellen Dimensionen der Schülerrolle auch. So geraten die ausländischen Jugendlichen in den Schulen nicht unter deutsche Regie, sondern unter bürokratische. Daß ihnen die Lebensbedingungen eines Schülers als ihnen entfremdete gegenüberstehen, unterscheidet sie nicht von ihren deutschen Alterskollegen, sondern macht sie ihnen gleich. Denn auch für die Lebensumstände der deutschen Schüler gilt vor allem, daß sie beschult werden und weniger, daß sie sich bilden.[29]

Freilich, der Instrumentalismus einer politisch anspruchlichen Wissenschaft legt erst einmal nahe, im Namen der sogenannten kulturellen Identitäten deutsche und ausländische Kinder getrennt zu behandeln und damit in den Schulen Verhältnisse der Segregation zu schaffen. Denn dem naturwissenschaftlichen beziehungsweise bürokratischen Modell des Verfügens über individuelle Identität entspricht es, für homogene Unterrichtsbedingungen zu sorgen. Wenn deutsche und ausländische Kinder getrennt sind und das Schülerpublikum homogener ist, dann – so die Vorstellung – wird der methodische Zugriff des Lehrers gezielter und präziser. Ein genauerer Blick auf das westdeutsche Bildungssystem zeigt indessen, daß hier Integrationstendenzen überwiegen.[30] Ganz ähnlich wie der Arbeitsmarkt hat auch das Bildungssytem seine einheitliche Struktur behalten, die der Unterscheidung von Deutschen und Ausländern einigermaßen indifferent gegenübersteht. Es gibt Tendenzen der Segregation, ihre Bedeutung darf indessen nicht überschätzt werden. Mit Stichworten sollen die Integrationstendenzen skizziert werden:
- Die allgemeine Schulpflicht gilt heute unterschiedslos für deutsche und ausländische Kinder und ist de facto auch weitgehend durchgesetzt. Diese Entwicklung widerspricht verbreiteten bildungspolitischen Erwägungen Anfang der 60er Jahre, als man noch zögerte, die Schulen den ausländischen Kindern überhaupt zu öffnen.

- Das schulische Berechtigungswesen hat keinerlei Diplome hervorgebracht, die nur an Ausländerkinder verliehen und sie zu anderen Arbeitsmarktchancen berechtigen würden als ihre deutschen Mitschüler.
- Deutsche und ausländische Kinder sind innerhalb der Schule zumeist den gleichen organisatorischen Schemata und Curricula unterworfen und werden gemeinsam beschult.
- Wo deutsche und ausländische Kinder formal unterschiedlich behandelt werden, da geschieht es zumeist mit der Absicht, den ausländischen Schülern den Übergang in Regelklassen zu erleichtern. Ob der Übergang durch die Separierung der Kinder gefördert oder behindert wird, kann dahingestellt bleiben; die getrennte Behandlung der ausländischen Kinder soll nicht dauerhaft sein und wird tatsächlich auch zeitlich befristet.
- Es gibt aber auch bildungspolitische Programme zur getrennten Beschulung von Ausländern und Deutschen. Sie wollen die kulturelle Identität pflegen und stehen im Dienst der Absicht, die Gastarbeiter im arbeitsmarktpolitischen Bedarfsfall in die Herkunftsländer zurückzuschicken.

Wie immer man die Chancen einer Schule einschätzt, Münchener Jugendliche gemäß bildungspolitischer Planung zu traditionalistisch orientierten Türken, Süditalienern usw. heranzuziehen, die bayerische Landesregierung hat es nicht einmal vermocht, für die ausländischen Kinder durchgängig nationalitätsspezifische Klassen zu schaffen. Nur ca. 27.000 von 84.000 ausländischen Schülern in Bayern besuchen zweisprachige Klassen.

Die Bildungs- und Karrierechancen, die mit der dreigliedrigen Sekundarstufe I des Bildungssytems festgelegt sind, werden zwischen deutschen und ausländischen Schülern nicht gleich verteilt. Die Ausländerkinder sind in der Hauptschule deutlich überrepräsentiert. Aber ethnozentrische Barrieren sind zwischen den Bildungsmöglichkeiten deutscher und ausländischer Schüler nicht entstanden. Die vorhandenen Karrieremöglichkeiten sind Deutschen und Nicht-Deutschen gemeinsam.

Dieser Eindruck soll mit Befunden einer Studie über "Ausländerintegration, Schule und Staat", belegt werden, die im Max-Planck-Institut für Bildungsforschung durchgeführt wurde.[31] Untersuchungseinheit bildeten die Sekundarstufen I aller westdeutschen Landkreise. Gefragt wurde, ob die Bildungschancen den deutschen und ausländischen Schülern gemeinsam oder ob sie ethnisch kategorisiert sind. Denn ethnische Diskriminierung müßte sich darin zeigen, daß am Fuß der Statuspyramide, also in der Hauptschule, eine Art Ghetto entsteht. Manifestieren müßte sich diese ethnische Unterscheidung institutionalisierter Karrierechancen darin, daß zwischen den Schulkarrieren deutscher und ausländischer Kinder keine Interdependenz besteht. Daten dazu lieferte die Schulstatistik, die unter anderem Auskunft über die Schulhierarchie des dreigliedrigen Bildungssystems in der Sekundarstufe I gibt. Kontrolliert wurden der säkulare Trend der Bildungsexpansion, Einflüsse der berufsständischen Zusammensetzung der Arbeitnehmerschaft, die Bevölkerungsentwicklung, regionale Einflußfaktoren und die politische Couleur der Landesregierungen.

Die Daten zeigen, daß das Bildungssystem keine sozialstrukturellen Barrieren zwischen deutschen und Ausländerkindern errichtet. Der Zustrom ausländischer Schüler verbreitet nicht den Fuß der dreigliedrigen Schulhierarchie. Die hält ihre Struktur vielmehr konstant. Das zeigt sich daran, daß entsprechend dem Zustrom ausländischer Kinder deutsche Kinder in die weiterführenden Bildungseinrichtungen aufsteigen. Die Schulhierarchie aus Haupt- und Realschule sowie Gymnasien hat eine feste Gestalt. Nehmen die ausländischen Kinder die Plätze am Fuß dieser Hierarchie in der Hauptschule ein, dann befördert die Schulbürokratie in größeren Zahlen deutsche Kinder auf die ranghöheren Plätze. Gäbe es zwischen den Karrierewegen deutscher und ausländischer Schüler institutionelle Barrieren, dürfte die Konzentration der ausländischen Kinder am Fuß der Statuspyramide zu einer Vermehrung schulischer Aufstiegsprozesse unter deutschen Schülern nicht führen.

Auf Stabilität der Schulbürokratie läßt auch ein anderer Zusammenhang schließen: Aus demographischen Gründen ist die Zahl deutscher Kinder in den vergangenen Jahren zurückgegangen. Schulen haben deswegen weniger Klassen und manche müssen geschlossen werden. In der Konkurrenz um die knapper werdenden Schüler haben die Gymnasien die größte Attraktivität, auch unter Ausländerkindern. Geht die Zahl deutscher Konkurrenten zurück, dann finden ausländische Schulkinder eher einen Weg in Realschule und Gymnasium. Je stärker der Schülerrückgang in einem Landkreis ist, um so häufiger besuchen auch ausländische Schüler diese weiterführenden Einrichtungen. Diese Interdependenz zwischen den Schulkarrieren ausländischer und deutscher Kinder ist Ausdruck davon, daß innerhalb der Sekundarstufe I ein ethnozentristisches Kastenwesen nicht entstanden ist. Das dreigliedrige Schulsystem ist insoweit ein einheitliches geblieben. Die Strukturen dieser Hierarchie erweisen sich als indifferent gegenüber der sogenannten kulturellen Identität der Ausländer.

5. Resumee

Der Beitrag der Theorien kultureller Identität zur Konstitution ethnischer Minderheiten in der Bundesrepublik muß als gering veranschlagt werden. Wissenschaftler stellen politische Forderungen auf und entwerfen organisatorische Mittel, mit denen sie zu realisieren seien. Sie streiten über Beides auch ganz engagiert. Die gesellschaftliche Entwicklung nimmt davon aber nur wenig Notiz. Markt und Staat institutionalisieren die Identität auch der ausländischen Individuen in formalrationalen Formen. Es gibt ethnische Unterscheidungen, aber die sind eine Funktion bürokratischer Kategorien, vor allem staatsrechtlicher und ausländerrechtlicher Natur. Die Vorstellungen, die in den Theorien der kulturellen Identität zum Ausdruck kommen, gehen daran völlig vorbei.

Zwischen den bürokratischen Herrschaftsverhältnissen der modernen Gesellschaft und den Theorien kultureller Identität gibt es eine Kompatibilität. Der Begriff der kulturellen Identität zeichnet ein monadologisches Bild des Individuums und entzieht mit dieser Verkürzung die Sozialstruktur der öffentlichen Kritik. Die Harmonie zwischen

Individuum und Gesellschaft, die dort behauptet wird, läßt es nur zu, soziale Konflikte personalisierend auf angebliche Defizite von Individuen zurückzuführen. Schließlich implizieren die Theorien kultureller Identität Herrschaftsansprüche von Experten. Die Frage nach den Formen des Zusammenlebens von Inländern und Ausländern wird mit Forderungen und Entwürfen sozialtechnischer Integrationsstrategien beantwortet, die mit der Autorität der Wissenschaft versehen werden. Die politische Frage, wie Menschen zusammenleben wollen, wird zu der technischen Frage umdefiniert: wie sie zusammenleben sollen und wie sie folglich zu behandeln seien. Das wissenschaftliche Denken gleicht sich damit dem bürokratischen Instrumentalismus an; es ist herrschaftskonform, gleichviel ob seine Urheber sich für konservativ oder links halten. Die politische Anspruchlichkeit der Intellektuellen ist nicht willkürlich, aber einen Beitrag zur Lösung sozialstruktureller Probleme wird die Soziologie kaum leisten können, solange sie den staatlichen Bürokratien Rezepte für die Lösung politischer Probleme in Aussicht stellten.

Deswegen besteht der politisch wichtigste Effekt der Theorien kultureller Identität darin, Gemeinschaftssentiments und Ressentiments in der Öffentlichkeit zu stabilisieren. Der Aufrechterhaltung des Nationalismus und nationalstaatlicher Abgrenzungen ist das dienlich. Die Entwicklung im Innern der Gesellschaft nimmt, wie skizziert, von den Theorien kultureller Identität und den Gemeinschaftsgefühlen der Öffentlichkeit nur wenig Notiz. So ist der wesentliche Effekt des soziologischen Instrumentalismus darin zu sehen, jene Argumentationsmöglichkeiten ungenutzt zu lassen, die tatsächlich politische Wirkung zeitigen könnten. Sie können nur in aufklärender Kritik gesucht werden, im detaillierten Nachweis dessen, daß es die Struktur der bürokratischen Gesellschaft den Individuen — deutschen wie ausländischen — gar nicht erlaubt, viel von sich als Subjekten geltend zu machen und Identität zu gewinnen.

Anmerkungen

1 vgl. dazu die Literaturübersicht von Weidacher, A.: Ausländische Arbeiterfamilien, Kinder und Jugendliche. München 1981 und Gravalas, B./ Braun, F.: Die beruflichen und sozialen Chancen ausländischer Jugendlicher. Integration oder Segregation. München 1982
2 vgl. Schrader, A./Nickles, B.W./Griese, H.M.: Die zweite Generation. Sozialisation und Akkulturation ausländischer Kinder in der BRD. Kronberg^2 1979
3 vgl. dazu Winters-Ohle, E./Albrecht, G.: Beschlüsse und Erlasse der Kultusministerkonferenz und der Kultusministerien zum muttersprachlichen Unterricht. In: Deutsches lernen, 8, 1983, H. 1
4 vgl. Blaschke, J. (Hrsg.): Handbuch der westeuropäischen Regionalbewegungen. Frankfurt/Main 1980
5 vgl. Meyer, J.: The world policy and the authority of the nation-state. In: Bergesen, A., Ed: Studies in der Modern World-System. New York 1980
6 vgl. Bundestagsfraktion DIE GRÜNEN (Hrsg.): Entwurf eines Gesetzes über die Niederlassung von Ausländern. Deutscher Bundestag, 10. Wahlperiode, Drucksache 10/1356 vom 25.4.1984
7 vgl. Institut für Sozialforschung (Hrsg.): Adorno, Th.W./Dirks, W.: Soziologische Exkurse. Frankfurt/Main 1956
8 vgl. Marx, K.: Grundrisse der Kritik der politischen Ökonomie. Berlin (DDR) 1953, S. 5
9 vgl. Weber, M.: Wirtschaft und Gesellschaft. Tübingen^5 1972, S. 21

10 Weber⁵, 1972, S. 21
11 Weber⁵, 1972, S. 234ff.
12 vgl. dazu Institut für Sozialforschung, 1956, S. 222ff.
13 vgl. Institut für Sozialforschung, 1956, S. 83ff.
14 vgl. Lenhardt, G.: Schule und bürokratische Rationalität. Frankfurt/Main 1984, S. 183ff.
15 vgl. Marshall, T.H.: Class, Citizenship and Social Development. Garden City, New York 1965
16 vgl. Dohse, K.: Ausländische Arbeiter und Bürgerlicher Staat. Koenigstein 1981
17 vgl. Heldmann, H.H.: Ausländerrecht. Köln³ 1985
18 vgl. Hackler, E.: Ausgewählte rechtliche Probleme ausländischer Arbeitnehmer und Gewerbetreibender in der BRD. In: Geißler, H. (Hrsg.): Ausländer in Deutschland — für eine gemeinsame Zukunft. München 1982, S. 37ff.
19 vgl. dazu Dohse, K., 1981
20 vgl. Dohse, K.: Ausländische Arbeiter 1974-1985 — Beschäftigungsentwicklung und staatliche Regelungszusammenhänge. In: WSI-Mitteilungen 9, 1986, S. 626ff.
21 Schöneberg, U.: Bestimmungsgründe der Integration und Assimilation ausländischer Arbeitnehmer in der Bundesrepublik Deutschland und in der Schweiz. Forschungsbericht im Rahmen des Projekts 'Institutionelle Determinanten der räumlichen Konzentration und sozialen Segregation ausländischer Arbeitnehmer in urbanen Räumen westeuropäischer Einwanderungsländer. Universität Frankfurt. Arbeitsgruppe Infrastruktur. Frankfurt 1980, S. 557.
22 Kommission 'Ausländerpolitik' beim Bundesminister des Innern. Abschließender Bericht, Bundesminister des Innern. Manuskript. Bonn 1983, S. 12.
23 vgl. dazu Köhler, H./Trommer, L.: Ausländer in der Bundesrepublik Deutschland. München 1981
24 Hammer, G.: Handlungsspielraum deutscher Ausländerpolitik. In: Geißler, H. (Hrsg.): Ausländer in Deutschland — für eine gemeinsame Zukunft. München 1982, S. 148
25 vgl. Hammer, G., 1982, S. 249
26 vgl. dazu Dohse, K., 1986
27 Hammer, G., 1982, S. 149f.
28 Korte, H./Schmidt, A.: Migration und ihre sozialen Folgen. Göttingen 1983, S. 82
29 vgl. Lenhardt, G., 1984
30 vgl. dazu Röhr-Sendlmeier, U.M.: Die Bildungspolitik zum Unterricht für ausländische Kinder in der BRD — Eine kritische Betrachtung der vergangenen 30 Jahre. In: Deutsch lernen, 11, 1986, H. 1, S. 51ff. und Jacobs, H.: Ein- und Beschulungsmodelle für ausländische Kinder und Jugendliche in der BRD. München 1982
31 vgl. Baker, D. et.al.: Effects of Immigrant Workers on Educational Stratification in Germany. In: Sociology of Education, 58, 1985, S. 213ff.

IV.
Abgrenzung und Ausgrenzung – ein anthropologisches Programm?

Friedrich Vogel

Die biologische Grundlage von Gruppenunterschieden beim Menschen

1. Rassensystematik

Nach den Kriterien der Biologie gehören alle Menschen zu einer einzigen Art (Spezies). Innerhalb dieser Art besteht jedoch eine erhebliche, genetisch bedingte, interindividuelle Variabilität. Wie allgemein bekannt ist, gibt es Unterschiede in äußeren Merkmalen wie Körpergröße, Gestalt, Physiognomie oder Pigmentierung von Haut und Haaren; aber auch beispielsweise in biochemisch definierten Merkmalen, z.B. Oberflächeneigenschaften von Blutzellen ("Blutgruppen" oder "Transplantationsantigene"), - Serum − Eiweißkörpern und der molekularen Struktur von Enzymen. Selbst für Mutationen, die zu genetischen Erkrankungen führen, gibt es Unterschiede in der Genhäufigkeit zwischen verschiedenen Bevölkerungen. Innerhalb dieser vieldimensionalen Variabilität variieren viele Merkmale unabhängig voneinander, aber es gibt manchmal auch Korrelationen zwischen verschiedenen Merkmalen.

Oft sind mehr als zwei Merkmale miteinander korreliert. Es gibt komplexe "Korrelationsschwerpunkte", an denen viele Merkmale beteiligt sein können. Sie können erklärt werden durch einen gemeinsamen Ursprung und eine gemeinsame Geschichte der betroffenen Bevölkerungsgruppen, aber auch durch die natürliche Selektion unter ähnlichen Lebensbedingungen und in einer gemeinsamen Umwelt. Derartige, durch viele korrelierte erbliche Merkmale charakterisierte Bevölkerungsgruppen bezeichnet man als "Rassen". Eine Untergliederung von Arten in derartige "Rassen" ist im Tierreich häufig. Ist die Variabilität zwischen solchen Gruppen groß im Vergleich zu der Variabilität innerhalb der Gruppen, so spricht man auch von "Subspezies" oder "Unterarten".

Eines der Haupt-Forschungsziele der klassischen Anthropologie war die Rassenklassifikation, deren erste Versuche bis ins 17. Jahrhundert zurückgehen. Damals unterschied Bernier bereits die Haupt-Rassengruppen der Weißen, Gelben und Schwarzen. Etwa hundert Jahre später grenzte Linné davon noch den "Homo sapiens Americanus" ab und zu Beginn des 19. Jahrhunderts fügte Blumenbach die "malaiische Rasse" hinzu. Eickstedts Buch "Rassenkunde und Rassengeschichte der Menschheit", das schon 1934 erschien, ist noch heute ein Klassiker.[1] Es schlug eine Rassensystematik vor, die im Prinzip noch heute brauchbar ist.

2. Populationsgenetik und Rassengeschichte

In den letzten Jahrzehnten hat sich das Interesse der Anthropologen von der Rassensystematik wegverlagert; man ist heute mehr an der Rassengeschichte und an den biologischen Mechanismen der Rassenbildung interessiert. Die Populationsgenetik untersucht die folgenden Mechanismen für die Erzeugung und die Erhaltung genetischer Unterschiede innerhalb und zwischen Populationen:

Mutation: Es ist eine der wichtigsten Eigenschaften von Genen und Chromosomen, daß sie sich von Zeit zu Zeit verändern können. Diese Erbänderungen bezeichnet man als "Mutationen". Manchmal werden Zahl oder mikroskopisch sichtbare Strukturen von Chromosomen verändert; oft aber ist die molekulare Struktur einzelner Gene betroffen. Viele dieser Mutationen sind mit dem Überleben des Individuums nicht vereinbar, oder sie führen zu genetisch bedingten Anomalien und Krankheiten. Einige jedoch verändern den Phänotyp weniger eingreifend; sie vermehren sich innerhalb der Population und tragen zu ihrer genetischen Vielfalt bei.

Isolation: Das Entstehen von Variabilität durch Mutation reicht nicht aus für die Entstehung von Gruppenunterschieden. Außerdem ist Isolation von Subgruppen für längere Zeitperioden erforderlich. von Eickstedt (1934) stellte eine überzeugende Hypothese darüber auf, wie innerhalb der Menschheit die drei oben erwähnten Haupt-Rassenkreise entstanden sein könnten: Während der letzten Eiszeit vor etwa hunderttausend Jahren wurde der Lebensraum der damaligen Menschheit in der alten Welt für viele Jahrtausende durch Eisbarrieren in drei fast vollständig isolierte Bereiche aufgeteilt. Innerhalb dieser Gebiete haben sich dann die Haupt-Rassenkreise entwickelt. Nach neueren Untersuchungen in der Paläoanthropologie, die durch molekularbiologische Untersuchungen ergänzt werden, scheint sich Homo sapiens vor circa 130.000 Jahren in Afrika entwickelt zu haben; Gruppen von dieser Urbevölkerung wanderten nach Asien und Europa, wo sie Hominiden verdrängten, die dort bereits lebten; so z.B. den Neandertaler in Nordwesteuropa.[2]

Natürliche Selektion: Die Hauptursache für weitverbreitete und erhebliche genetische Unterschiede zwischen großen Populationen ist die natürliche Auslese beim Leben unter verschiedenen Umweltbedingungen. Einige Beispiele:

a) Weiße und Mongolide unterscheiden sich von Negriden, aber auch von den meisten nicht-menschlichen Primaten durch eine geringere Pigmentierung.

Man ist heute allgemein der Ansicht, daß helle Haut im nördlichen Klima einen Selektionsvorteil mit sich brachte: die Haut enthält Steroid-Verbindungen, die unter dem Einfluß von ultraviolettem Licht in Vitamin D umgewandelt werden. Diese Umwandlung wird behindert, wenn ein wolkiger Himmel das UV-Licht absorbiert oder ein kaltes Klima die Menschen zwingt, schützende Kleidung zu tragen. So wird Vitamin D nicht in genügender Menge gebildet; da dieses Vitamin für den Kalzium-Einbau in den Knochen notwendig ist, wird nicht genügend Kalzium eingebaut und es entsteht die Krankheit "Rachitis", — eine Form der Knochenerweichung. Sie führt — neben anderen Anomalien — zu einer Verformung des Beckens. So kann der kindliche Kopf nicht durchtreten, und unter natürlichen Lebensbedingungen können Mutter und Kind den

Geburtstermin nicht überleben. Deshalb ist die Rachitis ein starker Selektionsfaktor. Jede genetische Variante, die das Risiko für diese Krankheit reduziert, bedeutet damit einen beträchtlichen Selektionsvorteil. Die Hinweise darauf, daß helle Pigmentierung früher einen solchen Vorteil mit sich gebracht hat, sind sehr überzeugend.

b) Große Häufigkeit der Lactase-Persistenz hauptsächlich in der Bevölkerung Nordwesteuropas.

Die meisten Säugetiere — darunter auch die große Mehrzahl aller Menschen - können den Milchzucker Lactose nur etwa so lange verdauen, wie sie normalerweise durch Muttermilch ernährt werden; kurze Zeit, nachdem sie von der Milchernährung abgesetzt werden, verlieren sie diese Fähigkeit. Lactose wird im Dünndarm durch das Enzym Lactase verdaut; seine Aktivität vermindert sich zum richtigen Zeitpunkt durch einen genetisch determinierten Kontrollmechanismus. Diese Regel hat jedoch eine wichtige Ausnahme: Die große Mehrzahl aller Menschen nordwesteuropäischer Abstammung behält die Fähigkeit, Lactase zu verdauen, für das ganze Leben; sie besitzen eine "konstitutive" Lactase; der Regulationsmechanismus, der bei anderen dieses Enzym herunterreguliert, existiert bei ihnen nicht. Deshalb können die meisten von uns ohne Verdauungsbeschwerden Milch trinken und Milchprodukte essen. Die meisten Negriden und Mongoliden leiden unter Durchfällen und anderen Beschwerden, wenn sie viel Milch getrunken haben. Nur etwa die Hälfte der Südeuropäer und sehr wenige Individuen anderer Rassen-Gruppen tragen die "konstitutive" Mutation; wie wir, so haben auch diese Menschen keine Schwierigkeiten, Lactose zu verdauen. In sehr wenigen, relativ kleinen Bevölkerungsgruppen Afrikas und Asiens sind "konstitutive" Mutanten so häufig wie in Nordwesteuropa.

Kein Zweifel, diese Persistenz der Lactase brachte in der Vergangenheit für diese Bevölkerungen einen Selektionsvorteil mit sich. Die genaue Natur dieses Vorteils jedoch wurde noch nicht vollständig aufgeklärt. Sehr wahrscheinlich erklärt sich die große Häufigkeit der Persistenzmutante in einigen kleinen Gruppen in Asien und Afrika dadurch, daß die Hauptproteinquelle bei ihnen tatsächlich Milch ist. So haben Personen, die Milch gut vertragen, einen Selektionsvorteil.

In Nordwesteuropa dagegen gab es, soweit wir wissen, niemals eine Periode während welcher ein wesentlicher Teil der Bevölkerung hauptsächlich auf Milch als Eiweißquelle angewiesen war. So muß man an andere Selektionsvorteile denken. Nach einer kürzlich aufgestellten und meiner Meinung nach gut begründeten Hypothese könnte auch hier eine geringere Anfälligkeit gegenüber Rachitis eine Rolle spielen: Wie nämlich experimentell gezeigt wurde, befördert Absorbtion von Galactose und Glucose, zwei einfache Zucker, in die Lactose durch Lactase gespalten wird, auch die Resorption von Kalzium. Kalzium wiederum wird benötigt für die Stabilisierung der Knochen und die Verminderung der Rachitis.

c) Große Häufigkeit von Mutanten der Hämoglobingene in einigen Bevölkerungen tropischer und subtropischer Länder.

Diese ist das am besten bekannte und am gründlichsten analysierte Beispiel einer genetischen Besonderheit von Populationen durch natürliche Selektion. In den meisten schwarzafrikanischen Bevölkerungen ist das Sichelzellgen häufig. Diese Variante der

Hämoglobin-ß-Kette führt im homozygoten Zustand zu einer hämolytischen Anämie und mehreren anderen Krankheitszeichen, z.B. schweren Schmerzen in den Knochen. Diese Homozygoten sind schwer behindert, und sie haben sich fast niemals fortgepflanzt. Trotz dieses Selektionsnachteils der Homozygoten wurde das Gen in einigen Populationen häufig. Da die Mutationsrate nicht erhöht ist, ist das nur möglich, wenn die Heterozygoten einen Selektionsvorteil haben. Dieser Vorteil wurde tatsächlich gezeigt: Das Risiko der Heterozygoten, an schwerer tropischer Malaria zu erkranken und sogar nach Infektion mit dem Plasmodium falciparum an dieser Krankheit zu sterben, ist deutlich vermindert. Diese Form der Malaria ist in weiten Bereichen Afrikas so verbreitet, daß bis vor wenigen Jahren die meisten Kinder im Laufe der ersten Lebensjahre infiziert wurden; oft erlagen sie dieser Infektion. Heterozygotie für das Sichelzell-Gen hat diese Kinder relativ wirksam vor den schwereren klinischen Formen dieser Malaria geschützt. Insbesondere verminderte sich die Gefahr daran zu sterben.

Andere verwandte Hämoglobinkrankheiten sind in anderen tropischen und subtropischen Ländern häufig. Hämoglobin E beispielsweise findet man oft in den Mon-Khmer sprechenden Gruppen, vor allem in Thailand, Kampuchea und anderen südostasiatischen Ländern. Eine andere Gruppe von Krankheiten, die Thalassämien, sind häufig in den meisten Ländern des tropischen und subtropischen Gürtels. Im Unterschied zu den Sichelzell- und Hämoglobin E-Krankheiten, bei denen abnorme Hämoglobinketten gebildet werden, ist bei den Thalassämie-Mutanten die Synthese gewisser Hämoglobinmoleküle stark reduziert oder ganz aufgehoben.

Nach allen vorliegenden Daten ist die ungewöhnlich große Häufigkeit all dieser Mutanten in den genannten Populationen durch einen Selektionsvorteil der Heterozygoten gegenüber Malaria verursacht.

Noch vor circa 200 Jahren starben nicht weniger als etwa 50% der Geborenen in Europa vor Erreichung des 20. Lebensjahres, also des reproduktionsfähigen Alters. Die Mehrzahl dieser Todesfälle war durch verschiedene Infektionen verursacht. Deshalb ist die genetischec Zusammensetzung der Weltbevölkerung von heute stark beeinflußt durch Selektionsfaktoren der Vergangenheit — hauptsächlich durch unterschiedliche Anfälligkeit oder Resistenz gegenüber Infektionen. Eine Erforschung dieser Selektion ist dadurch behindert, daß dieser Selektionsnachteil in der Gegenwart verschwunden oder doch stark vermindert ist: Ein Erfolg der modernen Hygiene und der medizinischen Therapie. Es häufen sich jedoch Hinweise darauf, daß ähnliche Selektionsvorgänge auch bei anderen genetischen Systemen eine Rolle spielen, z.B. bei den klassischen und allgemein bekannten ABO-Blutgruppen.

Diese drei Beispiele für natürliche Selektion — Reduktion der Pigmentierung in Anpassung an die Rachitis, Lactase-Persistenz und Hämoglobin-Krankheiten in Beziehung zur Malaria — zeigen, wie moderne Anthropologen und Populationsgenetiker an das Problem herangehen, die biologischen Ursachen für die beobachteten Unterschiede zwischen Gruppen zu ergründen.

"Genetic drift": Nicht alle diese Unterschiede sind jedoch verursacht durch die natürliche Selektion in Zusammenwirken mit zufällig auftretenden Mutationen. Während der meisten Perioden in der Evolution des Menschen waren die Individuenzahlen der Popu-

lationen sehr klein. Außerdem gab es in der Geschichte von Subpopulationen oft sogenannte "bottlenecks"; d.h. kürzere oder sogar längere Perioden, während welcher nur noch einige wenige sich fortpflanzende Paare existierten. Dadurch entstanden ideale Bedingungen für zufällige Verschiebungen von Genhäufigkeiten ("random genetic drift"). Genetische Unterschiede besonders zwischen kleinen Populationen sind oft durch solche Zufallsschwankungen verursacht. Folgen von "genetic drift" kann man besonders gut beobachten für die Häufigkeit von Genen, die homozygot zu genetischen Erkrankungen führen. So gibt es einerseits eine Reihe solcher genetischer Erkrankungen in der Finnisch sprechenden Bevölkerung Finnlands. Da dort ein besonders perfektes Überwachungssytem für gesundheitliche Schäden besteht, kann man die Mutationen, die zu diesen Krankheiten führen, bis zu verschiedenen — und meist relativ kleinen - ländlichen Isolaten zurückverfolgen. Andererseits fehlen andere rezessive Krankheiten, die im übrigen Europa relativ häufig sind, in Finnland fast völlig. Andere Beispiele für solche "Gründereffekte" wurden für isolierte Bevölkerungsgruppen in aller Welt beschrieben; so z.B. bei französischen Kanadiern, afrikaans-sprechenden Südafrikanern, religiösen Sekten in den USA wie den Amish und in anderen Gruppen. Lange Zeit waren systematische Studien solcher Isolate eine wichtige Quelle für die Entdeckung neuer genetischer Erkrankungen.

Wenn "genetic drift" auch am leichtesten an Erbkrankheiten studiert werden kann, so wurde dadurch doch auch die Verteilung und Häufigkeit normaler Erbmerkmale in gleicher Weise beeinflußt. Einer der führenden Evolutionstheoretiker unserer Zeit, Kimura, vertritt sogar den Standpunkt, daß die überwältigende Mehrheit genetischer Variation auf den Ebenen der DNA und der Proteine durch "genetic drift" verursacht sei ("Neutrale Hypothese").[3]

3. Rassenklassifikation als ein Aspekt einer viel weiter verbreiteten Neigung zu Typologien

Analysen von Unterschieden zwischen einzelnen Individuen und Gruppen, wie sie oben geschildert wurden, sind der modernen Anthropologie viel wichtiger als Klassifikation und Definition von Rassen und anderen Gruppen. Doch auch Klassifikation ist notwendig, und Gruppenunterschiede — genau wie genetische Unterschiede innerhalb von Gruppen — sollten so genau wie möglich studiert werden. Eine solche Klassifikation jedoch — und eine Untergliederung der Menschheit in Untergruppen, die man Rassen nennt — ist kein Selbstzweck. Sie ist ein notwendiger Schritt in der Analyse der biologischen Mechanismen, die zu diesen Unterschieden geführt haben.

Das Interesse unserer anthropologischen Vorväter von vor 50 oder 100 Jahren an der Rassenklassifikation ist teilweise, aber durchaus nicht ausschließlich, ein Ergebnis der Tatsache, daß damals Konzepte und Methoden für das Studium kausaler Mechanismen nicht zur Verfügung standen. Es sollte auch in einem größeren Zusammenhang gesehen werden. Damals war nämlich das Interesse an Typologien viel weiter verbreitet. Beispiele sind Kretschmers und Sheldons "Konstitutionstypen", Jaspers' "Psychologie der Weltanschauungen" und Sprangers "Lebensformen". Teilweise ist unser Interesse an Typen, wie z.B. Rassen oder psychologischen Typen, ein Ergebnis der Arbeitsweise unseres Gehirns: So kennt man das Phänomen der "Kontrastverstärkung", auf dem einige optische Illusionen beruhen. Wahrscheinlich half diese Verstärkung unseren Vorfahren in der Jäger-Sammler-Periode, schlecht sichtbare Objekte wie natürliche Feinde oder Beute in ihrer Umwelt besser zu erkennen. Es ist sehr wohl möglich, daß in Zukunft — und in Reaktion auf unser heutiges Faktensammeln — ein neues Interesse an Typologien und Klassifikation entstehen wird.

Vier Fragen, die häufig gestellt werden: Beziehung von Rassen zu Völkern und Nationen; die Zukunft der Rassen; die Fragen nach den biologischen Nachteilen der Rassenmischung; und das Problem psychologischer Rassenunterschiede.[4] Im folgenden sollen diese vier Fragen diskutiert werden, die oft nicht nur durch Biologen, sondern auch durch Verhaltenswissenschaftler und in der Öffentlichkeit aufgeworfen werden:

1) Welches sind die Beziehungen zwischen Rassen und kleinen, genetisch ähnlichen Bevölkerungsgruppen einerseits und kulturell oder politisch definierten Gruppen andererseits? — Diese Beziehungen unterscheiden sich vom einen konkreten Fall zum anderen. Oft bestehen engere oder losere Korrelationen. Ein Beispiel — wir Deutschen: Innerhalb unserer Nation sind einerseits alle europäischen "Unterrassen" und ihre Mischungen mehr oder weniger vertreten. Andererseits sind Bewohner von Mecklenburg oder der alten Mark Brandenburg nach anthropologischen Kriterien der polnischen Bevölkerung im Durchschnitt viel ähnlicher als den Bewohnern des Rheinlandes — etwa in der Umgebung von Trier. Ähnliche Vergleiche kann man in ganz Europa und darüber hinaus ziehen. So wurden an den verschiedenen Einwanderergruppen in Israel umfangreiche Studien durchgeführt. Meist erwiesen sich diese Gruppen als genetisch viel ähnlicher den Bevölkerungen, mit denen sie früher zusammengelebt hatten, als jüdischen Einwanderergruppen aus anderen Teilen der Welt — ein Ergebnis, das Manchem in Israel gar nicht gefallen hat.

2) Werden Rassenunterschiede in Zukunft verschwinden? — Das hängt natürlich von der politischen Entwicklung ab. Wir wollen einmal optimistischerweise annehmen, daß uns Riesenkatastrophen, durch die große Teile der Menschheit ausgelöst werden, erspart bleiben. In diesem Falle werden sich Rassen mehr und mehr vermischen – und das, obwohl die Tendenz zur Mischung innerhalb der traditionellen Wohngebiete der Hauptrassen noch sehr gering ist. Aber das bedeutet natürlich nicht, daß wir uns auf eine unstrukturierte Einheitspopulation zubewegen, einen "Einheitsbrei". Partnerwahl findet statt zwischen Individuen, nicht zwischen Rassen oder Bevölkerungs-Mittelwerten. Sie richtet sich vor allem nach persönlichen Merkmalen wie Intelligenz, Temperament und anderen persönlichen Eigenschaften. In dem Ausmaß, in welchem genetische Variabilität solche Merkmale beeinflußt, tritt "assortative mating" ein, und neue Subpopulationen entwickeln sich. Sie können durchaus auch gemeinsame Merkmale zeigen (wenn auch wahrscheinlich nicht bezüglich der Hautpigmentierung). Die Evolution steht nicht still.

3) Führt Rassenmischung zu biologischen Nachteilen? — Dieses Problem ist noch wie kaum ein anderes mit Vorurteilen beladen. Die ersten systematischen Studien wurden Anfang dieses Jahrhunderts durchgeführt; man untersuchte Gruppen von Menschen, deren Eltern zu verschiedenen Hauptrassen gehörten. Die erste "moderne" Studie dieser Art war die von Fischer über die "Rehobother Bastards", eine gut dokumentierte und zahlreiche Bevölkerungsgruppe in Namibia, die von Khoi-(Hottentotten-) Frauen und Männern niederländischen Ursprungs abstammten. Die Studie wurde 1908 durchgeführt, 1913 veröffentlicht.[5] Fischer betonte den hervorragenden Gesundheitszustand und die gute soziale Integration und Leistung dieser Gruppe. Es zeigt die Kraft des Vorurteils auch unter Wissenschaftlern, daß Fischer später — und angeblich auf der Grundlage seiner eigenen Erfahrungen — vor Rassenmischungen ausdrücklich warnte.

Die umfassendsten und modernsten Untersuchungen dieses Problems wurden in Hawaii durchgeführt.[6] Dort leben Menschen europider, mongolider und teilweise auch negrider Abstammung gemeinsam mit den Nachkommen der Ureinwohner. Die Nachkommen aus gemischten Ehen zeigten auch nicht den geringsten gesundheitlichen Nachteil. Aus theoretischen Gründen muß man sogar gewisse Vorteile einer Mischung zwischen Bevölkerungsgruppen erwarten: Wie wir sahen, sind Gene für rezessive Krankheiten als Ergebnis der Bevölkerungsgeschichte und vor allem von "genetic drift" ungleich zwischen Subpopulationen verteilt. Rassenmischung führt zu einer mehr gleichmäßigen Verteilung. Die Folge ist eine Abnahme der Homozygoten und damit ein Rückgang der Belastung pro Generation durch rezessive Krankheiten.

Es mag gute soziokulturelle Argumente für die Erhaltung der Identität einschließlich der biologischen Identität von Bevölkerungsgruppen geben. So sind große Teile der schwarzen Bevölkerung in den USA heute stolz auf ihre Identität ("black is beautiful"), und lehnen ein Aufgehen in der weißen Mehrheit ab. Das ist sehr wohl verständlich, aber vernünftige genetische Argumente für diesen Standpunkt gibt es nicht.

4) Das Problem der psychologischen Rassenunterschiede. — Die Verhaltensgenetik des Menschen, d.h. unsere Kenntnisse über den Einfluß von Genen auf psychologische Unterschiede zwischen Menschen, gehört zu den am geringsten entwickelten Gebieten innerhalb der Humangenetik. Das hat vor allem zwei Gründe:

a) Aus den relativ wenigen Hinweisen, die wir besitzen, kann geschlossen werden, daß viele der Beziehungen zwischen Gen, Genwirkung und Phänotyp im Bereich der Hirnfunktion komplexer sind als in anderen Bereichen.

b) Das Gehirn des Menschen ist für genetische, physiologische und biochemische Studien weniger leicht zugänglich als andere Systeme unseres Körpers, z.B. das Blut, an dem viele der grundlegende Studien in der Humangenetik durchgeführt wurden.

Phänotypen, die von der Genwirkung weit entfernt sind, wie geistige Behinderung, Geisteskrankheiten, aber auch Intelligenzunterschiede im "normalen" Bereich wurden oft mit Hilfe biometrischer Ansätze untersucht (Familienstudien; Vergleich ein- und zweieiiger Zwillinge, die gemeinsam oder getrennt aufgewachsen waren; Vergleich von Adoptivkindern mit ihren biologischen und Adoptiveltern). Im allgemeinen weisen die Ergebnisse einerseits deutlich auf einen wesentlichen Anteil genetischer Faktoren an der beobachteten interindividuellen Variabilität der meisten dieser Merkmale innerhalb der untersuchten Bevölkerungen hin. Andererseits aber fanden sich fast immer Hinweise darauf, daß auch zusätzliche Umweltfaktoren, die diese Phänotypen erheblich verändern können, eine Rolle spielen. So würde eine kritische Bewertung des Problems, ob es zwischen den Rassen genetische Unterschiede gibt, die zu entsprechenden Unterschieden im Mittelwert oder Variabilität psychischer Phänotypen beitragen, einen subtilen Vergleich von Bevölkerungsgruppen erfordern, deren rassischer Ursprung verschieden ist, die aber unter genau den gleichen äußeren Bedingungen leben. Bisher liegen solche Studien nicht vor. Wahrscheinlich gibt es gar keine Gruppen, die diese methodischen Voraussetzungen erfüllen. Das Problem wird der Erforschung besser zugänglich werden, sobald wir einmal mehr über die physiologischen und biochemischen Grundlagen individueller Unterschiede in der normalen Gehirnfunktion, soweit sie unser Befinden und Verhalten beeinflussen, gelernt haben.[7] A priori ist es nicht unvernünftig anzunehmen, daß es solche Unterschiede geben könnte, denn besonders die Hauptrassen lebten für sehr lange Zeit unter wenigstens teilweise sehr verschiedenen Umweltbedingungen. Zwingende Beweise gibt es jedoch nicht, und sie können auf Grund des gegenwärtigen Standes unseres Wissens auch nicht erwartet werden. Wie ich persönlich vermute, dürfte genetische Variabilität zwischen Individuen innerhalb der gleichen Rasse wesentlich wichtiger sein als Unterschiede zwischen Mittelwerten verschiedener Rassen, wenn es sie gibt.

4. Schlußbemerkungen

Menschliche Rassen gibt es, wenn man sie definiert als Korrelations-Schwerpunkte erblicher Merkmale. Auch haben wir keinen vernünftigen Grund, den Begriff "Rasse" für solche Schwerpunkte aufzugeben und durch einen anderen zu ersetzen. Das Studium genetischer Variabilität in menschlichen Bevölkerungen verspricht theoretisch interessante und manchmal auch praktisch wichtige Ergebnisse. Detaillierte Kenntnisse von Gruppenunterschieden ist kein "gefährliches Wissen"; inhumane Praktiken werden dadurch nicht ermutigt. Sie kann im Gegenteil hilfreich sein bei der Überwindung von Vorurteilen und bei der Herstellung friedlicher Lebensbedingungen für alle Gruppen. Verhaltenswissenschaftler sollten dieses Wissen nicht ignorieren, denn es kann ihnen helfen, ihre eigenen Ziele wirksamer zu erreichen.

Anmerkungen

1   vgl. Eickstedt, E.v.: Rassenkunde und Rassengeschichte der Menschheit. Stuttgart 1934.
2   vgl. Breuer, G.: Präsapiens-Hypothese oder afro-europäische Sapiens-Hypothese? In: Z. Morph. Anthropol. 75/1984, S. 1-25.
3   vgl. Kimura, M.: The neutral theory of molecular evolution. Cambridge 1983.
4   vgl. Knußmann, R.: Vergleichende Biologie des Menschen. Stuttgart 1980

5   vgl. Fischer, E.: Die Rehobother Bastards und das Bastardierungsproblem beim Menschen. Leipzig 1913.
6   vgl. Morton, N.E./Chung, C.S./Mi, M.P.: Genetics of interracial crosses in Hawaii. Monogr. Hum. Genet. 3. Basel, New York 1967.
7   vgl. Vogel, F./Motulsky, A.G.: Human Genetics – Problems and Approaches. Heidelberg-Berlin-New York-Tokyo 1986 und Vogel, F./Propping, P.: Ist unser Schicksal mitgeboren? Berlin 1981.

Georgios Tsiakalos

Der Beitrag von Ethologie und Anthropologie zur Bildung gesellschaftsrelevanter Kategorien

Seit längerer Zeit beschäftigt mich die Frage, ob Anthropologen, die mit ihren Forschungen den Nationalsozialisten wertvolle Dienste erwiesen, sich selber mit Hilfe ihrer Forschungsthemen in den Vordergrund ge*schoben* hatten oder ob sie wegen ihrer Forschungsthemen dorthin ge*zogen* wurden. Haben sie ihre Kategorien aus dem politischen Alltag geholt und ihnen wissenschaftliche Legitimation verliehen oder wurde der politische Alltag mit ihren Kategorien neu konstituiert? Hatten schließlich die Begriffe im Alltag die gleiche Bedeutung wie in der Wissenschaft?

Dieter Zimmer, Journalist und ein Bewunderer von Konrad Lorenz, bemerkt in diesem Zusammenhang: "*Lorenz hat der Verhaltensbiologie größte Dienste erwiesen; seine Kriegsaufsätze aber sind auch immer eine Belastung für sie gewesen. Wie nichts anderes haben sie dem verbreiteten unberechtigten Verdacht Vorschub geleistet, die ganze Verhaltensbiologie sei irgendwie eine rechte, im Grunde eine faschistische Veranstaltung. Noch könnte Lorenz selber einiges zur Klärung beitragen. Sonst werden sich seine Bewunderer behelfen müssen mit der unzulänglichen Überlegung, daß originelle Wahrheit und schändlicher Irrtum ungemütlich enge Nachbarn sein können*".[1] "*Unzulänglich*" sind die spärlichen Äußerungen von Lorenz etwa in dem Sinn: "*Er hätte damals nicht ahnen können, daß die Leute Mord meinten, wenn sie Ausmerzen oder Selektion sagten. So naiv, so blöd, so gutgläubig ... war ich damals*".[2]

Es geht hauptsächlich um Kategorien und Begriffe in einem Aufsatz von Lorenz aus dem Jahre 1943, der als Grundtext der Ethologie gilt. "*Ein höchst peinlicher Grundtext, denn er arbeitete unverhohlen der nationalsozialistischen Rassenpolitik in die Hand. Er verlangte nämlich, eine wissenschaftliche Rassenpolitik müsse eiligst den drohenden Niedergang des Volkes aufhalten: Entsprechend der tumorähnlich zerstörenden Wirkung der verfallsbehafteten Gesellschaftselemente ist ihre scharfe Abgrenzung und Ausscheidung für jedes Volk lebenswichtig — und bei dieser Ausscheidungspolitik seien 'Intellektualisierungen', 'ein angekränkeltes Gefühlsleben', das zur 'Toleranz gegen moralisch Minderwertige' führe, ganz und gar verfehlt*".[3]

Für Zimmer kann also *originelle Wahrheit* durch die Art, wie sie formuliert ist, *der Politik in die Hand* arbeiten. Für Lorenz ist dies Folge lediglich der Tatsache, daß Menschen in Alltag oder Politik die Begriffe des Wissenschaftlers für etwas verwenden, wofür es schon einen anderen Begriff gibt, d.h. als Synonyme für andere Begriffe. Die *Naivität* der Wissenschaftler ist somit verständlich: Synonyme sind in der exakten Wissenschaft nicht zulässig, und Wissenschaftler sind *so blöd, so gutgläubig* und erwarten den exakten Gebrauch ihrer Begriffe auch in Alltag und Politik. Die Zimmer'sche *ungemütliche* Nachbarschaft von *origineller Wahrheit* und *schändlichem Irrtum* erscheint jedoch in anderem Licht bei der Betrachtung von Texten aus der Zeit des Geschehens: Eugen Fischer (o. Professor für Anthropologie und Direktor des Kaiser-Wilhelm-Instituts für Anthropologie, menschliche Erblehre und Eugenik) schrieb am 28.3.1943, also in der Zeit, in der auch Lorenz seinen Aufsatz veröffentlichte, in der "Deutschen Allgemeinen Zeitung":

"Es ist ein besonderes und seltenes Glück für eine an sich theoretische Forschung, wenn sie in eine Zeit fällt, wo die allgemeine Weltanschauung ihr anerkennend entgegenkommt, ja, wo sogar ihre praktischen Ergebnisse sofort als Unterlage staatlicher Maßnahmen willkommen sind. Als vor Jahren der Nationalsozialismus nicht nur den Staat, sondern auch unsere Weltanschauung umformte, war die menschliche Erblehre gerade reif genug, Unterlagen zu bieten. Nicht als ob jener eine wissenschaftliche Unterbauung nötig gehabt hätte als Beweis für seine Richtigkeit — Weltanschauungen werden erlebt und erkämpft, nicht mühsam unterbaut —, aber für wichtige Gesetze und Maßregeln waren die Ergebnisse der menschlichen Erblehre als Unterlagen im neuen Staat gar nicht zu entbehren".

Für Fischer ist die *ungemütliche Nachbarschaft* eine Frage des zeitlich "glücklichen" Zusammentreffens von Weltanschauung und theoretischer Forschung. Dabei wird unterstrichen, daß Weltanschauung ohne Wissenschaft auskommt — *Weltanschauungen werden erlebt und erkämpft, nicht mühsam unterbaut* — aber nicht ob wissenschaftliche Forschung ohne Weltanschauung auskommt. Es drängt sich der Gedanke auf: Weltanschauungen und wissenschaftliche Disziplinen bauen auf je eigene Kategorien und werden in Begriffen mit intern definiertem Inhalt formuliert. *Anerkennendes Entgegenkommen* und gegenseitige Befruchtung zwischen Systemen solcher Art, so darf logischerweise vermutet werden, setzt grundsätzliche Affinität gerade in Kategorien und Begriffen voraus.

Die bisherigen Überlegungen führen zur Einsicht, daß eine Beantwortung der Frage nach dem Beitrag von Ethologie und Anthropologie bei der Bildung gesellschaftsrelevanter Kategorien, d.h. hier Kategorien, die für die Beschreibung und Interpretation gesellschaftlicher Phänomene als geeignet betrachtet werden, aus der Beantwortung folgender Teilfragen besteht:

a) Werden ethologische und anthropologische Forschungen bei der Bildung gesellschaftsrelevanter Kategorien *mißbraucht*, und erschöpft sich der Anteil der Wissenschaftler an diesem Mißbrauch lediglich in ihrer *Naivität*?

b) Unter welchen Bedingungen tragen Ethologie und Anthropologie zur Bildung gesellschaftsrelevanter Kategorien und Begriffe bei?

c) Wie kommen Ethologie und Anthropologie, d.h. Ethologen und Anthropologen, dazu, bestimmte gesellschaftsrelevante Kategorien und Begriffe zu bilden, die meistens die wissenschaftliche Grundlage für Diskriminierung liefern?

Die Beantwortung dieser Fragen bedeutet die Beschreibung komplizierter und keinesfalls sichtbarer Prozesse: Kategorienbildung in einer wissenschaftlichen Disziplin bedeutet zuerst und zuletzt Bildung von Kategorien in den Köpfen der Vertreter dieser Disziplin. Diesen Vorgang in der gewohnten Form eines wissenschaftlichen Aufsatzes, d.h. als Anreihung und Interpretation von Fakten zu beschreiben, ist praktisch unmöglich. Denn Fakten geben in Form von Gewordenem und Starrem wieder, was in Wirklichkeit einem Netz gleichzeitig ablaufender Prozesse entspricht. Ich will diese Schwierigkeiten umgehen, indem ich in drei Geschichten das Zustandekommen meiner Antworten beschreibe. Die Geschichten entsprechen dem, was wissenschaftliche Forschung tatsächlich ist: Kriminalistische Arbeit, Besinnung über die eigene Kategorienbildung im Wissenschaftsbetrieb und im Alltag, und Nachdenken über Fakten, die aus der Bibliographie gewonnen werden.

1. Der späte, aber unaufhaltsame Aufstieg von Professor N.

Seit langem drängt sich mir der Gedanke auf, daß bestimmte Forschungsthemen und Ergebnisse der Ethologie deswegen so oft zur Rechtfertigung konservativer Politik herangezogen werden, weil sie von vornherein in gewolltem direkten Zusammenhang zu aktuellen gesellschaftlichen und politischen Fragen stehen. Dieser Vorgang läßt sich exemplarisch an der Berichterstattung der Medien über Ausländerfeindlichkeit in der Bundesrepublik Deutschland studieren, die sehr früh, d.h. mit einer Verzögerung von nur einigen Monaten, von ethologischen Interpretationen der *Fremdenablehnung* begleitet wurde.

In einer Titelgeschichte des SPIEGEL, mit der die intensive Berichterstattung deutschsprachiger Medien beginnt, wurden ethologische Erklärungsversuche aufgeführt. Jedoch bezogen sich diese nicht auf ethologische Forschungen, in deren Mittelpunkt die Ablehnung von fremden Gruppen steht, sondern auf die Extrapolation des sog. *Fremdelns* von Kleinkindern:

"Fremdenfurcht, Fremdenhaß ist weder Zeiterscheinung noch ein Zug des deutschen Wesens. 'Fremdenfurcht und Fremdenablehnung entwickeln sich', sagt der deutsche Verhaltensforscher Irenäus Eibl-Eibesfeldt, 'auch ohne daß es dazu schlechter Erfahrung mit Fremden bedarf'. Gängiger Beleg für diese Erkenntnis, die sogar zum Test für das Normalverhalten von Kleinkindern genutzt wird: während der drei Monate alte Säugling Fremde freundlich anlächelt, erstarrt das fünf Monate alte Kind und beginnt alsbald zu schreien, es fremdelt, wie es freundlich heißt. Auf diesen Kurzschluß 'fremd gleich Feind', auf dieser Furcht vor Fremden (Xenophobie) gründet sich die von der urzeitlichen Horde bis hin zur Massengesellschaft nachweisbare 'Neigung, geschlossene Gruppen zu bilden und aggressiv auf Fremde zu reagieren, die in die Gruppe eindringen' (Eibl-Eibesfeld)."[4] Eine erste Durchsicht der Literatur zeigte, daß der Hinweis im SPIEGEL lediglich für Eibl-Eibesfeldt plausibel war, denn nur dieser behauptete die Existenz von solcherart eigenständigem Verhalten. Seine Beweisführung wiederum konnte nicht überzeugend wirken, denn sie blieb auf der Ebene grober Interpretation von Alltagsphänomenen und die versuchte Extrapolation der *Fremdenfurcht* von Kleinkin-

dern wies auf Unkenntnis der relevanten Forschungsliteratur über dieses Phänomen hin. Die systematische Literatursuche zeigte keine Notation des Begriffes *Xenophobie* oder verwandter Begriffe (im INDEX MEDICUS (ab 1967), BIORESEARCH INDEX (ab 1965), ANIMAL BEHAVIOR ABSTRACTS (ab 1973), PSYCHOLOGICAL ABSTRACTS (ab 1927), SOCIAL BIOLOGY (ab 1971). Lediglich in den BIOLOGICAL ABSTRACTS (ab 1925) kommt der Begriff dreimal vor: 1951 in Bezug auf das vorher beschriebene Verhalten von Menschenkindern; 1978 als Verhalten von Küken; 1979 als Verhalten von Rhesusaffenkindern. Allerdings auch diese Hinweise in Verbindung mit der relativ umfangreichen Forschungsliteratur über die Fremdenfurcht des Kleinkindes gestatteten nur eine einzige Folgerung:

"*Zusammenfassend kann festgestellt werden, daß sowohl ethologische als auch entwicklungspsychologische Untersuchungen über die Reaktionen von Kindern gegenüber Fremden das Interesse der Kinder an den Fremden (Furcht als Erkundungsmotivation und nicht gleichbedeutend mit Angst) dokumentiert und keinesfalls die in der menschlichen Gesellschaft oft festgestellte vorurteilsbedingte Ablehnung begründen können*".[5]

Andere Medien griffen zu jener Zeit nicht auf ethologische Erklärungen zurück, und somit erfüllte sich noch nicht die Erwartung, die Suche nach der Natur des Zusammenhanges zwischen gesellschaftlichem Vorgang (hier: Ausländerfeindlichkeit) und ethologischen Schwerpunkt (hier: Xenophobie) vorantreiben zu können. Diese Suche konnte aber knapp drei Monate später intensiv beginnen. In verschiedenen Zeitungen und Zeitschriften erschien fast gleichzeitig als gesicherte ethologische Erkenntnis die Behauptung vom universellen Charakter der Xenophobie. Dabei bezogen sich alle Artikel auf jüngste Forschungsergebnisse eines Wissenschaftlers der Universität Münster.

"*Beides, die Universalität der Fremdenreaktion und ihr gesetzmäßiges Auftreten in einem bestimmten Augenblick der individuellen Entwicklung, haben die Verhaltensbiologen dazu gebracht, sie zur erblichen Grundausstattung des Menschen zu rechnen. Bei den Tieren ist sie weitverbreitet, und sie ist zweifellos – in den Genen fixiert. Der Zoologe Gerd-Heinrich Neumann in Münster erforscht, wie Tiere auf Außenseiter und Fremde reagieren: durchweg mit Aggressionen*".[6]

Anlaß und gesellschaftliche Relevanz der Xenophobieaussagen in 'Die Zeit' werden durch die Einführung in das Thema ersichtlich: Ein Beispiel über eine deutsche Hauptschülerin, die die Gastarbeiter vorurteilsvoll beurteilt und ablehnt.

Auch 'Der Spiegel' berichtet nun in seiner speziellen Forschungsrubrik über die oben genannten Untersuchungen. Unter der einleitenden Zusammenfassung "Daß Menschengruppen auf Außenseitern herumhacken, halten Forscher in Münster für genetisch programmiert – Tierexperimente stützen die Hypothese", steht unter anderem:

"*Das Huhn ist nur eine unter 20 sozial lebenden Wirbeltier-Arten, deren Reaktionen auf Außenseiter der Zoologe und Ethologe Neumann mit seinen Mitarbeitern an der Universität Münster in den letzten fünf Jahren systematisch untersucht hat. Ziel der Tierbeobachtungen war, der Kausalität von Vorurteilen auf den Grund zu kommen. Die unter Soziologen und Massenpsychologen gängige Erklärung, Vorurteile seien im wesentlichen gesellschaftlich bedingt, erschien dem Naturwissenschaftler Neumann als allzu einfach. Die jetzt vorliegenden ersten Ergebnisse des vom Wissenschaftsministerium des Landes Nordrhein-Westfalen finanzierten Forschungsauftrages scheinen Neumanns Annahme zu bestätigen. Ob nun Kanarienvogel oder Haushuhn, die von ihm beobachteten Versuchstiere neigten ausnahmslos dazu, auf Artgenossen, die aus der Reihe tanzten oder auffällig aussahen, aggressiv oder ablehnend zu reagieren. Vieles spricht dafür, so Neumann, daß auch beim Menschen dieser Hang zur Außenseiterreaktion angeboren ist".*[7]

Die durch die Neumann-Studie gewonnenen Erkenntnisse finden sich wieder als Grundlage der Erklärung xenophober Handlungen im Grundsatzreferat während der am 30. Januar 1981 vom kirchlichen Außenamt der EKD in Frankfurt a.M. abgehaltenen Journalisten-Fachtagung: *Ausländerfeindlichkeit — Deutschenhaß: Wie reagieren die Medien?* Damit werden sie Basiswissen für Journalisten, die in Zukunft entsprechende Themen behandeln oder wissenschaftliche Theorien zur Entstehung von Ausländerfeindlichkeit beurteilen sollen.

In der folgenden Zeit veröffentlichen auch regionale Zeitungen Berichte über diese Forschungen. Der 'Weser-Kurier' schildert die Ergebnisse einer *umfangreichen Tier-Mensch-Verhaltensstudie* mit dem Titel *Untersuchungen zur Außenseiterreaktion bei soziallebenden Wirbeltieren und bei Menschen*: "*Vorurteile gegenüber Fremden, Behinderten, Alkoholsüchtigen und überhaupt Menschen mit 'normwidrigem' Verhalten beruhen nicht ausschließlich auf falscher Erziehung und Lernprozessen, vielmehr sollen sie 'angeboren' sein. Zu diesem Ergebnis hat eine umfangreiche Tier-Mensch-Verhaltensstudie unter Leitung des Biologen Professor Dr. Gerd-Heinrich Neumann von der westfälischen Wilhelms-Universität Münster geführt. 'Es spricht viel dafür, daß auch beim Menschen die Neigung zur Außenseiterreaktion zum großen Teil angeboren ist', so Neumann in einem Bericht der Universität Münster. Das Forschungsprojekt trug den Titel 'Untersuchungen zur Außenseiterreaktion bei soziallebenden Wirbeltieren und bei Menschen'*".[8] Der Zusammenhang, in dem diese Forschungen bedeutsam sind, wird manchmal auch durch das redaktionelle Layout unterstrichen: Verschachtelt in den unter der Schlagzeile *Untersuchung: Reaktionen auf Außenseiter sind angeboren* gegebenen Bericht im 'Weser-Kurier' wird die Nachricht *Weiße erstachen aus Rassenhaß Farbigen* angeboten.

Zu diesem Zeitpunkt konnte festgestellt werden: Ein gesellschaftliches Phänomen – Ausländerfeindlichkeit — findet sich in der aktuellen ethologischen Forschung wieder. Zu seiner Erklärung ist letztere offensichtlich *gerade reif genug, Unterlagen zu bieten*. Es gilt für sie auch jenes *insbesondere und seltene Glück für eine an sich theoretische Forschung, wenn sie in eine Zeit fällt, in der zwar nicht die allgemeine Weltanschauung aber doch die Öffentlichkeit ihr anerkennend entgegenkommt*, so daß sie wiederum *ihre praktischen Ergebnisse sofort als Unterlage staatlicher Maßnahmen* anbieten kann.

Jetzt kann der Frage nachgegangen werden, ob der Forscher wegen seines Forschungsthemas ausgesucht und in den Vordergrund geschoben wurde oder ob er sich selber mit Hilfe seines Forschungsthemas dorthin gespielt hat. Die systematische Suche in den relevanten wissenschaftlichen Zeitschriften zeigt Neumann als einen Wissenschaftler, der sich in über zwanzigjähriger Publikationstätigkeit neben dem Verfassen von Unterrichtseinheiten für die Schule vor allem der Anwendung ethologischer Erkenntnisse — mit Vorliebe jener von Eibl-Eibesfeldt — in Schulpraxis und Alltag widmete. Man gewinnt den Eindruck, daß es sich bei der von der Presse zitierten Untersuchung um einen für ein Wissenschaftlerleben relativ späten, aber — von der Aufnahme durch die Öffentlichkeit zu beurteilen — echten persönlichen Durchbruch handelt.

Die Lektüre der Originalpublikation erweist sich jedoch in doppelter Hinsicht als Überraschung: Im Jahre 1980, zu dem Zeitpunkt, als die Presse begann, die Untersuchung für die Erklärung fremdenfeindlichen Verhaltens zu benutzen, sind ihre Ergebnisse — mit Ausnahme eines Teils in dem 1979 erschienenen Buch von Neumann: Einführung in die Humanethologie — noch nicht publiziert.[9] Als die Untersuchung 1981 in Form eines vervielfältigten Forschungsberichtes des Landes Nordrhein-Westfalen erscheint, zeigt sich, daß sie nicht das enthält, was die Publizistik mit ihr zu belegen sucht.

Schon aus dem Titel der Originalpublikation, *Normatives Verhalten und aggressive Außenseiterreaktionen bei gesellig lebenden Vögeln und Säugern*[10] wird ersichtlich, daß der Mensch in die Untersuchungen nicht ausdrücklich miteinbezogen wurde. Aussagen über den Menschen treten lediglich in der Entfaltung der Fragestellung auf. Sie betreffen:

a) die Ankündigung einer Befragung von Missionaren bezüglich ihrer Erfahrungen über die Behandlung Behinderter, Außenseiter und Fremder in schriftlosen Kulturen.

b) die apodiktische Behauptung: *"daß diese Versuchsergebnisse auch für das Verständnis menschlichen Verhaltens bedeutungsvoll sind, versteht sich für den Ethologen von selbst"*.[11]

Also, der dem Zeitungsleser vermittelte Eindruck von bahnbrechenden Ergebnissen über das Verhalten des Menschen gegenüber Fremden und Außenseitern beruht nicht auf Tatsachen. Handelt es sich um Mißverständnis oder den Mißbrauch wissenschaftlicher Ergebnisse seitens der Presse? Vermittelt die Presse einen falschen Eindruck oder wurde der Presse ein falscher Eindruck vermittelt? Oder trifft beides zu?

Das systematische Durchforsten der Presse hilft auch hier. Neumann selber verfaßte einen Bericht über diese Forschungsergebnisse für die STUTTGARTER ZEITUNG.[12] Unter dem Titel: *Vom Vorurteil der Tiere und Menschen — Angeborene Aggressionen gegen Außenseiter* schrieb er:

"Die menschliche Neigung, auf Außenseiter aggressiv und ablehnend zu reagieren, findet sich auch bei sozial lebenden Wirbeltieren ... Vergleichbare Untersuchungen bei zwanzig verschiedenen Tierarten lassen den Schluß zu: es spricht vieles dafür, daß auch beim Menschen die Neigung zur Außenseiterreaktion zum großen Teil angeboren ist."

In Wirklichkeit führte die Forschungsgruppe in Münster Untersuchungen über *Vorhandensein und Ausmaß aggressiver Außenseiterreaktionen bei sechzehn lebenden Vogel- und vier Säugerarten* durch. Die Außenseiterposition eines Tieres wurde durch Färbung, Anbringen einer Halskrause und Einflößen von Alkohol erzeugt. *"Mit Ausnahme der Hausmäuse konnten Außenseiterreaktionen bei den übrigen neunzehn Arten nachgewiesen werden*".[13] Das sind die einzigen Aussagen, die in der wissenschaftlichen Publikation enthalten sind. Darüber, daß sie den Schluß über angeborene Außenseiterreaktionen beim Menschen zulassen, findet sich, mit Recht, überhaupt nichts.

Das Ergebnis dieser Wanderung durch die Medienlandschaft und die wissenschaftliche Literatur gestattet eine deutliche Antwort auf die eingangs gestellte Frage: Ethologen-Aussagen werden aufgrund ihrer Thematik ausgesucht und in den Vordergrund geholt, aber zugleich schieben sich Ethologen mit Hilfe ihrer Forschungsthematik auch in den Vordergrund. Dabei kann *Aufstieg*, vor allem wenn es dafür schon sehr spät wird, ein mächtiges Handlungsziel für die Wissenschaftler sein, das noch mächtiger wird, wenn öffentliches Entgegenkommen diesen *Aufstieg* unaufhaltsam erscheinen läßt.

2. Ein Tag der Besinnung im Leben von Georgios T.

Es ist Donnerstag, der 22. Dezember 1983. Sigrid ist wieder einmal auf einer Friedensdemonstration und hat heute beide Kinder mitgenommen. Die außerhäusliche Tätigkeit der anderen Familienmitglieder gibt mir die Möglichkeit, dem Chaos der angesammelten Papiere meine eigene Ordnung zuzufügen.

Ich lege das Manuskript der gestrigen Vorlesung zur weiteren Bearbeitung beiseite und freue mich noch einmal über die gute Resonanz. Es ist zwar nicht schwierig, Studenten und Studentinnen für ethologische und soziobiologische Konzepte über Krieg und Frieden zu interessieren, es ist aber sehr schwer in einer Zeit der Theoriemüdigkeit, die leichte Unterscheidung in gute und böse — *fortschrittliche* und *konservative* Wissenschaftler abzulehnen und stattdessen das herrschende Menschenbild als Erklärung für die Entstehung solcher Konzepte heranzuziehen. Um mein didaktisches Ziel zu erreichen, mußte ich die Art der Entstehung von Theorien in Biologie und Soziologie erläutern; das Primat des Politischen bei der Konstituierung soziobiologischer Begriffssysteme als eine Erklärungsmöglichkeit einführen; dieses Primat in Form einer Philosophie der Praxis bei meiner wissenschaftlichen Arbeit eingestehen und dabei den Ideologie-Vorwurf von mir weisen.

Die Normalität der Tatsache, in der Frage nach der Machbarkeit des Friedens einen Standpunkt zu haben, der auf einer Philosophie der Praxis beruht, habe ich mit dem Text – neben anderen — folgenden bekannten Weihnachtsliedes dokumentiert:

> "*Kommet Ihr Hirten, Ihr Männer und Frauen,*
> *das liebliche Kindlein zu schauen*
> *FÜRCHTET EUCH NICHT!*
> *Jetzt soll es werden*
> *Friede auf Erden*
> *den Menschen allen*
> *ein Wohlgefallen*
> *lobet den Herrn!*"

Ich lege das Manuskript in einen Ordner und notiere darauf: Stichworte: Angst vor dem Krieg; Krieg — Frieden; Ewiger Frieden; Primat des Politischen bei der Konstituierung von Begriffssystemen in der Biologie; Philosophie der Praxis — Christentum; Namensregister: Eibl-Eibesfeldt; Neumann; Wilson; Kant; Anonymus (Kommet Ihr Hirten) Motto: Angst vor dem Krieg ist nicht irrational; Krieg hat nichts mit biologischem Erbe zu tun; Frieden ist machbar.

Aus der Akte *unbearbeitete Zeitungsausschnitte* nehme ich den einzigen darin liegenden heraus und werfe einen Blick darauf: 'Weser-Kurier', Sonnabend, 10. Dezember 1983: *Fest warnt vor Selbstverlust.* Ich überfliege die unterstrichenen Stellen:

"Während des Festaktes zum 200jährigen Bestehen des Clubs zu Bremen in der oberen Halle des Alten Rathauses ... Als Hauptredner der Festveranstaltung, an der mehr als 500 Mitglieder und Freunde des Clubs teilnahmen, setzte sich der Frankfurter Publizist und Historiker Joachim Fest kritisch mit dem Zeitgeist auseinander ... Insbesondere beklagte Fest den gesellschaftlichen und kulturellen Verfallsprozeß in der Gegenwart ... Joachim Fest wurde noch deutlicher, als er den 'Hang zum Massenhaften' beklagte, eine Gegenwart, die Blockaden als 'Umarmung' ausgebe und sich 'im Kampf für den Frieden unversöhnlich nennt'. Seiner Meinung nach zeigen die 'Sehnsüchte ins Kollektive' die tiefe Entfremdung innerhalb der Jugend. 'Das dumpfe Protestbegehren früherer Jahre hat sich zu einem Lebensgefühl des prinzipiell Entgegengesetzten fortentwickelt'. Das beinhaltet insbesondere bei den 'autonomen Gruppen' die Weigerung, sich den Regeln zu fügen. ... Die Menschen aber könnten sich nicht ihrer Vergangenheit entledigen, sie sei 'der Schatten, den ein Mensch oder eine Kultur werfen' ... Sein Rezept für eine Abkehr vom Zerfallsprozeß: Die Regeln zivilisierten Daseins achten ... sich von der Vergangenheit nicht loszusagen und ihre erprobten Traditionen hochzuhalten."

Ich lege den Ausschnitt in eine Akte und notiere: Stichworte: Verfallsprozeß in der Gegenwart; Hang zum Massenhaften; Kampf für den Frieden; Sehnsüchte ins Kollektive; Macht der Vergangenheit. Namensregister: Fest, Joachim; keine Literaturangabe; Motto: Warnung vor dem Zerfallsprozeß in der Gegenwart; Anmerkung: Manuskript anfordern, möglichst mit Literaturangaben.

Ich lege die Akte beiseite, während meine Gedanken plötzlich um den Verfasser des *Unterganges des Abendlandes* — Oswald Spengler, insbesondere um sein 1933 erschienenes Werk *Jahre der Entscheidung*[14] kreisen. Ich schlage das Buch auf und Sätze kommen mir entgegen, die jenen aus dem Festvortrag entsprechen:

"Da entstehen lächerliche Schlagworte wie Überwindung der Wirtschaftskrise, Völkerverständigung ... um Katastrophen im Umfang von Generationen durch prosperity und Abrüstung zu überwinden (18); allgemeine Angst vor der Wirklichkeit (3); Die Apotheose des Herdengefühls! Das letzte Mittel, die eigene Furcht vor Verantwortung zu idealisieren! (143); *Drang danach, vom eigenen Wollen erlöst zu sein, in der trägen Mehrheit unterzutauchen* (143); *Man versammelt sich in Masse, man will in Masse, man denkt in Masse* (144); *Man lachte über das Gestern, ohne seine fortbestehende Macht zu ahnen* (142); *verfiel man in eine Hysterie der Programme und Ideale und erging sich redend und schreibend in wüsten Träumen von dem, was bedingungslos umgestaltet werden sollte* (142); *Worin besteht denn der Sozialismus dieser Helden? Es ist der unpersönliche asiatische Kollektivismus des Ostens"* (143).

Dort sind sie, alle Begriffe, die ich auf der Akte *Joachim Fest: Vortrag in Bremen* als Stichworte notiert habe.

Noch die gestrige Vorlesung im Sinn frage ich nach dem konkreten Menschen- und Menschheitsbild derjenigen, die einen *Verfallsprozeß* konstatieren. Sie müssen eine Vorstellung von der eigentlichen wahren Natur des Menschen und der Menschheit besitzen, um bestimmte Variationen menschlichen Daseins als *Verfall* zu definieren. Während mir dieses Menschenbild bei Fest unbestimmt bleibt, ist es bei Spengler deutlich herausgestellt und zur Grundlage aller weiteren Gedanken gemacht worden. *Der Mensch ist ein Raubtier* (14). Mit dieser Aussage begründete er seine Verachtung über die Pazifisten jener Zeit, die er für den Verfallsprozeß verantwortlich machte und die nach seiner Auffassung diesen Verfallsprozeß dokumentierten.

"All die Tugendbolde und Sozialethiker, die darüber hinaus sein oder gelangen wollen, sind nur Raubtiere mit ausgebrochenen Zähnen, die andere wegen der Angriffe hassen, die sie selbst weislich vermeiden ... Sie schreien: Nie wieder Krieg! – aber sie wollen den Klassenkampf. Sie sind entrüstet, wenn ein Lustmörder hingerichtet wird, aber sie genießen es heimlich, wenn sie den Mord an einem politischen Gegner erfahren. ... Nein, der Kampf ist die Urtatsache des Lebens, ist das Leben selbst, und es gelingt auch dem jämmerlichsten Pazifisten nicht, die Lust daran in seiner Seele ganz auszurotten".[15] Die Geschichte schreitet, nach Spengler, *"unausweichlich auf gewisse Formen und Lösungen". "Das ist Schicksal. Man kann es verneinen, aber damit verneint man sich selbst".*[16]

Ich denke nach, inwieweit solche Aussagen heute ohne jeglichen exakten, möglichst auf Naturwissenschaften fußenden Beweis Anhänger finden könnten. *Kampf als Urtatsache des Lebens*, Geschichte als Schicksal und Schicksal als Bestandteil menschlicher Natur – kann das naturwissenschaftlich überhaupt angegangen werden?

Mir fällt gerade ein, daß der Herausgeber einer anthropologischen Zeitschrift die längst fällige Rezension des bei Ullstein erschienenen neuesten Buches von E.D. Wilson, Begründer der Soziobiologie, *Biologie als Schicksal – Die soziobiologischen Grundlagen menschlichen Verhaltens*, angemahnt hat. Dabei vergegenwärtige ich mir, daß dieses Buch die Antwort auf meine letzte Frage darstellt. Ich nehme es heraus und studiere die zahlreichen Notizen, die ich dazu auf Karteikarten gemacht habe. Stichworte: Schicksal erkennen und Schicksal selbst bestimmen; Primat des Biologischen gegenüber dem Politischen; Krieg und Frieden; Freunde – Fremde (natürliche Einteilung); Eugenik (Neue Formen des Sozialverhaltens). Namensregister: (unter anderen Namen); Spengler (S. 194). Ich suche die Stelle, in der Spengler vorkommt:

"Es war einer der Wunschträume der Gesellschaftstheoretiker – Vico, Marx, Spencer, Spengler, Teggart und Toynbee sind unter den ideenreichsten zu nennen -, historische Gesetze zu formulieren, aus denen sich die Zukunft der Menschheit vorhersagen läßt. Ihre Entwürfe blieben unzulänglich, weil ihr Verständnis der menschlichen Natur nicht wissenschaftlich untermauert war; es war, um einen in der Wissenschaftssprache beliebten Ausdruck zu verwenden, um einige Größenordnungen zu ungenau. ... Inzwischen kann man mit einigem Recht die Auffassung vertreten, daß die Kultur jeder einzelnen Gesellschaft der einen oder der anderen aus einer Reihe von Evolutionsbahnen folgt, deren Gesamtspektrum durch die genetischen Gesetzmäßigkeiten der menschlichen Natur eingeschränkt ist".[17]

Stellen über *Schicksal* werden auf den Karteikarten viele angegeben. Alle zusammen dienen dazu, die Aussage zu untermauern: "*Unser Schicksal selbst zu bestimmen heißt, daß wir von einer auf unseren biologischen Eigenschaften beruhenden automatischen Kontrolle zu einer auf biologischer Erkenntnis beruhenden Präzisionssteuerung übergehen müssen*"[18] Der schwierige Versuch, eine Rezension zu schreiben, ist wiederholt gescheitert, weil eine politische Interpretation der Aussagen von Wilson — unerwünscht in einer anthropologischen Zeitschrift — nicht vermieden werden kann. Weit entfernt von der Exaktheit wissenschaftlicher Texte wird nämlich mit diesem Buch offensichtlich das Ziel verfolgt, soziobiologische Erklärungsmuster zur Grundlage für Lösungsentwürfe anstehender politischer Probleme anzubieten.

Der darin gezeichnete Gedankengang: — Es liegt in der Natur des Menschen, sein Universum in Freunde und Feinde aufzuspalten und in diesem Zusammenhang Kriege zu führen: "*Wir neigen dazu, andere Menschen in Freunde und Fremde einzuteilen, im gleichen Sinne wie Vögel dazu neigen, territoriale Gesänge zu erlernen und sich an den polaren Sternbildern zu orientieren. Wir neigen dazu, die Handlungen von Fremden zutiefst zu fürchten und Konflikte durch Aggression zu lösen.*"[19] — *Die Evolution der Kriegführung war eine autokatalytische Reaktion, die von keinem Volk aufgehalten werden konnte, denn der Versuch, den Prozeß einseitig umzukehren, hätte bedeutet, ihm selbst zum Opfer zu fallen*".[20] Diese Tatsache stellt heute die Menschen vor die Gefahr der atomaren Vernichtung, die abgewendet werden kann; denn: "*Es hat sich jedoch gezeigt, daß dann, wenn Nationen an den Rand des Abgrundes geraten, die Führer imstande sind umzukehren*".[21] Diese Umkehrung erfolgt in der Regel, wenn *der Rüstungswettlauf seine natürliche Grenze* erreicht, die durch die ökonomische Verausgabung der am Rüstungswettlauf beteiligten Völker, aber unter Umständen auch durch den Tod großer Bevölkerungsteile, bestimmt wird.

Ich schreibe als Motto auf der Karteikarte *Angst vor dem Krieg ist außerhalb der Logik der Natur*, stelle das Buch ins Regal zurück und mir die Frage, inwieweit Politiker diese Gedanken kennen. Gibt es Kanäle, über die solche Gedankengänge fließen? Nun, ich weiß, daß Wilson vom U.S.-Präsidenten Carter für seine Verdienste mit der National Medal of Science ausgezeichnet wurde und zu den Beratern der Reagan-Administration gehörte.

Ich halte noch meine Karteikarten in den Händen, als der Postbote neben Weihnachtskarten mit der Friedensbotschaft die 'Frankfurter Allgemeine Zeitung' und 'Die Zeit' bringt. Die Karteikarten bleiben auf dem Schreibtisch, während ich fürs erste die Zeitungen überfliege. In der 'FAZ' bleibe ich bei einem Bericht über ein internationales Kolloquium in Berlin zum Thema: *Deutschland in Europa — Fragen an die nationale Identität* stehen. Ich überfliege den Text und unterstreiche: *Der neue deutsche Pazifismus; daß heute Sorge vor einem verantwortungslosen Pazifismus der Deutschen in Frankreich die Runde mache, während man vor kurzem noch ihren vorgeblich angeborenen Hang zum Militarismus gefürchtet habe; Auf die doppelte religiöse Motivation der Friedensbewegung verwies der Göttinger Historiker Rudolf von Thadden. Sie sei stark von Lutherischen Protestantismus und Pietismus beeinflußt und strebe nach einem Frieden, der "nicht von dieser Welt", letztlich metapolitisch sei; die bohrende Frage nach der "Identität" der Deutschen.*

Ich schneide den Artikel aus und will ihn in die entsprechende Schublade legen. Ist aber *Pazifismus, Frieden, der nicht von dieser Welt sei,* oder *nationale Identität* der wichtigste Begriff in diesem Bericht? Alle drei Begriffe interessieren mich: Die ersten zwei im Rahmen wissenschaftstheoretischer Forschungen in der Biologie, *nationale Identität* dagegen im Rahmen meiner soziologischen und pädagogischen Arbeiten über Migranten in der Bundesrepublik. Ich suche danach, ob ich über diese Begriffskombination Literaturhinweise habe. Ich habe sie:

Ardrey, Robert: *Adam und sein Revier* — mehrere Karteikarten.

"Ich vermute, daß es drei Anfänge gab, welche das Verhalten aller höheren Tiere einschließlich des Menschen psychologisch motivieren. Es sind die Bedürfnisse nach Identität, Stimulierung und Sicherheit.[22] *... Wenn wir uns nochmals das Gegenteil dieser Begriffe vergegenwärtigen, wird ihre Bedeutung klarer. Identität ist das Gegenteil der Anonymität, Stimulierung das Gegenteil der Langeweile, Sicherheit das Gegenteil der Angst. Wir meiden die Anonymität, fürchten die Langeweile, suchen die Angst zu vertreiben. ... Bei den drei Bedürfnissen läßt sich eine Hierarchie der Werte feststellen. ... Im allgemeinen ist das Bedürfnis nach Identität das stärkste und unter den Arten am weitesten verbreitet. Kurz darauf folgt das Bedürfnis nach Stimulierung. Das Verlangen nach Sicherheit wird in der Regel geopfert, um einen der beiden anderen Teile zu befriedigen. ... eine kulturelle Überlieferung ist erfolgreich, wenn sie eine maximale Befriedigung der angeborenen Bedürfnisse erlaubt. Der Krieg zum Beispiel war die erfolgreichste unserer kulturellen Überlieferungen, da er alle drei fundamentalen Bedürfnisse befriedigt.*[23] *... In dem reichen Katalog menschlicher Heucheleien findet sich nichts, das sich mit jener zuckersüßen Lüge vergleichen ließe, mit dem Glauben, die Menschen haßten den Krieg.*[24] *... Obwohl der Krieg in unserer Zeit zu einem allzu riskanten Spiel wurde, ist das Ergebnis weniger ein Verschwinden der Anziehungskraft des Krieges als eine Frustration; wir dürfen nicht mehr tun, wonach es uns gelüstet. Unter der pax atomica ist jedes Friedensprogramm von zweifelhaftem Wert, das keinen Ersatz für die Erfüllung jener fundamentalen, angeborenen Bedürfnisse vorsieht, die bisher durch unsere Lieblingsbeschäftigung befriedigt wurden".*[25]

An diesem Punkt steht der Hinweis: vgl. dazu Kapitel: *Der Freundschaft — Feindschafts — Komplex,* sowie Ardreys Buch: *Der Gesellschaftsvertrag,* S. 260f. Ich schlage das Buch, Seite 260 auf und lese die unterstrichene Stelle:

"In unserer genetischen Ausstattung sind die Ablehnung des Fremden und wahrscheinlich auch die Neigung zur Gewalttat verankert. Sie haben sich nicht verändert. Es verschwindet nur jene Institution, die einst beide Tendenzen befriedigt hat, ohne die soziale Struktur zu zerstören. Und so ergibt sich eine Antwort auf die Frage: Wie können wir ohne Krieg leben? Die Energien, die früher nach außen gerichtet waren, wenden sich nach innen; das Resultat heißt soziale Gewalttätigkeit. Das aber schafft ein merkwürdiges Problem, denn jetzt müssen wir Fremde erfinden"

Ich vertiefe mich in das Buch, von dem ich weiß, daß es genau wie die anderen Bücher von Ardrey einen sehr großen Leserkreis erreicht hat. Nach langer Zeit wieder gelesen stelle ich fest, daß dieses Buch für das breite Publikum jenes vorwegnimmt, was erst später Neumann, Wilson u.a. für die Wissenschaft erarbeiten.

Ich lege Karten auch für dieses Buch an und schreibe neben den Stichworten: *Angst vor dem Krieg, Pazifismus, Identität, Freundschaft-Feindschaft-Komplex* auch *Mystizismus* für folgende Aussage, die mich beeindruckt hat, weil ich sie bei einem Pragmatiker wie Ardrey nicht erwartet habe:
"*Eine evolutive Betrachtung läßt in Bezug auf den Menschen einen gewissen Optimismus zu, eben weil er ein Tier ist. Man kann diesen Optimismus nicht zu ernst nehmen. Dennoch — der Beobachter von Ordnung und Unordnung kann mit einiger Wahrscheinlichkeit voraussagen, daß, bevor sich die Dinge zum Äußersten entwickeln, dem Menschen die Entscheidung aus der Hand genommen werden wird. Ob wir die Gabe haben, ihn zu sehen oder nicht, er ist da, jenseits des breiten dunklen Stroms. ... Wenn wir nicht rechtzeitig handeln, wird er es tun*".[26]

Ich schreibe als Motto: *Angst vor dem Krieg liegt außerhalb der Logik der Natur; die Entwicklung liegt eventuell außerhalb menschlicher Macht*. Ich lege die Karten weg und überlege lange, ob solche Gedankenströme, die aus *Unbegründeter Angst vor dem Krieg, Identität, Freund-Feind* und schließlich, fern von Biologie und Pragmatismus, Flucht in die Welt des Mystizismus, bestehen, Täler in die Gedankenwelt der Menschen eingegraben haben und Alltag und Wissenschaft beeinflussen oder ob ihre Publikation zwar eine Möglichkeit von Beeinflußung darstellt, aber jetzt als eine von vielen unrealisierten Möglichkeiten lediglich als geschichtliches Relikt in den Karteikarten von Georgios T. existiert.

Während meine Gedanken noch bei Ardrey sind, wende ich mich der Lektüre von 'Die Zeit' zu. Der Hauptartikel ist von Alt-Bundeskanzler Helmut Schmidt geschrieben und trägt als Überschrift den Satz, den auch ich gestern zum Mittelpunkt meiner Vorlesung gemacht hatte: *Fürchtet Euch nicht*. Darunter steht "*Die Angst sitzt in unserer Seele, doch die Vernunft kann sie überwinden*". Schon beim Überfliegen zeigt sich, daß ich, sollte dieser Artikel interessant sein, bei seiner Zuordnung die gleichen Probleme haben werde, wie bei dem Bericht der 'FAZ'. Es geht auch hier um die weitverbreitete Angst, vor allem *vor der Möglichkeit eines Krieges, Angst vor dem Rüstungswettlauf, vor nuklearen Waffen*. Ich unterstreiche:

"*Die Epoche zunehmender Ängste ist in Deutschland aus zwei Gründen noch stärker ausgeprägt als anderswo. Erstens fehlt uns Deutschen die Geborgenheit der nationalen Identität in einem Nationalstaat; Die heutige Angst ist irrational; Wenn wir heute in einer Zeit der Ängste leben — woher nehmen wir Hilfe, Vorbilder, woher Gelassenheit und woher Treue? ... Vorbilder? Für mich bleibt Anwar el-Sadat ein Vorbild. Kein Pazifist, kein Mann einseitigen Rüstungsverzichtes, vielmehr ein Soldat — aber ein Friedensmacher. Gelassenheit? Für mich ergibt sie sich aus der Übereinstimmung des eigenen Handelns mit den eigenen Grundwerten, das heißt: aus der Treue. Aber um ganz ehrlich und ganz vollständig zu sein: Seit mehr als vierzig Jahren habe ich immer gewußt, daß zwar wir unsere Kräfte voll anstrengen müssen, um den von uns erkannten Pflichten zu genügen, daß aber über den Ausgang ein anderer entscheidet. Gott bleibt der Herr der Geschichte!*"

Meine Stichworte: *Angst vor dem Krieg, Pazifismus, Identität, Mystizismus*. Motto: *Die Angst vor dem Krieg ist irrational; Die Entwicklung liegt eventuell außerhalb menschlicher Macht*.

Lange nachdem ich den Artikel in die Schublade mit den Karten über Wilson's und Ardrey's Bücher sowie den Bericht der 'FAZ' abgelegt habe, merke ich, daß mein Gedächtnis zahlreiche Auseinandersetzungen, in deren Mittelpunkt Begriffe wie *Heimat, Identität, Fremde, nationale Gruppen, Nationalklassen, Heimatkulturen* standen, rekapituliert. Unbehagen steigt in mir auf. Manche dieser Begriffe werden von mir benutzt, um die Realität der Migranten zu rekonstruieren. In einer meiner frühen Arbeiten habe ich "*Verleugnung der nationalen Identität*"[27] ausländischer Kinder in deutschen Regelklassen konstatiert; 1978 schrieb ich:

"*Allein das nationale Getto, das nicht von außen verwaltet und zu loyalem Verhalten erzogen wird, besitzt die Macht, sich selbst zu sprengen und aufzuheben. Die Verwirklichung dieser Perspektive setzt den aktiven Zusammenschluß in der nationalen Gruppe voraus*".[28]; 1979 stützten sich meine Überlegungen über die Schulsituation griechischer Kinder in der Bundesrepublik auf die Begriffe *heimatliche Kultur* und *fremde Kultur*.[29] *Ethnische Gruppe, Heimat, nationales Getto, Tradition* sind selbstverständliche Begriffe in meinen Arbeiten auch in den folgenden Jahren. Vor einem Jahr verband ich sogar diese Begriffe mit dem Begriff Frieden und stellte sie dem Krieg, dem Faschismus und Kulturrassismus entgegen.[30]

Unbehagen steigt in mir auf, nicht zuletzt, weil ich weiß, daß der Verdacht geistiger Verwandtschaft mit konservativen Gesellschaftskonzepten in der Migrantenforschung zu einer hoffnungslosen Außenseiterposition verurteilt. Es kann für eine wissenschaftliche Position in der Migrantenforschung verhängnisvoll sein, wenn sie mit der Biologie in Zusammenhang gebracht wird. In diesem Moment vergegenwärtige ich mir, daß die Formulierung, die 'Der Spiegel' vor einem Jahr in einem *Spiegel-Report über die Integration ausländischer Schüler* bei der Darstellung der Gegenposition wählte und die mich betraf, nicht zufällig war:

"*Der griechische Biologie-Professor Georgios Tsiakalos wiederum hat ernsthafte Zweifel, ob der Unterricht in Regelklassen die Chancengleichheit sowie optimale intellektuelle und psychische Entwicklung der Ausländerkinder sichern kann*".[31]

Für die nächste Publikation notiere ich die heute nebenbei herausgearbeiteten Unterschiede zwischen *meiner Identität*, die mit Frieden und Solidarität einhergeht und der *Identität anderer*, die Fremdenfeindlichkeit voraussetzt und Frieden in den Bereich der Utopie verdrängt. Während *Identität für sie Teil der biologischen Natur des Menschen ist und ihr Fehlen voraussagbare Folgen nach sich zieht, ist sie für mich ein Konstrukt*.

Ich halte hier an, und während ich an die Überschrift eines ganzseitigen Artikels in der Frankfurter Rundschau vom 24. September 1983. *Die nationale Identität ist für den Alltag ohne Gebrauchswert*[32] denke, fliegen durch meinen Kopf Bilder von meinen Eltern und meinen Kindern — *erste und dritte Generation von Migranten* — wie sie mit ihrer nationalen Identität immer wieder umgehen: für meine Eltern ist sie eine Möglichkeit, neue Alltagserfahrungen durch Überführung auf im Heimatland üblichen Kategorien einzuordnen und für ihr Handeln zu gebrauchen; für meine Kinder ist sie ein bei erfahrenem Rassismus stolz hingehaltenes Signum, weil Rassismus im Alltag nicht durch Aufklärung über den ideologischen Charakter der Unterscheidung in *Freund und Feind*, sondern durch Verteidigung des Rechtes auf *Fremdsein* beizukommen ist;

schließlich für mich, die sog. *zweite Generation* ist sie jenes Netz von internalisierten Erfahrungen, die mir gestatten, anders als den meisten Angehörigen der Mehrheit, das Verhalten meiner Eltern und meiner Kinder als logisch zu erkennen.

Auf meine Karte schreibe ich: *Identität* mit zentraler Bedeutung, gilt als Bestandteil der biologischen Natur des Menschen, wird durch Ethologie und Soziobiologie begründet, und steht in kausalem Zusammenhang mit Fremdenablehnung und Krieg; Mystizismus ist bei solcher Konstruktion gesellschaftlicher Realität oft der einzige Ausweg. *Identität* mit instrumenteller Bedeutung, ist für den Alltag von Minderheitsangehörigen von hohem Gebrauchswert.

Während ich meinen kurzen Text nachdenklich betrachte, kommt mir eine Feststellung von Bloch in den Sinn, die ich oft zustimmend und zugleich mit Ungehagen gelesen habe, so daß ich sie auswendig kenne:

"Die herrschenden Gedanken einer Zeit entsprechen der Denkweise der in ihr herrschenden Klasse, und noch wo sie ihr widersprechen, sind sie auf sie bezogen."[33]

Ich weigere mich, den Grund für die Assoziation zu suchen, und wende mich der Zeitung zu, mit der festen Absicht für heute, nichts anderes zu tun als normal 'Die Zeit' zu lesen. Ich fahre mit der Lektüre auf der ersten Seite fort. Rechts unten hält TH(eo) S(ommer) in einem Kommentar Günter Grass vor: *"Er spricht der gegenwärtigen Bundesregierung die Friedensfähigkeit ab — als wollte ausgerechnet er Carl Schmitts Freund–Feind–Schema wiederbeleben."*

3. Computergestützte Suche nach dem missing link in der Kategorienbildung

Laut Knussmann sind *"Gegenstände der (biologischen) Anthropologie die Deskription und Kausalanalyse der Variabilität innerhalb der Hominiden sowie der Vergleich des Menschen mit dem Tier, soweit sich diese Aufgaben auf nichtpathologische und mit naturwissenschaftlichen Mitteln faßbare Merkmale beziehen"*.[34] Das bedeutet, daß Anthropologie ein akademisches Fach ist, das *Abgrenzung* und deren Begründung zum Programm macht und methodisch sich bewußt auf "naturwissenschaftliche Mittel" einschränkt. Aber woher bekommen Anthropologen die Kategorien für die Abgrenzung, wie wirkt die methodische Einschränkung auf die Fragestellung und die Aussagekraft der Ergebnisse und welche Relevanz haben Forschungen in einem solchem Fach?

Willkürliche Kategorienbildung hat oft zu innerfachlicher Pedanterie geführt, die die Arbeit der Anthropologen als sinnlos erwies oder zumindest in den Augen potentieller Forschungsauftraggeber als sinnlos erscheinen ließ. Dies hatte die Abwendung von der Deskription und Kausalanalyse hauptsächlich morphologischer Differenzierung und die Hinwendung zur Deskription und *Kausalanalyse der Variabilität* menschlichen Verhaltens zur Folge, welches, gemäß Anthropologie bezüglich ihrer Gegenstände und Methoden, dem Bereich der Natur zugeordnet wird. Daraus, so scheint es, entwickelt sich die zunehmende gesellschaftliche Relevanz der Anthropologie und die damit verbundene Aufwertung der Arbeit der Anthropologen.

Woher beziehen aber Anthropologen ihre Kategorien, nachdem die traditionelle Verfahrensweise — wahllose Übernahme soziologischer Kategorien[35] — sich als fruchtlos erwiesen hat und die klassische anthropologische Kategorie der *Rasse* aus historisch-politischen Gründen nicht erwünscht ist? Spezieller: Woher bekommen Anthropologen bei der Konstitution von Minderheiten — unabhängig davon ob es sich um ethnische, sozialauffällige oder Behindertengruppen handelt — ihre von der Öffentlichkeit mit Interesse aufgenommene Kategorie *Freund-Feind/Fremd*? Ich setze mich vor den Computer und lasse ihn alle Texte suchen, in denen diese Kategorien vorkommen. Während ich die Suche auf dem Bildschirm verfolge, fühle ich mich wie ein Wanderer zwischen allen Erscheinungsformen menschlichen Denkens. Dabei erscheint die Hinwendung des akademischen Faches, welches Ausgrenzung zum Programm macht, gesellschaftspolitische Relevanz braucht und die ureigene Kategorie (Rasse) nicht mehr benutzen darf, zur Kategorie *Freund-Feind/Fremd* nachvollziehbar.

Freund und Feind/Fremd haben oft im Laufe von zweitausendfünfhundert Jahren in Literatur und Wissenschaft geholfen, gesellschaftliche Realität zu konstituieren. Allerdings unterlag ihr selbstverständlicher Inhalt bedeutenden Schwankungen. Beim Betrachten dieser Kategorien in den unterschiedlichsten Disziplinen habe ich das Gefühl, osmotische Vorgänge zwischen den Disziplinen für den Bereich der Kategorienbildung zu beobachten. Illustrativ: Hatte Spencer[36] die Frage Lord Kames (Henry Home)[37] "*Welchem guten Zweck kann dieser Widerwillen dienen?*" im Sinn, mit der jener seine Aussage verband *Im menschlichen Gemüt gibt es keinen Zug von allgemeinerer Verbreitung als die Abneigung gegen Fremde*, als er das Paar *Freundschaftskodex - Feindschaftskodex* postulierte und darauf seine *Principles of Ethics* konstruierte — wie mein Computer mir durch die direkte Abfolge suggeriert? Wurde Sumner[38] von Spencer wirklich nicht direkt beeinflußt bei der Konstituierung der *primitiven Gesellschaft* auf Grund der Kategorie *we group and other group*, obwohl er ihn vier Seiten vorher in bezug auf *primitive custom* zitiert? Haben sich die Kategorien *Freund und Feind* bei Carl Schmitt aus der bloßen unvoreingenommenen Betrachtung des Politischen entwickelt oder formte sich diese Betrachtungsweise durch früher gebildete Kategorien etwa unter dem Einfluß von Spencer, Sumner oder Felix Dahn[39], wie mein Computer wieder suggeriert?

Schließlich, welches war der Einfluß von Schmitt auf *Spenglers Jahre der Entscheidung* (1933), ein Werk, mit dem *Der Begriff des Politischen* (1927)[40], die konstituierenden Kategorien der jeweils behandelten sozialen Probleme gemeinsam hat ähnlich wie der Vortrag von Joachim Fest vor dem Club zu Bremen (1983), der Artikel von Helmut Schmidt in 'Die Zeit' (1983), *Biologie als Schicksal* (1980) von Wilson, *Adam und sein Revier* (1972) und *Gesellschaftsvertrag* (1974) von Ardrey, *Einführung in die Humanethologie* (1979) von Neumann? Wenn auch eine exakte Antwort auf diese Frage schwer ist, so erweisen sich aus zeitlicher Distanz betrachtet die Aussagen von Ernst Bloch als richtig: "*So eng können sich formelhafte Leere und ein rechtsfremder Wille, der sie benutzt, verzahnen... Damit bricht der Dezisionismus hemmungslos durch Recht und Gesetz, der Ausnahmezustand wird Gewohnheit ... So endete Naturrecht in dieser Art Bürgertum als Unrecht einer Natur, die es nicht gibt und nie gegeben hat*".[41]

Ich überprüfe, inwieweit der bewußt gewählte Dezisionismus dieser Disziplinen, der von Rechtswissenschaft und Politik genährt wird, auch heute die Forschungsrichtung letzterer mehr als in Ausnahmefällen beeinflußt. Auf dem Bildschirm erscheinen Verlage wie Springer, Duncker & Humblot, Peter Lang, Paul Parey, Luchterhand, und Titel wie: *Recht und genetisches Programm — Ansätze zur Neubelebung des Naturrechtsgedankens*[42]; *Verhaltensforschung und Recht — Ethologische Materialien zu einer Rechtsanthropologie*[43]; *Überlegungen zum Einfluß biosoziologischer Strukturen auf das Rechtsverhalten*[44]; *Evolution und Gewalt — Ansätze zu einer bio-soziologischen Synthese*[45]; *Soziobiologie und Soziologie — Eine Einführung in die biologischen Voraussetzungen sozialen Handelns*[46]; *Evolution des Rechts — Eine Vorstudie zu den Evolutionsprinzipien des Rechts auf anthropologischer Grundlage*[47]; *Die Bedeutung der Verhaltensforschung für die Rechtswissenschaft.*[48]

Es wird dunkel auf dem Bildschirm als ich den Computer ausschalte, und wahrscheinlich nur in meiner Vorstellung erscheint für kurze Zeit wieder, aber dieses mal ergänzt, der im Computer eingespeicherte Text von Ernst Bloch:

"*So endete Naturrecht in dieser Art Bürgertum als Unrecht einer Natur, die es nicht gibt und nie gegeben hat; die Fälschung endete als Mord. Als Diktatur des vollendeten Verbrechens; doch wo Gefahr ist, wächst das Rettende auch — und keinesfalls daneben*".[49]

Anmerkungen

1 Zimmer, D.E.: Warnpredigt aus Altenberg, in: Die Zeit Nr. 46/1983, 20
2 ebd.
3 ebd.
4 Ausländer raus? Fremdenhaß in der Bundesrepublik, Der Spiegel Nr. 38/1980
5 vgl. Tsiakalos, G.: Ablehnung von Fremden und Außenseitern, in: Unterricht Biologie 6 (1982) 72/83, 49-58
6 Zimmer, D.E.: Woher kommt unser Mißtrauen gegen Fremde?, in: Die Zeit Nr. 52/1980, 14
7 Der Spiegel Nr. 50 1980
8 Weserkurier 24. Juni 1981
9 Neumann, G.-H.: Einführung in die Humanethologie, Heidelberg 1979
10 Neumann, G.-H.: Normatives Verhalten und aggressive Außenseiterreaktionen bei gesellig lebenden Vögeln und Säugern, Opladen 1981
11 ebd.
12 Neumann, G.-H.: Vom Vorurteil der Tiere und Menschen — Angeborene Aggressionen gegen Außenseiter, in: Stuttgarter Zeitung, 20. September 1980
13 Neumann, G.-H.: a.a.O. 1981
14 Spengler, O.: Jahre der Entscheidung — Erster Teil: Deutschland und die weltgeschichtliche Entwicklung, München 1933
15 ebd. 14
16 ebd. 15
17 Wilson, E.-D.: Biologie als Schicksal — Die soziobiologischen Grundlagen menschlichen Verhaltens, Frankfurt a.M./Berlin/Wien 1980, 194
18 ebd. 14
19 ebd. 114

20 ebd. 111 f
21 ebd. 112
22 Ardrey, R.: Adam und sein Revier — Der Mensch im Zwang des Territoriums, München 1972, 324
23 ebd. 325
24 ebd. 326
25 ebd. 327
26 ebd. 276
27 Tsiakalos, G.: Gegen Integration — für Solidarität, b:e 1974, H.8, 46
28 Tsiakalos, G.: Die soziale Situation ausländischer Kinder: Ethnische/nationale Verbindungen und Gruppenbildung, in: Museum Bochum (Hrsg.): Kemnade International-Dokumentation der Fachtagung: Zur Situation ausländischer Kinder und Jugendlicher, Bochum 1978, 49
29 Tsiakalos, G.: Aspekte der Beschulungsmodelle für griechische Kinder in der Bundesrepublik — Eine anthropologische Betrachtung, in: hellenica, Jahrbuch 1979, 94
30 Tsiakalos, G.: Die Verdammten dieser Republik — Oder: Warum schulische Integrationsmodelle nichts taugen, in: päd. extra 1982, H. 11, 24
31 Der Spiegel 1982/41, 86
32 Arin, C.: Die nationale Identität ist für den Alltag ohne Gebrauchswert, in: Frankfurter Rundschau, 24. September 1983, 14
33 Bloch, E.: Pädagogica, Frankfurt a. M. 1972, 78
34 Knussmann, R.: Die biologische Anthropologie und ihre didaktische Relevanz, biologica didactica 4 (1981) 1, 24
35 vgl. auch den Beitrag von Klingemann in diesem Band
36 Spencer, H.: Principles of Ethics, 1892
37 Home, H. (Lord Kames): Sketches of the History of Men, 1813 (Neuaufl.)
38 Sumner, W.G.: Folkways, New York 1906 (Neuaufl. 1959)
39 Dahn, F.: Ein Kampf um Rom, 1876, Neuaufl. München 1976
40 Schmitt, C.: Der Begriff des Politischen, Berlin 1932 (Erstdruck 1927, neu: 1979)
41 Bloch, E.: Naturrecht und menschliche Würde, Frankfurt 1972, 172, 174, 175
42 Quambusch, E.: Recht und genetisches Programm — Ansätze zur Neubelebung des Naturrechtsgedankens, Frankfurt a. M./Bern/New York, 1984
43 Schmidt, F.-H.: Verhaltensforschung und Recht — Ethologische Materialien zur Rechtsanthropologie, Berlin 1982
44 Schurig, W.: Überlegungen zum Einfluß biosoziologischer Strukturen auf das Rechtsverhalten, Berlin 1983
45 Meyer, P.: Evolution und Gewalt — Ansätze zu einer bio-soziologischen Synthese, Berlin/Hamburg 1981
46 ders.: Soziobiologie und Soziologie — Eine Einführung in die biologischen Voraussetzungen sozialen Handelns, Darmstadt/Neuwied 1982
47 Zemen, H.: Evolution des Rechts. Eine Vorstudie zu den Evolutionsprinzipien des Rechts auf anthropologischer Grundlage, Wien/New York 1983
48 Gruter, M.: Die Bedeutung der Verhaltensforschung für die Rechtswissenschaft, Berlin 1976
49 Bloch, E.: Naturrecht und menschliche Würde, 175

Carsten Klingemann

Wechselwirkungen zwischen Soziologie und Biologie — biologische oder soziologische Ethnopolitik?

Vorbemerkung

Die folgenden Ausführungen beanspruchen nicht, bestimmte Entwicklungsphasen der Disziplingeschichten von Soziologie und Biologie zu beschreiben. Im ersten Teil des Aufsatzes sollen nur einige Momente gegenseitiger Beeinflussung herausgegriffen werden. Dabei werden sich überschneidende Entwicklungslinien von beiden Wissenschaften in Wechselwirkung mit außerwissenschaftlichen Deutungsmodellen, die sich auf dieselben gesellschaftspolitisch relevanten Problemstellungen beziehen, vorgestellt. Der zweite Teil des Aufsatzes behandelt die Frage, ob es überhaupt eine "biologische" Ethnopolitik gegeben hat oder geben kann, von der immer dann gesprochen wird, wenn eine ideologisch-politische Anwendung wissenschaftlicher Expertisen und Deutungen vorliegt. Mit der Untersuchung praktizierter Ethnopolitik bzw. ethnopolitischer Handlungsanweisungen von Sozialwissenschaftlern soll im Umkehrschluß geprüft werden, ob dahinter wirklich naturwissenschaftliche oder vielmehr doch gesellschaftstheoretische Ordnungsvorstellungen stehen.

1. Wechselwirkungen zwischen Soziologie und Biologie

Es muß also geklärt werden, inwieweit überhaupt zu Recht angenommen wird, daß genuin naturwissenschaftliche, insbesondere biologische, oder aber auch medizinische Kategorien in die Sozialwissenschaften eingeschleust worden sind, damit sie dort ihr sozialdarwinistisches oder biologistisch-rassistisches Unwesen treiben können.[1] Hier soll die These aufgestellt werden, daß zentrale Begriffe der angeblich biologisierten Sozialwissenschaften ursprünglich aus dem gesellschaftsphilosophischen und -wissenschaftlichen Bereich in die Naturwissenschaften diffundierten, dort eventuell modifiziert wurden, um schließlich im soziologischen und sozialtheoretischen Kontext wieder aufgegriffen zu werden. Von einer Pervertierung der Sozialwissenschaften durch deren Biologisierung kann dann keine Rede mehr sein.[2]

So hat Comte, der häufig als Begründer der Soziologie als eigenständiger Wissenschaft bezeichnet wird, stets die Biologie als eine notwendige Voraussetzung der Soziologie betrachtet. Insbesondere sah er in der Physiologie die Grundlage einer Wissenschaft vom Menschen, da sie die Möglichkeit zu experimentellen Methoden eröffne: Die Pathologie biete einen Zugang zum präzisen Vergleich normaler und anormaler Zustände, wobei pathologische Erscheinungen als Störungen und Abweichungen beschrieben werden könnten. Politische Krisen werden als Krankheit betrachtet, der mit einer politischen Therapie (Sozialkontrolle) begegnet werden muß.

Indem sich die Comtesche Soziologie der Auffassungen anderer Wissenschaften vom Leben bemächtigte, kam es zu einem radikalen Umschwung in der auch schon in der Medizin selbst umstrittenen Sichtweise einer nur quantitativen Differenz von Normalität und Anormalität. *"Aber es war ausgerechnet die positivistische Soziologie, die dieses Konzept übernahm, es transformierte und an die Wissenschaft vom Leben zurückgab und so letztlich die Vorstellung einer profunden Identität normaler und pathologischer Phänomene zerstörte."*[3] Die hier beschriebene Wechselwirkung zwischen Soziologie und Biologie (Physiologie/Medizin), die von der Soziologie ausging, hatte eine scharfe qualitative Differenzierung von Normalität und Anormalität in anderen Disziplinen zur Folge und wirkte auf die Soziologie zurück. Bei Durkheim, der ein Jahr nach dem Tod von Comte geboren wurde, erfolgte die Unterscheidung von "normal" und "krankhaft" unter expliziter Bezugnahme auf die Biologie. *"Wir stehen also vor zwei verschiedenen Spielarten von Erscheinungen, die mit verschiedenen Ausdrücken bezeichnet werden müssen. Wir werden diejenigen Tatbestände normal nennen, die die allgemeinen Erscheinungsweisen zeigen, und werden den anderen den Namen krankhaft oder pathologisch beilegen. Kommt man überein, als Durchschnittstypus jenes schematische Gebilde zu bezeichnen, das man erhält, indem man die in der Art häufigsten Merkmale mit ihren häufigsten Erscheinungsformen zu einem Ganzen, zu einer Art abstrakter Individualität zusammenfaßt, so wird man sagen können, daß der normale Typus mit dem Durchschnittstypus in eins zusammenfließt und daß jede Abweichung von diesem Schema der Gesundheit eine krankhafte Erscheinung ist. (...) Das, was der Physiologe studiert, sind die Funktionen des Durchschnittsorganismus, und bei dem Soziologen ist es nicht anders."*[4] Hierin ist eigentlich ein Fortschritt zu sehen, da Durkheim – in Anlehnung an die naturwissenschaftliche Vorgehensweise, die die Übertragung des Urteils "normal" von einer Gattung auf eine andere untersagt – es ebenfalls ablehnt, kulturelle Normalität unterschiedslos für alle sozialen Typen festzulegen. Damit einher geht aber auch der Anspruch, soziologisch "Normales" und "Krankes" unterscheiden zu können. Es erfolgt somit auch eine Stigmatisierung des "Krankhaften", das jedoch bei distanzierter oder retrospektiver Betrachtung als "gesund" angesehen werden könnte.

Das folgende Beispiel soll zeigen, welche Folgen dieses wissenschaftlich akzeptierte dichotomische Denken hat. So ließ sich mit der Unterscheidung von rassisch gesunden bzw. kranken Bevölkerungsgruppen schnell die gewünschte Konformität mit dem auf einen "gesunden Volkskörper" erpichten NS-Regime herstellen. Der Marburger Psychologe Jaensch hatte sich als Pazifist bis 1933 über die nationalsozialistische Rassenmetaphysik mokiert. Seine vor 1933 scheinbar neutrale individual- und völkerpsychologische Typologie ließ sich gleichwohl rassistisch umpolen. Die Umkrempelung seiner psychologischen Integrationslehre, die naturwissenschaftlich-experimentell untermauert und deswegen gerade spekulativ war, führte bis zu ihrer platten

Funktionalisierung für die gesellschaftliche Ächtung und naturwissenschaftliche Auslieferung der Juden. Schrittweise entwickelte Jaensch ausgehend von seinen drei Typen der Integration, mit denen das typengebundene Mensch-Welt-Verhältnis von Völkern bestimmt werden sollte, aus dem nicht-integrierten Typ einen Auflösungstyp, der als "Gegentypus" hauptsächlich von Juden repräsentiert werde, da sie eine "Rassenmischung" seien. Der Versuch der Kombination seiner Integrationslehre mit der NS-Weltanschauung *"sah im wesentlichen so aus, daß er die Grundstruktur seines Denksystems beibehielt, die politischen Vorgänge im Sinne dieses Systems interpretierte, seine Typen mit politisch erwünschten Wertungen versah, als Feindbild einen Gegentyp und an dieser Stelle auch den Antisemitismus einbaute, halbherzig eine Brücke zur Rassentheorie von Günther schlug und die Themen Krieg, Völkerhaß und Führermythos im wesentlichen umging."*[5] Am Beispiel von Jaensch wird sehr gut deutlich, wie die angeblich biologisch definierte Rangordnung von Teilen einer Bevölkerung ("Rassenmischung") lediglich die terminologische Umsetzung *wahrgenommener* sozialer Wertigkeiten und tradierter populär-rassistischer Vorurteile darstellt.

Im Fall des sogenannten Sozialdarwinismus zeigt sich ebenfalls, daß Wechselwirkungen zwischen Biologie und Soziologie unter bestimmten Bedingungen zu ideologisch hoch angereicherten Weltanschauungen und Menschenbildern führen können. Die Ursache dafür ist auch hier jedoch nicht die häufig beklagte Biologisierung, das soll heißen Verfälschung und Pervertierung neutraler oder objektiver oder emanzipativer soziologischer Begriffe, Konzepte und Theorien. Es ist also nicht so, daß der Soziologie durch Amalgamierung biologischer Begriffe und Anschauungen die politische Unschuld geraubt wird — eher umgekehrt.

Die Grundidee für das biologische Theoriemodell Darwins über die Entstehung neuer höherer Arten wurde von dem Sozialtheoretiker und bürgerlichen Fortschrittspessimisten Thomas Robert Malthus gestiftet, die er in einer tagespolitischen Streitschrift ("Essay on the Principle of Population", London 1798)[6] mit deutlicher Stoßrichtung gegen die englischen Armengesetze äußerte. Obwohl sich Malthus auf die angeblichen Naturgesetze des geometrischen Bevölkerungswachstums und der arithmetisch zunehmenden Nahrungsmittelproduktion berief, sind es die von ihm beobachteten sozialen Phänomene Armut, Elend und "Laster", deren Selektionsleistung er positiv einschätzte, und die Darwin die Theorie lieferten, wie durch Erhaltung "günstiger" und Vernichtung "ungünstiger" Variationen im "Kampf ums Dasein" die "natürliche Auslese" die Bildung neuer Arten ermöglicht.

Darwin ist somit nicht der erste Sozialdarwinist, sondern Bio-Malthusianer oder Bio-Soziologe. Die aus der Anschauung bestimmter historischer Sozialverhältnisse entwickelte Vorstellung von der Notwendigkeit von Auslese im Sinne von Ausmerze zur Sicherung der Gesellschaft diente Darwin als Denkanstoß zur theoretischen Fassung der beobachteten Rangfolge von Arten in einer gegebenen Artenvielfalt. Davon unterscheidet sich aber sehr deutlich die sogenannte sozialdarwinistische Argumentation, die für eine Ausmerze "minderwertiger Elemente" *innerhalb* der Gattung Mensch plädiert. Insofern kann Malthus Sozialdarwinist sein, ohne daß es bereits den Darwinismus gab. Es bedarf also der Rückübertragung und Umformung vorher in die Biologie diffundierter gesellschaftstheoretischer Vorstellungen über eine 'richtige' Ordnung des menschlichen Zusammenlebens, um den sogenannten Sozialdarwinismus dann als 'theoretischen' Hintergrund gesellschafts- und sozialpolitischer Maßnahmen zum Zuge kommen lassen zu können.[7].

Nun wird häufig gesagt, die Biologisierung sozialwissenschaftlicher Kategorien geschehe, um sie nach ihrem Rücktransfer in die Gesellschaftsphäre als nachgewiesene Naturkategorien mit dem Anspruch der Naturhaftigkeit gesellschaftlicher Normen auftreten lassen zu können. Der Soziologe Herbert Spencer selbst sieht das Resultat der Wechselwirkung darin, daß die Biologie die Grundidee der Arbeitsteilung der Soziologie verdanke, *"daß sie aber, nachdem sie der Soziologie diese Erklärung der Entwicklung entnommen, dieselbe der Soziologie bedeutend an Bestimmtheit vermehrt, durch zahllose Belege bereichert und zur Ausdehnung in neuen Richtungen geeignet zurückgibt"*[8]. Es ist also fraglich, ob die Wechselwirkung zwischen Biologie und Soziologie direkt zur Identifizierung des liberalökonomischen Marktprozesses mit dem biologischen Selektionsprinzip führte und nur zum Zweck der Legitimation des Frühkapitalismus stattfand.

Weiterhin vertritt Spencer die in der liberalen Doktrin entwickelte Idee der freien und gerechten Beziehung zwischen den Gesellschaftsmitgliedern. Wie jedoch die Apologie bürgerlicher Verhältnisse bereits inkompatibel ist mit der bürgerlichen Freiheitsidee, so *"sind auch Spencers Überlegungen an dieser Stelle mit Gedanken amalgamiert, die tendenziell auf eine Verteidigung von Prinzipien hinauslaufen, die mit den erklärten Idealen nicht so recht übereinkommen"*[9] In diesem Zusammenhang wird deutlich, daß das Phänomen der Wechselwirkung zwischen Fachdisziplinen nicht hinreichend gelöst werden kann, wenn dieses nicht mit weiteren Wechselwirkungen zwischen wissenschaftlichen und außerwissenschaftlichen Gesellschaftsmodellen verknüpft wird. Wenn Spencer dem zum Selektionsprinzip gesteigerten Marktmechanismus einerseits das Prinzip Gerechtigkeit zuordnet und andererseits dessen heilsame Wirkung preist, da er alles für die Gesellschaft "schädliche" Leben ausmerze, so läßt sich dies nur mit Interferenzen von Wechselwirkungen, also über den Einfluß akzeptierter Vorstellungen über die Gerechtigkeit des Ausleseprinzips, erklären. Die Übernahme einer aus der Wechselwirkung zwischen Biologie und Soziologie angereicherten Begrifflichkeit und seine Organismusanalogie machen Spencer nicht zum Sozialdarwinisten, sondern die Verwendung der Common-sense-Sozialtheorie des 'Gesetzes der Auslese'.

Wechselwirkungen zwischen Biologie und Soziologie münden also nicht zwangsläufig in Pseudowissenschaft oder weltanschauliche Konstruktionen. Diese, wie z.B. der sogenannte Sozialdarwinismus, resultieren aus Überlagerungen von wissenschaftlichen und außerwissenschaftlichen Wechselwirkungen. Es ist sogar möglich, die Schöpfung fachspezifischer Termini und Theorien der Soziologie als Folge der Wechselwirkung von Soziologie und Biologie in Form ihrer Emanzipation vom sozialdarwinistischen Kampf-ums-Dasein-Prinzip anzunehmen. Der häufig, aber fälschlich als prominenter Exponent des Sozialdarwinismus angesehene Gumplowicz soll hier als Beispiel herangezogen werden. Da er durch sein Buch "Der Rassenkampf" (1883) mehr berüchtigt als berühmt geworden ist, wird übersehen, daß sich Gumplowicz gegen Versuche zur Erklärung sozialer Vorgänge mittels eines allgemeinen Entwicklungsgesetzes und gegen die analogisierende Übertragung biologischer Gesetze auf den sozialen Bereich wandte. Bei der Entwicklung des schon fast soziologistisch anmutenden Primats der Gruppe vor dem Individuum — "*Was im Menschen denkt, das ist gar nicht er, sondern eine soziale Gemeinschaft.*" — ging er zwar vom Daseinskampf zwischen herkunftsgleichen Gruppen auf einer niedrigeren Organisationsstufe aus, um diesen jedoch auf einer höheren zum Interessenkampf von sozialen Gruppen zu transformieren.[10]

Wenn Gumplowicz heute mit seinen Überlegungen zu einer Theorie der sozialen Gruppe und zur Konflikttheorie als einer der Begründer der eigenständigen Disziplin Soziologie gewürdigt wird[11], dann kann seine Leistung als Resultat sich kreisförmig bewegender Wechselwirkungen zwischen Biologie und Soziologie verstanden werden. Die Stationen wären: sozialtheoretische Vorstellungen zum "Kampf ums Dasein" in menschlichen Gesellschaften, der "Kampf ums Dasein" im darwinistischen biologischen Evolutionsmodell, dessen Verwendung und Umdefinition im Sozialdarwinismus und die Transformation und Resoziologisierung einiger Elemente des Sozialdarwinismus in fachwissenschaftliche Begriffe der jungen Disziplin.

Am Beispiel des Soziologen und Ethnologen Mühlmann soll nun — speziell für die Frage nach ihrer Verwendbarkeit im nationalsozialistischen Kontext — die Abhängigkeit einer äußerlich sozialdarwinistischen Argumentation von einer soziologischen Denkweise verdeutlicht werden. Mühlmann gilt insbesondere wegen seiner Theorie der positiven Auslese durch die Züchtungsleistung der geregelten Kriegsführung als Musterbeispiel eines Sozialdarwinisten.[12] Im Zusammenhang mit seinen Ausführungen über Probleme der Assimilation — oder um die damalige Terminologie zu verwenden: der Umvolkung — entfaltet er seine Theorie des "schwebenden Volkstums", das er als nicht assimilationsfähig einstuft. Dazu zählen z.B. die Parias Indiens, Zigeuner, Juden und die Schwarzen der USA. Die Entstehungsursachen für deren Lage erläutert das folgende Mühlmann-Zitat aus dem Jahr 1942: "*Die Zahl (des schwebenden Volkstums, C.K.) umfaßt außer jenen Gruppen, die starkem Umvolkungsdruck ausgesetzt, also zwischen zwei Feuer geraten sind, auch die große Masse der Wurzellosen oder Entwurzelten (Juden, Zigeuner), des aus allen ethnischen Gemeinschaften sich immer wieder aussiebenden Bodensatzes der Vaganten, Landstreicher, Gauner, 'jenischen Leute' usw., deren soziologischer Zusammenhang mit Juden oder Zigeunern mehrfach geklärt werden konnte*".[13] Der soziologische Zusammenhang zwischen "rassisch" stigmatisierten Juden und Zigeunern auf der einen und sozial Geächteten auf der anderen Seite liegt auch aus heutiger soziologischer Sicht auf der Hand. Um dem so definierten "schwebenden Volkstum" nun aber die Existenzberechtigung absprechen zu können, bedarf es jedoch noch einer zusätzlichen scheinbar biologischen Argumentation: Juden und Zigeuner galten bei Mühlmann umstandslos und in Übereinstimmung mit der NS-Diktion als *rassisch* "wurzellos" bzw. "entwurzelt", während die anderen Gruppen zu "*erblich* abartig" Veranlagten erklärt wurden. Und dagegen — so die Ausmerze-Logik — helfen dann nur physische Eingriffe.

Aber auch aus der Sicht der rassistischen Volkstumspfleger ergibt sich die Gefährlichkeit der "Wurzellosen" und des sozialen "Bodensatzes" nur aus dem soziologischen

Zusammenhang, wie ein weiteres Mühlmann-Zitat belegt: *"Die Neger und Mulatten der Neuen Welt gehören in die Kategorie des 'schwebenden Volkstums', das nicht weiß, wohin es gehört und nach menschlichem Ermessen keine Hoffnung auf Neueinwurzelung und gültige völkische Zuordnung besitzt, wohl aber einen gefährlichen Rohstoff für Massenbildungen aller Art darstellt."*[14] Schwebendes Volkstum aller Art wird bei Mühlmann als Massenphänomen gesehen, das eine soziale Gefahr darstellt. Für ein solchermaßen zu Recht gesellschaftspolitisch definiertes Problem wird dann allerdings die "biologische Lösung" nahegelegt.

Die aktiven Planer der nationalsozialistischen Lösung des "Asozialenproblems" haben denn auch ihr methodisches Verfahren ganz offen als "soziale Diagnostik" bezeichnet. Der Mediziner Kranz und der Medizinstatistiker Koller präsentierten ihr 1939 bis 1941 erschienenes dreibändiges Werk "Die Gemeinschaftsunfähigen" als "Beitrag zur wissenschaftlichen und praktischen Lösung des sog. 'Asozialenproblems'". Nachdem die durch das "Gesetz zur Verhütung erbkranken Nachwuchses", das selbst schon zum Teil auf sozialer Diagnostik basierte, getroffenen Maßnahmen als unzureichend angesehen worden waren, verzichtet man ganz auf die naturwissenschaftlich-medizinisch verbrämten Kategorien der Selektion. Dazu ein Zitat von Kranz und Koller: *"Wenn wir zu einer biologischen Lösung des Asozialenproblems kommen wollen, so erweist es sich hiernach als unumgänglich notwendig, die Gemeinschaftsunfähigen aus asozialer Familie als die biologisch unheilvollste und für den Volkskörper gefährlichste Gruppe scharf abzugrenzen von den übrigen Gruppen insbesondere auch von den Gemeinschaftsunfähigen aus sozialer Familie".*[15] Während dieses Zitat zeigt, daß es sich um eine eindeutige Orientierung an sozialer Normierung handelt, belegt das folgende, daß man auch die Vorteile der sozialwissenschaftlichen Etikettierung zu schätzen wußte: *"Damit kann die ganze Frage ihres bisherigen äußeren Scheins als Maßnahme gegen Kranke entkleidet werden, was vom kriminal-politischen Standpunkt aus zweifellos richtig ist. Es wäre untragbar, z.B. gerade die gefährlichste Gruppe der Anlageverbrecher durch Einbeziehung in das Erbkrankengesetz zu Kranken zu stempeln, denen unser Mitleid und unsere Pflege sicher ist".*[16] Außerdem erlaubt die soziologische Kategorie der "Gemeinschaftsunfähigen" alle Formen sozialer und politischer Devianz mit einzubeziehen. Denn gemeinschaftsunfähig ist nach Kranz und Koller, *"wer nach seiner Gesamtpersönlichkeit nicht in der Lage ist, den Mindestanforderungen der Volksgemeinschaft an sein persönliches, soziales und völkisches Verhalten zu genügen"*. Und das können nicht: Landesverräter, Rassenschänder, wegen Abtreibung Straffällige, sexuell Hemmungslose, Süchtige, Trinker und Prostituierte sowie (als größte Gruppe) die Arbeitsscheuen und gewohnheitsmäßigen Schmarotzer.[17]

Nun möchte ich thematisch einen großen Sprung machen, um zu zeigen, daß eine "biologische Lösung" für sozialtheoretische Probleme auch in anderen Zusammenhängen angeboten wird. Die jüngst von Heenen-Wolff publizierte Rezension des Buches "Der ewige Antisemit" von Broder hat den Titel "Judenhaß als biologische Konstante". Sie schreibt darin: Broder *"spricht vom Antisemitismus als einer 'anthropologischen Konstante', wenngleich er immerhin feststellt, daß es wohl keine 'antisemitischen Gene' gebe. Aber: 'Auch Besitzstreben, Neid und Eifersucht gehören zur sozialen Natur des*

Menschen, ohne daß sie genetisch definiert wären'. Mit dieser Sicht der Dinge kann es keinen von Antisemitismus freien Menschen geben — außer Juden selbst. In diesem Zusammenhang ist es auch zu verstehen, daß Broder zum Beweis antisemitischer Einstellung Zitate von Zionismuskritikern anführt, die keine Juden sind. Dieselben Äußerungen prominenter Juden in verschiedenen Ländern, die Broder sicherlich bekannt sind, werden nicht aufgegriffen".[18]

Die vielen Implikationen des Themas kann ich an dieser Stelle nicht behandeln. Ich möchte hier nur auf jene bekannte Argumentationsfigur hinweisen, bei der ein eigentlich nicht naturalistisch zu analysierender Sachverhalt auf seine angeblich biologische Fixierung reduziert wird. Indem Broder die "soziale Natur" des Menschen anführt, um die Tatsache des offensichtlich säkularen Antisemitismus zu erklären, werden sich historisch wandelnde sozio-politische Verhaltensweisen von Menschen zu quasi-natürlichen umdefiniert, wie die Begriffsbildung "soziale Natur" schlagend offenbart. Den "ewigen Antisemiten" mag es — jenseits des beziehungsreichen Wortspiels mit dem Topos des "ewigen Juden" — tatsächlich geben, nur wird eine pseudo-anthropologische Deutung die rationale Analyse seiner Dauerexistenz nicht ersetzen. Auf jeden Fall verzichtet man aber auf eine glaubwürdige Erklärung, wenn man eine allgemeine anthropologische Disposition, die die *Möglichkeit* einschließt, andere Menschen zu diskriminieren, als tatsächliche Ursache für dieses *soziale* Verhalten hinstellt.

Auch in der Literatur über die Exilierung deutscher Sozialwissenschaftler durch den Nationalsozialismus findet sich dieser naturalistische Reduktionismus. Die Formel von der "geistigen Enthauptung Deutschlands" wurde von der Soziologin Pross geprägt. Für einen Beitrag über "Nationalsozialismus und die deutsche Universität" zu den Universitätstagen 1966 an der FU Berlin griff sie dabei auf ihre Untersuchung über die deutsche akademische Emigration nach den Vereinigten Staaten aus dem Jahr 1955 zurück, um die durch die Emigration entstandenen Verluste zu bilanzieren. Die Enthauptungsthese ist typisch für die Behandlung von Wissenschaft unter nationalsozialistischer Herrschaft vor dem Hintergrund der Exilierung jüdischer und politisch mißliebiger Wissenschaftler.

Aber weder Deutschland noch den *Universitäten* widerfuhr, wie Helge Pross schließlich eingrenzend formulierte, die geistige Enthauptung. Die von ihr angenommene 'Verlustquote' bei Ordinarien und Extraordinarien von ca. 30% in der Medizinischen Fakultät und von ca. 20% in den Naturwissenschaften galt ihr als Beleg für das Schwinden des "früheren geistigen Standards". Über die Soziologie nach 1933 wurde die Legende verbreitet, sie sei "fast ganz verödet". Denn: "*Fast alle bedeutenden Sozialwissenschaftler mußten fliehen*".[19] Eine 'Verlustquote' von 20 bis 30% der Ordinarien oder die Flucht fast aller "bedeutenden" Wissenschaftler einer Disziplin als geistige Enthauptung zu bezeichnen, ist bedenklich. Die faschistische Vorstellung, "zersetzendes", d.h. emanzipatorisch-aufklärerisches Denken durch Vertreibung seiner exponiertesten Vertreter für ewig verbieten zu können, findet seine Bestätigung in der Annahme, soziologisches Denken an sich sei nicht mehr möglich, weil die Protagonisten bestimmter soziologischer Ansätze nicht mehr gehört werden können. Völlig verkannt wird dabei, daß gerade radikal-soziologische Analyse und Kritik der Weimarer Gegenwart "von rechts" kam. Diese war in ihren politischen Zielen antidemokratisch. Insofern wurde mit den links-demokratischen Soziologen eine Variante jener intellektuell-politischen Kultur des Nicht-Normierten, Abweichenden, des Anderen vertrieben, eben die "Produktivität des Außenseiters". Die Kennzeichnung dieser Gruppe als Außenseiter macht deutlich, daß der politische Standort des überwiegenden Teils der Soziologie in einem anderen Milieu zu suchen ist, das nach 1933 die "Säuberung" begrüßte und von ihr profitierte. Indem Helge Pross die Emigration von Sozialwissenschaftlern auf das links-liberale oder republikanische Spektrum einengt, wird verdeckt, daß führende Vertreter des konservativen Lagers, obwohl sie entschieden antidemokratisch oder republikfeindlich waren, emigrieren mußten. Nur so kann die unpolitische These von der Wissenschaftsfeindlichkeit der Nationalsozialisten gerettet werden. Nicht die "rassisch untragbaren" oder "politisch unzuverlässigen" Wissenschaftler, sondern deren Wissenschaftsauffassung wird zur Ursache der Vertreibung. Das so reduzierte soziale System Wissenschaft verläßt dann mit den Exilierten das Land.

Hier scheint schließlich eine weitere erstaunliche Konvergenz faschistischer und antifaschistischer Grundvorstellungen über das Verhältnis von wissenschaftlich-kulturellem Leben und Gesellschaft durch. Auf der einen Seite wird die Vertreibung prominenter Wissenschaftler mit der "geistigen Enthauptung Deutschlands" gleichgesetzt, auf der anderen herrscht die Vorstellung, man könne durch Erziehung und erbbiologische Auslese eine "deutsche Wissenschaft" heranzüchten. Sicherlich liegen zwischen der Vorstellung von einer geistigen Elite als Ausdruck und Träger der Kultur einer Nation und rassischen Züchtungsphantasien Welten, aber beide nehmen die Gleichsetzung des kulturellen Potentials von Wissenschaft mit dem der Gesamtgesellschaft vor. Die sozialdarwinistische Vorstellung einer durch biologische "Auslese" erfolgenden Konzentration kultureller Eigenschaften und Fähigkeiten bei einer bestimmten Gruppe des Volkes oder einer "Rasse" findet sich auf beiden Seiten. Bei der Bekämpfung einer als feindlich betracheten Intellektuellenschicht, die in den nazistischen Mordaktionen gegen die polnische Intelligenzia ihre besonders brutale Form fand und bei dem sehr achtenswerten Bemühen, das Ansehen der weiterhin geschmähten exilierten Wissenschaftler zu ehren, wird das kulturelle Phänomen intellektueller Berufstätigkeit auf seine biologische Trägerschaft reduziert.

Die Gefährlichkeit der Verlagerung einer soziologisch-normativen Problemstellung auf das scheinbar sichere biologische Terrain ist nicht zu unterschätzen. Der vor den Nationalsozialisten geflohene Sexualforscher Hirschfeld wollte nicht nur im August 1933 noch "die Hitlerschen Experimente" in der Eugenik abwarten, da er ein Anhänger eugenischer Züchtungsideale war. Er experimentierte aus seiner Fortschrittsgläubigkeit heraus auch mit Menschen und überwies homosexuelle Männer zur einseitigen Kastration und zur Überpflanzung eines "heterosexuellen" Hodens. Sigusch, den es schmerzt, die *"aufklärerische Haltung, die in Mythologie zurücksinkt, weil sie ihre eigene Zerstörung nicht erkennt"*, gerade am verehrten Hirschfeld exemplifizieren zu müssen, sieht die Ursache dafür in Hirschfelds Mißtrauen gegen die Metaphysik. *"Nur die aber hätte der Sexualwissenschaft selber die Augen öffnen können."*

Wie sollte das eigentlich möglich sein: die Unvernunft der Triebe, die Anarchie der Lust zusammengesperrt mit Rationalität? Definieren, was undefinierbar ist? Einheit schaffen, wo Widersprüche herrschen? Als unsere Vernunft bezeichnen, was dagegen opponiert?

Hirschfeld focht das nicht an, er handelte von den -ismen, -keiten, -lungen, -täten, also von den Sexualformen, die in den letzten Jahrhunderten gesellschaftlich fabriziert worden sind und die wir seither als vergegenständlichte mit dem neuen Ausdruck umfassen — Sexualität. Das Wort verschweigt nicht, worum es geht: dingfest machen. Das ist der gesellschaftliche Auftrag aller Sexualwissenschaftler seit dem Marquis de Sade, den Hirschfeld nicht unterlief.

"Allerlei 'sexuelle Zwischenstufen', vorneweg die homosexuelle und die lesbische, wurden ausspioniert, zur Selbstpreisgabe angehalten, festgenagelt, in eine Identität gezwungen".[20] Auch hier zeigt sich, daß einzelwissenschaftliche Aufklärung aus durchaus lauteren oder idealistischen Motiven das Individuum gleichzeitig schutzlos macht gegenüber wohlmeinender oder offen repressiver Normierung unter Berufung auf scheinbar exakte naturwissenschaftliche Erkenntnisse.

2. "Biologische" Ethnopolitik?

Im zweiten Teil des Aufsatzes soll nun geprüft werden, inwieweit der praktizierte NS-Rassismus tatsächlich auf einer biologischen Basis beruhte.

Eine Untersuchung der Industrieforschung im Nationalsozialismus kommt zu dem Ergebnis, daß eine biowissenschaftlich begründete Arbeitspolitik, die der NS-Rassenhierarchie gerecht werden würde, nicht realisiert wurde. Das alte sozialwissenschaftliche Thema der "Auslese und Anpassung" des Arbeiters wird nun zwar unter den Stichworten "Rasse und Leistung", "Rasse und Eignung", "deutscher" versus "minderwertiger" Arbeitscharakter, "blutsmäßige Artung" des Arbeiters und mit dem — auch früher schon von 'linken' Sozialdarwinisten vertretenen — Gedanken seiner Höherzüchtung propagiert.[21] Aber zu einer betriebsverwertbaren wissenschaftlichen Kombination von sogenannten Rasseeigenschaften und Leistungssteigerung kam es nicht. Das Ziel der Steigerung der Effektivität des übernommenen modernen Industriesystems insbesondere durch soziale Rationalisierung hatte absolute Priorität. Gegenüber der durch eine populär-rassistisch motivierte, aber durch keine empirisch-biologisch konstruierte und konstruierbare Skala erfaßten Hierarchisierung der "Gast"- und Zwangsarbeiter (von der relativen Privilegierung bis zur Vernichtung durch Arbeit) muß das völlige Scheitern der Anwendung sozialdarwinistisch inspirierter Auswahl- und Bewertungskriterien in der sozialwissenschaftlichen Industrieforschung konstatiert werden.[22] Sie befaßte sich ganz konkret mit Fragen der Arbeitsorganisation, Umschulung, Qualifikation, Arbeitszeit und Belastung, wobei sich der Übergang zu einer empirisch verfahrenden Sozialtechnologie vollzog.[23]

1933 schlug ganz allgemein die Stunde der *Sozial*technologen. Erfolgreich waren dabei auch einige, die vor 1933 mit ihren Ideen nicht zum Zuge gekommen waren und nun die Gunst der Stunde nutzten, wobei es relativ unerheblich ist, ob ihre politisch-ideologische Selbstgleichschaltung eine echte Bekehrung oder nur ein reines Lippenbekenntnis war. Der Erfolg ihrer Rezepte resultierte nicht aus weltanschaulicher Angepaßtheit, sondern aus ihrer modernen Denkweise und Arbeitsmethodik. Der Hamburger Soziologe Walther ist dafür ein herausragendes Beispiel. Im Rahmen der "Notarbeit 51", die von der "Notgemeinschaft der deutschen Wissenschaft" finanziert wurde, konnte mit Unterstützung von zwölf Mitarbeitern über soziale "Strukturbilder" und eine ausgefeilte Sozialkartographie ein "Sozialatlas" von Hamburg entwickelt werden, mit dessen Hilfe genau jene Gruppen, Familien und Einzelpersonen zu ermitteln seien, die *vor* der Durchführung von großräumigen Slumsanierungen "ausgemerzt" werden sollten. Walthers sozialrassistischer Jargon verdeckt einen modernen strukturtheoretischen Ansatz sowie Kenntnisse der amerikanischen Stadtsoziologie, mit denen ein ausgefeiltes empirisches Verfahren entwickelt wurde, das, verbunden mit sozialstatistischen Materialien aller Art, ein frühes und fast perfektes Modell der Idee der Rasterfahndung ist.[24] Walther gelang noch nicht der letzte systematische Schritt der Verknüpfung seines räumlichen Rasters mit personenbezogenen Daten. Aber während Walther sich des modischen, scheinbar biologischen Sprachstils befleißigte, verfolgte er das alte Ziel gesellschaftssanitärer Soziologie der 'Lösung' des "Asozialen"-Problems. In diesem Zusammenhang wird deutlich, daß sich auch hinter vielen anderen scheinbar rassisch-biologischen "Ausmerze"-Programmen die Absicht verbirgt, eine als ideal gefaßte bestimmte Ordnung sozialer Wertigkeit zu realisieren.

Diese Sozialordnung wurde nicht um ihrer selbst willen angestrebt. Sie galt vielmehr als Ideal einer auf maximale ökonomische Effizienz ausgerichteten Leistungsgesellschaft kapitalistischer Prägung. Um dieses Ziel erreichen zu können, mußten alle ihm entgegenstehenden anachronistischen Weltanschauungsprinzipien einer biologisch einwandfreien "Volksgemeinschaft" zur Disposition gestellt werden, obwohl die rassenpolitischen Mordprogramme des Reichsführers SS scheinbar die Dominanz des 'irrationalen' Rassenwahns bestätigen. Der Einfluß der im Hintergrund für die Langfrist-Planung der Etablierung Deutschlands als europäische Hegemonialmacht[25] tätigen wirtschafts- und sozialwissenschaftlichen Intelligenz zeigt aber, daß strategische Überlegungen für die sozialökonomisch optimale Gestaltung der Expansions-, Okkupations- und Ausrottungspolitik eine große Rolle spielten.

Bis zum deutschen Überfall auf Polen im Jahr 1939 blieben sozialwissenschaftliche Bemühungen um eine Rationalisierung der Rassenpolitik noch recht akademisch. Der Jenaer Soziologe Boehm, Leiter des "Instituts für Grenz- und Auslandsstudien" (Berlin-Steglitz) und sein Stellvertreter von Loesch arbeiteten von 1935 bis 1938 mit an der Abfassung der Denkschrift "Rasse, Volk, Staat und Raum in der Begriffs- und Wortbildung". Sie entstand in dem von von Loesch geleiteten "Unterausschuß für terminologische Angelegenheiten" der "Akademie für Deutsches Recht", die der spätere Generalgouverneur des sogenannten Rest-Polens Dr. Hans Frank gegründet hatte. Ihrer Aufgabe, *"die nationalsozialistischen Begriffe von Volk, Volksgruppe usw. so zu fassen, daß eine einheitliche nationalitätenrechtliche Rechtssprache entstehen könnte"*[26], konnte der Unterausschuß nicht gerecht werden, da die angeblich naturwissenschaftlich eindeutig festgelegten Rassekriterien den jeweiligen ökonomischen sowie gesellschafts- und sozialpolitischen Notwendigkeiten angepaßt wurden.

Nach der Besetzung polnischer Gebiete erwies sich sehr schnell, daß die sozialökonomischen Zielsetzungen der Aus-, Um- und Ansiedlungsaktionen trotz der rassen- und sicherheitspolitisch motivierten Massenmorde in stärkerem Maß berücksichtigt werden müßten. Allerdings waren noch einige der beteiligten administrativen Institutionen wie z.B. einerseits das Rasse- und Siedlungshauptamt der SS mehr an einer den deutschen "Volkskörper" 'rassisch' aufbessernden Politik orientiert als andererseits etwa das Reichsinnenministerium, das eine weitgehende Assimilation auch der ansässigen polnischen Bevölkerung anstrebte.[27] Nachdem der "Ausschuß für Nationalitätenrecht" der Akademie für deutsches Recht von seinem Vorsitzenden, dem Generalmajor der Waffen-SS, Dr. jur. Hermann Behrends, der als stellvertretender Leiter der "Volksdeutschen Mittelstelle" beim Reichsführer SS Heinrich Himmler in seiner Eigenschaft als "Reichskommissar für die Festigung deutschen Volkstums" eine zentrale Position innerhalb der Siedlungspolitik innehatte, im Dezember 1939 den Auftrag bekommen hatte, Vorschläge zur Gestaltung der "Polenpolitik" zu entwickeln, wurden die Ratschläge des Volksgruppenexperten Max Hildebert Boehm gegenüber der Arbeit im Unterausschuß für terminologische Angelegenheiten konkreter. In dem für die Bearbeitung des Auftrags gegründeten "Unterausschuß für Fragen der Assimilation und Dissimilation" legte Boehm ausführlich dar, warum aus ökonomischen und herrschaftstechnischen Überlegungen heraus für die besetzten Gebiete "im Osten" nur eine Politik der weitestgehenden Assimilation praktikabel sei.[28] Die rassenpolitischen Gegenargumente, die von den teilnehmenden Ministerialbeamten vorgebracht wurden, widerlegte der stramme Antisemit Boehm mit der Bemerkung, daß die Thüringer, von denen einige immer als Prototypen des Deutschtums herausgestellt würden, auch Slawen seien und dieser Begriff überdies nur als sprachwissenschaftlicher sinnvoll sei.[29] Grundlage der Diskussion war die Denkschrift "Rechtsgestaltung deutscher Polenpolitik nach volkspolitischen Gesichtspunkten", die später im "Prozeß gegen die Hauptkriegsverbrecher" in Nürnberg als Beweisstück vorgelegen hat.[30] Die Praxis der Eindeutschungspolitik in den sogenannten eingegliederten Ostgebieten und im Generalgouvernement belegt trotz der in strittigen Fällen anfänglich durchgeführten "Rassenüberprüfung", daß es sich im Kern um Sozialdiagnostik handelte. Mit Hilfe der vierstufigen "Deutschen Volksliste" sollten sogenannte Volksdeutsche klassifiziert werden, wobei der aktive Einsatz für bzw. das Bekenntnis zum Deutschtum das entscheidende Kriterium war. Himmler selbst ließ 1943 die rassenpolitische Eignungsprüfung 'für die weitere Dauer des Krieges' fallen, so daß nur im sogenannten Warthegau rassisch "wertvolle Polensippen" erst nach "Grob"- und "Feinauslese" durch das Rasse- und Siedlungshauptamt der SS eingedeutscht wurden.

Auch bei einer Umsiedlungsaktion im Generalgouvernement 1942/43 wurde eine Liste mit vier "Wertungsgruppen" für die zu vertreibenden Polen aufgestellt, mit der die Feststellung ihrer Eindeutschungsfähigkeit, ihre vereinzelte Ansiedlung als Bauern oder die Abschiebung in "Renten-Dörfer" bzw. nach Auschwitz in den sicheren Tod verfügt wurde. Bei genauer Betrachtung der einzelnen Kriterien der vier Wertungsgruppen stellt sich heraus, daß die Rasse- und Eignungsprüfer die Aufgabe hatten, so zu klassifizieren, daß eine bevölkerungspolitisch erwünschte Vermehrung des deutschen "Volkskörpers" durch Wiedereindeutschung wertvollen "fremdvölkischen Blutes", die Rekrutierung einer großen Zahl von Arbeitskräften und die Vernichtung aller nicht arbeitsfähigen Polen erreicht werden konnte. Dies sollte den Aufbau einer völlig neuen Sozialstruktur ermöglichen. Differenziert wurde also nach politischer Zuverlässigkeit und Leistungsfähigkeit, wobei selbstverständlich den in die Wertungsgruppen I und II eingestuften Polen auch günstige Rasseneigenschaften zugeschrieben werden mußten.[31]

Auch in den Planungspapieren zu dem oft als gigantomanischen Auswuchs der Absichten Hitlers und Himmlers zur Germanisierung Osteuropas bezeichneten "Generalplan Ost" wird darauf verwiesen, daß die Beherrschbarkeit dieser Großräume davon abhängig ist, daß es gelingt, nach der Ermordung und Vertreibung aller unerwünschten Bevölkerungsgruppen durch weitreichende Assimilation das notwendige mittlere Führungspersonal und die notwendigen Arbeitskräfte rekrutieren zu können. Nach der Vernichtung der Juden, der politisch gefährlichen "Fremdvölkischen" sowie "Asozialen" sollten nur die phänotypisch Auffälligen aus "rassischen" Gründen "ausgeschaltet" werden. Die von SS-Oberführer Prof. Konrad Meyer, Chefplaner des Reichskommissars für die Festigung deutschen Volkstums, in dessen Auftrag angefertigten Fassungen des Generalplans Ost, die er von den Sozialwissenschaftlern in seinem "Institut für Agrarwesen und Agrarpolitik" an der Universität Berlin erarbeiten ließ, verbanden ein *"brutales Vernichtungskonzept mit einem wissenschaftlich exakt durchkalkulierten Infrastrukturprogramm"*.[32] Himmlers rassenpolitische Ambitionen stießen außerdem an interessenpolitische Schranken, so daß rassentheoretische Zielsetzungen zurückgestellt werden mußten. *"Die Koalition Göring-Wehrmacht-Industrie, der es bereits im Frühjahr 1941 gelungen war, die wilden Umsiedlungsaktionen der SS in den eingegliederten Ostgebieten einzuschränken und die dafür — mit Hinweis auf den offenkundigen volkswirtschaftlichen Schaden und die Rücksicht auf militärische Notwendigkeiten - Hitlers Unterstützung gefunden hatte, konnte sich also erneut durchsetzen. Die prekäre Lage an der Ostfront und der daraus resultierende Zwang, kräfteverschlingende Zukunftsprojekte zurückzustellen, haben sicher diesen Erfolg gefördert. Nicht zu unterschätzen ist in diesem Zusammenhang aber die eindeutige Absage der Reichsgruppe Industrie an den Primat der Rassenpolitik und das damit verbundene Bündnisangebot der SS."*[33]

Die Instrumentalisierung des Rassenmythos für die Zwecke eines politischen Sicherungskonzepts wird in einer zusammenfassenden Einschätzung des Generalplans Ost durch den DDR-Historiker Eichholtz zutreffend herausgestellt: *"Deutsche bzw. germanische 'Rasse' war in diesem Zusammenhang ein ideologisch verfremdetes und verschlüsseltes Synonym für eine politisch zuverlässige Einwohnerschaft. Die politische Zuverlässigkeit im faschistischen Sinne sollte durch großbäuerliche Siedlerhöfe (40 bis 100 ha) und Landgüter (250 ha und mehr) auf dem besten verfügbaren Boden erkauft bzw. belohnt, durch Militär und Terrororgane gesichert und durch den inneren und äußeren Druck der 'fremden Rasse' erzwungen werden.*

An diesem Punkt liefen allerdings mannigfache Ideenstränge im Generalplan Ost zusammen, darunter solche, die einen abstrus vorsintflutlichen Charakter trugen wie die Vergötzung des 'germanischen Bauerntums' und seines 'Bluts und Bodens'; doch sie fügten sich hier alle in das dominierende 'Sicherungs' konzept ein."[34]

Während der Generalplan Ost allerdings 'nur' in Ansätzen realisiert wurde[35], vollzog sich der Völkermord an den der NS-Gewalt unterworfenen Juden nach denselben Maximen der Durchsetzung ökonomischer Rationalität und sozialstruktureller 'Neuordnung', wobei nationalsozialistischer Rassenwahn und sozialwissenschaftlich-gesellschaftssanitäre Planung sich ideal ergänzten. *"Der Nationalsozialismus bot Sozialwissenschaftlern und Wirtschaftsplanern ungewöhnliche Chancen, ihre gesellschaftssanitären Utopien in kurzer Zeit zur rücksichtslosen, durch keinen Kompromiß gebrochenen Praxis werden zu lassen. Und umgekehrt boten diese modernen Wissenschaften dem Nationalsozialismus die Chance, seine 'irrationale' Ideologie zu rationalisieren. Ein politisch-ideologischer Kampfbegriff wie 'Lösung der Judenfrage' erfuhr dadurch einen verhängnisvollen Wertewandel: Die intellektuellen Planer gebrauchten diesen Begriff nicht haßerfüllt, sondern wissenschaftlich — als terminus technicus. Aus Haß und Gemeinheit wurden bevölkerungs- und strukturpolitische Notwendigkeiten. Erst so, von innen heraus herrschaftsrational gemacht, konnte (...) die 'Endlösung' wirklich stattfinden, unter dem Vorzeichen der vernünftigen Maßnahme."*[36]

Diese Einschätzung deckt sich mit dem Ergebnis der großen Studie von Diemut Majer über die nationalsozialistische Rechtssetzung und Rechtspraxis gegenüber den sogenannten "Fremdvölkischen". Ursprünglich wurde das gegen die Fremdvölkischen gerichtete Sonderrecht auf eine angeblich rassisch fundierte "völkische Ungleichheit" zurückgeführt. In dem Moment, wo die Ausbeutung der Arbeitskraft der Fremdvölkischen und ihre Niederhaltung zum primären Interesses wurde, tritt die rassische oder völkische Komponente in der sonderrechtlichen Behandlung der Fremdvölkischen mehr und mehr zurück, *"ja verliert überhaupt ihre Bedeutung, wenngleich dieser Bedeutungswandel nach wie vor mit rassischen Argumenten verbrämt wurde, nachdem Theorie und Praxis einmal auf die ausschlaggebende Bedeutung der Rasse als Zentralwert der nationalsozialistischen Ideologie eingeschworen waren. Die ursprünglich rassisch fundierte 'völkische Ungleichheit' (Sonderrecht) wandelt sich damit zum politischen Prinzip."*[37] Über die Einführung des Begriffs des "Artfremden" bzw. "Gemeinschaftsfremden" als Generalklauseln erfolgte schließlich die völlige Abkehr von einer rassentheoretischen Begründung des Sonderrechts. *"Der Begriff des 'Artfremden' verkörpert jetzt all das, was als 'fremd', als 'schädlich', als 'unerwünscht' angesehen wird. Das Urteil, 'artfremd' zu sein, konnte über jeden gesprochen werden, der sich nicht der eigenen 'Art', d.h. in die 'Volksgemeinschaft', einfügte. Man verwendete dafür auch den Begriff der 'Gemeinschaftsfremdheit' oder 'Gemeinschaftsschädlichkeit', der nichts anderes war als die juristische Ausdrucksform für den Begriff des 'politischen Feindes'."*[38] Daraus folgt: *"Die 'völkische Ungleichheit' des NS wird damit zur allgemeinen Rechtsungleichheit, die 'Artfremdheit' zur 'Gemeinschaftsfremdheit', so daß die rassische Diskriminierung nur einen Anwendungsfall der nationalsozialistischen Sonderrechtspolitik darstellt."*[39]

3. Schlußbemerkung

Die Gefahr ist groß, daß auch heute noch selbst hellsichtige Analytiker der Praktiken der nationalsozialistischen Gesellschafts- und Sozialdiagnostiker deren Selbstdarstellung reproduzieren, wonach sie zur Sicherung der Volksgesundheit lediglich notwendige, weil *biologisch* erforderliche Maßnahmen ergriffen hätten. Dazu möchte ich auf einen vielsagenden Widerspruch in den ansonsten sehr aufschlußreichen Ausführungen von Chorover hinweisen. Er schreibt: *"Als Jude, der viele seiner Verwandten zwischen 1933 und 1945 an die Nazis verloren hat, war es für mich nicht leicht, die Realität zu begreifen und zu erkennen, das die 'Endlösung der Judenfrage' Teil eines viel allgemeineren rassischen Reinigungsprozesses war, in dem Menschen vernichtet werden sollten, die für deviant, degeneriert, krank, gestört und aus anderen Gründen 'lebensunwert' erachtet wurden. Und dennoch ist es Realität, monströse Realität, daß das Vernichtungsprogramm der Nazis eine logische Fortführung soziobiologischer Ideen und eugenischer Lehren war, die nicht speziell mit den Juden zu tun hatten und in Deutschland bereits lange vor dem Dritten Reich in Blüte standen.*

Diese Ideen entwickelten sich keineswegs im luftleeren Raum. Sie wurzelten in (...) Vorstellungen eines biologischen Determinismus und einer biologischen Hierarchie."[40]

Obwohl Chorover zu Recht darauf verweist, daß die Vernichtung sehr unterschiedlicher Bevölkerungsgruppen nur als Einheit zu verstehen ist, bleibt er bei der Theorie der biologischen Orientierung des nationalsozialistischen Vernichtungsprogramms stehen. Indem er zeigt, daß Personen und Gruppen, die als deviant, degeneriert, krank, gestört oder aus anderen Gruppen als lebensunwert definiert wurde, betroffen waren, wird aber gerade deutlich, daß dahinter kein biologischer Determinismus und keine biologische Hierarchie stecken kann, da die genannten Formen der Devianz nur durch soziale Normierung festgelegt werden können.

In einer jüngst erschienenen Analyse des Hintergrunds der nationalsozialistischen Zwangssterilisations-Praxis hat auch Bock sehr pointiert vorgetragen, daß hinter der biologisch-medizinischen Fassade der Rassenpolitik — ausgestattet mit genuinen Sozialkategorien — ein sowohl dezidiert soziologisches Menschen- und Weltbild wie auch ein soziologisches Modell einer 'neuen' Gesellschaftsordnung verborgen ist. Da den Ausführungen von Bock über diese besondere Form der Wechselwirkung von Biologie und Soziologie als Symbiose nichts hinzuzufügen ist, sollen die Kernthesen hier geschlossen zitiert werden. Grundsätzlich übersetzte die Rassenhygiene

"nicht etwa 'Biologisches' (Physiologie, Gene) in Soziales, sondern man übersetze Soziales in 'Biologie'. Solche 'Biologie' war dreierlei. Als "Bio"-Logik war sie eine Art des Denkens über zwischenmenschliche Beziehungen, eine genuine Wissenschaft vom Sozialen: ein Weltbild, ein Menschenbild, eine Sozialpolitik und menschliche Setzung menschlichen 'Werts'; für sie berief man sich, wie es gerade kam, auf 'Natur', 'Gottes Wille' oder auf 'einen Organismus, Staat genannt'. Als Gegenstand rassenhygienischen Interesses war 'Biologie' ein unveränderlich gedachtes 'inneres' menschliches 'Wesen', dem der veränderliche menschliche Körper nur 'Hülle' sei. Als Wissenschaft war sie das genaue Gegenteil: eine Perspektive gesellschaftlicher Veränderung durch Eingriffe in jene 'Hülle'."[41]

Der Apologie der damaligen Täter und der Theorie, die eugenische Sterilisationspolitik sei aus *biologischen* Gründen nur zur "Ausmerze" von "Erbkrankheiten" erfolgt, hält sie entgegen, daß alle von ihr Betroffenen Opfer des Rassismus waren;
"mit den Opfern des anthropologischen Rassismus teilten sie das Schicksal sozialkultureller Gruppen, deren wirkliches oder angebliches 'Anders'-Sein je nach Bedarf in 'Biologie' bzw. 'Rasse' übersetzt wurde, die man 'biologisch', nämlich durch körperlichen Eingriff behandelte, zu einem 'biologischen' bzw. 'rassischen' Zweck, der 'Aufartung'. Die 'Biologie' des hygienischen Rassismus hatte, ebenso wie der anthropologische und der Begriff 'Rasse', in seiner historischen Bedeutung, immer schon soziale und ausschließlich soziale Inhalte. Es gibt keinen Rassismus, der – wie auch kritische Autoren oft meinen – an einer fiktiven (da an keiner 'rassisch' definierten Gruppe erweisbaren) 'eigentlichen Biologie' zu messen und als 'eigentlich biologisch' bzw. 'rassisch' vom realen historischen Rassismus zu unterscheiden ist."[42]

Mit Blick auf das Thema dieses Bandes läßt sich resümierend sagen, daß Wissenschaft quasi-ethnische Kategorien mitkonstituiert durch Wechselwirkungen zwischen sozial- und naturwissenschaftlichen Disziplinen, die über außerwissenschaftliche Medien und Diskurse vermittelt sind. Dabei dominieren gesellschaftspolitische Ordnungsvorstellungen, die sozialtheoretisch legitimiert und dann biologisch instrumentalisiert angewendet werden. Im Nationalsozialismus führten die den administrativen Planern und Ethnopolitikern zuarbeitenden Experten *"Begriffe wie 'Lösung' oder 'Gesamtlösung' ständig im Mund. Sie schwelgten nicht in Mythen, sondern dachten in Kategorien von Großwirtschaftsräumen, struktureller Bereinigung, Überbevölkerungs- und Ernährungsproblemen. Sie beabsichtigten rationellere Produktionsweisen durchzusetzen, die Produkte zu normieren und die sozialen Strukturen übersichtlich zu gestalten. Sie dachten und handelten stets auf Kosten von Minderheiten, deren Stigmatisierung die Naziideologie – die sie insoweit brauchten – ihnen nahelegte, und sie versuchten durch die extreme, schließlich tödlich endende soziale Schlechterstellung von Minderheiten, der Mehrheit der Bevölkerung Vorteile zu verschaffen oder ihr den sozialen Status quo zu garantieren."*[43]

Das beschriebene ethnopolitische Grundmuster hat seine Brauchbarkeit nicht eingebüßt. Die Stigmatisierung einer Gruppe als "ethnisch" different ermöglicht ihre soziale Diskriminierung und rechtfertigt sie außerdem. Die staatliche und alltagsweltliche Politik der scheinbaren Biologisierung durch Ethnisierung der Migranten in der Bundesrepublik funktioniert nach dem Prinzip der bewußten sozialen Segregation, die kontrafaktisch als Resultat mangelnder Integration, insbesondere Integrationsbereitschaft der Migranten ausgegeben wird. Der "Ausländer" wird konstituiert, das "Ausländerproblem" befriedigt administrativen "Regelungsbedarf" und die "Gastarbeiter" werden zu einer verfügbaren sozialpolitischen Manövriermasse, speziell unter arbeitsmarktpolitischen Gesichtspunkten.[44]

Anmerkungen

1 Vgl. zur Auffassung, daß der Sozialdarwinismus als "Rechtfertigungslehre des bürgerlichen Kapitalismus" die Biologisierung soziologischer Tatbestände betrieb, Marten, H.-G.: Sozialbiologismus. Biologische Grundpositionen der politischen Ideengeschichte. Frankfurt/M.-New York 1983
2 Vgl. hierzu die ausführlichen Darlegungen bei Klingemann, C.: Ein Kapitel aus der ungeliebten Wirkungsgeschichte der Sozialwissenschaften. Sozialutopien als sozialhygienische Ordnungsmodelle. In: Ders. (Hrsg.): Rassenmythos und Sozialwissenschaften in Deutschland. Ein verdrängtes Kapitel sozialwissenschaftlicher Wirkungsgeschichte. Opladen 1987
3 Lepenies, W.: Normalität und Anormalität. Wechselwirkungen zwischen den Wissenschaften vom Leben und den Sozialwissenschaften im 19. Jahrhundert. In: Ders. (Hrsg.): Geschichte der Soziologie, Bd. 3, Frankfurt/M. 1981, S. 249
4 Durkheim, E.: Regeln der soziologischen Methode. Darmstadt[6]1980, S. 148
5 Geuter, U.: Nationalsozialistische Ideologie und Psychologie, in: Ash, M.G./Geuter, U. (Hrsg.): Geschichte der deutschen Psychologie im 20. Jahrhundert. Opladen 1985, S. 185; zum biographischen Hintergrund seines Antisemitismus vgl. Pinn, I.: Die rassistischen Konsequenzen einer völkischen Anthropologie. Zur Anthropologie Erich Jaenschs. In: Klingemann, C. (Hrsg.), 1987, S. 229
6 Der vollständige Titel lautet: An Essay on the Principle of Population as it Affects the Future Improvement of Society, with Remarks on the Speculations of Godwin, Mr., Condorcet, M. and Other Writers; vgl. Malthus, Th.R.: Das Bevölkerungsgesetz. Stuttgart 1977
7 Vgl. dazu ausführlicher Klingemann, 1987, S. 28-31
8 Zit. nach Ritsert, J.: Organismusanalogie und politische Ökonomie. Zum Gesellschaftsbild bei Herbert Spencer. In: Soziale Welt, 17. Jg. 1966, S. 57f..
9 Ders., 1966, S. 62.
10 Vgl. Mozetic, G.: Ein unzeitgemäßer Soziologe: L. Gumplowicz,. In: Kölner Zeitschrift für Soziologie und Sozialpsychologie, 37. Jg., 1985.
11 Vgl. den Artikel Gumplowicz, L.. In: Bernsdorf, W./Knospe, H. (Hrsg.): Internationales Soziologenlexikon, Bd. 1. Stuttgart[2]1980
12 Vgl. Michel, U.: Ethnologie und Nationalsozialismus am Beispiel W.E. Mühlmann,. M.A.-Arbeit, Universität Hamburg. Hamburg 1986.
13 Vgl. Mühlmann, W.E.: Umvolkung und Volkwerdung, in: Deutsche Arbeit, Jg. 1942, S. 293f; daß Mühlmann bei aller zeitgemäßen terminologischen Biomystik die 'Rassenfrage' entwicklungsgeschichtlich rein soziologisch sah, wird in einem Brief aus dem Jahr 1944 an den Bonner Philosophen und Kultursoziologen Erich Rothacker deutlich, der ihn gebeten hatte, für die geplante "Geschichte der Wissenschaften" den Beitrag "Völker- und Rassenkunde" zu schreiben. *"Der Blick darf nicht an den Kulturformen hängen bleiben, er muß sich auf die Volkstümer als die tragenden Lebensgemeinschaften richten. Insofern ist meine Betrachtung 'biologisch'. Aber das direkte Ableiten von Kulturformen aus der 'Rasse' bleibt immer Mystik, wenn man berücksichtigt, daß die Auswirkung des Rassischen durch die sozialpsychologischen Media hindurch muß, was besagt, daß schließlich doch wieder 'Umweltwirkungen' vorliegen. Insofern unterschreibe ich Ihre Äußerung, daß alle Rassenfragen im Rahmen der Geschichtswissenschaft Volkstumsfragen sind (oder allgemeiner gesagt, soziologische Fragen, denn es gibt ja auch Gemeinschaften, die nicht Volkstümer sind, wie die indischen Kasten, die Neger der U.S.A. usw.)."* Mühlmann, W.E. an E. Rothacker. 4.8.1944, in: Nachlaß Erich Rothacker I, Universitätsbibliothek Bonn
14 Mühlmann, W.E: Die heutige Lage der Naturvölker, in: Rheinisch-Westfälische Zeitung (Essen), Nr. 615, 24./25.12.1943; zit. nach U. Michel, 1986, S. 152.
15 Kranz, H.W/Koller, S.: Die Gemeinschaftsunfähigen, Bd. II (S. 133); zit. nach Götz, A./Roth, K.H.: Die restlose Erfassung. Volkszählen, Identifizieren, Aussondern im Nationalsozialismus. Berlin (West) 1984, S. 105.
16 Kranz, H.W/Koller, S., 1984, S. 105
17 Vgl. Kranz, H.W./Koller, S., 1984, S. 107
18 Heenen-Wolff, Susann: Judenhaß als biologische Konstante. Henryk Broders Polemik über den 'Ewigen Antisemiten'. In: Babylon. Beiträge zur jüdischen Gegenwart, H. 2, 1987, S. 139
19 Pross, H.: Die geistige Enthauptung Deutschlands. Verluste durch Emigration, in: Nationalsozialismus und die deutsche Universität. Universitätstage 1966. Veröffentlichung der Freien Universität Berlin. Berlin (West) 1966, S. 151 (Hervorhebung C.K.)

20 Sigusch, V.: "Man muß Hitlers Experimente abwarten". In: Der Spiegel, Nr. 20, 13.5.1985, S. 246, 250
21 Vgl. Roth, K.H.: Schein-Alternativen im Gesundheitswesen: Alfred Grotjahn (1869-1931) — Integrationsfigur etablierter Sozialmedizin und nationalsozialistischer "Rassenhygiene". In: Ders. (Hrsg.): Erfassung zur Vernichtung. Von der Sozialhygiene zum "Gesetz über Sterbehilfe". Berlin (West) 1984
22 Vgl. Warsewa, G./Neumann, M.: Zur Bedeutung der "Rassenfrage" in der NS-Industrieforschung. In: Klingemann, C. (Hrsg.), 1986; allerdings hat noch 1942 der Hauptschriftleiter der SS-Zeitung "Das Schwarze Korps", SS-Standartenführer Günther d'Alquen, die Konzentration rassisch weniger Geeigneter im Handel behauptet und gegenüber dem Stellvertreter des Staatssekretärs der Reichsgruppe Handel SS-Brigadeführer Otto Ohlendorf, der gleichzeitig auch noch der angefeindete Leiter des Amtes III (Sicherheitsdienst-Inland) im Reichssicherheitshauptamt war, gefordert, *"daß wir allmählich auch einmal dahin kommen müssen, Berufe und Berufsgruppen nicht nur als soziologische Notwendigkeiten anzusehen, sondern auch gewisse Wertungen zu sehen ..."* G. d'Alquen an O. Ohlendorf, 25.9.1942, Bundesarchiv Koblenz R 58/951, Bl. 16; d'Alquen konnte jedoch nicht sagen, wie die Wertungen vorzunehmen seien. Sein SS-Kamerad Ohlendorf wurde zwar wegen zum Teil rassenpolitisch begründeter Massenmorde in der Sowjetunion als Kriegsverbrecher verurteilt und gehenkt, sah aber die Rassenlage des deutschen Volkes klarer. *"Der schicksalhaften Tatsache, daß das deutsche Volk keine rassische Einheit ist, entspricht die Tatsache, daß — weder in dem Beruf des Kaufmanns noch in irgendeinem Beruf überhaupt — eine Rasse im deutschen Volk ihren Ausdruck findet, sondern alle Rassenbestandteile des deutschen Volks in allen Berufen vertreten sind, ..."* O. Ohlendorf an G. d'Alquen, 14.8.1942; ebd., Bl. 9
23 Vgl. Schuster, M./Schuster, H.: Industriesoziologie im Nationalsozialismus. In: Soziale Welt, Jg. 35, H. 1/2, 1984.
24 Vgl. Roth, K.H.: Städtesanierung und "ausmerzende" Soziologie. Der Fall Andreas Walther und die "Notarbeit 51" der "Notgemeinschaft der Deutschen Wissenschaft" 1934 — 1935 in Hamburg., In: Klingemann, C. (Hrsg.), 1987 Andreas Walther und seinem Soziologischen Seminar vgl. Waßner, R.: Andreas Walther und die Soziologie in Hamburg. Dokumente, Materialien, Reflexionen. Hamburg 1985; Walthers Arbeiten flossen in die Generalbebauungsplanung Hamburgs von 1941 und 1944 sowie die Wiederaufbauplanung ein; vgl. Pahl-Weber, E./Schubert, D.: Großstadtsanierung im Nationalsozialismus; Andreas Walthers Sozialkartographie von Hamburg, in: Sozialwissenschaftliche Informationen, Jg. 16, H. 2, Mai 1987; eine ähnliche Aufgabe übernahm gegen Ende des Krieges das "Soziographische Institut an der Universität Frankfurt am Main" von Ludwig Neundörfer, das eigentlich für die sozialwissenschaftliche Planung der Aus- und Umsiedlungsprojekte im "Altreich" und in den "neuen Ostgebieten" auf Veranlassung der NS-Administration gegründet worden war; vgl. Klingemann, C.: Nationalsozialistischer Staatsinterventionismus und praktische Soziologie: Das "Institut für Grenz- und Auslandsstudien" (Berlin) und das "Soziographische Institut an der Universität Frankfurt am Main"; erscheint in: 1999. Zeitschrift für Sozialgeschichte des 20. und 21. Jahrhunderts
25 Als soziologischer Vordenker der Gestaltung der erhofften Rolle Deutschlands als zukünftiger Kolonialmacht betätigte sich der Berliner Ethnologe und Soziologe Richard Thurnwald. Bei seiner detaillierten Planung eines Apartheid-Systems mit einer in drei Stufen hierarchisch gegliederten Gesellschaftsordnung wurde wiederum das eindeutig sozialstrukturell konstruierte Modell lediglich durch rassentheoretisches Beiwerk verbrämt; vgl. Timm, K.: Richard Thurnwald: "Koloniale Gestaltung" — ein "Apartheids-Projekt" für die koloniale Expansion des deutschen Faschismus in Afrika. In: Ethnographisch-Archäologische Zeitschrift, 18. Jg., 1977.
26 Loesch, K.C. von: Bericht über die Arbeiten des Unterausschusses für terminologische Angelegenheiten, 14.8.1938 (zwei Fassungen); Bundesarchiv Koblenz R 61/245, Bl. 11; Entwürfe und Endfassung der Denkschrift "Rasse, Volk, Staat und Raum in der Begriffs- und Wortbildung" in: Ebd., R 61/244
27 Vgl. Broszat, M.: Nationalsozialistische Polenpolitik. Frankfurt/M. 1965, S. 112ff
28 Behrends, der auch Leiter des Bundes Deutscher Osten war, "verrichtete die eigentliche Arbeit" und nicht der Leiter der Volksdeutschen Mittelstelle Werner Lorenz; Jong, L. de: Die deutsche Fünfte Kolonne im Zweiten Weltkrieg. Stuttgart 1959, S. 264; Behrends war ab 1943 Höherer SS- und Polizeiführer in Serbien und wurde 1946 von einem jugoslawischen Gericht zum Tode verurteilt und hingerichtet; vgl. Ramme, A.: Der Sicherheitsdienst der SS. Zu seiner Funktion im faschistischen Machtapparat und im Besatzungsregime des sogenannten Generalgouvernements Polen. Berlin (Ost) 1970, S. 260. Vgl. zum folgenden die ausführlichere Darstellung bei Klingemann, C. (Anm. 24)

29 Vgl. Bundesarchiv Koblenz: "1. Sitzung des Unterausschusses für Fragen der Assimilation und Dissimilation des Ausschusses für Nationalitätenrecht in Berlin-Wilmersdorf, Kaiserallee 189, am Freitag, den 18. Juni 1940"; Bundesarchiv Koblenz R 61/248
30 Dokument 661-PS; vgl. Der Prozeß gegen die Hauptkriegsverbrecher vor dem Internationalen Militärgerichtshofe, Nürnberg 14. November 1945 — 1. Oktober 1946, Bd. 26. Nürnberg 1947, S. 206 — 242; die Denkschrift hatte der Rechtsanwalt W. Hasselblatt, Rechtsberater des Verbandes der deutschen Volksgruppen in Europa und Vorsitzender des Unterausschusses für Fragen der Assimilation und Dissimilation der Akademie für Deutsches Recht vorgelegt.
31 Vgl. Broszat, M., 1965, S. 115-127, 164-168
32 Roth, K.H.: Konrad Meyers erster "Generalplan Ost" (April/Mai 1940). In: Dokumentationsstelle zur NS-Sozialpolitik. Mitteilungen, 1. Jg. H. 4, 1985, S. 45
33 Müller, R.-D.: Industrielle Interessenpolitik im Rahmen des "Generalplans Ost". Dokumente zum Einfluß von Wehrmacht, Industrie und SS auf die wirtschaftspolitische Zielsetzung für Hitlers Ostimperium. In: Militärgeschichtliche Mitteilungen, H. 29, 1981, S. 110
34 Eichholtz, D.: Der "Generalplan Ost". Über eine Ausgeburt imperialistischer Denkart und Politik (mit Dokumenten). In: Jahrbuch für Geschichte 26, 1982, S. 243; die offizielle Verwendung des Begriffs "deutsche Rasse" war 1941 von der Parteikanzlei allerdings untersagt worden; vgl. Majer, D.: "Fremdvölkische" im Dritten Reich. Ein Beitrag zur nationalsozialistischen Rechtssetzung und Rechtspraxis in Verwaltung und Justiz unter besonderer Berücksichtigung der eingegliederten Ostgebiete und des Generelgouvernements. Boppard am Rhein 1981, S. 90. Es war ja auch das primäre Ziel der Rassenzüchter und 'Aufnorder', im "deutschen" und "artverwandten Blut" den "nordisch-fälischen" Rassenanteil zu vergrößern.
35 Vgl. Roth, K.H., 1985, S: 46, 49; Eichholtz, D., 1982, S. 29
36 Heim, S./Götz, A.: Die Ökonomie der "Endlösung". Menschenvernichtung und wirtschaftliche Neuordnung. In: Beiträge zur nationalsozialistischen Gesundheits- und Sozialpolitik, Bd. 5. Berlin (West) 1987, S. 7f
37 Majer, D., 1981, S. 127
38 Majer, D., 1981, S. 133; am Beispiel der Polen wird sehr gut deutlich, wie interpretierbar die Rassenterminologie sein mußte. Das zu den "Nürnberger Gesetzen" gehörende "Gesetz zum Schutz des deutschen Blutes und der deutschen Ehre" (1935), mit dessen Hilfe hauptsächlich die Juden über eine angeblich rassische Definition entrechtet werden sollten, hatte noch die europäischen Völker als im wesentlichen "artverwandt" bezeichnet. Erst über den Begriff der "Fremdvölkischen" konnten später dann die Polen und andere Nationalitäten zu "Artfremden" gestempelt und rassenpolitisch 'behandelt' werden.
39 Majer, D., 1981, S. 140
40 Chorover, S.L.: Die Zurichtung des Menschen. Von der Verhaltenssteuerung durch die Wissenschaften. Frankfurt/M.-New York 1982, S. 120; wissenschaftliche Umvolkungsberater sahen das Assimilationsproblem jenseits jeder Biologie und Blutsmystik wie z.B. der Soziologe und Leiter der "Reinhard-Heydrich-Stiftung" (Prag), der SS-Hauptsturmführer Prof. Dr. Hans Joachim Beyer. Er erklärte Rasse für obsolet, da "Rasse als solche" nicht assimilierend wirke. Eine echte "Umvolkung" (Assimilation) beginne mit einem "Gesinnungswandel", der mindestens drei Generationen erfordere. Das Vorurteil der Existenz einer "slawischen Rasse", wie es die Sprachwissenschaftler pflegten, müsse aufgegeben werden, denn um den deutschen Führungsanspruch durchsetzen zu können, müßten bestimmte einheimische ethnische Gruppierungen "eingedeutscht" werden; Beyer, H.J.: Ghetto oder Assimilation? Die amerikanische Soziologie und ostmitteleuropäische Volkstumsfragen, in: Zeitschrift für Politik, Bd. 32, 1942, S. 329-346; der Assimilationstheoretiker Beyer, ab 1942 auch Professor für Volkslehre und Nationalitätenkunde Osteuropas an der Deutschen Universität Prag, war auch praktisch tätig. Als die Deutsche Volksliste zur Erfassung der Deutschstämmigen im Frühjahr 1942 auch im Generalgouvernement eingeführt werden sollte, wurde er vom Reichssicherheitshauptamt "mit der Erstellung eines Dörferkatalogs der deutschstämmigen Bevölkerung" im Generalgouvernement beauftragt; Ramme, A., 1970, S. 285
41 Bock, G.: Zwangssterilisation im Nationalsozialismus. Studien zur Rassenpolitik und Frauenpolitik. Opladen 1986, S. 41
42 Bock, G., 1986, S. 351
43 Heim, S./Götz, A., 1987, S. 11f
44 Vgl. dazu jetzt Bukow, W.-D./Llaryora, R.: Mitbürger aus der Fremde. Soziogenese ethnischer Minoritäten. Opladen 1988

V.
Sprache, Kultur und Kulturkonflikt — Praktisch-politische Folgen der wissenschaftlichen Konstruktion ethnischer Minderheiten

Werner Kummer

Sprache und kulturelle Identität

Sprache als ein kulturelles Merkmal unter anderen wird, wie viele sprachsoziologische Studien gezeigt haben, umgangssprachlich als eine soziale Ressource für die Lösung von Alltagsproblemen behandelt und nicht als ein Kennzeichen ethnischer Identität. Wie jedes andere Werkzeug von begrenztem Gebrauchswert wird eine Sprache durch Sprachwechsel aufgegeben, wenn gesellschaftlicher Druck eine andere Sprache nützlicher macht; Bi- und Multilingualismus entstehen spontan, wo mehr als eine Sprache eine nützliche gesellschaftliche Ausstattung ist. Ich war ziemlich überrascht, als ich diese Indifferenz gegenüber der Sprache als einem Kennzeichen kultureller Identität in mehreren empirischen Studien herausfand, die ich unter den Mayas in Yucatan, den Sprechern jivaroanischer Sprachen in Ecuador und Peru und den Sprechern von einigen Bantu-Sprachen in Ostafrika durchführte.

In einer auf Feldforschung basierenden soziolinguistischen Studie über die Einstellungen gegenüber Spanisch und Yucatec Maya, die gemeinsam mit Ramon Arzapalo in den späten siebziger Jahren durchgeführt wurde[1], stellten wir in einem detaillierten Fragebogen mehrere Fragen über den Gebrauch der beiden Sprachen; u.a. fragten wir danach, was die Informanten von einem totalen Verlust von Yucatec Maya oder Spanisch als einem Medium der Kommunikation halten würden. Die Majorität der monolingualen und bilingualen Sprecher des Maya hielt den Verlust ihrer eigenen Sprache für weniger wichtig als den Verlust des Spanischen, das sie für die wirtschaftlich und gesellschaftlich wichtigere Sprache hielten. Ebenso bevorzugte diese Mehrheit ein einsprachig spanisches Erziehungssystem gegenüber einem einsprachigen Maya-Erziehungssystem, wenngleich sie nichts dagegen einzuwenden hatte, falls Yucatec Maya als zweite Sprache in der Schule verwendet würde. Sprache war für sie kein sehr wichtiges Kennzeichen ethnischer Identität, obwohl sie eine strikte ethnische Unterscheidung zwischen "Macehualob" als Mitgliedern der eigenen Gruppe und "Dzules" als Mitgliedern der Nicht-Maya-Bevölkerung machten.[2] Auf ähnliche Weise versuchten die Sprecher von jivaroanischen Sprachen, sich an die spanische Sprache der Kolonisten anzupassen, die in ihr Territorium eingedrungen waren, bevor die ethnische Politik der Missionen ein Bewußtsein für den Wert ihrer eigenen Sprache und kulturellen Tradition entwickelte.[3] Im Zuge des Aufstiegs von Swahili zur Nationalsprache von Tansania und Kenia zeigt sich die pragmatische Einstellung gegenüber der eigenen Sprache und der Verwendung der dominierenden Kolonialsprache in dem Widerspruch zwischen der offiziellen Strategie zur Prägung neuer Termini, die mit ihrem Insistieren auf Bantu-Wurzeln und arabischen Lehnwörtern ziemlich sprachpuristisch ist, und der liberalen Einstellung der Presse und der modernisierten Teile der Gesellschaft, die Lehnwörter aus dem Englischen bevorzugen.[4]

In allen diesen Fällen kontrastierte die Indifferenz der Bevölkerung gegenüber der eigenen Sprache als einem ethnischen Kennzeichen der Identität scharf mit der offiziellen Ideologie der Intelligenzija der je eigenen Gruppe, die hauptsächlich in europäischen oder amerikanischen Universitäten in Anthropologie und Linguistik ausgebildet worden ist. In deren Ideologie ist Sprache ein Schlüsselelement der kulturellen Identität der Gruppe. Es ist eng mit dem präkolonialen Erbe auch anderer kultureller Merkmale verbunden, die die Gruppe kennzeichnen und die durch das Untertauchen in der umgebenden dominanten Kultur bedroht sind. In dieser Ideologie ist der Verlust der eigenen Sprache identisch mit dem Verlust der ethnischen Identität, und die Unterdrückung der Sprache einer Minoritätengruppe ist gleichbedeutend mit Ethnozid. Es ist wichtig, zwischen dieser Position der ethnischen Intelligenzija der eigenen Gruppe und der oft ähnlichen Position von Mitgliedern der Intelligenzija der umgebenden Gesellschaft oder einer kolonisierenden Nation zu unterscheiden.[5] Die letzteren Gruppen verwenden ethnische Ideologien hauptsächlich für Zwecke der dominanten Gesellschaft.

Ich glaube, daß der Widerspruch zwischen der pragmatischen Einstellung der Bevölkerung und der Ideologie der Intelligenzija ein guter Schlüssel für ein umfassenderes Verständnis der Rolle der Sprachwissenschaft bei der Definition ethnischer Identität durch Sprache ist. Ich werde versuchen, die Umrisse eines Modells für den Gebrauch von Sprache als Kennzeichen ethnischer Identität auf diesen Widerspruch anzuwenden. Das Modell wurde hauptsächlich von Otto Bauer in seiner bedeutenden Studie "Die Nationalitätenfrage und die Sozialdemokratie" von 1907 entwickelt. Bauers Buch ist das wichtigste Dokument des austromarxistischen Denkens über Probleme von Ethnizität und Ethnopolitik innerhalb des multi-ethnischen Habsburger Reiches und steht in einer Tradition, die sich scharf von den orthodox leninistischen und stalinistischen Positionen in der Entwicklung des internationalen marxistischen Denkens unterscheidet.

Ein wichtiges Ziel der austromarxistischen Denker war die Entwicklung einer Konzeption von ethnischer Autonomie in den Grenzen eines multi-ethnischen Staates. Diese verbanden sie mit der Lösung der Probleme der Modernisierung der agrarischen Teile der Monarchie in einer schon überwiegend industrialisierten Gesellschaft. Die organisatorischen Konsequenzen dieses Ziels speziell für die sozialdemokratische Bewegung, die von nationalistischer Desintegration auf die gleiche Weise bedroht war wie der multinationale Staat, dessen Teil sie war, wurden hauptsächlich von Karl Renner in seinem 1918 erschienenen Buch "Das Selbstbestimmungsrecht der Nationen in besonderer Anwendung auf Österreich" ausbuchstabiert.[6] Für unsere gegenwärtigen Zwecke ist es nicht wichtig, die ganze Breite einer Theorie der Ethnogenese, die in Bauers Studie enthalten ist, zu analysieren, da das oft genug in der Literatur geschehen ist,[7] sondern hier soll nur seine Theorie der sozialen Dynamik der Entstehung des modernen Nationalismus in Mitteleuropa auf die Probleme der gegenwärtigen Ethnogenese primär in der Dritten Welt und in den Minoritätengruppen der Vierten Welt angewendet werden.

Die hauptsächliche Bedeutung von Bauers Theorie liegt in der Verbindung des Prozesses der Modernisierung von agrarischen Gesellschaften mit der Entwicklung eines ethnischen Bewußtseins in der Intelligenzija einer abhängigen, moderneorientierten ethnischen Gruppe. Statt einer detaillierten Analyse seiner Theorie, die mehr Raum als hier verfügbar brauchen würde, sollen ihre hauptsächlichen Umrisse in Form eines Katalogs ihrer Elemente charakterisiert werden:

1. Der Gebrauch von Sprache als eines Kennzeichens kultureller Identität setzt die Entwicklung einer ethnischen Intelligenzija in einem sozialen Konflikt voraus, bei dem eine Gruppe, die durch eine mehr oder weniger gemeinsame Sprache abgegrenzt werden kann, sich in einer unterdrückten Situation befindet, wie z.B. bei der Besetzung ihres Territoriums durch eine andere Gruppe, als Minderheit innerhalb des Territoriums einer anderen Gruppe, als Kolonisierte etc.
2. Der soziale Konflikt ist typischerweise für die unterdrückte Gruppe mit einem Wechsel der sozioökonomischen Struktur verbunden wie z.B. dem Übergang von einer agrarischen zu einer kapitalistischen Produktionsweise, schneller Industrialisierung oder Modernisierung.
3. Die ethnische Intelligenzija bildet oder unterstützt die Führungsgruppe der unterdrückten Bevölkerung in dem sozialen Konflikt und nutzt kulturelle Identität sowohl als Waffe in diesem Kampf als auch als Mittel, ihre Macht in ihrer eigenen Gruppe zu sichern.
4. Sprache als Kennzeichen kultureller Identität wird immer zusammen mit anderen möglichen kulturellen Kennzeichen wie Religion, mündliche oder geschriebene Literaturtradition etc. verwendet. Diese Verbindung betont die Werte der vormodernen Gesellschaft, die im Prozeß sozialen Wandels begriffen ist, obwohl die Definition der kulturellen Identität als Waffe für bessere Chancen in der sich modernisierenden Gesellschaft verwendet wird.

Dieses Modell von Ethnogenese nimmt an, daß die Wahl von Sprache als eines zentralen Kennzeichens kultureller Identität als defensives Mittel der Identitätsbildung einer Gruppe entsteht, das von einer ethnischen Intelligenzija in der Auseinandersetzung mit einer dominanten oder kolonisierenden Gesellschaft entwickelt und genutzt wird. Das erklärt die pragmatische Indifferenz der Majorität der dominierten Gruppe gegenüber diesem Kennzeichen, da die Majorität nicht an den Aspirationen zur Machtbildung teilhat, die für die ethnische Intelligenzija charakteristisch sind. Die Majorität reproduziert sich in der existierenden Struktur durch Assimilation an die kulturellen Muster der dominanten Gesellschaft; sie wechselt ihre Einstellung nur dann in Richtung auf eine Verteidigung ihrer eigenen kulturellen und ethnischen Identität, wenn die ethnische Intelligenzija einen Machtnukleus gebildet hat, der eine gute Chance bietet, die Macht der dominanten Gesellschaft zu brechen und für die gesamte Gruppe Autonomie zurückzugewinnen. Das heißt nicht, daß Sprache nicht auch von einer dominanten Gesellschaft oder einer früher dominierten ethnischen Gruppe als ein Mittel imperialer Unterdrückung verwendet werden kann, aber diese Verwendung ist nicht typisch für die Entstehung eines ethnischen Bewußtseins.[8] Das Modell beruht auf Otto Bauers Vorstellung, daß die im 19. Jh. vorherrschenden Konflikte zwischen neu entstehenden Nationalitäten, die sich auf Sprache als Kennzeichen ethnischer und kultureller Identität gründen, mit dem Übergang von Gruppen ohne ethnische Führungsschicht ("geschichtslose Völker" in seiner Terminologie) zu Nationalitäten zusammenhängt, die von einer ethnischen Intelligenzija beherrscht werden. Wie noch zu zeigen sein wird, entstand diese moderne Konzeption von Nationalismus, gegründet auf ein Konzept von ethnischer Identität, in Deutschland während der napoleonischen Kriege, als die Dominanz einer fremden kolonisierenden Macht mit einer starken Tendenz zur Modernisierung und Industrialisierung der traditionell agrarischen und merkantilistischen deutschen Staaten zusammenfiel. Von Deutschland aus verbreitete sich dieses Konzept des Nationalismus auf andere Nationalitäten Mitteleuropas. Diese lebten überwiegend innerhalb des Habsburger Reiches, das hauptsächlich durch die Nationalismen seiner es konstituierenden ethnischen Gruppen, unter ihnen die führenden Deutschen, zerstört wurde. Ich glaube, daß ein ähnlicher Prozeß der Ethnogenese auch im 20. Jahrhundert noch existiert, hauptsächlich in der Dritten Welt mit ihren Minoritäten sowie unter den Arbeitsmigranten.

Herrschende soziale Gruppen oder imperial expandierende Gesellschaften begründen ihr Recht auf Macht selten auf Sprache als einem zentralen Kennzeichen, sondern auf fortgeschrittene materielle Produktion, Religion oder andere zentrale Werte; sprachliche Dominanz ist mehr oder weniger ein Nebenproblem. Außerdem betonen herrschende soziale Gruppen und imperial expandierende Gruppen nicht die Identität ihrer Sprache mit der Mitgliedschaft in ihrer ethnischen Gruppe, sondern tendieren dazu, ihre Sprache als ein Mittel zu betrachten, das mit Modernisierung und Wandel der zentralen Werte verbunden ist und das in verschiedenen ethnischen und kulturellen Kontexten verwendet werden kann. Das folgt aus dem mit imperialer Expansion verbundenen Überschreiten ethnischer Grenzen. Sprache wird nicht mehr als ein Kennzeichen ethnischer Identität betrachtet, sondern als ein grundsätzlich plurikulturelles Medium der Kommunikation innerhalb der Grenzen des Territoriums einer herrschenden Gruppe. Daher ist die Beherrschung der dominanten Sprache häufig, wie z.B. in den USA, eine Voraussetzung für die Staatsbürgerschaft, aber nicht eine Voraussetzung ethnischer oder kultureller Identität. Bilingualismus in der Form von der Diglossie impliziert häufig eine Situation, in der eine imperiale Sprache oder eine Staatssprache als Mittel der Interkommunikation innerhalb eines Territoriums und andere Sprachen als Kennzeichen ethnischer und kultureller Identität verwendet werden. Es hängt von den Situationsfaktoren ab, die in dem Modell enthalten sind, ob eine oder mehrere dieser Sprachen als virulente, aktive Waffen in einem sozialen Konflikt gewählt werden, wie es in den Fällen von Nationalismus innerhalb des Habsburger Reiches geschah, die Bauer analysiert hat.

Das Modell weist auch darauf hin, daß Sprache nicht, wie von Theoretikern angenommen wurde, die ethnischen Grenzen als Grenzen einer "Sprachgemeinschaft" definiert, also ein "natürliches" Kennzeichen ethnischer Identität ist, sondern daß sie nur ein potentielles Kennzeichen kultureller Identität unter vielen anderen kulturellen Merkmalen ist, so daß die bewußte konstruktive Anstrengung einer ethnischen Intelligenzija notwendig ist, um Sprache zu einem zentralen Kennzeichen ethnischer Identität zu entwickeln. Die konkrete Form des sozialen Konflikts, in dem diese Anstrengung unternommen wird, entscheidet auch über die Hinzufügung anderer kultureller Merkmale, die zusammen mit Sprache als Waffen in einem sozialen Konflikt verwendet werden. Diese kulturellen Merkmale sind aber nur der Reflex des Konflikts in der Sphäre der sozialen Symbole und nicht die Basis des Konfliktes selbst: Was als Sprachproblem oder als Sprachkonflikt erscheint, ist grundsätzlich ein Machtkampf um andere Quellen sozialer Macht.

Im folgenden werde ich kurz die Anwendung des Modells an den drei Studien von ethnischer Identitätsbildung illustrieren, die zu Beginn dieses Aufsatzes erwähnt wurden. Ich werde dann zu den älteren Fällen von Nationalismus in Europa zurückkehren, auf die sich Otto Bauer ursprünglich bezog.

Zuerst soll das Modell auf den Fall des Aufstiegs und Niedergangs der ethnischen Identität der Yucatec Maya im 19. und 20. Jahrhundert angewandt werden. Nach der Conquista überlebte die traditionelle Kultur der Mayas von Yucatan nur in der synkretistischen Form von Riten und schamanistischen Praktiken und der geschriebenen Form der Bücher von Chilam Balam und wenigen anderen Dokumenten. Erst im "guerra des castas" entwickelte sich nach 1848 eine ethnische Intelligenzija als ein Machtnukleus im Kampf gegen die mexikanische Majorität und erst in diesem Zusammenhang wurde die Maya-Sprache gleichzeitig mit anderen kulturellen Symbolen als ein zentrales Merkmal ethnischer Identität wiederbelebt. Die militanten "Cruzobs" organisierten sich um eine Gruppe von geistlichen und weltlichen Militärführern, um das "sprechende Kreuz", das seine Befehle über die richtige Organisation und den richtigen Kampf in geschriebener Form auf Yucatec Maya gab und dessen Mitteilungen durch seine Priester interpretiert werden mußten. Nur Sprecher der Maya-Sprache konnten zu den Cruzobs gehören und so wurde die Sprache eine starke Trennlinie zwischen den Mayas und ihren Feinden.[10] Nach der Niederlage der ethnischen Bewegung überlebten die Schreibpraktiken der Cruzobs nur in einigen Dörfern von Quintana Roo bis zur Gegenwart. Im Rest der Halbinsel von Yucatan ging der Status des Maya auf den einer Sprache der häuslichen Aktivitäten in den Dörfern zurück und Spanisch gewann immer größeren Einfluß. Erst als eine neue Gruppe von Intellektuellen versuchte, im Zusammenhang mit der mexikanischen Revolution nach 1910 der zentralistischen Regierung die Macht zu entreißen, wurde die Maya-Sprache als ein zentrales Kennzeichen ethnischer Identität wiederbelebt. Die sozialistische Partei von Yucatan unter Felipe Carillo Puerto (dessen Name jetzt der Name der früheren Hauptstadt der Cruzob ist) setzte die Maya-Sprache wieder als einen zentralen Wert der ethnischen Kultur der Halbinsel ein. Die Zerstörung der sozialistischen Partei 1921 war auch das Ende der Bedeutung der Maya-Sprache auf der Halbinsel. Da sich seither keine starke ethnische Intelligenzija in Yucatan entwickelt hat, wird Maya nicht als ein wichtiges kulturelles Merkmal von der Majorität der Bevölkerung betrachtet. Ein Sprachwechsel zum Spanischen gilt wegen der pragmatischen Bedeutung dieser dominierenden Sprache als unproblematisch.

Die Shuar in Ecuador, eine der vier jivaroanisch-sprechenden Gruppen (zusammen mit den Aguaruna, Achual und Huambisa) sind eine kleine amerindische Minorität (ca. 30 000 Sprechende), die in einer Situation interner Kolonisierung innerhalb der sie umgebenden lateinamerikanischen Gesellschaft lebten. Ihr Konflikt mit der umgebenden Gesellschaft wurde virulent, als die ecuadorianische Regierung das soziale Problem der landlosen Bauern in den Anden-Regionen zu lösen suchte, indem sie ihnen Land in Amazonien gab, in der Region, die von den Shuar bewohnt wird. Um sich gegen diese Drohung zu verteidigen, mußten sich die Shuar als eine ethnische Einheit organisieren, die gegen die Staatsbürokratie kämpfen konnte. Mit Hilfe der salesianischen katholischen Mission bildeten sie eine Intelligenzija, die die Sprache als das grundlegende Merkmal kultureller Identität definierte. Die Shuar-Sprache wurde zum ersten Mal verschriftet und in einem Schulsystem verwendet, durch das in kurzer Zeit eine 100 %ige Alphabetisierung der Bevölkerung erreicht wurde.[11] Die Lehrer paßten die Sprache an die Bedürfnisse einer sich modernisierenden Ökonomie an, wurden die Führungsschicht der Gruppe und bildeten ihr Machtzentrum.

Gleichzeitig verwendeten sie die Ideologie der Verteidigung ihrer kulturellen Identität als ein Mittel, um die Bedrohung des Territoriums der Shuar abzuwehren. In diesem Prozeß mußte die Wirtschaftsform von einer Jagd- und rudimentären Landwirtschaftsökonomie auf Viehzucht umgestellt werden, um offizielle Rechte auf Landbesitz von der Regierung zu erhalten. Die Wirtschaft wurde durch den Verkauf von Vieh partiell monetarisiert. Die Lehrer wurden die ersten Lohnabhängigen in der Gemeinschaft. Die Modernisierung ist mit einem Konzept kultureller Identität verknüpft, das auf Sprache beruht. Es verbindet sich mit der Orientierung an traditionellen Werten wie z.B. den oralen Traditionen von Mythen und Geschichten, Bräuchen und Riten, obwohl die Intelligenzija, die diese Werte als zentrale Kennzeichen ethnischer Identität propagiert, bei der Einführung von Gütern und Dienstleistungen aus der umgebenden Gesellschaft führend ist.

Es könnte argumentiert werden, daß die Ethnogenese kleiner amerindischer Gruppen auf der Basis von Sprache kein sehr repräsentativer Fall für ein generelles Modell der Verwendung von Sprache als eines Kennzeichens ethnischer Identität ist. Aber ich glaube, daß Miniaturgesellschaften häufig die Struktur wichtiger sozialer Prozesse auf eine wesentlich deutlichere Art zeigen als größere Gesellschaften, in denen eine größere Zahl intervenierender Variablen in Betracht gezogen werden muß.

Der Fall des Aufstiegs von Swahili zu einer Nationalsprache zeigt die Anwendung des Modells auf eine komplexere koloniale Gesellschaft. Nachdem Swahili durch die deutsche und englische Kolonialverwaltung als eine generalisierte ostafrikanische lingua franca für die unteren Ebenen der Kolonialadministration verwendet worden war[12], kam die wichtigste Zeit für die Entwicklung der Sprache. Sie wurde durch die sich dekolonisierende afrikanische Intelligenzija in ihrem Kampf um die Macht eingesetzt. Der Präsident von Tansania Nyerere begann die Ideologie des afrikanischen Sozialismus zu formulieren, indem er die traditionellen Begriffe der Swahili-Sprache für neue politische Institutionen und Trends verwendete, für die beansprucht wurde, daß sie aus dem traditionellen System afrikanischer Werte entwickelt worden seien. Die Verwendung von Swahili als zentralem Merkmal afrikanischer Identität beeinflußte also seinen Gebrauch in der Prägung der Begriffe für ein neues politisches Vokabular, das die Grundlage für den Bau der ostafrikanischen Nationen wurde. Es ist typisch, daß sich in meiner empirischen Studie über die Akzeptanz von neu geprägten Termini im Swahili die Tatsache ergab, daß das politische Vokabular, das direkt mit dem Kampf um die Unabhängigkeit verbunden war, der zentralste und bestakzeptierteste Teil des neuen Vokabulars war. Die ethnische Intelligenzija, die den Kampf um Unabhängigkeit führte, nahm für sich in Anspruch, daß sie neue Methoden für die Lösung der Probleme der Modernisierung auf wirtschaftlichem Gebiet liefern könne. Dabei entwickelte sie das traditionelle Vokabular für die Einführung neuer Konzepte. Afrikanischer Sozialismus sollte eine Konzeption ökonomischer Entwicklung sein, die mit kapitalistischen oder staatssozialistischen Methoden der Entwicklung konkurrieren könnte. Sein afrikanisches Wesen drückte sich in der Entwicklung des Swahili als politischer Terminologie aus. Wie das Modell voraussagt, wurde Sprache ein zentrales Merkmal ethnischer Identität in einem Prozeß ökonomisch-politischer Revolution, der von einer ethnischen Intelligenzija getragen wurde, die mit einer kolonisierenden Gesellschaft um die Macht kämpfte.

Als weitere Beispiele wähle ich zwei eng miteinander verbundene Prozesse, die von Otto Bauer in seinem Buch analysiert wurden: Der Aufstieg des tschechischen Nationalismus zentriert um Sprache als einem Kennzeichen ethnischer und kultureller Identität innerhalb des Habsburger Reiches, und die interethnischen Probleme zwischen der dominanten deutschen Bourgeoisie und den tschechischen Arbeitsmigranten im Sudetenland von 1914, die in der nationalistischen Ideologie ebenfalls als sprachbasierte Konflikte aufgefaßt wurden. Beide Fälle können mit Hilfe des vorgeschlagenen Modells interpretiert werden, wie allgemein die Geschichte der Habsburger Monarchie während des 19. Jahrhunderts ein Eldorado für Theoretiker interethnischer Konflikte ist.[13]

Während des 17. und 18. Jahrhunderts wurde die tschechisch-sprechende Bevölkerung von Böhmen und Mähren in die bi-ethnische Gesellschaft des Königreichs Böhmen als einem Teil des Habsburger Reiches integriert und durch deutschsprechende Oberschichten von ethnisch-deutscher und jüdischer Herkunft dominiert. Sie besaß — verursacht durch den Verlust der tschechischen Aristokratie und der führenden Bourgeoisie während der Hussiten Kriege und des 30jährigen Krieges — keine eigene herrschende Schicht oder ethnische Intelligenzija ("geschichtloses Volk"). Die dünne Schicht der tschechisch-sprechenden Bevölkerung, die zu höherem Sozialstatus aufstieg, wechselte ihre Sprachloyalität auf dem Gebiet der öffentlichen Kommunikation ebenso wie ihre kulturellen Merkmale und wurde im Zuge ihrer Aufwärtsmobilität germanisiert.[14] Die tschechische Sprache wurde deutschen Beamten und Lehrern zum funktionellen Gebrauch in der Interaktion mit ihren Klienten gelehrt.

Eine Änderung dieser Situation trat durch den modernisierenden ökonomischen Einfluß des Merkantilismus ein und später durch die Entwicklung der industriellen Revolution, insbesondere in der Textilindustrie und im Kohlebergbau. Teile von Böhmen und Mähren wurden in relativ kurzer Zeit eines der höchstentwickelten Industriegebiete des Habsburger Reiches und viele tschechisch-sprechende Bauern wurden Teil der sich neu entwickelnden Arbeiterklasse.[15] Der soziale Wandel ließ einen neuen Klassenkonflikt zwischen der deutschen oder deutsch-jüdischen Bourgeoisie und den tschechischen Arbeitern und der tschechischen Kleinbourgeoisie entstehen, insbesondere nach den interethnischen Auseinandersetzungen im Zuge der Revolution von 1848. In dieser Situation entwickelte sich eine ethnische Intelligenzija, bestehend aus tschechischen Lehrern, Priestern und Rechtsanwälten, die die ethnische und kulturelle Identität der Tschechen auf Grundlage der Sprache definierte: Sprache wurde das zentrale Kennzeichen tschechischer kultureller Identität. Es war verbunden mit anderen kulturellen Merkmalen wie Volksdichtung, Musik und ethnischer Geschichte. Ein typischer Repräsentant dieser Ethnogenese der tschechischen Identität ist Dobrovsky, der die tschechische Sprache analysierte und reformierte und der das tschechische kulturelle Erbe und die tschechische Geschichte studierte. Palácky, der Historiker der tschechischen Tradition, wurde 1848 zum offiziellen Sprecher tschechischer politischer Forderungen innerhalb des Reiches. Als eine Kuriosität kann vermerkt werden, daß Teile der tschechischen ethnischen Intelligenzija sogar versuchten, mittelalterliche Handschriften auf tschechisch zu fälschen ("Königinhofer-Handschrift"), um ihrer Sprache eine "große Tradition" geschriebener Dichtung zu geben. Praktischer Kampfplatz für Sprache als eines zentralen Kennzeichens kultureller Identität war die Sprachpolitik in den Schulen und in der Verwaltung. Beginnend mit den Primarschulen bauten die Tschechen erfolgreich ein Schulsystem in ihrer eigenen Sprache bis zur Universitätsebene aus. Bereits 1865 gab es eine beinahe vollständig monolinguale Alphabetisierung in tschechischer Sprache, die den Grad der Alphabetisierung der deutschsprechenden Teile von Cisleithanien übertraf. Die ersten Gymnasien wurden in den frühen 60er Jahren aufgebaut. 1914 gab es bereits 68 monolinguale Schulen dieses Typs in Böhmen und Mähren. Universitätserziehung in monolingual tschechischen Institutionen begann 1868/69 nach der Teilung der Prager polytechnischen Schule in einen deutschen und tschechischen Zweig und wurde durch die Aufspaltung der Prager Universität 1882 fortgesetzt. Die tschechische Universität war sehr erfolgreich und entsprach in Forschung und Lehre internationalen Standards. Die Einführung des Tschechischen als Sprache der Verwaltung führte zu vielen Problemen bis hin zu den bekannten Badeni Aufständen.

Für die bisher analysierten Fälle ist es typisch, daß die ethnische Definition der Identität auf einem Klassenkonflikt in einer sich modernisierenden Wirtschaft gründet, aber in der Sprache und in den traditionellen Werten einer Agrargesellschaft als Kennzeichen der Identität ausgedrückt wird. Die ethnische Definition der Identität wird durch eine Intelligenzija konstruiert, die im Fall der Tschechen wegen des höheren Grades der sozialen Differenzierung nicht identisch ist mit der herrschenden Klasse der neu entstehenden Nation, die aber mit der neuen industriellen Führungsschicht, die aufgrund ihrer ökonomischen Macht herrscht, verbunden bleibt. Wiederum ist interessant, daß ein Machtkonflikt zwischen einer kolonisierenden herrschenden Gruppe und einem neu entstehenden Machtnukleus symbolisch als kultureller Konflikt definiert wird, der um Sprache als einem Kennzeichen ethnischer Identität der unterdrückten Gruppe zentriert ist.

Der nächste Fall führt zu den Problemen der Arbeitsmigration, die für die anderen Beiträge dieses Bandes zentraler Gegenstand sind. Wieder ist meiner Meinung nach Otto Bauers Analyse ein gutes Modell zur Erklärung von Sprachkonflikten als Ausdruck sozialer Konflikte, die auf die Veränderung der ökonomischen Basis einer ethnisch gespaltenen Gesellschaft zurückgehen. Die Provinz Böhmen bestand aus Teilen mit einer traditionell deutschen Majorität, dem Sudetenland, und aus Teilen mit einer traditionell tschechischen Majorität. Die Industrialisierung des Sudetenlandes, speziell die weitreichende Entwicklung der Textilindustrie und des Kolebergbaus, führte zu einer breiten Einwanderung tschechischer Arbeiter und zu den typischen interethnischen Reibungen, die aus solch einer Wanderung hervorgehen.[16] Die deutschen Kapitalisten und die tschechischen Arbeiter, die die heraufkommenden Klassen einer modernisierten Gesellschaft und die beiden Opponenten auf dem Arbeitsmarkt bildeten, waren einhellig der Meinung, daß diese Reibungen in Kauf genommen werden müßten, weil die kapitalistische Entwicklung auf tschechischer Arbeitskraft beruhte. Die Regierung unterstützte die industrielle Entwicklung und hemmte die Arbeitswanderung innerhalb des Territoriums nicht. Am Beginn dieser Entwicklung stand die Gruppe der deutschen Arbeiter in Opposition zu der der tschechischen Arbeiter, da die Kapitalisten tschechische Arbeiter zum Lohndrücken und zur Verschlechterung von Arbeitsbedingungen benutzten, aber bald vereinigte die Politik der Gewerkschaften und der sozialdemokratischen Partei die beiden Gruppen der Arbeiterklasse in einem gemeinsamen Kampf für besseren Lohn. Erst nach 1906 kam es in dieser Region zur Aufspaltung der Organisationen der Arbeiterklasse entlang nationalen Linien. Aus Furcht davor, daß die Majorität in der Bevölkerung und die Macht in den Gemeinden auf die tschechische Gruppe übergehen könnte, entwickelte die deutsche Kleinbourgeoisie eine rassistische Einstellung gegenüber den Arbeitsmigranten. Das interessanteste Verhaltensmuster im Sinne von Bauers Modell zeigten jedoch die tschechischen Migranten: Sie führten ihren Kampf um größere soziale Macht auf der Grundlage von Sprache. Die Verwendung der tschechischen Sprache in Schulen, Kirchen, Ämtern und Fabriken wurde zum wichtigsten Konfliktstoff in der politischen Arena.[17] Die Konstruktion von Sprache als einem zentralen Kennzeichen ethnischer Identität ging auf die Entwicklung einer tschechischen Intelligenzija zurück, die hauptsächlich aus Lehrern, Anwälten und Journalisten bestand. Diese "Hetzer" waren zugleich das Hauptziel des rassistischen Hasses der deutschen Kleinbourgeoisie und die führende Gruppe der Arbeitsmigranten. Die Fokussierung auf Sprache als Symbol ethnischer und kultureller Identität entspricht wiederum den situativen Charakteristika für solche Konflikte, die in Bauers Modell vorausgesagt werden. In jenen Teilen Böhmens mit einer tschechischen Majorität waren die Kapitalisten deutsch oder deutsch-jüdisch, und die Arbeiter rekrutierten sich aus der Gruppe der tschechischen Majorität. Sprache als Kennzeichen ethnischer Identität wurde in diesem Fall durch eine Intelligenzija eingeführt, die sich aus der tschechischen Kleinbourgeoisie rekrutierte, die ihre Lage durch die sich neu entwickelnde kapitalistische Wirtschaft bedroht sah.

Unser letztes Beispiel der Definition von kultureller Identität auf der Grundlage von Sprache stellt den ersten modernen Fall der Entwicklung einer ethnischen Identität in einer Situation der Unterdrückung dar. Er ist eng verbunden mit der Gründung der "Germanistik" als dem Studium germanischer Sprachen und traditioneller Kulturen im Zuge der deutschen Befreiungskriege gegen das napoleonische Frankreich. Jacob Grimm, einer der Gründungsväter der Germanistik, beschreibt in seinem Buch

"Deutscher Frühling", wie er zu dem Studium germanischer Sprachen im Kontext des Kampfes gegen die französische Okkupation kam. Er ist ein typischer Vertreter jener ethnischen Intelligenzija, die aus Dichtern, Philosophen, Gelehrten, Anwälten und Lehrern bestand. Die napoleonischen Kriege brachten für die deutschen Fürsten- und Königreiche eine schnelle Entwicklung der Elemente einer bürgerlichen Gesellschaft innerhalb eines quasi kolonisierten Zustands. Während die führende Aristokratie in vielen Fällen mit dem französischen Kaiser kollaborierte, wurde die deutsche ethnische Identität durch die Intelligenzija auf der Sprache und verwandten kulturellen Werten einer prämodernen deutschen Gesellschaft aufgebaut. Die Universitäten waren für die ethnische Intelligenz die Zentralen für die Entwicklung eines Begriffs von deutscher kultureller Identität. Diese Intelligenzija kann als führende, aber machtlose Schicht der deutschen Nation angesehen werden, die damals noch nicht in einem Nationalstaat vereinigt war. Sprache mußte entsprechend Bauers Modell das relevante Kennzeichen ethnischer Identität werden, weil sie in dem Dekolonisierungsprozeß als Symbolsystem verwendet werden konnte, das die politischen und ökonomischen Konflikte der Gesellschaft ausdrücken konnte. Die Deutschen waren eine unterdrückte Gruppe wie die Shuar und ihre ethnische Intelligenz revitalisierte alte literarische Traditionen, Volksdichtungen und einheimische Rechtstraditionen in Ergänzung zur Sprache. Jacob Grimm macht den Zusammenhang zwischen der französischen Besetzung und seinen Interessen an deutscher Sprache und kultureller Geschichte sehr deutlich: "Ich habe die Rechte studiert in einer Zeit, wo das eintönige Grau der Schmach und Erniedrigung schwer über Deutschlands Himmel hing... Ich suchte Trost und Labung in der Geschichte der deutschen Literatur und Sprache, es war eine unsichtbare, schimmernde Waffe gegen den feindlichen Übermut, daß in unscheinbaren, aber unentreißbaren Gegenständen Vorzüge und Eigenschaften verborgen lagen und wieder entdeckt werden konnten, an denen unser Bewußtsein mit gerechter Anerkennung haften durfte".[18]

Ich hoffe, mit den Beispielen gezeigt zu haben, daß Sprache als ein zentrales Kennzeichen ethnischer und kultureller Identität nicht naturhaft gegeben ist, sondern daß sie das Konstrukt einer ethnischen Intelligenzija ist, entwickelt als Waffe in einem sozialen Konflikt, zu dem ein bedeutsamer Wechsel der sozio-ökonomischen Struktur gehört und der sich unter Bedingungen einer Situation ethnischer Unterdrückung vollzieht. In einer solchen Situation tendiert die unterdrückte Gruppe dazu, eine Intelligenzija hervorzubringen, die ihre Sprache und die vormodernen Traditionen als zentrales Kennzeichen in Sprachkonflikten verwendet, die auf symbolischer Ebene Ausdruck jenes sozialen Konfliktes sind, der die Situation definiert.

Anmerkungen

1 vgl. Kummer, W., 1982, Spracheinstellungen einer bilingualen indianischen Minorität in einer Diglossiesituation: Spanisch-Yucatec-Maya, in: Obst, Heft 21
2 vgl. ds., 1980, Die Geschichte der Sprach- und Indigenismuspolitik in Yucatan, in: Obst, Heft 14

3   vgl. ds., 1985, Probleme der Funktionserweiterung von Sprachen: Der Sprachausbau bei den Shuari in Ecuador, in: J. Rehbein, Hrsg., Interkulturelle Kommunikation, Tübingen
4   Der Hintergrund von Sprachpolitiken, insbesondere in Tansania, wird analysiert von Kummer, W., 1981, Probleme des Sprachausbaus in Entwicklungsländern: Terminologieprägung im Swahili, in: P. Finke, Hrsg., Sprache im politischen Kontext, Tübingen
5   Als typisches Beispiel für den Gebrauch von Sprachpolitik durch dominante Gruppen, vgl. Kummer, W., 1981, Malinche-Patron-Saint of Informants?, in: F. Coulmas, Ed., 1984 A Festschrift for Native Speaker, Berlin
6   vgl. Teil 1: Nation und Staat, Leipzig und Wien 1918
7   vgl. z. B. die entsprechenden Teile in Kulemann, P., 1979, Am Beispiel des Austromarxismus, Hamburg
8   vgl. Kummer, W., 1981, S. 180
9   vgl. Kummer, W., 1980
10 Die Existenz der Traditionen der Cruzob im heutigen Quintana Roo wird in zahlreichen Artikeln von Ortwin Smailus analysiert, z.B. in: Grube, N., Smailus, O., 1988, Maya Xóc y Maya Than. Formas de textos tradicionales escritos y orales en sociedades rurales de la region central de Quintana Roo, in: Textos autenticos en lenguas indigenas latinoamericanas entre communicacion intercultural e identidad etnica, Berlin
11 vgl. Kummer, W., 1988, Los libros de escuela de los Shuar, in: Grube, N., Smailus, O.
12 vgl. ds., 1981, S. 82 f
13 Eine der besten Informationsquellen über den interethnischen Konflikt innerhalb des Habsburger Reiches stellt Kann, R. A., 1964, Das Nationalitätenproblem der Habsburgermonarchie. Das Reich und die Völker, Veröffentlichungen der Arbeitsgemeinschaft Ost, Bd. 4, Graz/Köln dar
14 Als Einführung vgl. Koralka, J., Crampton, R. J., Die Tschechen, in: A. Wandruszka, P. Urbanitsch, Hrsg., 1980, Die Habsburgermonarchie 1848-98, Bd. 3, Die Völker des Reiches, Wien, S. 489 ff
15 vgl. Good, D. F., 1986, Der wirtschaftliche Aufstieg des Habsburgerreiches 1750-1914, Wien
16 vgl. Bruckmüller, E., 1985, Sozialgeschichte Österreichs, Wien
    vgl. auch Matis, H., Bachinger, K., 1973, Österreichs industrielle Entwicklung, in: A. Brusatti, Die wirtschaftliche Entwicklung. Die Habsburgermonarchie 1848-1918, hrsg. von A. Wandruszka und P. Urbanitsch, Bd. 1, Wien, S. 105 ff
17 vgl. Koralka, Crampton, S. 510 ff
18 Grimm, J., 1964, Deutscher Frühling, reprint: Frankfurt, S. 23

Volker Hinnenkamp

"Gastarbeiterlinguistik" und die Ethnisierung der Gastarbeiter

Vorbemerkung

Anführungszeichen der obigen Art suggerieren Uneigentlichkeit, schützen den Verfasser vor sprachlichen Sünden und vermitteln den heuristischen Charakter des So-Gesagten. Auch die unschuldige Konjunktion, die so einfach nebeneinander stellt, schafft folglich keinen starken Nexus. Dennoch lädt ein solches Nebeneinander dazu ein, logische Zusammenhänge herzustellen wie "X ist eine Bedingung von Y", "X ist eine Folge aus Y" oder allgemeiner "X steht im Zusammenhang mit Y". Aber Zusammenhänge sind auch das Resultat von unserem Wissen und unseren Erwartungen.

Zunächst: Es gibt eine "Gastarbeiterlinguistik" in der Bundesrepublik, die — wenn auch nur selten so (und noch seltener ohne Anführungszeichen) genannt — besonders als Zweig der Sozio- und Psycholinguistik sowie der Angewandten Linguistik ein Eigenleben mit Publikationen, Forschungen, Lehrstühlen und Konferenzen führt. Die Schritte zur "Gastarbeiterlinguistik" könnten grob verkürzt so gesehen werden: Es kommen "Gastarbeiter", diese haben Verständigungsschwierigkeiten in bzw. mit der "Gastgesellschaft", die auf *Sprachprobleme* im Deutschen (dem wahrnehmbaren Teil der Verständigungsschwierigkeiten) reduziert werden und unter "Gastarbeiterdeutsch" subsumiert, einer entsprechenden "Behandlung" bedürfen — bis zum Abfallen des einschränkenden Determinativs "Gastarbeiter-". Das ist oder zumindest war — polemisierend vereinfacht — die *raison d'être* der "Gastarbeiterlinguistik". Ihr werde ich mich schlaglichtartig am Beispiel einiger weniger Schritte und Konzepte im *ersten Teil* widmen.

1. Ethnisierung

"Ethnisierung" hat einen schwereren Stand: Kaum irgendwo wird man in der "Gastarbeiterforschung" auf "Ethnie" oder "ethnisch" stoßen. In der angelsächsischen Debatte zu 'immigrants', 'race relations' und 'ethnic minorities' war das für die involvierte Linguistik anders.[1] Deren Konzeptualisierung kann von daher nicht ohne weiteres der hiesigen Forschung hinzuaddiert werden. Der von mir verwendete Begriff "Ethnisierung" soll hier auch zunächst in sich differenziert werden:

Zum einen sind "Gastarbeiter" lange Zeit kaum als "ethnische Minderheit" rezipiert worden, gleichwohl sind sie — darauf spielt der Titel an — unversehens "ethnisiert", genauer eigentlich: "pan-ethnisiert" worden. D.h. Spanier, Italiener, Griechen, Türken, Jugoslawen etc., die als temporäre Arbeitskräfte gekommen waren, wurden unter die pan-ethnische Kategorie der "Ausländer", "Gastarbeiter", "ausländischen Arbeiter" etc. kategorisiert. Es bedurfte dazu nicht solcher pan-ethnischer Zwischenstufen wie "Slawen", "Mittelmeervölker" o.ä., sondern die soziale Stellung *und* die ethnische Zugehörigkeit wuchsen untrennbar zusammen und schufen eine neue Kategorie, deren Exklusivität durch die untrennbare Verkoppelung von 'sozial' und '(fremd)ethnisch' garantiert war — und bis heute ist. Es gab lange Jahre keine 'höherwertigere', markantere — und bequemere — Kategorisierung als die des "Gastarbeiters". Sie konnotierte alles, was an einschlägigen Zuschreibungen möglich war.

Das ist heute nur noch beschränkt wahr, da über innere und äußere Differenzierungsprozesse in der Tat *ethnische* Etikettierungen an diese Stelle getreten sind, die aber weiterhin die soziale, kulturelle und sprachliche Marginalität konnotieren. Die heute neben "Gastarbeitern" bestehenden Bezeichnungen wie z.B. einfach "Türken" oder "Ausländer" oder — overt diskriminierend und rassistisch — "Kanake", sind variante Kategorisierungen, die, werden sie nach Belieben entlang eines Kontinuums angesiedelt, in einer Beziehung der "Familienähnlichkeit" zueinander stehen: Sie stellen fremdethnische Zugehörigkeit immer (her) in Relation zu sozialen, sprachlichen und kulturellen *Defizitkategorien*. Die Ethnisierung 'geschieht' dabei zunächst durch unterschiedliche Formen der sozialen Interaktion im face-to-face Kontakt mit den So-Kategorisierten oder in mündlicher und medialer Referenz, in politischen, administrativen, schulischen etc. Diskursen. Die inkriminierten Defizite wurden und werden dabei an mehrheitssprachlichen (allgemeiner: an mehrheitsgesellschaftlichen) Normen und Ansprüchen gemessen. Der zweite Aspekt der Ethnisierung hat zu tun mit Ethnizität als "die Wahrnehmung signifikanter Unterschiede zwischen 'denen' und 'uns'. Damit sind weder der Unterschied noch dessen Bedeutsamkeit festgelegt. Aus einer eher umfassenden Gruppenperspektive heraus findet sich Ethnizität aufgehoben in Begriffen wie Kultur, Rasse, Nation oder Religion. Aus der eingeschränkten Perspektive des Individuums kann derselbe Unterschied in noch so geringfügigen Details des Verhaltens ausgedrückt werden. Auf beiden Ebenen handelt Ethnizität jedenfalls von der Organisation von Gesellschaft *und* der Organisation von Erfahrung. [...] Da es dabei zweier Seiten bedarf, ereignet sich Ethnizität immer im Grenzbereich des 'wir', im Kontakt oder der Konfrontation mit 'denen' oder einfach nur im Unterschied zu 'denen'."[2] Mit der veränderten Wahrnehmung oder Wahrnehmbarkeit, Einordbarkeit oder — allgemeiner – sozialen Kategorisierbarkeit des 'wir' oder der 'anderen' kann es folglich auch zu Grenzverschiebungen zwischen 'denen' und 'uns' bzw. zur Konstitution von 'wir'-versus 'die'-Gruppen kommen. Gleichwohl ist mit Barth[3] im Auge zu behalten, daß 'Ethnizität' nur einer der *möglichen* kollektiven Selbst- und Fremdstilisierer sozialer Identität sein kann. Ethnisierung in diesem zweiten und erweiterten Sinn spricht also den interaktiven gruppendifferenzierenden Aspekt an, erlaubt auch die "aktive Selbstethnisierung", während im obigen Fall eher die zuschreibende Fremdwahrnehmung im Vordergrund steht. Die Ethnisierung der "Gastarbeiter" umfaßt beide Aspekte.

Es ergeben sich nun interessante homologe Beziehungen zwischen der ethnisierenden Kategorisierungstätigkeit der linguistischen Diskurse und der Kategorisierungstätigkeit der Diskurse derjenigen Gesellschaftsmitglieder, die ihre mehrheitliche Zugehörigkeit und ihre eigene Ethnizität über die unterstellten Defizite der anderen zum Gegenstand machen. Darum geht es in meinem *zweiten Teil*. Auch dieser Aspekt verbirgt sich im Titel des Aufsatzes. Damit wird der Beitrag der Linguistik zur Konstitution ethnischer Minderheiten aus zwei verschiedenen Blickwinkeln betrachtet, zum einen anhand einiger kritischer Anmerkungen zur Geschichte und Entwicklung eines 'außergewöhnlichen' Teilbereichs der Linguistik und zum anderen anhand einiger Beispiele zu den 'ethnisierenden' Kategorisierungsprozessen in Kommunikationen zwischen "Deutschen" und "Gastarbeitern" bzw. zwischen der Mehrheitsgesellschaft und den 'ethnischen' Minderheiten.

2. "Gastarbeiterlinguistik": Ethnisierung als wissenschaftlicher Diskurs

Daß die Linguistik präsent sein mußte bei der Bewältigung der Probleme, die mit dem plötzlichen Nebeneinander von verschiedenen Sprachen aktuell waren, ist natürlich nicht überraschend. Die Geschichte der Nachkriegs(im)migration in und nach Europa könnte ganz aus der Perspektive einer interessierten Linguistik geschrieben werden, denn Sprachenvielfalt, Sprachkontakt und Sprachbarrieren entpuppten sich alsbald als eine der zentralen Problemstellen der Einwanderung. Es gab zwei magische Wörter, deren Nexus zumindest in der Bundesrepublik Deutschland als Dreh- und Angelpunkt für eine integrative Bewältigung des "Ausländerproblems" bedeutsam wurde, nämlich "deutsche Sprache" oder kurz "Deutsch" und "Integration". Dieser Nexus könnte veranschaulicht werden mit der einfachen Gleichung "Beherrschung der deutschen Sprache = Integration in die Gesellschaft", bzw. mit der 'Ungleichung' "Fehlen hinreichender deutscher Sprachkenntnisse = Segregation". Welche Relevanz dieser Integrationsaspekt hat, läßt sich ablesen an den Lehrplänen und der Reorganisation ganzer Teilbereiche der Schule, um dieser 'linguistischen' Priorität gerecht zu werden. In einem curricularen Erlaß des Bundeslandes Nordrhein-Westfalen heißt es beispielsweise noch 1982 — nach zwei Dekaden "Ausländerproblem" — lapidar wie panikartig: "... für ausländische Schüler (steht) zunächst *das Erlernen der deutschen Sprache* vor jeder anderen notwendigen oder wünschenswerten Zielsetzung des Unterrichts".[4]

Im folgenden soll zunächst auf die Rolle der Linguistik im Zusammenhang mit der Arbeitswanderung der letzten dreißig Jahre eingegangen werden: Hier können nur einige wenige Aspekte beleuchtet werden, wobei ich mich vornehmlich auf die Bundesrepublik Deutschland beziehe.

2.1 Immigration und Kommunikationsprobleme

Mit der Einwanderung anderssprachiger Menschen in eine Gesellschaft wie die bundesrepublikanische, die sich weitgehendst als einsprachig verstand (und wohl auch noch versteht), mußte es zwangsläufig in allen Kontaktbereichen mit einheimischen Muttersprachlern zu Verständigungsproblemen kommen. Denn Italienisch, Spanisch, Portugiesisch, Griechisch, Serbokroatisch oder Türkisch[5] konnten und können die wenigsten Deutschen. Und Türken, Jugoslawen usw. konnten keinesfalls den fremdsprachigen Anforderungen gerecht werden. Es handelte sich schließlich um eine Arbeitswanderung von Arbeitern, Bauern und kleinbürgerlichen Schichten, deren Lebensgrundlagen in den Herkunftsländern desolat waren und die hier als "Gastarbeiter" der industriellen Expansion dienlich gemacht wurden. Eine gemeinsame Verkehrssprache konnte kaum ad hoc gefunden werden, die geringe Kontaktintensität, zudem die eindeutigen Mehrheitsverhältnisse sowie die 'angestammten' Sprachrechte waren zu eindeutig, um sich von Seiten der Mehrheitsgesellschaft auf solche kommunikativen Notlösungen einzulassen. Die anderssprachigen Minderheiten mußten sich folglich dem mehrheitssprachlichen Druck beugen, waren gezwungen, zumindest so weit Deutsch zu lernen, daß sie sich wenigstens rudimentär im Alltag verständigen konnten. Für besondere Aufgaben konnte man auf Spezialisten wie Mittler und Dolmetscher zurückgreifen.

2.1.1 Die Unvermeidlichkeit der Kommunikation

Bis Ende der 60er Jahre verliefen diese Prozesse ohne große öffentliche Aufmerksamkeit. Hie und da wurden Deutschkurse angeboten, in Betrieben wie außerbetrieblich. Die Konsulate der Herkunftsländer übernahmen die Betreuungsorganisation (vor allem auch 'politisch'). Die anfänglichen Disponibilitätsbedingungen des Kapitals verlangten eben "Gastarbeiter" im ursprünglich gemeinten Sinn: "Gast"-Arbeitskräfte auf temporärer Basis (Rotationsprinzip). Infrastrukturell führte das zu kasernierungsähnlichen Zuständen in Form isolierter Wohnbereiche (auf dem Betriebsgelände) und geschlechtlicher und altersmäßiger Einseitigkeit (nach dem Anwerbeprinzip des "only the fittest"...). Der Sprachkontakt mit den Einheimischen war folglich äußerst gering. Der Arbeitsplatz verlangte motorische skills, der kategorische Imperativ der Arbeitsanweisung schien dem Genüge zu tun; die einschlägigen Verwaltungeninstanzen hatten eher mit "Papieren" (Pässe, Arbeitserlaubnis etc.) zu tun als mit Menschen. Kurz: Es schien kaum mehr als rudimentäre Bedürfnisse und Notwendigkeiten des Sprachkontakt zwischen "Gastarbeitern" und 'Inländern' zu geben, jedenfalls waren sie weder öffentlichkeits- noch forschungsrelevant.

Die Aufweichung des Rotationsprinzips, die emergierenden Niederlassungsstrukturen mit Familiennachzug, zunehmendes Konsumverhalten und Teilnahme an den Errungenschaften der Arbeiterbewegung führten Anfang der 70er Jahre vor allem im Zusammenhang mit der sogenannten Ölkrise, der Rezession und größeren Streikaktionen von deutschen und ausländischen Arbeitern zu einer verstärkten Wahrnehmung des

"Gastarbeiterproblems". Der Anwerbestopp für ausländische Arbeitnehmer markierte den Wendepunkt von kurzfristiger Disponibilität der Arbeitskräfte zur sog. Konsolidierungsphase. Damit war nicht nur eine gewisse Normalisierung der Lebenssituation der "Gastarbeiter" möglich, die sich nun auch langfristig auf ein Leben mit Familie in der BRD einrichten konnten, sondern faktisch wurde auch der Grundstein dafür gelegt, anzuerkennen, daß aus "Gastarbeitern" *Immigranten* geworden waren. (Auch wenn die *de jure*-Anerkennung bis heute hinterherhinkt.)

2.1.2 Das "Gastarbeiterproblem" als Sprachproblem

Es ist genau an dieser Umbruchstelle von Rotation zur Immigration, wo die Linguistik auf den Plan tritt.[6] Zunehmender Sprachkontakt zwischen Deutschen und Immigranten wurde am Arbeitsplatz sowie im Reproduktions- und Konsumsektor schließlich immer unvermeidbarer. Schule und Kindergarten wurden mit der sog. zweiten Generation konfrontiert. Die Kinder der "Gastarbeiter" wurden anfänglich noch aus der Heimat "nachgeholt", dann zunehmend auch hier geboren. Auch die gesellschaftlichen Orte des Sprachkontakts nahmen so ständig zu. Damit traten aber auch immer deutlicher Verständigungsschwierigkeiten zutage. Die hier engagierte Linguistik basierte ihre Forschungsstrategie primär auf der übernommenen These, daß "das Sprachproblem [...] im Kern fast aller sozialen Probleme [liegt], mit denen die Ausländer täglich konfrontiert werden. Ohne die deutsche Sprache sind sie weitgehend hilflos und werden nie fähig sein, ihre Interessen wahrzunehmen [...] Die Lösung des Sprachproblems ist also die erste Voraussetzung für die Lösung der wichtigsten gesellschaftlichen Probleme der ausländischen Arbeiter."[7] Trotz des "fortschrittlichen Konsensus", der die Emanzipation der "Gastarbeiter" mit deren sprachlicher "Ent-Ghettoisierung" gleichsetzte, bleibt die Problemdefinition zunächst rein sprachbezogener, zudem rein systemlinguistischer Natur. Die Immigranten sprechen "Gastarbeiterdeutsch", ein rudimentäres, grammatikalisch vereinfachtes Deutsch, das den sozialen Bedingungen entsprechend bei eingeschränktem Kontakt — vorwiegend am Arbeitsplatz — "ungesteuert" bzw. "natürlich", also ohne systematische Vermittlung im Klassenzimmer, erlernt worden ist und oftmals auf einer 'niedrigen' Stufe "fossilisiert". Damit ist im streng linguistischen Sinne natürlich keine sprachliche Varietät bestimmt, sondern allerhöchstens ein Etikett geschaffen worden, das Genese und eine Vielzahl von sprachlichen Abweichungen sowie eine gewisse Typik dieser Abweichungen zusammenwirft. Der Begriff "Gastarbeiterdeutsch" ist allerdings heute so etabliert, daß er sich in einschlägigen Fachlexika wiederfindet. Im "Lexikon der Sprachwissenschaft" steht folgende kurze Charakterisierung: eine "seit den 60er und 70er Jahren in Deutschland sich entwickelnde Pidginvariante, die durch parataktische Satzmuster, beschränkten Wortschatz, wenig Redundanz, Weglassen von Artikel, Präposition, Konjunktion und Verbflexion gekennzeichnet ist. Diese Merkmale besitzen generelle Verbreitung unabhängig von der jeweiligen Ausgangssprache."[8] Ob eine solche Kriterienliste der Konstitution einer eigenständigen Sprachvarietät gerecht werden konnte, wird sich im folgenden zeigen.

2.1.3 "Gastarbeiterdeutsch": Die Linguistik greift ein (und zu)

Die wohl erste linguistische Studie zum "Gastarbeiterdeutsch" stammt von Michael Clyne 1968.[9] Schon der Titel seines kleinen Aufsatzes "Zum Pidgin-Deutsch der Gastarbeiter" brachte die Genese der untersuchten Varietät in den Zusammenhang mit dem linguistischen und soziohistorischen Kontext kolonialen Sprachkontakts und den daraus entstandenen Pidginsprachen.[10] Im Vordergrund standen die rein systemlinguistische Beschreibung und Typifizierung der Abweichungen im "Gastarbeiterdeutsch" im Vergleich zu den Normen der deutschsprachigen Umgebung. Das Pidgin-Modell wurde in dem ersten größeren durch Drittmittel geförderten Forschungsprojekt, dem 1973 etablierten "Heidelberger Forschungsprojekt Pidgin-Deutsch spanischer und italienischer Arbeiter" (HDP)[11], aufgegriffen und führte u.a. zu einer Debatte über die Vergleichbarkeit der kolonialen pidginogenen Kontexte mit den aus der Arbeitswanderung resultierenden Kontakten.[12] Diese Debatte hatte insofern Konsequenzen, als sie die Frage aufwarf, wieweit der pidginogene Kontext in die Untersuchung miteinbezogen und für das sprachliche Produkt verantwortlich gemacht werden sollte.

Das HDP hat mit seiner Größenordnung nicht nur Pionierfunktion gehabt, sondern auch die Forschungsrichtung für die Folgezeit auf diesem Gebiet bestimmt. Die empirische Untersuchung erstreckte sich auf die folgenden vier Bereiche der Linguistik: 1. Bilingualismus- und Interferenzprobleme; 2. Soziolinguistische Probleme eingeschränkter Kommunikationsmittel; 3. Probleme des ungesteuerten Zweitspracherwerbs; 4. Probleme der Beschreibung sprachlicher Varietäten.

Für die vorliegende Fragestellung relevant waren dabei die ersten drei Problemkomplexe. Ihnen war nun mit Hilfe von linguistischen Analysen des Sprachverhaltens nachzugehen, wobei soziale Parameter, die die Immigranten zu beeinflussen schienen, wie Herkunft, Kontaktintensität, Aufenthaltsdauer (und andere) als Bestimmungsfaktoren miteinbezogen werden mußten. Die notwendigen Daten wurden vor allem erhoben durch freie Interviews über die Lebensgeschichte der "Gastarbeiter", wodurch mehrere Fliegen mit einer Klappe geschlagen werden konnten: Die Interviews lieferten einerseits die linguistisch notwendigen Sprachdaten, andererseits gewährten die elizitierten biographischen Erzählungen Einblicke in die Lebenswelt der "Gastarbeiter" und verschafften den Forschern auf diese Weise die Daten für mögliche Einflußfaktoren auf das "Gastarbeiterdeutsch". Mit den so gewonnenen Erkenntnissen sollten — laut Anspruch des Projekts — Grundlagen und Empfehlungen für den Sprachunterricht mit ausländischen Arbeitern entwickelt werden.[13] Die Klientel des Problems war mit den Adressaten der Problemlösung natürlichweise identisch — allerdings waren es *ausschließlich* die Immigranten selber.

Analysegegenstand und Zielsetzung ließen die gesellschaftlich selbstverständliche Prämisse der 'Zauberformel' von Deutschkenntnissen als der Grundvoraussetzung zur Integration bereits deutlich werden. Die vom HDP unter 1. angesprochenen Bilingualismus-Probleme berücksichtigten dabei z.B. nicht die muttersprachlichen Belange der "Gastarbeiter", sondern allerhöchstens den hindernden wie fördernden Einfluß der Muttersprache auf den Deutscherwerb (Interferenz; siehe unten). Die Einbeziehung sozialer Faktoren in den ungesteuerten Spracherwerb hat dessen gesellschaftliche Bedingtheit zunächst grundsätzlich aufgezeigt, die konkreten *interaktionalen Entstehungsprozesse* und seine — hier wesentlich — politischen Voraussetzungen (Ausländergesetzgebung und ihre Implikationen) damit jedoch noch keineswegs erfaßt.[14] Die Fixierung auf die Rolle der sprachlichen Abweichungen und deren Abhilfe als Ziel bezeugten zudem genau die soziologische und philosophische Hintergrundannahme, die die "Gastarbeiter" als heteronome Objekte betrachtete, ihnen aber als autonomen Subjekten — etwa als Mitgliedern sich ethnisch definierender Gruppen — keine aktiven Rollen zukommen ließ. Damit wurde auch die Relevanz ganz anderer, aktiverer Bedingungsfaktoren für das sprachliche Verhalten der Immigranten von Anfang an nur wenig miteinbezogen. Insofern verblieb die Studie einseitig monologisch und politisch konsensuell.[15]

2.1.4 Fortschritte: "Gastarbeiterdeutsch" und *Inter*aktion

Pidginogene Faktoren wurden aber auch unterstellt in der von den Muttersprachlern verwendeten Sprechweise mit Ausländern: dem sog. *Foreigner Talk*.[16] Das ungesteuerte Erlernen der deutschen Sprache konnte ja nur erfolgen auf der Grundlage des Modells der Muttersprachler, das somit auch die Zielsprache darstellte. Wenn die Muttersprachler jedoch anfingen, ihrerseits in "gebrochenem Deutsch" zu radebrechen, stand kein korrektes Zielsprachenmodell mehr zur Verfügung. Untersuchungen darüber, wie Muttersprachler mit den ausländischen Arbeitern "gebrochen" redeten, führten zu der Kontroverse, welche lernbehindernde, ja u.U. diskriminierende Rolle von den deutschen Muttersprachlern ausgehen konnte.[17] Für andere war der Foreigner Talk aber nur die funktionale Akkomodation an die Sprachbedürfnisse der Nicht-Muttersprachler.[18] Für die Psycholinguistik standen noch ganz andere Fragen im Vordergrund, inwieweit nämlich die (universellen) "Simplifizierungen" in der Sprachstruktur der Lernersprachen und des Foreigner Talk Ausdruck ein- und derselben universellen Kompetenz seien und einen Blick in die von Chomsky hypostasierten Tiefenstrukturen ermöglichten.[19] Interaktionale Funktionalität und Dysfunktionalität gerieten so in den Blick und thematisierten damit, daß ungesteuerter Zweitspracherwerb nicht ganz so "ungesteuert" ist, sondern mit dem Einfluß der Muttersprachler auch 'Steuerer' und 'Gegensteuerer' umfaßte. Die Thematisierung der Sprechweise der Deutschen gegenüber "Gastarbeitern" eröffnete eine neue interaktionale Perspektive, die die Prozesse *zwischen* Muttersprachlern und Nicht-Muttersprachlern zum Kriterium erhoben (Akkomodation von Sprechstilen, Kommunikationsbedürfnisse, Diskriminierung etc.) und nicht mehr allein außersprachliche Variablen, die mit "Gastarbeiterdeutsch"-Phänomenen zu korrelieren waren. Und noch ein weiterer wichtiger Aspekt ist hinzuzufügen: mit dem Foreigner Talk geht auch erstmalig eine gewisse Selbstthematisierung einher, der Fokus wird erstmalig ursächlich in die Muttersprachler, die 'Inländer' verlagert — sicherlich auch nur ein weiterer 'unversehener Effekt'.

2.1.5 Vom "Gastarbeiterdeutsch" zu "Interkultureller Kommunikation"

Die genannten Projekte und Studien standen natürlich nicht allein. Keim (1984) verweist in ihren ersten beiden Kapiteln auf die unterschiedlichen Forschungen bis ca. 1980.[20] Auch in den Jahren darauf folgten weitere wichtige Studien aus Forschungsprojekten oder der Individualforschung, die hier nur exemplarisch genannt werden können, wie Clahsen u.a. 1983[21], Keim 1984 (vorher schon Keim 1978)[22], Kutsch/Desgranges 1985[23], Antos 1988.[24]

Würde man der Übersicht halber versuchen, die einzelnen Phasen in ihrer zeitlichen Abfolge hintereinander irgendwie zu charakterisieren, käme man in etwa zu folgender Gliederung:

Phase 1: "Gastarbeiterdeutsch" als zu entdeckender Code: Was ist anders, was fehlt gegenüber der Zielsprache? (z.B. Clyne 1968, Orlovic-Schwarzwald 1978)[25]

Phase 2: "Gastarbeiterdeutsch" als soziolinguistisches Phänomen: Welche außersprachlichen Faktoren bedingen den ungesteuerten Spracherwerb? (z.B. HDP 1975ff.)[26]

Phase 3: "Gastarbeiterdeutsch" als interaktionales Problem und Produkt: Wie bedingen Kommunikationsprozesse zwischen Mutter- und Nichtmuttersprachlern den Erwerbs- und Verständigungsprozeß (z.B. Kutsch/Desgranges 1985).[27]

Phase 2 und 3 sind dabei weiter zu differenzieren, die Übergänge manchmal nahtlos. Mit der je spezifischen Fragestellung wird eine Subsumtion unter diese Phasen zudem manchmal schwierig, wenn z.B. das "Gastarbeiterdeutsch" als solches nicht mehr von Interesse ist, sondern nur noch der "Foreigner Talk" der Einheimischen (Hinnenkamp 1982, Roche 1989)[28] oder zweisprachige Konversationen und Code-Switching (Auer 1984)[29] u.ä. Untersuchungsgegenstand sind. Dabei wird zunehmend die "zweite Generation", werden die schulpflichtigen Kinder und die Jugendlichen der ursprünglichen "Gastarbeiter"generation, zum gesellschaftlichen 'Hauptproblem' der "Gastarbeiterproblematik" erhoben. Die Sprachkenntnisprofile fallen hier wesentlich differenzierter aus und das 'alte' "Gastarbeiterdeutsch"-Schema greift nicht mehr. (Die Sprachprobleme der "zweiten Generation" eröffnen jedoch ein ganz anderes Thema, das hier nicht behandelt werden soll.)[30]

Wichtig erscheint mir im Zusammenhang mit den Phasen aber auch, welche *methodologischen Prämissen* sich dahinter befinden: Phase 1 und teilweise auch noch Phase 2 sind systemlinguistisch orientiert. Die soziale Dialektologie und korrelative Soziolinguistik, teilweise mit Anleihen bei der Ethnographie der Kommunikation, wie sie exemplarisch mit Labovs "Language in the Inner City"[31] als Vorbild dienten, haben entscheidenden Einfluß auf die Phase 2. Diese beiden Phasen mit ihren methodologischen Prämissen sind auch am stärksten an der Ethnisierung beteiligt. In neuerer Zeit, der Phase 3 zuzuschlagen, dominieren zunehmend Ansätze einer "Interkulturellen Kommunikation" die "Gastarbeiterlinguistik" und haben sie sozusagen absorbiert.[32] Hier spielen u.a.

auch die linguistische Pragmatik, vor allem die kontrastive Pragmatik, eine Rolle, daneben aber auch diskursanalytische Ansätze (Rehbein 1987)[33] und schließlich Ansätze, die sich unter dem Etikett von 'interpretativer' oder 'interaktionaler Soziolinguistik' subsumieren lassen (vgl. Auer/di Luzio 1984, Hinnenkamp 1989).[34] Die methodologische Verortbarkeit, die zudem weitgehender zu subsumieren vermag als die obige Phaseneinteilung, führt zurück auf die eingangs angedeutete Problematik der 'unversehenen Ethnisierung' durch die "Gastarbeiterlinguistik". Es erhebt sich nämlich die Frage, warum sich überhaupt ein linguistischer Teilbereich etablieren konnte, der unmittelbar auf eine soziale und pan-ethnische Kategorie beschränkt war — nämlich "Gastarbeiter" — und sich sogar nach ihr benannte bzw. benannt wurde — nämlich "Gastarbeiterlinguistik", deren primärer Untersuchungsgegenstand das "Gastarbeiterdeutsch" ausmachte. Natürlich entstand keine Linguistik *der* "Gastarbeiter" oder eine Linguistik *für* "Gastarbeiter", sondern eine Linguistik *über* "Gastarbeiter", deren wirkliche Adressaten vor allem Wissenschaftler und vielleicht noch die die "Gastarbeiter" verwaltenden und integrierenden Instanzen (Lehrer, Sozialarbeiter, Ausländerbehörde etc.) waren und sind.

2.1.6 Vereinna(h)mungen

Als ein Fazit läßt sich festhalten, daß "Gastarbeiterlinguistik" die wohl einmalige Kreation einer linguistischen Subdisziplin ist, die sich nach der von ihr untersuchten sozialen Kategorie benennt. Eine "Gastarbeitersoziologie" als eigene Unterdisziplin ist mir hingegen nicht bekannt.[35] Nur die Pädagogik hat mit ihrer "Ausländerpädagogik" eine ähnliche pan-ethnische Klientelkategorie zum disziplinären Objekt erhoben. Vielleicht schlägt sich ja so der Anspruch, Relevantes bei der Lösung der "Ausländerproblematik" zu bieten zu haben, in der Selbsttitulierung dieser Subdisziplinen nieder — als ein Fall von Vereinna(h)mung, sozusagen. Daß solche Etikettierungen nicht unverdächtig sind, läßt sich u.a. auch daraus ersehen, daß andere gesellschaftlich relevante Gruppen sich nicht mit solchen Determinativen verknüpft wiederfinden. Bestünde etwa eine "Frauenlinguistik", so wäre sie zumindest eine Linguistik *der* Frauen; als Variante gibt es sie vielleicht als "feministische Linguistik" oder auch (mit-)aufgehoben in einem Teilbereich, der sich "Sprache und Geschlecht" nennt. Selbst eine "Arbeiterlinguistik" - als Linguistik *für* und *der* Arbeiter wurde m.W. auch in den stürmischsten Zeiten der "Revolte" nicht versucht. "Gastarbeiterdeutsch" als Begriff läßt ähnliche Fragestellungen aufkommen: Nur sind hier zumindest parallele Prägungen gängig, wie "Wissenschaftlerdeutsch" oder "Juristendeutsch", ohne daß diese damit allerdings in den Rang einer linguistischen Subdisziplin gehoben worden wären. (Sie werden beispielsweise unter "Fachsprachen-Linguistik" geführt.)

Die Etablierung eines sozialkategoriengebundenen linguistischen Zweiges versperrte auch den frühen Anschluß an die linguistische Pragmatik, wie sie seit Anfang der siebziger Jahre in der BRD rezipiert und entwickelt wurde und mit ihrem Konzept von

Sprache als Handeln (Sprechakte) und der Situationsgebundenheit von Sprechakten Sprecher und Sprachgebrauch in den Mittelpunkt stellte.[36] Der Grund für die einseitig sozialdialektologische Ausrichtung der "Gastarbeiterlinguistik" mag prinzipiell an amerikanischen Vorbildern gelegen haben, an den verantwortlichen Forschern und deren Geldquellen, v.a. aber wohl an der prinzipiellen Relevanz jener integrationshemmenden Problematik "eingeschränkter Kommunikationsmittel". Dies führte zu der schon erwähnten Ent-Autonomisierung der "Gastarbeiter". Gegen eine Ausrichtung der Methoden 'am Gegenstand' ist natürlich prinzipiell nichts einzuwenden, allerdings bedarf es dann einer fundierten Bedarfsanalyse, von der in Bezug auf die "Gastarbeiter"-Problematik nicht die Rede sein konnte.

2.1.7 Ethnizität: ausgrenzende Praxis — erklärende Theorie

Die so weit beschriebenen und kritisierten Ansätze waren in der Tat alles andere als ethnizitätsorientiert, die definierten Probleme galten kaum als 'ethnisch relevant', sondern waren vordergründig 'rein' sozialer und sprachlicher Natur. "Gastarbeiterdeutsch" war zu sehen als linguistisches Korrelat einer sozialen Problematik und natürlich waren die Bedingungen, die das "Gastarbeiterdeutsch" hervorbrachten, typisch für die der "ausländischen Arbeiter" in der BRD. Die — hier noch unfreiwillige — Ausklammerung von Ethnizität ähnelt in vieler Weise neueren Herangehensweisen in der angelsächsischen Debatte der 'race relations'. Dort versucht man der Fixierung auf rassische, kulturelle, ethnische etc. Sichtweisen strukturelle und klassenspezifische Argumente entgegenzuhalten, die die 'multikulturell' diversifizierte Gesellschaft wieder auf ihren entscheidenden spätkapitalistischen Nenner (zurück-)bringen sollen. In der bundesrepublikanischen Debatte sind vergleichbare Ethnizitätsperspektiven vor allem durch die "Ausländerpädagogik" und deren Konzept der "multikulturellen Erziehung" ins Spiel gebracht worden.[37] Dennoch muß die Fixierung auf das "Gastarbeiterdeutsch" (bzw. die Konstitution einer "Gastarbeiterlinguistik") als einseitige Unternehmung mit unversehen ethnisierender Zuarbeit zu einer *diskriminierenden* Grundströmung in der Gesellschaft gesehen werden. Keinesfalls kann der "Gastarbeiter"-Status als Voraussetzung für diejenige Lernersprache gesehen werden, wie sie sich in der Beschreibung und Analyse des "Gastarbeiterdeutsch" niedergeschlagen hat. Die Subsumtion ganzer Kataloge linguistischer Defizite unter eine pan-ethnische und soziale Kategorie sowie die determinative Verbindung einer 'defizitären' Varietät des Deutschen mit einer sozialen und pan-ethnischen Kategorie konnte den *Sonderstatus* dieser Kategorie nur verstärken. Denn von allen *möglichen* unterscheidbaren Kriterien gegenüber 'Deutschen' hatte diese 'Ethnisierbarkeit' längst den markantesten Distinktionsstatus zwischen 'uns' und 'denen' angenommen. Ethnizität wurde einerseits immer deutlicher 'verwendbar' als *ausgrenzende Praxis* im alltäglichen Miteinander zwischen 'Inländern' und 'Ausländern' und andererseits immer deutlicher verwertbar als *erklärende Theorie* bei den beteiligten Wissenschaften.

2.2 Die Angewandte ("Gastarbeiter"-)Linguistik

Die oben beschriebene "Gastarbeiterlinguistik" mit ihrer primär soziolinguistischen Ausrichtung fand ihr Pendant in der Angewandten Linguistik, vor allem in der Sprachlehrforschung, aber auch in der Psycholinguistik. Die Sprachlehrforschung fungierte gewissermaßen als Bindeglied zwischen den "gastarbeiterlinguistischen" Theorien und den praktischen, "ausländerpädagogischen" Notwendigkeiten 'vor Ort', wie in der Schule, wo der Ruf nach handhabbaren Operationalisierungen des 'Sprachproblems' immer lauter wurde, denn schon längst war "die zweite Generation" ja das 'Hauptproblem' der "Gastarbeiterproblematik" geworden.

2.2.1 Interferenz — sprachlich

Hier bot die "Interferenzhypothese" als eine der "großen Hypothesen" zum Zweitspracherwerb (Bausch & Kasper 1979)[38] eine attraktive Lösung an. Die These besagt, daß einmal erworbenes Wissen über die Sprachstruktur auf neu zu lernende Sprachen übertragen wird. Dieses Wissen ist natürlich implizit und wird unhinterfragt in die neuen Kontexte mitgenommen. In vielen Fällen ist die übernommene Regelanwendung korrekt, in anderen Fällen kommt es jedoch zu einem negativen Transfer. Probleme der Aussprache, der Grammatik und noch der Pragmatik konnten jetzt auf Interferenzen aus der Muttersprache zurückgeführt werden (z.B. Meyer-Ingwersen u.a. 1977, Hess-Gabriel 1979).[39] In einer Phase nun, in der Mißverständnisse und schließlich das Scheitern in der Inländer-Ausländer-Kommunikation zum Thema gemacht wurden, konnten falsche Übertragungen auch noch im Falle eines fortgeschrittenen Lerners als Erklärungsmuster herhalten. Obwohl innerhalb der Psycholinguistik die Interferenzhypothese schon längst durch kognitionsuniversalistische Befunde relativiert worden war, erfreute sie sich als wissenschaftliches und pseudowissenschaftliches common sense Erklärungsmuster höchster Beliebtheit.[40] Die kontrastive Linguistik, ein traditionsreicher Zweig, lieferte dabei die Methoden, Sprachsysteme miteinander zu vergleichen und Fehlerquellen zu prognostizieren.[41]

2.2.2 Interferenz — kulturell

Die empirisch nachweisbaren — wenn auch begrenzten — Interferenzen beim ungesteuerten Zweitspracherwerb ließen sich selbst bald auf andere Verhaltensregionen der 'Ausländer' übertragen, denn "kulturelle und sprachliche Unterschiede" schienen ohne weiteres nebeneinander stellbar, zwei separaten 'Systemen' entspringend, mit gleichen Methoden 'behandelbar' zu sein.[42] Das Interferenzmodell proliferierte zunächst über Fort- und Weiterbildungen in die Schule, dann auch in andere gesellschaftliche Bereiche. Der Diskriminierung konnte so eine Erklärung für Verständigungsschwierigkeiten und das Anderssein entgegengehalten werden.

Der Niederschlag der Interferenz-'Theorie' war vielseitig: Es boten sich jetzt Deutungen an zum Autoritätsgefälle gegenüber deutschen und türkischen Lehrern, zu den Verhaltensdiskrepanzen gegenüber Männern und Frauen und selbst noch zum Erfolg türkischer breakdance-Gruppen.[43] Im Gegensatz jedoch zu einschlägigen linguistischen Analysen, die in ihren kontrastiven Studien mit vermeintlich vergleichbaren *Systemen* zu tun hatten und vergleichend identifizieren konnten, war die Übernahme in andere Bereiche rein eklektisch. So finden sich kaum einschlägige Theoretisierungen in der Literatur wieder, wohl aber interferenz-'theoretische' Versatzstücke. Der stärkste Wirkungsgrad der Interferenzhypothese ging jedoch nicht von der Fachliteratur selbst aus, sondern von der Attraktivität der damit verbundenen Deutungsmuster, die die Ursachen 'interethnisch' konfliktuösen Handelns *lokalisierbar* machten: in den 'Ausländern', in deren sprachlicher, kultu-reller, sozialisatorischer *Herkunft*.[44]

2.2.3 Folgen

Damit war gleichzeitig ein weiterer Schritt zur 'Ethnisierung' der 'anderen' vollzogen. Zwar waren die Ursachen nicht mehr zwangsläufig defizitär, sondern *different*, aber sie waren nicht interaktional bedingt, lagen nicht in der *interaktionalen* Verantwortung begründet. Die Verortbarkeit der Probleme − Sprach-, Lern-, Verhaltensprobleme − war vielmehr begründet im 'ethnischen Andern'. Wie stark diese Bindung war und was das für das Ziel der Integration bedeutete, ist eine der daraus resultierenden Folgedebatten. Entscheidend ist wohl, daß diese Erklärungsmuster weiterhin 'monologischer' Natur waren, sie entlasteten so die Mehrheitsgesellschaft vom Handeln und verlangten allerhöchstens 'Verstehen'. Und so war es immer noch nicht Ethnizität als *interaktionaler*, 'dialogischer' Identifikationsprozeß, die in die Diskussion kam, sondern wurde durch jene unversehene Ethnizität der 'Deutschen', der Mehrheitsgesellschaft unterlaufen, indem über die Ethnisierung der anderen bzw. über das Differente als kulturelle, ethnische und sozialisatorische Verortung *im Anderen* die *eigene* Ethnizität demonstriert wurde.

Doch dieser Prozeß betraf, wie eingangs angesprochen, keineswegs nur die Wissenschaften. Was bei der Suche nach wissenschaftlichen Erklärungen und Lösungen unversehens mit herauskam, war im öffentlichen interethnischen Kontakt zwischen 'Inländern' und 'Ausländern' das gewollte und ungewollte Resultat spontaner und institutionalisierter Kommunikationsprozesse. Einigen solcher exemplarischen Fälle werde ich mich im weiteren − wenn auch nur kurz − zuwenden.

3. Die Ethnisierung der "Gastarbeiter" im Alltagsdiskurs

Ethnizität ist qua Definition 'Inter-Ethnizität', will sagen, daß Ethnizität als Prozeß zwischen gesellschaftlichen Gruppen aktives Mit- bzw. Gegeneinander beinhaltet.

Ethnizität ist ein interaktionales Phänomen, ob zwischen den einzelnen Mitgliedern als "porte-paroles" ihrer Gruppe, Klasse, Kategorie etc.[45] oder als Gruppeninteraktion über andere die Gruppen(sicht) repräsentierende Instanzen (vgl. Barth und Wallman, Anm. 2 und 3).

3.1 Die alltägliche Ethnisierung

Ethnisierung hingegen ist weniger gleichgewichtig, gleichwohl keineswegs monologisch. Zwar kann man 'ethnisieren' und 'ethnisiert werden' — eine Ableitung, die Ethnizität formal nicht zuläßt-, aber Ethnisierung verlangt als Resultat immer ihre Ratifizierung durch die So-Ethnisierten, weniger durch ein "Ja", sondern durch die mehr oder weniger nachvollziehbare Symbolisiertheit dieses Akts, die in den *Methoden* des So-Sagens der 'Sager' und So-Verstehens der 'Versteher' zu suchen ist - "making accountable", wie es die Ethnomethodologen mit Garfinkel sagen.[46] Die Ethnizität der 'Inländer' qua Ethnisierung der 'Ausländer' ist genau in diesem Sinne methodisch nachvollziehbar.

Die ethnomethodologische Konversationsanalyse[47] und das ethnomethodologische Konzept des Kategorisierens[48] liefern dabei die interpretativen Methoden, die Methoden der Kommunikationsparteien ('members') sichtbar und verstehbar zu machen. Im Rahmen einer interpretativen und interaktionalen Soziolinguistik sind die ethnomethodologischen Ansätze wichtige Ingredienzen, der oben vermuteten 'Homologie' wissenschaftlicher Konstitutionstätigkeit und alltagsweltlicher interaktionaler Konstitutionstätigkeit auf die Spur zu kommen.[49]

3.2 Kommunikationsstrukturelle Methoden der Ethnisierung

Symbolisierer der interaktionalen Konstitution sind z.B. in sog. Kontextualisierungshinweisen zu finden. Das Konzept geht auf den Soziolinguisten John Gumperz zurück, der es besonders am Beispiel interethnischer face-to-face-Kommunikation entwickelt hat.[50] Allgemein kann man darunter "all jene Verfahren verstehen, mittels derer die Teilnehmer an einer Interaktion für Äußerungen Kontext konstituieren."[51] Das sind alle möglichen Zeichen auf der Ebene der linguistischen Interaktionsstruktur, prosodische und phonetische Merkmale genauso wie die Wortwahl, wie das codeswitching zwischen Sprachen, Varietäten und Modalitäten, oder wie Überschneidungen und Unterbrechungen der Redebeiträge.

Kontextualisierungshinweise werden nun auf eine bestimmte Art bzw. (im ethnomethodologischen Sinn) methodisch eingesetzt und machen damit sog. Schemata des Hintergrundwissens verfügbar, die beispielsweise einen Kontext dafür anzeigen, wie die Kommunikationsparteien zueinander stehen, worüber sie gerade reden, (inwieweit) wer mit wem gerade redet und wie der Typ der gerade vollzogenen Handlung zu verstehen ist.[52] Gumperz zeigt z.B. auf, wie einfache prosodische Realisierungen von Nachfragen pakistanischer Briten von englischen Briten als unfreundliche Einforderungen verstanden werden. Mit anderen Worten: die unterschiedliche Kontextualisierungsweise der einen schafft einen mißverständlichen Kontext für andere.

Doch neben einfachen u.U. auch überwindbaren Mißverständnissen in der interethnischen Kommunikation können so auch Ethnizität und Ethnisierung als zu verstehende Kontexte angezeigt und als solche interpretiert werden. Diese sind allerdings nicht 'heilbar' durch Kurse zum Verständnis unterschiedlicher Konventionen, sondern sind Reflexe der klassenstrukturellen Ordnung ('Prätexte') zwischen Inländern und bestimmten Kategorien von Ausländern (früher subsumierbar unter "Gastarbeitern"). Natürlich sind sie keine Reflexe in eine Richtung, sondern sie werden in permanenten Spiegelungen von Spiegelungen zu ihren gegenseitigen Konstitutionsmerkmalen und ihren gegenseitigen Prä- und Kontextualisierungen.[53]

3.3 Praktische Interethnizität

Interethnische Kontexte der Ethnisierung und Ethnizität werden so auf vielerlei Weise geschaffen. Ich möchte im folgenden nur ein paar Beispiele für die Ethnisierung 'im Vollzug' zitieren, die ich an anderen Stellen wesentlich ausführlicher diskutiert habe.[54]

3.3.1 "Türken und Oberhauser feiern ..."

Nehmen wir eine einfache Zeitungsüberschrift aus dem Lokalteil einer Tageszeitung wie "Türken und Oberhauser feiern gemeinsam kleines Jubiläum"[55]: Das exkludierende Nebeneinander von "Türken" und "Oberhausern" als eine primär ethnische gegenüber einer primär residentalen Kategorie ist für den Leser nur verstehbar unter der Bedingung, daß Türken zwar in Oberhausen wohnen, sich aber aufgrund der Zugehörigkeit zu einer kontaminationsverdächtigen 'low status'-Kategorie von der Kategorie der Oberhauser kategorial unterscheiden — auch trotz der oftmals längeren Residenz der "Türken" als die "Oberhauser" -, und weil "Oberhauser" gegenüber "Türken" gleichzeitig auch ein *ethnisches* Kontrastpotential einschließt und "Oberhauser" mit der exklusiven Zugehörigkeit "Deutsche" konnotiert. Türken können so keine 'Oberhauserschaft' erlangen oder textuell beanspruchen, weil 'Türkisch-Sein' oder 'Türkenschaft' als 'unanfechtbares' Identi-tätsmerkmal alle anderen zugeschriebenen Eigenschaften dominiert. Es wird zum entscheidenden *Kernmerkmal* im Verbund mit 'sozial', 'kulturell' oder 'sprachlich'; es ist im Endeffekt ethnisch und sozial in einem gegenüber einer Kategorie, die dadurch residental *und* ethnisch in einem *wird*. Der Kontext, der auf diese Weise geschaffen wird, besagt, daß 'Türken' zwar in Oberhausen wohnen und im administrativen Sinn auch Oberhauser sein können, sie können aber nicht als solche *verstanden* werden, sondern ihnen muß entsprechend ihrer kategorialen

Zugehörigkeit, die sie von allen anderen *möglichen* Zugehörigkeiten immerzu kategorisch unterscheidet, bereits in Zeitungsüberschriften ein eigener Platz zugewiesen werden.

3.3.2 Zweierlei Verbote

Oder nehmen wir ein einfaches zweisprachiges Verbotsschild, das sich in einem Stadtteil befand, in dem viele türkischsprechende Kinder auf der Straße spielten: Oben auf dem Schild stand groß "Ball spielen verboten", darunter genauso groß "top oynamak yasaktir".[56] Letzteres ist Türkisch und heißt "Ball spielen ist verboten". Dieses Schild war zwar zweisprachig, dennoch war es in erster Linie zu verstehen als ein Verbot, das an die Türken gerichtet war. Der deutsche Text war gleichsam die Übersetzung für Deutsche, die so darauf verwiesen wurden, daß *für Türken* (bzw. eine andere Kategorie von Ausländern, deren Sprache man nicht als eine der gängigen Fremdsprachen identifizieren konnte) das Ballspielen an jenem Ort verboten war. Fragt man sich, unter welchen örtlichen Bedingungen ein solches zweisprachiges Verbotsschild aufgestellt wird, stößt man schnell darauf, daß z.B. besagte Gegend ein sog. Türkenviertel war, in dem hauptsächlich türkische (und andere 'ausländische' Kinder) auf der Straße Ball (u.a.) spielten. Weitere Evidenz dafür, daß in erster Linie 'Türken' Adressaten des Verbots waren, liefert der Tatbestand, daß der Verbotschild-Finger gerade qua türkischer Übersetzung auf sie als Türken gerichtet ist. Denn das Deutsche dient allgemein als *lingua franca*. Als solche spricht es die deutschsprachige wie anderssprachige Allgemeinheit an. Das Türkische hingegen spricht allein die Türken an. Eine so kontextualisierte Zweisprachigkeit (oder besser: zweisprachige Einsprachigkeit) ist gerade dann verdächtig, wenn die angesprochene Sprachgruppe ansonsten sprachlich ausgeschlossen ist. Öffentliche Information in Türkisch findet man im allgemeinen nur, wenn es um Pflichten geht, weniger aber bei Rechten. (Nicht einmal bei den Instruktionen auf einem Fahrscheinautomaten der Stadtwerke oder der Bundesbahn findet die zweitgrößte Sprachgemeinschaft in der Bundesrepublik Deutschland [= die türkische nämlich] sprachlich Berücksichtigung, hingegen wird mehrsprachig vor dem Schwarzfahren gewarnt.) Allgemein korrespondiert dieser Sprachstatus mit dem rechlichen Status von "Mitbürger" (als Nichtbürger) gegenüber dem mit allen Bürgerrechten versehenen Bürger. Die türkisch-deutsche Zweisprachigkeit des Verbots wird so zur positiven Diskriminierung hier — als euphemisierende Metapher für die Nicht-Integrierbarkeit.

Der Kontext, der damit konstituiert wird, ist in etwa der folgende: Wenn schon eine offizielle Information in Türkisch auch noch ein Verbot beinhaltet und damit einen Hinweis auf mögliche Übertretungen impliziert, dann unterstellt es auch die Notwendigkeit eines solchen prophylaktischen Verbots an eine solche Kategorie. Prätexte (der Sprachpolitik, der Definitionen von Integrierbarkeit, der öffentlichen Zweisprachigkeit etc.) schaffen so einen Kontext, der noch die Lesart eines Verbotsschildes affiziert. Der türkische Text wird so zum Kontextualisierungshinweis, wie das Verbot zu verstehen ist. Als Nachbemerkung zu diesem Fall: vier Jahre später existiert das Verbotsschild nicht mehr. Das Viertel ist saniert und in den touristisch attraktiven Teil der Altstadt integriert worden. Die türkischen Kinder spielen *hier* seit längerem nicht mehr.

3.3.3 "Türkischmann Du?"

Oder nehmen wir den Fall, wo ein Passant einen bettelnden Mann in einer Fußgängerpassage in eine Diskussion verwickelt.[57] Das Gespräch nimmt einen 'normalen' Verlauf, insofern ein Frage-Antwort-Schema über die Ungerechtigkeit des Bettelns und die mangelnde Sozialhilfe als Gesprächsfokus den Kontext schafft, die Rollen als Bettelnder und Spender in spe o.ä. zu ratifizieren bzw. in Gang zu halten oder — wie die interpretative Soziolinguistik es nennen würde — interaktional relevant zu machen. Der Passant ignoriert im Verlaufe des Gesprächs alle Versuche des 'Bettlers', sich von dieser Kategorie zu distanzieren, sich nicht als sozialen Fall darzustellen, sondern als Opfer eines temporären Engpasses. Der Passant akzeptiert dies nicht, sondern fällt in die Rolle des 'politischen Agitators', wenn er schließlich sagt:[58]

Passant: (emphatisch:) *Ja, muß man kämpfen gegen, Scheiße is das!*
Bettler: *Ja (ganz leise:) gut*
Passant: (pathetisch:) *Haben Sie viel gearbeitet bis jetzt und jetzt hier bei Ecke stehen und von Hunger von andre Menschen betteln*

Der Passant spricht mit 'ausländischem Akzent', wie man sehen kann. Das hat die Kommunikation jedoch bislang nicht beeinträchtigt. Dennoch werden wir sehen, wie dieses Indiz als ein spezifisches Zeugnis für etwas anderes relevant gemacht werden kann und damit ein neuer Kontext geschaffen wird. Das Gespräch geht nun wie folgt weiter:

Bettler: *Sie ham recht!*
Passant: *Es is nich gut.*
Bettler: *Nein, is nich gut*
Passant: *Ja*
Bettler: *Türkischmann Du?*
Passant: *Ja*
Bettler: *Ich merk es.*
Passant: *Ja, muß man helfen, aba + so*
Bettler: *Sie brauchn mir nich helfen!*
Passant: *Ja klar + ich meine + äähm + + wenn einer*
Bettler: (besonders schnell) *Sie ham = Sie ham recht!*

Das Gespräch geht nun schnell zu Ende. Der Bettler unterbricht die Wiederaufnahmeversuche des Passanten noch zweimal mit einem stereotypen "Sie ham (echt) recht!", dann gibt der Passant dem Bettler ein wenig Geld und mit einem "Wiedersehn!/Widdersehn!" ist die Begegnung beendet.

Der zweite Teil der Begegnung zwischen dem Passanten und dem Bettler steht nun in stärkstem Kontrast zum ersten Teil. Die kleine Frage nach der nationalen und ethnischen (aber damit auch nach der sozialen und sprachlichen) Zugehörigkeit schafft mit der beanstandungslosen Beantwortung einen völlig neuen Kontext. Die Legitimität der mit der Frage insinuierten Kompetenzen (nicht richtig Deutsch zu können, geduzt werden zu können) wird bereits mit dem So-Fragen-Können bekräftigt, weil die Kommunikationssituation damit eine andere ist, die Kommunikationspartner damit ganz andere sind. Und damit wird auch ein ganz anderer, nämlich *interethnischer* Kontext relevant gemacht, der alle bisherigen Rechte und Pflichten im Gespräch verändert: Der Gefragte darf jetzt fragen, der Frager fragt nicht nur, er darf Kompetenzen unterstellen; weiterhin darf er nun unterbrechen, darf stereotype Antworten geben und meinen, was er nicht sagt, vielmehr aber *wie* er es sagt; er darf kategorisch ablehnen; er kann das aufgebaute Bindungspotential des Gesprächs ignorieren; er kann schließlich die aktuelle Interaktionsgeschichte zwischen dem Passanten und ihm ignorieren — alles, weil aus dem Passanten ein "Türkischmann" zu machen war.

Und der "Türkischmann" ist nicht nur eine lokale sprachliche Verunstaltung (Foreigner Talk), sondern *verweist*, ja transzendiert den So-Kategorisierten auf den globalen Prätext der sozialen, kulturellen und sprachlichen Rolle des 'generalisierten' Türken als "Gastarbeiterdeutsch"-sprechenden, sozial und kulturell nicht-integrierbaren "Gastarbeiter". Die "Türkischmann Du?"- Kategorisierung war dabei eine mögliche Gegenkategorisierung zur penetranten Bettler-Kategorisierung des Passanten. Aber es war unter den gesellschaftlichen Bedingungen der Begegnung die stärkste und markanteste aller möglichen Kategorisierungen. Die damit vollzogene Ethnisierung war gleichzeitig Ausdruck der Ethnizität des Bettlers, genauer, Ausdruck seiner gruppenmäßigen Zugehörigkeit als Deutscher (oder Nicht-'low status'-Inländer), die im vorliegenden Fall als notwendige Aus- und Abgrenzbarkeit situativ zur Verfügung stand — aber nur, weil sie auch gesellschaftlich als solche verfügbar war.

4. Die Ethnisierungspraxis in Wissenschaft *und* Alltag

Die obigen Beispiele können fortgesetzt werden. Die täglichen Interaktionen zwischen und mit 'In-' und 'Ausländern' werden bei näherem Hinsehen ähnliche Ethnisierungen offenlegen. Ethnizität ist dabei nicht eine Erscheinung der 'Anderen' — ob im wissenschaftlichen Sinne oder im alltäglichen Sinn. Ethnizität 'passiert' auch 'uns', sei es als Wissenschaftler oder Gesprächspartner. 'Wir' sind selbst in vielerlei Weise 'ethnischer' als wir meinen. Ethnizität ist nur nicht als solche reflektiert. Aber die Ethnizitätsdiskurse sind zahlreich, sie heißen nur anders. Ich habe versucht, sie als solche exemplarisch zu dekuvrieren. Ob im Fall der unversehenen Ethnisierung der "Gastarbeiter" durch die Gastarbeiterlinguistik" oder das "Gastarbeiterdeutsch" im wissenschaftlichen Diskurs oder ob durch jene Formen der unversehenen Ethnisierung im alltäglichen Stegreif- oder Behördengespräch[59] als nicht-wissenschaftlichem Alltagsdiskurs — immer sind es jene vermeintlich kategorienspezifischen Kernmerkmale, die als *pars pro toto* anfangen, ein Eigenleben zu führen, und zu bequemen Deutungsmustern im Umgang mit vorgeblichen Problemen werden, Problemen vor Ort im Gespräch oder im Vorort oder als gesamtgesellschaftlich definiertes Problem.

Die Methoden der Konstitution ethnischer Minderheiten ähneln sich dabei in frappierender Weise, weil dort, wo die Verkopplung der Ethnizität (im eingeschränkten Sinn) mit Eigenschaften, die dieser *nicht ursächlich* sind (und welche könnten das überhaupt sein?), dennoch hergestellt wird, zum bestimmenden Kontext gemacht wird. "Gastarbeiterdeutsch", weil seine Sprecher "Gastarbeiter" sind oder "Türkischmann", weil agitatorische Respektlosigkeit pariert werden muß? Ein Schild nur dann in Türkisch, wenn einer residentalen Minderheit etwas zu verbieten ist? Und das Nebeneinander in den Zeitungsnachrichten nur, wenn auch verstehbar gemacht werden kann, daß es sich um exklusive Kategorien handelt, deren Exklusivität in vordergründig residentaler Teilhabe- bzw. Nichtteilhabeschaft besteht?

In allen Fällen wird ein Kontext konstruiert, mitkonstituiert und in der interaktionalen Unhinterfragtheit schließlich auch konstitutiv verantwortet, der gesellschaftliche, situative und interaktionale Konflikte dadurch definiert und löst, daß ethnisch-gebundene Kernmerkmale zum Fokus und Lokus derselben gemacht werden. Die Linguistik, für manche eine Wissenschaft auch mit einem sozialen Anspruch, hat Fokus und Lokus der kommunikativen Probleme der eingewanderten Minderheiten — zumindest für eine lange Zeit — in diese selbst, letzendlich in deren Münder verlegt.

Anmerkungen

1 Vgl. beispielsweise Giles, H. (Hg.): Language, Ethnicity and Intergroup Relations. London 1977 oder Journal of Multilingual and Multicultural Development (JMMD) Vol. 3, No. 3, 1982 "Special Issue on Language and Ethnicity". In der JMMD als auch in der International Journal of the Sociology of Language (IJSL) ist der Zusammenhang von Sprache und Ethnizität rekurrentes Thema. Die "Black English"-Debatte tangierte hier ebenfalls das ethnicity-Problem; vgl. Whatley, E.: Language among Black Americans. In: Language in the USA, Ferguson, C.A./Heath, S.B. (Hg.). Cambridge 1981, sowie Kap. 5 in Hewitt, R.: White talk black talk. Cambridge 1986.
2 Meine Übersetzung v. Wallman, S.: Introduction: The Scope for Ethnicity. S. 3. In: ds. (Hg.): Ethnicity at Work. London 1979.
3 Vgl. Barth, F.: Introduction. In: ds. (Hg.): Ethnic Groups and Boundaries. Bergen-Oslo 1969.
4 Das Zitat wäre beliebig austauschbar und spiegelt die wohl entscheidende schuladministrative Strategie wieder. Daß das "Sprachproblem" noch 1982 als das brennendste Problem angesehen wurde, spricht Bände. Zur Kritik an einer solchen schulpolitischen und 'ausländerpädagogischen' Problemkonzeptualisierung, vgl. Czock, H./Radtke, F.-O.: Sprache-Kultur-Identität. Die Obsessionen der Migrationspädagogen. In: Stüwe, G./Peters, F. (Hg.): Lebenszusammenhänge von Ausländern und pädagogische Problematik. Bielefeld 1984.
5 Die neue Sprachenvielfalt war damit natürlich nicht erschöpft. Denn viele der Herkunftsregionen sind zudem (anerkanntermaßen oder nicht) mehrsprachig.
6 Und natürlich traten nicht nur die Linguistik bzw. einige interessierte Teile des Fachs auf den Plan, sondern schon lange vorher die Soziologie, und in etwa zeitgleich mit der Linguistik auch die Pädagogik, die sich besonders mit der "Zweiten Generation" ihr Arbeitsterrain absteckte.

7   Aus einem Kommuniqué einer Fachtagung der IG Metall und des Außenrats der ev. Kirche 1973; zitiert nach Heidelberger Forschungsprojekt "Pidgin-Deutsch", Sprache und Kommunikation ausländischer Arbeiter, Kronberg/Ts. 1975, S. 11f. Das Zitat ist austauschbar und soll hier nur als ein typisches Beispiel dienen.
8   Bußmann, H.: Lexikon der Sprachwissenschaft. Stuttgart 1983, S. 157. Es gibt natürlich ausführlichere Definitionsversuche als einen Lexikoneintrag; vgl. z.B. die Übersicht und Zusammenfassung in Kap. 1 und 2 von Keim, I.: Untersuchungen zum Deutsch türkischer Gastarbeiter. Tübingen 1984. Allen Definitionsversuchen gemeinsam ist, daß die *Abweichungen* von der Zielsprache kriterial sind, die "im wesentlichen durch außersprachliche Erwerbsbedingungen verursacht" werden (Keim, ebenda. S. 3).
9   Clyne, M.: Zum Pidgin-Deutsch der Gastarbeiter. In: Zeitschrift für Mundartforschung 35, 1968. Erwähnenswert ist, daß mit Clyne ein ausländischer Linguist die Forschungsinitiative ergriffen hat und eine vermeintlich marginale und vorübergehende Sprachvarietät des Deutschen zum wissenschaftlichen Gegenstand erhoben hat.
10 1968 markierte mit der Mona-Konferenz auf Jamaica ein entscheidendes Datum in der Pidgin- und Kreolsprachenforschung (vgl. Hymes, D. (Hg.): The Pidginization and Creolization of Languages. London 1971). Die frühere Auffassung von Pidginisierungsprozessen allein als Kontaktsprachenphänomen, zudem unter meist kolonialen Bedingungen, machte die Lernervarietäten der "Gastarbeiter" in der Tat zu einem nachweisbaren Prozeß möglicher Pidginogenese. Zum aktuellen Stand der Forschung siehe z.B. Romaine, S.: Pidgin and Creole Languages. London/New York 1988.
11 Heidelberger Forschungsprojekt "Pidgin-Deutsch", Sprache und Kommunikation ausländischer Arbeiter, Kronberg/Ts. 1975. Das 1974 begonnene Projekt hat in der Folgezeit eine Vielzahl von Veröffentlichungen als Gruppe und als Einzelpersonen aus dem Projekt auf den Markt gebracht (Dittmar/Klein/Rieck u.a.). Als neueren Übersichtsartikel mit vielen Verweisen auf frühere Veröffentlichungen, siehe Dittmar, N./Stutterheim, C. v.: On the Discourse of Immigrant Workers: Interethnic Communication and Communication Strategies. In: Dijk, T. van (Hg.): Handbook of Discourse Analysis. Vol. 4. London 1985. Der Artikel spiegelt bereits im Titel den 'Paradigmenwechsel' von der "Gastarbeiterlinguistik" zur "Interkulturellen Kommunikation" wieder und ist auch insofern ein interessantes Dokument (vgl. 2.1.5).
12 Vgl. hier vor allem die Arbeiten von Meisel, J.: Ausländerdeutsch und Deutsch ausländischer Arbeiter. Zur möglichen Entstehung eines Pidgin in der BRD. In: Zeitschrift für Literaturwissenschaft und Linguistik, Jg. 5, Heft 18, 1975 sowie HDP 1975 (siehe Anmerkung 11).
13 Vgl. HDP 1975 (Anm. 11), S. 43.
14 Siehe dazu als einen ersten Versuch in diese Richtung: Hinnenkamp, V.: The Refusal of Second Language Learning in Interethnic Context. In: Giles, H. u.a. (Hg.): Language: Social Psychological Perspectives. Oxford/New York 1980.
15 Der Rückblick erleichtert solch kühne Urteile natürlich enorm. Die Verdienste des HDP sollen damit nicht geschmälert werden.
16 "Foreigner Talk" bezeichnet die auf Nicht-Muttersprachler (oder deren Kategorie) vermeintlich zugeschnittene Sprechweise der Einheimischen. Von der Erscheinungsform her bedeutet das allemal eine 'Abweichung' von der natürlichen Modellsprache. Diese 'Abweichungen' können auf allen möglichen linguistisch beschreibbaren Ebenen stattfinden: Von der Prosodie (z.B. langsame und betonte Sprechweise) bis zur grammatischen Verstümmelung ("ich nix verstehen", "Türkischmann Du?" etc.) und pragmatischen (rituellen etc.) Inadäquatheit (Duzen u.ä.). Über die Funktion(alität) ist damit noch nichts gesagt. Vgl. Hinnenkamp, V.: Foreigner Talk und Tarzanisch. Hamburg 1982.
17 Vgl. Bodemann, Y.M./Ostow, R.: Lingua Franca und Pseudo-Pidgin in der Bundesrepublik: Fremdarbeiter und Einheimische im Sprachzusammenhang. In: Zeitschrift für Literaturwissenschaft und Linguistik Jg. 5, Heft 18, 1975.
18 Vgl. HDP 1975 (Anm. 11), S. 84ff. und dazu Bodemann, Y.M.: "Pseudo-Pidgin" oder "einheimische Pidgin-Varietät"? Entgegnung auf die Heidelberger Kritik. In: Linguistische Berichte 47, 1975.
19 Vgl. Chomsky, N.: Aspekte der Syntax-Theorie. Frankfurt 1969. Zur "Simplifizierung" von Sprache: Hinnenkamp, V., 1982, 1. Kap. Zur "Universalitätsdebatte": ds., Eye-Witnessing Pidginization? Structural and Sociolinguistic Aspects of German and Turkish Foreigner Talk. In: York Papers in Linguistics 11, 1984 sowie Kap. 3.1 in Romaine, S., 1988.

20 Keim, I.: Untersuchungen zum Deutsch türkischer Arbeiter. Tübingen 1984.
21 Clahsen, H./Meisel, J.M./Pienemann, M.: Deutsch als Zweitsprache. Der Spracherwerb ausländischer Arbeiter. Tübingen 1983.
22 Keim, I.: Gastarbeiterdeutsch. Tübingen 1978. Ds.: Untersuchungen zum Deutsch türkischer Arbeiter. Tübingen 1984.
23 Kutsch, S./Desgranges, I. (Hg.): Zweitsprache Deutsch — ungesteuerter Erwerb. Tübingen 1985.
24 Antos, G. (Hg.): "Ich kann ja Deutsch!" — Studien zum 'fortgeschrittenen' Zweitspracherwerb von Kindern ausländischer Arbeiter. Tübingen 1988.
25 Clyne, M.: Zum Pidgin-Deutsch der Gastarbeiter. In: Zeitschrift für Mundartforschung 35, 1968; Orlovic-Schwarzwald, M.: Empirische Untersuchungen zur Morphologie und zum ungesteuerten Erwerb des Deutschen durch Erwachsene. Wiesbaden 1978.
26 Siehe Anmerk. 11.
27 Siehe Anmerk. 23.
28 V. Hinnenkamp, 1982; Roche, J.: Xenolekte. Struktur und Variation im Deutsch gegenüber Ausländern. Berlin 1989.
29 Auer, P.: Bilingual Conversation. Amsterdam/Philadelphia 1984.
30 Eine positive Ausnahme in der sonst eingeschränkten Orientierung auf Sprachdefizite bildet dabei das Konstanzer Projekt "Muttersprache italienischer Gastarbeiterkinder". In dieser Untersuchung stehen die (aufgrund der Migrationssituation besonderen) Interaktionen zwischen den italienischen Kindern im Vordergrund; vgl. Papiere des Projekts 'Muttersprache italienischer Gastarbeiterkinder' G1, Arbeitspapiere des SFB 99 Universität Konstanz; Nr. 109, August 1985. (Projektmitglieder: Auer, Bierbach, d'Angelo, di Luzio).
31 Labov, W.: Language in the Inner City. Philadelphia 1972.
32 Vgl. meine Ausführungen dazu in Anm. 11.
33 Von Rehbein hier nur exemplarisch zu nennen: Rehbein, J.: Diskurs und Verstehen. Zur Rolle der Muttersprache bei der Textverarbeitung in der Zweitsprache. In: Apeltauer, E. (Hg.): Gesteuerter Zweitspracherwerb. München 1987.
34 Auer, P./Luzio, A. di (Hg.): Interpretive Sociolinguistics. Tübingen 1984; Hinnenkamp, V.: Interaktionale Soziolinguistik und Interkulturelle Kommunikation. Tübingen 1989.
35 Allerdings gibt es hie und da Lehrveranstaltungen in der Soziologie, die schlicht "Gastarbeitersoziologie" heißen.
36 Für eine Übersicht über die linguistische Pragmatik im allgemeinen siehe Levinson, S.: Pragmatics. Cambridge 1983.
37 Vgl. auch Hamburger in diesem Band.
38 Bausch, K.-R./Kasper, G.: Der Zweitsprachenerwerb: Möglichkeiten und Grenzen der "großen" Hypothesen. In: Linguistische Berichte 64, 1979.
39 Meyer-Ingwersen, J. u.a.: Zur Sprachentwicklung türkischer Kinder in der Bundesrepublik. 2 Bde.. Kronberg/Ts. 1977; Hess-Gabriel, B.: Zur Didaktik des Deutschunterrichts für Kinder türkischer Muttersprache. Eine kontrastivlinguistische Studie. Tübingen 1979.
40 Vgl. auch hierzu Bausch/Kasper, Anm. 38.
41 Nickel, G.: Reader zur kontrastiven Linguistik. Frankfurt 1972; Raabe, H.: Trends in kontrastiver Linguistik I. Mannheim 1974.
42 Siehe z.B. Schwenk, H.: Türkisch — Deutsch. Kulturelle und sprachliche Unterschiede. Beispiele für soziokulturelle und linguistische Kontrastivitäten. In: Praxis Deutsch, "Deutsch als Zweitsprache", Sonderheft 1980.
43 Vgl. dazu z.B. Aussagen wie "Türkische Jungen machen ihrer Grundschullehrerin nicht selten Schwierigkeiten, weil sie nicht gewohnt sind, von Frauen Anweisungen entgegenzunehmen". In: Knörzer, W.: Konflikte türkischer Migranten in der Bundesrepublik. In: Türkische Kinder in unseren Schulen — eine pädagogische Herausforderung. Stuttgart 1982. (Nimmt man die Aussage einmal für bare Münze, ist die Frage berechtigt: Gibt es keine Lehrer*innen* in der Türkei? [Es gibt sie! In etwa genausoviel wie männliche Lehrkräfte.]) Vgl. auch meinen kleinen Exkurs in Hinnenkamp, V.: Interaktionale Soziolinguistik und Interkulturelle Kommunikation. Tübingen 1989, S. 15f.

44 Interessant ist hier, wie der Begriff "Herkunft" auch zum legitimen Determinativ in Zusammensetzungen wie "Herkunftssprache" und "Herkunftsland" wurde und somit gemäß der 'Interferenztheorie' Differentes doppelt lokalisierbar machte: in der Person des Ausländers und in dessen 'Herkunft'.
45 Vgl. Bourdieu, P.: Ce que parler veut dire. Paris 1982.
46 Garfinkel, H.: Studies in Ethnomethodology. Englewood Cliffs NJ, 1967.
47 Bergmann, J.: Ethnomethodologische Konversationsanalyse. In: Schröder, P./Steger, H. (Hg.): Dialogforschung. Düsseldorf 1981; Schegloff, E.: Discourse as an interactional achievement. In: Tannen, D. (Hg.): Analyzing Discourse: Text and Talk. Washington D.C. 1982; Schegloff, E.: Discourse as an interactional achievement II. In: Tannen, D. (Hg.): Linguistics in Context: Connecting Observation and Understanding. Norwood NJ, 1988.
48 Zur Übersicht vgl. Kap. 5 bei Benson, D./Hughes, J.A.: The Perspective of Ethnomethodology. London/New York 1983.
49 Siehe Hinnenkamp, V.: Interaktionale Soziolinguistik und Interkulturelle Kommunikation. Tübingen 1989; Hinnenkamp, V./Selting, M. (Hg.): Stil und Stilisierung. Arbeiten zur Interpretativen Soziolinguistik. Tübingen 1989.
50 Gumperz, J.J.: Discourse Strategies. Cambridge 1982; Ds. (Hg.): Language and Social Identity. Cambridge 1982.
51 Auer, P.: Kontextualisierung. In: Studium Linguistik 19, 1986, S. 24.
52 Vgl. Auer 1986.
53 Vgl. die theoretischen Ausführungen dazu in Hinnenkamp, V. 1989.
54 Siehe Kap. 4 bei Hinnenkamp, V. 1989; und ds.: Die Stilisierung von Ethnizität. In: Hinnenkamp, V./Selting, M. (Hg.), 1989.
55 Augsburger Allgemeine v. 23.1.1986. Oberhausen ist ein Vorort von Augsburg.
56 Im türkischen Text befinden sich zwei kleinere Fehler: Auch im Türkischen verlangt der Text- bzw. Satzanfang die Großschreibung; das "i" in "yasaktir" ist falsch geschrieben. Aufgrund der Lautharmonie muß hier ein zentralisierter i-Vokal stehen, der im Türkischen ohne den Punkt geschrieben wird. Zumindest erhalten wir mit dieser Nachlässigkeit einen Hinweis darauf, unter welchen Bedingungen orthographische Normverstöße zulässig sind.
57 Aus dem Datenkorpus von Tonbandaufnahmen zwischen Muttersprachlern des Deutschen und des Türkischen, vgl. Hinnenkamp, V., 1982.
58 Das folgende Transkript ist nur ein Ausschnitt, die Transkription für den hiesigen Zweck vereinfacht. Der angehängte Bindestrich ("gut") besagt, daß die Stimme 'in der Schwebe' ist, so als wolle der Sprecher noch weiterreden; das Gleichheitszeichen ("Sie ham = Sie ham") steht für einen besonders schnellen Anschluß; die Unterstreichungen sind gleichzeitig gesprochene Passagen (gilt nur für jeweils zwei Zeilen untereinander); die einfachen und doppelten Pluszeichen (" + ", " + + ") stehen für eine kurze und auffällige Pause bzw. für eine längere Pause.
59 Zu ähnlichen Verfahrensweisen bei der Behörde siehe Hinnenkamp, V.: Zwangskommunikative Interaktion zwischen Gastarbeitern und deutscher Behörde. In: Rehbein, J. (Hg.): Interkulturelle Kommunikation. Tübingen 1985; sowie Kap. 5 in Hinnenkamp, V., 1989.

Delia Frigessi Castelnuovo

Das Konzept Kulturkonflikt —
Vom biologischen Denken zum Kulturdeterminismus

1. Migration und Geisteskrankheit

Die Modelle zum "interkulturellen Konflikt und Kontakt" fügen sich ein in die wesentlich weiteren und komplexeren theoretischen Konzepte, in denen das Überkreuzen und Aufeinanderfolgen von Kulturen, der kreative Prozeß des sich-wechselseitigen-Durchdringens und des polyvalenten Wieder-Zusammenfügens beschrieben werden. Es besteht in der herrschenden Diskussion ein grundsätzlicher Konsens über die risikoreichen Folgen des Kontaktes zwischen unterschiedlichen Kulturen und über die Veränderungen, die durch ihn in den Individuen, die ihm ausgesetzt sind, erzeugt werden. Ich beabsichtige, mich vor allem mit diesem Aspekt des interkulturellen Kontaktes zu beschäftigen, besonders mit dem sogenannten "Kulturschock", der direkt mit den Problemen der Migration und der ethnischen Minderheiten verbunden zu sein scheint.

Ein gigantisches Phänomen, die Masseneinwanderung aus Übersee, die für mehr als hundert Jahre — beginnend in den ersten Jahrzehnten des 19. Jahrhunderts — sich in das amerikanische Territorium ergoß und massiv ausländische Arbeitskraft bäuerlichen und nicht qualifizierten Ursprungs auf einen sich internationalisierenden Arbeitsmarkt warf, rief in der amerikanischen Öffentlichkeit eine Fülle von Reaktionen und Ängsten hervor. Diese verbanden sich mit den damals aktuellen Strömungen des Sozialdarwinismus, mit der verbreiteten Eugenik und mit dem Versuch, eine einlinig begründete Klassifizierung der Geisteskrankheiten zu konstruieren, zu einem fremdenfeindlichen protektionistischen und restriktive Maßnahmen begründenden Denken, das seine Wirkungen auch im legislativen, politischen und wissenschaftlichen Bereich haben sollte.

In einer von Reaktion gesättigten Atmosphäre stellte sich in der Vereinigten Staaten zum ersten Mal die Frage nach dem Zusammenhang von Migration und Geisteskrankheit, d.h. nach den traumatischen Folgen, die eine Emigration für Personen und Gruppen, die auswandern, haben kann. Diese Problemstellung erweitert sich, wenn gefragt wird: Wer emigriert? — was zu der davorliegenden Frage führt: Wer wird überhaupt von Geisteskrankheiten betroffen?

An der Seite von Ärzten, Politikern oder auch einfacher Publizisten fühlte sich eine neue Kategorie von Gesundheitsspezialisten, die Psychiater, vom politischen Zeitgeist der Epoche beeinflußt, dazu berufen, die Gesundheit und Überlegenheit des amerikanischen Volkes vor der Degeneration, deren Import durch die "foreign born" befürchtet wurde, zu retten. Über diesem Bemühen wurden die Ursachen vernachlässigt, die psychisches Leiden erst in medizinisch-klinisch feststellbare Beschwerden transformieren. Das galt natürlich nicht nur gegenüber den Einwanderern, die als Verrückte, als Delinquenten oder als Verbreiter von Geistesschwäche stigmatisiert wurden; das Stigma der Geburt, das Urteil der biologischen Geistesschwäche und der geistigen Unterlegenheit, wurden auf alle "Armen" ausgeweitet, auch auf die untergeordneten Klassen, die aus einer Perspektive betrachtet wurden, die sie im Licht angeborener Mangelhaftigkeit erscheinen ließ.

Aus dieser Haltung heraus wurde ihnen 1880 ein offizieller Bericht gewidmet (*Report on Defective, Dependent and Delinquent Classes*), der explizit einen Zusammenhang zwischen Kriminalität, benachteiligter Geburt und Abhängigen-Status auf dem Arbeitsmarkt konstruierte.[1] Wir haben in diesem *Report* die amerikanische Entsprechung der "classes dangereuses" vor uns, die Louis Chevalier für das Frankreich des 19. Jahrhunderts so gut beschrieben hat.[2] Und es war sicher kein Zufall, daß vier Jahre später die Association of Medical Superintendents of American Institutions for Insane, die spätere American Psychiatric Association, auf ihrer Jahresversammlung in Philadelphia einstimmig eine Resolution verabschiedete, die ausdrücklich die Hypothese von der geistigen Minderwertigkeit und der psychischen Verletzlichkeit bestimmter ethnischer und sozial untergeordneter Gruppen vertrat.[3]

Das Paradigma des biologischen Determinismus war in diesen Jahren äußerst verbreitet und so kann es nicht erstaunen, daß es auch auf die amerikanische Gesetzgebung Einfluß nahm, die sich von einer endogenen Konzeption der Geisteskrankheit leiten ließ, in der diese ausschließlich als durch die physische Konstitution bedingt begriffen und jede Mitverursachung durch interpersonelle Beziehungen ausgeschlossen wird. Ein solches Verständnis gestattete sogar die Rücksendung oder Deportation der "irrsinnigen" Ausländer in ihre Herkunftsländer. Die Geisteskrankheiten galten als organischen Ursprungs, konstitutionsbedingt und erblich, die Einweisung in eine psychiatrische Klinik hatte in dieser Sicht keinen Bezug zu den konkreten Lebensbedingungen der erkrankten Personen im Aufnahmeland. Krankheit sollte ausschließlich zurückführbar sein auf ein erbliches Leiden und galt als individuelle Degeneration. Epidemiologische Forschungen mit Hilfe vergleichender Fallstudien von im Ausland Geborenen und Einheimischen kamen fast unvermeidlich zu Ergebnissen zum Nachteil der ersteren: Geisteskrankheiten wurden in wesentlich höherem Prozentsatz unter den im Ausland Geborenen registriert, die Fälle von Schizophrenie betrugen sogar das Doppelte, und die verschiedenen ethnischen Gruppen erhielten geradezu eine Kennzeichnung je nach der ihnen eigenen Pathologie.

In diesen Jahren entstand die Theorie der *Negativauslese*, der der norwegische Psychiater Ødegaard mit der Veröffentlichung seines Buches 1932 endgültig eine unbestrittene wissenschaftliche Dignität verlieh. Nach Ødegaard bricht der Emigrant nicht nur mit einer Prädiposition zu geistigen Störungen auf, sondern er wird von der latenten Krankheit selbst zur Auswanderung getrieben. Es ist die geistige Verfassung mit ihren schizoiden Zügen und ihren psychopathischen Tendenzen, die letztlich die einzelnen zur Emigration treibt.

Die Reflexion auf kulturelle und soziale Einflüsse als vorursachenden Faktoren für die Erkrankung ist bei Ødegaard fast gänzlich ausgeblendet. Der Norweger ist der bekannteste und konsequenteste Vertreter einer Tendenz der *Naturalisierung des Sozialen*, die vor allem bis zu den 60er Jahren dieses Jahrhunderts italienische, schweizerische, französische, angelsächsische Psychiater vereint, indem sie das Soziale auf Biologisches verkürzt und damit die Frage der Beziehung zwischen Migration und Geisteskrankheit auf ein Moment physischer Konstitution reduziert.

2. Die Kulturschock-These

Die Theorie des *verrückten Migranten* stellt den extremen Gegenpart zu dem Konzept des *Kulturschocks* dar, das sich in den 60er Jahren begann durchzusetzen. Die biologische konstitutionalistische Hypothese erwies sich in der auf Statistiken und Zahlenmaterialien gestützten Kritik, die Benjamin Malzberg über 30 Jahre hinweg geführt hat, als unhaltbar. Der amerikanische Statistiker zeigte durch die systematische Untersuchung wichtiger sozialer Variablen, wie der geographischen Verteilung, der Aufenthaltsdauer oder der wirtschaftlichen Situation der Eingewanderten, daß entscheidende Bedeutung für die Einweisung in eine psychiatrische Klinik nicht das Merkmal der ethnischen Zughörigkeit hat, sondern daß ambientale und soziale Faktoren ausschlaggebend sind. Neue Impulse sollte die Forschung auch von ökologischen Untersuchungen erhalten und von Arbeiten, die die Auswirkungen der sozialen Schichtung auf die Situation der Immigranten berücksichtigten.[4]

Allerdings erschien vor allem die nordamerikanische Forschung zur Migration vorerst wenig empfänglich gegenüber den Erkenntnissen der Anthropologie, zum Beispiel gegenüber dem Werk von Franz Boas, das eine zentrale Bedeutung für die Entwicklung eines modernen anthropologischen Konzeptes von Kultur hat. Boas legte den Akzent auf die Vielfältigkeit, auf die Transformation, auf den *relativen* Wert aller Kulturformen und der von der Tradition determinierten Verhaltensweisen. Der Kulturbegriff begann zu einer Art Dreh- und Angelpunkt zu werden, um dessen Implikationen ein gewisser Teil der Sozialwissenschaften sich zu bewegen begann.[5]

Im Inneren des neuen Ansatzes, der sein Zentrum im Kulturbegriff hat, entstanden Theorien oder Theoriebruchstücke von begrenzter Reichweite. Unter diesen war auch die Theorie des *Kulturschocks*. Aber noch heute werfen ihr Soziologen — und nicht nur die amerikanischen — vor, über kein genau definiertes Konzept zu verfügen. Sicherlich handelt es sich um eine Theorie, die empirisch und durch quantifizierende Verfahren wenig ausgewiesen ist. Zwar gibt es wenige Arbeiten, in denen das Konzept explizit benutzt wird. Umso verbreiteter ist sein impliziter Gebrauch bei Anthropologen und Soziologen, die es oft auf schematische und subsumptionslogische Weise wie einen Schlüssel, der alle Türen öffnen können sollte, gebrauchen.

Für die Diskussion in der wissenschaftlichen Community können Handlin, Eisenstadt und Oberg als Gründungsväter der Kulturschock-Theorie gelten. Ihre thematisch grundlegenden Texte sind zwischen 1951 und 1960 veröffentlicht worden.[6] Handlin und Eisenstadt beziehen sich noch nicht explizit auf den Begriff Kulturschock, sondern sie behandeln eher die Entwurzelung der Eingewanderten, die sich aus dem Verlust ihrer ethnischen Identität und aus der Auflösung des Gemeinschaftslebens ergeben kann. Sie beziehen sich auf die Immigration als einen dynamischen Prozeß sozialen Wandels, der eine pluralistische Sozialstruktur entstehen lassen kann.

Oberg, den wir in Ermangelung genauerer Informationen als den Erfinder des Begriffs "Kulturschock" betrachten können, oder wenigstens als denjenigen, der ihn in der englischen Sprache eingeführt hat, unterstreicht die nachhaltige Bedeutung des Konflikts zwischen unterschiedlichen Werten, die den Eingewanderten dazu bringen, die Herausforderungen der sozialen Interaktion im Zuge seiner Eingliederung mißzuverstehen. In dieser Perspektive erscheint der Kulturschock als schwieriger und schmerzvoller Prozeß, der beim Zusammenstoß verschiedener Kulturen hervorgerufen wird und der Unbehagen und sogar Krankheit verursachen kann.

Eindrücklich befördert wurde das Konzept des *Kulturschocks* jedoch weniger von den genannten Arbeiten von Handlin, Eisenstadt und Oberg, sondern indirekt durch ihnen vorausgehende Studien von Park (1928) und Stonequist (1937) sowie in der verdienten Arbeit von Thomas und Znaniecki (1918-20)[7] über die nach Chicago eingewanderten polnischen Bauern. Der *marginalisierte Mensch* im Sinne Parks entwickelte bestimmte Merkmale, gerade weil er keiner der Traditionen, der Kulturen und der Gesellschaften, an deren Rand er sich befindet, angehört. Stonequist hat die Kriterien der Ausgrenzungssituation auf den rassischen und nationalen Konflikt begrenzt und betont als entscheidende Charakteristika der marginalisierten Persönlichkeit die Ambivalenz und die gespaltene Loyalität gegenüber den beiden Kulturen. Die Kulturschock-Hypothese hat ganz sicher durch diese soziologischen Reflexionen Plausibilität gewonnen, denn sie unterstreicht die Widersprüche und sozio-kulturellen Ambivalenzen, denen der Immigrant ausgesetzt ist und die denen des Ausländers ähneln, "dessen der heute kommt und morgen bleibt", wie es Simmel in seinem Exkurs über den Fremden[8] ausgedrückt hat.

In der Rückschau war die Theorie vom Kulturschock verbunden mit einer Öffnung und bedeutete eine Innovation, die einen eindeutigen Fortschritt gegenüber dem biologisierenden und deterministischen Paradigma darstellte, das — medizinischen Zuschnitts und stigmatisierend — bis dahin dominiert hatte. In einer ersten Phase erhielt die Kulturschock-These bedeutende Unterstützung durch Forschungsarbeiten über die geographische Mobilität im allgemeinen und über Urbanisierungs- und Modernisierungsprozesse im besonderen. Gezeigt werden konnte, daß die Einwanderer zum größten Teil bäuerlicher Herkunft waren und aus unterentwickelten Gebieten stammten. Der Kontakt mit einer anderen Welt von Werten und Normen, in der die ungeschriebenen Verhaltenskodexe, die Symbole, die Sprache nicht mehr gelten, in der der Arbeitsrhythmus, die soziale Wahrnehmung von Zeit und Raum grundsätzlich anders geartet sind, kann sich zu einem existentiellen und manchmal unheilbaren Konflikt verdichten.

Zwei Psychiater, Risso und Böker, haben in den 60er Jahren psychische Erkrankungen untersucht, die bei aus Süd-Italien in die deutsche Schweiz emigrierten Arbeitern beobachtet wurden.[9] Die Autoren haben auftretende "Umnachtungserscheinungen" dem Konflikt zwischen der magisch geprägten Herkunftswelt der Betroffenen, in der Liebe und Tod eine dominierende Rolle einnehmen, und der Schweizer Gesellschaft, die von einem rationalistisch-technologischen Weltbild geprägt ist, zugeschrieben. Die Fallstudien, die nicht den Zweck der Eingliederung verfolgten, sondern die Wichtigkeit unterstreichen sollten, Bindungen an die Herkunftsgruppe beizubehalten, zeigten, daß der Kulturschock auch in den enormen Schwierigkeiten besteht, mit alten kulturellen Instrumenten eine neue soziale Wirklichkeit zu interpretieren.

Das Kriterium der *Ferne* galt lange Zeit als ein Fixpunkt für die Konstruktion der Konstellation des Kulturschocks: je größer, sowohl qualitativ als auch räumlich, der Abstand zwischen Herkunftsgemeinschaft und Zielgesellschaft sei, desto höher — so die These — wird der Preis sein, den der Migrant an psychischem Wohlergehen zu zahlen gezwungen sein wird. Einige Forschungsarbeiten der 60er Jahre[10] haben diese Überzeugung jedoch abgeschwächt: in norwegischen und amerikanischen Städten sind höhere Prozentsätze von Ersteinlieferungen in psychiatrische Kliniken und von psychosomatischen Symptomen unter Migranten festgestellt worden, die aus vergleichbaren städtischen Zentren kamen, als bei solchen, die aus ländlichen Gebieten zugewandert waren. Sicherlich läßt sich gegen solche Resultate einwenden, daß die Merkmale Behandlungshäufigkeit und die Zahl der Einlieferungen in psychiatrische Kliniken nicht mit der Häufigkeit tatsächlicher psychischer Störungen in der Bevölkerung übereinstimmen. Aber die mit diesen Befunden in die Hypothese von den psychischen Gefährdungen, die mit der Entfernung und dem Ungleichgewicht zwischen Herkunfts- und Zielkultur wachsen sollen, geschlagene Bresche, eröffnete weitergehenden Kritiken und neuen Hypothesen den Weg.

Der Kulturschock sollte sich vor allem in der Anfangsphase der Migration bemerkbar machen; aber auch dieser neben der Distanz zweite charakteristische Gesichtspunkt, der Zeitfaktor, konnte zunehmend in Frage gestellt werden. Im Verlauf von 20 Jahren - ungefähr zwischen 1950 und 1970 — wurde das Instrumentarium der sogenannten "chronologischen Reihen" verfeinert, mit dessen Hilfe Forschungen über das Auftreten von geistigen Störungen in späteren Phasen der Immigration durchgeführt werden konnten, aber auch damit wurden keine eindeutigen Resultate erreicht. Das Bild blieb widersprüchlich, insofern man nicht darin übereinstimmte, daß es zwei Zeitpunkte erhöhten Risikos gibt, die mit der Bedeutung der horizontalen und vertikalen Mobilität korrespondieren. Der erste kritische Zeitpunkt findet sich in den ersten Jahren des Aufenthalts des Immigranten. Es ist die Phase des eigentlichen Kulturschocks. Der zweite Zeitpunkt beginnt nach einer längeren Periode, häufig nach dem 7. Jahr, und fällt mit der Phase der *Akkulturation* zusammen.[11]

3. Kultur und soziale Interaktion

Die Kulturschock-Theorie ist in neuerer Zeit kontinuierlich zurückgedrängt worden und ihr heuristischer Wert wurde zunehmend in Zweifel gezogen. Nach Ansicht einiger

Forscher stellt sie eine teleologisch verfahrende, die Ursachen post hoc identifizierende Konstruktion dar, zumindest sei der Kulturschock nur in besonderen Situationen mit geistigen Störungen in Verbindung zu bringen. Gespeist wurde die Kritik aus den Zweifeln, die aufgrund der Beobachtung pathogener Wirkungen der inneren Migration in den Vereinigten Staaten entstanden.

So bestehen nun zwei dauerhafte alternative Hypothesen zum Kulturschock, die ich der Kürze wegen die Hypothesen des *goal striving stress* und der *société vécue* nennen werde. Die Hypothese des *goal striving stress*, die von Parker und Kleiner entwickelt wurde, richtet ihre ganze Aufmerksamkeit auf die Probleme, die sich daraus ergeben, daß verschiedene Niveaus von Erwartenshaltungen nebeneinander bestehen. Analysiert werden die Diskrepanzen zwischen Erwartungshaltungen und deren Realisierbarkeit und die zwischen Vorhaben und Wirklichkeit bestehende Kluft. Die Diskrepanz entsteht durch Barrieren, die der Realisierung von Bedürfnissen und Wünschen entgegenstehen. Dabei handelt es sich durchaus um Bedürfnisse und Wünsche, die vom sozialen System in den einzelnen — und nicht nur in den Immigranten–unvermeidlich erzeugt werden. Aber es sind Bedürfnisse, die unter der bestehenden Diskrepanz zwischen den, von der Gesellschaft mit Prestige versehenen Zielen und den gesellschaftlich zur Verfügung gestellten Mitteln nicht erreicht werden können.[12]

In den gleichen Jahren vertreten europäische Forscher — vor allem Franzosen: Louis Le Guillant, Duchêne und Torrubia — die Auffassung, daß die Einflüsse des Umfeldes durch die Subjektivität gefiltert wirken und daß alle sozialen Bedingungen — unter diesen auch die Tatsache der Immigration — auf persönliche Weise gelebt werden. Ein einliniger Determinismus ist nicht anzunehmen: Umfeld und Individuum wirken wechselseitig verändernd aufeinander ein. Es ist die Hypothese der *société vécue*, die die persönliche Verarbeitung und Erfahrung, die das Subjekt mit der sozialen Organisation macht, hervorhebt.[13]

Beide Hypothesen entwickeln sich in verschiedene Richtungen und entfernen sich auf jeden Fall von der ursprünglichen Kulturschock-Theorie. Dabei erfährt diese eine indirekte Unterstützung durch die Betonung der Bedeutung des *group membership*. Im Gegensatz zu der Situation sozialer Isolierung, deren pathogene Wirkungen zum Beispiel Faris und Dunham in ihrer bekannten Forschungsarbeit über Chicago und Lemert in einer Untersuchung des ländlichen Gebietes Michigans behauptet haben, kann die Zugehörigkeit zu einer ziemlich großen ethnischen Gruppe — die für die Immigranten den Verlust der primären Bezugsgruppe ersetzen und ihre kulturelle Tradition erhalten kann–die Sicherung der Kontinuität und die Tradierung überkommener Rollen gewährleisten und damit die drastischsten Folgen des Kulturschocks vermeiden.[14]

Die Vielzahl von Interpretationsansätzen zeigt, daß die Migration inzwischen als ein außerordentlich veränderliches und dynamisches Phänomen erscheint. Die Annahme eines Kausalzusammenhanges zwischen Migration und Geisteskrankheit ist nicht mehr tragfähig, die Verschränkung von Faktoren verschiedensten Typs — biologischer, psychologischer, soziokultureller– und ätiopathogener Parameter hat sich in der Epidemiologie der Migration als noch dichter als anderswo erwiesen. Vor allem ist das Konzept der Migration selbst in eine Vielzahl von Aspekten und Phänomenen zergliedert worden: So wurde die Stadt-Land-Wanderung innerhalb eines Landes in Betracht gezogen ebenso wie die Wanderungsbewegungen aus den alten Kolonien in die entwickelten Länder. Es wurden getrennt voneinander die Auswirkungen der überseeischen Migration und der internen — in einem Land — untersucht, es wurden Vergleiche durchgeführt über die Erfahrungen mit Ausweisung und Entwurzelung, wie sie von Flüchtlingen und von den Überlebenden der Konzentrationslager gemacht worden sind. Für jede dieser Gruppen wird mittlerweile anerkannt, daß nicht nur eine einzige Interpretation die gültige sein kann. Deutlich wurde, daß die Psychopathologie der Emigration nicht nur mit dem Kriterium der geographischen Mobilität erklärt werden kann. Es sind nun Faktoren in den Vordergrund getreten, die auf die soziale Mobilität und auf die Zeitdimension abheben. Durch Widersprüche und Unsicherheiten hindurch, die in diesem Bereich ständige Begleiter zu sein scheinen, gelangte man schließlich sogar zu einer Umkehrung in der Wertung der vorliegenden statistischen Daten: Wenigstens in den Vereinigten Staaten scheinen nun die internen Migranten am häufigsten von psychischen Störungen betroffen zu sein.

4. Kulturschock und Akkulturation

Während dieser Umwälzung des Forschungsfeldes haben Theorien, die sich innerhalb des kulturellen Paradigmas bewegen, fortgewirkt: Die These vom *Kulturschock* im klinischen und psychiatrischen Bereich und das Konzept der *Akkulturation* in der sozialpolitischen Diskussion. Über das Verhältnis beider Thesen zueinander hat man nicht wenig diskutiert, um sich schließlich darauf zu verständigen, daß beide unterschiedliche Zeitpunkte und Momente der Migrationserfahrung betreffen. Der Kulturschock wirkt während der ersten Phase des Immigrantendaseins, in der die Wirkungen der Entwurzelung und der Verlust des sicheren "existentiellen Vaterlandes" (De Martino) am heftigsten spürbar werden. Die zweite Phase, die der Akkulturation, beginnt, wenn es für den Immigranten nötig wird, sich auf irgendeine Weise einzurichten, was jedoch nur oberflächlich und provisorisch zu geschehen scheint, während sich mit der Zeit die Loyalitätskonflikte zwischen den Werten der alten Gesellschaft und denen der neuen ausweiten. Der Immigrant ist in dieser Sicht kein leerer Behälter, der sich nun mit neuen Inhalten füllt, und er schreitet nicht ohne Rast in anstrengenden, aber produktiven Etappen einer geglückten Akkulturation entgegen. Ambivalenz, Selektionsversuche, Prozesse einer Reintegration, einer Reorganisation und einer Erneuerung der Kultur wirken aufeinander ein.

Der Begriff der Akkulturation wurde vor allem seit den 20er Jahren in den Vereinigten Staaten entwickelt und später in den von Einwanderung betroffenen Staaten im offiziellen Sprachgebrauch und in der Umgangssprache durch die Konzepte *Anpassung* und *Assimilation* ersetzt. Es handelt sich um in mechanistischer Weise verkürzte, ethnozentrische Konzepte, im Kern um die Idee eines einfachen Austausches einer Kultur durch eine andere. In dieser Sicht scheint sich die Akkulturation, die man sehr häufig mit dem

Konzept einer "Verwestlichung" gleichsetzt, auf von der hegemonialen Kultur begangene Gewalttätigkeiten zu reduzieren. Je mehr die Akkulturation "gelungen" sein wird, umso wahrscheinlicher wird das Auftreten psychischer Störungen bei den Migranten. So ist es kein Zufall, daß die jungen Immigranten, die Söhne und Enkel der ersten Immigrantengeneration, durch eine Wiederbelebung der Werte der Kultur ihres Ursprunges versuchen, sich gegen einen sie zu stark involvierenden Amerikanisierungsprozeß zu verteidigen. Es scheint, daß die Verinnerlichung der Werte der dominanten Kultur - wenn sie mit den objektiven Schwierigkeiten, sie auch zu realisieren, in Konflikt tritt - mitverantwortlich ist für das verringerte psychische Wohlergehen, wie es bei mittlerer und langer Dauer der Emigration von der internationalen Reservearmee, die aus der emigrierten Fraktion der Arbeiterklasse gebildet wird, häufig erlitten wird.

Kulturschock und Akkulturation begleiten die Kolonialerfahrung. Beide Konzepte entstehen auch aus der Beobachtung eines *clash of culture*, der von der Kolonialsituation tatsächlich hervorgerufen wurde. Gemeint sind Formen eines gewaltsamen Zusammenstoßes und — im zweiten Fall — Mechanismen der Herrschaft. Kulturschock und Akkulturation werden fast immer interpretiert und gebraucht, als ob sie sich auf unabhängige, autonome kulturelle Wirklichkeiten bezögen. Nicht realisiert wird, daß sie sich durch *soziale Gruppen* hindurch vollziehen, daß sie in dem Zusammenhang der Gesamtgesellschaft eingebunden sind und deshalb im konkreten Kontext der geschichtlichen Entwicklung und der Interaktion zwischen gesellschaftlichen Gruppen zu sehen sind. Die Theorien der kulturellen Beeinflussung beanspruchen — ähnlich wie Teile der Kulturanthropologie — die Kultur durch sich selbst zu erklären. Sie vergessen dabei die Zusammenhänge mit den konkreten sozialen Gegebenheiten: der Anthropologe Vittorio Lanternari hat sie als eine Art von "Kulturologie" bezeichnet.[15] Vor allem die Theorien der Akkulturation und des Kulturschocks bleiben sprachlos angesichts der "Kolonisierung im Hause", die eine von Vorläufigkeit, Marginalisierung und institutionalisierter Diskriminierung charakterisierte Situation bezeichnet, in der die Immigranten leben.

5. Der neue Kulturdeterminismus

Die Beziehung zwischen Emigration und Geisteskrankheit, die anfangend mit Malzberg zunehmend in Frage gestellt worden ist, wird heute unter einem anderen Gesichtspunkt wieder in Betracht gezogen: als die Beziehung zwischen Immigration und *Streß*. Nachdem das Konzept des Kulturschocks — wenigstens zu Beginn seiner Geschichte — den Maschen der Vermedizinisierung entkommen konnte, findet es sich heute wieder in diesem Netz, aktualisiert, verfeinert, aber wiederum gebraucht im Sinne einer Psychopathologie. Unter einer Reihe neuerer Studien, die von den amerikanischen Soziologen Furnham und Bochner genannt wird,[16] beschäftigt sich eine mit den Ursprüngen des Streß und stellt diesen in den Zusammenhang mit sogenannten "negative life events": je schwerwiegender diese ihrer Dauer und ihren Folgen nach sind, umso größer ist der von ihnen erzeugte Streß. Immigration und geographische Wanderung bringen in dieser

Interpretation eine große Anzahl von Veränderungen mit sich, die Streß erzeugen und einen Kulturschock vorhersehbar machen.

Plausibler erscheint es anzunehmen, daß Veränderungen jeder Art sowohl positive als auch negative Folgen für die Gesundheit haben können. Befinden wir uns hier in einem Bereich, der dem der Statistiken ähnelt, die — wie man sagt — alles zeigen können, aber auch das Gegenteil von allem? Die Arbeiten über die "life events" haben großen Erfolg gehabt, beginnen aber heute ihrerseits Kritiken und alternative Erklärungsmodelle zu provozieren.

Ich glaube, daß an dieser Stelle eine Frage zu beantworten ist: Warum ist die Kulturschock-Theorie von ihren anfänglichen, gegen die Vermedizinisierung "gerichteten" Stoßrichtung abgekommen und auf eine entgegengesetzte Position im Bereich der Psychopathologie übergegangen? Die Transformation ist nicht nur dem Tatbestand geschuldet, daß die Beziehung zwischen Migration und psychischen Leiden in Zweifel gezogen wurde, indem man die pathogene Wirkung des Kulturschocks in Frage stellte. Es gibt darüber hinaus einen neuen Tatbestand. Heute ersetzt der Kulturdeterminismus tendenziell den Biologismus, der älteren Ursprungs ist. Der neue Kulturdeterminismus gründet sich auf die *ethnische* Zugehörigkeit von Menschen.

Nach Auschwitz, in den letzten 20 Jahren vor allem in Frankreich, aber auch in Deutschland und der Schweiz, hat sich der postkoloniale Massenrassismus auf die Thematisierung der "kulturellen Unterschiede" verlagert. Sein Objekt sind die Arbeitsmigranten, vor allem die aus der Dritten Welt. Ein gebildeter Neo-Rassismus hat sich ausbreiten können, der einige Themen des anthropologischen Kulturzentrismus oder "Kulturalismus" gegen dessen anfängliche Intentionen wendet. Dieser Neo-Rassismus ist ein geläufiges Interpretationsschema der modernen Gesellschaft geworden. Nicht zufällig hat es den Anschein, daß heute der Immigrant in Frankreich und vielleicht auch in Deutschland das Stigma des Kolonisierten mit dem des Juden vereint. Der Neo-Rassismus gründet sich zum einen Teil auf solche Normalisierungstechniken, die, wie die psychiatrischen Wissenschaften gerade der postindustriellen Gesellschaften, den Immigranten marginalisieren, indem sie ihn als "minderwertige" Population kennzeichnen. Zum anderen basiert der Neo-Rassismus auf der institutionalisierten Unterdrückung, die von Staatsbeamten im Dienste der Bürger verwaltet wird.

Schon in den 50er Jahren äußerte sich der Kulturdeterminismus in der Hypothese der kulturellen Enterbung. Heute ist die Analogie zwischen seinen Positionen und denen der "Kultur der Armut" offensichtlich. Die These von der "Kultur der Armut" unterstreicht die Selbstreproduktion von Verhaltensmodellen des Armen und die Anpassung an seinen Zustand. Sie mißt den äußeren sozialen Faktoren der Reproduktion dieser Kultur äußerst geringe Bedeutung bei. Sowohl der Kulturdeterminismus als auch die "Kultur der Armut" erzeugen eine Perspektive auf die sogenannten Subkulturen, die sie nur noch als pathologische Phänomene erscheinen läßt. Die Fortschreibung des pathologischen Stereotyps geschieht auf Basis einer Art von "Kulturmystizismus", der die Gründe für die angenommene Minderwertigkeit in der Psyche, in der Persönlichkeit, in der Familienstruktur von Subjekten ohne Macht lokalisiert. Nachdem die Kulturen ethnischer Minderheiten so stigmatisiert sind, können ihre Probleme vor allem unter den Gesichtspunkten des Kulturkonflikts und der Einordnung in die hegemoniale Kultur behandelt werden. Dennoch haben in der letzten Zeit bedeutende Forschungsarbeiten begonnen, sich dieser Orientierung entgegenzustellen: über asiatische Frauen in England, über junge Hispano-Amerikaner, über Nordafrikaner in Frankreich.[17] Diese Arbeiten zeigen, daß die Verwurzelung in der Herkunftskultur und die Identifikation mit der eigenen ethnischen Gruppe, psychologische Gesundheit bewirken und die Ausformung positiver Erwartungshaltungen und den Aufbau von Zukunftsperspektiven nicht behindern.

Auf vielgestaltige Weise hat der Rassismus also auch das Konzept des Kulturschocks instrumentalisieren können, um ethnische Minderheiten und ihre Kulturen als minderwertig und tendenziell pathologisch ausweisen zu können. Zum Beispiel wird von Furnham und Bochner vorgeschlagen, die programmierte Aneignung neuer Fähigkeiten und Techniken durch eine Art von interkulturellem Training zu erwerben. Die Begegnung zweier verschiedener Kulturen wird so ausschließlich zu einer Frage individueller Fähigkeiten; sie wird auf das Problem von Lernstrategien reduziert. Der negative Einfluß des Kulturschocks ist scheinbar behoben, jeder ethnozentrische Bezug auf das *adjustment* scheint vermieden. Aber es handelt sich dabei um eine bloß technische Pseudolösung, die wiederum die Ausgrenzung und Ausbeutung, die von Emigrantengruppen beharrlich angeprangert wird, verbirgt. Gerade auch der Gebrauch des Konzepts der "ethnischen Minderheit" selbst und die hierarchische Aufgliederung der Minderheiten machen vergessen, daß es sich hier um mit minderen Rechten ausgestattete Arbeiter handelt, deren Einsatz häufig auf bestimmte Sektoren des Arbeitsmarkt beschränkt ist. Den mit kulturellen Defiziten behafteten Immigranten pflegt man vorzuschlagen, sich die neue Sprache und Kenntnisse über die neue Kultur anzueignen. Man verweigert ihnen jedoch den Erwerb der Staatsbürgerschaft und insgesamt die Verbesserung ihrer politischen Lage, die die Gleichheit der Rechte und der Kulturen erst ermöglichen würde.

Anmerkungen

1   vgl. U.S. Census Office: Report on Defective, Dependent and Delinquent Classes, 10th Census 1880, Washington (D.C.) zit.n: Z.Locke, M.Kramer, B.Pasamanick, Immigration and Insanity. In: "Public Health Records", 75,1,301
2   vgl. Chevalier, L.: Classes laborieuses et classes dangereuses à Paris pendant la première moitié du 19 siècle, Paris 1973
3   vgl. die Resolution der Association of Medical Superintendents of American Institutions for the Insane. In: "American Journal of Insanity", Juli 1884, S. 66
4   vgl. Faris, R.E.L./Dunham, H.W.: Mental Disorders in Urban Areas. An Ecological study of Schizophrenia and other Psychoses. Chicago 1939; Lee, Everett S.: Socio-economic and Migration Differentials in Mental Disease, New York State, 1949-1951. In: "The Milbank Memorial Fund Quarterly", 1963, 41, 249-68
5   vgl. Stocking, George W.: Race, Culture and Evolution, New York 1968

6 vgl. Handlin, O.: The Uprooted, Boston 1951 Eisenstadt, S.W.: The Absorption of Immigrants, London 1954 Oberg, K.: Cultural Shock: Adjustment to new cultural environments. In: "Practical Anthropology", 7, 1960, S. 177-182.
  In letzter Zeit ist Handlin heftig kritisiert worden als Hauptvertreter einer dunklen und deterministischen Interpretation der Einwanderung, die den tatsächlichen und fruchtbaren Integrationsprozeß der Einwanderer in die amerikanische Gesellschaft abwertet und paradoxerweise die assimilationistische Ideologie verstärkt: vgl. Vecoli, R.J.: Ethnicity: a Neglected Dimension of American History. In: The State of American History, New York 1970
7 Stonequist, E.V.: The marginal man: A study in personality and culture conflict, New York 1961, Repr. d. Ausg., New York 1937
8 Simmel, G.: Soziologie, Leipzig 1908, S. 509
9 vgl. Risso, M./Böker, W.: Verhexungswahn, New York 1964
10 vgl. Astrup, C./Ødegaard, O.: Internal Migration and Mental Disease in Norway. In: Psych. Quarterly Suppl., 34, 1960
  Srole, L. u.a.: Mental Health in the Metropolis: the midtown in Manhattan study, 1, New York 1962
  Parker, S./Kleiner, R.J./Needelman, B.: Migration and Mental Illness. Some Reconsiderations and Suggestions for further Analysis. In: Soc. Sci.Med., 3, 1969, S. 1-9
11 vgl. Almeida, Zulmiro de: Aspects psycho-sociaux et psychopathologiques de la transplantation. In: La santé des migrants, Paris 1972 und Binder, J./Simoes, W.: Sozialpsychiatrie der Gastarbeiter. In: "Fortsch.Neurol.Psychiat.", 46, 1978
12 vgl. Kleiner, R.J./Parker, S.: Social-psychological Aspects of Migration and Mental Disorders in a Negro Population. In: Brody, E.B. (Hg.): Behavior in New Environments, California 1970
13 vgl. Duchêne, H.: La société vécue. In: "L'évolution psychiatrique", 21, 1956
  Le Guillant: Psycho-pathologie de la transplantation. In: Le concours médical, 53, 1960
  Torrubia, A./Torrubia, H.: Recherche sur la transplantation, Paris 1955
14 Nicht zufällig ist dort, wo die Immigranten einen großen Teil der Bevölkerung ausmachen, zum Beispiel in Israel und in Singapore, in Kanada und in Britisch Kolumbien, der Prozentsatz ihrer klinisch-psychiatrischen Behandlung weniger hoch. Vgl. Murphy, H.B.M.: Migration and the Major Mental Disorders. In: Zwingmann, Ch./Pfister-Ammende, M.: A Reappraisal in Uprooting and After, New York/Heidelberg/Berlin 1976 und Kantor, M.B. In: Mobility and Mental Health, 1965
15 Lanternari, V.: Antropologie e imperialismo, Torino 1974
16 vgl. Furnham, A./Bochner, S.: Culture Shock, London und New York, 1986
17 vgl. Malewska-Peyre, H./Zaleska, M.: Identité et conflits de valeur chez les jeunes immigrés maghrébins. In "Psychologie franõaise", 25,2,1980, 125-38
  Wilpert, C.: Die Zukunft der Zweiten Generation, Königstein 1980
  Kuvlesky, W.P./Wright, D.E./Zuarez, R.J.: Status Projections and Ethnicity. A Comparison of Mexican American, Negro and Anglo Youth. In "Journal of Vocational Behaviour", 1971, 1, 137-56
  Brischetto, R./Arciniega, T.: Examining the Examiners. A Look at Educator's Perspectives on the Chicano Student. In Chicanos and Native Americans, Englewood Cliffs, 1973

Franz Hamburger

Der Kulturkonflikt und seine pädagogische Kompensation

Für die Pädagogik gilt in besonderer Weise die allgemeine Hypothese, die vielen Beiträgen dieses Bandes zugrundeliegt, nämlich daß die wissenschaftliche Reflexion einen eigenen Beitrag zur Konstitution ethnischer Minderheiten leiste. Die Pädagogik ist nämlich immer noch mehr oder weniger eng mit einem Feld praktisch Handelnder verbunden und versucht, deren Praxis reflektierend zu begleiten. Sie wird gezielt nachgefragt, wenn die Routine des alltäglichen Handelns gestört wird, und sie versucht, Personal und Programme zu beeinflussen und zu verändern, wenn sie Veränderungen begründen kann.

In dieser Relation ist auch die "Ausländerpädagogik" entstanden, die sich als Reflex auf neue Probleme und Reflexion über Bearbeitungsversuche der Praxis in Schulen, Kindergärten, Sondermaßnahmen und Erwachsenenbildungseinrichtungen gebildet hat. Etwa fünfzehn Jahre nach der ersten Anwerbevereinbarung zwischen der Bundesrepublik und Italien werden Ausländerkinder als pädagogisches Problem öffentlich thematisiert und definiert. Erst als ein praktischer "Problemdruck" entsteht und Belastungen von Lehrern, Schülern und Eltern in Zusammenhang mit *den* Ausländern gebracht werden, tritt die Pädagogik auf den Plan. Ein Jahrzehnt lang entfaltet sich dann eine "Ausländerpädagogik", die sich als pädagogische Spezialreflexion dem nun wohlvertrauten "Problem" zuwendet. Zu Beginn der achtziger Jahre wird diese Phase mit einer Kritik der "Ausländerpädagogik" abgeschlossen; diese hat sich — auch in der Auseinandersetzung mit dieser Kritik — zwischenzeitlich zur "Interkulturellen Pädagogik" weiterentwickelt und stellt sich in einer Reihe von programmatischen Publikationen als etablierte Disziplin dar. Insbesondere in der Form des die Disziplin umgreifenden, unterschiedliche "Positionen" zum Ausdruck bringender "Reader" wird eine gewisse "Reife" erkennbar — Zeit also, die Frucht erneut auf ihre "faulen" Stellen zu untersuchen.

Allerdings ist kritische Selbstreflexion, die Überprüfung grundlegender Begriffe und Kategorien, inzwischen fester Bestandteil der Disziplin selbst. Die Rede von *der* interkulturellen Pädagogik ist deshalb eine unzulässige Generalisierung — nur tröstlich für die Kritisierten, wenn die Kritiker so wie jene selbst verfahren. Selbstverständlich wird dieser Beitrag nur einen schmalen Ausschnitt der Gesamtentwicklung herausgreifen können und nur wenigen Aspekten der neuen Disziplin nachgehen. Er folgt der Fragestellung, welche Problemdefinitionen die Herausbildung der Ausländerpädagogik und die Transformation zur interkulturellen Pädagogik angeleitet haben. Dabei wird die

Hypothese entwickelt, daß auch die Konzeptualisierung dieser Pädagogik als "interkulturelle" eine Reihe von unbeabsichtigen Nebenfolgen bzw. kontraproduktiven Effekten hervorrufen könnte. Insbesondere durch eine Analyse der Argumentationsmuster, die die praktische und politische Nützlichkeit der Disziplin legitimieren sollen, kann obige Hypothese gestützt werden. Zugleich sollen aber auch jene Auffassungen aufgegriffen und diskutiert werden, die einen pädagogisch begründeten Weg für die Erziehung in der Einwanderungsgesellschaft aufzeigen.

Der Beitrag ist dabei wesentlich bescheidener zu konzipieren, als er in manchen Programmen der interkulturellen Pädagogik projektiert ist. Es ist zunächst ja eine unangenehme Aufgabe, sich kritisch mit einer Disziplin auseinanderzusetzen, die so hehre Ziele wie Völkerverständigung, Toleranz, Solidarität und Frieden auf ihre Fahnen geschrieben hat, bisweilen auch den Kampf gegen Vorurteile und Rassismus. Beeindruckend sind zunächst die *"respektheischenden Angebote zum besseren Verständnis von Minderheiten und Randgruppen"*.[1] Bisweilen soll die Erziehung zur Empathie soweit gehen, daß sie Sympathie erzeugt.[2] Man muß sich schon hilfesuchend am großen Siegfried Bernfeld anlehnen, der sich mit der Ziellastigkeit der Pädagogik auseinandersetzt, ihre schönen Versprechungen kritisiert und als Möglichkeit ins Auge faßt: *"die Pädagogik verhindert vielleicht die Zukunft, die sie verspricht."*.[3] Spätestens seit dieser pädagogischen Selbstreflexion ist die kritische Skepsis gegenüber weitreichenden Versprechungen, gegenüber der Vorstellung, daß die Erziehung die Gerechtigkeit und den Frieden, den "die Welt" nicht gibt, herstellen könne, angebracht; es geht dabei nicht darum, erneut die Grenzen der Erziehung zu markieren, eher darum, ihre Möglichkeiten zutreffend auszuloten und zu begründen: Daß die Erziehung *"die antinomische Struktur der Gesamtverhältnisse"*[4] nicht aufhebt, ist nicht ohne Grund in der Diskussion über die interkulturelle Pädagogik in Erinnerung gerufen worden.

1. Zum Begriff der interkulturellen Erziehung

Ein erstes Problem der interkulturellen Pädagogik zeigt sich beim Versuch, ihren Gegenstand zu bestimmen. In einem ganz allgemeinen Verständnis wird mit "interkulturell" das Bestreben bezeichnet, "verschiedene Kulturen aufeinander zu beziehen, und eben nicht durch die bloße Steuerung und Kontrolle des Nebeneinander".[5] In allen Konzepten wird "Kultur" — eine erste Eingrenzung — auf die durch die Arbeitsmigration in Mitteleuropa entstandene Situation bezogen. Im Anschluß an Hohmann wird die gesellschaftliche Situation, "soweit sie unter dem Einfluß der Migration" steht, als "multikulturelle" bezeichnet, während pädagogische, politische und soziale Handlungskonzepte, die auf die durch Migration entstandenen Probleme bezogen sind, als "interkulturelle" verstanden werden.[6]

In diese Definitionen fließt wie selbstverständlich die Prämisse ein, daß die Migration und ihre Folgen unter dem Gesichtspunkt von Kultur hinreichend erfaßt werden und "Kultur" zugleich die zentrale Dimension von Migrationsprozessen darstellt. Selbst

wenn "Kultur" dabei bisweilen als ein auch "Gesellschaft" umfassender Begriff gedacht wird, läßt schon die allgemeinste Begriffsdefinition von interkultureller Erziehung Migrationsprobleme faktisch auf eine von ökonomischen und sozialstrukturellen Bedingungen abgelöste Dimension schrumpfen. Auch wenn der Vorwurf der "kulturalistischen Reduktion" nicht zwingend sein mag und nur in der praktischen Verwendung bzw. Operationalisierung des Konzepts nachzuweisen ist, sind die Definitionen von interkultureller Erziehung unterbestimmt. Dies trifft auch für Bestimmungen zu, die sich an einer formalen "Bildungsförderung von Kindern und Jugendlichen zwischen bzw. mit verschiedenen Ethnien"[7] orientieren. Solche Definitionen gelten für Erziehungsprozesse und können kein spezifisches Programm begründen. Das wechselseitige In-Beziehung-Setzen von Kulturen ist selbstverständlich noch kein pädagogisches Programm. Dickopp hat deshalb die möglichen Beziehungen des Begriffs der interkulturellen Erziehung analysiert; er unterscheidet:
- eine Erziehung, die auf wechselseitiger Toleranz und Verständnis zwischen verschiedenen Kulturen abzielt. Weil dabei an der Richtigkeit der je eigenen Kultur im Prinzip festgehalten wird, geht es faktisch um die Akzeptanz oder Duldung des Anderen als eines Besonderen;
- als interkulturelle Erziehung kann auch das Bestreben bezeichnet werden, die Gemeinsamkeiten verschiedener Kulturen zu entdecken und auf dieser Grundlage Solidarität zu entwickeln;
- schließlich kann Erziehung so gedacht werden, daß sie sich an einer universalen Moralität orientiert und auf deren Vermittlung gerichtet ist.

In Dickopps Konzept sind diese drei Bedeutungen als aufsteigende Stufenfolge konzipiert; Erziehung kann hinreichend nur von der letzten Stufe her begründet werden. Diese Begründung ist eine anthropologische und um die Vorstellung von einer autonom und autark handelnden selbstverantwortlichen und sich selbst bestimmenden Person zentriert. Weil diese allgemeine Begründung von Erziehung aber transkulturell verstanden wird, wird der Begriff der interkulturellen Erziehung überflüssig: "*Auf eine solche anthropologische Basis bezogen ist es sogar sinnvoll, sich von dem Begriff 'interkulturell' selbst zu verabschieden.*".[8]

2. Kritik der interkulturellen Pädagogik

Die Unklarheiten der Begriffsbildung sind nicht das einzige Problem der interkulturellen Pädagogik. Um deren Stellung genauer diskutieren zu können, ist es zweckmäßig, die folgenden Ebenen zu unterscheiden:
- Auf der Ebene alltäglichen Handelns gehen Lehrer und Schüler, Eltern und Kinder, Erwachsene und Jugendliche, Kinder und Kinder miteinander um, nehmen Probleme wahr, definieren Situationen und Beziehungen. Auf dieser Ebene ist die "Problem"-Orientierung in der Interaktion von Deutschen und Nichtdeutschen weit fortgeschritten; Zuschreibungen werden in der Regel unter Rückgriff auf kulturelle

Muster vorgenommen bzw. Handlungsgründe stereotyp der je anderen Kultur zugeschrieben. In belastenden und mehrdeutigen Situationen, und dazu zählt beispielsweise Unterricht, sind solche Zuschreibungen praktisch hilfreich, weil Komplexität reduzierend.
- Auf einer zweiten Ebene dienen die kulturellen Besonderheiten einer Gruppe oder die angenommenen Unterschiede zwischen Kulturen als Strukturierungsmomente für pädagogische Konzepte. In Unterrichtsentwürfen, Modellen und Anleitungen für das praktische Handeln sowie in Erfahrungsberichten knüpft man an Alltagserfahrungen an und verwendet deren Kategorien zur Strukturierung pädagogischer Situationen. Eine Auswahl von Überschriften aus der Zeitschrift "Lernen in Deutschland" illustriert diese Ebene: "Soziales Lernen mit ausländischen und deutschen Kindern im Primarbereich", "Spielerische Wortschatzerweiterungen anhand von Bewegungsverben", "Ursachen unregelmäßigen Schulbesuchs türkischer Schüler in der beruflichen Bildung", "Elternarbeit mit türkischen Eltern in der beruflichen Bildung", "Darstellendes Spiel mit Ausländerkindern in Berlin-Kreuzberg" usw..
- Auf einer dritten Ebene (die übrigens nicht Wissenschaftlern vorbehalten ist, sondern die auch der praktisch Handelnde im Nachdenken mühelos erreicht) fragen theoretische Überlegungen nach den Bedingungen des Alltagshandelns und nach der Berechtigung einer interkulturellen Strukturierung von Erziehung und Unterricht. Auf dieser Ebene der Selbstreflexion einer pädagogischen Disziplin verstärken sich gegenwärtig erneut die "problematisierenden Tendenzen"; diese bezweifeln die Notwendigkeit einer eigenständigen interkulturellen Pädagogik.[9] Diese Ebene kann als Legitimationsreservoir für die beiden anderen Ebenen und deshalb als Arena einer kritischen Auseinandersetzung mit dem Programm interkultureller Erziehung betrachtet werden. Theoretische Einwände gegen dieses Konzept sind in erster Linie hier zu formulieren; sie berühren die relative Eigenständigkeit der beiden anderen Ebenen zunächst nicht.

Durch die hier vorgeschlagene Differenzierung erübrigen sich dann auch die Abstraktionsvorwürfe, wie sie von Klemm gegen Dickopp und Boos-Nünning u.a. gegen Ruhloff vorgetragen werden.[10] Wegen der Heterogenität der Auffassungen auf dieser Reflexionsebene sollen im folgenden lediglich einige Argumentationsmuster diskutiert werden; es werden dabei diejenigen Aspekte ausgewählt, die besonders ungeeignet sind, eine interkulturelle Pädagogik zu begründen.

2.1 Reduzierung der sozialen Vielfältigkeit

Immer noch gehen viele Konzepte zur interkulturellen Erziehung bei der Bestimmung des pädagogischen "Problems" von einer eindimensionalen Problemanalyse aus. Unter den vielfältigen Merkmalen von Personen wird ein einziges herausgegriffen, die Person wird einer Kategorie "Ausländer einer bestimmten Nationalität" zugeordnet und im folgenden vorrangig oder ausschließlich unter dieser Kategorie behandelt. Was sich in dieser Weise im Alltagshandeln als pädagogisches, im weiteren als kulturelles Muster der deutschen Gesellschaft fest etabliert, wird dann zur unbefragten Prämisse interkultureller Pädagogik: *"Die Migrantenkinder befinden sich in einer interkulturellen Situation, das heißt ihre Sozialisation verläuft zwischen zwei Kulturen: zwischen den unterschiedlichen Normvorstellungen und den unterschiedlichen Rollenverhalten, zwischen den verschiedenen Sitten, Gebräuchen und Religionen des Heimat- und des Gastlands. Das sind nur einige wenige wesentliche Kulturmerkmale, die sich leicht erweitern lassen."*.[11]

Die Bestimmung einer pädagogischen Situation wird hier auf "zweckmäßige" Weise abgekürzt: es stehen sich zwei Welten gegenüber; das Problem einer Gruppe von Kindern ist, daß sie an beiden Welten teilhaben, und das Problem einer anderen Gruppe von Kindern ist, daß sie eine der beiden Welten nicht verstehen. Genau an diesem Punkt übernimmt die interkulturelle Pädagogik das Definitionsmuster des Alltagserlebens, daß die Wahrnehmung anderer Personen ganz unter den Eindruck der Fremdheitserfahrung stellt. Diese wird aber bestimmt von "selbstverständlichen" Zugehörigkeits- und Normalitätskriterien, die auf der binären Zuordnung "normaler Deutscher oder nicht" beruhen.

2.2 Verdinglichung des Kulturbegriffs

Die Fremdheitserfahrung wird im Alltagsbewußtsein alltagstheoretisch erklärt, indem individuelles Verhalten einer objektiven Kultur zugerechnet wird. Die interkulturelle Pädagogik systematisiert dieses Vorgehen und analysiert die jeweilige Heimatkultur in ihren zugänglichen Objektivationen. Die Analyse, aber auch die didaktische Vermittlung löst sich dabei vollständig von den Verhaltensweisen der Einzelpersonen ab und vervollständigt die zu vermittelnde Kultur der "Anderen": *"Erfahrungs- und handlungsbezogene Unterrichtseinheiten bzw. Projekte können z.B. sein: 'Einkaufen auf dem türkischen Wochenmarkt und im Kaufhaus'. Diese Unterrichtseinheiten bzw. Projekte können anschließend durch Informationen über Wochenmärkte/ Basare in der Türkei (Dia-Serien, Filme) und auch durch Themen wie z.B. 'Wie kommen Südfrüchte (türkische Oliven, Datteln, Feigen, Apfelsinen) zu uns?' (Anbau, Distribution, Verkauf, aber auch Besitzverhältnisse auf dem Land, Entlohnung und Lohnhöhe) ergänzt werden."*[12]

Interkulturelle Erziehung muß, um die fremde Kultur zum Zwecke der Verständnisweckung vermitteln zu können, vom individuellen Handeln eines Kindes absehen und Kultur als konsistentes System, das objektiv existiert, rekonstruieren. Kulturen werden dabei von außen analysiert, das heißt, die Aufmerksamkeit richtet sich auf Besonderheiten, die wegen der Normalitätsvorstellungen des Betrachters als solche erscheinen. Gleichzeitig identifiziert die Analyse die ausgewählten Objektivationen der fremden Kultur mit dieser selbst. Viele Autoren sehen heute dieses Problem und reklamieren einen Kulturbegriff, der diese als flüssiges, historisch sich wandelndes Gesamtsystem von Symbolen, Handlungs- und Deutungsmustern begreift. Die entscheidende Veränderung findet dabei häufig beim Wechsel von Ebene 3 (theoretische Reflexion) auf Ebene 2 (praktische Konzepte) statt.

Die Unterrichtskonzepte transportieren z.B. nicht nur das Türkeibild der Deutschen, sondern auch das Menschenbild des Koran. Es bedarf dann wiederum der wissenschaftlichen Detailanalysen, um diese Bilder, die sich die Deutschen von ihren Gästen gemacht haben, (bisweilen durch erneute Verfremdung) zu revidieren.[13]

Die Reduzierung der sozialen und kulturellen Mannigfaltigkeit auf ein dichotomes Weltbild und die Verdinglichung von Kultur fördern, weil sie als soziale Definitionsmittel Wirklichkeit schaffen, eine Segmentierung von Wirklichkeit.

2.3 Segmentierung von Wirklichkeit

Die interkulturelle Pädagogik versucht im allgemeinen, die Situation der Migrantenkinder zu verstehen. Dabei übernimmt sie empathisch die — angenommene — vereinfachende Orientierungsperspektive, wie sie von Migranten bisweilen auch konkret ausgedrückt wird ("morgens Deutschland — abends Türkei"): *"Das Zurechtfinden in der Majoritätskultur und der tägliche Wechsel zwischen dieser Kultur und der Migrantenkultur machen eine pädagogische Hilfestellung erforderlich, die in diesen zwei Kulturen und zwischen ihnen handlungsfähig machen."*.[14] Kulturen werden hier wie feststehende Einheiten betrachtet, ihre zunächst nur begriffliche Unterscheidung wird erweitert um die Annahme, daß diese Kulturen wesentlich gegensätzlich und tatsächlich segmentiert existieren. Eine durchaus mögliche Gegenhypothese wäre, daß die gemeinten Kulturen in zentralen Elementen übereinstimmen und sich überschneiden, und daß sie sich insbesondere in der konkret realisierten Kultur von Migranten ohne Kontradiktionen verknüpfen. Die angenommene Segmentierung von Kulturen dient ganz offensichtlich der Legitimierung eines pädagogischen Handlungsbedarfs. Ob es diesen gibt, soll hier nicht weiter diskutiert werden, zunächst geht es um die Begründung dieses Bedarfs. An anderer Stelle weist der Autor selbst kritisch auf das *"verbreitete Deutungsmuster von der vermeintlich totalen Andersartigkeit"* hin, die durch die gegensätzliche Kulturalität bedingt sein soll.[15]

Indem interkulturelle Pädagogik an den Zirkel von Alltagserfahrung und Reflexion dieser Erfahrung in deren eigenen Kategorien anknüpft, werden die jeweiligen Personengruppen zu einem Kollektiv, dessen innere Differenzierung dann durch "aufgeklärte" interkulturelle Pädagogik erschlossen werden muß.

2.4 Wechsel zwischen den Analysedimensionen

Bei der Bestimmung der interkulturellen Problematik findet sich auch ein Argumentationsmuster, das als "Wechsel zwischen den Analysedimensionen" bezeichnet werden kann. Als ein typischer Konflikt wird dabei die folgende Situation beschrieben: *"Für deutsche PädagogInnen müßte es einer Selbstverleugnung gleichkommen, wollten sie die traditionale Ausrichtung ausländischer Jungen und vor allem der Mädchen auf patriarchalische Familienstrukturen, wie sie in vielen Migrantenfamilien bis heute üblich ist, gleichwertig neben ihre eigenen Überzeugungen von der Gleichrangigkeit der Geschlechter stellen."*.[16] Die pädagogische Diskussion übernimmt hier ein bei praktisch tätigen Pädagogen typischerweise ausgeprägtes Wahrnehmungsmuster, indem der angenommenen Wirklichkeit auf der Seite der Minderheiten ("... üblich ist") Prinzipien gegenübergestellt werden, deren Geltung für die Mehrheitsgesellschaft unterstellt wird. Selbst wenn man davon ausgeht, daß die beiden impliziten Annahmen zutreffen, ergibt sich eine prinzipiell schiefe, die Minderheit diskreditierende Perspektive. Den Prinzipien "hier" wird die Realität "dort" gegenübergestellt. Eine Auseinandersetzung mit den Gründen für eine "traditionale Ausrichtung" in einer historisch bestimmten Situation und unter den bestimmten Belastungen der Migration findet ebensowenig statt wie mit der patriarchalischen Realität der deutschen Gesellschaft. Insoweit die interkulturelle Pädagogik den Ebenenwechsel in der Wahrnehmung von kulturellen Differenzen nicht kritisch aufklärt, verstärkt sie ethnozentrische Wahrnehmungsmuster.

2.5 Ethnozentrische Perspektiven

Solche Wahrnehmungsmuster bestimmen die pädagogische Praxis nach wie vor in hohem Maße: die Kultur des Einwanderungslandes ist fraglos gegeben, die Kultur der Einwandererminoritäten ist das Besondere und Bemerkenswerte. Internationale Angebote (Vorbereitungsklassen, Jugendzentren) richten sich an die verschiedenen fremden Gruppen, deutsche Kinder und Jugendliche nehmen sich selbst nicht als Adressat eines solchen Programms wahr. In der pädagogischen Diskussion über interkulturelle Erziehung ist diese Position eines naiven Ethnozentrismus zwischenzeitlich im allgemeinen überwunden. Allerdings gibt es nach wie vor zwar viele Aussagen und Teilstudien zur türkischen, italienischen Kultur usw., aber keine zur "deutschen Kultur"; die Beobachtungsperspektive ist immer noch nach *außen* gerichtet. Findet einmal eine reflexive Wendung statt, faßt sie das "Christentum" ins Auge[17] und kommt selbstverständlich zum Schluß, daß *"die heutige westliche Welt, in der wir uns befinden, nicht mehr christlich genannt werden"* kann.[18] Diese reflexive Wende der Betrachtungsperspektive ist aber notwendig, um die Rede vom Konflikt zwischen jeweils zwei Kulturen zu problematisieren; sie führt nämlich zur Entdeckung der Unmöglichkeit, die deutsche oder die industrielle Kultur genau bestimmen zu können. Diese Diskussion ist eine Aufgabe vor allem für die Ebene 3 (der theoretischen Reflexion), damit solche didaktischen Konstruktionen entstehen, *"die nicht mehr das Deutsche für das Allgemeine setzen und die Herkunftskultur für das Besondere"*[19] Doch muß gerade auch diese Kontrastierung von deutscher Kultur und Herkunftskulturen grundsätzlich problematisiert werden.

2.6 Orientierung an Nationalkulturen

Die interkulturelle Pädagogik geht in der Regel davon aus, daß die Unterschiede der Herkunft aus verschiedenen Heimatländern bedeutsam für den Erziehungsprozeß sind. Dies wird zunächst an der Sprache festgemacht; von dieser objektiven Besonderheit ausgehend, wird auf die Existenz einer Nationalkultur geschlossen. Doch schon die Orientierung an der Muttersprache führt zu Differenzierungen bei der Sortierung der ausländischen Kinder, bei solchen jugoslawischer und türkischer/kurdischer Herkunft besonders offenkundig. Diese Differenzierungen müssen schließlich fortgesetzt werden, da sich auch die Besonderheiten der regionalen und sozialen Herkunft bemerkbar machen. Es zeigt sich: die Identifizierung von Nation und Kultur ist einer der wichtigsten Mechanismen bei der Verdinglichung von "Kultur".[20] Geht man auf der anderen Seite über die mehr oder weniger zufälligen Landesgrenzen hinaus, zeigen sich neue Differenzierungen, besonders aber auch Übereinstimmungen und Überschneidungen bei einer Phänomenologie kultureller Merkmale. Diese verweisen ebenso wie die national-immanenten Differenzierungen auf die Strukturunterscheidung zwischen Agrar- und Industriegesellschaften, zwischen bäuerlich-dörflichen und industriell-städtischen Kulturen. Solange Migration nun nicht begriffen wird als Teilmoment einer Globalisierung der kapitalistischen Produktion und ihrer Arbeitsverhältnisse, kann die Zufälligkeit nationaler Zugehörigkeiten nicht angemessen in Rechnung gestellt werden. *"Der Begriff von globaler Arbeitskraft hat im Aufbau interkultureller Pädagogik voranzustehen."*.[21]

Im Übergang von der Agrar- zur Industriegesellschaft spielen dann auch bei Migration von Arbeitskräften nationale Zurechnungen als Definitionsmittel bei der Bildung von Identitäten eine wichtige Rolle. So wie der Nationalismus des 19. Jahrhunderts aber typischerweise mit einer regressiven Kulturkritik (als Zivilisationskritik) verknüpft war, sind auch heute nationalkulturelle Identifikationen, insbesondere wenn sie "politisch" werden, reaktionär. Auf ihnen eine Pädagogik zu gründen, hieße, die Exklusivität nationaler Identitäten zu forcieren. Die Orientierung an der Nationalität wird selten explizit formuliert, durch die tatsächliche Zuordnung von Kulturen faktisch vollzogen; diese Verschiebung findet insbesondere statt beim Übergang von Ebene 2 zu Ebene 1 oder von Ebene 3 zu Ebene 2, nämlich bei der Konkretisierung der Rede von interkultureller Erziehung. Dem muß entgegengehalten werden, daß die "Einweisung in eine nationale Identität" seit der Aufklärung "keine rechtmäßige pädagogische Aufgabe" mehr sein kann.[22]

2.7 Die Erzeugung des Minderheiten-Kollektivs

Interkulturelle Pädagogik geht von der kulturellen Selbstdefinition ihrer Adressaten aus; praktisch beziehen sich diese Definitionen auf nationale Zugehörigkeiten, auf Türken, Italiener, Jugoslawen in der Bundesrepublik usw.. Wenn diese Selbstdefinitionen jedoch nicht soweit ausgebildet sind, daß sie im Sinne der interkulturellen Pädagogik handlungsrelevant werden, muß sie eine Forcierung der nationalkulturellen Selbstdefinition und ihre Stärkung gegenüber anderen Selbstdefinitionen der beteiligten Personen postulieren: so bedauert Zimmer, "*daß diese Minderheiten — hier vor allem die Türken - bisher keine gemeinsame politische und sozialkulturelle Bewegung der Selbstbehauptung entfalten*".[23]

Das hier formulierte Postulat ist problematisch. Die vielfältigen Selbstbilder türkischer Menschen sollen vereinheitlicht werden durch eine nationalkulturelle "Identität", die dann mit einer "politischen Emanzipation" — die offensichtlich von "den" Türken noch nicht geleistet wurde — gekoppelt sein soll. Wie könnte aber eine einheitliche "sozialkulturelle Bewegung" der Türken inhaltlich aussehen? Wie soll es möglich sein, daß die subjektiven Realisationen von Kultur auf ein bestimmtes konkretes Muster zugerichtet werden? Die interkulturelle Pädagogik gerät in einen zentralen Widerspruch: Einerseits sollen starre Geschlechtsrollenfixierungen (und auf diese beschränken sich nach wie vor die Konkretionen des deutsch-türkischen Kulturvergleichs) gelockert werden[24], andererseits werden gerade an diesen Geschlechtsrollen die nationalkulturellen Besonderheiten festgemacht. Woran sollen sich aber die zu stabilisierenden Selbstdefinitionen der Türken — wenn man bei diesem Beispiel bleiben will - orientieren, wenn nicht an den Merkmalen, die — angeblich im Unterschied zur deutschen Kultur — als "typisch türkisch" gelten?

In ähnlicher Weise argumentiert Klemm: "*Interkulturelle Erziehung bedarf bei den Mitgliedern von Minoritäten, gleichsam als Voraussetzung, der Bewußtwerdung und Festigung des Zugehörigkeitsgefühls zu der eigenen Minorität — einschließlich der von ihr gelebten Kultur.*".[25] Diese Identifikationsthese wird begründet mit der Notwendigkeit, durch Identifizierung eine Identität und Selbstbewußtsein für die Auseinandersetzung mit der Mehrheitskultur, die mit Dominanzansprüchen auftritt, zu erwerben. Wie wirkt sich aber die damit verbundene Verstärkung der Partikularität der Minoritätenkultur aus? Ist sie eine unliebsame Begleiterscheinung, die überwunden wird, oder ist sie zwar unbeabsichtigt, aber das *Hauptergebnis* interkultureller Erziehung — Selbststigmatisierung mit Subordinationsfolgen?

3. Zur Differenzierung des Kulturbegriffs

Für die interkulturelle Pädagogik ist der Kulturbegriff zentral. Neben den beschriebenen Mechanismen, "Kultur" zu verdinglichen, gibt es auch Möglichkeiten, den Kulturbegriff produktiv zu fassen. Im allgemeinen hat sich hier ein "weiter" Kulturbegriff durchgesetzt, der diese als ein in Bewegung befindliches, adaptionsfähiges System begreift.[26] Es kann als heterarisch, lose gekoppeltes Mehrebenensystem mit unterschiedlichen Organisationsmustern und diffusen Grenzen verstanden werden. "Kultur" wird zu einem *reduzierenden* Begriff, wenn man lediglich das Identische in vielen Ausdrucksformen erfaßt. Für den Migranten ist diese Vorgehensweise zur Identitätssicherung psychologisch notwendig, für die Mehrheitsgesellschaft zur Charakterisierung einer Minderheit pragmatisch zweckmäßig. (Zunächst unproblematisch sind diese wechselseitigen Zuschreibungen, wenn sie übereinstimmen).

Der Handlungszwang verkürzt dabei freilich Kultur als "Ensemble *von Vorstellung, Denkweisen und anderen Wissenstypen in* historisch *standardisierter Form.*"[27] auf ein normatives Schema. Dies ist verhängnisvoll, wenn die Minderheitenkulturen unter dem impliziten Gesichtspunkt ihrer historischen Rückständigkeit und Begrenztheit standardisiert werden; dies wird exemplarisch an der vorherrschenden Charakterisierung der "türkischen" Kultur als "patriarchalisch" praktiziert. Eine Alternative könnte dadurch eröffnet werden, daß man Kultur als *selbstreflexives System* begreift. Diese Alternative ist insbesondere für die migrationsbedingte Neudefinition von Kultur schwierig.

Die Restrukturierung von Kultur, notwendig geworden durch den Verlust der fraglosen Gegebenheit des Alltagswissens durch Migration, bedarf einer strukturbildenden "Form–Idee", die zugleich eine zentrale (Selbst–)Bewertung der jeweiligen Gruppe zum Ausdruck bringt. Beispielsweise kann die "Idee der Würde"[28] oder die "Ehre der Familie" in diesem Prozeß besondere Bedeutung gewinnen. Die Anerkennung dieses Selbstverständnisses durch die Mehrheitsgesellschaft ist Voraussetzung einer interkulturellen Kommunikation, soweit diese nicht auf Subordination hinauslaufen soll. Anerkennung ist zugleich die Voraussetzung für die Zumutung von Veränderungserwartungen, die zugleich an die Form–Ideen des Selbstverständnisses anschließen und möglicherweise über deren historische Konkretion hinausgehen.

Kulturen als reflexive Erfahrungen zu begreifen ermöglicht es, an die allgemeinen humanen Ansprüche in den verschiedenen Kulturen anzuknüpfen und die Blockierung dieser Ansprüche durch konkrete soziale und politische Verhältnisse zu erkennen. Das Verständnis von Kultur als reflektierende–reflektierte Erfahrung begründet für die interkulturelle Erziehung die Aufgabe, die Geltung kultureller Traditionen zu bestreiten, damit die mythologisch verklärte Herrschaft eines "Kulturirrationalismus" durchbrochen werden kann.[29] Für die Praxis interkultureller Erziehung bedeutet dies die Negation der in der interkulturellen Pädagogik häufig fraglos vorausgesetzten kulturellen Entgegensetzungen, die Behauptung und der konkrete Nachweis des Identischen in den verschiedenen Gesellschaften, die Negation der Entgegensetzung, damit der Weg frei wird für eine selbständige Aneignung "der Kultur" durch den Edukanden. Der Erziehungsprozeß wird begriffen als Konfrontation eines Bewußtseins mit seinen je eigenen Prämissen und Implikationen und bezieht sich – im Prinzip zufällig – auf die interkulturelle Fremdheitserfahrung, interkulturelle Pädagogik ist dann mit Pädagogik identisch.[30]

Eine wichtige *Unterscheidung* ist auch die zwischen *subjektiver und objektiver Kultur*, zwischen einer in Handlungen realisierten und einer in Objekten ausgedrückten Kultur. Diese Unterscheidung kann fortgesetzt werden, indem differenziert wird in:

- Privatkultur (einmalige individuelle Kombination von Standards),
- operante Kultur (Auswahl aus der Privatkultur für bestimmte Interaktionen und Situationen);

- generalisierte Kultur (standardisierte Überschneidungen in einem bestimmten Interaktionsnetz) und
- öffentliche Kultur (Konsens über generalisierte Kulturen).[31]

Jedes Individuum verfügt über verschiedene operante Kulturen; dies ermöglicht sozialen und individuellen Wandel und die Kombination von "modernen" und "traditionalen" Kulturelementen. Diese Aufgabe stellt sich in allen Gesellschaften und an alle Personen.

Soweit die interkulturelle Pädagogik einer "kulturologisch-historischen Objektivationsforschung"[32] verhaftet bleibt, zwingt sie die Individuen zur Anpassung und Generalisierung ihrer operanten Kulturen unter einem einzigen und zudem fremdbestimmten Modell. Im Extremfall wird daraus der Zwang zur "Inszenierung einer ethnisch-kulturellen Eigenart"[33], weil es die interkulturelle Erziehung so verlangt.

Begreift man dagegen Kultur gemäß der genannten Unterscheidung auch als Fähigkeit von Personen, *"in und mit einer identitätsgebenden Gruppe gestaltend in Umwelt einzugreifen oder sich durch eine eigene Kultur ein 'Gesicht' zu geben"*[34], erschließt sich eine Pluralität von Entwicklungsmöglichkeiten. Durch ihre dichotome Struktur reduziert interkulturelle Erziehung, wie sie bisher aufgefaßt wurde, diese Möglichkeiten erheblich. Entgegen ihren Intentionen sichert eine Pädagogik, die sich nur an "der" Kultur der Herkunftsländer und des Einwanderungslandes orientiert, die gegenwärtige Ausländerpolitik in der Bundesrepublik, die zwischen Rückkehrverpflichtung und Einbürgerungszwang keinen Spielraum für eine tatsächliche multikulturelle Entwicklung von Individuen und Gruppen einräumen will.

Schließlich ist auf das Verständnis von *Kultur* als einem *Potential*, einem nahezu unbegrenzten Reservoir an Deutungsmustern, einzugehen. Insbesondere im Konflikt von sich ethnisch definierenden Gruppen wird erfahrbar, *"daß sich Kulturen stets als Systeme von Abwehrhaltungen konstituieren und damit als Funktion der Ich-Stabilisierung dienen"*.[35]

Kulturelle Besonderheiten werden zur ethnischen Abgrenzung verwendet und konstituieren Gruppenidentität. Ethnische Identität ist nämlich (folgt man diesem interaktionistischen Grundsatz) auch immer nur eine unter vielen realen und potentiellen Identitäten einer Person. *"Ethnische Identität bildet sich unter diesen Bedingungen (Unterdrückung und Diskriminierung, F.H.) dadurch, daß der Ausgrenzung durch die Mehrheitsgesellschaft eine Ausgrenzung der Mehrheitsgesellschaft, d.h. ihrer Mitglieder entgegengesetzt wird, und das heißt auch, daß das einzelne Mitglied der Minderheit seinen (aktiven) Part in antagonistischen Interaktionen mit den Mitgliedern der Mehrheit übernimmt."*.[36] Interethnische Fehlkommunikation wird dann systematisch als abwehrende Grenzziehung gepflegt.

Unter der Voraussetzung von struktureller Ungleichheit und Benachteiligung kann die pädagogisch in Gang gebrachte, auf Verständigung zielende interkulturelle Arbeit unter der Hand einen gegenläufigen Prozeß der Fehlkommunikation befördern, bei dem stereotype Zuschreibungen verfestigt werden. Im Verlaufe eines solchen Prozesses werden deutsche Kinder "christlicher" und türkische Kinder "moslemischer", als sie es je waren. *"Wenn die Beteiligten die Frage 'wer sind wir?' allein mit Ethnizitätskatego-*

rien beantworten, die zwischen ihnen eine Trennungslinie ziehen, werden sie, anstatt Mißverständnisse metakommunikativ aufzuklären und auszuräumen, diese nur in einer regressiven Spirale wechselseitiger Zuschreibungen von Stereotypen (...) deuten und diese, jeder für sich, einmal mehr bestätigt finden."[37]

Die Dynamik von Interaktion ist freilich nicht zu diesem Teufelskreis verdammt: gelingt es, durchaus partikulare Gemeinsamkeiten in die Kommunikation einzubringen, können die trennenden Momente der ethnischen Zuschreibung kompensiert werden. Interkulturell erfolgreich könnte also gerade eine Erziehung sein, die möglichst viele Besonderheiten, die Kinder und Jugendliche jenseits ihrer Nationalität miteinander teilen, thematisiert und aktualisiert.

Die praktische Bedeutung der Bestimmung von Kultur als Reservoir von Definitionsinstrumenten kann an einem Beispiel erläutert werden. Die Notwendigkeit einer interkulturellen Erziehung wird beispielsweise mit folgender Situation begründet *"Wenn z.B. während einer Unterrichtsstunde in einem dritten Schuljahr ein türkischer Schüler zum Rektor beordert wird und ihm ein deutscher Schüler beim Verlassen des Klassensaals 'Kanake' nachruft, dann kann dieser Vorfall vom Lehrer nicht mit Stillschweigen übergangen werden. D.h., daß die Schüler — und zwar die deutschen wie die ausländischen — lernen müssen, die vielfach Aggressionen im Klassensaal oder auf dem Schulhof auslösenden Konflikte zu thematisieren und zu analysieren, um dann gemeinsam Lösungsstrategien zu entwickeln. Dann bedarf es eines Lehrers, der nicht nur Fachwissen vermittelt, sondern der auch die unterschiedlichen interkulturellen Sozialisationsbedingungen kennt und in seine Unterrichtsstrategie mit aufnimmt."*[38] Die Konfliktanalyse ist hier ganz an dichotomen Gruppen orientiert ("deutsche" und "ausländische" Schüler sind die einzig relevanten Untergruppen), bezieht sich auf die Definitionsmittel und reklamiert für die Konfliktlösung Wissen über kulturspezifische Sozialisation. Eine Alternative zu dieser nationalkulturell fixierten Perspektive könnte beispielsweise darin bestehen, Schüler nach ihrer Position in der Struktur der Schulklasse zu betrachten, diskriminierende von nicht-diskriminierenden *Handlungen* zu unterscheiden und daraufhin Erziehungsabsichten zu formulieren usw.. Ein solches Konzept orientiert sich nicht an den im Konflikt verwendeten Definitionsinstrumenten, sondern an der Frage nach den Gründen für die Verwendung dieser Instrumente.

4. Die Aufhebung der interkulturellen Pädagogik

Weit verbreitet ist in der interkulturellen Pädagogik die Forderung nach gleichberechtigter Anerkennung aller Kulturen in der multikulturellen Gesellschaft der Bundesrepublik. Das Verständnis der jeweils anderen Kulturen aus ihrem eigenen Traditionszusammenhang heraus ist zunächst auch nur möglich durch Verzicht auf (ab-)wertendes Urteil. *"Aber das Verstehen eröffnet den pädagogischen Umgang auch nur."*[39] Kulturen können deshalb, weil sie Selbstinterpretationen einer Gruppe sind, nicht mit den gleichen Geltungsansprüchen auftreten, auch wenn sie für die jeweiligen Kulturträger unbezweifelte Gewißheiten der Selbstidentifikation sind. Die Anerkennung einer anderen Kultur ist pädagogisch fruchtbar, wenn sie zugleich mit der Relativierung der eigenen, als solche auch exklusiven und partikularen Kultur und schließlich der Konfrontation der eigenen und der fremden Kultur mit universell begründbaren Prinzipien verbunden wird.

Es kann nicht Aufgabe der Pädagogik sein, beliebige kulturelle Selbstidentifikationen als vorgefundene zu bestätigen; ebensowenig kann sie diese nur transzendieren in das Reich des kategorischen Imperativs. Sie kann sie jedoch aufeinander beziehen und problematisieren im Hinblick auf die Bedingungen, unter denen vernünftige Identitätsentwürfe sollen entstehen können. Diese Bedingungen reduzieren sich auf formale Anforderungen an das Zustandekommen einer flexiblen Identität, *"in der sich alle Gesellschaftsmitglieder wiedererkennen und reziprok anerkennen, d.h. achten können."*[40]

Entscheidend ist in diesem Zusammenhang, ob sich die interkulturelle Pädagogik von der Identifizierung der "deutschen" Kultur mit den Inhalten universalistischer Prinzipien lösen kann, weil diese Identifizierung immer noch die Vorstellung perpetuiert, die Kulturen der Migranten wären partikularistischer als die des Einwanderungslandes. Diese kritische Kulturanalyse scheint möglich in dem Maße, wie sie die spezifischen Pathologien der (eigenen) modernen Gesellschaft bewußt macht. Pädagogisch produktiv ist das Vorgehen, in den verschiedenen Kulturen ähnliche oder gleich allgemeine Werte und Normen zu identifizieren, die gleichermaßen (und nicht in einer hierarchischen Reihenfolge) auf allgemeine Prinzipien hinweisen.

Die Aufgabe der interkulturellen Pädagogik kann dann bestimmt werden als reflexive Wendung der in der multikulturellen Erziehungswirklichkeit gegebenen Fremdheitserfahrungen bei den Mitgliedern der Mehrheitsgesellschaft und als methodisch angeleitetes Hervorbringen von Gemeinsamkeiten.[41] Die Erfahrung von transkulturellen Gemeinsamkeiten scheint didaktisch gesehen auch eine Voraussetzung dafür zu sein, daß interkulturelle Erziehung wesentlich als politische Bildung konzipiert wird, die die Strukturierung der Gesellschaft nach anderen Kriterien als der (National-)Kultur durchsichtig macht. Einer besonderen Pädagogik bedarf es dazu nicht.

Anmerkungen

1 Gamm, H.-J.: "Interkulturelle Pädagogik" — über die Schwierigkeiten eines Begriffs. In: Borrelli, M. (Hrsg.): Interkulturelle Pädagogik. Baltmannsweiler 1986, S. 105.
2 vgl. Essinger, H.: Interkulturelle Pädagogik. In: Borrelli, M. (Hrsg.), 1986, S. 71 ff.
3 Bernfeld, S.: Sisyphos oder die Grenzen der Erziehung. Frankfurt 1973, S. 11.
4 Gamm, H.-J., 1986, S. 104.
5 Porscher, L.: Glanz und Elend des Interkulturellen? In: Reich, H.H./Wittek, F. (Hrsg.): Migration - Bildungspolitik — Pädagogik, Essen/Landau 1984, S. 37.
6 Hohmann, M.: Interkulturelle Erziehung — Versuch einer Bestandsaufnahme. In: Ausländerkinder in Schule und Kindergarten 4, 1983, H. 4, S. 5.

7 Bayer, M./Habel, W.: Interkulturelle Erziehung als Herausforderung für allgemeine Bildung. In: Heid, H./Herrlitz, H.-G. (Hrsg.): Allgemeinbildung. Beiträge zum 10. Kongreß der Deutschen Gesellschaft für Erziehungswissenschaft. Zeitschrift für Pädagogik, 21. Beiheft, Weinheim/ Basel 1987, S. 192.
8 Dickopp, K.H.: Begründungen und Ziele einer interkulturellen Erziehung -Zur Konzeption einer transkulturellen Pädagogik, in: Borelli, M. (Hrsg.), 1986, S. 43
9 vgl. Borrelli, M., 1986
10 vgl. Klemm, K.: Interkulturelle Erziehung — Versuch einer Eingrenzung. In: Die Deutsche Schule 77, 1985, S. 176ff.; Boos Nünning, U./Neumann, U./Reich, H.H./Wittek, F.: Krise- oder Krisengerede? Von den Pflichten einer illegitimen Wissenschaft. In: Reich/Wittek (Hrsg.), 1984, S. 7-33
11 Essinger, H./Hellmich, A.: Unterrichtsmaterialien und -medien für eine Interkulturelle Erziehung. In: Essinger, H./Hellmich, A./Hoff, G. (Hrsg.): Ausländerkinder im Konflikt. Zur interkulturellen Arbeit in Schule und Gemeinwesen. Königstein 1981, S. 98.
12 ds., 1981, S. 101f.
13 vgl. Hebensteit, S.: Frauenräume und weibliche Identität. Ein Beitrag zu einem ökologisch orientierten Perspektivenwechsel in der sozialpädagogischen Arbeit mit Migrantinnen. Berlin 1986
14 Nieke, W.: Multikulturelle Gesellschaft und interkulturelle Erziehung. Zur Theoriebildung in der Ausländerpädagogik. In: Die Deutsche Schule 78 (1986), S. 468.
15 ds., 1986, S. 470.
16 ds., 1986, S. 465.
17 vgl. Razvi, M.: Was sollten muslimische Kinder über das Christentum wissen? in: Lähnemann, J. (Hrsg.): Kulturbegegnung in Schule und Studium. Türken-Deutsche, Muslime-Christen. Ein Symposium. Hamburg 1983, S. 34-39
18 ds., 1983, S. 38.
19 Boos-Nünning, U. u.a., 1984, S. 24.
20 vgl. Fritsche, M.: Interkulturelle Kommunikation — ein deutsches Märchen? In: Rehbein, J. (Hrsg.): Interkulturelle Kommunikation. Tübingen 1985, S. 62.
21 Gamm, H.-J., 1986, S. 108.
22 Ruhloff, J.: Ausländersozialisation oder kulturüberschreitende Bildung? In: Borrelli, M., 1986, S. 193
23 Zimmer, J.: Interkulturelle Erziehung als Erziehung zur internationalen Verständigung. In: Borrelli, M., 1986, S. 240.
24 vgl. ds., 1986, S. 231.
25 Klemm, K., 1985, S. 181.
26 Bühl, W.-L.: Kultur als System. In: Kultur und Gesellschaft, Sonderheft 27 der Kölner Zeitschrift für Soziologie und Sozialpsychologie. Opladen 1986, S. 118ff.
27 Rehbein, J.: Einführung in die Interkulturelle Kommunikation. In: ds. (Hrsg.): Interkulturelle Kommunikation, Tübingen 1985, S. 30.
28 vgl. Greverus, J.-M.: Kulturbegriffe und ihre Implikationen. Dargestellt am Beispiel Süditalien. In: Kölner Zs. für Soziologie und Sozialpsychologie 23/1971, S. 283-303
29 vgl. Borrelli, M., 1986.
30 vgl. ds., 1986, S. 24.
31 vgl. Reimann, H.: Die Vitalität 'autochthoner' Kulturmuster. Zum Verhältnis von Traditionalität und Moderne. In: Kultur und Gesellschaft. Sonderheft 27 der Kölner Zeitschrift für Soziologie und Sozialpsychologie. Opladen 1986, S. 364ff.
32 Greverus, J.-M.: Kultur und Alltagswelt. Eine Einführung in kulturanthropologische Fragestellungen. München 1978, S. 80.
33 ds., 1978, S. 238.
34 ds., 1971, S. 80.
35 Groß, 1986.
36 Streeck, J.: Kulturelle Kodes und ethnische Grenzen. Drei Theorien über Fehlschläge in der interethnischen Kommunikation. In: Rehbein, J. (Hrsg.), 1985, S. 112.
37 ds., 1985, S. 117.
38 Essinger, H./Hellmich, A., 1981, S. 99.

39 Ruhloff, J., 1986, S. 195.
40 Habermas, J.: Können komplexe Gesellschaften eine vernünftige Identität ausbilden? In: Habermas, J./Henrich, D.: Zwei Reden. Frankfurt 1974, S. 52.
41 vgl. Nieke, W., 1986.

VI.
Brauchen Minderheiten eine eigene Wissenschaft?

Tove Skutnabb-Kangas

Wer entscheidet, ob meine Sprache wichtig für mich ist? — Minderheitenforschung zwischen Sozialtechnologie und Selbstbestimmung

1. Wer forscht über die Minderheiten?

Immer wieder konnte gezeigt werden, daß "wissenschaftliche Wahrheit in den Sozialwissenschaften keine metaphysische Wahrheit ist ...; sie ist eine Klassenwahrheit. Jeder (sic!), der das nicht erkennt, verfehlt seinen 'Status' als 'objektiver' Wissenschaftler".[1] Die Wissensproduktion wird in jeder Gesellschaft durch die Klassenbeziehungen bestimmt. Das Bedürfnis des Kapitals nach einer Transnationalisierung der Arbeitskraft zur Beschleunigung der Kapitalakkumulation und die Notwendigkeit neuer Strategien zur Legitimation und Reproduktion der Machtbeziehungen sind entscheidend dafür, welche Forschung in einer spezifischen historischen Entwicklungsphase akzeptiert, bezahlt und verwendet wird. Die Minderheitenforschung bildet da selbstverständlich keine Ausnahme.[2]

Aber zusätzlich zu der Unterscheidung zwischen bürgerlicher und kritischer Wissenschaft gibt es eine andere notwendige Unterscheidung in der Minderheitenforschung, nämlich die nach den Konsequenzen, die aus der Gruppenmitgliedschaft der Forscher/innen folgen (können). Die Schwierigkeit besteht darin, daß diese Unterscheidung sich mit der ersten überschneidet. Das Problem kann als eines der Beziehungen zwischen Struktur und Kultur oder zwischen Klasse und Ethnizität diskutiert werden, aber es gibt bislang keinen gelungenen Entwurf, die Veränderungen in der Dynamik dieser Spannungen zu konzeptualisieren, worauf in eleganter Weise Chris Mullard in seinen letzten Veröffentlichungen hingewiesen und wozu er tentative Lösungsvorschläge gemacht hat.[3] Mir scheint, daß sich diese Spannung auch in den Beiträgen zu diesem Band wiederfindet. Da viele der Beiträge sich eher auf die Gefahren der Vernachlässigung der *Klassen*dimension beziehen, mag es nützlich sein, einige der Erfahrungen aus Skandinavien zu diskutieren, wo der Dimension *Minderheit/ Mehrheit* zu wenig Aufmerksamkeit gewidmet wird.

Wenn ich eine Beschreibung über den Zweck einer Forschung über eine Minderheitengruppe lese, die von einem Projekt oder einem Forschungsinstitut verfaßt wurde, stelle ich mir Fragen des folgenden Typs: Wem fehlen zu welchem Zweck Informationen über diese Gruppe? Wer tritt durch die Forschung mit wem in Kontakt? In welchem Ausmaß wird die untersuchte Gruppe selbst in die Forschung einbezogen: als Forscher/innen, als aktiv Handelnde, als solche, die darüber entscheiden, was wie erforscht werden sollte, welche Fragen gestellt werden sollten — oder zumindest als Empfänger der gesammelten Informationen? An wen werden die Forschungsresultate weitergegeben? Welche Ergebnisse hat die Forschung für die untersuchte Gruppe selbst? Wem dient die Forschung?

Ich will mit zwei Zitaten beginnen, die empirisch vorgefundene Formulierungen zweier Forschungsinstitute bzw. Projekte vorführen. Es scheint wichtig, sie unter dem Aspekt zu betrachten, bis zu welchem Grade sie die Klassen- und die Minderheit/Mehrheitdimension wahrnehmen. Die Hervorhebungen sind von mir. Das erste Zitat stammt aus einem großen Forschungsprojekt, das zwei südostasiatische Flüchtlingsgruppen untersucht. Ich werde die Herkunft nicht angeben, um die Beteiligten nicht in Verlegenheit zu bringen.

"Das xx-Flüchtlingsprojekt wurde begonnen, um die Erforschung der Gruppe aus Südostasien, die sich in xx angesiedelt hat, zu fördern, zu koordinieren und zu unterstützen. Das Projekt besteht aus *einer Gruppe interessierter Fakultätsmitglieder an der Universität von xx und anderen Kollegen in xx*, darunter Linguisten, Anthropologen, Historiker, andere Sozialwissenschaftler sowie medizinisches Personal, die an verschiedenen Forschungsprojekten arbeiten, die sich auf die Flüchtlingsgruppe in xx beziehen. Zweck des Projektes ist es, *diesen Forscher/inne/n und anderen Interessierten* eine Sammlung von Forschungsarbeiten über die Hmong und Kambodschaner (sic!) zu ermöglichen, *den Forscher/inne/n und anderen Interessierten gemeinsame Treffen zu erleichtern* und *ein nationales Kommunikationsnetz durch unseren Newsletter aufzubauen*. Die Sammlung der Forschungsarbeiten über Hmong und Kambodschaner enthält über 1000 Titel in zahlreichen Sprachen ... Wir ergänzen die Sammlung ständig *mit Hilfe des Bibliothekspersonals der Universität* ... Das Projekt publiziert einen vierteljährlichen Newsletter, um den *Austausch zwischen Forscher/inne/n und den Diensten der Flüchtlingshilfe zu erleichtern* ... Projektmitglieder haben ihre *Forschungsergebnisse in verschiedenen akademischen Publikationsorganen veröffentlicht*. Im Zentrum der Forschung standen bislang die Hmong ... Sie wurde auf die Kambodschaner ausgedehnt, als der *Mangel an Informationen über diese Gruppe in diesem Gebiet deutlich wurde* ... " (aus der Präsentation eines großen Forschungsprojektes).

Das andere Zitat stammt aus einer Broschüre des Maori-Forschungsinstituts mit dem Titel "Maori-Sprachforschung beim neuseeländischen Rat für Erziehungsforschung". Nachdem die bisherigen Forschungsaktivitäten dargestellt worden sind, fährt die Broschüre unter dem Titel "Zweck dieser Forschungen" wie folgt fort (Hervorhebungen von mir):

"Zweck aller Forschung des Rates über Fragen der Maori-Sprache und über die Maori-Sprache selbst ist *nicht die Sammlung von Informationen als Selbstzweck oder gar die Ausbildung von Maori-Forscher/inne/n*. Die Daten werden gesammelt und interpretiert und die Forscher/innen werden ausgebildet *in der Hoffnung, daß die Früchte dieser Arbeit den Maori-Eltern bei der Aufrechterhaltung der Sprache in ihren Familien helfen und die Gemeinschaft der Maoris befähigen werden, aus einer Position der Stärke heraus zu argumentieren* — *Stärke, die aus dem vollen Wissen über die Pro-*

bleme resultiert, mit denen die Maoris konfrontiert sind — um jene Bedingungen zu schaffen, unter denen die Maori-Sprache in ihrem Heimatland gedeihen könnte.

Gleichzeitig möchten wir mit unseren Anstrengungen zur *Erziehung der neuseeländischen Öffentlichkeit als Ganzer beitragen, eine positive Wertschätzung der Maori-Sprache zu entwickeln, um Maori* als wesentlichen Bestandteil neuseeländischer nationaler Kultur und nationalen Lebens *wiedereinzusetzen".*

Es erübrigt sich nahezu zu betonen, daß es im ersten Projekt keine Mitglieder der Minderheitengruppe in führenden Positionen gibt, während sie im zweiten Projekt zahlreich vertreten sind.

In meinen Augen wird im ersten Zitat weder das Klassen- und Machtverhältnis noch die Minderheiten/Mehrheiten-Beziehung berücksichtigt, während im zweiten Zitat beide Dimensionen vorhanden sind, die Minderheit/Mehrheit-Dimension allerdings deutlicher hervorgehoben wird. Verglichen damit nehmen einige Aufsätze in diesem Band eine Mittelposition ein, indem sie die Klassen- und Machtdimension zwar anerkennen, aber implizit die Minderheit/Mehrheit-Dimension zurückweisen. Das geschieht auf zwei Wegen. Teilweise wird sie unausdrücklich zurückgewiesen, indem über die Bedeutung der Gruppenzugehörigkeit der Forscher/innen nicht gesprochen wird, teilweise wird sie offen, aber indirekt zurückgewiesen, indem behauptet wird, den Schwerpunkt auf Ethnizität, Sprache und Kultur zu legen, schmälere die Anerkennung der Bedeutung von ökonomischen und politischen Fragen. Das ist in meinen Augen eine gefährliche Position. Bevor ich fortfahre, möchte ich meinen eigenen Standpunkt klarstellen, der in einer *offenen Anerkennung* beider Dimensionen besteht.

Ich beginne mit einer Diskussion der Gruppenzugehörigkeit der Forscher/innen als einem wichtigen Aspekt der Frage, ob wir Minderheiten eine eigenständige Forschung brauchen. Danach werde ich auf die ethnische/sprachbezogene/kulturelle Dimension eingehen und ihre Rolle für die Entwicklung von Gegenhegemonien in einem transnationalen Klassenkampf herausarbeiten. Beide Aspekte diskutiere ich bezogen auf mein eigenes Forschungsgebiet, die Minderheitenerziehung und die Rolle der Unterrichtssprache in der Erziehung.

Mein erster Punkt behandelt die Gruppenzugehörigkeit der Forscher/innen: Minderheit oder Mehrheit. Bedeutet die Gruppenzugehörigkeit der Forscher/innen überhaupt etwas? Ist es nicht irrelevant, wer forscht, wenn eine gewisse Sympathie gegenüber der zu erforschenden Minderheit vorhanden ist und der "richtige" Klassenstandpunkt eingenommen wird? Oder mindestens solange Interesse am Schicksal der Minderheit besteht, was vorhanden sein muß, wenn man die Gruppe studiert? Können wir nicht sogar behaupten, daß Außenseiter eher objektiver sind als jene Personen, die involviert sind? Objektiver, unparteiischer, desinteressierter? Ist es wirklich notwendig, daß Minderheiten ihre eigene Forschung haben, oder würde ihnen nicht besser gedient, wenn die Forscher/innen von außerhalb der Gruppe kämen und objektive Forschungsergebnisse erarbeiteten? Ist es nicht möglicherweise doch richtig, daß wir Minderheiten mehr Hilfe erwarten können, wenn die Forschung von objektiven Außenseitern durchgeführt wird?

Das wäre eine mögliche Position. Einigen mag diese Einstellung trivial erscheinen, aber es gibt viele nordamerikanische, skandinavische und britische Forscher/innen, die

diese Position vertreten. Was sich viele Forscher/ innen, die wie ich die Minderheit repräsentieren, die sie erforschen, fragen, ist dies:
"Ist es möglich, daß ein/e Forscher/in von außerhalb der Minderheit irgendetwas anderes ist, als ein wissenschaftlicher/kultureller Imperialist oder ein 'alternativer kultureller Imperialist'?"[4] Und: "Brauchen wir Migranten 'Hilfe' oder brauchen wir nicht eher Gleichheit und Gleichstellung?"[5], wobei Gleichheit nicht 'Chancengleichheit' meint, sondern auf 'Gleichheit der Ergebnisse' abhebt.

Diese und ähnliche Fragen werde ich aus einer methodologischen und einer ökonomisch-politischen Perspektive betrachten. Meine erste methodologische Frage bezieht sich darauf, inwiefern Minderheitenforscher/innen, d.h. Forscher/innen, die Mitglieder der Gruppe sind, die sie erforschen, mehr Insider-Informationen bekommen können, sich besser den Erforschten nähern können, mehr konnotative Bedeutungen verstehen können, reichere und tiefergehende qualitative Daten bekommen können als Forscher/innen, die der ethnischen Mehrheit angehören. Ich bin auch interessiert an der Frage, ob dies den Aufbau der Gegenhegemonie beeinflussen kann.

Mein Beispiel bezieht sich auf die Gemeinschaft der eingeborenen Samen. Harald Gaski, ein samischer Forscher aus Norwegen, der die Literatur der Samen untersucht hat, macht geltend, daß nur Angehörige der Minderheit selbst Doppeldeutigkeiten in den Fällen verstehen können, in denen die wichtigen Botschaften eher durch die konnotativen als durch die denotativen Bedeutungen übermittelt werden, wobei ich anmerken möchte, daß wichtige Botschaften solche des Widerstandes sein können, die zum Aufbau von Hegemonien benutzt werden. In einer gerade erschienenen Studie über eine alte poetisch-musische Erzählung — "Joik" — kann er zeigen, daß es darin eine versteckte Botschaft über Widerstand gibt, die nicht direkt verbalisiert werden konnte, weil bei den meisten Treffen einer nennenswerten Anzahl von Angehörigen der Minderheit Mitglieder der Mehrheit anwesend waren. Eine offene Aussage über Widerstand hätte physische Sanktionen (Gefängnis, Tod) nach sich gezogen und deshalb mußte die Botschaft verdeckt werden. "Deshalb waren die Samen darauf angewiesen, die Möglichkeit der Sprache zu nutzen, um verdeckte Nachrichten und verschlüsselte Informationen durch Symbole und übertragene Bedeutungen weiterzugeben. 'Joik'-Poesie kann deshalb auch als oppositionelle Kunstgattung betrachtet werden. Sie gibt auch Aufschlüsse darüber, wie spätere literarische Ausdrucksformen verbaler Opposition der Samen gegen einseitige Einflüsse von außen zu verstehen sind ... Der Joik zeigt einen Sprachgebrauch, der kaum ohne intime Kenntnis der samischen Sprache und Kultur zu verstehen ist und bekräftigt damit die enge Verbindung, die zwischen einer Sprache und der Kultur, aus der sie entstanden ist, besteht. Diese Einsicht wird weithin geteilt, obwohl es noch immer Sozialanthropologen gibt, die zu glauben scheinen, daß sie die Sprache des Volkes, das sie erforschen, nicht beherrschen müssen. Das trifft beispielsweise auf einen Teil der sozialanthropologischen Forscher/innen zu, die über Samen und auf diese bezogene Themen in den nordischen Ländern arbeiten".[6]

Harald Gaski beschreibt die Konsequenzen, die entstehen, wenn Leute ohne intime Kenntnis der samischen Sprache und Kultur forschen und wenn die institutionellen

Möglichkeiten für samische Forscher/innen fehlen, selbst zu forschen. Einige der von ihm vorgetragenen Gesichtspunkte gelten generell für Minderheitensituationen. Diejenigen, die samisch lesen, z.B. Schüler und Studenten, lernen nichts über die ethnische Identität, die sich in der samischen Literatur ausdrückt. Sie lernen nicht, samische Texte so zu interpretieren, daß sie ein besseres Verständnis unterschiedlicher historischer Tendenzen und Denkweisen erreichen. Auf diese Weise können samische Kinder aufwachsen, ohne um den Widerstand zu wissen, den ihre Großmütter und Großväter geleistet haben. Aber auch nicht-samische Leser übersehen die Botschaft, weil der Vermittlungsprozeß zwischen verschiedenen Sprachen und Kulturen zu Bedeutungsverschiebungen führt. In verschiedenen nicht-samischen Interpretationen kann ein Element der Verschiebung der Perspektiven vorhanden sein, die dann zu einem vollständigen Verlust der ursprünglichen samischen Botschaft führen kann.

Gaski fordert nicht, daß nur samischen Forscher/inne/n die Arbeit mit samischen Texten erlaubt werden sollte. Aber er möchte darauf hinweisen, daß das literarische Verständnis eingeborener Völker bezogen auf ihre eigenen Texte in den nordischen Foren (Universitäten, Akademien, Publikationsorganen), die sich mit dem geschriebenen Wort in der Gesellschaft befassen, weder institutionalisiert sei, noch gäbe es samische Universitäten, die die Forschungsarbeit leisten könnten. In dem Artikel wird indirekt die Forderung nach samischen Universitäten erhoben; tatsächlich wird die erste 1989 ihren Betrieb aufnehmen.

Dieses Beispiel zeigt, daß es Minderheitenforscher/innen nicht nur möglich ist, bessere Daten zu bekommen[7], sondern daß für Mehrheitsforscher/innen es oft auch unmöglich ist, vorhandene Daten über Minderheiten sachgerecht zu interpretieren. Deshalb wird die Minderheitenperspektive gebraucht — als Ergänzung oder gelegentlich anstelle der Mehrheitsperspektive[8]. Die Frage, wessen Interpretationen als gültig anerkannt und kanonisiert werden, ist selbstverständlich nur ein Aspekt der generellen Frage nach der Über- und Unterordnung. Für die Mehrheitsforscher/innen ist es nützlich, diesbezüglich ein begrenztes Verständnis zu haben, weil es ihnen erlaubt, ihre eigene Rolle bei der Legitimation des untergeordneten Status von Immigranten nicht zu hinterfragen. Mehrheitsforscher/innen müssen dabei bleiben, daß die Daten und die Interpretation, die sie hervorbringen, gültig und verläßlich sind. Wenn eine Insider-Interpretation und qualitative Daten zu einem sine qua non gemacht würden, verlören die Mehrheitsforscher/innen ihre Jobs.

2. Welches sind die forschungsleitenden Kategorien?

Als nächstes ist die Frage zu prüfen, ob Minderheitenforscher/innen verglichen mit Mehrheitsforscher/innen andere Themen untersuchen und andere Fragen stellen. Forscher/innen, die selbst aus der Migrantenminderheitengruppe kommen, die sie untersuchen, unterscheiden sich in Skandinavien in verschiedenen wichtigen Aspekten von Forscher/innen, die Minderheiten untersuchen und aus der ethnischen Mehrheit stammen. Wir stellen unterschiedliche Fragen und realisieren andere Forschungstypen verglichen mit den ethnischen Mehrheitsforscher/innen. Um die Unterschiede zu verdeutlichen, werde ich einige Resultate einer vergleichenden Überblicksdarstellung der skandinavischen, meistens schwedischen Minderheitenforschung vorstellen.[9]

Das Material besteht aus 1 033 Studien. 747 davon, 72,2 %, wurden in Schweden veröffentlicht. Mit ihnen beschäftige ich mich hier. Die erste Untersuchung stammt aus dem Jahre 1924, aber 95 % aller Arbeiten sind aus der Zeit nach 1967. Um die Entwicklung zu illustrieren, wurde eine zeitliche Dreiteilung vorgenommen: die Periode (1) behandelt Studien vor 1968, als die königliche Einwanderungskommission ihre Arbeit begann. Periode (2) bezieht sich auf Untersuchungen zwischen 1968 und 1974, als die Kommission ihre Arbeit beendete; Periode (3) enthält Studien nach 1975, als die Vorschläge der Kommission umgesetzt wurden. Im Rahmen der Untersuchungen wurden vor 1968 3.169 Seiten vorgelegt, zwischen 1968 und 1974 23.140 und zwischen 1975 und 1981 17.909 Seiten. Die Soziologie dominierte im gesamten Zeitraum, die größte Zunahme aber hatten psychologische, pädagogische und linguistische Studien (von 20 % in Periode (1) auf 36 % in Periode (3)). Nur ca. 5 % der Studien sind Doktor- oder Diplomarbeiten. Der Rest sind Artikel, Konferenzpapiere, Forschungsberichte etc.

Wer *veröffentlichte* die Studien? Vor 1968 waren es entweder Universitäten (45 % aller veröffentlichten Untersuchungen) oder kommerzielle Verlage (55 %). In Periode (1) haben weder Immigrantenorganisationen noch staatliche Einrichtungen (Ministerien, zentrale Verwaltungen, Kommunen) irgendetwas veröffentlicht. Während in Periode (3) Veröffentlichungen von Immigrantenorganisationen von 0 auf 4,2 % zunahmen, wuchs der Anteil administrativer Einrichtungen von 0 auf 36,1 %, während die Universitäten weiterhin 42 % veröffentlichten.

Wie wurde die Forschung *organisiert* und *finanziert*? Während Periode (1) wurden 90 % der Forschung "privat" organisiert, d.h. nicht als Teil eines Forschungsprojektes (10 %), während in Periode (3) 57,1 % aus Forschungsprojekten stammten. 64,1 % der Forschung wurde in Periode (1) privat finanziert, d.h. von den Forscher/inne/n selbst, während administrative Einrichtungen 12,8 % finanzierten und Forschungsfördereinrichtungen 10,3 %. In Periode (3) betrug die Privatfinanzierung nur 24,5 %, während Forschungsfördereinrichtungen ihre Finanzierung kaum angehoben hatten (Periode (2) 8,9 %, Periode (3) 14,6 %). Staatliche Einrichtungen dagegen finanzieren gegenwärtig mehr als die Hälfte der Forschung (Periode (2) 21,2 %, Periode (3) 51,4 %), und diese Entwicklung scheint mir, hat sich fortgesetzt, obwohl es keine neuen vergleichbaren Studien gibt, um dies zu prüfen. Mehr als die Hälfte aller Forschung in Periode (3) wurde von staatlichen und kommunalen Einrichtungen angeregt und bezahlt und zumeist auch veröffentlicht. Sie hatte praktische Ziele und enthielt Vorschläge für praktische Maßnahmen. Allgemeine Fragen der Einwanderung standen eher im Vordergrund als die Behandlung spezifischer Gruppen. Große Teile der Forschung waren atheoretisch.[10]

Die Mehrheit der Forscher/innen, die sich in Schweden mit Minderheitenforschung beschäftigen, sind noch immer ethnische Schweden, obwohl der Anteil der Forscher/innen aus den Minderheitengruppen zugenommen hat (von 20 % in der Periode (1) auf 30,6 % in der Periode (3)). In allen drei Perioden schrieben Forscher/innen aus einer

Minderheit vergleichsweise mehr Diplom- und Doktorarbeiten (N = 16) als ethnische Schweden (N = 23), wohingegen ethnische Schweden mehr kurze Artikel und deskriptive Berichte (oft mit praktischen-politischen Zielen) schrieben. Für Forscher/innen aus einer Minderheit war es schwieriger finanziert zu werden als für ethnische Schweden, zumal von Forschungsfördereinrichtungen. Sie mußten häufiger als ethnische Schweden ohne öffentliche Finanzierung arbeiten. Es war für sie auch schwieriger als für ethnische Schweden, ihre Ergebnisse durch administrative Einrichtungen oder Verlage publiziert zu bekommen. Zusammengefaßt ergibt sich folgendes: Minderheitenforscher/innen machen mehr theoretische, tiefergehende Forschungsarbeit, oft über spezifische Gruppen, während ethnische Mehrheitsforscher/innen mehr deskriptive, atheoretische, allgemeine, politikorientierte Forschung betreiben. Selbstverständlich ist diese Beschreibung relativ; es gibt Ausnahmen in beiden Richtungen.

Ein mehr fachinterner Zugang zu dem Problem der Gruppenzugehörigkeit der Forscher/innen ergibt sich, wenn, wie ich es versucht habe, die Kontroverse zwischen Befürworter/inne/n und Gegner/inne/n des Erhalts der Muttersprache als Unterrichtsmedium analysiert wird. Zunächst wurden die Forscher/innen nach Befürwortern PROPs (Proponenten) und Gegnern OPs (Opponenten) klassifiziert. Die Klassifikation ergab sich aufgrund der Form der Erziehung, die sie für die Minderheitenkinder vorschlugen.[11]

Tabelle 1: Empfehlungen von OPS (Gegnern) und PROPS (Befürwortern) zur Minderheitenerziehung

	PROP's	OP's
Medium der Erziehung	Muttersprache als Unterrichtsmedium mindestens während der ersten 6 Jahre, idealerweise länger	Meistens oder ganz die Mehrheitssprache als Unterrichtsmedium
Rolle der anderen Sprache	Mehrheitssprache als Zweitsprache während der ganzen Schulzeit	Minderheitensprache mag, wenn überhaupt, mündlich für notwendige Erklärungen benutzt werden, oder allenfalls zu Beginn teilweise als Medium
Übergang	Später oder kein Übergang zu Unterricht im Medium der Mehrheitssprache	Übergang zu Unterricht im Medium der Mehrheitssprache so schnell wie möglich
Effizienzkriterien der Programme	Förderung beider Sprachen zusammen mit affektiven und sozialen Faktoren; keine Evaluation bloß durch Tests	Förderung der Mehrheitssprache, auch wenn das zu schwachen Fähigkeiten in der Minderheitensprache führt; allein Testergebnisse gelten als zuverlässig
Ziel	Bilingualismus auf hohem Niveau	Mehrheitssprachfähigkeit auf hohem Niveau

Darauf versuchte ich festzustellen, ob die Befürworter/innen und Gegner/innen sich in bezug auf folgende fünf Dimensionen unterscheiden: Problemdefinition, gestellte Forschungsfragen, Gruppenzugehörigkeit, Parteiorientierung, Offenheit des eigenen Standpunkts (Tabelle 2).

Tabelle 2: Unterschiede zwischen Befürwortern (PROP's) und Gegnern (OP's) des Erhalts der Muttersprache als Unterrichtsmedium

		PROP's	OP's
1	Welche Problemdefinition wird benutzt?	sind bereicherungsorientiert	sind defizitorientiert;
	Wer wird verantwortlich gemacht?	machen die Schule und den Rassismus der Mehrheit verantwortlich	machen das Kind verantwortlich
2	Wessen Fragen werden gestellt?	Fragen, die bedeutsam sind für ...	
		die Minderheit selbst	für die Mehrheit und die Regierung
	Zu welchem Zweck?	um ...	
		Gleichheit und Gerechtigkeit zu erreichen	die Minderheit zu kontrollieren
3	Gruppenzugehörigkeit des Forschers/der Forscherin	oft Angehörige der Minderheit	oft Angehörige der Mehrheit
4	Auf wessen Seite steht der Forscher/die Forscherin?	auf seiten der Minderheit	auf seiten der Regierung und der Verwaltung
5	Offenheit des eigenen Standpunkts	zeigt die eigene Haltung offen; erklärt, daß Objektivität darin bestehen kann, den eigenen Bias offen zu zeigen, anstatt sich neutral zu geben	gibt sich neutral, objektiv, unparteiisch ...

Im Prinzip geht es schlicht um ethische Wertentscheidungen: Für wen wird die Forschung gemacht? Für die Mehrheitsgesellschaft, um die Minderheit zu kontrollieren oder für die Minderheit, um (a) zu entscheiden, was sie will und (b) die Instrumente zu entwickeln, um das Ziel zu erreichen und um teilweise dadurch (c) die Hegemonie in Frage zu stellen und Gegenhegemonien aufzubauen.

Es gibt noch andere ethische Aspekte, bei denen es um die Frage des Zugangs zu Forschungsinformationen geht. Ist es, mit anderen Worten, ein Teil des globalen Forschungsimperialismus, wenn Mitglieder von Mehrheitsgruppen über Minderheitsgruppen forschen? Forschungsimperialismus gilt als wohlbekanntes Phänomen, insbesondere, wenn es um die Diskussion der Beziehungen zwischen Zentrum und Peripherie in der Dependenztheorie geht.[12] Die "empfangenden" Kulturen und ihre eigene Forschung werden genauso beeinflußt oder verdrängt, wie die Sprachen. Der größte Teil der Forschung — einschließlich der Forschung in den unterentwickelten Ländern — wird von "Experten" des Zentrums ausgeführt (und in der Regel in Englisch veröffentlicht). Dieser Umstand verstärkt den Forschungsimperialismus, so daß sich zum Beispiel "Forschungsergebnisse in Afrika innerhalb des Kontinents schwerer verbreiten, schneller den 'Norden' erreichen und damit die bekannten Informationsverbreitungsmuster bestätigen: kontinuierliche Verbreitung von Norden nach Norden, von Süden nach Norden manchmal, von Norden nach Süden gelegentlich und von Süden nach Süden selten."[13] Die gleiche Art einseitiger Information oder Mißinformation charakterisiert auch die Minderheitenerziehung, wobei hier die Minderheiten selbst die Peripherie darstellen. Forscher/innen aus der Mehrheitsgruppe und Verwaltungsangehörige haben leichten Zugang zu den unterschiedlichen Netzwerken und Förderungsmitteln für Konferenzen über uns Minderheiten, wohingegen es für uns Minderheiten immer schwieriger wird, übereinander etwas zu erfahren.[14] In vielen neuerdings erscheinenden "ethischen Regeln" für Forscher/innen, die über Minderheiten arbeiten, werden ähnliche Themen diskutiert.[15]

Der Zugang zu Wissen ebenso wie die Wissensproduktion sind Fragen auch der Ökonomie. Ist es für Minderheitenforscher/innen gleichermaßen leicht, Forschungsmittel zu bekommen und zu publizieren wie für ihre Mehrheitskolleg/inn/en? Diese Frage muß man glatt mit nein beantworten, wie aus der oben zitierten Studie von Hujanen/Peura geschlossen werden kann. Es ist schwieriger für uns, Forschungsmittel zu bekommen und zu publizieren als für Forscher/innen, die aus den Mehrheitsgruppen kommen. Unsere Diskriminierung und Isolierung nimmt immer subtilere Formen an. Relativ mehr Minderheits-als Mehrheitsforscher/innen scheinen arbeitslos zu sein oder befinden sich in unsicheren, befristeten Stellungen — das ist zumindest mein subjektiver Eindruck, den ich bei zahlreichen Diskussionen in der "Nordic Association for Immigrant and Minority Researchers" gewonnen habe.

Ein gutes Beispiel dafür ist das Projekt "Die Erziehung der finnischen Minderheit in Schweden", dessen Direktorin ich seit 1986 bin. Es handelt sich um das erste große interdisziplinäre nordische Projekt, welches von einer Migrantenminderheit selbst initiiert wurde. Obwohl Schweden und Finnland sich über die herausragende Bedeutung von Forschungsprojekten dieses Typs einig waren und obwohl schwedische Forschungsförderungseinrichtungen und der schwedische Rat für Einwanderungsforschung mit einer professionellen Begutachtung, d.h. nach einer "Qualitätskontrolle", das Projekt als forschungswürdig empfohlen hatte (diesen Empfehlungen wird normalerweise von den Ministerien gefolgt), verweigerte das schwedische Arbeitsministerium die Ko-Förderung dieses Projekts, das offenkundig eine Minderheitenperspektive verfolgt.[16]

Die Diskriminierung kann aber auch verdeckter sein. Ein anderer samischer Forscher, Pekka Aikio[17], der der einzige ethnisch samische Forscher in Finnland ist, der die Rentierhaltung untersucht, erklärt, daß er von den Rentierforscher/innen aus der finnischen Mehrheit isoliert wird. Entsprechend nutzen die "Paliskunta", die Organisation der Rentierhalter, die in Finnland von ethnischen Finnen dominiert werden, nicht die Forschung, die dieser samische Forscher macht, sondern nur die, die ethnisch finnische Forscher/innen gemacht haben. Zweifellos hat das Folgen für das ganze Phänomen der Rentierhaltung, die immerhin eine Hauptbeschäftigung der Samen ist. Andererseits vertrauen die Samen Aikio, was sich zum Beispiel an seiner Wiederwahl als Präsident des Samenparlaments zeigt. Es gibt einen traurigen Witz über die Zusammensetzung einer Samenfamilie: Eine Samenfamilie besteht aus einer Mutter, einem Vater, zwei Kindern und einem Anthropologen. Entsprechendes wird über australische Aborigines[18], kanadische Inuits und andere eingeborene Völker[19] erzählt. Es scheint, daß "Anthropologe" durch "Mehrheitsforscher/in" ersetzt werden kann — ein Problem, das auf dem letzten Weltkongreß für eingeborene Völker ausgiebig diskutiert worden ist.

Ähnlichen Schwierigkeiten bei der Förderung von Projekten, die von Minderheiten initiiert wurden, könnten aus allen nordischen Ländern berichtet werden. In Norwegen beispielsweise wurde ein Forschungsprojekt, das von der Vereinigung der Eltern von Immigrantenkindern initiiert wurde, mit dem die Eltern herausfinden wollten, welche Art von Erziehung Immigranteneltern warum bevorzugten und welche Erfahrungen sie mit dem norwegischen Erziehungssystem gemacht hatten, jahrelang auf freiwilliger Basis betrieben, da es keine Förderung erhielt.[20] Auf einer eher praktischen Ebene wurde der Vereinigung für multilinguale Familien in Uppsala (Schweden), die überwiegend aus begeisterungsfähigen Müttern, darunter einige Forscherinnen, besteht, die Förderung selbst für ganz bescheidene Informationstätigkeiten, mit denen anderen multilinguale Familien erreicht werden sollten, verweigert.[21] Demgegenüber überschwemmen staatliche Einrichtungen die Öffentlichkeit mit Hochglanzbroschüren und Büchern zu diesem Thema. In Dänemark versuchte die größte Arbeitsmigrantenminderheit, die Kurden, jahrelang vergeblich, Geld für Kurse zu bekommen, in denen kurdische Lehrer lernen sollten, in ihrer Muttersprache, kurdisch, zu lesen und zu schreiben, was keiner dieser Lehrer zu dieser Zeit konnte.[22] Sie bekamen Geld für dieses Projekt erst, als eine Gruppe von Forscher/inne/n, die der Mehrheit angehörten, dafür eintraten.

Global betrachtet läßt sich feststellen, daß die intranationalen Beziehungen zwischen Minderheiten und Mehrheiten starke Parallelen aufweisen zu den internationalen Machtbeziehungen auf den Gebieten der Forschungspolitik und der Forschungsförderung, wo Paradigmen und Sprachen, die aus den starken westlich-kapitalistischen Ländern stammen, ständig versuchen, eine hegemoniale Situation (wieder)herzustellen und aufrechtzuerhalten.[23]

3. Das pluralistische Dilemma

Als nächstes wenden wir uns unserem zweiten wichtigen Thema zu: *Kann die Dimension Ethnizität/Sprache/Kultur mit der Dimension Klasse/Macht verbunden werden*? Als die Arbeitsmigranten aus der Arbeiterklasse Ethnizität als ein mobilisierendes, Solidarität erzeugendes Symbol in ihrem Kampf für politische, soziale und ökonomische Rechte benutzten, wurde diese Entwicklung, wie D. L. Jayasuriya gesagt hat, "von den 'Definitionsmächtigen', den Politikern, die das Problem der sozialen Anpassung nicht als Strukturproblem ansahen, geschickt als persönliches, individuelles Problem definiert, dessen Lösung vorrangig bei den Migranten selbst liege — mit angemessener Hilfe durch den Staat. Es war eine typische 'Haltet den Dieb'-Ideologie, die die multikulturellen Sozialpolitiken der sozialen Intervention bestimmte. Diese Politiken waren so formuliert, daß sie Immigranten helfen sollten, sich selbst bei der Überwindung ihrer Schwierigkeiten zu helfen, die vorrangig als von ihnen selbst erzeugt galten".[24]

In ähnlicher Weise hält das Einladungspapier für diese Konferenz fest, daß "eine *soziale* Untergruppe des Arbeitsmarkts, die Wanderarbeiter, wissenschaftlich zur 'ethnische Minderheit' konstituiert" wurde. Und weiter: "Ihre Schwierigkeiten wurden nicht aus der restriktiven Handhabung von Zugangsrechten zu ökonomischen, politischen und sozialen Lebenschancen interpretiert, sondern die fehlende Integration wird bis heute auf religiöse, kulturelle, linguistische und regionale Merkmale zurückgeführt."[25] Und Jayasuriya fährt fort, indem er feststellt, daß "diese 'Schwierigkeiten' überwiegend als 'kulturelle Deprivationen' begriffen wurden, als Defizite in den sprachlichen Fähigkeiten, als kulturellen Dissonanzen und Kommunikationsprobleme. Aus diesem Grunde wurde politisch ein Schwergewicht auf kulturelle Maßnahmen gelegt, eine Politik, die durch sprachliche und kulturelle Bereicherung die Basis der Befreiung darstellen sollte. Die 'Defizite' waren hauptsächlich kultureller und nicht sozialer oder ökonomischer Art."[26] Die Ähnlichkeiten zwischen den fortschrittlichen australischen und westdeutschen Überlegungen sind frappant.

Aber mir scheint, daß die deutsche Analyse hier stehen bleibt. Sie scheint — wie ich meine, richtig — zu erkennen, daß der "vorherrschende 'Lebenstil'-Ansatz"[27], "ein Modell des Multikulturalismus, das sich auf die Privatsphäre konzentriert, disfunktional sein kann, weil es die Aufmerksamkeit von den tatsächlichen Problemen der Ungleichheit, der Deprivation und der Diskriminierung, denen sich die ethnischen Minderheiten in der öffentlichen Sphäre ausgesetzt sehen, ablenkt".[28] Aber das Rahmenpapier scheint das "Dilemma des Pluralismus" *nicht* zu erkennen, nämlich, "wie die berechtigten Ansprüche auf kulturelle Unterschiedlichkeit und Identität versöhnt werden können mit den sozial berechtigten Wünschen und Ansprüchen nach Gleichheit. Das Dilemma kann auch anders ausgedrückt werden: es geht darum, die wetteifernden Kräfte der expressiven und der instrumentellen Dimension von Ethnizität zu erkennen, wobei die letzteren sich eher auf die materiellen Aspekte des Lebens beziehen, insbesondere auf das Bedürfnis nach ökonomischer, sozialer und politischer Macht auf seiten der Angehörigen der ethnischen Minderheitsgruppe".[29]

Ethnizität hat also zwei Dimensionen, die nicht als sich gegenseitig ausschließend betrachtet werden sollten, sondern die komplementär aufzufassen sind. Die expressive Dimension, die mit Sprache, Kultur und Identität auszufüllen wäre, wurde fälschlicherweise benutzt, um die Aufmerksamkeit von der instrumentellen Dimension, der ökonomisch-politischen Gleichheit, abzulenken. Das hat dazu geführt, daß viele fortschrittliche Forscher/innen das Opfer von entweder/oder-Ansichten zu werden scheinen, was typisch ist für europäische und europäisierte Länder. In diesem Fall wählen sie die instrumentelle Dimension und schließen die expressive Dimension aus. In meinen Augen sollte die Entscheidung über die Balance zwischen der expressiven und der instrumentellen Dimension von Ethnizität berechtigterweise nur von jeder Minderheit selbst entschieden werden, eigenständig in jedem Land und in jeder historischen Situation. Es ist wichtig, zu bestimmen, in welcher Phase sich ein Land jeweils befindet, wenn die verschiedenen Gründe zur Erklärung der Probleme, denen sich Migranten gegenüber sehen, zugeordnet werden. Wenn 1987 in der Bundesrepublik gesagt wird, daß der Fokus auf Sprache und Kultur die Menschen von den wahren Problemen ablenkt, kann das ein Zeichen dafür sein, daß die dominanten Erklärungen immer noch auf dem *Stadium der Defizit-Hypothese* zur Erklärung der Probleme verharren, denen sich Minderheiten gegenüber sehen. Die dominanten Erklärungen in der Bundesrepublik scheinen noch immer auf die angenommene 'Zweitsprach-Defizienz' bzw. die 'kulturelle Defizienz' von Migranten gerichtet zu sein, derzufolge die Migrantin defizitär ist, weil sie die Mehrheitssprache nicht beherrscht oder weil sie kulturelle Handicaps hat.[30]

Die gleiche Feststellung, nämlich daß eine Fokussierung auf die Sprache von den wahren Problemen ablenke, würde, bezogen auf die finnische Migrantenminderheit in Schweden, ein schweres Fehlurteil im Hinblick auf die Balance zwischen den expressiven und den instrumentellen Dimensionen von Ethnizität bedeuten. Die finnische Minderheit in Schweden befindet sich in einem Stadium kurz vor der Überwindung defizitorientierter Erklärungen und auf dem Weg in eine Phase, in der Bereicherungstheorien aufgegriffen werden. *In einer Bereicherungsphase schließt eine Fokussierung auf die expressive Dimension von Ethnizität die Anerkennung der Bedeutung von politischen, ökonomischen und sozialen Rechten nicht aus.* In dieser Phase werden kulturelle/linguistische Ressourcen teilweise gerade wegen ihres Menschenrechtscharakters mobilisiert.[31] Das schließt die Anerkennung der Rolle der Sprache auch als Medium der Weltkonstruktion ein. Aber die ethnische/kulturelle/linguistische Dimension wird auch mobilisiert, weil sie eine instrumentelle Bedeutung für den Erwerb politischer/ökonomischer/sozialer Gleichheit hat: Sprache und Kultur der Minderheiten sind Instrumente zum Erwerb des Wissens, das gebraucht wird bei der Analyse der Ursachen für die ungleiche Stellung und für den Aufbau einer Gegenhegemonie, die zum Machtgewinn beitragen kann.

Falls Forscher/innen eine falsche Einschätzung der Relation zwischen instrumenteller und expressiver Dimension von Ethnizität einnehmen, oder noch schlimmer, falls sie eine Dimension völlig vernachlässigen, definieren sie nicht nur, sondern sie konstruieren faktisch Minderheitenrealitäten, die den Interessen der Minderheiten nicht dienen. Ihre Arbeit ist eher so angelegt, daß sie ihre Jobs als Mittler, Bevormunder[32] und (meist) ungebetene Sprecher der Minderheit legitimiert.

Das Dilemma kann auf verschiedene Art zusammengefaßt werden. Ich gehe nur auf zwei Möglichkeiten ein. Eine kann darin bestehen, die Frage zu beantworten, wer will was ändern. Bis zu welchem Ausmaß halten die unterschiedlichen Forscher/innen es für nötig und/oder für möglich, die *Gesellschaft* als ganze (d.h. das politische und das ökonomische System), die *Schule* (d.h. die Organisation sowohl für Minderheits-wie Mehrheitsschüler/innen) oder das *Minderheitkind selbst* zu ändern? Offensichtlich hängt die Beantwortung der Frage davon ab, wo jeweils der Fehler gesehen wird. Das heißt, indirekt sagt die Klassifikation auch etwas darüber aus, wen man für die Probleme verantwortlich macht (vgl. Tabelle 2 und 3). Um es zu verdeutlichen: Wandel kann subtraktiv (was ist, muß zerstört werden) oder additiv betrachtet werden (was ist, ist gut, aber nicht ausreichend in der gegenwärtigen Situation; deshalb muß eine "Überlebensausrüstung" hinzugefügt werden). Tabelle 3, teilweise angeregt durch Tosi[33], faßt zusammen, wer was zu verändern wünscht:

Tabelle 3: Wer will was verändern in der Erziehung der Minderheiten?

Änderungswunsch	Gesellschaft	Schule für die		Minderheitenkind selbst
		Minderheit	Mehrheit	
Apathische	–	–	–	–
Opponenten	–	–	add	+
Idealistische Liberale	–	+	add	–
Radikale Pessimisten	+	–	–	add
Radikale Optimisten (PROPS)	+	+	+	add

Mir scheint, daß einige unserer deutschen Kollegen in ihrem legitimen Kampf gegen die idealistisch-liberale Position zugleich ungewollt uns "radikale Optimisten" opfern, ohne zu bemerken, daß es mehrere mögliche Motive gibt für den Wunsch, Ethnizität, Sprache und Kultur von Minderheiten hervorzuheben. Einige dieser Motive wirken für die Minderheiten verheerend, weil sie die Gesellschaft nicht verändern wollen. In anderen jedoch werden deren Sorgen über die politische und ökonomische Ungleichheit geteilt. Dies nicht zu erkennen heißt, die Relativität einiger unserer Konzepte nicht zu sehen, einschließlich des Konzepts "Muttersprache". In der jüngeren Literatur gibt es tatsächlich eine Reihe von Hinweisen darauf, daß die Einstellung der Menschen zu ihrer Muttersprache sehr viel unterschiedlicher sein kann, als wir annehmen. Ich habe versucht, Muttersprachen so zu definieren, daß die Definition der in multilingualen Ländern häufig auftretenden Situation, in der das Kind schon beim Schuleintritt bi- oder trilingual ist, gerecht wird.[34] Je nach Land kann es nach unserer Meinung sowohl horizontale als auch vertikale Unterschiede geben, die — horizontal — davon abhängen, in welcher

Phase sich ein Volk in den Machtkämpfen befindet, die entscheidend für die linguistischen Rechte in dem Land sind, in dem es lebt. Vertikal ergeben sich Unterschiede aus dem Grad des Bewußtseins über die Bedeutung linguistischer Rechte, die ein Volk hat oder nicht hat, was teilweise abhängig ist davon, wie offenkundig diese Rechte sind und wie ausdrücklich die Konzepte benutzt werden.

4. Muttersprache als Mobilisierungsressource

Um zu verstehen, warum bestimmte Gruppen die Bedeutung ihrer Muttersprache betonen (wie beispielsweise ich), während andere Gruppen mehr oder weniger indifferent zu sein scheinen oder das Konzept ganz aufgeben, weil sie es nicht für besonders brauchbar erachten, halte ich die Typologie von Lernprioritäten, die Wallace[35] vorschlägt, für hilfreich.

Schema: Lernprioritäten in revolutionären, konservativen und reaktionären Gesellschaften

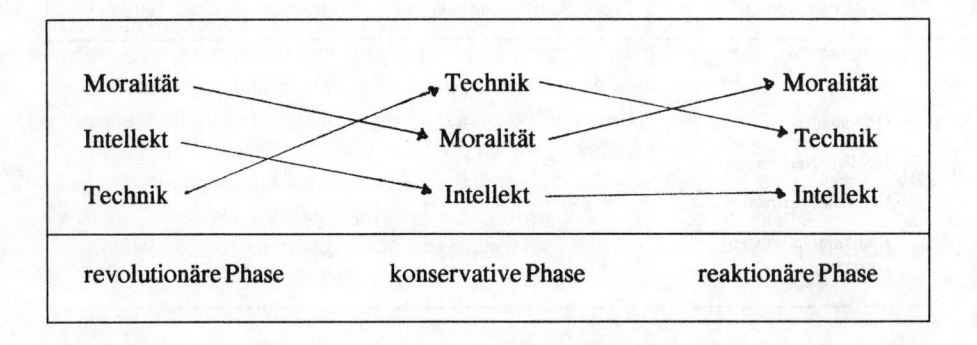

Moralität →	Technik →	Moralität
Intellekt →	Moralität →	Technik
Technik →	Intellekt →	Intellekt
revolutionäre Phase	konservative Phase	reaktionäre Phase

Gemäß Wallace befinden sich Gruppen, die eine Revitalisierung durchmachen, in einer revolutionären Phase. In dieser Phase wird immer moralisches Lernen betont. Die Muttersprache kann als Aspekt des moralischen Lernens angesehen werden, während sprachliche Fähigkeiten in anderen Sprachen, z.B. der Mehrheitssprache für eine Minderheit, als ein Aspekt von Technik betrachtet werden. Wenn eine Revitalisierungsbewegung in einer konservativen Gesellschaft stattfindet, in der Technik höchste Lernpriorität hat, kommt es notwendig zu Konflikten, denn "... in konservativen Gesellschaften bereiten Schulen Menschen nicht darauf vor, sich zu opfern, sondern auf Jobs"[36]. Sowohl eine revolutionäre Phase mit einer Revitalisierungsbewegung oder der Mobilisierung einer Minderheit, um mehr Rechte zu erlangen, als auch eine reaktionäre Phase können so "Moralität" als höchste Bildungspriorität haben, worin der Focus auf Ethnizität/Sprache/Kultur eingeschlossen sein kann. Dies aber *aus unterschiedlichen Gründen* – und das macht einen Unterschied um's Ganze.

Minderheitengruppen, gleich ob sie Immigranten oder Einheimische sind, befinden sich, sobald sie begonnen haben, Rechte einzufordern, in einer revolutionären Phase. Im Zuge der Mobilisierung betonen sie häufig die Bedeutung der Muttersprache als einer wichtigen Bindung zwischen dem einzelnen und der Gruppe und ihrer Kultur und Geschichte. Selbst wenn das Lernen der dominanten Sprache wichtig ist, wird es als technische Fertigkeit betrachtet, in die die Gruppe nicht viel ihrer emotionalen Kraft investiert. Möglicherweise befinden sich viele afrikanische Staaten nach der Unabhängigkeit, die Kampf und Opfer verlangte, eher in einer konservativen Phase, in der sie versuchen, ihre Entwicklung zu stabilisieren. In Gesellschaften diesen Typs können technische Fähigkeiten, wie das Lernen der offiziellen Sprache, sofern sie nicht eine lokale Sprache ist, eine sehr viel höhere Priorität haben als das Erlernen der Muttersprache — eine Tatsache, die die Operationen des Linguizismus[37] erleichtert.

Aber wir denken auch, daß die ökonomische, politische und sprachliche Zugehörigkeit zu einer dominanten Gruppe gleichbedeutend sein kann damit, sich in einer permanenten konservativen Phase zu befinden. Eine Art Revitalisierung scheint notwendig, bevor dominante linguistische Gruppen einschließlich der Forscher/innen aus diesen Gruppen ein Bewußtsein über die Bedeutung ihrer Muttersprache erlangen. Monolinguale Naivität (oder monolinguale Dummheit), die ein Kennzeichen vieler dominanter westlicher Gruppen ist, kann die Entwicklung eines Bewußtseins über die Bedeutung der Sprache im allgemeinen und der Muttersprache im besonderen verhindern. Viele westliche Linguizisten mögen niemals die Erfahrung sprachübergreifender interaktionaler Reziprozität gemacht haben. Gleiche Beziehungen zwischen Sprachen nicht erfahren zu haben und sprachlich nie bedroht gewesen zu sein, mag die Sensitivität gegenüber Sprachfragen abstumpfen und monolinguale Sprecher daran hindern, eine positive Wertschätzung gegenüber sprachübergreifender Kompetenz zu entwickeln, die von multilingualen Sprechern verausgabt wird, selbst wenn sie sich in monolingualen Situationen befinden. Sprachliche Scheuklappen können zu permanentem Konservativismus beitragen. Sie mögen die Erkenntnis der Relativität der eigenen Sichtweisen oder überhaupt das Wissen darum, daß man in erster Linie eine Sichtweise hat, verhindern, insbesondere dann, wenn man von dem Linguizismus ökonomisch und politisch profitiert. Als Linguizismus definieren wir, d.h. Robert Phillipson und ich[38], "Ideologien und Strukturen, die benutzt werden, um die ungleiche Teilung der Macht und der Ressourcen materieller und immaterieller Art zwischen Gruppen, die auf der Basis von Sprache definiert werden, zu legitimieren, zu bewirken und zu reproduzieren"[39]. Wir stimmen folglich Khubchandani[40] zu, wenn er sagt, daß "Identifizierung durch ein bestimmtes Sprachlabel primär eine Sache sozialen Bewußtseins auf seiten eines Individuums ist". "Soziales Bewußtsein" kann hier spezifisch reinterpretiert werden als das Bewußtsein über die Struktur und Ideologie des Linguizismus.

Khubchandani stellt einen interessanten Vergleich zwischen Indien und Ländern mit "homogenisierten Nationalitätengruppen wie in Europa" an. In Indien "... werden die Bindungen an eine bestimmte Sprache als Muttersprache, an eine regionale Sprache oder an eine Sprache der höheren Kultur als 'gegeben' oder zugeschrieben behandelt und ihr Ausdrucksrepertoire ist von einem gewissen Grad der Flexibilität und Manipulation zur

Anpassung an situationale Bedürfnisse gekennzeichnet. Viele homogenisierte Nationalitätengruppen, wie in Europa, sehen im Gegensatz dazu die Bindung an die Muttersprache als Medium der Definition nationaler Charakteristika an, die wenig Spielraum läßt, die Primärgruppenidentität zu verändern. Jede Abweichung in der sprachlichen Ausdrucksform wird in diesen Kontexten als Loslösung betrachtet, so als ob jemand versuchte, in einen anderen Klub einzutreten"[41].

In einer revolutionären Phase werden alle mobilisierenden Faktoren (Sprache, Religion oder politische Zugehörigkeit) Teil moralischen Lernens. Der Kampf für bestimmte Rechte macht das jeweilige Thema zu einem mobilisierenden Faktor, errichtet eine Scheidelinie zwischen mit-dem-Kampf-Identifizieren und — Nichtidentifizieren. Das gleiche Thema kann in einer anderen historischen Phase eine geringere Priorität haben. Aber es kann mit völlig anderer Motivation in der Prioritätsliste auch wieder aufsteigen. Deshalb scheint es angebracht, auch in Europa zwischen jenen Gruppen zu unterscheiden, die sich aus historischen Gründen in einer reaktionären Phase befinden und deren Emphase einer starken Identifikation mit der Sprache reaktionäre, nationalistische Charakteristika aufweist, und jenen Gruppen, die für das Menschenrecht auf ihre Muttersprache eintreten als Teil eines umfassenderen Kampfes für Gleichheit und Gerechtigkeit und für die die Muttersprache ein definierendes Symbol darstellt, weil seine Unterdrückung durch die Mehrheit so offenkundig ist.

Ein historisches Beispiel des ersten Typs mag die Emphase sein, die das Nazi-Regime auf die deutsche Muttersprache legte, etwas, das auch deutlich wird an den Schriften jener Linguisten und Philologen, die es unterstützten[42]. Die Rolle der Muttersprache in ihren Buchtiteln spiegelt "moralisches Lernen" in einer reaktionären Phase wider. Es mag besonders schwierig sein für progressive deutsche Forscher/innen, die Bedeutung der Minderheitenmuttersprachen unter dem Eindruck nationalistischer Konnotationen dieser Art zu erkennen.

Ein Beispiel des zweiten Typs stellt der achtwöchige Schulstreik der finnischen Minderheit in Schweden dar, in dem mehr Anteile Finnisch als Unterrichtssprache und besserer Zweitsprachunterricht in Schwedisch gefordert wurden[43]. In diesem Fall ist Finnisch Teil moralischen Lernens und Schwedisch Teil technischen Lernens in einer revolutionären Phase. So gesehen reichen sich die Finnen die Hände mit vielen extrem unterschiedlichen Minderheiten auf der ganzen Welt[44], die für politische und ökonomische Gleichheit *und* für linguistische Menschenrechte kämpfen, in der instrumentellen wie in der expressiven Dimension.

Linguistische Rechte sind deshalb mit anderen Rechten gleichzustellen, die politische und ökonomische Konsequenzen haben, weil dies auch für die Verweigerung linguistischer Rechte gilt. Deshalb wird eine weltweite Deklaration linguistischer Menschenrechte benötigt, die mit anderen Menschenrechtserklärungen gleichzusetzen wäre. Die von uns vorgeschlagene Deklaration konzentriert sich auf die Rechte, die dominierten Gruppen am häufigsten genommen werden. Da die Muttersprachen von Minderheiten bevorzugte Opfer des Linguizismus sind, sind sie es, die Unterstützung brauchen.

Die Erklärung sprachlicher Menschenrechte von Kindern

1. Jedes Kind hat das Recht, sich positiv mit ihrer/ihren ursprünglichen Muttersprache/n zu identifizieren. Diese Identifikation muß von anderen akzeptiert und respektiert werden.
2. Jedes Kind hat das Recht, die Muttersprache/n vollständig zu lernen.
3. Jedes Kind hat in jeder offiziellen Situation das Recht zu wählen, wann sie ihre Muttersprache/n gebrauchen will.[45]
4. Jedes Kind hat das Recht, mindestens eine der offiziellen Sprachen des Landes, in dem sie lebt, nach ihrer eigenen Wahl vollständig zu erlernen[46].

Alle vier Forderungen, die in der Deklaration der linguistischen Menschenrechte für Kinder formuliert sind, sind bezogen auf Kinder von Mehrheitsgruppen größtenteils erfüllt. Niemand bezweifelt ihr Recht, sich positiv mit ihrer Muttersprache zu identifizieren, sie vollständig zu erlernen oder sie in offiziellen Situationen, beispielsweise in Schulen, zu benutzen. Diese Rechte sind für Mehrheitskinder so selbstverständlich, daß sie niemals als Menschenrechte ansehen werden mögen. Ihre Muttersprachen werden offen und verdeckt gefördert. Dies mag manche Forscher/innen aus der Mehrheitsgruppe teilweise davon abhalten, die Bedeutung sprachbezogener Fragen zu erkennen. Sie mögen denken, daß die Deklaration unerfüllbare Forderungen aufstellt, beispielsweise, daß das Recht, seine Muttersprache in allen offiziellen Situationen zu benutzen, nicht ein Menschenrecht sein kann. Aber selbst, wenn man nicht akzeptierte, daß die Rechte in der Deklaration legitime Menschenrechte seien, ist doch die Tatsache nicht zu bezweifeln, daß die Muttersprachen von Mehrheits- und Minderheitsgruppen in den Erziehungssystemen der meisten europäischen und europäisierten Länder nicht die gleichen Rechte genießen. Deshalb haben Gruppen, die auf der Basis ihrer Muttersprache definiert werden, einen ungleichen Zugang zu den Erziehungsressourcen, d.h. in diesen Erziehungssystemen drückt sich Linguizismus aus. Sich des Linguizismus als einer Tatsache bewußt zu werden, ist der erste Schritt, um Wege zu seiner Bekämpfung zu finden.

Bezogen auf das Bewußtsein, auf die Formulierung von Forderungen nach linguistischen Rechten und dabei, angemessene antilinguizistische Gesetzgebung in Kraft zu setzen, sind viele multilinguale Länder viel weiter als europäische und europäisierte Länder. In vielen Ländern wird Linguizismus als Indikator für generellere Probleme angesehen: "Sprache ist ein Barometer für die sozio-ökonomische Planung in einem Land"[47]. Indische Analysen und Forderungen zeigen erstaunliche Ähnlichkeiten mit unserer Analyse: "Ein Sprachgebrauch im Erziehungssektor, der Ungleichheit schafft, indem er das Recht der Minderheitensprachengruppe einschränkt oder gar ihr Existenzrecht leugnet; ein Sprachgebrauch in der Verwaltung, der anderen Sprachgruppen den Zugang zu einer effektiven Teilhabe an den sozio-ökonomischen Entwicklungen begrenzt oder beschneidet; und ein Sprachgebrauch in der Massenkommunikation, der den kontrollierenden Eliten das Recht zur Kontrolle und Manipulation von Information und Wissen verleiht, drohen die Basis multilingualer, multiethnischer und multikultureller Länder zu zerstören", schreibt Debi Pattanayak[48]. Er betrachtet damit zwei der in unserer Deklaration angeführten Rechte (nämlich das vollständige Erlernen der S 1 und ihren Gebrauch in offiziellen Situationen) als notwendig für multilinguale Länder. Damit die Rechte tatsächlich verwirklicht werden können, ist aber auch das erste Recht unabdingbar. "Die Entwicklung einer separaten Identität ist eine Voraussetzung für die gesetzliche und nationale Anerkennung ... Die Anerkennung unterstützt die Forderung nach Akzeptanz der Sprache im Bereich der Verwaltung, der Gesetzgebung, des Rechts, der Erziehung und der Massenkommunikation auf nationalem und regionalem Niveau und nach Regierungshilfe zu seiner Entwicklung ... Die Ausdehnung des Gebrauchs der Sprache in den öffentlichen Bereich hinein wird erleichtert, wenn es eine politische Konsolidierung auf der Basis der in Rede stehenden Sprache gibt, die den Sprechern der Sprache die politische Kontrolle gegeben hat."[49] So wird deutlich, daß die Forderungen in unserer Deklaration als grundlegend angesehen werden für die Begründung linguistischer Menschenrechte und zwar sowohl für dominierte Gruppen in den monolingual orientierten europäischen und europäisierten Ländern als für solche in den multilingual orientierten Ländern der Dritten Welt.

Wenn man europäische und europäisierte, mehr oder weniger offiziell monolinguale Gesellschaften und die meisten afrikanischen Nationen und jene multilingualen Nationen, in denen es ein nennenswertes Maß an offiziellem Schutz für die verschiedenen Sprachen gibt, vergleicht, dann scheint uns, daß jede Gesellschaft etwas von den anderen zu lernen hätte. Europa und europäisierte Gesellschaften sind vielleicht diejenigen, die am meisten lernen müssen.

Mir scheint, daß insbesondere für Forscher/innen aus Mehrheitsgruppen, die das doppelte Verständnis bestimmter Botschaften, von denen Gaski (oben) spricht, nicht haben, ein großes Risiko besteht, die oft notwendigerweise verdeckten Bedeutungen zu ignorieren, die signalisieren, ob die Ausrichtung auf Fragen der Ethnizität/Sprache/Kultur Teil einer reaktionären oder einer revolutionären Botschaft ist. Die relative Notwendigkeit, Signale verdeckt zu formulieren, hängt natürlich von der historischen Phase ab, in der sich die jeweilige Gesellschaft befindet und von dem Ausmaß der Verfeinerung der Kontrollmethoden, mit denen die Forschungs- und sonstige Hegemonie erhalten werden soll. Während es leicht fällt "Apathische" und "Opponenten" als solche einzustufen, die bei der Reproduktion reaktionärer Phasen mitwirken, und "idealistische Liberale" als solche zu klassifizieren, die den Konservativismus bestärken, so scheint mir manchmal auch, daß die Ergebnisse einiger der Schriften von "radikalen Pessimisten" über Fragen der Minderheitenerziehung, wiederum unversehens, "idealistischen Liberalen" näherstehen als ihnen lieb sein kann, d.h. sie geben jenen, die das wollen, die Gelegenheit, sie gegen genau die Gruppen auszuspielen, die sie unterstützen wollen. Aber unbeabsichtigter, verdeckter Linguizismus hat für uns Minderheiten die gleichen Konsequenzen wie ein eher absichtsvoller und offener Linguizismus, sieht man einmal davon ab, daß ersterer, wie alle Formen eines verfeinerten, unsichtbaren Rassismus, schwieriger zu entdecken und zu bekämpfen ist.

Eine andere Möglichkeit, das pluralistische Dilemma zusammenzufassen, haben Jim Cummins und ich in den Schlußbemerkungen des von uns herausgegebenen Buches mit dem Titel "Minority Education: From Shame to Struggle"[50] versucht. Das Erlernen einer Minderheitenmuttersprache zu betonen", kann mit mindestens drei völlig unterschiedlichen Zielen erfolgen. Erstens: Die Muttersprache kann betont werden mit der Zielsetzung, das Erlernen sowohl einer zweiten Sprache als auch anderer Fähigkeiten auszuschließen, wie das in Segregationsprogrammen geschieht (die Bantu-Erziehung in Namibia und die Erziehung vieler türkischer Kinder in Bayern sind solche Fälle ...). Zweitens: Die Muttersprache kann als Teil eines Verständnisses für Ethnizität betont werden, um gesellschaftliche Fragen ökonomischer und politischer Macht auszuschliessen, wie das in den meisten multikulturellen Diskursen geschieht. Dies ist ein therapeutischer Ansatz, der auf Defizittheorien aufbaut und benutzt wird als Form gesellschaftlicher Befriedung[51]. Drittens: Die Muttersprache kann teilweise aus eigenem Recht, als selbstverständliches Menschenrecht, hervorgehoben und teilweise betont werden, um ein besseres Instrument bereitzustellen, um sowohl das Lernen einer zweiten Sprache wie auch anderer Fähigkeiten zu erleichtern, worin die Analyse, das Verständnis, die Bewertung und die Aktion in bezug auf die gesellschaftlichen Fragen von ökonomischer und politischer Macht eingeschlossen ist.

Die Betonung der Minderheitenmuttersprachen kann also auf AUSSCHLUSS, auf BEFRIEDUNG oder auf STÄRKUNG[52] hinauslaufen. Für den letzten Ansatz, die Propagierung der Sprachen zur STÄRKUNG steht dieses Buch."[53]

Was folgt daraus? Auf einem generalisierten neo-neo-kolonialistischen Niveau sind neue Sozialtechnologien im Entstehen begriffen, die weit effizienter sind, als die, die der Wohlfahrtsstaat, der ökonomisch-militärische Komplex, internationale Organisationen und andere technokratische Übungen, den Verstand zu beherrschen[54], hervorgebracht haben; und in unserem Feld, wo persönliche Begegnungen zu Diskussionen über "Moralität" so nötig sind, werden diese ersetzt durch internationale Netzwerke, die von westlichen, männlichen Computerfreaks betrieben werden und neuerdings durch Earn/Bitnet-Kommunikationserfordernisse (Die Forscherin ohne Bitnet-Nummer existiert nicht). Die Konturen dieser neuen Sozialtechnologie sind noch sehr vage. Für Minderheiten ohne gleichen Zugang zu den alten und den neueren Instrumenten (einschließlich der im Entstehen begriffenen) ist es, wenn es darum geht, in eine Auseinandersetzung einzutreten, wessen Definition ihrer (d.h. der Minderheiten) Welt zutreffender ist, von vitalem Interesse, unsere eigene Forschung mit unseren eigenen Fragen und Prioritätensetzungen zu haben, die in der Regel von uns selbst durchgeführt werden sollte. Wir wollen nicht, daß unsere eigenen Definitionen unserer Realität entwertet und unsichtbar gemacht werden. Wer bist du, Mehrheitsforscher/in, daß du entscheiden könntest, was meine Muttersprache/Kultur/Ethnizität *für mich* und meine Gruppe bedeutet, wie Pirkko Leporanta-Morley in zahlreichen ihrer Gedichte gefragt hat. Es ist möglich, daß die redliche Selbstkritik, die in den Beiträgen dieses Bandes versucht wird, im gleichen Augenblick die alte Hegemonie verfeinert, statt sie zu überwinden — einige der Mißverständnisse[55] scheinen mir diese beunruhigende Möglichkeit anzudeuten.

Anmerkungen

Ein herzlicher Dank für Kommentare zur ersten Version dieses Papiers geht an Stephen Castles, Eckhard Dittrich, Ingrid Haller, Annita Kalpaka, Pirkko Leporanta-Morley, Robert Phillipson, Nora Räthzel, Georgios Tsiakalos und Kamil Ozerk.

1 Nikolinakos, M. : Research on migrant workers and the crisis of Western Capitalism, in Peura, M. (red.) Invandraminoriteter och demokratisk forskning, Seminarium pa Hanaholmen i Helsingfors 9–11.9.1981, Stockholm: Riksförbundet Finska Föreningar i Sverige 1983, 124.
2 So beispielsweise Nikolinakos 1983 a.a.O., Horst, Chr.: Arbejdskraft: vare eller menneske? Migration og vesteuropaeisk kapitalisme, Kultursociologiske Skrifter 10, Köbenhavn: Akademisk Forlag 1980; Peura, M. 1983 a.a.O.; d.s.: Critical comments on Swedish Migrant and Minority Research, Paper presented in Rostock 1986; d.s.: Invandrar- och minoritetsforskning, Research project The Education of the Finnish Minority in Working Paper Nr. 5, draft, Stockholm: University of Stockholm, Centre for Research in International Migration and Ethnic Relations 1987 und zahlreiche Beiträge in diesem Band, z.B. Castles.
3 Mullard, Chris: Anti-Racist Education: A Theoretical Basis 1984a, in: ds.: Anti-Racist Education: The Three O's, Cardiff: The National Association for Multi-Racial Education 1984b, 10-28; ds.: Race, Power & Resistance, London: Routledge & Kegan Paul 1985; ds.: Pluralism, Ethnicism and Ideology: Implications for a Transformative Pedagogy, Background Paper prepared for 11th World Congress of Sociology, Joint Session on Restructuring Processes of Power and Hegemony in Race and Ethnic Relations, New Delhi, 18-22 August 1986, 1986a; ds.: Racism to Ethnicism, Hierarchy to Etharcy: Analysis of the Principles, Processes and Relations of Hegemony, Paper presented at the 11th World Congress of Sociology, New Delhi, 18-22 August 1986, 1986b; ds.: Racism, Ethnicism and Etharcy or not? The Principles of Progessive Control and Transformative Change, in: Skutnabb-Kangas, T./Cummins, J. (Hg.): Minority Education: from shame to struggle, Clevedon: Multilingual Matters, 1988a
4 Petersen, R.: On the possibility of minority group to use "alternative expertise" 1980, in: Dittmar, N./Königer, P. (Hg.): Proceedings of the Second Scandinavian-German Symposium on the Language of Immigrant Workers and Their Children, West-Berlin, 21.-26. September 1980, Freie Universität Berlin, Fachbereich Germanistik, Linguistische Arbeiten und Berichte, 1980, 22.
5 Skutnabb-Kangas, T./Leporanta-Morley, P.: Migrant women and education, 1986, in: Phillipson, R./Skutnabb-Kangas, T.: Linguicism Rules in Education, Part I-III, Roskilde: Roskilde University Centre 1986a, 73-102 (also in Scandinavian Journal of Development Alternatives, March 1988
6 Gaski, H.: Joik, etno-poesi og majoritetens forstaelse (Joik, ethno-poetry and unterstanding by the majority), Paper presented at the 5th Nordic Conference on Bilingualism, Copenhagen, June 1987, 1-2
7 Diese Erfahrung habe ich selbst in meinem letzten Forschungsprojekt machen können. Vgl. z.B. die Interview-Auszüge in Skutnabb-Kangas, T.: Are the Finns in Sweden an Ethnic Minority — Finnish Parents Talk about Finland and Sweden, Research project The Education of the Finnish Minority, in Working Paper Nr. 1, Roskilde: Roskilde University Centre, Institute VI, August 1987, oder die Beschreibungen des Schulstreiks in Rinkeby, der überwiegend von finnischen Frauen organisiert wurde, in: Honkala, T./Leporanta-Morley, P./Liukka, L. und Rougle, E.: Finnish children in Sweden strike for better education, 1988, in: Skutnabb-Kangas, T./Cummins, J. 1988a, a.a.O., 239-250; Skutnabb-Kangas, T./Leporanta-Morley, P. 1986, a.a.O.; Skutnabb-Kangas, T.: Resource Power and Autonomy — a Finnish Migrant School Strike in Sweden as an Example of Resistance, 1986c, in: Skutnabb-Kangas, T./Cummins, J. (Hg.) 1988, a.a.O., 251-277.
8 Vgl. auch Robert Petersens Bericht (1980, a.a.O.) über die Notwendigkeit alternativer Expertisen in bezug auf die Inuits, die gezwungen werden, dänische Experten zu akzeptieren.
9 Hujanen, T./Peura, M.: Rapport om nordisk invandrarforskning, 1983, in: Peura, M., 1983c, a.a.O., 148-215
10 Vgl. auch Skutnabb-Kangas, T.: Invandrarbarnens utbildning — forskning och politik, i TvÅsprÅkighet, 1978, 161, Westin, Ch.: Kritisk Psykologi 12, 1984, 7 und Peura, M., 1987, a.a.O.

11 Vgl. Skutnabb-Kangas, T.: Who wants to change what and why – conflicting paradigms in minority education research, 1986b, in: Spolsky, B. (Hg.): Language and Education in Multilingual Settings, Clevedon, Avon: Multilingual Matters 25, 1986, 155.
12 Z.B. Galtung, J.: The true worlds. A transnational perspective, New York 1980
13 Obura, A.: Research issues and perspectives in language in education in Africa: an agenda for the next decade, in: Centre of African Studies 1986, 420. Vgl. auch Phillipson, R./Skutnabb-Kangas, T.: English: The language of wider colonisation, 1986b, in: Phillipson, R./Skutnabb-Kangas, T. 1986a, a.a.O., 361.
14 Der Umfang dieses Artikels erlaubt die Diskussion der damit zusammenhängenden Fragen nicht. Deshalb sei hier auf die Analysen in Teil 2 von Phillipson/Skutnabb-Kangas 1986a, a.a.O., verwiesen und auf z.B. Annamalai, E.: A Typology of Language Movements and their Relation to Language Planning, 1986, in: Annamalai, E./Jernudd, B./Rubin, J. (Hg.): Language Planning, Proceedings of an Institute, Mysore & Honolulu: Central Institute of Indian Languages & East-West Center, 1986; Cobarrubias, J.: Ethical issues in status planning, 1983, in: Cobarrubias, J./Fishman, J. (Hg.): Progress in language planning: international perspectives, Berlin: Mouton (Contributions to the sociology of language 31), 1983; Combe, C.: Community participation in school based decision making in Australia, Randwick: Q-form House, 1986; Cummins, J.: Empowering minority students, Toronto: Ontario Institute for Studies in Education, 1987; Haberland, H./Skutnabb-Kangas, T.: Political determinants of pragmatic and sociolinguistic choices, 1981, in: Parret, H./Sbisa, M./Verschüren, J. (Hg.): Possibilities and limitations of pragmatics, Studies in Language Companion Series, Amsterdam: John Benjamins B.V., 1981; Jordan, D.: Rights and claims of indegenous people. Education and the reclaiming of identity: the case of the Canadian natives, the Sami and Australian Aborigines, in Skutnabb-Kangas, T./Cummins, J., 1988a, a.a.O., 189-222; Khubchandani, L.: Multilingual societies: Issues of identity and communication, Sociolinguistics XVI:1, 20-34, 1986; Mateene, K./Kalema, J. (Hg.): Reconsideration of African Linguistic Policies, Kampala: OAU Bureau for Languages, OAU/ BIL publication 3, 1980; Mateene, K./Kalema, J./Chomba, B. (Hg.): Linguistic libertion and unity of Africa, Kampala: OAU Bureau of Languages, OAU/ BIL publication 6, 1985; Ngugi, wa Th.: The language of African literature, New Left Review, April-June 1985, 109-127, 1985; Pattanayak, D.P.: Foreword, 1986a, in: Annamalai, E./Jernudd, B./Rubin, J. (Hg.), 1986, a.a.O., v-vii; d.s.: Language, Politics, Region Formation and Regional Planning, in: Annamalai, E./Jernudd, B./Rubin, J. (Hg.), 1986, a.a.O., 18-42; d.s.: Monolingual myopia and the petals of the Indian lotus: do many languages divide or unite a a nation? 1988, in: Skutnabb-Kangas, T./Cummins, J. (Hg.) 1988a, a.a.O., 379-389; Petersen, R., 1980, a.a.O.; Saarinen, A.: Naistutkimus – paradigmahaaste yhteiskuntatieteille? (Women's studies – a paradigmatic challenge to social sciences?), 1986, in: Rantalaiho, L. (Hg.): Miesten tiede, naisten puuhat (Men's science/research, women's little occupations), Tampere: Vastapaino, 1986, 235-279.
15 Diese Fragen sind zahlreich im Zusammenhang mit Frauenstudien diskutiert worden. Saarinen 1986, a.a.O., gibt einige aufschlußreiche theoretische Hinweise. Es scheint mir, daß seit kurzem einige Forscher/innen in Australien und Neuseeland besonders aktiv sind, z.B. Michael Clyne/ Richard Benton in meinem Bereich.
16 Zur Beschreibung dieses Vorgangs vgl. Peura 1986, a.a.O., und zur Beschreibung des ganzen Projektes Bruun, K./Municio, I. Peura, M./Skutnabb-Kangas, T.: Den sverigefinska skolfrÅgan. Preliminär projektplan, Stockholm: Riksförbundet Finska Föreningar i Sverige, 1984.
17 Persönliche Mitteilung, vgl. auch z.B. Aikio, M./Aikio, P.: Sami and Ethnicity Problems in Finland, in: Pletsch, A. (Hg.): Ethnicity in Canada – International Examples and Perspectives (Kanada Projekt III), Marburg/ Lahn: Marburger Geographische Schriften, Heft 96, 1985, 121-333.
18 Deidre Jordan, persönliche Mitteilung
19 Joseph Turi, persönliche Mitteilung
20 Vgl. Mathiesen, V./Loona, S.: no date Slutrapport, Oslo: Innvandrarbarnas Foreldraunion, manuskript, o.J.
21 Aus dem letzten Tätigkeitsbericht und durch persönliche Mitteilung von Helena Bicer und Leena Huss.
22 Zur Beschreibung des Prozesses vgl. Skutnabb-Kangas, T.: Bilingualism or not – the education of minorities, Clevedon, Multilingual Matters, 1984, 279-280.

23 Einblickgewährende Beschreibungen vgl. Haberland, H.: Research Policy, in: Ammon, U./Dittmar, N./Mattheier, K. (Hg.): Sociolinguistics. An International Handbook of the science of Language and Society, Vol. 2, Berlin 1988 und Phillipson, R.: English Rules: a study of language pedagogy and imperialism, 1986, in: Phillipson, R./Skutnabb-Kangas, T., 1986a, a.a.O., 124-343 und Hinweise dort.
24 Jayasuriya, D.L.: Ethnic minorities and issues of social justice in contemporary Australian society, Keynote address at Australian Adult Education Conference "Learning for Social Justice", Australian National University, Canberra, 7.-9. Dezember 1986, 5; mimeo (a longer version, Language and culture in Australian public policy: Some critical reflections, Occasional Papers, New Series no 4, Perth: University of Western Australia, 1988),
25 Borsutzky, D./Dittrich, E./Radtke, F.-O.: The Contribution of the Sciences to the Constitution of Ethnic Minorities, Introductory paper, Bielefeld 1987, 3. (Rückübersetzung)
26 Jayasuriya, a.a.O.
27 ebd., 8.
28 ebd.
29 ebd.
30 Ich glaube nicht, daß in der BRD, wo nach meiner Analyse mit einem Schwerpunkt auf einer angenommenen "sozialen Defizienz" der Migranten begonnen wurde, bereits das S1-Deprivationsstadium vollständig erreicht worden ist. Zu den verschiedenen Entwicklungsstufen vgl. Churchill, St.: The Education of Linguistic and Cultural Minorities in the OECD Countries, Clevedon, Avon: Multilingual Matters, 1986 und Skutnabb-Kangas, T.: Multilingualism and the Education of Minority Children, 1986a, in: Phillipson, R./Skutnabb-Kangas, T., 1986a, a.a.O., 166-167 und meine Analyse in diesem Artikel.
31 Es ist ein Menschenrecht, sich mit seiner Muttersprache zu identifizieren, sie vollständig zu lernen und sie zu benutzen. Vgl. die vorgeschlagene Erklärung der linguistischen Menschenrechte von Kindern in Skutnabb-Kangas 1986a, a.a.O. und Skutnabb-Kangas, T./Phillipson, R.: Denial of linguistic rights: the new mental slavery, 1986, in: Phillipson, R./Skutnabb-Kangas, T., 1986a, a.a.O.; Skutnabb-Kangas, T./Phillipson, R.: On the formulation an implementation of declarations of linguistic rights: problems and tendencies, Paper presented at the AIMAV/UNESCO Seminar Human Rights and Cultural Rights with special emphasis on the relation between human rights and linguistic rights, Universidade Federal de Pernambuco, Recife, Pernambuco, Brazil, October 7-9, 1987; Skutnabb-Kangas, T./Phillipson, R.: "Mother tongue": the theoretical and sociopolitical construction of a concept, 1989, in: Ammon, U.: Status and Function of Languages and Language Varieties, Berlin/New York 1989.
32 Anm. d. Übers.: Im englischen Original: "fixers"
33 Tosi, A.: Immigration and Bilingual Education, Oxford 1984; aus Skutnabb-Kangas 1986b, a.a.O., 172 — siehe auch die detailliertere Diskussion der verschiedenen Positionen in diesem Artikel.
34 Vgl. dazu ausführlich die Diskussion um linguistische Rechte bei Skutnabb-Kangas/Phillipson 1987, a.a.O.
35 Vgl. Wallace, A.: Schools in Revolutionary and Conservative Societies, 1961, in: Gruber, F.C. (Hg.): Anthropology and Education, Philadelphia: University of Philadelphia Press, benutzt bei Bratt Paulston, Chr.: Ethnic Relations and Bilingual Education: Accounting for Contradictory Data, Working Papers on Bilingualism 6, May 1975, 1-44.
36 Paulston, R.: Cultural Revitalization and Educational Change in Cuba, Comparative Education Review 16:3, October 1972, 478.
37 Zur Definition siehe unten.
38 Vgl. unsere Linguicism Rules in Education, Phillipson, R./Skutnabb-Kangas, T., 1986a, a.a.O.
39 Skutnabb-Kangas, T., 1986, a.a.O., 45.
40 Khubchandani, L., 1986, a.a.O., 26.
41 ebd., 31.
42 Vgl. beispielsweise die Arbeiten von Schmidt-Rohr mit Titeln wie "Liebe zur Muttersprache" (1931); "Von der seelischen Schädigung durch Zweisprachigkeit (1932); "Muttersprache im Selbsterhaltungskampf" (1932); "Rasse — Sprache — Volkstum" (1933); "Volkserziehung durch Sprachpflege" (1934); "Volkstumskampf als Kampf der Muttersprache" (1936); "Die Stel-lung der Sprache im nationalen Bewußtsein der Deutschen" (1941); aufgezählt bei Simon, G. (Hg.): Sprachwissenschaft und politisches

Engagement. Zur Problem- und Sozialgeschichte einiger sprach-theoretischer, sprachdidaktischer und sprachpflegerischer Ansätze in der Germanistik des 19. und 20. Jahrhunderts, Weinheim und Basel 1979, 203 f.
43 Zur Analyse des Streiks vgl. Honkala, T. et al., 1988, a.a.O.; Skutnabb-Kangas, T./Leporanta-Morley, P., 1986, a.a.O., Skutnabb-Kangas, T., 1986c, a.a.O.
44 Als Beispiele vgl. Skutnabb-Kangas, T./Phillipson, R., 1986, a.a.O., 1987, a.a.O., 1989, a.a.O.
45 Skutnabb-Kangas, T., 1984b, a.a.O., 40.
46 Skutnabb-Kangas, T./Phillipson, R., 1987, a.a.O.
47 Pattanayak, D. P., 1986a, a.a.O., VII.
48 ebd.
49 Annamalai, E., 1986b, a.a.O., 10 f.
50 Cummins, J./Skutnabb-Kangas, T., 1988, a.a.O.
51 Vgl. ein Cartoon im australischen Mentor 1, 1986, 7: "A: 'Ich möchte, daß dies eine multikulturelle Gesellschaft wird.' B: 'Ah — zu der jede ethnische Gruppe einen einzigartigen Beitrag leisten kann.' A: 'Richtig ... wobei wir weißen, protestantischen Angelsachsen weiterhin die Führung behalten.'"
52 Anmerkung des Übersetzers: Im engl. Original: Empowerment
53 Skutnabb-Kangas, T./Cummins, J.: Concluding remarks: language for empowerment, 1988b, in: Skutnabb-Kangas, T./Cummins, J. 1988, a.a.O., 393 f.
54 Galtung, J. 1980, a.a.O.
55 Vgl. Räthzel, N.: Der Beitrag der Wissenschaften zur Konstitution ethnischer Minderheiten, Kongressbericht, Das Argument 166/1987, 869-872.

(aus dem Englischen übersetzt von Frank-Olaf Radtke)

Karl Michael Brunner und Georg Gombos

Wissenschaft, Minderheit und Engagement am Beispiel der Auseinandersetzungen in Kärnten/Österreich

Kärnten liegt im Süden Österreichs und grenzt an Jugoslawien,. In der Grenzregion lebt eine slowenischsprachige Minderheit. Im Jahre 1880 bekannten sich an die 100.000 Menschen zu dieser Minderheit, heute deklarieren sich nur mehr ca. 15.000 offiziell als Slowenen.

Die politischen Auseinandersetzungen um die Rechte der slowenischen Minderheit in Kärnten gehen weiter: mal leiser, jetzt wieder lauter — und das seit mehreren Jahrzehnten. Welches die wesentlichsten Konfliktpunkte sind und welche Wurzeln sie haben, soll der erste Teil (Abschnitte 1-3) unserer Ausführungen aufzeigen. Die Rolle der Wissenschaft, d.h. in Kärnten verstärkt auch die Rolle von Wissenschaftlern, soll der zweite Teil (Abschnitte 4-7) beleuchten. Dabei wird zu zeigen sein, daß es die Wissenschaft in einem politisch konfliktträchtigen Klima besonders schwer hat, den ihr zustehenden Freiraum für Reflexion und Diskussion zu verteidigen.

1. Auf der Oberfläche: Konflikte um die Sprache

Wir beginnen mit der Aufzählung von *Konfliktpunkten* zwischen der slowenischen Minderheit und der sich "deutsch" bezeichnenden Mehrheit. Gemeinsamer Nenner aller Konflikte ist die Ablehnung einer geregelten Zweisprachigkeit.

Im Bereich der *vorschulischen und schulischen Erziehung* finden die Kärntner Slowenen verminderte Ausbildungsmöglichkeiten für ihre Kinder vor: öffentliche zweisprachige Kindergärten gibt es nicht. Mit dem Hinweis, die Landeshauptstadt Klagenfurt sei immer schon eine "deutsche" Stadt gewesen, werden Forderungen engagierter Eltern nach einem zweisprachigen Kindergarten und einer zweisprachigen Volksschule abgewiesen.

Derzeit gibt es fünf private slowenische Kindergärten in Südkärnten. Im Bereich der Volksschule (Primarstufe) sieht es folgendermaßen aus: in 35 Südkärntner Gemeinden gibt es zweisprachige Volksschulen. Nach dem Zweiten Weltkrieg wurde ein obligatorisches zweisprachiges Volksschulsystem für alle Volksschulkinder eingerichtet, das sich bis 1958/59 im Sinne der Völkerverständigung als vorbildlich erwiesen hat. Durch Agitation und Druck des 1955 nach dem Abzug der Alliierten aus Österreich wieder gegründeten "Kärntner Heimatdienstes" — einer deutschnationalen Organisation -

wurde zunächst die *Ab*meldung von Slowenischunterricht ermöglicht und schließlich wurden all jene, die Slowenischunterricht beanspruchen wollten, zur *An*meldung ihrer Kinder gezwungen. Damit wurde ein Bekenntniszwang etabliert. Derzeit sind ca. 20% aller Schüler im Geltungsbereich des Minderheitenschulwesens bzw. ca. 4% aller Kärntner Schüler zum zweisprachigen Unterricht angemeldet. Wer jedoch sein Kind anmelden möchte, muß mit negativen Sanktionen der deutschsprachigen Mehrheit rechnen: das kann von Vorwürfen über Drohungen bis zum sozialen Ausschluß führen. Es sind Fälle belegt, wo Vätern von ihren Arbeitgebern der Verlust ihres Arbeitsplatzes angedroht wurde, falls sie ihre Kinder nicht wieder abmeldeten.

Diese bescheidene, aber äußerst wichtige Möglichkeit interkultureller Erziehung ist nun 1988 einer "Reform" zum Opfer gefallen: die Schüler werden "nach sprachlichen Gesichtspunkten" ab einer Anmeldungszahl von mindestens 9 Schülern getrennt. Dies bewirkt, daß zahlreiche neue Klassen eröffnet werden, in denen sich entweder nur "angemeldete" oder nur "nicht angemeldete" Schüler finden. Die Zahl der Klassen, in denen "angemeldete" und "nicht angemeldete" Schüler noch gemeinsam lernen, ist geringer geworden.

Fährt man durch Südkärnten, wird man lediglich minimale Hinweise darauf finden, daß die Orte früher slowenische Namen hatten. Man muß schon von den Hauptdurchzugsstraßen abfahren, damit man einige wenige *zweisprachige Ortstafeln* findet. 1972 kam es zu Auseinandersetzungen, als die damalige Regierung Kreisky versuchte, in gemischtsprachigen Ortschaften in Südkärnten zweisprachige Ortstafeln aufstellen zu lassen. Der bereits erwähnte "Kärntner Heimatdienst" organisierte den "Widerstand": Ortstafeln wurden abgerissen, vereinzelt auch Demonstranten verprügelt. Die Bundesregierung mußte schließlich klein beigeben, so daß heute nur ein geringer Teil der seinerzeit geplanten zweisprachigen Ortstafeln steht. Im Zuge der Auseinandersetzungen mußte der damalige Landeshauptmann von Kärnten wegen seines Eintretens für die zweisprachigen Ortstafeln zurücktreten. Der damalige österreichische Bundeskanzler, Bruno Kreisky, sah sich anläßlich eines Besuches der Landeshauptstadt Klagenfurt durch eine tobende Menge bedroht, die ihn unter anderem als "Saujud" bezeichnete. Solche Manifestationen des "permanenten Abwehrkampfes" der "heimattreuen" Kärntner sind keine Seltenheit.

Bis heute ist die *katholische Kirche* ein wichtiger Faktor zur Erhaltung der slowenischen Sprache in Kärnten. Im Südkärntner Raum wurde hauptsächlich slowenisch gepredigt bzw. slowenischer Gottesdient abgehalten. Nach den Beschlüssen der Diözesansynode von 1972 verpflichtete sich die Kirche, zweisprachige Gottesdienste abzuhalten. Nun jedoch drängt die deutschsprachige Mehrheit immer stärker darauf, getrennte Messen zu haben, was inzwischen bereits in mehreren Orten der Fall ist. Anläßlich einer Fernsehdiskussion über die Schulfrage wurde von einem sozialistischen Funktionär angedeutet, es werde über die Kirche "in Zukunft noch Diskussionen geben, ohne daß wir sie anheizen, aber ich sage es Ihnen nur". Ähnliche, auf die zweisprachige Schule bezogene Bemerkungen, vor Jahren gemacht, erwiesen sich bald als neue Angriffspunkte gegen die Rechte der Minderheit. Es bleibt abzuwarten, ob auch diese Drohung prophetischen Charakter hat.

Im Bereich der *Arbeit* stellt sich die Situation folgendermaßen dar: Unabhängig von Besitzverhältnissen (da gibt es verschiedenste Besitz- bzw. Kapitalkonstellationen) wird in den Betrieben fast ausschließlich Deutsch gesprochen. Für Arbeitsplätze im öffentlichen Dienst — etwa bei Bahn und Post — ist nur die Beherrschung der deutschen Sprache erforderlich und im Dienst erwünscht. Die Beherrschung des Slowenischen gilt als Privatsache. Individuelle Karrierechancen eröffnen sich nur über einsprachig-deutsche Qualifikationsmöglichkeiten. Die Betonung der slowenischen Herkunft (und sei es nur durch die Verwendung des Slowenischen am Arbeitsplatz) ist der Karriere eher hinderlich. Während im industriellen Bereich die Verwendung der deutschen Sprache vorherrscht, wirken die noch verbliebenen slowenischen bäuerlichen Betriebe als sprach- bzw. minderheitenerhaltend. Für die Arbeitskräfte in den Betrieben (oft sind sie gleichzeitig Nebenerwerbsbauern) ergibt sich meist ein Pendeln zwischen den Sprachen: Slowenisch zuhause, Deutsch im Betrieb. Insgesamt finden Kärntner Slowenen nur sehr geringe Möglichkeiten vor, ihre Sprache neben dem Deutschen an ihrem Arbeitsplatz funktional einzusetzen. Die wenigen zweisprachig geführten Betriebe sehen sich immer wieder Anfeindungen seitens der Medien und der Politiker der Mehrheit ausgesetzt und können dem schleichenden Assimilationsdruck durch die Wirtschaft nicht ausreichend entgegenwirken.

In *Krankenhäusern* wird vorwiegend Deutsch gesprochen, es hängt ganz vom Personal ab, ob die Verwendung des Slowenischen unterstützt oder bekämpft wird. Da sich unter den Ärzten neben Minderheitenangehörigen und aufgeschlossenen Kärntnern auch viele Nicht-Kärntner befinden, wird oft der Verwendung des Slowenischen kein Hindernis entgegengesetzt. Interessanterweise sind es jedoch oft die Krankenschwestern bzw. Krankenpfleger aus dem zweisprachigen Gebiet, die sich vielfach weigern, ihre Slowenischkenntnisse zum Wohle der Patienten einzusetzen. Dazu zwei Beispiele: aus einem Klagenfurter Spital berichtet eine Krankenschwester (sie stammt aus einem anderen Bundesland), daß dort einige ältere Patienten als sehr schweigsam bzw. kommunikationsunwillig bei den Schwestern galten. Auf ihren Vorschlag, es doch einmal mit Slowenisch zu versuchen, ging anfänglich niemand ein. Erst als es ihr gelang, eine Kollegin doch noch dazu zu überreden, stellte sich heraus, daß die Patienten sehr wohl mitteilsam waren: der älteren Generation angehörend, konnten sie oft nur sehr schlecht Deutsch und befürchteten überdies negative Reaktionen seitens des Pflegepersonals.

Als zweites Beispiel sei eine zweisprachige Lehrerin zitiert, die ihre Kinder einsprachig slowenisch erzieht: im Alter von 3 Jahren hätte ihr Sohn wegen einer Mandeloperation ins Spital müssen. Da der Junge nur slowenisch konnte, wagte die Mutter nicht, ihn ins Spital zu geben, aus Angst er könnte sich nicht verständigen. Erst als ihre schulpflichtige Tochter, die bereits Deutsch konnte, ebenfalls ins Spital mußte, schickte sie ihren Sohn mit: die Tochter konnte ihn ja dolmetschen.

An *öffentlichen Orten*, wie etwa an Bahnhöfen ist slowenisch bzw. Zweisprachigkeit meist unerwünscht. Es kommt im zweisprachigen Gebiet durchaus noch vor, daß jemand eine Bahnkarte in slowenischer Sprache löst, wenn er den Bahnbeamten kennt, weiß, daß dieser Slowenisch kann, weiß, daß er nichts dagegen hat, Slowenisch zu sprechen und wenn niemand dabei ist. Kommt ein Unbekannter hinzu, wird meist Deutsch gesprochen. Geht man jedoch in Klagenfurt zum Bahnschalter und versucht mittels beider Sprachen eine Bahnkarte zu lösen, so kann es passieren, daß einen der Bahnbeamte partout nicht verstehen will. Auch dann nicht, wenn die Zweisprachigkeit nur in der doppelten Nennung des Destinationsortes besteht.

All diesen Konflikten ist gemeinsam, daß sich in ihnen die allgemeine Ablehnung des Slowenischen zeigt. Die dahinterstehenden sozialen und historischen Erfahrungen werden in Kärnten kaum öffentlich diskutiert — wenn, dann meist nur im Sinne einer Legitimation des minderheitenfeindlichen politischen Handelns.

2. Unter der Oberfläche: Die Wunden der Vergangenheit

Es kann nur kurz angedeutet werden, wie es zu der heutigen Situation der Konfrontation zwischen den Volksgruppen gekommen ist bzw. welche Mechanismen heute noch wirksam sind. Unter der Oberfläche muß nicht lange gesucht werden, bis man fündig wird. Es herrscht ein *Mangel an gemeinsamer Geschichtsaneignung*. Eine traditionelle Dichotomie von gut (sprich "Deutsch") und böse (sprich "Slowenisch") durchzieht die offizielle Geschichtsauffassung, geprägt von der Macht des Stärkeren, seine Geschichtsdeutung durchzusetzen. Wenn gerade heute in Österreich im Zuge der Diskussion der jüngeren Vergangenheit darauf hingewiesen wird, daß die Teilung in Gut und Böse als Grundmuster ein Relikt der NS-Ideologie darstellt, so verhallt dieser Hinweis gerade in Kärnten: weder die Politiiker noch die Medien beteiligen sich an einer tiefergehenden Diskussion. Im Gegenteil: das Gedenkjahr 1988 an den Einmarsch der Hitlertruppen wurde beispielsweise vom seinerzeitigen Landeshauptmann öffentlich als "Jubeljahr" bezeichnet. Weiter findet man in Kärnten auch noch eine Menge sprachlicher Formulierungen in der Diktion des Dritten Reiches. Es gibt genügend Politiker und Persönlichkeiten des öffentlichen Lebens, die ohne irgendeine Selbstkritik sich des Dritten Reiches und oft auch ihrer eigenen Rolle darin erinnern. Veranstaltungen des rechtsextremen Lagers runden das Bild ab. Die österreichische *Tradition der Geschichtsverdrängung* findet hier ihren speziellen, minderheitenfeindlichen Ausdruck.

Das Geschichtsbewußtsein der Kärntner wird in erster Linie von einem Mythos bestimmt, der sich an zwei Jahreszahlen festmachen läßt: 1920 und 1945. Es ist dies erstens der Mythos des Abwehrkampfes, der bis heute als permanenter Abwehrkampf wachgehalten wird: 1920, nach dem Zerfall der Österreich-Ungarischen Monarchie (1918), stellte Jugoslawien Besitzansprüche an Kärnten: die Kärntner Slowenen sollten ebenfalls zum damaligen Königreich Serbien-Kroatien-Slowenien gehören. Es kam zu bewaffneten Auseinandersetzungen. Schließlich wurde eine Volksabstimmung durchgesetzt — jedoch mehr am grünen Tisch als durch Kampf errungen. Am 10. Oktober 1920 stimmte eine Mehrheit (d.h. auch eine Mehrheit der Slowenen) für den Verbleib bei Österreich, nachdem man den Slowenen alle Rechte und alle Freiheiten versprochen hatte.

Das zweite Ereignis, von dem jeder Kärntner zu berichten weiß, ist bezeichnend für den Umgang mit Geschichte: Im Zuge der Partisanenkämpfe in der 2. Kriegshälfte an der Südgrenze Kärntens (viele Slowenen hatten sich den Partisanen angeschlossen), kam es zu Übergriffen auf die Bevölkerung, Nazi-Kollaborateure wurden verschleppt und ermordet. Als Jugoslawien schließlich nach Ende des Zweiten Weltkrieges erneut Territorialansprüche stellte, lebte der Mythos vom Abwehrkampf wieder auf. Es kam zwar zu keinerlei Territoriumsabtretungen, aber in den Köpfen der Menschen lebt diese scheinbare Bedrohung weiter bzw. wird gezielt am Leben gehalten.

Neben dieser "Pflege" des Mythos vom Abwehrkampf wurde in den 30er Jahren eine "wissenschaftliche" Theorie bemüht, um den Assimilationsdruck auf die Kärntner Slowenen zu verstärken. Ein Kärntner Historiker versuchte zu beweisen, daß die in Kärnten lebenden, nicht-deutschsprachigen Einwohner eigentlich keine Slowenen seien, sondern "Windische", welche wiederum mehr mit den Deutschsprachigen als mit den Slowenischsprachigen gemeinsam hätten. Ihre Sprache etwa, das Windische, sei dem Deutschen näher als dem Slowenischen. Diese Theorie ist inzwischen widerlegt worden, geblieben ist sie jedoch im Bewußtsein vieler Südkärntner: "Wir sind Windische, keine Slowenen", bekommt man oft zu hören. Windische werden dabei öffentlich gleichgesetzt mit Heimattreuen, während jemand, der sich als Kärntner Slowene bezeichnet, leicht in den Ruf kommt, ein Landesverräter, ein Kommunist o.ä. zu sein.[1] Vor diesem Hintergrund ist auch die Äußerung des neuen Kärtner Landeshauptmanns, des Obmanns der Freiheitlichen Partei Österreichs, Jörg Haider in seiner Regierungserklärung zu bewerten, man solle *"nicht darauf verzichten, solange noch die Möglichkeit besteht, die bislang nur mündlich überlieferte 'Windische Sprache' endlich aufzuzeichnen."*[2]

Im Namen Hitlerdeutschlands wurde eine rigorose Germanisierungspolitik betrieben, welche sich der "Windischentheorie" als Legitimationsangebot für Assimilationswillige bediente. So wurde während des Zweiten Weltkrieges eine massenweise Deportation bzw. Aussiedlung der Kärntner Slowenen geplant — knapp über 1000 Personen wurden schließlich verschleppt. Dies ist zwar in der Öffentlichkeit vage bekannt, wird aber bezweifelt und erfolgreich verdrängt. Vollends unbekannt und verdrängt ist die Rolle der Kärntner im Norden Jugoslawiens während des Zweiten Weltkrieges. Etwa in Krain, wo unter aktiver Mitarbeit von Kärntner Nationalsozialisten die Deportation von über 200 000 Slowenen geplant wurde, wo slowenische Schulen geschlossen und als deutsche Schulen wieder eröffnet wurden, wo deutschsprachige Pfarrer für die seelsorgliche Arbeit eingesetzt wurden etc. Die Beispiele zeigen, daß es in Krain sehr wohl eine Zwangsgermanisierung gab. Trotzdem wird heute in Kärnten eine Überflutung durch die slowenische Volksgruppe ("Zwangsslowenisierung") befürchtet.

Überhaupt scheint es so zu sein, daß alle an die slowenische Minderheit gerichteten Vorwürfe eine *Projektion* darstellen: man spricht von Zwangsslowenisierung, tatsächlich bestimmt der rechtsgerichtete "Kärntner Heimatdienst" und die "Freiheitliche Partei Österreichs" unter ihrem Obmann Jörg Haider die Minderheitenpolitik, deren Ziel gerade die Germanisierung ist. Haider im Original: "Dieses Land wird erst frei sein, wenn es ein deutsches Land sein wird." Ein Blick auf die Bevölkerungsentwicklung in

Südkärnten zeigt, wie nahe man dem "Ziele" schon gekommen ist: 1910 gab es rund 67 000 Slowenen, 1951 rund 42 000, 1981 rund 16 500.[3]

Südkärnten war noch zu Beginn unseres Jahrhunderts so gut wie einsprachig slowenisch. Nur die Oberschicht war deutschsprachig. Die Slowenen stellten neben einigen selbständigen Großbauern die einfachen Landarbeiter und später die Arbeiterschicht. Weite Teile der Bevölkerung verdingten sich als rechtlose Landarbeiter bei den deutschsprachigen Großgrundbesitzern. Letztere bestimmten darüber, ob die Mägde und Knechte am Hof bleiben durften, ob sie heiraten durften — das jus primae noctis galt noch in unserem Jahrhundert. Für viele Slowenen waren Knechtschaft, Hunger, Not und soziale Unsicherheit ihr Leben lang ausschlaggebend.[4] Sozialer Aufstieg, wenn überhaupt, war nur durch Assimilation möglich.

3. Mechanismen der Konfliktverschärfung

Es stellt sich die Frage, wie es in einem demokratischen Land erneut zu solch einem politischen Konflikt kommen konnte. Wesentlichen Anteil daran haben die politischen Parteien, die etwa in der hitzig geführten Schuldebatte sich einig gegen die slowenische Volksgruppe stellten und damit dem Druck von deutschnationalen Kräften des "Kärntner Heimatdienstes" nachgaben. Die Medien trugen das ihre dazu bei: es besteht ein bemerkenswerter Unterschied zwischen der Medienberichterstattung innerhalb und außerhalb Kärntens. Die Kärntner (deutschsprachigen) Tageszeitungen wetteifern geradezu um unsachliche, emotionale Beiträge zum Thema Minderheit.

Der "Kärntner Heimatdienst" gilt als Vorreiter in Sachen Germanisierungspolitik. So ließ ihr Obmann bereits 1975 verlauten, daß der "Kärntner Heimatdienst" eigene Schulen für die Minderheit anstrebe. 1984 wurde gemeinsam mit der FPÖ ein Volksbegehren gegen die zweisprachige Schule durchgeführt, welches von nur 9% der Kärntner Bevölkerung (viele davon nicht aus dem zweisprachigen Gebiet) unterschrieben wurde. 1986 beschloß die sogenannte "Kärntner Pädagogenkommission", bestehend aus lauter weisungsgebundenen Beamten, unter Einbeziehung des "Kärntner Heimatdienstes" und des "Kärntner Abwehrkämpferbundes" ein Trennungsmodell für die Schule. Slowenenvertreter waren in dieser Kommission nicht vertreten. Der gesamte Kärntner Landtag stellte sich hinter dieses Modell und verteidigte es verbissen. Letztendlich einigten sich die drei Parteien (Sozialistische Partei, Volkspartei und Freiheitliche Partei) auf Bundesebene, dieses Modell in leicht modifizierter Form als Gesetz zu beschließen. Zur Überraschung und zum Entsetzen vieler stimmten auch einige Abgeordnete der Grünen Alternative, darunter auch ein Kärtner Slowene, für das Gesetz. Das Verhalten dieses slowenischen Abgeordneten löste eine starke Verunsicherung und Spaltung innerhalb der slowenischen Volksgruppe aus.

Der "Kärntner Heimatdienst" bedient sich verschiedener Mechanismen, um sein Ziel zu erreichen. Die "Stoßrichtung" ist klar: während jahrzehntelang eine Politik der *Assimilation* betrieben wurde, geht man jetzt zu einer *Dissimilationspolitik* über: bisher meldeten assimilationswillige Eltern ihre Kinder nicht zum zweisprachigen Unterricht an und sprachen auch zuhause nur mehr Deutsch. Diejenigen, die ihre Kinder trotz der herrschenden Situation noch zum zweisprachigen Unterricht anmelden, sind letzte Hindernisse auf dem Weg zu einem "rein deutschen Kärnten". Diese Kinder sollen nun in eigenen Klassen zusammengefaßt werden und von eigenen Lehrern unterrichtet werden. Dadurch bleibt zählbar und kontrollierbar, wer an seiner Sprache festhalten will.

Diese Wendung von der Assimilationspolitik zu einer Politik der Dissimilation scheint sich auch in der Umbenennung der Postwurfsendung des "Kärntner Heimatdienstes" niederzuschlagen: seit kurzem heißt sie "Der Kärntner" mit dem Hinweis "ehemals Ruf der Heimat". Hier muß man hinzufügen, daß das Blatt in der Zeit des Nationalsozialismus "Die Heimat ruft" hieß. Jedenfalls scheint es nicht mehr nötig zu sein, die Slowenen in die "Heimat" zu rufen: jene, die assimilationswillig waren bzw. sich dem Druck beugten, bemühen sich heute, echte "Deutschkärntner" zu sein: sie sprechen zuhause nur mehr Deutsch, obwohl vielfach ihre Eltern noch einsprachig slowenisch waren, sie selbst eigentlich zweisprachig sind. Sie erziehen ihre Kinder einsprachig deutsch und melden sie nicht zum zweisprachigen Unterricht an. Diejenigen jedoch, die an ihrer slowenischen Identität festhalten, gelten nicht als Kärntner, deswegen richtet sich die Postwurfsendung "Der Kärntner" des "Kärntner Heimatdienstes" auch nicht an sie. Der "Kärntner Heimatdienst" beansprucht damit das Recht zu bestimmen, wer ein Kärntner ist.

Zu den Strategien der politischen Inszenierung gehören: die Mehrheitsposition wird fälschlicherweise als "benachteiligte Minderheitenposition" ideologisiert. Die zweisprachige Schule wird als nichtösterreichischer, subventionsbedürftiger Schultyp hingestellt, die zweisprachigen Lehrer werden als "Subventionsempfänger", "Fremde in der Heimat", "Kommunisten", "Nationalslowenen" bezeichnet. Von Zweisprachlehrern werden sie zu Fremdsprachlehrern degradiert, "denen die innere Beziehung zur deutschen Sprache fehlt".[5] Weiter wird festgehalten: "Und deshalb wird es kein Volk zulassen, wenn seine Kinder von fremdsprachigen Lehrern unterrichtet werden". Das erinnert bedenklich an die Nazi-Zeit, wie folgendes Beispiel belegt:

Im Jahresbericht 1938 des Rektors eines Wiener Gymnasiums heißt es in bezug auf die Trennung von arischen und jüdischen Kindern:

"Dies geschah auch Dank der Energie der neuen maßgebenden Männer mit Pg. Dr. Fritz an der Spitze in geradezu herzerfreuender Schnelligkeit. Wurden zunächst alle jüdischen Lehrer enthoben, wodurch dem beschämenden und widernatürlichen Zustand, daß Juden arische Kinder unterrichten, ein Ende gesetzt war, so folgte in kürzester Zeit die Trennung der arischen von den jüdischen Schülern; damit strömte in unsere Anstalt, die wohl seit ihrem Bestand zum ersten Mal judenfrei war, förmlich fühlbar reine, frische Luft ein."[6]

Auch sonst erinnert die Diktion an Vergangenes: Da wird zum "Widerstand" gegen jegliche "Verfälschung des volklichen Bildes in Kärnten" aufgefordert[7] oder: *"Für Deutschkärntner Kinder deutsche Lehrer... Unterricht der Deutschkärntner Pflichtschüler Südkärntens in eigenen Klassen mit ausschließlich deutscher Muttersprache."*[8]

Kärnten kann auch als besondere lokale Ausprägung für den Umgang mit der Vergangenheit in Österreich angesehen werden, wobei der Konflikt um die Minderheit etliches ans Licht bringt, was vielleicht im restlichen Österreich aufgrund fehlender Vergangenheitsaufarbeitung weiterhin unter der Oberfläche dahinschlummert: die Sprache unterscheidet sich oft kaum von jener des Dritten Reiches; Ethnozentrismus, Angst vor und Haß gegen Fremdes (hier auch gegen das Fremde, das Slowenische, in einem selbst) macht sich täglich in Artikeln und Leserbriefen Luft; Politiker aller Parteien übertrumpfen einander in restriktiven Maßnahmen gegen Randgruppen, Ausländer und gegen die eigene Minderheit; Politiker aller drei Landtagsparteien übernehmen den Ehrenschutz für deutschnationale Veranstaltungen. Der historische Zusammenhang, die meist ungebrochene politische (oft auch personale) Kontinuität ist ein Tabu, jeglicher Diskussionsanlaß (etwa anläßlich der Wahl Kurt Waldheims zum österreichischen Staatsoberhaupt) wird durch einseitige öffentliche Diskussionen zu weiterer Tabuisierung genutzt.[9]

Zusammenfassend läßt sich sagen, daß die gesellschaftliche Auseinandersetzung mit der Mehrheits-/Minderheitssituation durch folgende Aspekte gekennzeichnet ist:
– Es herrscht eine emotionale und unreflektierende Ablehnung von allem, was mit Slowenisch oder mit Zweisprachigkeit zu tun hat. Diese Ablehnung manifestiert sich teils sichtbar, an der Oberfläche (Beispiel Ortstafelsturm, Schulkonflikt), teils weniger wahrnehmbar, unter der Oberfläche (Beispiel Krankenschwestern).
– Die gemeinsame, oft sehr leidvolle Geschichte bleibt unaufgearbeitet, sie wird einseitig mythologisiert und im politischen Kampf zuungunsten der Slowenen eingesetzt. Dieses Verhalten ist auch im Zusammenhang mit der fehlenden Aufarbeitung österreichischer Geschichte im 20. Jahrhundert zu sehen.
– Die politische Lage in Kärnten ist dadurch gekennzeichnet, daß keine der im Kärntner Landtag vertretenen Parteien eine explizit positive, zukunftsorientierte und die Minderheit schützende Haltung einnimmt. De facto beugen sie sich dem Druck deutschnationaler Kreise. In der offiziellen Sprachregelung wird betont, den Slowenen gehe es sowieso blendend, sie hätten alle nur erdenklichen Rechte bzw. sogar mehr Rechte als die Mehrheit. Jene, die sich den vorgeblich minderheitenfreundlichen Reformen entgegenstemmen, werden als unverbesserliche Fanatiker und Extremisten bezeichnet.
– Die Medien hierzulande verstehen sich eher als Sprachrohr der Politiker und Interessensgruppen und nicht so sehr als Sprachrohr einer kritischen Öffentlichkeit. Die einseitige Medienberichterstattung erschwert eine tiefergehende Diskussion. Statt dessen werden stereotype Wirklichkeitsdeutungen verstärkt. Notfalls wird auch auf persönliche Diffamierungsstrategien Kritikern gegenüber zurückgegriffen.

4. Wissensproduktion im Spannungsfeld zwischen Mehrheit und Minderheit

Auch die Wissenschaft spielt in den Auseiandersetzungen eine Rolle. Wiederum können nur einige Aspekte des Zusammenhangs von Wissenschaft und politischer Auseinandersetzung skizziert werden. Die Einsichten beruhen auf Forschungserfahrungen in diesem Gebiet, können jedoch für die Minderheiten- und Migrationsforschung auch teilweise verallgemeinerbare Zusammenhänge im Umgang mit Politik darstellen. Zentral für die Ausführungen ist die Stellung, die der Wissenschaftler in politischen Auseinandersetzungen einnimmt.

Beispiel 1

Ein slowenischer Wissenschaftler verfaßt eine Studie zur Thematik der Slowenen in Klagenfurt. Diese Studie wird vom österreichischen Wissenschaftsministerium finanziert. Noch bevor die Ergebnisse dieser Studie veröffentlicht wurden, sickerte gerüchteweise in der Öffentlichkeit durch, diese Studie veranschlage die Zahl der Slowenen in Klagenfurt viel zu hoch. Außerdem sei in der ministeriellen Korrespondenz die Stadt Klagenfurt auch mit der slowenischen Bezeichnung Celovec angeführt. Bereits vor der Präsentation der Studie waren sich daraufhin Kärntner Politiker und Medien einig, daß diese Studie "ohne Wissenschaftswert" sei, wie es der Klagenfurter Bürgermeister ausdrückte. Sämtliche Richtigstellungen und wissenschaftliche Darlegungen fruchteten nichts. Das Ministerium mußte sich gegen Vorwürfe wehren, Steuergelder verpulvert und slowenischen Expansionsdrang unterstützt zu haben.

Auf der Gegenseite erfuhr diese Studie in den Medien der Minderheit uneingeschränkte, ja fast blinde Zustimmung. Das wissenschaftliche Niveau dieser Studie war an keiner Stelle Gegenstand von Reflexion. Während Medien und Politiker der deutschsprachigen Mehrheit willkürlich Aussagen aus dem Zusammenhang rissen, falsch zitierten oder überhaupt Unwahrheiten verbreiteten, wurde die Studie von seiten der slowenischsprachigen Minderheit uneingeschränkt gelobt.

In einer solchen Situation sehen sich Wissenschaftler nun einigen Verführungen ausgesetzt. Mediale und politische Verzerrungen von Forschung ziehen oft die folgende Reaktionsform nach sich: *"Daß Politik und Medien so reagieren würden, haben wir erwartet, nur daß es so arg sein würde...."* Lobende Solidaritätsworte hingegen ziehen eine andere Reaktionsform nach sich: *"Tut das gut, daß endlich jemand unsere harten Bemühungen würdigt..."*. Beides sind Reaktionsformen auf politische Kritik, welche argumentative Strategien, die Dialektik von Argument und Gegenargument, stillstellen. Eine wichtige Rolle spielt in diesem Zusammenhang auch die enge Verknüpfung des Inhalts wissenschaftlicher Aussagen mit der Person des Wissenschaftlers.

Bekannte Positionen sind: *"Wenn der Dr. X. diese Studie durchgeführt hat, der ohnehin als Linksextremer etc. bekannt ist, kann sie ja keinen Wert haben..."*. Oder von seiten der Minderheit: *"Der Dr. X. ist einer von uns, wenn der eine Studie zur Minderheit durchführt, kann dies nur eine gute Studie sein..."*.

Beispiel 2

Unser Forschungsteam wurde eingeladen, bei einem wissenschaftlichen Kongreß über unsere Forschungsarbeit zu berichten. Wegen anderer Verpflichtungen mußten wir kurzfristig absagen. Ein der Minderheit wohlgesonnener Künstler rief daraufhin die Slowenin unserer Gruppe an, wobei folgende Sätze geäußert wurden:

1. Es wäre doch wichtig, wenn wenigstens ein Vertreter der Minderheit anwesend wäre, da auch andere Slowenen abgesagt hätten;

2. die Forschungsgruppe müsse doch die Chance nützen, ihre Arbeit präsentieren zu können;
3. wenn er als Künstler jetzt schon die Forscher bitten müsse, dann würde er sich demnächst auch überlegen, ob er sich noch für die Minderheit einsetzen könne.

Diese beiden Geschichten zeigen, daß Minderheitenforschung — zumindest im Kärntner Kontext — in einem komplexen, zum Teil sehr persönlichen Zusammenhang von Beschuldigung/Verdächtigung bzw. Zugehörigkeit/Solidarität vor sich geht. Das Spannungsfeld von Wissenschaft und politischer Auseinandersetzung ist hier dadurch gekennzeichnet, daß sich die slowenische Minderheit seit Jahrzehnten mit einer sehr starken Assimilation an die deutsche Mehrheit konfrontiert sieht, wobei die Landespolitik, die Kärntner Medien und deutschnationale Vereine einen immensen Druck auf die Minderheit ausüben.

Wie vollzieht sich in einer solchen Situation Minderheitenforschung? Vereinfacht kann gesagt werden, daß die slowenische Minderheit seit ungefähr 20 Jahren stärker im Blickfeld wissenschaftlicher Auseinandersetzungen steht. Bis vor nicht allzu langer Zeit war die Situation dadurch gekennzeichnet, daß die politischen Führer der Minderheit in Personalunion auch Erforscher der Minderheit waren. Daneben haben besonders Wissenschaftler aus Slowenien über die Kärntner Slowenen geforscht. Thematisch waren diese Untersuchungen meist historisch oder juristisch orientiert. Historisch deswegen, weil es um die Herausarbeitung der Rolle der Kärntner Slowenen an der gemeinsamen Kärntner Geschichte ging, die von deutschnationalen Historikern weitgehend ignoriert wird. Juristisch, weil die Interpretation von Minderheitengesetzen, die Diskussion um Fragen der Volkszählung ein wichtiger Bestandteil des Kampfes um Minderheitenrechte ist. Geschichtswissenschaft und Rechtswissenschaft hatten so eine Art Anwaltsfunktion für die Minderheit, wobei die Analysen meist direkt aus dem politischen Kampf motiviert waren und aus politischem Handlungsdruck, der nach wissenschaftlichen Legitimationsmustern verlangte, entstanden sind.

Während in einer ersten Phase Wissenschaft zumeist aus den Reihen der Minderheit selbst oder aus Slowenien kam, läßt sich für die Zeit danach auch bedingt durch minderheitenfeindliche Aktionen gegen die Slowenen — die berüchtigste war der Ortstafelsturm 1972 — ein zunehmendes wissenschaftliches Interesse an der Minderheit bei Forschern feststellen, die nicht aus Kärnten bzw. Slowenien stammen. Auch deren Untersuchungen — zumeist historisch und sozioökonomisch orientiert — entsprangen meist dem Interesse, im parteilichen Sinne Forschung für die Minderheit durchzuführen, um politische Forderungen leichter durchsetzen zu können. Diese Studien hatten für die Minderheit also die wichtige Funktion, eine stärkere Aufmerksamkeit in der politischen und wissenschaftlichen Öffentlichkeit Österreichs zu erlangen. Für einige dieser Wissenschaftler hat sich die Auseinandersetzung mit den Kärntner Slowenen auch karrierefördernd ausgewirkt, da dies ein noch relativ unerforschtes Gebiet war. Neben akademischen waren überdies auch noch demokratische Meriten zu holen, was aber die Funktion dieser Wissenschaftler als wissenschaftliches Aushängeschild für die österreichische Öffentlichkeit nicht schmälern soll.

Doch weiter zum Wissenschaftsprozeß: Anfang der 70er Jahre wurde in Klagenfurt die Universität für Bildungswissenschaften gegründet, die von ihrem Auftrag und ihrem Standort her geeignet gewesen wäre, sich der Minderheitenproblematik anzunehmen. Jedoch erst nach öffentlichen Klagen bzw. aufgrund politischer Notwendigkeiten kamen wissenschaftliche Untersuchungen zur Minderheit zustande. Forschung in diesem Bereich ist bis heute ein widersprüchlicher Prozeß, da die politische und mediale Öffentlichkeit zwar von der Universität wissenschaftliche Stellungnahmen fordert, diese aber – sofern sie nicht passen – ignoriert oder gar den jeweiligen Wissenschaftler als Person diffamiert und damit auch seine wissenschaftlichen Leistungen in Frage stellt.

Welche Auswirkungen hatte nun das Engagement der Universität in Minderheitenfragen? Obzwar eine sehr breite Anlage der Forschungen vorlag, die vom linguistischen bis psychoanalytischen Untersuchungen reichte, war die Auseinandersetzung doch von der Erwartung gekennzeichnet, daß möglichst schnell von interessierten Wissenschaftlern der Universität Artikel zur Minderheit zu verfassen waren, die dem jeweiligen Forschungsgebiet des Wissenschaftlers entsprachen. Ergebnis waren Aufsatzsammlungen zur Minderheit, die jedoch unter sich wenig Zusammenhang aufwiesen, geschweige denn ein gemeinsames Forschungsinteresse dokumentiert hätten.

Die Universität erfüllt bis heute eine kritische Mahnerfunktion in Sachen Minderheitenrechte, was sich in öffentlichen Stellungnahmen zur zweisprachigen Schule etc. niederschlägt. Eine längerfristige, interdisziplinäre wissenschaftliche Auseinandersetzung mit der Kärntner Situation blieb jedoch aus, weil ein Großteil der Forschungen in slowenischer Sprache verfaßt ist, die meisten nicht-slowenischen Forscher aber über keinerlei slowenische Sprachkenntnisse verfügen, was die Rezeption dieser Untersuchungen erschwert bis verunmöglicht. Es soll slowenische Wissenschaftler geben, deren hauptsächliche Arbeit darin besteht, nicht-slowenischen Kollegen Aufsätze aus dem Slowenischen zu übersetzen.

Vor einiger Zeit hat die Minderheit ein eigenes wissenschaftliches Institut gegründet, das vor allem den eigenen wissenschaftlichen Interessen gewidmet ist, jedoch auch eine wichtige wissenschaftliche Dokumentationsarbeit für die gesamte Minderheitenforschung leistet. Erste Kooperationen zwischen dieser Institution und nicht-slowenischen Wissenschaftlern der Universität finden statt, und zwar auf dem Gebiet gemeinsam formulierter Forschungsinteressen und konkreter Forschungsprojekte bezüglich der Slowenen.

Wissenschaftliche Projekte zur slowenischen Minderheit werden in Österreich fast nicht gefördert. Obzwar die Minderheit sehr oft im Zentrum öffentlicher Aufmerksamkeit steht, scheint von den zuständigen Stellen kein Bedürfnis nach wissenschaftlichen Analysen zu bestehen. Auftragsforschung in diesem Bereich existiert nicht. Wenn wissenschaftliche Projekte von den Bundesstellen gefördert werden, so nur, wenn die Minderheit selbst als Interessent auftritt. Hier entsteht der Eindruck, daß Forschungsförderungen quasi als "Gefälligkeiten" betrachtet werden im Sinne von: "*Wir geben Euch ein bißchen Geld, dafür begnügt ihr Euch in anderen Bereichen mit reduzierten Forderungen.*" Die Geringschätzung der Bedeutung von Wissenschaft für politische Entscheidungsprozesse kommt darin zum Ausdruck. Hier muß man jedoch unterscheiden zwischen Landes- und Bundespolitik. Während die Bundespolitik, wohl auch aufgrund internationaler Proteste, zumindest dann und wann wissenschaftliche Minderheitenförderung betreibt, ignoriert die Landespolitik sämtliche Unterstützungswünsche der Minderheit, was die wissenschaftliche Aufarbeitung der Mehrheits-/Minderheitssituation in Kärnten betrifft.

5. Reaktionsformen auf politische Kritik an wissenschaftlicher Forschung

Wissenschaft spielt in den politischen Auseinandersetzungen in der Region eine besondere Rolle. Sie wird meist direkt in die Politik einbezogen. Interessant dabei ist, daß Wissenschaft nicht losgelöst von der Person des Wissenschaftlers gesehen wird. In einem Zusammenhang, in dem die handelnden Personen relativ überschaubar sind (Politiker, Wissenschaftler, Kärntner Slowenen), einander z.T. bis in die einzelnen Biographien kennen, ist die Person fast wichtiger als die jeweilige wissenschaftliche Arbeit.

Bekannte Argumentationsmuster sind:
1. *"Der ist ja ohnehin schon hinlänglich bekannt als Slowenenaktivist, wenn der forscht, kann dies nur Bekenntnisforschung sein!"*
2. *"Der kommt doch aus Wien, dem fehlen ja die Grundlagen, um 'unser' Kärntner Problem überhaupt verstehen zu können!"*
3. *"Fremde (d.s. ausländische) Wissenschaftler sollen sich nicht in Kärntner Angelegenheiten mischen!"* usw.

Dazu ein Beispiel: Der Klagenfurter Universitätsprofessor Peter Gstettner publizierte eine kritische Aufarbeitung der Kärtner Minderheitenpolitik am Beispiel des Konflikts um die Neuregelung des Minderheitenschulwesens unter dem Titel *"Zwanghaft Deutsch? Über falschen Abwehrkampf und verkehrten Heimatdienst"*. Sofort wurde das Buch zum Gegenstand heftigster Reaktionen: Der Kärtner Landtag verurteilte das Buch einstimmig, drohte gerichtliche Schritte an, die lokalen Zeitungen ergingen sich in Diffamierungen gegen die Person des Wissenschaftlers ("Extremist", "Linksfaschist" u.ä.). Der Kärntner Heimatdienst klagte gegen einige Textstellen, der Prozeß ist noch nicht abgeschlossen. Der zuständige Richter bezweifelt die Wissenschaftlichkeit des Buches und droht, ohne Heranziehung von Gutachtern, über die Wissenschaftlichkeit des Buches selbst zu entscheiden.

Wir müssen jedoch die Herkunft und multikulturelle Einbindung der jeweiligen Forscher unterscheiden, die über das Mehrheits-/Minderheitsverhältnis in Kärnten forschen, gerade weil die Personalisierung von Wissenschaft in diesem Kontext sehr bedeutsam ist. Wir unterscheiden Slowenenforscher, die selbst der Minderheit angehören und solche, bei denen dies nicht der Fall ist. Es macht — zumindest im Kärntner Kontext — einen großen Unterschied, ob die Wissenschaftler selbst der Minderheit angehören oder nicht.

Werden nun wissenschaftliche Untersuchungen zur Minderheitenproblematik einer

politischen Kritik unterzogen — was in Kärnten fast zwangsläufig der Fall ist — so hat dies bei slowenischen Forschern zumeist folgende Reaktionsweisen zur Folge:
1. *"Wir haben das ohnehin erwartet, daß deutschnationale Propaganda unsere Forschungsergebnisse diffamieren würde: ihnen ist ja ohnehin jede Strategie recht, um die Slowenen zu schwächen."* (Problem der stereotypen Erwartungen)
2. *"Wir als Angehörige werden die Probleme der Minderheit wohl besser verstehen als andere."* (Problem der Trennung von Wissenschaft und Alltag)
3. *"Unsere Ergebnisse zeigen, wie arg die Situation eigentlich ist, in der wir leben müssen."* (Problem der Wertung der emotionalen Faktoren von Wissenschaft)
4. *"Die Ergebnisse unserer Forschungen können Gültigkeit beanspruchen; erst recht, wenn unsere Minderheit und unsere Presse den Ergebnissen zustimmen."* (Problem der Immunisierung gegen Kritik).

Interessant daran ist, daß all diese Reaktionsweisen die Wissenschaft selbst unangetastet lassen. Das kategoriale System, die verwendeten wissenschaftlichen Ansätze werden keiner Reflexion unterzogen.

Wie schaut dies nun aus der Perspektive von Slowenenforschern aus, die nicht Angehörige der Minderheit sind?
Folgende Reaktionsmuster auf politische Kritik sind bekannt:
1. *"Unsere komplexen wissenschaftlichen Argumentationen werden willkürlich verzerrt, simplifiziert oder überhaupt komplett verdreht, wir haben jedoch nicht das Sprachrohr, uns dagegen zu wehren!"* (Problem des Zugangs zur Öffentlichkeit)
2. *"Wir sind so arm und hilflos, jeder wissenschaftliche Versuch wird entweder diffamiert oder überhaupt nicht zur Kenntnis genommen"* und
3. *"Wir haben recht, aber uns will ja keiner!"* (Problem des Selbstmitleids, Problem der fehlenden emotionalen Distanz)
4. *"Wenn die Situation so ist, werden wir uns halt anderen wissenschaftlichen Interessen widmen: schade halt um die Minderheit!"* (Problem der Toleranzgrenze und der Distanzierung als Nichtbetroffene).

Vergleichen wir nun die Reaktionsweisen beider Wissenschaftlergruppen, wobei hier sicher nicht streng polarisiert werden darf, so zeigen sich Ähnlichkeiten: die Wissenschaft selbst und die Qualität ihrer Ergebnisse scheinen der Kritik enthoben. Es fehlt der dem wissenschaftlichen Diskurs zugebilligte Freiraum an (Selbst-)Reflexion. Wissenschaft und Wissenschaftler sind in politischen Handlungsdruck eingebunden, eine Auseinandersetzung um Wissenschaft und ihre begrifflichen und methodischen Grundlagen findet nicht statt. Wissenschaftliche Stellungnahmen werden sofort den Kärntner Wahrnehmungsweisen angepaßt, was zur Folge hat, daß sich der Wissenschaftler vor die Aufgabe gestellt sieht, z.T. bewußt verfälschte Informationen über seine Forschungen richtigzustellen, wobei diese Richtigstellungen wiederum verfälscht werden usw.

Ohne jetzt dauernd Ankläger zu sein, ist zu fragen, ob dies nicht nur durch "Schuldige" in Politik und Presse verursacht ist, sondern ob sich politischer und wissenschaftlicher Diskurs ungestraft vermischen lassen. Natürlich gibt es bewußte Strategien der Verleumdung und Diffamierung. Dies sind aber Machtstrategien, vor die sich jeder gestellt sieht, der Kritik übt und Veränderungen setzen will. Zu fragen ist, welche Konsequenzen sich daraus für die Wissenschaft selbst ergeben.

6. Die Minderheit im Zentrum wissenschaftlicher Interessen

Hier ist nun auf die unterschiedlichen wissenschaftlichen Interessen zu verweisen, denen sich eine Minderheit ausgesetzt sieht, besonders dann, wenn sie — wie die Slowenen - einen gleichsam "exotischen" Status hat, da sich bei ihr viele studienwürdige Faktoren verbinden. Bei den Kärntner Slowenen sind dies: eine lange historische Genese des Problems; ein hoher Grad an politischer Organisation der Minderheit; Konflikte mit den politischen Strukturen; Grenzlage zwischen Ost und West; politischer Kampf gegen die Assimilation. Die Kärntner Slowenen eignen sich daher besonders als Studienobjekt. Welche Interessen wissenschaftlicher Art lassen sich orten?

- die Minderheit ist ein geeignetes Studienobjekt (wenn es um Fragen wie Minderheit, Nationalismus, Assimilation, Fremdenhaß, Identitätsprobleme etc. geht, bietet die slowenische Minderheit ein geeignetes Forschungsfeld; Studenten und Wissenschaftler aller Teile Österreichs, aber auch anderer Länder geben sich die Klinke in die Hand, die den Zugang zur Tür der slowenischen Minderheit öffnet);
- die Minderheit braucht wissenschaftlich legitimierte Aussagen im politischen Kampf um ihre Rechte; hier sind gleicherweise Wissenschaftler der Minderheit und andere Wissenschaftler angesprochen;
- die Minderheit hat selbst wissenschaftliche Interessen, die sie verwirklichen will. Dies ist aber nur bei einer relativ großen Intellektuellenschicht möglich bzw. bei entsprechender finanzieller Ausstattung und/oder bei Entlastung vom alltäglichen politischen Geschäft.

Man kann also sagen, daß die slowenische Minderheit sehr stark im Zentrum wissenschaftlicher Interessen steht. Dies zeigt sich auch daran, daß kein wissenschaftlicher Kongreß, keine Tagung zum weiten Thema Minderheiten — zumindest in Österreich - ohne Slowenen bzw. einer mehr oder weniger wissenschaftlichen Stellungnahme über sie auskommt. Die Minderheit kann und darf sich nicht entziehen, da ansonsten Solidarisierungspotentiale verlorengehen könnten.

Slowenische Wissenschaftler klagen, daß ihre eigenen wissenschaftlichen Interessen den Betreuungswünschen anderer Wissenschaftler geopfert werden müssen, die über die Slowenen forschen wollen. Sie werden in dieser Situation zu Datenlieferanten degradiert.

Wie schaut es nun mit der Beurteilung der wissenschaftlichen Leistungen auf diesem Gebiet der Minderheitenforschung aus? Der Solidaritätsdruck für die Minderheit führt dazu, daß wissenschaftliche Untersuchungen nicht sehr streng beurteilt werden. Während die Medien der Minderheit meist das wissenschaftliche Engagement für die Minderheit loben, also quasi den Wissenschaftlern permanent auf die Schulter klopfen, hat dies für die Selbstreflexion der Wissenschaften eher bedenkliche Folgen. Die Wissenschaftler können zwar das Gefühl haben, politisch etwas im Sinne der Minderheit ausgerichtet zu haben, wobei natürlich zu fragen ist, ob dazu überhaupt die Wissenschaft notwendig gewesen wäre, Wissenschaft wird aber in dieser Situation allzuleicht auf allgemein gehaltene Schlußfolgerungen, Lobeschoräle, Förderungswünsche, Solidaritätspostulate reduziert. Wissenschaftlich mögliche Komplexität wird auf politisch handliche Thesen und Forderungen verkürzt. Wichtig ist in dieser Situation nicht, was und wie, sondern daß überhaupt geforscht wird. Schließlich genießt Wissenschaft in unserer Gesellschaft noch immer ein nicht geringes Prestige, wobei dieses Prestige am besten in der Person eines etablierten Wissenschaftlers zum Tragen kommt. Ein anständiger Universitätsprofessor verleiht einer politischen Forderung allemal die Weihen hoher Wissenschaftlichkeit.

So sehr sich die Minderheit vorzeigbare Wissenschaftler wünscht, so sehr hat diese Personalisierung von Wissenschaft für die Gegner der Minderheit Vorteile: man diffamiert die Person und trifft damit die Forschungsergebnisse.

7. Wissenschaft und politische Auseinandersetzung: Einige Schlußfolgerungen

Wenn eine Minderheit, wie die Kärntner Slowenen, ständig im Spannungsfeld politischer Auseinandersetzungen verwickelt ist, wirkt sich dies auch auf die Wissenschaft aus. In einem stark politisch bestimmten Klima werden gerade jene wissenschaftlichen Aspekte zur Kenntnis genommen, die in politische Konzepte passen bzw. der tagespolitischen Diskussion nützen. Sowohl von seiten der Mehrheit, als auch von seiten der Minderheit wird der Wissenschaftler immer zugleich als potentieller Politiker verstanden.

Natürlich soll hier Wissenschaft nicht unpolitisch verstanden werden bzw. dem Wissenschafler eine politische Stellungnahme nicht zugestanden werden. Jedoch ist in einer solchen Situation nicht Wissenschaft primär interessant, sondern die wissenschaftliche Untermauerung politischer Interessen, d.h. die Bereitstellung politischen Legitimations- und Handlungswissens. Wenn Politiker der Minderheit sagen, daß in einer politisch brisanten Situation die politische Unterstützung und Arbeit für die Minderheit wichtiger ist als wissenschaftliche Analysen, so kann dies sicherlich Plausibilität für sich beanspruchen. Längerfristig ist jedoch fraglich, ob die Wissenschaft in dieser Situation jene Untersuchungen liefern kann, die die Minderheit — und nicht nur diese — dann doch von ihr erwartet: nämlich fundierte Aussagen beispielsweise zur Frage des zweisprachigen Schulwesens. Distanz zur alltäglichen Politik wäre hierzu allerdings notwendig bzw. eine pragmatische Trennung in Grundlagenforschung und alltagspolitisch orientierte wissenschaftliche Arbeit, wenngleich diese Trennung nur schwer durchzuhalten ist, da die personellen und finanziellen Ressourcen beschränkt sind.

Egal wie nun die forschungspraktische Organisation ausschaut, Minderheitenforschung muß auf jeden Fall die politischen Prozesse mitreflektieren, in die sie involviert ist. Auch muß sich der Wissenschaftler bewußt sein, daß in einer politisch repressiven

Situation die Auswirkungen seiner Arbeit nicht mehr kontrollierbar sind, sich gleichsam verselbständigen können. Minderheitenforschung kann der Minderheit argumentative Unterstützung im politischen Überlebenskampf bieten, gleichzeitig muß sie jedoch beachten, daß sie nicht durch begriffliche Konstruktionen der Polarisierung innerhalb der Minderheit Vorschub leistet, etwa durch die Polarisierung in Assimilanten und politisch bewußte Slowenen. Ob jedoch in der politischen Kampfsituation begriffliches Feingefühl möglich ist, bleibt offen.

Anmerkungen

1   vgl. Gombos, G.: Sprache zwischen Schicksal und Wahl, in: Boeckmann, K.B. u.a.: Zweisprachigkeit und Identität, Klagenfurt 1988, 125 ff
2   Regierungserklärung vom 30.5.1989
3   Larcher, D.: Zur Soziogenese der Urangst, in: Boeckmann, K.B. u.a., Klagenfurt 1988, 11
4   ds., 1988, 15 ff..
5   Ruf der Heimat, Nr. 68, 1984.
6   Neue Arbeiterzeitung, 14.6.86, 16, in: Gstettner, P.: Minderheitenpolitik, in: Forschungsinstitut für den Donauraum (Hrsg.): Jahrbuch 'Der Donauraum', 28. Jg., Wien 1986, 44
7   Ruf der Heimat, Nr. 71, 1984, in: Gstettner, P., 1986, 44
8   Ruf der Heimat, Nr. 86, 1984, in: Gstettner, P., 1986, 45.
9   vgl. Pelinka, A./Weinzierl, E. (Hrsg.): Das große Tabu. Österreichs Umgang mit seiner Vergangenheit. Wien 1987

Hinweise zu den Autoren

Dr. Hartwig Berger: Freie Universität Berlin,
   Institut für Interkulturelle Erziehung
Prof. Dr. Micha Brumlik: Universität Heidelberg,
   Erziehungswissenschaftliches Seminar
Dr. Karl-Michael Brunner: Universität Klagenfurt/Celovec (Österreich),
   Institut für Weiterbildung
Prof. Dr. Stephen Castles: University of Wollongong (Australien),
   Centre for Multicultural Studies
Dr. Eckhard J. Dittrich: Universität Bielefeld,
   Fakultät für Soziologie
Prof. Dr. Joe R. Feagin: University of Texas in Austin (USA),
   Department of Sociology
Dr. Delia Frigessi Castelnuovo: Mitarbeiterin und Redaktionsmitglied der
   Zeitschriften "L'Indice" und "Psichiatria/Informazione", Turin (Italien)
Dr. Georg Gombos: Universität Klagenfurt/Celovec (Österreich),
   Institut für Weiterbildung
Prof. Dr. Franz Hamburger: Johannes Gutenberg-Universität in Mainz,
   Pädagogisches Institut
Dr. Volker Hinnenkamp: Universität Augsburg,
   Lehrstuhl für Deutsche Philologie/Deutsch als Zweitsprache
Dr. Carsten Klingemann: Universität Osnabrück,
   Fachbereich Sozialwissenschaften
Prof. Dr. Werner Kummer: Universität Bielefeld,
   Fakultät für Linguistik und Literaturwissenschaft
Dr. Gero Lenhardt: Max-Planck-Institut für Bildungsforschung, Berlin
Dr. Robert Miles: University of Glasgow (Großbritannien),
   Department of Sociology
Dr. Frank-Olaf Radtke: Universität Bielefeld,
   Zentrum für Lehrerbildung
Prof. Dr. John Rex: University of Warwick (Großbritannien),
   Centre of Research in Ethnic Relations
Dr. Tove Skutnabb-Kangas: Roskilde University Centre (Dänemark)
Prof. Dr. Dr. Georgios Tsiakalos: Aristotle University, Thessaloniki
   (Griechenland), Department of Education
Dr. Gilles Verbunt: Recherches et Formation, Paris (Frankreich)
Prof. Dr. Friedrich Vogel: Universität Heidelberg,
   Institut für Anthropologie und Humangenetik

Aus dem Programm des Westdeutschen Verlages

Ernst-Wilhelm Müller, René König, Klaus Peter Koepping und Paul Drechsel (Hrsg.)
Ethnologie als Sozialwissenschaft
1984. 515 S. (Kölner Zeitschrift für Soziologie und Sozialpsychologie, Sonderheft 26) Kart.
ISBN 3-531-11726-2

Dieses Sonderheft bietet einen weitgespannten Überblick über die internationale Entwicklung, die Arbeitsfelder und die Perspektiven einer sozialwissenschaftlich orientierten Ethnologie. Die Autoren beschreiben die Geschichte des Fachs, stellen die theoretischen Grundlagen dar und untersuchen einzelne Spezialgebiete ethnologischer Forschung in materialreichen Einzelstudien.

Wolf-Dietrich Bukow und Roberto Llaryora
Mitbürger aus der Fremde
Soziogenese ethnischer Minoritäten.
1988. VIII, 193 S. Kart.
ISBN 3-531-11876-5

Im Alltag, in der Politik wie in der Wissenschaft ist es üblich, die Integrationsprobleme des „Ausländers" auf seine Herkunft zurückzuführen. Unter Rückgriff auf neuere Überlegungen in der Soziologie und Ethnologie wird dieses Verständnis kritisch durchleuchtet, und es wird gezeigt, daß und wie der Migrant trotz der vorhandenen Möglichkeiten zum integrierten Miteinander zur ethnischen Minorität erklärt wird. Ferner werden die Gründe für diesen Prozeß der Ethnisierung und der daraus folgenden Gettobildung analysiert.

Helga und Horst Reimann (Hrsg.)
Gastarbeiter
Analyse und Perspektiven eines sozialen Problems.
2., völlig neubearb. Aufl. 1987. 296 S. (WV-studium, Bd. 132) Pb.
ISBN 3-531-22132-9

Dieses Lehrbuch zur Gastarbeiterfrage informiert anhand neuester Forschungsergebnisse über alle relevanten Probleme, die sich im Zusammenhang mit ausländischen Arbeitnehmern und deren Familien in der Bundesrepublik ergeben. Die Kapitel behandeln folgende Themen: Bedeutung der Ausländerbeschäftigung; Gastarbeiterwanderungen und soziale Spannungen; Probleme der Akkulturation und Assimilation; Rechtsstellung des Gastarbeiters; Integration ausländischer Arbeitnehmer in Industriebetrieben; Gastarbeiter und Massenmedien; Wohnsituation der Gastarbeiter; Demographische Entwicklung bei Gastarbeitern; Schulprobleme von Gastarbeiterkindern. Literaturverzeichnis, Glossar und Register vervollständigen das Werk.

WESTDEUTSCHER VERLAG
Postfach 58 29 · D-6200 Wiesbaden

Aus dem Programm des Westdeutschen Verlages

Friedhelm Neidhardt (Hrsg.)
Gruppensoziologie
Perspektiven und Materialien.
1983. 577 S. (Kölner Zeitschrift für Soziologie und Sozialpsychologie, Sonderheft 25) Kart.
ISBN 3-531-11673-8

Obwohl Gruppen in der Praxis unserer Gesellschaft zunehmend Bedeutung erlangen, gab es dazu kaum sozialwissenschaftliche Forschung von Format. Insofern ist es dringlich, der Gruppenforschung neue Impulse zu geben.
Das Sonderheft 25 der „Kölner Zeitschrift für Soziologie und Sozialpsychologie" geht in ca. 30 Beiträgen den wichtigsten Fragen nach – prüft klassische Ansätze und entwickelt weiterführende Programme, versucht Antworten und stellt neue Fragen.

Franz Januschek
Arbeit an Sprache
Konzept für die Empirie einer politischen Sprachwissenschaft.
1986. VI, 196 S. Kart.
ISBN 3-531-11833-1

„Arbeit an Sprache" ist ein theoretisches Konzept. Es geht davon aus, daß beim Sprechen und Verstehen vorgefundene sprachliche Formen nicht nur angewendet, sondern auch verändert werden. Die methodologische Relevanz eines solchen Ansatzes zeigt der Autor anhand einer Analyse von Unterrichtsgesprächen, in denen unterschwellig Sexualitätstabus behandelt werden. Theoretisch fundiert der Autor sein Konzept durch eine Auseinandersetzung mit Theorien „nichtwörtlichen" Sprechens (Metaphorik, Praseologie, Indirektheit, Ironie).

Josef Klein
Politische Semantik
Bedeutungsanalytische und sprachkritische Beiträge zur politischen Sprachverwendung.
1989. X, 328 S. Kart.
ISBN 3-531-12050-6

Dieser Band vereinigt Beiträge, in denen der politische Umgang mit Wörtern sowie bestimmte Formen des verbalen Schlagabtauschs grundbegrifflich-systematisch, im Hinblick auf aktuelle politische Phänomene und auf Entwicklungen seit 1945 untersucht werden. Stärker als in bisherigen Arbeiten zur politischen Semantik und Pragmatik werden sprach- und kommunikationshistorische Aspekte betont. Themen wie Wortverwendungen in der Umweltdiskussion, NS-Vergleiche, Godesberger Programm der SPD und „Elefantenrunde" werden hier erstmals sprachwissenschaftlich analysiert.

WESTDEUTSCHER VERLAG
Postfach 58 29 · D-6200 Wiesbaden